Sport Marketing

스포츠 마케팅

강기두

도서출판 청람

개정판 머리말

2005년 처음 스포츠 마케팅이란 교재를 출간했을 때나 지금이나 전혀 변화가 없는 것이 있다. 현대인의 생활에서 스포츠가 차지하는 비중이 급격히 증가하고 있다는 것과 스포츠 관련 기사들이 신문과 방송의 많은 부분을 차지하고 있으며, 사람들의 대화 속에서도 빈번하게 등장하는 주제 역시 스포츠와 관련된 것들이라는 것이다. 심지어 스포츠 신문 정도에 국한되던 스포츠 매체가 이제는 전문 스포츠 채널이 수를 헤아리기 어려울 정도로 많아지기도 하였다. 모두 스포츠 산업의 비중이 엄청나게 커졌다는 것을 의미한다.

일반적으로 학문 영역과 실무 영역은 서로 보완적인 관계인데, 학문적인 성과가 실무의 발전을 추동하거나, 실무의 새로운 현상을 학문적으로 설명해보려는 노력이 그것이다. 사실 스포츠 마케팅이라는 전공 영역은 학문적인 발전이 우선 되었다기보다는 현장에서의 급격한 변화가 새로운 이론의 정립을 필요로 하는 것이었다고 할 수 있다. 이러한 상황이다 보니, 이론으로서의 스포츠 마케팅은 어떤 현장을 감안하느냐에 따라 그 설명이 달라질 개연성이 많다. 때문에 모든 스포츠 산업을 아우를 수 있는 스포츠 마케팅 이론을 정립하는 것 또한 큰 난관이라 할 수 있다.

물론 스포츠 마케팅 영역은 과거에 비해 많은 발전이 이뤄진 것 또한 사실이다. 그런데 이러한 비약적인 발전이 스포츠 마케팅을 실천할 현장의 규모가 커진 것이지, 학문적인 성장을 거두었다고 보기는 어려운 게 현실이다. 스포츠 산업 분야에 대한 경영학, 특히 마케팅 지식을 기반으로 한 연구의 필요성은 여전하지만, 이를 제대로 충족시켜주지 못하고 있는 것이다. 결국 처음 스포츠 마케팅을 저술했던 때나, 지금이나 스포츠 마케팅을 설명할 수 있는 이론서의 필요성은 여전히 절실하다고 하겠다. 또한 스포츠라는 개념을 명확히 이해하는 것이야말로, 스포츠 마케팅을 이해하는 출발점이 되는데, 지금까지의 출간물들을 보면 이를 일목요연하게 정리해주지 못했다.

이제는 친숙하겠지만, 스포츠 마케팅은 스포츠의 마케팅(Marketing of Sport)과 스포츠를 이용한 마케팅(Marketing through Sport)의 두 부분으로 크게 나뉘는데, 본서는 본문에서 설명하고자 하는 내용에 맞추어 두 개의 관점을 병행해서 사용하도록 하였다. 구체적으로 본서는 크게 네 부분으로 나뉘어져 있다. 우선 1부 "스포츠 마케팅의 이해"에서는 앞서 언급한 스포츠의 개념과 발전에 대한 설명과 이를 근간으로 스포츠 산업과 스포츠 마케팅이 어떻게 형성 · 발전되었는지를 함께 설명하고자 하였다.

제 2 부 "스포츠 마케팅 시장의 확인"에서는 기본적으로 스포츠 소비자들은 어떤 구매의사결정을 내리는지에 대한 이해와 함께 스포츠 마케터의 입장에서 수익성 있는 시장을 확인하기 위한 방법으로서 스포츠 마케팅 조사 및 스포츠 시장세분화에 대해 설명하였다.

제 3 부 "스포츠 마케팅믹스"에서는 스포츠 마케팅의 실행 과정에서 고려해야만 하는 제반 마케팅믹스들에 대한 설명을 하고자 하였다. 일반적으로 스포츠 산업이 전형적인 서비스 산업인 관계로 서비스 마케팅 7P's를 개별적으로 설명하는 것이 논리적이겠으나, 본서에서는 추가적인 3P's(물적 증거, 과정, 인적자원)를 4P's(상품, 가격, 커뮤니케이션, 유통)의 내용에 적절히 안배하여 설명하도록 하였다. 그리고 마지막으로 3장에서 설명한 마케팅 관리 과정의 실행과 통제에 대해서도 함께 설명하였다.

마지막으로 제 4 부 "스포츠 마케팅의 특수 영역"에서는 스폰서십과 공중관계전략에 대해서 설명하였다. 물론 두 내용이 일부 유사한 측면을 지니고 있는 것은 분명한 사실이지만, 일반적으로 스폰서십이 스포츠를 이용한 마케팅의 대개의 내용이라면 공중 전략의 경우는 스포츠의 마케팅에서 고려할 수 있는 내용들이다.

어려운 팬데믹 시기, 이 책이 완성되기까지 많은 분들이 도움을 주셨고, 그 모든 분들의 노력에 깊이 감사드린다. 그러나 무엇보다 내가 이런 책을 완성할 수 있는 기회를 주시고, 강인함과 끈기를 불어넣어주신 부모님께 가장 먼저 감사의 말씀을 전한다. 그리고 원고를 샅샅이 살펴보고, 교정하느라고 고생한 연구실의 송은곤 학생이 수고가 많았다. 그리고 바쁜 일정 속에서도 기꺼이 출판을 허락해주신 도서출판 청람의 여러 선생님께도 감사의 말씀을 드린다. 나의 부모님과 도움을 주신 여러분들에 대한 감사와 함께, 나의 가족들에게도 감사의 말을 전하고 싶다. 나의 진심어린 사랑과 감사의 마음을 아내에게 전한다. 그녀는 항상 나와 함께 하였고 힘이 되어주었다. 이제는 부쩍 커버린 나의 사랑스런 아들 현승과 딸 혜주 또한 여러 가지로 힘이 되어주었다. 이들이 아니었다면 아무것도 이루어질 수 없었을 것이다. This is our accomplishment.

2021년 6월

저자 강 기 두

머 리 말

현대인의 생활에 있어서 스포츠가 차지하는 비중이 급격히 증가하고 있다는 사실은 어느 누구도 부인하기 어려울 것이다. 스포츠 관련 기사들이 신문과 방송의 많은 부분을 차지하고 있으며, 사람들의 대화 속에서도 빈번하게 등장하는 주제 역시 스포츠와 관련된 것들이기도 하다. 심지어 스포츠 경기의 전적과 뉴스를 매일 확인하는 사람들이 주가지수를 확인하는 사람의 수보다 점차 많아지고, 프로스포츠 선수들이 이제는 천문학적인 숫자의 연봉을 받는다는 뉴스에 가슴 설레는 현실은 스포츠라고 하는 영역이 결코 우리와 유리된 부분이 아니라는 점을 분명하게 보여준다.

1980년대 프로스포츠의 출범과 함께 본격적으로 발전하기 시작한 우리나라의 스포츠 산업은 그 성장의 속도가 눈에 띄게 빨라지고 있으며, 스포츠 스타들의 해외 진출과 활발한 활동으로 인한 해외 스포츠에 대한 관심의 증대 등으로 인해 스포츠는 이제 거대 산업임과 동시에 우리 생활과 가장 밀접한 산업중의 하나가 되어버렸다. 이러한 현실 속에서 이처럼 그 규모와 범위가 엄청난 영역과 관련해서 이를 경영학적인 관점에서 접근해보고자 하는 관심을 기울이는 것은 매우 당연한 일일 것이다.

그런데 그 중요성이 부각되고 있는 스포츠 산업 분야에 대한 경영학, 특히 마케팅지식을 기반으로 한 연구의 필요성이 크게 부각되고 있지만 안타깝게도 해당 연구 활동은 실제로 미미한 편이라 할 수 있다. 일부 단편적인 연구 성과들이 이루어지기는 하였지만, 체계적으로 스포츠 마케팅을 체계적으로 설명을 해주는 연구 성과물은 아직까지는 부족한 실정이다. 이러한 상황에서 스포츠에 관심을 가지고 있는 사람들에게 무엇보다 필요한 것은 스포츠의 체계적인 이해에 도움을 주고 실용적인 시사점을 제공해줄 수 있는 참고서적이라 할 수 있을 것이다.

일반적으로 스포츠 마케팅이라 하면 스포츠의 마케팅(Marketing of Sport)과 스포츠를 이용한 마케팅(Marketing through Sport)의 두 부분으로 크게 나뉘는데, 본서는 본문에서 설명하고자 하는 내용에 맞추어 두 개의 관점을 병행해서 사용하도록 하였다. 구체적으로 본서는 크게 네 부분으로 나뉘어져 있다. 우선 1부 "스포츠 마케팅의 이해"에서는 스포츠 마케팅에 대한 이해와 이를 토대로 스포츠 마케팅 관리가 어떻게 이루어져야 하는지에 대한 설명을 하였다. 특히 1장에서는 스포츠 마케팅의 전반적인 설명과 함께 스포츠 마케팅의 구성 요소 등에 대한 설명을 하였고, 2장에서는 마케팅관리의 전반적인 과정에 대한 설명을 함으로써 효과적인 마케팅 계획을 수립하는 데 도움을 주고자 하였다.

제 2 부 "스포츠 마케팅 시장의 확인"에서는 기본적으로 스포츠 소비자들은 어떤 구매의사결정을 내리는지에 대한 이해와 함께 스포츠 마케터의 입장에서 수익성 있는 시장을 확인하기 위한 방법으로서 스포츠 마케팅 조사 및 스포츠 시장 세분화에 대해 설명하였다.

제 3 부 "스포츠 마케팅믹스"에서는 스포츠 마케팅의 실행 과정에서 고려해야만 하는 제반 마케팅믹스들에 대한 설명을 하고자 하였다. 일반적으로 스포츠 산업이 전형적인 서비스 산업인 관계로 서비스 마케팅 7P's를 개별적으로 설명하는 것이 논리적이겠으나, 본서에서는 추가적인 3P's(물적 증거, 과정, 인적자원)를 4P's(상품, 가격, 커뮤니케이션, 유통)의 내용에 적절히 안배하여 설명하도록 하였다. 그리고 마지막으로 2장에서 설명한 마케팅 관리 과정의 실행과 통제에 대해서도 함께 설명하였다.

마지막으로 제 4 부 "스포츠 마케팅의 특수 영역"에서는 스폰서십과 공중관계전략에 대해서 설명하였다. 물론 두 내용이 일부 유사한 측면을 지니고 있는 것은 분명한 사실이지만, 일반적으로 스폰서십이 스포츠를 이용한 마케팅의 대개의 내용이라면 공중 전략의 경우는 스포츠의 마케팅에서 고려할 수 있는 내용들이다.

이 책이 완성되기까지 많은 분들이 도움을 주셨으며 그 모든 분들의 노력에 깊이 감사드린다. 그러나 무엇보다 나에게 이 책을 완성할 수 있는 기회와 지식과 강인함과 끈기를 불어넣어주신 부모님께 가장 먼저 감사의 말씀을 전한다. 그 분들이 아니었다면 아무것도 이루어질 수 없었을 것이다. 그리고 투박한 원고를 처음부터 끝까지 교정하느라고 고생한 연구실의 이선아와 김혜영 학생, 시각적인 측면을 보다 더 보강하기 위해 많은 사진자료를 제공해준 LG애드의 오완근 부장님, 현대건설 홍보실의 백용기 차장님, 그리고 바쁜 일정 속에서도 기꺼이 출판을 허락해주신 삼영사의 여러 선생님께도 감사의 말씀을 드린다. 나의 부모님과 도움을 주신 여러분들에 대한 감사와 함께, 나의 가족들에게도 감사의 말을 전하고 싶다. 나의 진심어린 사랑과 감사의 마음을 아내에게 전한다. 그녀는 항상 나와 함께 하였고 힘이 되어주었다. 나의 사랑스런 현승과 혜주 또한 여러 가지로 힘이 되어주었다. This is our accomplishment.

2005년 8월

저자 강 기 두

차 례

1부 ■ 스포츠 마케팅의 이해

2부 ■ 스포츠 마케팅 시장의 확인

3부 ■ 스포츠 마케팅믹스

4부 ■ 스포츠 마케팅의 특수 영역

1부

스포츠 마케팅의 이해

1장 스포츠의 이해

헤드라인 스토리

e스포츠의 올림픽

휴일에 하루 종일 컴퓨터 앞에 앉아있는 중학생 아이에게 컴퓨터만 하지 말고 나가서 뛰는 것도 좀 하라고 하니 마침 달리기 게임을 하고 있다 하는군요. 그게 무슨 운동이냐고 타박하자 이미 자신은 조금 전 아시안게임의 시범 종목을 연습했다 합니다. 컴퓨터 게임이 스포츠인가요?

"경쟁과 유희성을 가진 신체운동 경기의 총칭." 백과사전 속 스포츠의 정의입니다. 승부를 가리기 위해서 혹은 즐겁기 위해서 몸을 쓰는 행위를 말하는 것이죠. 여름이 다가오면 청량음료나 맥주의 선전에 빠지지 않고 등장하던 장면은 햇볕이 가득한 야외 농구코트에서 청춘들이 땀을 흘리는 모습이었습니다. 40㎞가 넘는 거리를 2시간이 넘도록 달리는 모습이나 11명의 선수들이 90분간 쉬지 않고 공을 쫓는 것처럼 근육이 부각되는 움직임이 직관적으로 연상되는 것과는 대조적으로 바둑이나 브릿지 게임과 같이 머리를 쓰는 게임도 요즘엔 두뇌 스포츠라 하여 범주에 포함하고 있습니다. 마인드 스포츠라는 이름으로도 불리는 이 게임들도 유희성과 경쟁성이 명확해 최근 아시안게임 정식 종목이 되었기에 더더욱 관심을 얻고 있습니다. 컴퓨터로 즐기는 온라인 게임들 역시 지난 아시안게임에서 시범 종목으로 포함되었습니다. 머리뿐 아니라 눈과 귀, 그리고 클릭을 위해 팔 근육도 기민하게 움직여야 하니 바둑과 비교하면 신체를 훨씬 활발히 쓴다고 봐야 할까요?

한국은 세계에서 e스포츠의 종주국처럼 인식됩니다. 집과 학교, 학원을 쳇바퀴처럼 돌고 있는 우리나라 청소년들이 잠시 짬을 내어 휴식을 취하는 곳 역시 노래방이나 PC방처럼 동네 상가에 자리 잡은 실내놀이터들입니다. 몸을 활발히 사용하는 사회체육시설이 부족하기도 하거니와 학업

스케줄이 바빠 또래와 어울려서 만날 수 있는 확률도 낮아 온라인에 전국의 청소년들이 집결하여 서로의 재능을 가리는 컴퓨터 게임이 발달하게 된 현실은 진흙 속에 피는 연꽃과 같이 환경의 척박함에서 나온 의외의 성과라 씁쓸한 마음을 감추기 어렵습니다.

이제는 전 세계가 열광하는 스포츠로 자리 잡아 e스포츠의 시청자 수가 미국 메이저리그의 시청자 수를 이미 추월했다 합니다. 우리나라는 전 세계적으로 유명한 스타 선수들을 보유하고 있습니다. 얼마 전 뉴욕 타임스스퀘어 전광판에 한 한국인 프로 게이머의 생일을 축하하는 광고가 걸렸습니다. 중국 팬클럽에서 진행한 이 광고를 통해 그가 K팝 분야의 슈퍼스타에 버금가는 인기를 얻고 있음을 짐작할 수 있습니다. 유명한 선수들의 경우 연봉이 수십억에 달해 다른 프로 스포츠 선수의 수입을 능가한다는 소문이 돌며 어린 청소년 중 프로 게이머가 꿈인 친구들도 적지 않다고 합니다.

가장 큰 스포츠의 제전 올림픽은 우리나라 사람들의 마음속에 남다른 느낌으로 다가옵니다. 1976년 양정모 선수가 처음으로 딴 금메달은 그 다음 해에 이룬 수출 100억 달러 성과와 함께 한국이 세계무대에서 주력으로 올라가는 상징처럼 느껴졌습니다. 이처럼 사람들의 관심을 받던 올림픽의 세계 시청자 층의 평균 나이가 50세를 넘어서고 있다 합니다. 인터넷과 소셜 미디어가 발달하고 넷플릭스와 유튜브와 같은 콘텐츠 플랫폼이 활성화되면서 예전보다 훨씬 볼거리가 많아지자 4년에 한 번씩 다가오는 전 세계적인 축제 역시 예전의 영화를 누리지 못하게 된 것입니다. 한국이 주도한 e스포츠의 올림픽이라 불리는 행사가 다음 달 중국에서 열린다 합니다. 2000년 시작하여 매년 열리다 지난 몇년 동안 휴지기에 들어갔던 행사가 다시 시작된다는 소식에 감회가 새롭습니다. 기원전 8세기 이전부터 1000년도 넘게 열렸다는 올림피아제는 전쟁의 긴장을 완화시켜주는 순기능을 내포하고 있었습니다. 1896년 쿠베르탱 남작의 열정으로 재개된 근대 올림픽 역시 “인류 평화의 제전”이라는 슬로건으로 시작하여 이념과 체제가 다른 인류가 모여 공존에 대해 공감하기를 도모했습니다. 지능화와 초연결로 물리적 만남보다 온라인의 교류가 더 많이 이뤄지는 21세기에, 인류의 새로운 화합을 주도하는 중심에 우리나라 대한민국이 있습니다.

- 경향신문, 2019년 6월 23일 -

1 스포츠의 본질

우리가 일상적으로 사용하는 언어는 다의적, 즉 여러 가지 의미를 내포하는 경우가 많다. 언어가 다의적이란 것은 그것이 지시하는 대상이 많다는 의미이다. 스포츠란 언어도 예외는 아니어서, 스포츠란 말은 수 없이 많은 행위들 또는 활동들을 지시한다. 그렇다면 스포츠라고 지칭되는 행위나 활동들의 공통점은 무엇일까? 또는 스포츠라고 지칭되기 위해서 어떤 행위나 활동이 갖추어야만할 특징이나 조건은 무엇일까? 이러한 물음은 곧바로 스포츠의 정의에 대한 물음으로 이끌어간다.

스포츠는 본래 기분전환을 의미하는 라틴어의 desportare로부터 유래하였다. 이것이 영국에서는 여가를 뜻하는 프랑스어의 de(s)-porter로 들어와 16세기경부터는 desport → disport → sports라는 명사로 사용된다. 고대 프랑스어 desport는 ① 즐겁게 논다(to amuse oneself), ② 일을 그만두다(to cease from labor), ③ 일에서 떼어놓다(to carry away from work)를 의미하는 단어인데, 중세 영어의 desport(또는 disport)의 어두모음이 소실된 것이 스포츠(sport)인 것이다. 구체적으로 'disport'는 'away'를 의미하는 'dis'와 'carry'를 의미하는 'port'가 결합된 의미인데, 궁극적으로 뭔가 하는 일에서 벗어난다는 의미가 짙다. 이처럼 어원상으로 스포츠는 여가를 의미하는바가 큰데, 과연 현재 우리가 사용하는 스포츠라는 용어는 구체적으로 무엇을 의미하는가라는 질문에 다다르게 되면 매우 다양한 설명이 이뤄짐을 알 수 있다.

스포츠의 정의(定義, definition)는 스포츠를 가장 정확하게 이해하는데 있어 중요한 출발점이 된다. 왜냐하면 이 문제는 스포츠의 의미를 분명히 인식하는 지름길이 되기 때문이다. 그러나 안타깝게도 현재 우리나라에서는 스포츠에 관한 일반화된 정의나 통일된 정의는 없는 것 같다. 게다가 스포츠는 너무 광범위하고 학자들마다 다양한 정의를 하고 있어 어느 정의가 스포츠에 대한 가장 적합한 것인지도 판단하기가 어렵다. 심지어 몇몇 학자들은 스포츠의 의미가 너무 모호하고 다양해서 이를 정의하는 것은 불가능하다고 주장하기도 한다.

물론 스포츠란 말이 생겨난 이래로 많은 학자들이 스포츠란 말을 정의하려고 시도했고, 지금도 이 말을 지금까지와는 다르게 정의하기 위해 노력하는 학자들도 많다. 그런데 이렇게 스포츠를 새롭게 정의하려는 노력은 기존의 정의에 대한 불만으로부터 나타났다고 볼 수 있다. 어떤 스포츠의 정의에 대한 불만은 그러한 정의가 협소하거나 너무 광범위할 경우에 나타난다. 어떤 스포츠의 정의가 협소하다는 것은 포함해야만할 바를 포함하지 못하는 경우이고, 광범위하다는 것은 포함하지 말아야 할 바를 포함하는 경우를 뜻한다.

(1) 스포츠의 구성적 특성

그러한 정의는 어떤 행위나 활동이 스포츠로 지칭되기 위해 갖추어야만 할 특징이나 조건이 너무 많을 경우에는 협소하다는 비판을 받을 가능성이 높고, 너무 적을 경우에는 너무 광범위하다는 비판을 받을 가능성이 높다. 전통적으로 스포츠로 지칭될 수 있는 행위나 활동이 갖추어야만할 특징으로서 유희성(무목적적 활동 또는 활동 그 자체가 목적인 활동), 규칙성, 경쟁성, 신체 활동성의 네 가지가 거론된다. 그런데 연구들을 살펴보면, 유희성은 수정, 보충되어야만 할 특징으로 거론되고 있고, 신체 활동성은 종종 배제되어야만 할 조건으로 언급되고 있으며, 이와는 별도로 제도화(또는 활동이 일어나는 맥락(context)의 고려)라는 특징이 새롭게 추가되어야만 할 특징으로 거론되고 있다.

1) 스포츠의 놀이적 특성

대다수의 사전에서 언급하는 스포츠의 정의를 보면, 스포츠의 특징으로 놀이적 성격이 매우 자주 언급되고 있지만, 학문적 연구들에서는 20세기 후반 이후 스포츠의 놀이적 성격을 거론하는 경우가 점차 사라지고 있다. 스포츠의 놀이적 성격은 스포츠의 어원에 그 뿌리를 두고 있다. 어원적으로 스포츠는 '일에서 떠나서 놀다'라는 단어 desport에서 파생된 말이다. 이렇듯 노동 또는 일과는 대립되는 놀이 또는 유희 활동이라는 단어에서 파생되었기에 스포츠라는 말은 언제나 놀이나 유희, 또는 놀이나 유희의 특징인 무목적적 활동, 활동 그 자체가 목적인 활동, (필연적 활동과 대비되는) 자유로운 활동 등의 의미를 함축해왔다. 따라서 프로스포츠는 스포츠가 아니라는 주장까지 제기된 적도 있었다. 이에 대한 대표적인 인물로 독일의 스포츠 학자 칼 딤(Carl Diem)을 들 수 있다. 칼 딤 이전에도 하위징어(Heuzinga)는 스포츠의 프로화를 스포츠의 타락으로 선언한 바 있다.

그런데 스포츠는 전적으로 자유롭고 자발적인 놀이인 것만이 아니다. 스포츠는 조직화되고 구조화되어졌다. 그러나 스포츠가 지닌 놀이적 특성을 파괴할 정도로까지 조직화되고 구조화되어지지는 않았다. 스포츠는 사전에 짜인 각본에 따라 연출되는 것이 아니라 참여자들의 자유로운 선택과 연기에 따라 순간순간 역동적으로 전개된다. 달리 말해서 스포츠에는 조직성과 구조성이 자유성 및 자발성과 공존한다.

2) 신체 활동성

스포츠하면 가장 먼저 떠오르는 것이 격렬한 신체 활동이다. 실제로 적지 않은 학자들은 뛰기, 달리기, 밀기, 당기기, 차기 등과 같은 격렬한 신체 활동을 스포츠의 구성적 요소로 언급하고 있다. 빈도 면에서도 신체 활동성은 앞서 언급한 놀이적 성격보다 더 자주 스포츠의 특징으로 거론되고 있다. 여기서 말하는 신체 활동성이란 한 마디로 그 활동을 수행한 후에 샤워를 할 정도로 땀을 흘릴만한 신체 활동을 수반해야 한다는 의미이다. 이러한 견해에 따르면 복잡한 신체기능과 신체기량, 그리고 역동적인 신체발현을 포함하는 활동이어야 스포츠가 될 수 있다. 이렇게 볼 때 체스는 스포츠와 많은 특성을 공유하지만 신체 활동성이라는 요구를 충족하지 못하기 때문에 스포츠가 될 수 없다.

옥스퍼드 영어사전에 따르면 스포츠라는 말이 처음부터 격렬한 신체 활동과 결부된 것은 아니었다. 그저 일에서 떠나서 노는 활동, 즉 유희나 오락의 의미로 사용되었다. 그럼에도 불구하고 몇몇 사람들은 바둑이나 체스를 스포츠에 포함시키려는 것에 대해 다소 격렬하게 반대한다. 그렇다면 사격은 어떠한가? 주지하다시피 사격은 오래 전부터 올림픽과 같은 종합 스포츠경기대회의 단골 종목이었다. 그럼에도 불구하고 사격을 격렬한 신체 활동을 수반하는 활동으로 보기는 어렵다. 게다가 학자들 중 어느 누구도 사격이 스포츠인지 아닌지에 대해 이의를 제기하지 않는다. 격렬한 신체 활동을 별로 필요로 하지 않는 사격은 스포츠가 될 수 있고 바둑이나 체스는 스포츠가 될 수 없는 이유는 무엇일까? 이에 대한 설득력 있는 답변은 제도이론에서 찾을 수 있다.

3) 제도화(제도이론에 따른 스포츠 정의)

모든 스포츠에 공통적인 특징을 찾아내려는 노력은 여러 난점들과 반대들에도 불구하고 계속되었다. 제도이론에 근거한 스포츠의 정의란 한 마디로 어떤 사회에서 하나의 제도로 정립되어 스포츠로 널리 인정되고 있는 것들을 스포츠로 간주하자는 것이다. 따라서 이미 스포츠로 제도화되어 있는 축구와 농구, 야구 등은 이론의 여지없이 스포츠다. 반면 숨바꼭질이나 고무줄놀이 등 어린이들이 즐기는 많은 놀이들은 스포츠의 영역에 포함되지 않는다. 후자의 경우에도 경쟁의 요소가 분명히 들어 있으며 나름대로의 규칙도 있지만 스포츠에 포함되는 활동과 달리 이 놀이들은 정형화된 사회적 제도를 갖추고 있지 못해 스포츠로 인식되지 않기 때문이다. 제도이론에 따르면 스포츠의 영역은 결코 고정되어 있는 것이 아니다.

과거 남성들이 즐기는 단순한 오락으로 분류되었던 당구라든지 퇴폐적 여가 행위로 인식되었던 스포츠 댄스가 오늘날 당당히 스포츠의 일종으로 분류되고 있다는 점이 이를 증명한

극한 스포츠의 일종인 베이스점프

다. 이외에도 청소년들이 즐기는 스케이트보드나 산악자전거, 인라인 스케이트 등의 극한 스포츠(extreme sports; x-game)들도 규칙 체계를 갖추고 독자적인 조직 기구가 형성되면서 점차 스포츠의 영역으로 들어오고 있다.

이처럼 현대화 과정에서 스포츠 개념의 외연이 점차 확장되고 있으며, 전통적인 스포츠 범주가 허물어지고 있고, 그런 의미에서 신체 활동의 유무는 어떤 활동이 스포츠인지 아닌지를 결정하는 결정적 요인이 될 수 없다고 말한다. 중요한 것은 사회분위기의 변화이다. 그런데 여기서 사회분위기란 결국 사회제도에 의한 인정이다. 스포츠와 관련된 사람들이 과거에 스포츠가 아니었던 활동에 스포츠의 지위를 부여할 수 있다는 뜻이다.

스포츠를 정의함에 있어 제도이론을 받아들이면 특정 활동만이 스포츠로 분류되고 다른 활동들은 스포츠에서 배제되는 맥락에 대해 고려할 수 있다. 왜 1990년대 말 우리 사회에서 갑자기 스포츠 댄스가 스포츠로 분류되기 시작했을까? 중세 시대의 대표적인 스포츠 활동 중 하나였던 기사계층의 마상 창시합(토너먼트)이나 독일의 사회학자 엘리아스(Norbert Elias)가 스포츠의 특성을 가장 잘 보여주는 스포츠라고 주장했던 여우 사냥은 왜 오늘날 더 이상 스포츠로 간주되지 않는 것일까? 이런 질문은 스포츠 영역 내에만 머물러서는 스포츠 관련 논의를 제대로 펼칠 수 없다는 점을 시사한다. 우선 스포츠에 대한 정의 자체가 사회집단들 간의 경쟁, 갈등, 타협의 산물이며 스포츠의 변화 과정에는 겉으로 보기에 스포츠와 아무 관련이 없는 다양한 사회적 요인들이 개입해 영향을 미치기 때문이다. 제도이론의 관점에서 보자면 스포츠의 정의는 고정불변이 아니라 가변적인 것이다.

중세 여우사냥의 모습

(2) 스포츠 개념의 요소

스포츠라는 용어는 여러 가지 형식, 형태, 양식을 지니는 운동이나 활동에 공통적으로 나타난 특성이나 요소를 집약시키는 일종의 보통명사이다. 질레(B. Gillet)는 스포츠를 'sport, game, athletics'이라는 세 가지 요소로 정의를 내렸다. 다음 표는 Oxford 영어사전을 통한 sport, game, athletics 개념의 역사적 변화를 간단하게 정리한 것이다. 연대순으로 개념 영역의 확대 경향을 보여주고 있다. 도표가 보여 주는 것처럼 스포츠 개념에서 불가결한 3요소가 명확히 인식되기 시작한 것은 19세기 이후이다. 근대의 스포츠 개념은 game이나 athletics 등이 내포하고 있는 의미를 흡수하여 개념의 범주를 확장시켜 나가고 있음을 볼 수 있다.

스포츠의 어원은 away를 의미하는 접두어 de-와 carry를 의미하는 portare가 결합된 라틴어 deportare(가지고 가다, 운반하다, 추방하다)이다. 어느 한 장소에서 다른 한 장소로 운반 · 이동 · 전환한다는 sport의 어원상 의미 구조는 고대 프랑스어 desporter, deporter가 보여 주듯이 물리적 · 공간적인 차원에서 내면적 · 정신적인 차원의 이동 · 전환 · 변화를 원리로 한 기쁨이나 즐거움을 표현하는 비유적 구조의 의미를 갖게 되었다.

이는 마음을 어떤 한 상태에서 다른 어떤 상태로 이동 · 전환시킴으로써 얻어지는 기쁨의 원리를 가리키는 말로, 노동이나 의무의 구속으로부터 벗어나서 얻은 기분전환이나 내적인 기쁨과 유쾌함을 기본적으로 내포하는 말이었다. 이러한 관점에서 본다면 sport는 그 개념의 역사상 신체 활동이나 투쟁이라는 요소를 필수로 한 것은 아니었다. 그러나 노동이나 의무의 구속을 떠나서 얻은 기쁨을 의미하는 sport는 17~18세기에 이르러 야외에서의 자유로운 활동이나 수렵적 활동을 주로 의미하게 되었다. 상류사회(gentry) 계급의 문화를 강하게 반영하면서 수렵적 활동과 거의 동의어가 된 sport의 개념은 19세기 초까지 주류를 이루었다. 그러나 이 sport≒수렵의 개념은 19세기에 신흥 부르주아(bourgeoisie)가 추진한 조직적 게임의 융성에 따라 점차 운동경기를 의미하는 용어로 바뀌어져 갔다.

한편 game은 기쁨을 의미하는 고대 Saxon어 등의 gamen에서 유래하였다고 한다. 어원적으로 이 gamen은 Gothe어의 중성명사 gamen과 동일한 성격을 지닌다고 한다. 이 gamen은 together를 의미하는 접두어 ga-와 인간을 의미하는 men의 합성어로 참가 · 친교(모임)를 의미하였다. Sport가 있는 곳(상태)에서 있는 곳(상태)으로의 이동과 전환에 의하여 초래되는 기쁨을 원리로 하는 말이라면, game은 분명히 인간의 모임 또는 공동 활동에 의하여 초래되는 기쁨을 기본적인 의미구조로 갖추고 있는 말인 것이었다.

[표 1-1] Sport, Game, Athletics 개념의 역사적 변화

<table>
<tr><th></th><th colspan="2">Sport</th><th colspan="2">Game</th><th colspan="2">Athletics</th></tr>
<tr><td rowspan="2">어원</td><td>(라틴어)
Depotare</td><td>가지고 가다, 운반, 수송, 추방하다.</td><td>고대 Gothe어
gamen</td><td>참가, 친교(모임)
즐기다, 즐거움</td><td rowspan="2">(그리스어)
athlein
athlos
athlon</td><td rowspan="2">상품을 목표로 경기하다, 경기회, 상품</td></tr>
<tr><td>(고대 불어)
Deporter
desporter</td><td>기분전환, 즐거움, 즐기다, 참는다, 놀다, 원기회복, 기분전환</td><td>고대 Saxon어
gamen</td><td></td></tr>
<tr><td>11~12
세기</td><td></td><td></td><td>(중세영어)
gamen
gomen</td><td>(n)오락, 즐기다, 놀다</td><td></td><td></td></tr>
<tr><td>13~14
세기</td><td>(중세영어)
deport
(중세영어)
desport
dysport
disport
spoort
sporte</td><td>(n) 즐거움, 오락
(15C 이후 死語)

(n)진지한 의무로부터 기분전환, 휴식, 레크리에이션, 오락, 위로</td><td>gamen

game

game
(14C 이후)</td><td>• 수렵의 포획물
• 놀이, 농담
• 호색한 놀이
• 게임과 같이 추구되는 절차 계획
• 승패에 의하여 종료되는 게임의 일부를 구성하는 것
• 룰에 따라 실시되고 궁극적으로는 승자 또는 승자들의 기능, 힘, 운을 가지고 우월성을 보이며, 실시되는 경기 성격을 지닌 기분전환</td><td></td><td></td></tr>
<tr><td>15~16
세기</td><td>disport

sporte

sport</td><td>• 기분전환
• 쾌활함, 농담
• 기분전환의 특정 형식
• 야외 신체운동
• 쇼, 연극
• 구경거리
• 好色한 놀이</td><td>game</td><td>(pl)경기회</td><td>athlete</td><td>(n)고대 그리스, 로마의 민속경기의 일부를 구성하는 주, 도, 투, 권투, 레슬링 같은 신체 활동 경기자</td></tr>
<tr><td>17~18
세기</td><td>sport</td><td>(n)• 동물, 사냥물, 물고기 등을 죽이거나 잡는 행위를 통한 기분전환
• 식물의 돌연변이</td><td>game</td><td>(v)도박, 상금이나 판돈을 위한 운으로 겨루는 형식의 놀이</td><td>athletique
athletic
athletics</td><td>(adj.)경기자에 관련되는 것, 또는 체력이 발휘되는 경기에 관련되는 것
(n)놀이 속에서 요구되고, 그리고 증대되는 신체운동</td></tr>
<tr><td>19세기</td><td>sport</td><td>(n)특히 경기적 성격을 지닌 야외운동에 참가하는 것, 게임, 오락의 총칭</td><td>game</td><td>(n)• 경기의 대상이 되고 기능의 우월성을 겨루는 모든 스포츠나 오락
• 학교나 대학에서 조직화된 경기</td><td>athletics
athleticism</td><td>(n)육상경기(영국), 운동경기 일반(미국)
(n)경기적 운동의 실천 또는 예찬, 경기자로서의 훈련</td></tr>
</table>

자료: 岸野雄三(1984).

그것이 점차 사물 일체의 계획적 · 목적적 추구라는 영역을 획득하게 됨에 따라 14세기에는 rule에 따라 승패를 결정하는 경기적인 기분전환이라는 개념을 형성하게 되었다. 이 조직화된 놀이 형태를 지칭하는 game은 작전을 수립하고 룰에 의거하여 경기하는 근대의 조직화된 sport의 성격을 선구적으로 표현하는 말이었다. 17~18세기의 sport가 특히 수렵이나 낚시와 같이 승패나 경기규칙이 명확하지 않은 야외에서의 기분전환을 의미하고 자연을 상대로 하는 모험적 활동이나 자기 목적적 활동으로 다른 사람으로부터 통제를 받지 않는 자발적 활동을 개인적으로 추구할 수 있는 기분전환에 적용된 것에 비하여, game은 명확한 경기형식을 갖추고 공동 또는 개인이 규칙에 따라 승패를 결정짓는 조직화된 기분전환을 의미하는 것이었다.

이러한 의미에서 볼 때 근대 sport가 의미하려는 조직화된 경기 모습은 game이 선구적 역할을 하였다고 할 수 있다. 이 game의 개념은 18세기 말부터 19세기에 걸쳐 진행된 게임의 부르주아적 재편과 밀접한 관계를 맺는다. 전통적인 game을 근대 부르주아가 재편한 조직적인 게임(organized game)이 바로 근대 스포츠의 출발점이 된다고 할 수 있다. 이러한 의미에서 game은 근대 sport 개념의 형성에 대단히 중요한 위치에 있었다고 할 수 있다.

Athletics는 이러한 조직적 game에 의하여 철저하게 경기적 성격이 부여된 말이다. Athletics의 어원은 그리스어 athlein으로 이는 상품을 목표로 경기하는 것을 의미한다. athlos는 경기회를, athlon은 상품을 의미하였다. sport나 game이 노동이나 의무에서 충실함 또는 진지함과 반대로 놀이, 기분전환이나 때에 따라 불성실함의 요소를 갖는데 비하여, Athletics는 격렬한 육체 활동을 동반하는 경기를 요소로 할뿐만 아니라 놀이에 앞서서 충실함 진지함을 중요 요소로 하는 말이었다. 상품을 목표로 행하는 경기라는 기본적 의미구조를 지니는 Athletics는 점차 전문적인 훈련에 의하여 획득된 체력이나 기능을 가지고 운동경기를 실시하는 의미의 말이 되었다.

여기에는 이미 운동경기를 뒷받침하는 체력이나 기능의 질이 문제로 대두하게 되었고 전문적 훈련을 거쳐 획득된 기량에 의하여 경쟁한다는 보다 진지한 태도가 문제로 떠올랐다. 19세기에 만들어진 Athletics은 전통적인 game이 조직화됨에 따라 반드시 필요하게 된 용어이다. 전통적인 game이 지녔던 자연발생적이고 불명확한 경기 규칙, 미분화된 기술체계를 보다 진지한 경기적 · 전문적 훈련에 의하여 조직화한 근대 부르주아의 자세는 종래의 sport나 game의 개념 영역이 따르지 못하게 되었다. 이러한 근대 부르주아의 새로운 용어인 Athleticism은 보다 과학적 · 조직적 · 계획적 · 전문적인 운동경기의 실천을 지향한 그들의 자세를 보여주고 있으며, 근대 스포츠에서 놀이보다도 진지함에 가치를 두는 경기의 추구로 전환되어 가는 자세를 표방한 것이었다.

이와 같이 현재 우리들이 접하고 있는 질레(B. Gillet)의 3요소를 전제로 하는 듯한 sport의 개념은 game이나 Athletics 등의 개념과 결합을 통하여 그 의미를 풍부하게 함과 동시에 주변 스포츠라는 용어 사용법의 성립이 상징하는 것처럼 본래 sport의 개념에 포함될 수 있는 요소를 배제하는 기능을 내포하고 있다.

결론적으로 스포츠는 첫째 인간의 신체 활동이다. 둘째, 경쟁적인 요소를 지니고 있다. 셋째, 그 대상은 제도화된 규칙에 의해 지배된다. 이러한 이론을 근거로 스포츠를 정의한다면 특정의 조건 하에서는 어떤 활동들이 스포츠로 분류될 수 있지만 다른 조건 하에서는 스포츠의 범주에서 제외될 수밖에 없다. 예를 들어, 수영을 취미로 할 때와 경기할 때 두 개의 경우를 스포츠에 포함시킬 수 있는가? 투계와 투견은 규칙과 경쟁을 하고 있지만 인간의 신체가 사용되지 않는다. 이것들은 단순히 게임이나 놀이로 규정해야 하는가? 포커나 바둑 같은 게임은 경쟁을 포함하나 인간의 신체 활동이 매우 미약한 측면이 있다. 스포츠가 활발한 신체적 차원에서 일차적으로 또는 필수적으로 수반되어야 한다면 현재 우리가 스포츠의 범주로 인정하고 있는 어떤 종목들은 비판의 대상에서 벗어날 수 없다. 스포츠의 개념과 정의를 어떻게 규정하느냐에 따라 그 영역은 좁아질 수 있고 한없이 광범위한 범주를 잉태할 수 있다. 현재 스포츠 개념으로는 현실에서 실재하는 광범위한 신체 활동 영역을 규정할 수 없다. 따라서 유럽 및 미국사회에서는 스포츠란, 모든 운동경기 종목의 총체로서 경쟁적이고 규칙적이며 유희적인 특징을 포함하는 운동 종목의 총칭을 의미하며 스포츠의 한 부분으로 이해하고 있다.

(3) 스포츠의 정의

이러한 다양한 논의들이 있음에도 불구하고, 스포츠에 대한 현대적인 의미의 정의는 크게 두 가지 부류로 나누어 볼 수 있다고 한다. 하나는 북미대륙에서 통용되는 정의이고, 다른 하나는 유럽에서 주로 사용되는 정의가 그것이다. 우선 북미계열의 학자들은 스포츠를 구성하는 요소로 크게 제도화, 경쟁, 규칙, 신체 활동을 들고 있으며 운동, 레크리에이션, 놀이와는 구별된 개념으로 정의한다. 반면 유럽에서는 보다 폭 넓은 개념으로 스포츠를 이해한다. 즉, 유럽평의회(The Council of Europe)는 "스포츠란 조직화 되지 않거나 혹은 조직화된 참여를 통해 신체적 · 정신적 건강을 증진하거나, 사회적 관계를 형성하거나, 경쟁하려는 목적으로 하는 모든 형태의 신체 활동이다."라고 1992년 공식적으로 정의하고 있다. 이 개념은 경쟁적 활동과 비경쟁적 활동을 모두 포함하고 있다. 다시 말하면 북미학자들이 정의하는 스포츠의 개념에 건강이나 레크리에이션을 목적으로 하는 운동의 개념을 포함한 것으로 이해할 수 있다.

한편 스포츠라는 단어 자체가 영어이기 때문에, 이를 어떻게 표기하느냐 역시 스포츠를 정의하는 데 큰 의미가 있다. 즉, 's'가 붙은 Sports와 's'가 붙지 않은 Sport 또한 그 의미가 다르기 때문이다. 한글 표기는 '스포츠'로 동일하게 쓰고 발음하지만, 영어 표기에서 'Sport'는 단수이고 'Sports'는 복수로 구분하는 개념으로서 영어로 'Sports'는 주로 제도화된 스포츠 종목을 의미하는 것으로 사용하고, s가 붙지 않은 'Sport'로 사용할 때는 제도화된 스포츠 종목과 그 이외의 신체적 활동들도 포함하는 광의의 의미로 사용하곤 한다.

사전에서도 sports는 복수로서 명사로는 '세어 볼 수 있는 개별적인 활동(골프, 축구, 야구 등)의 집합', 형용사로는 '1. 스포츠의, 운동경기의 2. 스포츠용의, 스포츠에 적합한 뜻'으로 사용한다. 따라서 그 예로서 'sports shoes, sports jacket, sports car, sportsmanship'이라는 표현들을 사용한다. 한편 sport는 단수로서 명사로는 '1. 스포츠, 운동, 개개의 스포츠 2. 운동회, 경기대회, 체육대회 3. 위안, 오락, 재미, 취미, 농담, 희롱, 야유, 웃음거리 4. 농락당하는 것, 장난감 취급 받는 것(the sport)'을 뜻하며, 동사로는 '1. 즐기다, 기분전환을 하다, (옥외에서) 운동하다. 2. 놀다, 장난치다.' 타동사로는 '1. …을 자랑해 보이다, 뽐내다. 2. (시간, 돈 따위)를 낭비하다(away)'이다. 따라서 그 예로서 'Baseball is my favorite sports.'는 잘못된 표현이며 'Baseball is my favorite sport.'가 맞는 표현이라는 것이다. 실제 북미스포츠경영자협의회(North American Society for Sport Management: NASSM)에 의하면 Sports는 골프, 축구, 필드하키, 배구, 야구, 체조 등 셀 수 있는 별개의 운동 종목들을 단순히 모아놓은 것을 의미하고, Sport는 일정한 리스트에 위치할 수 있는 몇몇 운동 종목들이 아닌 어떤 기준에 부합하는 모든 활동들을 포함하는 집합명사이다. 따라서 Sports가 본질적인 측면에서 단수로 고려될 수 있는 반면에 Sport는 보다 포괄적인 개념인 것이다.

그런데 점차 현재 우리의 스포츠에 대한 정의는 포괄적인 개념으로서 제도화된 스포츠 종목과 그 이외의 내용들도 포함하는 폭 넓은 의미에서 정의되고 있다. 즉, 경쟁성을 지니지 않은 놀이, 야외 활동, 여가 및 레크리에이션 개념까지도 스포츠에 포함시켜 정의하는 추세이다. 결국 제도화된 스포츠 종목을 의미하는 Sports에 제도화된 스포츠 종목과 그 이외의 신체적 활동들도 포함하는 광의의 의미인 Sport를 포괄하는 것을 의미하게 된다. 즉, 스포츠란 조직화 되지 않거나 혹은 조직화된 참여를 통해 신체적 · 정신적 건강을 증진하거나, 사회적 관계를 형성하거나, 경쟁하려는 목적으로 하는 모든 형태의 신체 활동을 의미하는 것이다.

이러한 포괄적인 스포츠에 대한 정의는 '경쟁, 제도(조직)화, 규칙, 신체 활동' 등의 구성 요소를 포함하고 그 이외의 비경쟁적, 무제도화, 탈규칙적인 '놀이(유희), 야외 활동, 여가 및 레크리에이션' 등의 개념을 함께 담고 있다. 이에 관련 내용을 살펴보면 다음의 [표 1-2]처럼 정리할 수 있을 것이다.

[표 1-2] 스포츠의 개념

Sports	Sport
경쟁 제도(조직)화 규칙 신체 활동	놀이(유희) 야외 활동 여가 및 레크리에이션 놀이(유희) + 야외 활동 놀이(유희) + 여가 및 레크리에이션 포괄적

2 스포츠의 역사

세상에 존재하는 모든 것들은 그들 나름대로의 역사를 가지고 있다. 그 역사가 현재 명확히 알려져 있든 그렇지 않든 역사가 존재했었다는 사실 자체를 아무도 부정할 수 없을 것이다. 이러한 측면에서 스포츠의 역사를 살펴보는 것은 스포츠가 무엇인지 그 정체성을 명확히 하고 이해하는 데 매우 중요한 역할을 수행한다. 특히 스포츠가 기본적으로 인간의 기술 발달에 관여하기에, 스포츠의 역사에 대한 연구는 사회의 변화와 스포츠 자체의 본질에 대한 교훈을 얻을 수 있다. 그런데 그 역사를 더 깊이 살펴보면, 관련 자료들이 빈약하기에 스포츠의 기원과 목적 등에 대한 명확한 증거를 찾기가 어려운 것 또한 사실이다.

당연한 이야기지만, 스포츠의 역사는 고대시대로까지 거슬러 올라갈 수 있다. 스포츠를 통해 개발된 육체적 행위들은 과거의 제례, 전쟁, 그리고 여흥들과 밀접한 관련성을 가진다. 또한 스포츠의 기원으로 거슬러 올라가보면, 군대 및 그 훈련과 관련성을 가지고 있다. 예를 들어, 특정 개인이 군인(전사)으로서 적합한지 혹은 유용한지를 결정짓기 위한 수단으로 경쟁(competition)이라는 것이 이용되곤 하였다. 또한 팀 스포츠는 군대에서 전투훈련을 시키거나 그 능력이 있는지를 증명하기 위해, 그리고 하나의 팀으로서 함께 기능할 수 있도록 하기 위해 활용되었던 것이다.

(1) 고대의 스포츠

인류 문명의 진보에서, 스포츠와 게임은 인간의 잠재력 개발과 전개에 필수적인 역할을 했다. 거의 모든 문명의 진화 과정 단계에서, 스포츠는 새롭게 습득한 신체적 · 정신적 · 사회적 기술을 개발하고 정의하며 테스트하는 데 중요한 역할을 해왔다. 식량을 채집하는 사람들에서 사냥꾼으로 바뀌면서 스포츠와 놀이는 이제 젊은 사냥꾼들을 사냥을 대비하는 훈련이 되었다. 젊은이들은 부족의 어른들을 따라하면서 그들이 실제로 중요한 역할을 수행해야 할 때를 준비하였던 것이다.

그러나 인구가 증가함에 따라 영토, 소떼, 부, 위신을 둘러싼 부족 간의 갈등이 상호간의 두려움 때문에 일어났다. 부족들이 서로 충돌하면서 운동장(sport field)은 전투의 훈련장이 되었고, 이 운동장에서 전사다운 플레이에 성공한 사람들은 전장에서 생존과 승리를 거둘 준비가 된 것이었다. 이때 스포츠는 전사들의 기술과 정신을 날카롭고 준비된 상태로 유지하게끔 한다. 이를 통해 생존을 위한 훈련뿐만 아니라, 한 아이가 성인으로 전환하는 수단이 된 것이다. 참여자들은 자신들의 용맹과 힘과 지성을 펼쳐보이고 이를 통해 백성을 이끌고 보호할 수 있는 능력을 지니고 있음을 입증하였다. 게다가 누가 그들의 승자가 될 것인가를 보기 위해 지역사회가 한자리에 모이면서 최초의 관중 스포츠가 시작된 것은 아마도 이 단계였을 것이다.

축국은 고대판 '축구'로 중국 전국시기에 민간에서 유행하기 시작했고, 한나라 시대에는 군인 훈련법이었다

1) 선사시대의 스포츠

선사시대의 스포츠는 사실 고고학의 영역인데, 프랑스의 Lascaux동굴에서 발견 된 동굴벽화에는 약 15,300년 전 구석기시대에 이뤄진 달리기와 레슬링이 그려져 있다. 신석기시대(기원전 7,000년경)로 추정되는 몽골 바얀 콩고르 지방의 동굴 벽화에는 군중에게 둘러싸인 채 레슬링 경기를 하는 모습을 보여주고 있다. 즉, 선사시대에도 이미 달리기와 레스링과 같은 활동이 이뤄졌음을 간접적으로 보여주는 것이다. 또한 이집트 길프 케비르 근처 와디 수라의 수영 동굴에서 발견된 신석기 암석 예술은 기원전 10,000년경에 수영과 양궁이 이뤄졌다는 증거를 보여준다. 일본의 선사시대 동굴 벽화에서는 현대의 스모와 유사한 스포츠를 보여주고 있다. 결국 직접적인 증거는 아니지만 이러한 고대유적발굴을 통해 스포츠가 선사

시대에도 이미 성행했음을 보여준다 하겠다.

2) 고대 수메르

고대 수메르의 유적을 보면 레슬링을 하는 모습을 그려놓은 벽화를 발견하게 되는데, 기원전 2,400년경으로 추정되는 이집트 왕들의 무덤, 기원전 3,000년경으로 추정되는 수메르 문명기의 석판에서도 여러 쌍의 사람들이 레슬링을 하는 것이 등장한다. 또한 기원전 2,600년경까지 거슬러 올라가는, 이라크의 카파지에서 발견된 캐스트 청동 조각상(아마도 꽃병의 밑 부분)에서도 레슬링을 하는 사람이 들어있기도 하다.

권투의 기원 역시 고대 수메르 시기에서 추적할 수 있다. 기원전 2,000년경까지의 역사적 서술을 설형문자로 기록한 길가메시 서사시(Epic of Gilgamesh)는 벨트레슬링을 하는 것을 묘사하는 등 스포츠와 관련한 최초의 역사적 기록물이기도 하다. 수메르의 왕 슐기(Shulgi)는 자기 칭찬에서 자신의 스포츠 실력을 자랑하기도 한다. 이외에도 오늘날 사용하는 낚시바늘과 크게 차이가 없는 것들이 우르에서 발견되었는데, 이는 기원전 2,600년경 수메르에서 낚시를 했다는 증거이기도 하다.

3) 고대 이집트

고대 이집트인들은 매우 다양하고 풍요로운 삶을 영위하였는데, 교육 및 여가의 목적으로 레슬링, 체조, 역도 등 다양한 스포츠에 참여하였다. 기원전 2,000년경에 만들어진 것으로 추정되는 베니 하산의 파라오 기념비에는 볼 게임(ball game) 뿐만 아니라 레슬링, 역도, 멀리뛰기, 수영, 조정, 양궁, 낚시, 운동 등 다양한 스포츠가 고대 이집트에서 이뤄졌음을 보여준다. 이 외에 다른 이집트 스포츠에는 창던지기와 높이뛰기 등이 포함되기도 한다.

4) 고대 그리스

청동기시대 크레타의 미노아 예술은 제례적인 성격의 스포츠 행사를 묘사하고 있는데, 기원전 1,500년으로 거슬러 올라가는 프레스코 화에서는 체조를 종교적 성격의 황소 뛰어넘기와 투우의 형태로 기록하고 있다. 그런데 그리스 스포츠 축제의 기원은 기원전 1,600년에서 기원전 1,100년 사이의 미센시대 장례식에서 이뤄진 게임으로 거슬러 올라간다. 실제로 호메로스의 일리아스를 보면 아킬레우스가 파트로쿨로스의 죽음을 기리기 위해 개최한 장례식 게임에 대한 설명을 볼 수 있다. 한편 이 시기 스포츠에 참여하는 것은 육체노동을 할 필요가 없는 고귀하고 부유한 사람들의 직업으로 묘사된다. 예를 들어, 오딧세이(Odyssey)를 보면

Odysseus왕은 자신이 창던지기에 능숙하다는 것을 과시함으로써 Phaiakes의 Alkinoös왕에게 왕으로서의 자신의 능력과 지위를 증명해 보이기도 한다.

기원전 776년 그리스 올림피아에서 최초의 올림픽 게임이 개최되었고, 서기 393년까지 4년마다 개최되었다. 올림픽 이외에 고대 그리스에서 열렸던 4가지 제전을 범 그리스 제전이라고 부르는데, 이 경기들은 올림피아드(올림피아기)로 알려진 4년 주기 대회로 열렸다. 2년째 되는 해에는 네메아 제전과 이스트미아 제전이 열렸고(열리는 달은 다르게), 그 다음 해인 3년째 되는 해에는 피티아 제전이 열렸으며, 그 다음 해인 4년째 되는 해에는 다시 네메아 제전과 이스트미아 제전이 열렸다. 이렇게 열리는 이유는 참가자들이 모든 대회에 참석할 수 있도록 배려하기 위해서였다.

참가자들은 그리스 전역에서 참가 가능했으며 그리스 식민지였던 소아시아와 히스파니아 지역 출신도 출전할 수 있었다. 하지만 조건이 있었는데 참가자들은 아주 예외적인 상황을 제외하고는 훈련, 교통, 숙박비 등의 비용을 낼 만큼 부유해야했고 여자나 비그리스인은 참가하지 못했다. 이 대회의 종목은 전차 경주, 레슬링, 복싱, 판크라티온, 스타디온과 그 외 다양한 육상 경기, 5종 경기(레슬링, 스타디온, 멀리 뛰기, 창던지기, 원반던지기)가 있었다. 전차 경주를 제외하고 모든 경기는 벌거벗은 채로 진행되었다. 심지어 경기가 열리는 동안에는 선수들이 안전하게 경기에 참여할 수 있도록 올림픽 휴전이 이뤄지기도 하였다.

[표 1-3] 범 그리스 제전(Game)

	최초 개최시기	개최주기	개최지	숭배신	시상
올림피아 제전	기원전 7세기 후반	4년	엘리스	제우스	올리브 화관
피티아 제전	기원전 6세기 중 · 후반	4년	델포이	아폴로	월계수 화관
네메아 제전		2년	네메아	제우스	셀러리 화관
이스트미아 제전		2년	코린토스	포세이돈	소나무 화관

이 대회는 덩굴 대회(stephanitic games)로도 알려져 있는데 상으로는 화환만 수여했기 때문이다. 상금이나 물질적인 상들은 없었으며 다른 그리스의 체육 혹은 예술 대회에서 준 것과는 확연히 다르다. 예를 들어, 판아테나이아 축제에서는 1위에게 암포라를 상으로 주었다. 하지만 이들 대회에서는 표에서 보는 것처럼 올리브, 월계수, 셀러리 화, 그리고 소나무 화관을 주었다. 비록 승자들이 어떤 물질적인 상도 받지 못했지만 대신 출신 고향으로 돌아가서는 다양한 명예를 얻고 동시에 여러 가지 상을 받았다.

5) 다른 지역의 고대 스포츠

Shinty

최소 2,500년 된 스포츠에는 고대 아일랜드의 헐링, 스코틀랜드의 Shinty, 오늘날 럭비와 유사한 로마의 하르파스텀, 오늘날 축구와 유사한 중국의 축국, 페르시아의 폴로 등을 들 수 있다.

구기경기(ball game)는 또한 메소아메리카 지역에서도 3,000년 전부터 시작된 것으로 알려져 있다. 마야의 볼게임은 기원전 1,650년 이래 콜럼버스 이전 사람들에 의해 플레이된 최초의 구기 스포츠로 간주되고 있다. 중국에서도 일찍이 기원전 2,000년에 스포츠 활동에 참여했음을 암시하는 인공물과 구조물을 볼 수 있는데, 체조는 고대 중국에서 인기 있는 스포츠이기도 하였다. 고대 페르시아 스포츠에는 Zourkhaneh라는 전사를 훈련시키는 전통적인 이란 무술을 예로 들 수 있고, 페르시아에서 시작된 다른 스포츠 중에는 폴로와 마상 창시합이 있다. 미국 테네시의 에바에서 발견된 기원전 5,000년경으로 추정되는 연마 된 뼈 도구는 "링 앤 핀"게임에 사용된 스포츠 장치일 것으로 추정되기도 한다.

(2) 중세의 스포츠

로마제국의 붕괴와 함께 유럽대륙은 가톨릭교회의 지배권에 들어가게 되었다. 로마제국에서의 잔인한 억압을 경험한 교회들은 기존의 관행, 특히 스포츠와 관련된 것들을 전면적으로 비난하고 금기시하였다. 한편 중세시대의 삶은 하층민인 농민들뿐만 아니라 봉건귀족들에게도 혹독한 시기였다. 기사들은 지배자들을 위해 전투에 참여하는 책임을 졌고, 그들의 최애 여가는 사냥이었다. 실제 사냥은 무료함을 극복하도록 하는데 큰 도움이 되었다. 이 시기 사람들은 다양한 게임과 도박에 참여하기도 하였다. 비록 교회와 왕족들이 이를 금기시 했음에도 게임과 도박은 광범위하게 진행되었다.

이 시기 상류층은 마상 창시합이 유행하였고, 점차 이 경기를 열기 위한 규칙도 제정되었다. 반면 농민이 주종인 하류층의 경우는 무거운 물건 던지기, 닭싸움, ball game과 레스링 같은 스포츠에 참여하였는데 경기 도중 유혈사태가 벌어지는 일이 다반사였다. 이처럼 어떤 스포츠는 상층민의 것으로 어떤 것은 하층민의 스포츠로 구분이 이뤄지기도 했다.

11세기까지를 암흑의 중대시대라고 한다면 그 후 400여년은 고급 중세시대라고 한다. 특히 14세기 중엽부터 이뤄진 르네상스혁명은 중세에서 현대로 넘어가는 분기점으로 받아들여진다. 르네상스를 겪으면서 기존 교회 중심의 권력이 왕과 귀족에게 넘어가는 등 각 나라들이 국가로서의 체계를 갖춰갔다. 이 시기 교육의 수단으로서 play의 필요성이 부각되기는 하였지만, 대부분 특정 계층만을 대상으로 한 것이었고, 대다수를 차지하는 농민과 같은 하층민들의 스포츠는 기존과 크게 달라지지 않았다.

(3) 근대의 스포츠

고대의 스포츠는 그 시기가 긴 것도 있지만, 스포츠에 대한 체계적인 이해 혹은 분류가 이뤄졌다기보다는 현대의 기준에 맞춰 유사한 종목이 무엇이 있었는지를 살펴보는 것이 주종이다. 앞에서 보는 것처럼 스포츠는 말 그대로 인류의 역사와 함께 태동하고 발전해왔다고 보는 것이 맞을 것이다. 실제 점차 경제적 · 사회적 변화에 따라 스포츠의 형태, 참여하는 사람들의 구성 등 많은 변화가 있었다. 특히 산업혁명과 대량생산으로 더 많은 여가시간이 가능해졌고, 이는 관람 스포츠의 증대(엘리트 스포츠의 감소)와 더 많은 사람들이 접근할 수 있게 해주었다.

근대의 스포츠는 다음의 그림처럼 산업혁명 전과 그 이후로 크게 구분하며, 좀 더 세분해서 대중여가(popular recreation), 사립학교(public school), 합리적 여가(rational recreation), 그리고 공립학교(state school)의 시기로 구분할 수 있다. 특히 이 구분은 유럽, 특히 산업혁명의 중심지였던 영국을 기본 배경으로 하며, 현대 스포츠 역사 연구의 기본 프레임 역할을 수행한다.

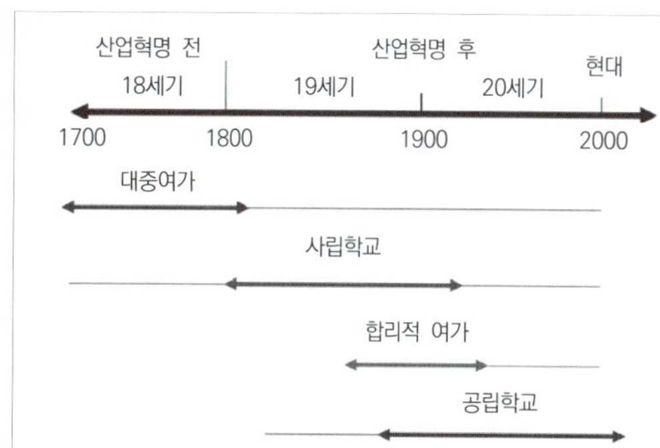

1) 대중여가

대중여가(popular recreation)는 산업혁명 전의 스포츠 및 여가 활동으로 대부분 농부 또는 하층민들이 참여하는 것을 말한다. 또한 노동계층들이 항시 참여하는 것이 아닌, 축제(festival)시기처럼 자유시간이 생길 때 이뤄지는 여가 활동을 가리킨다. 특히 이들 노동계층은 아직 상당수가 직업을 갖지 못하는 점과 교육의 의무가 존재하지 않기에 이들 활동을 즐길 여가시간이 많았고, 거주하는 마을의 다양한 기념일, 축제 및 장날 등으로 많은 축제와 휴무일이 마련된 점, 그리고 이러한 활동을 할 수 있는 공간이 곳곳에 남아도는 것 또한 이러한 활동을 하게 되는 배경이기도 하였다.

18세기 농부들, 특히 하층민들의 삶은 매우 고달팠으며, 이들의 스포츠와 여가 활동은 이 고단함을 고스란히 반영하고 있다. 펍(pub)과 같은 술집이 동네의 중심이었고 지역 여가 활동의 중추적 역할을 수행하였다. 술집에서는 손님을 끌기 위해 베어 베이팅(bear-baiting), 투견, 그리고 현대권투의 원형인 프라이즈 파이팅과 같은 잔혹한 경기뿐만 아니라 당구, 고리 던지기, 그리고 공굴리기 같은 경기를 주최하였다. 한편 지주들은 스포츠 시합에 상금 또는 장비를 후원함으로써 사람들의 경기에 대한 관심을 유발하려 하였는데, 사실 궁극적으로 수익을 얻기 위한 목적도 있었을 것이다.

좀 더 구체적으로 영국의 산업혁명 이전 시기를 살펴보면, 마을과 마을 사이의 이동이 원활하지 못하였고, 그에 따라 소통 역시 제한적이었다. 노동계층과 상층민들은 매우 상이한 거주환경에 사는 등 그 경계가 뚜렷한 계급체계가 존재했고, 이들 노동계층들의 문맹률은 매우 높은 상황이었다. 그리고 위에서 언급한 요인들로 인해 노동계층의 자유시간이 많았고, 지역마다 다양한 축제 혹은 기념일들이 존재하는 상황이었다. 이처럼 산업혁명 이전 대중여가는 해당 활동이 이뤄진 사회, 삶 등을 적극 반영하고 있으며, 매우 다양한 형태의 활동이 생생하게 이뤄졌지만 엄격한 계급시스템에 의해 지원받는 그런 체제였던 것이다.

이러한 대중여가 활동의 사례로는 강에서 하는 수영 · 목욕, 달리기, 주먹싸움, 사냥, 닭싸움, 소싸움 등이 있으며, 이 당시 여가 활동으로 가장 널리 알려지고 잘 기록된 종목은 중세축구(Mob football)였다. 그리고 이들 대중여가의 특징은 규칙이 거의 없다는 점, 해당 활동을 규제 · 통제하는 감독기관이 없다는 점, 공간 · 시간 · 선수에 대한 규제가 없다는 점, 축제나 휴일 등에만 개최되어 비정기적으로 이뤄진다는 점, 농촌 지역에서 이뤄진다는 점, 특별하게 조직화되지 않았다는 점, 그리고 해당 활동을 하는데 특별한 기술이 필요치 않다는 점을 들 수 있다. 그리고 이러한 특성을 종합적으로 반영한 여가 활동이 바로 중세축구인데, 이 활동은 당시 노동계층들에게 축제 및 휴일 시기에 가장 대중적인 것이었다. 당연한 것이지만, 각 마을마다 자신들만의 고유한 전통이 있어서, 특별히 명문화된 규칙이 아니라 동네의 관습에 따라 경기가 펼쳐졌다. 사실 명문화된 규칙이 없었던 것은 사회적 배경도 큰 역할을 한다. 이 당시 인구의 대부분은 읽거나 쓰는 것을 할 수 없었고, 때문에 어떻게 축구를 해야 하는지에 대해서는 오직 구전으로 전해졌을 뿐

Mob Football

이다. 때문에 마을 내에서 축구는 하는 건 큰 문제가 없었지만, 다른 마을과 이 경기를 하려면 서로 다른 규칙 때문에 많은 갈등이 발생할 소지가 있기도 하였다.

이 중세축구는 대부분 돼지 방광을 원형 공처럼 만들어서 차는 것이 가장 일반적이지만, 스틱을 이용해서 이를 치거나 공을 안고 달리는 것처럼 다양한 변종이 있다. 즉, 단어로는 축구라고 부르기는 하지만, 현대 기준에서 보면 그렇지 않은 면도 있고, 요즘 보는 다양한 형태의 구기 종목들의 원형으로 볼 수 있다.

이외에도 다양한 대중여가 활동이 펼쳐졌는데 특정 지역에 국한된 것이 아니라, 앞에서 말한 조건을 충족하는 곳이라면 어디서건 이뤄졌다. 그러나 자연환경 등 어떤 시설이 마련되느냐에 따라 수행되는 활동은 차이가 있었다. 또한 각 활동들은 참여하는 사람들의 계급마다 다른 특성을 보이기도 하였다. 물론 닭싸움처럼 계층에 관계없이 참여하는 경우도 있지만, 대개 계층에 따라 그 활동에 조금 차이가 있었다. 예를 들어서, 수영장은 상 · 하위계층 관계없이 이용하였지만, 상류층은 이를 수영강습을 위한 목적으로 사용했다면, 하류층은 이를 위생상의 목적으로 씻거나 목욕하는 목적으로 이용하였다. 심지어 동일한 활동에 있어서도 계층에 따라 수행하는 역할이 다른 경우도 있었다. 예를 들어, 보행경기(pedestrian)의 경우 대개 하층민들이 그 활동을 하고, 이를 이용하거나 후원하는 사람들은 상층민들이었다. 비슷한 사례는 맨주먹격투 또는 다른 형태의 투기종목에서도 마찬가지였다.

한편 이러한 대중여가 활동에 대한 기회는 오늘날도 그렇지만 계층과 성별에 따라 다른 특성을 보였다. 우선 산업혁명 전 상위계층의 여성들은 매사냥(hawking)과 같은 특정 엘리트 여가 활동을 자유롭게 할 수 있었다. 마찬가지로 하류층의 여성들은 smock race처럼 많은 기술을 필요로 하지 않지만, 다소 거친 활동을 자유롭게 할 수 있었다. 그러나 빅토리아시대에 접어들면서 이러한 활동에 여성이 참여하는 것은 적합하지 않고, 품위 없으며 위험한 것이라는 인식이 생기기도 하였다. 이후 여성들은 해당 활동을 할 수 있는 기회뿐만 아니라 사회에 의한 제약으로 이러한 활동에 제대로 참여할 수 없게 되었다.

더 심한 제약은 계층에 따라 제공되는 스포츠와 참여할 수 있는 스포츠가 달라졌다는 점이다. 산업혁명 이전은 두 계층 사회였다 할 수 있는데, 상위층(신사 혹은 귀족이라 불리는)은 농민(혹은 하위)계층을 지배하였다. 물론 무역 등에 종사하는 상인계층이 있었는데, 이들은 나중에 중간계층으로 흡수되었다. 하위층과 달리 이들은 적절한 스포츠 활동을 제공받았고, 이를 할 기회를 가졌으며, 이를 통해 자존감을 증대시킬 수 있었다. 즉, 시설, 장비를 구입하고 이동을 할 자금력, 일정한 기술에 이를 때까지 필요한 시간, 그리고 궁극적으로 자존감 상승을 통해 제고되는 사회적 지위를 갖추었던 것이다.

Smock Racing

논란의 여지가 많긴 하지만, 이러한 산업혁명 전 대중여가 활동들은 오늘날의 스포츠와 직 · 간접적으로 연결되는 측면은 있다. 그렇지만 여러 가지 이유로 인해 쇠퇴하게 되었다. 가장 극적인 변화를 겪은 것은 중세축구인데, 우선 당국자들은 해당 스포츠 활동을 규제하기 시작하였다. 무엇보다 해당 활동이 중산층에게 적합하지 않고, 산업혁명에 따라 공장을 짓기 시작하면서 도시 지역에 이를 수행할만한 공간이 충분치 않으며, 공장에서 일할 노동자들이 축구를 하다 부상을 입는 것을 원치 않았고, 보다 중요한 점은 하류층들의 노동시간이 점차 증가함에 따라 여가시간을 갖기 어려워진 것도 그 이유이기도 하다.

또한 중산층들은 보다 합리적이고 이성적인 형식의 여가 활동을 장려하였는데, 이를 위해 교회나 공장단위의 팀을 구성하여 동일한 규칙을 가지고 경기를 하도록 하였다. 이러한 여가 활동의 합리 · 이성화 추세는 사회가 발전함에 따라 점차 뚜렷하게 발견되는 추세이기도 하다. 또한 사립학교가 등장함에 따라 기존 지역마다 상이했던 규칙들이 성문화되는 것도 이러한 추세를 뒷받침하였다.

이처럼 사회 · 문화적 요인들은 스포츠에 큰 영향을 끼친다. 구체적으로 산업혁명은 무엇보다 일을 더 많이 하게 만듦으로써 이러한 여가 활동을 할 수 있는 여유시간을 대폭 감소시켜버렸다. 또한 공장들마다 건강상의 이유로 더 나은 여가시설을 제공하려고 노력하였다. 그리고 비록 특정 여가 활동을 하는 것을 허락하지만 이는 사회적인 통제의 수단으로 활용코자 하는 것이었다. 또한 과거와 달리 마을과 마을 간의 이동이 쉬워짐에 따라, 불문율로 이어지는 경기규칙을 통일시킬 필요성이 무엇보다 커지게 되었다. 이는 뒤에 설명할 사립학교 및 대학들에서 스포츠의 합리화 차원에서 규칙을 성문화하고, 전국적으로 특정 스포츠를 감독 · 관리할 수 있는 감독기관에 의한 규정제정으로 이어지게 된다.

2) 사립학교

사립학교(public schools)는 영국의 명문 사립 중등교육기관으로, 교회를 비롯한 여러 가지 기부금에 의해 운영되는 학교로써, 라틴어를 가르치는 문법학교(Grammar School)의 형태를 갖추고 제각기 독자적으로 발전하였다. 이들 학교는 남학생만이 입학할 수 있고, 이들에게 매우 엄격한 규율 속에서 교육이 이뤄졌다. 특히 학생들에 대한 매질이 빈번하게 이뤄지는 등 스파르타식 교육을 하였다. 물론 이러한 가혹한 대우와 기본적인 생활조건은 소년들이 나중에 성인의 삶을 준비하는 데 도움을 주기 위한 목적이었다.

학교는 구조적으로 내부가 여러 주택들로 구분되었기에, 나중에 학생들이 펼칠 다양한 게임의 중심이 되곤 하였는데, 이러한 게임들은 그곳에 들어간 소년들의 출신 가정에서의 생활이 고스란히 반영되었다. 19세기 초반 이 학교들에서 유행했던 게임이나 활동들은 이후의 게임 · 활동과는 상당히 다른 형태였다. 다만 이곳에서 이뤄진 대부분의 스포츠 및 게임들은 학생이 자신의 집에서 했던 것들이었는데, 다만 학교에서 제공하는 시설(긴 복도, 뜰, 잔디밭 등)에 맞춰 변형이 이루어졌다.

스포츠의 역사에서 사립학교는 상당한 의미를 갖게 되는데, 애초 사립학교 자체가 오랜 역사를 지니고 있다는 점에서, 사립학교가 스포츠의 발전에 기여한 부분은 크게 3단계로 구분할 수 있고 각 시기별 특성은 다음과 같다.

① 1단계(1790~1828): 괴롭힘과 잔혹함의 시기

당시 사회는 양극단의 성격을 띠고 있었는데, 대영제국시기의 고품격문화와 함께, 잔인한 스포츠와 같은 저급문화가 공존하는 것이 그것이다. 그럼에도 이 시기는 스포츠가 기술적 · 사회적으로 발전하는 시기라고 할 수 있다. 사립학교 내의 대부분의 여가 활동들은 소년학생들에 의해 조직화되었다. 이때 교사들은 강의실에서는 학생들에게 매우 엄격했지만, 학생들이 하는 게임에는 별다른 관심을 기울이지 않았다.

또한 점차 상류층 학생들의 등록이 많아지게 되고, 새롭게 등록하는 학생들과 함께 다양한 형태의 게임이 학교에 소개됨에 따라 다양한 형태의 스포츠가 뒤섞이는 시기이기도 하였다. 그런데 이들의 스포츠 활동은 단순하고 학교의 시설에 맞춰 이뤄지는 모습을 띠었다. 결국 이 시기는 또한 교사들에 의한 엄격한 훈육 그리고 학생들의 훌리건 행동들이 특징인 시기이며, 대중여가가 제도화한 시기 중의 하나라 할 수 있다.

Rugby School 외부의 William Webb Ellis 동상

② 2단계(1828~1842): 사회적 통제의 시기

이 시기는 사립학교 스포츠에 있어 변화의 시기로서, 럭비스쿨의 교장이었던 토마스 아놀드를 비롯한 몇몇 선구적인 교장들은 사립학교의 개혁을 시도한 시기이다. 그들은 학교교육을 통해 기독교적 소양을 갖춘 신사를 양성하고자 하였고 좋은 도덕적 행동이 무엇인지를 제대로 설파하고자 하였다. 이를 잘 반영하는 말이 바로 경건함과 남자다움의 조합인 강건한 기독교(Muscular Christianity)인데, 튼튼하고 강인한 영혼에 걸맞

는 강건하고 건강한 육체를 갖추도록 하는 것이 이들의 지향점이었다.

특히 이 시기 토마스 아놀드는 매우 영향력이 큰 개혁가였는데, 그는 게임을 사회적 통제를 구축하기 위한 방법으로 활용하였다. 따라서 이전과 달리 교사들은 심판자나 집행자가 아닌 학생들에 대한 멘토와 가이드 역할을 수행하였다. 그리고 학교에서 이뤄진 게임들은 학생들로 하여금 사고를 칠 기회를 차단하고, 저녁이 되면 지쳐서 바로 잠자리에 들게 만드는 효과를 거두었다. 또한 이때는 기숙사 시스템이 체계화되어 기숙사 동끼리의 게임이 정기적으로 이루어졌다. 이러한 과정을 겪으면 이제 학생들이 참여하는 놀이들은 점점 조직화되고, 구조화되며, 정규성을 갖추는 등 기술적 발전이 본격적으로 이루어지게 되었다.

③ 3단계(1842~1912): Athleticism-The 'Cult'의 시기

도덕적 고결성과 육체적 활동의 조화 또는 스포츠맨십을 갖춘 경기를 의미하는 애슬레티시즘(Athleticism)은 이 시기를 특징짓는 단어이다. 사립학교에서 지향했던 애슬레티시즘의 이념적 체계는 도덕적 · 종교적 · 정치적 목적에 바탕을 둔 것이었으며 구체적으로는 신사도(Gentlemanship), 강건한 기독교(Muscular Christianity), 제국에 대한 충성(Imperial Royalty)의 함양을 목표로 한 것이었다. 즉, 남성다운 특성(Manly Trait), 강건한 인격 특성(Muscular Characteristics) 함양을 지향하였다.

이 시기 애슬레티시즘의 상징으로는 과거의 투박한 학교건물보다는 미학적으로 아름다운 건물, 경기를 할 수 있는 드넓은 운동장, 모자의 착용, 자격을 갖춘 학생 · 팀에게 기장(colour)의 수여 등을 들 수 있다. 특히 무엇보다 신사도를 쌓도록 하기 위해 공정한 플레이와 스포츠맨십과 함께 여러 경기규칙들을 제대로 준수해야만 하는 시기이기도 하다. 또한 강건한 기독주의의 전형이 세워졌는데 그것은 바로 '우아하게 승리하거나 명예롭고 용감하게 패배하기'가 그것이다.

또한 이 시기 팀 스포츠는 참가자들로 하여금 팀의 일원으로써 다양한 신체적 능력을 보여줘야 하기 때문에, 애슬레티시즘을 제대로 반영하는 것으로 받아들여지기도 하였다. 특히 팀 스포츠는 사립학교에 재학 중인 학생들이 리더십을 쌓도록 하는데 도움을 준다고 여겨졌는데, 팀웍과 팀에 대한 충성, 팀의 주장이 나중에 산업계의 주장으로 역할, 의사결정, 솔선수범, 본노의 조절, 용기 · 용맹을 키움과 같은 다양한 역할을 수행하는 것으로 기대되었기 때문이다.

④ Clarendon 위원회(1864)

대영제국의 빅토리아 여왕은 1864년 당시 사립학교 9곳(big nine)에 대해 운영이 어떻게 되는지를 파악하기 위해 Clarendon백작에게 위원회를 구성토록 하였다. 원래 이 9곳의 사립학교는 상위층의 자녀들을 위해 설립된 것이었고, 오랜 기간 동안 체계화되었으며, 이 위원회의 조사 이후 Clarendon School로 불리고 있다.

한편 Clarendon 위원회의 보고서에 따르면 학생들의 사립학교 생활에 많은 문제점이 있음을 지적하고, 이를 어떻게 개선할 것인지에 대한 조언을 해주었다. 이때 스포츠는 Rugby나 Eton 스쿨과 같은 사립학교의 개선에 핵심적인 역할을 수행하였다. 구체적으로 다양한 게임과 스포츠는 사회적 통제의 수단으로 활용되었고, 교사에 의한 강제적인 훈육과 학생들의 반항적인 행동들을 대체하는 효과를 거두었던 것이다.

⑤ 여성 사립 · 공립학교에서의 애슬레티시즘

엘리트 여성을 대상으로 한 학교는 18세기 후반에 이르러서야 문을 열었고, 19세기 중반에 드디어 여학생들만을 위한 사립학교(예: 서섹스의 Roedean)가 등장했다. 그러나 남학생 사립학교에서 애슬레티시즘이 제대로 갖춰지는 동안 상류 · 중산층 여학생을 위한 학교에서는 여전히 스포츠 활동에 대한 기회가 제한적이었다. 여기에는 여러 가지 이유가 있었는데, 우선 의학적인 이유로 당시 사람들은 여자들이 운동을 하는 것은 해로운 것이라는 인식이 팽배했다. 전통적으로 여성은 열등하고, 이들의 스포츠 참여는 금기시되는 분위기였던 것이다. 소녀들은 육체적으로 열등하다고 인식되어, 격렬한 신체 활동에 제대로 적응할 수 없을 것이라는 생각이 주종을 이뤘다. 마찬가지로 여성들에 대한 교육은 사회의 행동규범에 맞지 않다고 생각한 것도 그 이유 중 하나이다. 그리고 무엇보다 실무적으로 여학생들에게 리더십을 제공하고 격려를 해줄 여성 교사가 충분치 않았기 때문이기도 하다.

3) 합리적 여가(레크리에이션)

스포츠의 발전은 그 사회의 변화를 고스란히 반영한다. 특히 사립학교와 같은 엘리트양성 기관에서 벌어진 사회 및 문화적 변화는 극적이기도 하다. 이 당시 벌어진 다양한 변화들은 오늘날 참여 스포츠에 많은 영향을 끼쳤다. 때문에 산업혁명의 발발과 함께 사회가 어떻게 변화했는지, 그리고 이는 교육기관의 변화와 발전에 어떤 영향을 끼쳤는지 살펴볼 필요가 있다.

우리는 산업혁명만을 알고 있지만, 19세기는 3가지의 주요 혁명을 겪게 된다. 우선 농업혁명으로 시골 지역에서 농사를 짓던 농부들이 점점 규모가 큰 도시로 이동하는 것이 그것이다. 그리고 산업혁명은 중산층의 폭발적 증가를 가져왔고, 노동계급들에게 더 많은 임금을 보장했으며, 국가 전체적으로 큰 부를 축적할 수 있게 해주었다. 마지막으로 도시혁명은 말 그대로 도시의 산업 및 상업지구의 규모가 커짐에 따라 인구가 폭발적으로 증가하는 것을 말한다. 결국 세 가지의 혁명이라고 하지만, 실제로는 산업혁명의 촉발에 따라 나타난 현상이라고도 할 수 있다.

이러한 3대 혁명의 영향과 함께 합리적 여가(rational recreation)는 사립학교들의 영향을 받은바가 크다. 특히 이 시기 합리적 여가가 등장하게 된 여러 가지 배경들을 살펴보면 다음과 같다.

① 19세기 사립학교와 애틀레티시즘

19세기 사립학교의 특징은 등록학생들이 귀족층의 자제들이었다는 것과 모두 기숙사를 갖추고 있으며, 관련 비용을 지급해야만 하며, 특정 지역에 편중되어 설립되지 않았다는 점이다. 이러한 사립학교들의 특징은 매우 중요한 의미를 지니는데, 각 학교에서 발생 · 개발된 것들이 전국으로 널리 퍼져갔기 때문이다. 물론 가난한 집 출신의 학생들 또한 입학하였고, 1870년대 들어서는 새롭게 등장한 중산층 자제들을 수용하기 위해 사립학교 수가 증가하였다. 그렇지만, 중산층 여학생들을 위한 사립학교의 출현은 여전히 더디게 진행되었다. 19세기 말, 부유하고 영리한 소년 · 소녀들을 위한 사립 및 문법학교가 본격화되면서 애슬레티시즘(선함, 남자다움, 자제 및 규율)을 적극적으로 장려하게 되었다. 또한 교육 커리큘럼의 확대, 학생에 대한 체벌의 축소, 그리고 학교 스포츠에 대한 감독과 같은 다른 개혁조치도 함께 이루어졌다.

② 합리적 여가의 발전에 있어 사립학교 및 그 졸업생의 역할

여가 활동이 어떻게 변화했는지는 여러 가지 사례를 들어 설명할 수 있는데, 그중 대표적인 것은 중세축구이다. 그런데 이러한 중세축구는 사립학교마다 상이한 형태로 진행되었다. 즉, 각 학교별 조건(넓은 잔디 구역 또는 구덩이가 있는지, 경기장이 울타리나 벽으로 둘러싸여 있는지)에 따라 이러한 차이점이 결정되었다. 예를 들어서 Eton은 field game과 wall game을 Rugby School은 handling game을 Harrow와 Charterhouse는 이른바 dribbling game을 하였다.

이튼스쿨의 wall game

그런데 중요한 점은 학생들이 옥스퍼드와 캠브리지로의 진학을 위해 학교를 떠날 때, 그들은 사립학교 시절 학교에서 수용 가능한 다양한 규칙들을 만들었고 대학에 진학해서도 이를 활용하였다는 것이다. 거기서 대학 내 및 대학들 간의 경기를 할 때 적용할 통일된 규칙을 엄격하게 조직할 필요성이 부각되었다. 그리고 상당수의 학생들은 대학졸업 후 사립학교로 돌아와 학생들을 가르치게 되었는데, 이들이 대학에서 습득한 규칙들은 사립학교 학생들에게 새로운 규칙으로 전파되었다. 게다가 사립학교들끼리도 새롭게 통일된 규칙에 따라 다양한 경기가 이뤄지게 되었다. 한편 이 시기 다수의 대학졸업생들은 축구의 규칙에 대해 토의를 하였고, 그 결과 축구와 럭비의 분리를 결정하였으며 그에 맞춰 축구연맹(FA)이 1863년에, 그리고 럭비축구연맹(RFU)가 1870년에 설립되었다.

③ gentleman amateur

대학교의 단과대학 내 그리고 대학교 간의 경쟁구도는 엘리트를 출현시키는 것과 함께, gentleman amateur의 기초가 되었다. 졸업생들이 학교를 떠날 때 그들은 산업계, 교회, 군대 등 다양한 분야로 진출하게 되었는데, 그들은 자신들이 체득한 아마추어 스포츠를 전방위적으로 전파시키는 역할을 하였다. 예를 들어서, 크리켓과 같은 경우 옥스퍼드 · 캠브리지 졸업생들이 영국 전역에 퍼뜨린 최초의 스포츠이기도 하다. 물론 처음에는 그들끼리 해당 스포츠를 촉진시키는 것이었지만, 점차 지역사회의 중산층에게 확장시켰으며, 궁극적으로 개혁의 수단으로서 이러한 아마추어리즘을 노동계층에까지 확장시켰다. 실제 상류층이 하는 스포츠를 할 수 있게 됨으로써 이들이 소개한 새로운 게임이나 스포츠들은 중산층과 노동계층에게 비교적 잘 수용되었다.

④ **중산층의 본격 등장**

중산층은 그냥 부유했을 뿐만 아니라 상류층(gentry)에게 부여되었던 사회적인 지위를 받고 싶어 했으며, 사립학교에 자신들의 자녀들이 입학할 수 있어야 한다고 생각하였다. 즉, 학교와 사회가 새로운 시대를 열어가려는 열정과 개혁의지를 보임에 따라 하급 신사계층과 산업계 중산층들은 사립학교 교육에 대한 권리를 갖고자 하였다. 그러나 이들은 기존 Clarendon스쿨에의 입학이 허용되지 않았기에, 그들은 광범위한 스포츠시설을 갖춘 자기들만의 새로운 학교를 설립하였다. 그러는 사이 일부 상류층의 여성들은 옥스퍼드 · 캠브리지에 진학할 수 있는 기회가 생겼으며, 이들 여성들은 졸업 후 자신들의 자녀(소녀)들을 위한 기숙사 학교를 도처에 개설하였다.

⑤ **합리적 여가운동**(rational recreation movement)

위와 같은 환경적인 요인과 함께, 산업혁명 이후 대부분의 고용주들과 상류층으로의 이동에 성공한 종업원들은 '유휴(idleness)', 즉 하는 것 없이 쉰다는 것은 산업의 발전과 사회의 안정을 위협하는 것으로 간주했다. 따라서 개혁가들은 새로운 도시의 이 위험한 계급의 사람들을 중산층의 이미지로 변화시키는 노력을 함으로써 이러한 위협을 제거하고자 하였다. 이러한 접근방식은 이들 집단에 (대부분 시골의) 중산층의 가치를 부여하는 노력으로 이어졌고, 동시에 합리적 여가 활동(현대적인 관점서는 serious leisure)에 참여하고 결과적으로 덜 일상적(casual)인 여가 활동을 수행하고자 하는 욕구를 심어주었다.

이 개혁의 일부는 완전한 성공을 거두지는 못했지만, 노동계급이 자제력, 개인주의 및 존경심의 윤리를 수용하도록 하는 시도를 중심으로 진행되었다. 합리적 여가운동의 핵심은 박물관 설립, 독서실 개방, 운동 및 공연 예술 활동을 위한 공간 제공과 같은 진지한 여가를 촉진하는 프로젝트였다. 이러한 활동 중 일부는 근로 남성 사교 클럽에 의해 조직되었으며, 일부는 고용주가 조직하기도 하였다. 오늘날의 많은 도시 공원과 박물관은 이러한 운동의 결과물이라 할 수 있다. 그러나 문제는 다양한 여가 활동들이 애초 개혁주의자들이 의도했던 데로 진행되었는지에 대해서는 꾸준한 의문이 남는다. 즉, 중산층의 가치를 이식하고 그 수단으로 합리적 여가를 활용한 것인데, 겉으로는 중산층의 외형을 띨지 모르지만, 실제 대부분의 하층 노동자들이 중산층화 하였는지에 대해서는 여전히 문제가 남게 된다.

한편 대중여가의 여러 한계점에 대해 언급했지만, 합리적 여가와 비교했을 때 본질적으로 서로 완전히 다른 것은 아니다. 두 여가 활동 모두 물리적 활동을 포함하고, 모두 경쟁의 성격을 띠고, 즐거움을 주며, 성취감을 안겨준다는 특성에서는 동일하다. 또한 이들 모두에서 현대 스포츠에서 발견되는 요소들을 고스란히 담고 있기도 하다. 그럼에도 불구하고 두 여가 활동은 다음과 같이 구분되는 특성을 지니고 있기도 하다.

또한 여러 가지 사회 · 문화적 요인에 의해 자연스럽게 대중여가에서 합리적 여가로의 전이가 이뤄졌는데, 이는 앞서 언급한 3대혁명의 여파, 그리고 사립학교에서의 다양한 여가 활

[표 1-4] 대중여가와 합리적 여가의 차이

대중여가	합리적 여가
직업적(Occupational)	규제를 받음(Regulated)
간헐적(Occasional)	정기적(Regular)
폭력적(Violent)	상호존중(Respectable)
제례(Ritual)	축제(Festival)
시골 지역(Rural)	전국적(National)
비성문화된 규정(Uncodified)	성문화된 규정(Codified)
대중적(Popular)	보편적(Universal)
지역적(Local)	전국적(National)

동이 개발되고 졸업생들을 통해 사회곳곳에 전파됨에 따라 발생한 것이라 할 수 있다.

[표 1-5] 대중여가와 합리적 여가의 차이

	대중여가	합리적 여가
기반 지역	농업	산업 및 도시
중심계층	봉건	신흥 중산층
이동의 자유	제한적인 여행	철도
교육수준	문맹률 높음	초등 교육
주요 산업	목화산업	공장
급여	현물로 급여지급	봉급제도
자유시간	제한적인 자유시간	정기적 자유시간, 토요일 반 공휴일
구입장소	전통시장	쇼핑센터
사법체제	엄격한 법률	법률 및 경찰
여가의 시기	교회 축제	강건한 기독교 _ 애슬레티시즘
지역적 특성	평지와 강	공원과 목욕

4) 공립학교

공립학교(State School)는 말 그대로 국가에서 학생들의 학업에 필요한 모든 지원을 하는 곳인데, 앞에서 언급한 합리적 레크리에이션이 공고화되는 공간으로 의미가 있다. 즉, 기존의 사립학교가 대중여가와 합리적 여가가 병존하는 시기였다면, 공립학교 시기는 합리적 여가가 완전히 사람들의 여가 활동으로 자리 잡게 됨을 의미한다. 20세기에 접어들면서 기존의 무질서하고 비체계적이었던 스포츠 활동들이 그 틀을 갖춰가게 되었고, 오늘날 우리가 향유하는 온갖 종류의 스포츠 활동이 자리를 잡고, 다양한 연령, 지역으로 확장되는 시기가 이 즈음이다.

3 우리나라 스포츠의 역사와 성격

우리나라에서 형성된 독특한 신체 활동들 가운데 일부는 전근대적 스포츠로 파악할 수 있고 이를 바탕으로 이후에 전개된 스포츠의 서구화에 따른 한국 스포츠의 특징을 도출할 수 있다. 스포츠 역사 내용 요소를 추출하기 위해서는 한국 스포츠 문화의 역사와 성격, 즉 우리나라 전통적인 스포츠의 종류와 서구의 스포츠가 언제 어떻게 도입되어 발전되었는가를 알

아야 할 필요가 있다

1) 전근대적 스포츠

우리나라의 전통사회는 노동집약적인 농업사회를 유지하였기 때문에 경제의 규모가 스포츠에 호의적인 태도를 제공할 만큼 여유가 없었고 농업 자체도 농업기술의 저급성으로 노동생산성이 낮아 자급자족의 범위를 넘지 못하였다. 따라서 전통 스포츠는 단지 절기에 맞추어 작은 규모의 축제 활동 가운데 치러지는 소극적 수준에 머물러 있었다고 할 수 있다. 그리고 스포츠를 즐길 수 있는 시기를 대략 3월에서 10월까지로 본다면 이 시기는 노동에 전력을 기울여야 하는 절대절명의 시기이기 때문에 다른 활동은 제약을 받을 수밖에 없는 상황이어서 특정한 절기의 대동놀이가 중심을 이룰 수밖에 없었다. 또한 신분에 따른 계급사회로 인하여 스포츠는 지배계층에게 한정되는 경향이 강했으나 무예의 숭상에서 벗어나 문치주의 경향이 심화되어 점차 스포츠는 지배계층에게서 소외되어감에 따라 관람적 스포츠로 변모하였고 오히려 대중 속으로 전파되어 민속놀이의 형식을 띠게 되었다. 이러한 예학적(禮學的) 문치주의(文治主義)의 관습은 놀이 자체를 천박한 것으로 간주하여 전통 스포츠를 근대화시키기에는 호의적이지 못했기에 결국 이러한 요인들로 인하여 한국의 전통 스포츠는 합리화하여 근대 스포츠로 발전하지 못하고 주변으로 밀려나는 결과를 초래하게 되었다.

[표 1-6] 전근대 스포츠의 종류

종목	다른 이름	종목	다른 이름
편사	궁술, 습사, 사궁, 보사, 궁사	기창	창술
각저	씨름, 각력	봉희	격봉, 타구
수렵	사냥	판무	판도, 널뛰기, 답판희
무용	검무, 군무	인색희	조리지희, 줄다리기
축국	공차기, 농주	유상	꽃놀이
추천	그네뛰기	등고	단풍놀이
수박	오병수박희	장치기	타구, 격구, 장구
마술	마상재, 농마	투호	
격구	타구	축치구	답축, 제기차기
방응	매사냥	탁견	
석전	편전, 척석	권법	
기사		수벽	

자료: 임영무(2010), 한국체육교육사연구, 청원; 협신사.

2) 서구 스포츠의 도입기(1876~1919)

1908년(융희 2년) 춘계운동회

기독교의 전파와 근대 학교의 설립으로 선교사, 외국어 학교 교사, 유학생에 의해 근대 스포츠가 도입되었다. 학교 운동회를 통해 지역 사회 주민들에게 소개된 근대 스포츠는 사회체육의 일환으로 볼 수 있으며, 이를 중심으로 소개 · 보급된 각종 근대 스포츠는 새로운 스포츠 문화 형성에 영향을 미치게 되었다. 이로 인하여 신체 활동에 대한 전근대적 인식의 개선 및 세계적 보편성을 지니는 스포츠 문화를 공유하게 되었지만 반면에 전통 스포츠를 근대화시키지 못하고 주변으로 밀어내 단절시키게 되었다

[표 1-7] 근대 스포츠의 도입 시기

종목	도입 시기	종목	도입 시기
제소	1895년 4월 1일	육상	1896년 5월 2일
검도	1896년	수영	1898년 5월 14일
골프	1900년	사격	1904년 9월 24일
축구	1905년	야구	1905년
자전거	1906년 4월 22일	농구	1907년
유도	1906년	빙상	1908년 2월 1일
정구	1908년 4월 18일	승마	1909년 6월 13일
권투	1912년	배구	1916년 3월 25일
조정	1916년 6월 1일	럭비	1923년 11월
탁구	1924년 1월 4일	스키	1927년 1월 4일
레슬링	1935년	펜싱	1935년

자료: 대한체육회 70년사(1990)

3) 전개기(1920~1945)

3 · 1 운동 이후 조선체육회와 YMCA를 중심으로 한 스포츠 활동이 활기를 띠기 시작하였다. 조선체육회는 민족의 내부적 통일과 극일정신의 열정으로 스포츠를 보급 · 발전시켰으며, YMCA는 전국 규모의 스포츠 대회를 주최하면서 다른 단체의 스포츠 대회를 후원하였고 또한 서양의 새로운 스포츠를 도입하여 각종 강습회 등을 통하여 시민 체육 활동에 소개 확

1920년 제1회 전조선야구대회 개회식으로 추정되는 사진. 시구자는 월남(月南) 이상재 선생

산시키는 데 많은 공헌을 하게 되었다. 이는 많은 사람들이 스포츠 활동에 참여할 수 있는 계기를 제공해 주었지만 스포츠 활동을 민족의식의 고취 또는 일제에 대한 저항의 수단으로 오도하는 결과를 초래하기도 하였다

4) 재편기(1945~1966)

조선체육회의 전통을 이은 대한체육회의 발족으로 한국 스포츠는 외형적으로 근대적 조직체계를 갖추게 되었으며, 각종 산하 단체의 정비와 대회의 창설로 한국 스포츠는 재편되기 시작하였다. 또한 일제 시대의 전국체육대회를 계승하여 지역사회의 발전, 지방 체육시설의 증설, 사회 체육 기반을 조성하였으며 각종 국제대회에 참가하여 국제사회에 한국을 알렸다. 그러나 관 주도의 정책은 한국 스포츠의 자생력을 약화시켰고 성적을 중시하는 엘리트 중심의 스포츠 문화는 스포츠가 생활의 일부로 자리 잡지 못하게 하는 폐단을 낳기도 했다.

5) 도약기(1966~1988)

정부의 행정적 · 법률적 지원으로 각종 운동경기장 및 태릉선수촌을 건립하여 지역 체육시설의 확충 및 한국 스포츠의 외형적 성장을 가져오게 되었고 엘리트 스포츠의 산실이 되었다. 이런 기반을 근저로 프로 스포츠의 등장과 아시아경기대회와 서울올림픽의 성공적인 개최를 이룩할 수 있었다. 그러나 엘리트 스포츠의 발전은 사회 체육의 위축을 가져와 엘리트 체육과 사회 체육의 이원화 구조를 나타나게 했으며, 프로 스포츠의 등장은 자신이 직접 참여하는 스포츠보다는 관람 스포츠의 확대를 초래했다.

6) 산업화기(1988~현재)

서울올림픽 이후 체육정책의 방향이 엘리트 중심으로부터 생활체육으로 전환되면서 국민들의 스포츠에 대한 관심이 증가하게 되었다. 따라서 종전의 관람 스포츠에서 자신이 직접 참여하는 스포츠로 전환되어 생활체육의 활성을 위하여 국민생활체육협의회와 국민체육진흥공단이 창설되었다. 또한 스포츠가 대중화 되어감에 따라 스포츠 시설의 증대, 각종 용품의 과학화 및 스포츠의 상업화를 가져와 오히려 스포츠가 유행을 선도하는 역할을 하게 되었다. 그러나 여전히 관 주도 형식에서 벗어나지 못한 정책은 엘리트 스포츠 지원에 중점을 두고 있어 생활체육의 저변 확대를 저해하고 있는 문제점을 나타내고 있다.

2장 스포츠 산업과 스포츠 마케팅의 이해

헤드라인 스토리

페더러가 핑크 운동화 신은 이유…

각본 없는 드라마로 여겨지는 스포츠 경기. 알고 보면 시선을 사로잡는 브랜드, 스폰서 기업의 로고에는 치밀한 계산이 숨어 있다. 우리가 몰랐던 스포츠 마케팅의 숨겨진 전략을 짚어봤다.

호주 멜버른 로즈 레이버 아레나에서 진행된 2018 호주오픈 테스트 대회 남자 단식 로저 페더러(스위스)와 마린 칠리치(크로아티아)의 결승전. 세트 스코어를 주고받으며 5세트까지 진행됐던 치열한 경기. 그 중 특히 눈에 띄었던 것은 바로 로저 페더러 선수의 핫핑크색 운동화였다. 멜버른 경기장의 선명한 파란색 코트 위에서 시종일관 뛰어다니는 로저 페더러의 핫핑크색 나이키 운동화와 같은 색 스트라이프 무늬가 들어간 의상은 마치 나이키 단독 화보인양 시선을 사로잡기에 충분했다.

물론 우연은 아니다. 로저 페더러의 공식 후원 브랜드인 나이키의 컬러 전략이다. 선명한 파란색 코트는 멜버른 경기장의 상징이었기 때문에 나이키 디자이너들이 이를 고려해 운동화를 디자인한 것이다. 파란색 코트에서 가장 임팩트가 크고 강렬한 색상을 찾았고, 특히 화면에서 봤을 때 생동감 넘치는 컬러인 핑크가 간택됐다.

게다가 호주 멜버른은 주요 테니스 팬들이 운집한 미국 · 유럽과 시차가 있는 지역으로 생중계보다 하이라이트 방송이나 SNS 게시물을 통해 결과를 확인한다는 점까지 고려했다. 순간적으로 강한 인상을 남기기 위해 단순하면서도 한눈에 들어오는 과감한 컬러를 활용했다는 얘기다. 나이키의 테니스 라인 의류 디자인 팀장 샘 시플리(Sam Shipley)는 "디지털 미디어를 통해 경기 하이라이트는 삽시간에 퍼져나가고 그 내용은 반드시 순위와 연관된 것은 아니다"라며 "선수들의 스타일은 물론 경기장 컨디션 등을 고려해 의상과 신발을 디자인하게 된다"고 밝혔다.

이런 컬러 마케팅은 스포츠 경기에서 사실 흔한 사례다. 한양대 스포츠산업학과 박성배 교수는 "미국 야구 경기장에서 가장 많이 보이는 광고가 바로 짙은 초록 잔디와 보색 대비되는 오렌지 주스 광고"라며 "색상의 대조가 강렬할수록 인상에 남는다는 것을 고려해 철저히 계산된 광고전략"이라고 설명했다.

현장의 직관보다 TV 중계로 관람하는 사람들이 많은 경기의 경우는 카메라 노출 포인트가 중요하게 고려된다. 여기에는 장소가 아닌 인물도 포함된다. 즉, 선수가 아니어도 카메라에 잘 잡히는 인물과 명당이 있기 마련이다. 스타 골프 선수의 캐디가 대표적이다. 카메라에 항상 같이 잡히기 때문에 골프 선수 못지않은 광고효과를 낸다. 매년 미국프로골프(PGA)투어 캐디 수입 순위를 발표하는 미국 경제전문지 포브스는 지난 2017년 6월 "일부 톱랭커들의 캐디는 자체적으로 모자나 셔츠에 스폰서 로고를 넣는 등 그들 자신의 광고효과로 돈을 벌고 있다"고 보도했다. 그 금액도 상당하다. 필 미켈슨이나 로리 매킬로이, 전성기 시절의 타이거 우즈 등 TV 중계에 빈번하게 등장하는 선수의 캐디들은 이런 스폰서십 광고로 평균 연간 20만 달러(약 2억 원)의 수익을 올린다.

캐디와 비슷한 사례에는 가족도 있다. 코트 위의 여신으로 불리는 테니스 선수 마리야 샤라포바(러시아)의 아버지는 늘 관중석에서 딸의 경기를 지켜보는 것으로 유명하다. 경기 중 수시로 카메라에 잡히는 것은 물론이다. 후원 브랜드인 나이키가 이를 놓칠 리 없다. 실제로 샤라포바의 아버지 유리 샤라포프는 종종 나이키 모자를 쓰고 관중석에 등장한다. 관중석의 가족과 비슷한 예로 골프 경기의 갤러리(관중)에 주목한 사례도 있다. 야외에서 진행되는 골프 경기의 갤러리들은 뜨거운 햇볕을 가리기 위해 대부분 큰 우산을 사용한다. 2005년 미국 프로골프(PGA)투어에서 코오롱FnC의 골프 브랜드 엘로드가 바로 이 우산을 활용해 재미 있는 마케팅을 시도했다. 공식 후원사가 아님에도 엘로드 로고가 크게 새겨진 우산을 TV 중계 노출 포인트에 들고 있으면서 광고효과를 노린 것.

골프 전문 스포츠 에이전시 크라우닝의 우도근 이사는 "당시에는 공식 후원사가 아닌 브랜드가 카메라에 노출돼 말도 많고 논란도 많았던 사례지만 이후 국내에서도 대회 주최 스폰서가 우산을 갤러리들에게 나눠주고 중계 화면에 노출되는 시도를 많이 하게 됐다"고 전했다. 흔히 스포츠 경기를 각본 없는 드라마라고 한다. 그리고 이 각본 없는 드라마를 연출하는 스포츠 선수야말로 스포츠 브랜드의 영원한 셀렙이다. 마지막 승리의 순간에 조명받는 선수야말로 스포츠 브랜드의 광고효과를 최대치로 끌어올리는 일등공신이기 때문이다.

2009년 양용은 선수가 타이거 우즈를 꺾고 미국 프로골프 메이저 대회인 PGA 챔피언십에서 우승할 때 세리머니로 자신의 골프백을 치켜든 적이 있다. 영광의 순간, 양 선수의 만면 가득한 웃음과 함께 중계 화면 가득히 잡힌 테일러메이드 골프백의 모습은 웬만한 광고보다 더 효과적이었다. 양용은 우승 이후 테일러메이드의 골프용품은 재고가 없어 팔지 못할 만큼 판매가 활발했다는 후문이다.

현재 1등 선수가 아닌 언더독(under dog · 스포츠에서 이길 확률이 적은 팀이나 선수), 즉 유망주를 키우는 것도 스포츠 브랜드의 한 전략이다. 예측할 수 없는 드라마를 만들 공산이 크기 때문이다. 글로벌 스포츠 브랜드 언더아머는 아예 '언더독을 후원한다'는 기업 가치를 내세운다. 잘하는 선수는 이미 후원받고 있으니 그렇지 못한 선수들을 발굴해 후원한다는 얘기다. 현재 언더아머의 간판 모델인 미국 프로농구(NBA)선수 스테판 커리와 골프 선수 조던 스피스가 대표적이다. 스테판 커리는 막 두각을 나타냈던 2013년 모델 계약 후 2015, 16년 2년 연속 시즌 MVP를 차지하며 리그를 대표하는 선수로 성장했다. 조던 스피스와는 햇병아리 시절인 2013년 1월 후원 계약을 맺었고 2015년 미국 프로골프(PGA) 마스터스에서 우승하면서 대박을 쳤다. 언더아머 임다정 매니저는 "같이 성장해 나간다는 브랜드 이미지를 줄 수 있고 젊은 브랜드라는 스토리를 입히기 좋다"고 말했다.

아직 몸값이 높지 않은 선수나 비인기 종목은 미리 점찍을 수 있다는 점에서 '블루오션' 전략으로 불리기도 한다. 이번 호주 오픈 테니스 대회에서 4강까지 오른 정현과 시계 브랜드 라도의 스폰서십 역시 드라마틱한 성공 사례다.

- 중앙일보, 2018년 2월 12일 -

정치 · 경제적으로 급격한 변화를 겪고 있는 현대사회는 우리에게 많은 윤택함을 안겨준 것이 사실이다. 그러나 동시에 이러한 윤택함과 함께 신체 활동의 급격한 감소는 체력의 감소, 신체와 정신의 부조화, 그리고 각종 성인병의 주요 원인이 되고 있다. 때문에 사람들이 건강 유지 및 증진을 위해, 전체적인 생활수준의 향상에 따른 질적인 삶을 영위하고자 하는 욕구 등을 만족시키기 위해 스포츠에 많은 관심을 갖는 것은 어떻게 보면 당연한 일이다. 이처럼 사람들의 생활양식 변화와 스포츠에 대한 국민 의식의 변화, 그리고 건강에 대한 관심 증대로 말미암아 스포츠는 이제 우리 생활에서 분리할 수 없는 주요한 사회현상이 되고 있다.

스포츠에 참여하는 사람이 많아지거나 뛰어난 스포츠 행위(특히 경쟁적 관계에서의 상대적 성취)를 하는 사람이 출현하면, 스포츠를 관람하는 행위도 나타난다. 타인의 스포츠를 관람하는 행위는 반드시 스포츠에 직접 참여하는 사람에 의해서만 나타나는 것은 아니다. 피아노를 직접 연주하거나 그림을 직접 그리지 않아도, 타인의 피아노 연주를 듣는 것과 그림을 보는 것을 좋아할 수 있는 것과 같다. 즉, 사회 전반에 스포츠에 직접 참여하거나 스포츠를 관람하는 문화 이른바 스포츠 문화가 생성 · 정착하게 된다.

결국 스포츠는 문화적 현상과 깊은 연관관계를 가지는 용어로서 그 자체로는 상품을 나타내는 것이 아니다. 그러나 이러한 스포츠 문화에 대한 수요가 늘어나면서 특정한 형태의 상품이 나타나고 시장이 형성된다. 이처럼 스포츠 문화가 비즈니스화되면서 스포츠 산업이라는 또 다른 모습을 보여주게 된다. 동시에 스포츠는 잠재적으로 엄청난 시장규모를 보유한 산업으로써 그 영역을 확대하면서 사회 전반에 걸쳐 그 영향력을 확장시켜 가는 중이다.

1 스포츠 산업과 분류

스포츠는 그 개념이 확대되고 산업으로서의 가치도 높아지고, 정치, 경제, 사회, 문화 등의 환경 변화에 따라 현대인에게 미치는 영향도 막대해졌다. 실제 전체 산업구조 속에서 스포츠 산업이 차지하는 비중도 지속적으로 증가하고 있는 추세이다. 특히, 정보화 사회로의 변화는 스포츠에 많은 영향을 주었으며, 스포츠 참여, 스포츠 시설의 증대, 스포츠 마케팅의 발전은 스포츠 산업의 발전을 가져왔다.

(1) 스포츠 산업의 발전원인

① 여가선용의 기회증가

자동화, 기계화, 그리고 정보화와 같은 오늘날의 환경 변화는 인간이 노동에서 해방되어 여가를 선용할 수 있는 기회와 많은 시간을 제공하여주었다. 다양한 여가 활동 중 스포츠 활동은 오락, 문화 활동 가운데에서도 가장 활동적이고 스스로 행할 수 있다는 측면에서 단연 으뜸이라고 할 수 있다. 활발한 경제 활동을 수행하도록 건강한 정신과 신체를 갖춘 사회구성원을 기르는 활동이기 때문이다. 즉, 스포츠 활동은 개인이 건강하고 즐거운 삶을 영위할 수 있도록 할 뿐만 아니라 신체적 · 정신적으로 건강한 사회구성원을 개발하여 이들의 경제 활동력을 향상시켜준다.

② 여가가치로서 스포츠의 의미 증대

과학의 발전은 인간에게 혜택을 주는가 하면 반대로 다양한 사회 병리적 현상도 함께 선사한다. 신체적 움직임이 없는 생활로 인한 인간 대 인간의 대화 단절, 그로 인해 심화되고 있는 소외감, 신체 활동 감소에 따른 건강과 체력의 감퇴 등이 그것이다. 여기서 스포츠는 이기적이고 타산적인 이해관계의 굴레를 벗어나 자연스럽게 만나는 공동의 장을 제공함으로써, 인간적인 유대를 강화할 뿐만 아니라 건강과 체력증진, 스트레스 해소, 정서적 충만감을 제공해준다.

③ 여가활용비의 증대

우리나라의 GNP와 관련하여 가구당 여가활용비 지출 추이를 살펴보면 스포츠 산업 시장의 성장률을 어느 정도 짐작할 수 있다. 우리나라 일인당 GNP는 1980년대 중반 이후 급격히 증가하여 1993년에는 약 8,500달러를 기록하였고, 현재 우리나라 1인당 GNP는 2017년 31,605달러로 40,000달러를 향하고 있다. 이와 같은 증가와 더불어 여러 여가 활동 가운데 더욱 각광 받으리라고 예측되는 스포츠 활동에 대한 지출은 더욱 늘어날 것으로 예상된다.

④ 여가 형태와 라이프스타일의 변화

최근의 여가 형태와 라이프스타일은 금전 소비형에서 시간 소비형으로, 관광형에서 레저스포츠 목적의 체제형으로 변화하였으며, 삶의 방식이 단순한 생존지향에서 벗어나 삶의 질을 중시하는 생활지향으로 변화하였다. 이러한 변화는 과거와 달리 스포츠의 유의미성을 증대시키고 사람들의 스포츠에의 참여를 증대시켰다.

⑤ 스포츠 마케팅의 발달

스포츠 산업 발전의 배후에는 스포츠 마케팅이 있다. 즉, 올림픽, 월드컵, 각종 프로 골프

대회, NBA, MLB 등 관람 스포츠 단체들은 기업 스폰서 유치, TV 중계 유치, 각종 라이센싱 사업, 광고권 판매, 그리고 관중 유치를 위한 다양한 스포츠 마케팅 전략으로 많은 수입을 올리고 있다. 동시에 스포츠 마케팅은 이들 스포츠 팀과 스포츠 스타플레이어를 대중화시키고 스포츠 자체를 활성화 시켰다. 이러한 관람 스포츠의 생활화는, 곧 스포츠 산업 발전을 이루는 토대가 되었다.

(2) 스포츠 산업의 정의

전통적으로 생산된 재화 및 서비스의 유형에 의해 기업의 활동을 "산업"으로 분류하는 것이 익숙했다. 일반적으로 산업이란 유사하거나 매우 밀접한 관련성을 가진 제품이 구매자에게 판매되는 시장을 말한다. 일부 산업의 경우 오직 한 가지 제품만을 취급하기도 하지만(예: 테니스라켓 산업), 다른 경우는 매우 다양한 제품을 취급하기도 한다(예: 스포츠용품 산업). 그 연장선상에서 스포츠 산업은 "스포츠와 관련된 재화 및 서비스를 생산 및 유통하는 산업 활동"이라고 정의할 수 있다. 물론 일부 연구자는 스포츠 산업을 참여 및 관람 스포츠 또는 그

[표 2-1] 스포츠 산업의 정의

구분	정의
Loy, Mcpherson & Kenyon	스포츠 산업과 스포츠 관련 산업으로 규정하고 스포츠용품 생산, 스포츠 의류제조, 스포츠 시설의 설계 및 시공스포츠 갬블 등을 포함
Mullin	스포츠 산업이란 스포츠, 스포츠 시설, 스포츠 장비나 용품 등을 제작, 판매하거나 스포츠 제품 혹은 서비스를 제공하는 산업
김창규	스포츠 활동과 관련된 재화와 서비스를 제공하는 제조업이나 서비스
한왕택	스포츠 활동에 대응하는 재화와 서비스를 제공하는 산업
정상원 · 박기주	수요 측으로부터 스포츠라고 하는 축을 중심으로 넓어져가는 특정 생활 영역과 관련하여 소비자가 요구하는 각종 요구를 확실하게 제공하는 산업
박영옥	스포츠 산업이란 스포츠 활동과 관련된 재화와 서비스의 상업적 생산 혹은 시장을 통한 수급을 위한 생산 활동과 이를 유통시키기 위한 활동
김치조	스포츠라는 서비스를 상품으로 하는 서비스 산업의 일종이라는 범위를 넘는 광의적 개념으로 일반적 스포츠 서비스 산업 이외에 대중오락에 관련된 영화, 음악, TV, 연극, 잡지 등을 포함한 오락산업과 여가산업을 총칭하는 문화산업의 일부까지도 포함
김종 외	스포츠 산업이란 스포츠 및 그와 관련된 재화나 서비스를 생산 유통시켜 부가가치를 창출하는 산업

자료: 최진우, 스포츠 산업 활성화를 위한 과제, 삼성경제연구소, 2001, p. 34.

것에서 파생된 산업 활동으로 제한하자 주장하기도 하고, 스포츠 산업을 단순히 용품제조업으로 한정짓자고 하기도 한다.

스포츠 산업에 대한 정의들을 정리한 [표 2-1] 역시 스포츠 산업이라는 것을 한정적으로 정의하기보다는 매우 폭넓게 정의하고 있음을 보여주고 있다.

(3) 스포츠 산업의 분류와 특성

① 스포츠 산업의 분류

스포츠 산업은 스포츠 및 그와 관련된 재화나 서비스를 생산, 유통시켜 부가가치를 창출하는 산업으로, 스포츠 및 그와 관련된 재화나 서비스 활동에 필요한 용품과 설비, 그리고 스포츠 경기, 이벤트, 강습 등과 같은 유 · 무형의 생산물을 포괄한다. 그리고 스포츠 산업의 영역은 제공된 재화나 서비스의 특징과 사업단위가 수행하는 경제 활동의 특성에 따라 구분할 수 있으며, 그 내용은 [표 2-2]와 같다.

그러나 이러한 스포츠 산업 분류는 스포츠 시장의 영역과 경계를 모호하게 다뤘다는 지적을 받아왔다. 또한 본 분류 방법이 지나치게 공급자의 관점에서 분류되었다는 한계점 역시 드러났다. 이에 공급자뿐만 아니라 수요자 입장도 반영한 스포츠 시장 가치망에 따른 새로운 분류 체계가 새롭게 제시되었다. [표 2-3]을 보면, 스포츠 본원시장과 파생시장의 개념이 제시되었으며 여기에서 본원시장이란 1차적으로 사업화된 시장으로써 관람 스포츠와 참여 스포츠로 크게 구분된다.

관람 스포츠는 프로 스포츠, 아마추어 스포츠, 그리고 국제적인 스포츠 이벤트 시장으로 나눌 수 있으며, 참여 스포츠는 이벤트형 참여 스포츠와 비이벤트형 참여 스포츠로 구분할 수 있다. 이에 따른 파생시장은 방송권, 스폰서십, 용품 · 장비, 시설 운영 시장 등으로 본원시장을 기반으로 하여 파생되는 새로운 시장들이다.

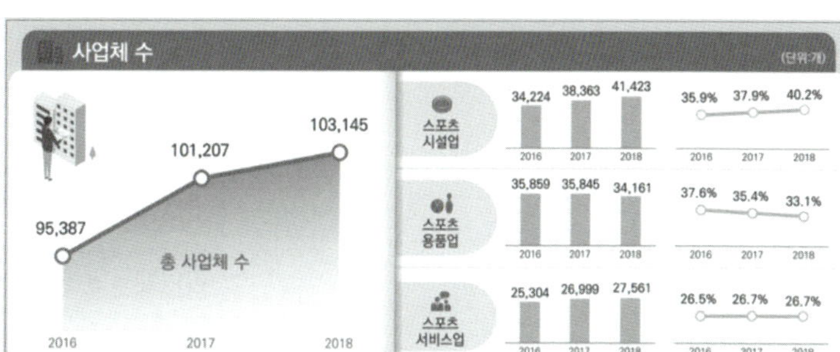

2019 스포츠 산업 실태조사 사업체 수 현황

문화체육관광부가 발표한 우리나라 스포츠 산업을 영위 사업체 현황을 조사한 '2019 스포츠 산업 실태조사(2018년 기준조사)' 결과를 보면, ▲ 2018년 기준 사업체 수는 103,145개로 조사되어 전년 101,207개 대비 1.9% 증가했다. ▲ 매출액은 약 78조

[표 2-2] 제공된 재화나 서비스의 특징에 따른 분류

<table>
<tr><th colspan="2">구분</th><th>세부업종</th><th>의미</th></tr>
<tr><td rowspan="2">스포츠 용품업</td><td>스포츠용품 제조업</td><td>• 운동용구 제조업
• 스포츠 신발 제조업
• 스포츠 어패럴 제조업</td><td rowspan="2">엘리트선수, 순수 아마추어 및 생활체육 동호인 시장을 표적으로 스포츠 활동에 필요한 장비, 의류, 신발 등을 생산 판매하는 업종</td></tr>
<tr><td>스포츠용품 유통업</td><td>• 스포츠용품 도 · 소매업
• 스포츠용품 대여업
• 스포츠용품 수리업</td></tr>
<tr><td rowspan="2">스포츠 시설업</td><td>스포츠 시설 건설업</td><td>• 스포츠 시설 설치업
• 경기장 시설 건설업</td><td rowspan="2">생활 스포츠에서부터 올림픽 또는 월드컵 같은 국제대회를 치를 수 있는 경기장의 건설 및 운영업</td></tr>
<tr><td>스포츠 시설 운영업</td><td>• 종목별 스포츠 시설 운영업
• 리조트형 스포츠 시설업
• 스포츠 시설 임대업</td></tr>
<tr><td rowspan="3">스포츠 서비스업</td><td>스포츠 경기업</td><td>• 프로 스포츠업
• 아마추어 스포츠업
• 경륜 • 경마 • 경정
• 스포츠 이벤트업</td><td rowspan="3">관람 스포츠와 콘텐츠를 중심으로 이뤄지는 업종으로 스포츠 마케팅 대행업, 이벤트 기획 및 관리, 선수사업 등이 포함됨</td></tr>
<tr><td>스포츠 마케팅업</td><td>• 스포츠 마케팅 대행업
• 스포츠 에이전트업
• 선수양성업</td></tr>
<tr><td>스포츠 정보업</td><td>• 스포츠 신문 · 출판업
• 스포츠 방송업
• 스포츠 인터넷사업
• 스포츠 복권 · 복표업
• 회원권 판매업
• 스포츠 소프트웨어 개발업</td></tr>
</table>

[표 2-3] 스포츠 본원시장과 파생시장의 관계

<table>
<tr><th>구분</th><th colspan="2">본원시장</th><th>파생시장</th></tr>
<tr><td rowspan="3">관람 스포츠</td><td rowspan="3">관람 스포츠 시장</td><td>프로 스포츠 이벤트</td><td rowspan="5">방송권시장
스폰서십시장
선수양성시장
스타선수시장
용품 · 서빌시장
정보시장
시설운영 · 개발시장
관광시장
사업지원 서비스시장 등</td></tr>
<tr><td>아마추어 스포츠 이벤트</td></tr>
<tr><td>국제 스포츠 이벤트</td></tr>
<tr><td rowspan="2">참여 스포츠</td><td rowspan="2">참여 스포츠 시장</td><td>이벤트형 참여 스포츠</td></tr>
<tr><td>비이벤트형 참여 스포츠</td></tr>
</table>

출처: 강준호 · 김화섭 · 김재진(2013), 스포츠시장 신분류 작성원리와 활동방안, 산업연구원.

원으로 전년 74조 7천억 원 대비 4.5% 증가했고, ▲ 종사자 수 역시 43만 5천 명으로 전년 42만 4천 명 대비 2.6% 증가한 것으로 나타났다. 이번 조사에서 매출액이 전년 대비 4.5% 증가한 것은 5년간 연평균 성장률(3.6%, 2017년 기준)을 상회하는 수치로 최근 스포츠 산업 규모는 3% 내 · 외의 꾸준한 성장 추세를 유지하고 있다. 이는, 미래 신성장산업으로써 스포츠 산업의 높은 성장잠재력을 보여주는 결과로 해석된다.

업종별로는 스포츠 시설업의 성장세가 뚜렷했다. 스포츠 시설업 매출액 규모는 전년 대비 큰 폭으로 확대(13.1%, 17조 5천억 원 → 19조 8천억 원) 되어 전체 스포츠 산업 성장을 이끌었다. 스포츠용품업(1.1%, 34조 원 → 34조 3천억 원)과 스포츠 서비스업(3.0%, 23조 1천억 원 → 23조 8천억 원)은 스포츠 시설업 대비 완만한 성장 추세를 보였다.

② 스포츠 산업의 특성

스포츠 산업이 우리나라뿐만 아니라 전 세계적으로도 급성장하여 하나의 독자적인 산업으로 자리잡아가고 있다. 스포츠 산업은 스포츠 고유의 특성과 스포츠와 대중의 조화를 통해 지속적으로 이어지는 스포츠 문화, 그리고 스포츠로 인해 발생하는 경제적인 현상과 밀접한 관련이 있다. 스포츠는 전통적으로 교육적 가치, 사회적 가치뿐만 아니라 건강 증진, 오락 기회를 제공하고 있다. 하지만 사회와 환경의 변화에 따라 여가를 중시하는 생활이 보편화되고 건강에 대한 관심이 높아지면서 스포츠는 기본적인 가치의 제공과 함께 대중의 다양한 욕구를 충족할 수 있는 상업적 · 산업적 영역으로 발달하게 되었다.

이러한 스포츠 산업의 특성을 다섯 가지로 나누어 설명하면 다음과 같다.

첫째, 공간, 입지 중시형 산업이란 것이다. 즉, 스포츠를 하기 위해서는 그에 따르는 장소의 확보가 필요하다. 게다가 산업의 다양한 서비스는 재고와 수송이 불가능하며, 입지조건이 한정된 장소에서만 가능한 해양 스포츠와 스키 등의 스포츠는 특히 공간, 입지중시형 산업으로서의 특성이 더욱 강조된다. 또한 스포츠 여행업(tourism)도 이 특징에 기초하여 성립되어 있다고 할 수 있다.

둘째, 시간소비형 산업이다. 즉, 스포츠 산업은 소비자 개개인이 가진 자유 시간을 가공하는 산업으로써의 성격을 띠고 있다. 그러나 스포츠를 수행함에 있어서 장소의 확보와 동시에 시간의 확보가 필수적이기 때문에 이것이 오히려 산업발전의 제약 요인이 될 수도 있다.

셋째, 고부가가치산업이다. 프로경기나 각종 국

제적 이벤트를 포함한 관람 스포츠와 직접적으로 스포츠에 참여하는 참여 스포츠에 이르기까지 광범위하게 각종 스포츠 마케팅을 활용하여 고부가가치를 창출하는 산업이다.

넷째, 공익성을 갖는다. 스포츠는 여유와 풍요의 시대에 있어서 새로운 라이프스타일을 창조하였다. 이는 생활의 중심이 되는 생활필수품적 성격을 갖게 됨으로써 자연적으로 스포츠 산업은 공익적 성격을 갖게 된다. 스포츠 산업이 공익성을 갖는 스포츠 산업의 사업 수행이 일정한 윤리적 성격을 갖는 것을 의미한다. 즉, 스포츠 산업은 스포츠의 풍요로운 발전을 지원함으로써 국민생활의 충실과 발전에 기여해야만 한다는 사회적 사명을 갖고 있다.

올림픽의 경우 사회통합의 역할을 톡톡히 수행한다.

다섯째, 사회통합의 기능을 갖는다. 특히 관람 스포츠의 경우 국민과 지역민의 일체감을 조성하여 그 결속을 돈독히 하고 소속감을 갖도록 하는 등 사회결합에 기여한다.

스포츠 마케팅 현장이야기

스포츠 업계 '큰손' 된 글로벌 PEF들...

스포츠 산업은 신종 코로나바이러스 감염증(코로나19) 대유행으로 큰 타격을 입은 분야 중 하나다. 스포츠 산업의 중심인 미국과 유럽 지역 스포츠 리그들이 일시 중단되고, 관중 없는 경기가 이어지면서 전 세계 스포츠 산업이 작년 한 해 포기한 수입만 50조~60조 원에 육박한다는 조사 결과도 나온다. 막대한 재무적 손실과 코로나19 해소를 둘러싼 불확실성 속에서 인수합병(M&A)를 비롯한 투자는 어느 때보다 활발하게 이뤄지고 있다. 코로나 대유행으로 인해 붕괴된 산업의 틈은 사모펀드(PEF), 연기금 등 기관투자자들이 파고들고 있다. 스포츠 구단이나 리그를 싼 가격에 투자할 수 있는 기회이자, 낡은 비즈니스 방식에 갇혀 있던 스포츠 산업에서 탈피해 새로운 수익원을 창출할 수 있는 기회라는 것이 이들의 시각이다.

❍ 범람하는 스포츠 SPAC ··· 유명 스포츠 팀 사들이는 사모펀드들

야후 파이낸스에 따르면 미국 자산운용사 누버거 버만(Neuberger Berman)의 자회사 다이얼 캐피털(Dyal Capital Partners)은 오는 3월 말까지 7억5,000만 달러의 펀드를 조성해 6개 미국 프로농구(NBA)구단에 대한 지분 투자에 나설 계획이다. 다이얼 캐피털은 글로벌 사모펀드 운용사들의 소수 지분을 인수하는 시리즈 펀드로 유명한 운용사다. 성장가능성이 엿보이는 산업 및 산업 내 선두주자에 대한 지분 투자의 경험을 스포츠 산업으로 확장시키는 행보다.

같은 시기 글로벌 사모펀드 CVC캐피털은 NBA팀 샌안토니오 스퍼스 지분 15%를 인수하기 위한 협상을 진행 중이다. CVC캐피털은 과거 포뮬러1(F1) 리그 투자로 상당한 고수익을 낸 경험을 바탕으로 코로나 대유행 이후 저평가된 스포츠 산업에 투자를 확대하고 있다. 이 운용사는 이탈리아 프로축구 리그 세리에A에 대한 17억 유로 규모의 지분 투자 역시 추진 중이다. 지난 2월엔 국제배구연맹(이하 FIVB)과 조성한 펀드를 통해 국제 배구리그인 발리볼 월드에 투자하기도 했다.

오로지 스포츠 산업에 전략적으로 투자하는 운용사도 만들어지고 있다. 2019년 사모펀드 및 프로 스포츠 팀 임원들이 설립한 신생 사모펀드 악토스 스포츠 파트너스(Arctos Sports Partners)는 보스턴 레드삭스, 영국 리버풀 FC 등을 보유한 팬웨이 스포츠 그룹 등의 소수 지분을 보유하고 있다. 악토스는 이달 초 미국 프로야구 구단 시카고 컵스의 사장으로 108년 간 우승을 하지 못했던 컵스를 우승으로 이끈 '우승청부사' 테오 앱스타인을 영입해 스포츠 산업에 투자하기 위한 2억7,500만 달러 규모의 기업인수목적회사(SPAC) 조성에 나서기도 했다. 야후스포츠에 따르면 올해 미국에서만 29개의 스포츠 관련 SPAC이 형성돼 91억 달러를 모금했다. 2020년에는 53개의 스포츠 관련 SPAC에 205억 달러가 몰렸다.

기업을 싸게 인수한 뒤 기업가치를 높여 매각하는 사모펀드들이 스포츠 산업에 눈독을 들이는 이유는 그만큼 시장의 확장성을 높게 보고 있기 때문이다. 포브스에 따르면 글로벌 스포츠 산업은 연간 5%대의 높은 성장률을 보이고 있다. 전체 규모는 전 세계적으로 약 1,500조 원에 달할 것으로 추정된다.

사모펀드들이 스포츠 리그나 구단에 투자하는 주된 이유 중 하나로 꼽히는 중계권 시장은 전통적인 매체인 TV를 넘어 유튜브와 넷플릭스 등 새로운 미디어 영역으로 확대되고 있다. 하나의 콘텐츠를 다양한 매체를 통해 유통시키는 원 소스 멀티 유즈(one source multi-use: OSMU)를 통해 수익성을 극대화할 수 있는 기술적 환경이 갖춰진 것이다.

오랜 역사만큼 전통적인 가족 경영 등으로 변화에 둔감한 구단이 여전히 많아 재무적 관점에서 조금만 손을 봐도 기업가치를 높일 수 있는 영역이라는 점도 사모펀드들이 꾸준히 스포츠 산업에 관심을 기울이는 이유다. 신인 드래프트 등을 통해 유망주를 선발하고, 프랜차이즈 스타로 키워 우승에 도전하는 것이 아니라 외부 자금 수혈을 통해 검증된 슈퍼 스타를 영입해 우승에 도전하는 것이 트렌드가 되면서 구단들이 외부 투자유치에 적극적으로 나서고 있다.

❍ SK와이번스 매각…국내 스포츠 리그 전환점 될까

코로나19 대유행은 국내 스포츠 산업에도 전환점이 되고 있다는 평가가 지배적이다. 국내 스포츠 리그는 삼성, LG, SK 등 대기업들의 후원 속에 성장해왔다. 하지만 최근 야구단 SK와이번스가 신세계그룹 계열사 이마트에 매각되고, 프로 농구단 전자랜드가 인수합병(M&A)시장에 매물로 나오면서 업계의 지각변동이 예고되고 있다.

투자 업계에선 SK의 야구단 매각, 다른 한편으로 신세계의 야구단 인수가 중의적인 의미를 갖는다고 보고 있다. 전자상거래를 중심으로 한 유통시장의 전환기에도 스타필드 등 체험형 공간 투자에 전력을 다하고 있는 신세계는 야구단이 가진 콘텐츠와 인프라를 쇼핑과 결합시키려 하고 있다. 야구장을 다양한 여가 활동이 가능한 라이프스타일 센터이자 새로운 유통 플랫폼으로 만들고, 스포츠팬을 강력한 소비층으로 부상시켜 단순한 홍보효과 이상을 확보하겠다는 것이 신세계의 생각이다.

한편 SK그룹은 모회사의 재정에 문제가 없는 상황에서도 한 때 그룹의 상징처럼 여겨졌던 야구단을 매각했다. 매각가는 업계의 예상보다 낮은 1,352억8,000만 원에 그쳤다. 매각 작업은 결과적으로 최태원 SK 회장과 정용진 신세계 부회장의 결단으로 이뤄졌다. 한 투자업계 관계자는 "회사 차원에서 나름의 기준으로 밸류에이션을 했겠지만 이 과정이 기업 오너들의 결단에 따른 게 아니라 체계적인 밸류에이션을 바탕으로 이뤄졌다면 하는 아쉬움이 있다"고 말했다

"스포츠 구단이 단순 홍보 수단 이상의 가치를 가질 수 있다는 비전을 보여주는 거래지만, 정밀한 투자기법을 활용한 기관투자자들이 유입되고, 비즈니스의 확장이 이뤄지고 있는 선진국에 비해선 아직 갈 길이 멀다는 것을 보여준 사례"란 것이 업계의 평가다. 그럼에도 변화의 씨앗은 피어나고 있다. 전통 스포츠 리그가 아닌 e스포츠 리그에는 사모펀드 등 기관투자자들의 진입이 시작됐다. 사모펀드 ATU파트너스는 2019년 11월 아시아 최초로 e스포츠 전용 사모투자 펀드를 조성해 리그오브레전드(LoL)구단인 DRX를 인수했다.

이 펀드는 글로벌 e스포츠 에이전시인 아지트(Azyt)에 투자했고 작년엔 크리에이터 솔루션 제공 스타트업인 이제이엔(EJN)에 한국투자파트너스 등 국내 대형 벤처캐피털과 함께 투자하기도 했다. 스포츠 조직 자체를 넘어 디지털 채널과 스트리밍 플랫폼, 가상현실 등 팬들과의 접점을 만들 수 있는 다양한 공간으로 비즈니스를 확장해나감으로써 수익을 창출해나가는 모델로, 투자기관들이 주도하는 글로벌 스포츠 산업에선 빠르게 도입되는 트렌드다.

투자업계선 국내 스포츠 산업이 성장하려면 기관투자자들이 투자할 수 있는 투자환경이 만들어져야 한다고 말한다. 대기업이 100%의 지분을 보유하는 것이 아닌 재무적 투자자들의 지분투자가 이뤄지고 주식시장 상장을 통해 자체적으로 자금을 조달, 기존에 하지 못했던 새로운 사업을 창출해나가야 하는 구조가 만들어져야 한다는 지적이다.

한 사모펀드 관계자는 "국내 스포츠 리그는 시장이 국내에 한정된다는 태생적 한계와 대기업 중심의 지배구조 때문에 성장이 더뎠다"며 "그게 오히려 산업의 성장 자체를 늦췄다"고 말했다. 그는 "오히려 이런 부분이 투자자 입장에선 더 큰 개선 가능성으로 다가오고 있다"며 "아직은 첫 발도 떼지 못했지만 미국이나 유럽 등 선진 시장의 변화가 조만간 한국 스포츠 산업에도 영향을 미칠 것이라 본다."고 말했다.

- 한국경제, 2021년 3월 2일 -

(4) 스포츠 산업의 구성 요소(구조)

스포츠 산업의 구성 요소에 대해서는 학자들에 따라서 매우 다양한 견해를 제시하고 있지만 여기서는 스포츠 산업을 조직의 차원에서 조망해보기로 한다. 다시 말해서 스포츠 산업을 구성하고 있는 여러 가지 소직들을 파악해 봄으로써 스포츠 산업에 대한 이해를 돕기로 한다. 그런데 일반 마케팅이론에서 설명하는 것처럼 조직에 대한 이해는 소비자의 관점에서 바라보는 것이 훨씬 더 광범위한 시사점을 제공해줄 수 있기 때문에 여기서는 소비자 관점에서의 조직들을 살펴보기로 한다.

[그림 2-1]은 스포츠 산업에서 소비자와 공급자와의 관계를 보여주는 모형이다. 그림에서 보는 것처럼 스포츠 산업은 스포츠의 소비자, 이들이 소비하는 스포츠 상품, 그리고 스포츠 상품 공급자의 세 가지 조직으로 구성되어져 있다.

[그림 2-1] 스포츠 산업의 구성 요소

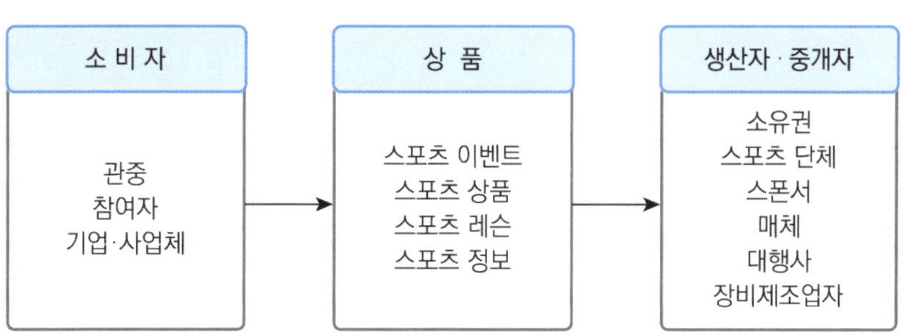

자료: M. D. Shank (1999), *Sports Marketing: A Strategic Perspective*, Prentice-Hall, Inc., New Jersey, p. 10.

1) 스포츠 소비자

스포츠 산업은 기본적으로 소비자들이 가지는 관중으로서, 참여자로서, 후원자로서의 세 가지 독특한 욕구를 충족시켜주기 위해서 존재한다.

① **관중으로서의 소비자**: 관중이란 스포츠 행사의 관람을 통해 해당 행사가 제공하는 혜택을 희구하는 사람들을 가리킨다. 따라서 관중이 없는 스포츠 산업은 있을 수 없다. 이들은 스포츠 행사장에 직접 참석하거나 여러 방송매체를 통해 해당 행사를 경험하게 된다.

관중은 개인관중과 기업관중의 두 가지로 구별할 수 있다. 이와 함께 경기장을 직접 찾아가서 보는 관중과 매체를 통해 경기를 관람하는 관중으로도 구별할 수 있다. [그림 2-2]에서 보는 것처럼 이러한 두 가지의 분류기준에 따라 네 가지의 독특한 소비자집단을 구성하게 된다. 각 개인들은 각 경기의 입장권을 따로 구입하거나 시즌티켓을 구입하여 경기장을 찾게 되고, 기업관중 역시 마찬가지이다.

[그림 2-2] 관중의 분류

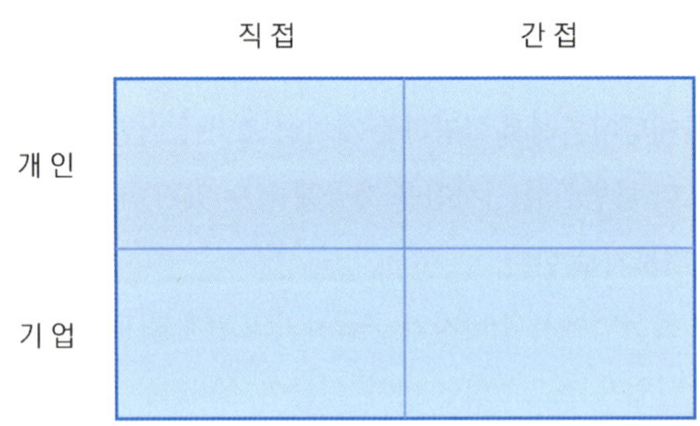

그런데 우리나라 기업관중의 경우 그 수가 점차 증대하고 있기는 하지만 상대적으로 다수를 차지하고 있지 못하다. 외국의 경우 합법적인 기업 활동의 일환으로 사업상담을 경기장 내에 위치한 특별석 등에서 하기도 한다. 때문에 대개의 경우 기업관중은 필요한 경기의 입장권을 어떤 비용이 들더라도 구입하려 하기 때문에 결국 일반관중들이 구입할 티켓의 가격을 올려버리는 파급효과를 가지기도 한다.

개인관중과 기업관중은 또한 방송매체를 통해 스포츠를 관람한다. 그러나 기업관중의 경우 자신들이 경기를 관람할 목적보다는 최종사용자 집단에게 박진감 넘치는 경기를 전달해 주는 중개자의 위치에 서기를 원하게 된다. 우리나라의 공중파방송사들이 해마다 월드컵 축구예선이나 올림픽 중계를 위해 서로 경쟁하는 것이 바로 그러한 사례이다.

기본적으로 스포츠 산업과 스포츠 마케터들이 관심을 기울이는 영역은 어떻게 하면 관중들을 경기장에 끌어 모을 것인가이다. 이를 위해서 스포츠 이벤트에 대한 소비자의 욕구가 먼저 충족되어져야 하지만 실제로는 경기를 직접 관람하는 관중에 대한 배려를 하지 못하고 있는 실정이다. 즉, 기업소비자들의 강력한 힘으로 인해 주안점이 오히려 방송매체의 비위를 맞추는 쪽으로 바뀌어 버렸다. 하지만 일반관중을 통해 얻는 수입에 비해 이들 방송사들을 통해 얻는 수입이 훨씬 크기 때문에 팬들의 희생을 감수하고서라도 이들 방송매체의 요구를 들어주지 않을 수는 없는 일이다.

바로 이렇게 다양한 관중들의 소비 유형을 파악하고 이해하는 것은 스포츠 마케터들이 효과적인 마케팅 전략을 수립하는 데 있어 매우 중요한 고려사항 중의 하나이다.

② **참여자로서의 소비자**: 스포츠를 단순히 관람하는 것 말고도 많은 사람들은 다양한 종류의 스포츠에 직접 참여하고 있다. 단순히 취미 활동 혹은 건강유지를 위해 참여하는 사람과 직업의 일환으로 참여하는 등 그 수가 과거에 비해 대폭 증가하고 있는 실정이다. 이렇게 스포츠에 대한 참여자의 수가 증가함에 따라 해당 영역에서 스포츠 마케팅 전문가의 필요성은 더욱 더 커질 수밖에 없다.

스포츠 참여자 역시 다양하게 분류할 수 있는데, 이들은 조직화된 스포츠에 참여하는 사람과 비조직화된 스포츠에 참여하는 사람으로 구별해볼 수 있다.

- 비조직화된 스포츠란 사람들이 운동을 하면서 어떤 감독(심판)을 받거나 공인기관의 통제를 받지 않는 것을 말한다. 체력단련을 위해 조깅을 하고 등산을 하거나 아이들이 놀이터에서 농구를 하는 것처럼 매일 수많은 사람들이 일상적으로 하는 운동들이다. 이러한 부류의 스포츠에 참여하는 사람들의 수를 정확히 파악하기란 불가능하다. 단지 이러한 부류의 시장은 그 크기가 매우 크고 스포츠 마케터들의 입장에서 볼 때 이러한 소비자들의 욕구에 부응할 수 있는 기회가 무궁무진하다는 것 정도만 이야기할 수 있을 뿐이다.
- 조직화된 스포츠란 어떤 협회나 리그 등에 의해 감독받고, 통제받는 운동경기를 말한다. 여기에 참여하는 사람들은 아마추어와 프로의 두 가지 유형으로 다시 분류되며, 아마추어란 스포츠 경기의 대가를 전혀 받지 않는 사람들이고 프로는 그 반대의 경우이다.

③ **후원자로서의 소비자**: 스포츠 마케팅에서 또 한 가지 중요한 소비자는 바로 스포츠 경기를 후원하는 기업들이다. 흔히 스포츠 스폰서십이라고 하는데, 이는 후원자가 스포츠 경기와 자신의 이름(혹은 상호)을 연계해서 사용할 수 있는 권리를 받는 대신 자본이나 제품을 제공하는 것을 말한다.

그런데 스포츠 후원의 결정은 그 내용이 매우 복잡하다. 즉, 스폰서는 어떤 경기를 후원할 것인가와 함께 어느 수준(아마추어 혹은 프로)의 스포츠를 후원할 것인지를 결정해야만 한다. 또한 특정 스포츠 이벤트를 후원할 것인지, 특정 팀을 후원할 것인지, 아니면 특정 선수를 후원할 것인지를 결정해야만 한다.

이렇게 후원 결정을 하기가 매우 어렵기는 하지만 스폰서십은 여러 가지 이유로 인해 그 시장 규모가 증가하고 있다. 그 이유는 바로 스폰서십을 통해 기업의 목적(기업 인지도, 이미지 구축 등), 마케팅 목표(표적시장 공략, 브랜드 포지셔닝, 판매증대 등), 매체목표(인지도 제고, 명성의 확보 등)를 달성할 수 있기 때문이다.

2) 스포츠 상품

스포츠 마케터에게 있어 가장 곤란한 질문 중의 하나는 바로 '스포츠 상품을 어떻게 바라보고 이해할 것인가'일 것이다. 일반적으로 스포츠 상품은 스포츠 소비자, 즉 관중, 참여자, 스폰서에게 효익(benefit)을 제공할 수 있도록 설계된 재화나 서비스, 혹은 이 두 가지를 적절히 혼합해 둔 것을 가리킨다.

여기서 재화(goods)란 소비자에게 효익을 제공해주는 유형적이고 물리적인 제품을 가리킨다. 스포츠의 장비, 의류, 신발 등이 여기에 해당된다. 이와는 달리 서비스란 무형적이고 비물리적인 제품을 가리킨다. 스포츠 경기 그 자체와 수영강습과 같은 것이 스포츠 서비스의 사례이다.

스포츠 마케터는 스포츠 상품을 소비자에게 제공되는 효익을 토대로 해서 판매하게 된다. 이러한 이유로 마케팅 용어에서도 "효익의 묶음(bundle of benefit)"이라는 표현으로 상품을 정의 내리기도 한다. 결국 스포츠 소비자가 어느 누구이든지 그들은 자신이 추구하는 효익(편익)을 토대로 스포츠 상품을 구매하게 된다.

스포츠 상품은 일반적으로 네 가지의 범주로 분류되어진다. 여기에는 스포츠 이벤트, 스포츠용품, 스포츠 트레이닝, 그리고 스포츠 정보가 포함된다.

① **스포츠 이벤트**: 스포츠 산업의 가장 토대가 되는 부분은 바로 스포츠 이벤트, 즉 경기(게임)이다. 스포츠 경기가 존재해야만 관련된 상품들이 의미 있게 된다. 스포츠 이벤트의 주요 내용으로는 운동선수와 경기장을 들 수 있다.

- 운동선수(athlete): 운동선수란 특정 스포츠에서 자신의 기술(skill)을 개발하기 위해 조직화된 훈련 과정에 참여하는 사람을 가리킨다. 특정 스포츠 경기에 직접 참여하는 운동선수 역시 스포츠 상품의 하나로 간주되어질 수 있다. 타이거우즈나 류현진 등은 경

기장 안팎에서 소비자들을 만족시켜줄 수 있는 "효익(편익)의 묶음"으로 간주되어질 수 있을 것이다.

- 경기장(arena): 스포츠 상품의 또 한 가지 중요한 축은 바로 스포츠 이벤트가 벌어지는 장소이다. 이러한 경기장은 과거 단순히 경기만 열리는 장소에서 지금은 그 이상의 복합적인 편익을 소비자에게 제공해준다. 예를 들어, 최근에 신축되는 경기장들의 경우 경기 시설 외에 식당과 오락실 등 여러 가지 편의시설을 함께 갖추고 있는 실정이다.

② 스포츠용품(sporting goods): 스포츠용품이란 스포츠 산업 내에서 생산되고, 유통되고, 판매되는 유형의 제품을 가리킨다. 이러한 맥락에서 사람들은 스포츠용품을 스포츠 장비나 의류, 신발 등으로 한정지어 생각할 수 있지만 스포츠 소비자에게는 이것 말고도 매우 다양한 상품들이 포함될 수 있다. 따라서 스포츠용품은 장비, 라이센스 상품, 수집품, 그리고 기록 등이 포함된다.

- 장비: 장비란 축구공이나 야구 글러브처럼 스포츠를 하는 데 반드시 필요한 도구를 가리킨다. 이외에도 런닝머신이나 줄넘기 또는 아령처럼 개인 체력단련을 위해 이용되는 모든 제품들이 스포츠 장비에 포함된다. 구체적으로 우리나라의 경우 각 스포츠 장비의 생산량이나 판매량과 같은 통계치가 잡혀있지는 않지만, 전에 비해 판매량이 많고, 앞으로는 그 수량이 크게 증가할 것으로 예상해볼 수 있다. 실제 대부분의 가정들은 적어도 한 가지 이상의 운동장비를 가정에 비치하고 있을 것이다.
- 라이센스용품: 스포츠용품에서 점차 그 판매량이 증가하고 있는 부분이 바로 라이센스용품이다. 라이센싱이란 스포츠 마케터가 일반용품 제조회사와 특정 상호, 로고, 심볼 및 기타 캐릭터를 사용할 수 있도록 계약한 것을 말한다. 이 경우 특정 상호는 프로 스포츠 구단, 대학 스포츠 팀 혹은 스포츠 이벤트, 심지어 특정 운동선수가 된다. 라이센스용품들은 대개 모자나 자켓처럼 의류의 형태를 띄는 것이 일반적이며 전체 라이센스용품 판매의 60% 이상을 차지한다고 한다.

기아타이거스의 라이센스 제품들

- 수집품과 기념품: 스포츠 마케팅이 매우 앞선 미국의 경우 스포츠 마케팅의 최초 사례로 1880년대 baseball card가 처음 소개되었을 때를 들고 있다. 이때는 물론 자동차도 텔레비전도 없던 시절이었다. 때문에 대부분의 야구팬들은 카드에 있는 선수의 사진을 보

는 것이 그 선수를 볼 수 있는 유일한 기회였다. 당시 미국에서는 담배 판촉수단의 일환으로 담배포장에 baseball card를 활용했다고 한다.

또한 특정 선수의 경기기록 역시 시장을 활성화시키는 역할을 한다. 한국 프로야구에서 이승엽 선수의 홈런기록 경신은 보다 더 많은 관중을 야구장으로 끌어들이는 촉매제 역할을 했으며, 상당기간 침체기에 있었던 한국 프로야구의 재도약을 위한 발판을 제공해주기도 하였다.

③ **스포츠 개인훈련(강습; personal training for sports)**: 스포츠 산업에서 성장을 거듭하고 있는 영역 중의 하나가 바로 개인강습이다. 이러한 상품은 참여자들에게 모든 스포츠 영역에서 효익을 안겨다 준다. 여기에는 피트니스 센터, 헬스 센터, 스포츠 캠프, 그리고 교습 등이 포함된다.

- 피트니스 센터: 우리 주변에서도 피트니스 센터를 찾아보는 것은 어렵지 않게 되었지만 수 년 전만 하더라도 여러 가지 이유로 인해 이곳은 사람들의 관심 밖이었다. 그러나 경제수준의 향상과 건강에 대한 일반인들의 관심증대 등으로 점차 그 수가 증대하여왔고, 현재 그 참가자 수도 상당히 많은 것으로 추정되고 있다.
- 스포츠 캠프와 교습: 스포츠 캠프란 특정 스포츠(야구나 축구 같은)에 대한 교습을 위해 설계된 훈련 프로그램을 가리킨다. 우리나라의 경우 "차범근 어린이 축구교실"처럼 주로 어린이들만을 대상으로 하는 스포츠 캠프가 주종이지만 외국의 경우 성인을 대상으로 하는 캠프도 각광받고 있다고 한다. 스포츠 캠프와 함께 주목받고 있는 부분은 바로 개인 혹은 집단적으로 특정 스포츠에 대한 교습을 하는 것이다. 이러한 교습과 스포츠 캠프가 다른 점은 교습은 주로 지속적으로 이루어지는 반면에, 캠프는 한정된 시간 내에서 집중적으로 이루어진다는 점이다.

④ **스포츠 정보**: 스포츠 상품의 마지막 유형은 스포츠 정보로서 소비자에게 스포츠 관련 뉴스, 통계, 경기 일정 등을 제공해주는 것을 말한다. 또한 스포츠 정보는 스포츠 참여자에게 운동교본으로서의 역할을 수행하기도 한다. 우리 주변에서 접하는 스포츠 신문(일간스포츠, 스포츠서울 등), 잡지, 인터넷사이트, 텔레비전(골프채널 등) 등이 스포츠 정보 상품의 사례로 들 수 있는 것들이다. 이러한 다양한 매체들은 과거에 비해 괄목할만한 성장을 거듭하고 있으며, 해당 매체에 대한 청중 역시 크게 증가하고 있는 상태이다.

3) 스포츠 생산자 · 중개업자

생산자와 중개업자란 스포츠 상품의 제조업자와 스포츠 상품의 마케팅에서 특정 기능을 수행하는 조직을 가리킨다. 생산자나 중개업자의 기능을 수행하는 개인 혹은 조직의 사례로는 팀 소유자, 인가단체(sanctioning), 에이전트, 기업스폰서, 매체, 그리고 스포츠용품 제조업자를 들 수 있다.

① **팀 소유자**: 스포츠 팀의 소유자는 모든 스포츠 이벤트의 생산자를 대표한다고 할 수 있다. 그런데 스포츠 산업이 가지는 독특한 특징 중의 하나는 바로 대개의 경우 기업들이 팀을 소유하는 경우가 많다는 점이다. 바로 기업과 스포츠가 상호 관련성을 갖기를 원하기 때문이다.

즉, 기업의 이름을 일반 소비자에게 알릴 수 있는 가장 좋은 방법 중의 하나로 스포츠 팀을 운영하고, 이를 통해 기업에 대한 친밀감을 심어주고자 하기 때문이다. 실제 팀 소유자들은 자신의 팀 성적이 올라가면 기업의 매출도 상승할 것이라고 기대하고 있지만 반드시 그렇게 되는 것만도 아니다.

② **경기단체(sanctioning)**: 경기단체란 스포츠 상품을 출시할 뿐만 아니라 오히려 훨씬 중요한 경기의 규칙과 규정을 제정하고 스포츠 이벤트의 개최시기와 장소를 결정하며, 선수들에게 경기에 필요한 절차를 설명해주는 기관을 가리킨다. 이러한 감독기관의 사례로는 IOC, KBO 등을 들 수 있다. 이들 단체는 스포츠 이벤트의 제반 규정을 제정하고 기본 틀을 만들기 때문에 매우 강력한 힘을 가질 수밖에 없다.

그러나 우리나라의 경우는 아직도 외국의 경우처럼 경기단체가 큰 힘을 발휘하지 못하고 있는 실정이다. 즉, 앞에서도 언급하였지만 방송매체의 힘에 눌려 해당 단체의 입장을 제대로 반영하지 못하고, 경기 일정이 방송 일정에 맞춰 제멋대로 변경되어 버리는 것이 그 사례이다. 하지만 장기적으로 우리나라의 경기단체들도 외국의 경우처럼 강력한 힘을 조만간 발휘하게 될 것으로 기대한다.

③ **스폰서**: 스폰서는 스포츠 중개업자를 대표한다. 일반적으로 기업들은 스포츠의 소비자로서의 역할을 수행하는 것으로 알려져 있다. 그러나 기업들은 자신들이 스포츠와 관련되는 조건으로 자본과 제품을 스포츠 이벤트에 제공하기도 한다. 스포츠 이벤트, 청중, 스폰서 간의 관계를 흔히들 “이벤트의 삼각형(event triangle)”이라고 부른다. “이벤트 삼각형”의 기본원리는 바로 각 구성원들이 독립적으로 혹은 서로 의존해서 편익(효익)을 추구한다는 것이다.[1)]

스포츠 이벤트에 재능 있는 선수가 등장하면, 이는 청중으로 하여금 직접 혹은 간접적으로 스포츠 이벤트를 관람하게끔 하고, 이는 다시 스폰서로 하여금 이 청중들에게 접근하기 위해 스포츠 이벤트에 비용을 지급하게 되는 것이다. 그리고 스폰서는 청중들에게 이벤트를 촉진하고 이는 스포츠 이벤트의 목표인 청중참여를 달성하게 해준다. 이 때문에 스폰서를 매우 중요한 중개업자 혹은 스포츠 이벤트의 최종소비자, 즉 청중 간의 연결고리라고 하는 것이다.

④ **매체**: 앞서도 언급했듯이 매체로 인해 보다 많은 청중들이 스포츠 이벤트에 참여할 수 있게 되었다. 사실상 중개업자로 간주될 수 있는 매체는 오늘날 스포츠 산업에서 매우 강력한 힘을 가지고 있으며 그 힘은 점차 더 커질 것으로 예상된다.

스포츠 조직은 매체를 통한 스포츠 이벤트의 노출 없이는 생존할 수 없으며 매체는 또한 소비자가 원하는 스포츠 관련 오락욕구를 충족시키기 위해 스포츠를 필요로 하게 된다. 스포츠 프로그램에 대한 소비자의 욕구가 증대할수록 방송매체에서도 혁신이 일어나게 될 것이다. 예를 들어서 텔레비전 시청자들은 선수와 경기와 관련된 제반 통계치를 본인들의 편의에 맞춰 보게 될 수도 있을 것이다.

⑤ **에이전트**: 운동선수를 소비자에게 보여주는 또 다른 중요한 중개업자는 스포츠 에이전트이다. 스포츠 마케팅의 관점에서 스포츠 에이전트는 운동선수의 가치를 발하게 하거나 선수 개개인의 협상능력을 결정하는 책임을 진 중개업자라 할 수 있다. 스포츠 에이전트의 대표적인 사례는 IMG사의 창립자인 Mark McCormack을 들 수 있다. 그가 등장하기 이전의 에이전트들은 전혀 주목받거나 인정받지 못하였다. 이들이 오늘날과 같은 명성을 얻을 수 있었던 것은 운동선수들의 연봉협상 과정에서의 협상능력을 제고시키고 이를 통해 선수들의 고액연봉을 성사시켜주었기 때문이다.

에이전트들은 이러한 업무 외에도 다양한 업무를 수행한다. 그 사례를 보면 다음과 같다.[2)]

- 선수의 가치 결정
- 스포츠구단을 설득
- 선수의 법적 구제
- 선수 개인사(재정, 직업) 상담
- 선수에게 부수입(광고출연 등) 소개

⑥ **스포츠 장비 제조업자**: 스포츠 장비 제조업자는 스포츠에 참여하는 소비자들이 사용하는 장비를 생산하고 때로는 마케팅도 하는 사람들이다. 어떤 제조업자는 한 가지 제품 라인만을 고집하는데 반해, 어떤 제조업자들은 매우 복합적인 제품 라인을 가지고 있기도 하다.

비록 이들은 경기에 필요한 장비를 공급하는데 필수적인 존재이기는 하지만 이들 역시 스포츠 스폰서십에서 중요한 역할을 수행한다. 즉, 이들은 기본적으로 스포츠와 밀접한 관련성을 가졌다는 이유만으로 스폰서가 될 수 있다.

2 스포츠 마케팅의 이해

(1) 스포츠 마케팅의 정의

대개의 사람들은 스포츠 마케팅을 촉진의 일종으로 생각하거나 단순히 '보여주고 나서 돈을 받는 것' 정도로 잘못 생각하고 있다. 실제 스포츠 마케팅은 단순히 보여주는(쇼) 것 이상으로 매우 복잡하고 활동적인 특성을 지닌다.

"스포츠 마케팅"이라는 용어가 처음 등장한 것은 1978년 Advertising Age라는 저널로서 여기서는 일반 소비자들의 활동과 촉진의 수단으로서 스포츠를 지속적으로 활용하는 마케터들을 설명하기 위해서 사용되었다. 실제로 텔레비전을 시청하다보면 여러 종류의 상품들을 판매하기 위해 스포츠 이미지나 스포츠 스타를 활용하는 것을 손쉽게 볼 수 있다.

그러니 이러한 의미에서의 스포츠 마케팅에 대한 정의는 극히 제한적일 수밖에 없다. 바로 스포츠 마케팅의 주가 되는 영역을 규명할 수 없기 때문이다. 즉, 스포츠 상품의 마케팅인지, 스포츠 이벤트의 마케팅인지, 혹은 스포츠 서비스의 마케팅인지가 불분명하기 때문이다.

기본적으로 스포츠 마케팅은 스포츠의 마케팅(Marketing of Sports), 스포츠를 통한 마케팅(Marketing Through Sports)으로 구성되어 있다. 스포츠 마케팅을 이렇게 구분하는 것은 스포츠 마케팅을 행하는 주체들의 활용목적과 목적달성을 위한 활동에 차이가 있기 때문이다. 프로구단이나 지역 체육클럽 등에서 이용하는 마케팅은 전자의 경우이고, 일반 기업들이 자사의 제품을 판매하기 위해 활용하는 것은 후자의 경우이다. 좀 더 구체적으로 스포츠의 마케팅은 스포츠 자체를 상품화하여 스포츠 소비자와 직접 교환하는 활동으로, 관람 · 참여 스포츠 산업에서 관중이나 회원확보를 위해 펼치는 다양한 마케팅 활동 및 각종 스포츠 단체에서 행하는 마케팅 활동을 의미한다. 반면 스포츠를 이용한 마케팅은 스포츠를 매개로 커뮤니케이션 효과를 극대화하려는 기업이 스포츠단체, 팀, 선수, 그리고 스포츠 이벤트 등과 같은 스포츠 주관자와 밀접한 유대관계를 통해 상호이익을 꾀하는 활동이다.

또 한 가지 혼란스러운 개념은 스포츠 마케팅이 단일 스포츠(singular)를 대상으로 한다기보다는 여러 가지 스포츠를 복합적(plural)으로 고려한다는 점이다. 따라서 스포츠 마케팅에서는 산업을 공통점이 별로 없는 매우 다양하고 통합되지 않는 시장으로 특징 지우게 된다. 때문에 각 스포츠 산업 시장은 독립적으로 운영될 수밖에 없고, 여기서 관리 방법 혹은 기술상의 공유란 거의 없게 된다. 그러나 표준화된 경영 및 마케팅 활동이 스포츠 산업에 적용될 수 있다면 스포츠 세분시장들은 동질적인 단위로 간주되어질 수 있게 된다.

이러한 스포츠 마케팅 고유의 특성은 일반적으로 받아들여지는 마케팅에 대한 정의를 토대로 스포츠 마케팅은 다음과 같이 정의 내릴 수 있다.

"스포츠 마케팅이란 교환 과정을 통해 스포츠 소비자의 필요나 욕구를 충족시키기 위해 설계된 모든 활동이며, 이를 위해 마케팅 이론과 과정을 스포츠 상품에 적용하거나 스포츠를 통해 비스포츠 상품을 마케팅하는 활동이다."[3)]

본 정의에서 스포츠 소비자란 여러 가지 형태로 스포츠에 참여하는 사람으로서 스포츠 활동에 직접 참여하거나, 심판을 보거나, 관람하거나, 듣거나, 읽거나, 수집하는 활동 등이 여기에 포함된다.

스포츠 마케팅에 성공하기 위해서는 반드시 스포츠 산업에 대한 이해가 필요하며, 이와 함께 어떤 마케팅 원칙과 과정을 스포츠에 응용할 것인지에 대한 이해를 필요로 하게 된다.

(2) 스포츠 마케팅의 특성

스포츠 마케팅에 대한 가장 흔한 오해 중의 하나는 스포츠 마케팅을 스포츠 산업이나 관련 산업의 한 분야로 인식하거나 광고, 스폰서십, 공중관계 활동(Public Relation), 인적판매와 같은 촉진 활동과 연관 지어 생각한다는 것이다. 물론 틀린 시각은 아니지만 엄밀한 의미에서 스포츠 마케팅은 스포츠의 비즈니스적 가치와 잠재적 부가가치를 극대화하고자 하는 스포츠 경영기법의 하나이다.

즉, 스포츠 마케팅은 스포츠 관련 사업이나 산업에서 다양한 마케팅 기법을 개발하고 이용함으로써 "스포츠"라는 제품이 지니고 있는 시장가치를 최대한으로 활용하여 기업의 생산성과 이윤을 극대화하려는 경영의 한 방법이라 할 수 있다.

다시 말해서 스포츠 마케팅은 흔히 알고 있는 촉진전략 외에도 제품과 서비스전략, 가격결정, 유통전략 등을 포함하고 있다. 이러한 활동들을 우리는 스포츠 마케팅믹스라고 부르며, 이는 스포츠 조직들이 그들의 마케팅 목표와 소비자들이 가지는 욕구를 만족시키기 위해 사용하는 제반 요소들을 잘 조정하는 것으로 설명할 수 있다.

스포츠 마케팅의 구성 요소는 학자나 관점에 따라 다양하게 제시되고 있으나 대체적으로 상품(product), 가격(price), 유통(place), 촉진(promotion)의 4Ps로 구분하는 것이 일반적이다. 따라서 성공적인 스포츠 마케팅은 이와 같은 네 가지 마케팅 구성 요소를 얼마나 적절하고 효율적으로 혼합하여 사용하는가 하는 마케팅믹스(marketing mix)에 의하여 결정된다. 그리고 마케팅믹스들은 스포츠 마케터의 입장에서 각 구성 요소들을 통제할 수 있기 때문에 통제 가능 변수들이다.

1) 스포츠 상품과 서비스

상품(product)은 유형적인 재화나 무형적인 서비스를 총칭하는 개념으로서 스포츠 마케팅의 핵심적 요소라 할 수 있다. 스포츠 제품은 스포츠를 통하여 생산되는 상품이나 서비스로서 여기에는 축구나 농구, 야구, 골프 등과 같이 각 스포츠 종목이 지니고 있는 경기 특성 및 형식 그 자체에서부터, 각종 이벤트와 스타선수, 팀이나 리그, 시설 및 장비와 의류, 그리고 관람 스포츠와 참여 스포츠 등 같은 서비스 상품에 이르기까지 스포츠와 관련된 유형, 무형의 상품이 모두 포함된다.

각종 스포츠 경기는 경기장에서 관중들에게 직접 팔리기도 하고 TV 방송 프로그램의 형태로 가공되어 시청자에게 팔리기도 한다. 올림픽이나 월드컵 같은 세계적인 스포츠 이벤트는 천문학적인 수입이 보장되며, 선동렬, 이종범, 황선홍, 홍명보와 같은 스타플레이어는 거액의 이적료나 임대료를 받고 해외로 트레이드되기도 한다. 각종 스포츠 경기의 입장권은 관련 단체나 조직의 중요한 수입원이며, 헬스클럽이나 골프장의 회원권은 일반 서민이 꿈도 꿀 수 없는 가격에 팔리기도 한다. 돈을 받고 제공하는 스포츠 센터의 운동 프로그램도 역시 스포츠 상품 중의 하나이다.

스포츠 상품이 마케팅 상품으로서 다른 산업 분야의 상품과 경쟁력을 가지는 이유는 기본적으로 스포츠 상품이 일반시장에서 판매되는 상품과는 다른 독특한 서비스적 특성을 지니고 있기 때문이다.

스포츠가 지닌 여러 특성 중에서도 예측이 어렵고 표준화된 규격상품을 생산할 수 없다는 점이 가장 큰 매력이다. 날씨, 선수의 컨디션, 관중의 반응, 경기 당시 두 팀의 기록과 순위 등과 같이 실체가 없는 요소가 경기 결과와 팬들이 경험하는 흥분과 만족도에 영향을 준다. 큰 경기일수록 평범한 땅볼의 에러나 자유투의 실투, 페널티 킥의 실축 등에 의하여 승부가 갈리는 경우가 많고, 이러한 돌발변수가 팬들의 감정을 극도로 자극한다.

또한 스포츠 상품은 생산과 소비가 동시에 이루어진다. 스포츠 경기는 생산되는 순간 팬들에 의하여 소비가 이루어지기 때문에 재고가 없다. 물론 TV 녹화방송이나, 신문기사, 혹은 비디오테이프 등과 같이 상품의 수명이 다른 형태로 연장되기도 하지만, 기본적으로는 어제 경기의 입장권이나 어제의 스키 리프트 이용권을 팔 수 있는 마케터는 존재하지 않는다. 스포츠 상품이 지니고 있는 또 다른 특징은 스포츠가 생산재이자 소비재의 양면성을 지니고 있다는 사실이다.

스포츠를 하는 사람에게나 보는 사람에게는 스포츠가 최종 소비재이지만, 방송이나 광고, 스폰서업계에서는 스포츠가 도구로 활동되기 때문에 생산재의 역할을 하게 된다. 이외에도 스포츠 상품은 통제가 불가능하다. 일반 제품의 경우 색깔과 모양 때문에 잘 팔리지 않을 경우 마케터는 소비자의 구미에 맞게 생산라인에 있는 업자와 상의하여 새롭게 개선된 제품을 만들 수 있는 반면, 관중 수입을 증대시키기 위하여 선수나 감독에게 경기 스타일을 바꿔달라고 요구하기는 힘들다.

2) 스포츠의 가격

가격은 소비자들이 상품이나 서비스를 구매하고 지급하는 화폐가치를 의미하는 것으로서, 단순히 유형적 재화뿐만 아니라 이에 부가되는 여러 서비스나 부가상품을 구매함으로써 얻을 수 있는 효용과 가치를 포함시켜 결정된다. 가격은 수요가 탄력적인 시장에서는 구매에 큰 영향을 미치도록 가장 쉽게 조작이 가능한 가변 요소일 뿐만 아니라 대부분의 영리조직이 추구하는 이익의 계량적 표현으로써, 입장료, 시설 이용료, 강습료, 임금, 수수료, 이자 등도 모두 가격의 한 형태이다.

스포츠 산업에서 입장료나 회비의 형태를 띤 가격은 스포츠 소비자들이 스포츠 제품이나 서비스에 대해 지각하는 가치의 표현일 뿐만 아니라 그들이 구매함으로써 충족할 수 있다고 생각하는 욕구의 표현이다. 따라서 상품의 무형적인 속성을 중시하는 스포츠 상품의 가격은 다른 여러 소비용품이나 산업용품과는 달리 소비자의 생활수준에 의하여 큰 영향을 받기 때문에 신중히 결정되어야 할 필요가 있다.

스포츠 마케팅에 있어서 가격은 여러 가지 요인에 의하여 영향을 받는다. 입장권 판매의 경우 할인제도, 쿠폰제도, 각종 판매촉진 요소들에 의하여 가격이 통제되고 변동될 수 있다. 또한 TV 중계권이나 스폰서십 패키지의 가격책정도 동원 관중 수나 매체 노출량 등에 따라 좌우되기 때문에 여러 가지 요소를 감안한 가격전략이 수립되어야 한다.

3) 스포츠의 유통

스포츠 마케팅에 있어서 유통은 스포츠 상품의 생산과 소비가 이루어지는 지리적 공간으로서 경기장이나 스포츠 센터와 같이 스포츠 상품이나 서비스의 실질적인 유통이 이루어지거나, 일정 지역에 스포츠 상품이나 서비스를 제공하는 곳을 의미한다.

스포츠 산업에서 장소나 유통기능은 다른 산업과 차이가 있다. 즉, 스포츠용품 산업을 제외하면, 스포츠 상품은 기본적으로 스포츠 활동을 통하여 생산과 소비가 이루어지기 때문에 스포츠 활동이 행해질 수 있는 장소가 없으면, 스포츠 상품의 판매와 구매가 불가능해져 마케팅 행위 자체가 성립되지 않는다.

일반적으로 스포츠 마케팅에 있어서 장소에 영향을 미치는 요인으로서 접근성, 매력성, 실용성 등의 세 가지가 있다. 접근성은 스포츠 소비자가 스포츠 상품을 얼마나 편리하고 용이하게 구매할 수 있는가 하는 지리적 위치와 관련된 요인이다. 지하철, 버스 등과 같은 대중교통 이용의 편리성, 교통료와 소요시간, 자가용 이용 고객을 위한 충분한 주차 공간의 확보 여부, 그리고 쾌적하고 안전한 주변환경의 조성 여부 등은 스포츠 소비자의 제품 및 서비스의 구매결정에 결정적인 열쇠가 된다. 매력성은 경기장의 규모나 시설의 현대화와 건축미를 의미한다. 실용성은 스포츠 제품의 생산과 소비가 이루어지는 장소를 생산자(선수나 참가자)나 소비자(관중)가 얼마나 효율적으로 활용할 수 있는가를 의미한다. 예컨대 잠실종합운동장 메인 스타디움의 경우 시설의 외양은 뛰어나나 축구 경기를 관람하기에는 효과적이지 못하다.

4) 스포츠의 촉진

촉진(promotion)은 잠재고객에게 제품이나 서비스에 관한 메시지를 전달하기 위한 홍보방법 및 기타 의사소통 수단을 의미한다. 스포츠 마케팅에서의 프로모션은 생산하고자 하는 스포츠 제품에 대한 소비자의 관심과 인지, 그리고 구매를 자극하도록 계획된 수많은 의사소통 과정을 포괄하는 개념으로 사용하고 있다.

스포츠 마케팅에서 프로모션은 흔히 광고(advertising), 인적판매(personal selling), 공중관계(PR: public relation), 그리고 판매촉진(sales promotion) 등과 같은 유형의 마케팅 행위를 포함하고 있다.

광고는 특정 광고주가 자신의 아이디어, 재화 또는 서비스를 대가로 지급하면서 매체를 통하여 메시지를 전달하고 촉진시키는 수단을 말한다. 스포츠 마케팅에서 광고는 스포츠 조직, 특정 스포츠 혹은 시설에 대한 장기적인 이미지를 수립하거나 즉각적인 회원모집과 관중 동원을 유도하기 위하여 사용된다. 광고의 종류에는 매체 종류에 따라 인쇄매체, 전자매체, 기타 매체로 나누어지며, 다시 신문광고, 잡지광고, 방송광고, 옥외광고, 우편광고 및 교통광고

등으로 나눌 수 있다. 광고의 효과는 노출빈도(소비자 1인에 대한 광고의 노출횟수) 뿐만 아니라 도달범위(시청률) 및 효과강도(노출에 대한 양적 효과강도)에 의하여 평가된다.

인적판매는 촉진이나 구매 과정의 일정 단계를 거친 다음에 소비자로 하여금 제품에 대한 선호 · 확신 및 구매행동을 할 수 있도록 유인하는 프로모션 활동으로서 많은 스포츠 조직이 대인판매를 통하여 그들의 스포츠 제품을 직접적으로 판매하고 있다. 인적 판매는 스포츠용품을 소매할 때 가장 확실한 방법이 되며, 팀 스포츠 관련 단체나 스포츠 센터에서도 중요한 판매 수단으로 활용하고 있다. 특히 관람 및 참여 스포츠의 마케팅에 있어서 대인판매는 후원자 클럽의 조직, 방송중계권 판매, 후원사 확보 등에 효과적으로 활용될 수 있다. 인적판매의 방법으로는 1 : 1 직접판매와 전화판매가 있으며, 어떤 방법을 이용하든 간에 스포츠 비즈니스 조직과 그 조직의 상품, 그리고 소비자들을 가장 직접적으로 연결시킬 수 있다는 장점이 있다.

PR은 언론관계(media relation)와 지역사회유대(community relation)를 포함하는 개념으로서 "해당 조직과 지역사회의 관계를 좋게 하기 위한 모든 노력"이라고 정의할 수 있다.[4] 스포츠 마케팅에 있어서 PR은 뉴스 형식으로 소비자에게 전달되기 때문에 소비자에게 높은 신뢰감을 줄 뿐만 아니라, 광고나 판매원을 회피하는 많은 고객들에게 접근할 수 있다는 점에서 중요한 마케팅 프로모션 활동으로 평가된다. 특히 관람 스포츠의 경우 언론매체에의 노출을 통한 무료광고효과 때문에 대부분의 프로모션 활동을 PR을 중심으로 실시하고 있다. 판매촉진은 제품 또는 서비스의 구매나 판매를 촉진시키기 위한 단기적이고 자극적인 프로모션 활동으로써 신속한 효과, 부진한 관중동원의 증대, 회원 증대 등과 같이 단기적 판매효과를 얻는 데는 효과적이나, 장기적으로 조직이나 제품, 시설 등의 이미지를 고취시키기 위한 방안으로는 적합하지 않다. 스포츠 프로모션 활동으로서 판매촉진 방안에는 가격촉진과 비가격촉진 방법 등을 들 수 있는 데, 가격촉진 방법은 "어린이날"이나 "어버이날" 등과 같은 특정 기념일에 해당 고객을 무료 입장시거나, 특정 행사의 날을 특별히 정하여 해당자에게 가격을 할인하여 주는 방법이다. 비가격촉진 방법은 "배트의 날", "모자의 날" 등을 정하여 해당 제품을 무료로 증정하거나, 올스타전이나 코리안시리즈 같은 큰 경기에 자동차나 기타 상품을 경품으로 내거는 경우, 혹은 시합 전 연예인 공연이나 묘기시범 등과 같은 특정 행사와 이벤트를 기획하여 행사를 개최하는 방법이다.

(3) 스포츠 마케팅의 발전단계

오늘날의 스포츠 마케팅은 하루아침에 이뤄진 것이 아닌, 나름대로의 발전단계를 거쳐 왔다고 할 수 있다. 앞장에서 살펴본 스포츠의 역사와도 비교해볼 여지가 있기는 하나, 여기에서 소개하는 것은 현대적인 관점에서 기존의 스포츠 마케팅 활동을 정리해보고자 한다. 특히 스포츠 마케팅 활동이 매우 선진적으로 이뤄지고 있는 미국의 사례는 그 자체에 대한 이해와 함께, 우리나라 스포츠 마케팅의 발전단계를 유추해볼 수 있는 중요한 단서가 될 수 있다.

1) 태동단계(1820~1880)

tobacco 카드

이 시기의 활동들은 스포츠 마케팅이라고 단정 짓기보다는 현재의 관점에서 봤을 때 스포츠 마케팅 활동과 유사한 점들이 발견되는 시기라 할 수 있다. 물론 이러한 활동들이 토대가 되어 오늘날의 다양한 스포츠 마케팅 활동이 전개되고 있음을 부인해서는 안 된다. 우선 스포츠 마케팅의 시초인 것으로 받아들여지는 것은 1824년 권투선수인 윌리암 플러가 미국 사우스캐롤라이나주 챨스턴에서 개최된 권투 경기 흥행을 위해 펼쳤던 다양한 판촉 활동이다. 그러나 이것보다는 당구의 개척자로 알려진 마이클 펠란이 1850년대와 1860년대 당구경기와 당구대의 판매촉진 활동을 펼친 것이 본격적인 스포츠 마케팅 활동인 것으로 간주된다. 이외에도 1858년 미프로야구 뉴욕 양키즈와 브루클린 다져스 간의 경기 입장권을 판매하는 상업화 활동이 시작되기도 하였다. 즉, 다양한 종목에서 상업화가 진행된 형태를 스포츠 마케팅의 태동으로 받아들이고 있다. 이외에도 1870년에 등장한 스포츠 산업과는 직접 관계가 없지만 스포츠를 활용하여 제품의 판매촉진을 한 Tobacco 카드도 스포츠 마케팅의 사례인데, 유명한 선수들을 집어넣은 카드를 담배갑에 넣어서 담배의 판매를 늘리고자 한 것이 그것이다.

2) 체계화단계(1880~1920)

산업혁명 등의 여파로 스포츠 제품 또한 브랜드 명을 갖추게 되었고, 동시에 상표권 등록을 하게 되었다. 또한 이 시기 스포츠용품 제조업체들의 유통 활동 또한 많은 변화가 이루어졌다. 1860년대에는 제조업체가 직접 소유한 지점 형태로 운영하였는데, 1900년 이후에는 반독점법을 회피하기 위해 기업이 도 · 소매를 모두 맡는 형태를 선호함에 따라 이러한 지점운영이 일반적인 모습이 되었다. 이후 스포츠용품 제조업자들과 스포츠 프로모터들은 제품의 품질, 가격, 시장세분화, 그리고 매출 등 간의 연관성을 제대로 인식하기 시작하였다. 특히 이 시기 제조업자들의 촉진 활동은 그 양과 질에서 엄청난 확장을 이루었으며, 보다 더 조직화되는 특성을 보인다.

또한 이 시기는 인구증가가 폭발적으로 이뤄지는 시기임과 동시에 소비자들의 가처분소득이 크게 증가하는 시기이기도 하다. 때문에 이들 소비자들을 대상으로 하는 스포츠용품 제조업자와 프로모터들의 마케팅 활동 역시 체계적으로 수행이 시도되는 시기이기도 하다.

3) 정련 및 공식화단계(1920~)

스포츠에 대한 대중의 인기와 동시에 다양한 스포츠에 관심을 기울이는 사람들 등으로 인해 스포츠 시장의 규모는 지속적으로 커졌다. 물론 산업규모가 커졌다는 것이 스포츠 산업의 수익성이 계속 보장되는 것은 아니었다. 대신 이 시기 다양한 내 · 외부 환경적 요인에 따라 수익성은 요동쳤다.

물론 전반적으로 새로운 재료와 새로운 제조기술, 새롭고 더 경제적인 운송 형태, 그리고 새롭고 더 효과적인 커뮤니케이션 수단에 의해 규모의 경제를 달성한 것은 사실이다. 구체적으로 기술적 변화는 스포츠용품의 제조 방법 및 사용하는 원자재의 선택에 영향을 미쳤고, 정부 정책 역시 스포츠 마케팅에도 영향을 미쳤다.

실제 스포츠 마케팅의 실제적이고 본격적인 성장은 이 시기 텔레비전을 통해 스포츠가 중계됨에 따라 이루어졌다. 예를 들어, 1939년 처음으로 메이저 리그 경기가 텔레비전으로 중계되고 난 후 베이브 루스는 프로 스포츠 세계에서 가장 유명한 6명 중의 한 명이 되기도 하였다.

이러한 초창기 스포츠 마케팅은 제품의 배치와 제품에 대한 신뢰를 어떻게 제고할 것인지에만 관심을 두었는데, 1980년대 초반부터 마케터들은 그들의 효과적인 마케팅 수단 중 하나로 스포츠를 활용하기 시작했는데, 브랜드 인지를 높이는 데 기여한다고 여겨지는 스포츠 스폰서십이 그 사례이다. 실제 특정 스포츠의 인기는 스포츠 스타들이 대중의 마음을 사로잡을 확률을 높여주게 되는데, 이 때문에 현대 올림픽은 스포츠 마케팅의 주요 이벤트로 자리 잡게 되었다.

또한 기업 입장에서 새로운 시장이 등장하면서 새로운 브랜드도 경쟁에 뛰어들게 된다. EPL(잉글랜드 프리미어리그)가 좋은 사례인데, 많은 EPL 클럽은 Chang Beer, Kuomo 타이어, Manhenet Casino 등과 같은 동아시아권 브랜드와 스폰서 계약을 맺고 있다. 이들 브랜드는 국내 입지를 강화할 뿐만 아니라 글로벌한 인지도를 개발하고 있는 것이다. 이처럼 스포츠 마케팅의 얼굴이 변하고 있다고 말할 수 있다. 영국의 많은 기성 브랜드들은 신흥 시장에서 사업을 성장시키기 위한 목적으로 이러한 스폰서들을 겨냥하기 시작했다. 예를 들어, 더 많은 사업기회를 만들어내기 위해 스탠다드 차타드 은행은 리버풀 FC와의 스폰서 계약을 맺기도 하였다.

1928년 암스테르담 올림픽에서 선보여 참가국 선수와 관중들의 궁금증을 자아낸 코카-콜라 시음 부스

마케팅 관점에서 보면 보통 세계 3대 이벤트를 이야기할 때 올림픽, 월드컵, 엑스포를 꼽는다. 하지만 논의를 스포츠에 국한하여 3대 스포츠 이벤트를 들면 올림픽, 월드컵, 세계육상선수권대회를 말하는 경우가 많다. 이러한 대형 스포츠 이벤트들은 스포츠 마케팅의 대표적인 아이콘으로 기능하고 많은 관심을 받으며 스포츠 마케팅의 측면에서 높은 위상을 가지고 있다. 대형 스포츠 이벤트 외의 효과적인 스포츠 마케팅을 펼친 사례의 경우 LG가 2015년까지 후원한 글로벌 크리켓 대회를 들 수 있다. 크리켓은 영국, 호주, 뉴질랜드, 남아공, 인도, 파키스탄 및 중동 지역 국가 등에서 인기 있는 스포츠로 월드컵과 올림픽에 버금가는 세계적 관심을 끌고 있는 스포츠 종목이며, 위에 언급한 국가에서는 상당한 마케팅 효과를 거둘 수 있는 스포츠라 할 수 있다.

기업은 각국의 대표팀을 후원하거나 선수 개개인을 후원하는 등 다양한 방식을 통해 스포츠 마케팅을 전개할 수 있다. 이러한 후원은 앰부시 마케팅의 관점에서 주로 접근 되는 방법이기도 하다. 따라서 기업은 재정적으로 막대한 투자가 소요되는 대형 스포츠를 활용한 마케팅 외에도 기업이 처한 현실과 목표소비자를 고려할 경우 비용 효율적인 다양한 스포츠 마케팅의 전개가 가능해진다.

다음으로는 보는 스포츠 외에 참여하는 스포츠를 활용한 스포츠 마케팅을 고려할 수 있겠다. 현대인들이 건강에 대한 관심이 높아지고 여가에 대한 욕구가 증가할수록 참여하는 스포츠에 대한 수요는 꾸준히 증가하고 있다. 이러한 실질적인 스포츠 소비에 대한 이해를 바탕으로 생활 스포츠와 연계된 마케팅에도 주목할 필요가 있다. 여기에는 기업의 입장에서 대회를 주최하거나 소규모 동호인 리그를 후원하는 형태가 포함될 수 있다. 이러한 생활 스포츠 마케팅의 활용은 큰 투자 없어도 소비자에게 직접적으로 다가가는 스포츠 마케팅을 전개할 수 있다는 장점을 가지고 있다.

스포츠 마케팅에 있어 변화의 핵심에는 IPTV와 디지털 케이블과 같은 뉴미디어의 등장이 있다. 국내 미디어 시장에 다양한 뉴미디어가 등장함에 따라, 스포츠 마케팅 활용 방법에 있어서도 변화가 불가피하게 되었다. 양방향성을 기반으로 하는 뉴미디어는 스포츠 콘텐츠에 대한 몰입을 더욱 심화시킬 수 있으며 소비자의 입장에서 직접적으로 참여할 수 있는 다양한 프로모션 도구의 개발이 가능한 환경을 제공하고 있다. 또한 가상광고와 PPL의 허용도 스포츠 마케팅 환경을 변화시킬 것으로 예상된다. 가상광고를 스포츠 콘텐츠에 적용할 경우 다양한 마케팅 커뮤니케이션 활용이 가능하게 된다. 특히 방송이 디지털화 되고 양방향성이 가미되면 가상광고의 활성화와 스포츠의 중계에 있어서도 많은 변화가 예상된다. 앞으로의 방송환경 변화는 스포츠 콘텐츠와 관련한 방송사들의 경쟁을 가속화시킬 것이고 지금까지 진행해오던 스포츠 마케팅의 형태에도 상당한 변화를 유발할 것으로 전망된다.

참고문헌

1) P. Schaff (1995), *Sports Marketing: Its Not Just A Game Anymore*, Amhearst, MA, Prometheus Books, pp. 46~75.
2) M. D. Shank (1999), *Sports Marketing: A Strategic Perspective*, Prentice-Hall, Inc., New Jersey, p. 10.
3) 본 정의는 B. Mullin, S. Hardy, and W. A. Sutton (1993)의 정의를 토대로 재정리한 것이며, 그들의 정의는 다음과 같다. "All Activities designed to meet the needs and wants of sport consumers through exchange processes. Sport marketing has developed two major thrusts; the marketing of sport products and services directly to consumers of sport, and the marketing of other consumer and industrial products or services through the use of sport promotion.(p. 5)"
4) B. J. Mullin, S. Hardy, and W. A. Sutton, (2000), *Sport Marketing*, 2nd ed., Human Kinetics, Champaign, IL, pp. 315~340.

3장 스포츠 산업의 마케팅 관리

헤드라인 스토리

한국타이어, 마케팅보다 '브랜딩' 전략

자동차는 고관여제품이다. 이와 달리 자동차 타이어는 저관여제품이다. 소비자는 자동차를 살 때 많은 시간과 노력을 들여 정보를 탐색하고 여러 상품을 꼼꼼히 비교한다. 그런데 타이어에는 별로 관심을 기울이지 않는다. 새 차를 살 때 다른 옵션은 따지지만 타이어에 신경 쓰는 경우는 흔치 않다. 타이어를 교체할 때도 정비사가 권하는 브랜드를 선택하는 사람이 많다. 그래서 타이어는 'B2B 성향이 강한 B2C' 상품으로 통한다. 이런 상황을 감안해 한국타이어는 '마케팅보다 브랜딩' 전략을 택했다. 제품 판매 증대에 초점을 맞춘 마케팅보다 자사 브랜드에 대한 긍정적 이미지와 느낌이 소비자들의 마음속에 자리 잡게 하는 브랜딩에 집중하고 있다.

상황 1. 세계 1, 2위 기업에 맞서야 하는 상황

도전 1. 스포츠 마케팅 '투 트랙 전략'

글로벌 시장에서 타이어 1, 2위 기업은 브릿지스톤과 미쉐린이다. 두 회사는 마케팅 전략에서 뚜렷한 차이를 보인다. 브릿지스톤은 올림픽이나 미국프로골프(PGA) 등을 후원하는 스포츠 마케팅을 한다. 타이어 회사인데도 모터스포츠엔 관심이 없다. 반면 미쉐린은 스포츠 마케팅은 모터스포츠를 통해서만 한다. 대신 아기, 가족 등 친숙한 콘셉트로 브랜드 이미지를 만들고 '미슐랭 가이드'도 적극적으로 활용하고 있다.

타이어 선두 기업에 맞서야 하는 한국타이어는 스포츠 마케팅을 통한 브랜드 강화를 위해 투 트랙 전략을 세웠다. 하나는 주력 시장별 타깃 스포츠 선택이다. 미국은 프로야구, 유럽은 축구를 선택했다. 미국 프로야구 메이저리그와 2018 시즌부터 공식 후원 계약을 체결해 광고, 프로모션, 이벤트 등으로 브랜드 위상을 강화하고 있다. 유럽에선 2016년부터 스페인 레알 마드리드의 글로벌 마케팅 파트너가 됐다. 앞서 2012년 유럽 프로리그 상위팀 간 축구대회인 '유럽축구연맹 유로파리그'와 공식 후원 계약을 맺고 9년 동안 유럽에서 가장 큰 프로축구 대회의 공식 파트너로 활동했다. 김정곤 한국타이어 브랜드전략팀장은 "비용 효율을 감안해 주력 시장별 타깃 스포츠를 선정해 집중하고 있다"고 말했다. 김 팀장은 "스포츠 마케팅의 효과를 경기장에서 우리 브랜드가 몇 번 노출됐는지로 따지기보다는 각국 소비자들이 자신이 좋아하는 스포츠를 즐기면서 한국타이어 브랜드를 친근하게 느끼는 정성적 효과를 중시하고 있다"고 설명했다.

다른 하나는 타이어와 관련성이 높은 모터스포츠 마케팅이다. 전세계 60여 개 모터스포츠 대회에 레이싱 타이어를 공급하거나 참가팀을 후원해 왔다. 지난달엔 세계 정상급 레이싱 팀으로 꼽히는 FFF레이싱 팀과 파트너십을 체결하고 주요 출전 경기를 후원하기로 했다.

상황 2. 타이어 판매 얘기만 넘쳐난다
도전 2. "기술과 미래, 그리고 혁신을 얘기하자"

국내 타이어 시장에선 '(우리 타이어가) 가격이 싸요. 질겨서 오래 가요' 같은 타이어 판매에 초점을 맞춘 얘기가 오랫동안 주류였다. 가격과 내구성으로 소비자를 공략했다. 한국타이어는 우선 타이어에 대한 소비자 관심부터 높여야 한다고 판단했다. 이를 위해 2012년 'It is' 캠페인을 선보였다. 운전자가 원하는 대로 반응하는 타이어가 가장 좋은 타이어라는 생각으로 핸들링, 가속, 제동 등을 강조했다. 이어 2013년 '더넥스트드라이빙랩(TNDL)' 캠페인을 공개했다. '기술'과 '앞으로 닥칠 세상'을 얘기하자는 의도였다. '디지털 크리에이티브 카', '마인드 리딩 타이어', '볼핀 타이어', '트랜스포밍 타이어' 등 기술과 미래를 상징하는 혁신적인 네 가지 주제를 잇따라 등장시켰다. 올해는 기술과 가까운 미래를 상징하는 다섯 번째 캠페인을 진행할 예정이다.

상황 3. 새로운 고객이 필요하다
도전 3. 게임 · 스트릿 패션에 타이어 접목

한국타이어는 1억 원이 넘는 테슬라를 사는 사람들에 주목한다. 그 정도 거액으로 포르쉐 같은 전통적인 프리미엄 브랜드가 아니라 전기차를 사는 것은 신기술과 새 브랜드에 거부감이 없다는 의미라서다. 그런 사람들에게 어필할 수 있는 방법은 프리미엄 자동차 브랜드에 신차용(OE: Original Equipment) 타이어 공급을 확대하는 것이다. 한국타이어는 테슬라 모델3와 모델Y를 비롯한 포르쉐 타이칸, 아우디 SQ8 등에 OE 타이어를 공급하고 있다. 새로운 고객을 발굴하기 위해 미국에선 캘리포니아 스타트업 '피치스'와 협업을 진행했다. 피치스는 빠르게 마니아층을 형성하고 있는 스트릿 패션 브랜드다.

한국타이어는 자동차를 트렌디하게 튜닝하는 문화를 스트릿 패션에 녹여내 커스터마이징 타이어를 선보였다. 김정곤 팀장은 “피치스의 마니아층에 한국타이어 브랜드를 자연스럽게 소개함으로써 미국 시장에서 새로운 고객을 확보하는 좋은 계기였다”고 설명했다. 국내에선 넥슨과 온라인 레이싱 게임 ‘카트라이더’를 통한 제휴 마케팅을 벌였다. 30~50대가 주요 고객인데 이를 20대 이하로 넓히려는 시도였다.

- 한국경제 2021년 3월 7일 -

1 스포츠 마케팅의 전략적 계획

(1) 전략적 계획의 개념

일반적으로 조직은 변화하는 시장환경과 소비자의 욕구에 따라 적절한 전략을 수립하고 이를 시장에 적응하여야 한다. 이러한 효과적인 적응을 위해 요구되는 것이 바로 전략적 계획(strategic planning)이다. 그러나 스포츠 산업에서 전략적 계획이라는 용어는 매우 생소한 것이다. 일반적으로 전략적 계획은 다음과 같이 정의 내릴 수 있다.

"전략적 계획(strategic planning)이란 조직의 목표와 자원, 그리고 변화하는 마케팅 기회가 서로 전략적으로 일치하도록 개발하고 유지하는 과정으로서 이를 위해 조직은 사명과 목표를 분명하게 설정하고, 그에 따른 전략을 수립하며 이를 적절히 실행해야 한다."[1)]

관리자는 시장의 변화와 거기에 전략적으로 적응하는 문제에 주의를 기울여야 한다. 모든 시장은 소비자의 필요와 욕구, 기술, 경쟁자, 유통경로, 법률의 변화에 의해 시시각각으로 변화하고 있다. 조직이 제각기의 시장에서 성공하려면 전략의 창(strategic window)을 통해 변화를 주시하고 시장의 필요를 파악해 두어야 한다.

특정 시장의 요구와 조직능력이 조화를 이룰 수 있는 시간은 매우 한정적이다. 이 기간 동안 조직은 전략의 창을 활짝 열고 시장에 자원을 투하해야 한다. 시간이 경과한 뒤에 조직이 시장의 변화를 인식하고 변화된 시장에 노력을 투여해도 효과는 별반 나타나지 않는다는 사실을 이해해야 한다. 이는 마치 버스가 떠나간 뒤에 손을 흔드는 것과 마찬가지이다. 결국 조직의 입장에서 가장 효과적인 시장기회를 파악하고 여기에 조직의 자원을 투여하기 위한 계획을 수립하기 위한 과정이 전략적 계획이다.

(2) 전략적 마케팅 계획

앞에서 언급한 전략적 계획을 마케팅 단위에서 수행하는 것이 바로 전략적 마케팅 계획(strategic marketing planning process)이다. 전략적 마케팅 계획은 주어진 마케팅 상황 속에서 무엇을 해야 할 것인지를 결정해주는 여러 가지의 단계들의 총합이라 할 수 있다.

스포츠 마케터들은 전략적 마케팅 과정을 통해 매우 복잡하고 독특한 스포츠 산업을 관리할 수 있다. 전략적 스포츠 마케팅 과정이란 소비자의 욕구를 만족시키고 조직의 목적을 달성하기 위해 마케팅 활동을 계획하고, 실행하고 통제하는 일련의 과정을 가리킨다.

본 개념은 기본적으로 마케팅은 두 가지 환경의 함수라는 것을 가정한다. 우선 전략적 마케팅 계획은 조직이라는 울타리를 뛰어넘어서는 안 된다. 때문에 마케터들이 미래에 수행하고자 하는 일들은 기본적으로 조직이 바라는 사항과 반드시 일치해야만 한다. 물론 이 말은 마케터들이 무조건 조직에서 정해놓은 목표나 계획을 수용하거나 비굴하게 거기에 적응하라는 의미는 아니다.

둘째, 마케터들은 조직의 능력에 대한 신중한 고려 없이 원하는 일, 즉 소비자의 욕구에 부응하는 계획을 아무렇게나 수립해서는 안 된다. 새로운 사업을 시작하기 전에는 반드시 조직의 강점과 약점에 대해 면밀히 고려해야만 한다.

우리들에게는 항상 가슴 아픈 이야기이지만 국가대표팀이 출전할 때마다 스포츠팬들의 기대만 잔뜩 부풀려 놓고, 경기 결과가 좋지 못해서 대표팀을 해체하거나 감독을 경질하거나, 협회 인원이 사퇴하는 일이 반복되는 것은 다른 요인이 개입되기도 하였지만, 스스로에 대한 강 · 약점 분석이 제대로 이뤄지지 않았던 것이 주 요인이다.

대개의 스포츠 조직이 수행하게 될 전략적 마케팅 계획 과정은 [그림 3-1]과 같으며 여기에는 다음의 단계들이 포함되어진다.

[그림 3-1] 전략적 마케팅 계획의 과정

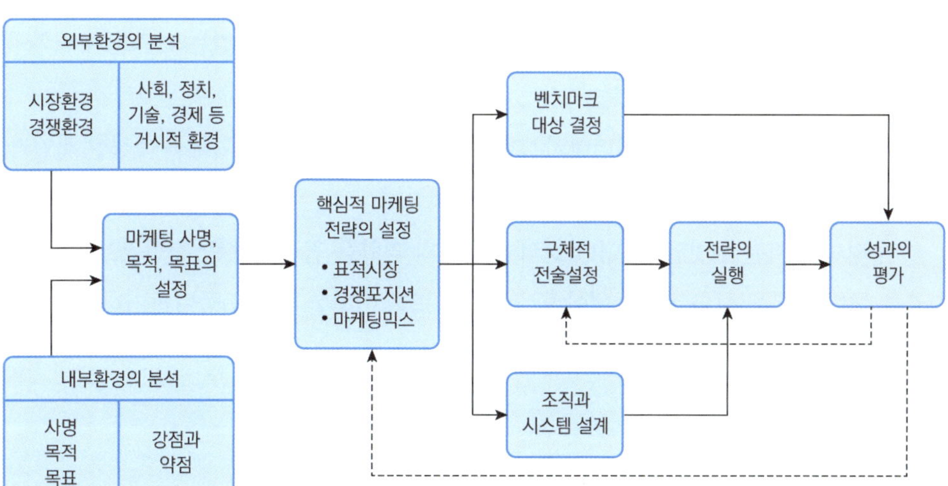

자료: P. Kotler & K.F.A. Fox(1995), *Strategic Marketing for Educational Institutions*, 2nd ed., Prentice-Hall, Inc., 재구성.

- 전략적인 분석: ① 조직 전반의 임무, 목적, 목표를 분석하고, ② 외부환경의 도전과 변화, 즉 기회와 위협에 대응할 수 있는 조직 자체의 강점과 약점을 파악한다.
- 마케팅 계획: ① 특정 계획기간 동안의 목적을 설정하고 구체적인 목표를 정하고, ② 구체적 목표를 달성하기 위한 핵심적인 마케팅 전략을 구축하며, ③ 핵심적인 전략을 실행하는데 필요한 구체적인 프로그램과 전술을 구축한다.
- 마케팅 계획의 실행: 계획을 실행에 옮긴다.
- 통제: 성과를 측정하고 그에 따라 필요한 경우 핵심전략, 구체적 전술 등을 조정한다.

여기서 통제 과정은 현재의 전략을 재구축하고 향후 전략을 수립하는 데 도움을 줄 수 있게 해준다. 따라서 계획이라고 하는 것은 시작과 끝이 존재하지 않는 지속적인 과정이라고 할 수 있다. 그리고 이러한 계획을 수립할 때 관리자들은 다음을 자문해봄으로써 보다 효율적인 계획수립이 가능해질 것이다.

① 우리가 수행하고 있는 현재의 사업은 무엇인가? 이 사업을 수행함으로써 우리가 얻고자 하는 것은 무엇인가? 이때 무엇을 먼저 추구해야 하는가? 그리고 이 사업을 수행하는데 있어 우리의 강점과 약점은 무엇인가?

② 우리가 표적으로 삼고 있는 소비자는 누구인가? 우리의 현재소비자는 누구이고 잠재소비자는 누구인가? 그리고 그들은 우리가 제공하는 서비스에 대해 어느 정도 지각하고 있으며 얼마나 만족해하고 있는가?

③ 소비자들이 가치 있다고 생각하는 것은 무엇인가? 각 소비자들에 대해서 조직이 충족시켜 줘야 할 구체적인 욕구는 무엇인가? 어느 정도의 만족과 편익을 제공해야 하며, 여기에 대해 고객들은 어느 정도의 가치를 부여하는가? 우리와 경쟁관계에 있는 기관도 우리와 비슷한 수준의 가치를 제공하고 있는가?

④ 사업수행에 따른 결과는 어떠한가? 어떤 기준을 이용해서 성공 여부를 측정할 것인가? 과연 우리 조직은 애초에 희망했던 결과를 달성했는가?

⑤ 우리의 계획은 무엇인가? 어떤 영역에 우리의 역량을 집중해야 할 것인가? 그리고 앞으로는 어떤 새로운 성과를 달성해야 할 것인가? 또한 어떠한 활동을 중단하거나 확장하거나 외주로 돌릴 것인가?

스포츠 마케팅 현장이야기

날아간 '올림픽 특수'… 기업 마케팅 전략도 휘청

신종 코로나바이러스 감염증(코로나19) 확산으로 7월 개막 예정이던 도쿄올림픽이 내년으로 연기되면서 국내 기업들의 시름이 더욱 깊어지고 있다. 대형 스포츠 이벤트에 힘입은 판매 증진 효과를 기대하기 힘들 뿐더러, 행사 후원 등을 통해 최신 기술과 신제품을 홍보하려던 전략에도 차질이 빚어진 탓이다.

24일 전자업계에 따르면 삼성전자와 LG전자의 TV사업 부문은 도쿄올림픽 연기로 마케팅 전략을 전면 재검토해야 하는 상황이다. 세계 TV 시장의 절반가량을 점유하고 있는 두 회사는 도쿄올림픽을 통해 초고화질 프리미엄 제품인 8K TV 시장을 본격 확장할 계획이었다.

TV 시장은 그간 올림픽, 월드컵 등 4년에 한 번 열리는 대형 스포츠 행사 때마다 대형 제품이나 프리미엄 제품 판매량이 늘어나는 특수를 누려왔다. 일반 가정도 8~10년에 한번 꼴로 이러한 이벤트에 맞춰 TV를 교체하는 경향이 있다 보니 동반효과가 났다. 실제 평창동계올림픽과 러시아 월드컵이 열린 2018년 세계 TV 판매량은 전년 대비 600만대 이상 증가했다.

이렇다 보니 지난해 말 시장조사기관 IHS마킷은 올림픽과 유로2020이 예정됐던 올해 TV 출하량이 2억2,548만 대로 지난해보다 2.2% 늘어날 걸로 예측했다. 그러나 유럽축구연맹(UEFA)이 최근 유로2020을 1년 미루기로 결정한 데 이어 도쿄올림픽 역시 내년으로 늦춰지면서 이런 특수를 기대할 수 없게 됐다.

국내 유일의 국제올림픽위원회(IOC) 최상위 등급 후원사(월드와이드 파트너)인 삼성전자는 더 씁쓸하다. 전체 80개 후원사 중 14개뿐인 월드와이드 파트너는 올림픽 관련 독점 마케팅 권한을 갖는데 이를 제대로 활용할 수 없게 된 탓이다.

지난달 미국 샌프란시스코에서 스마트폰 신제품 공개 행사인 '언팩'을 개최하며 '갤럭시 S20플러스'의 도쿄올림픽 특별판을 공개했던 삼성전자는 올림픽 시즌에 맞춰 이 제품을 선수단 및 관계자에게 지급하고 일본 현지 판매를 병행하는 글로벌 홍보전략을 짰지만 계획에 차질이 생겼다.

자동차 업계도 유럽 지역의 각종 축구대회와 리그 중단에 당혹감이 역력하다. 기아자동차와 한국타이어 등이 공식 후원하는 UEFA 주관 클럽대항전 '유로파리그'는 16강전이 진행되다 코로나19 사태로 일정이 중단됐다. 기아차는 5월 27일 폴란드에서 열릴 예정이던 유로파리그 결승전에 맞춰 우승 트로피 전시와 함께 신차를 홍보하려 했지만 불발될 가능성이 크다.

또 현대차는 영국 프리미어리그의 첼시와 스페인 프리메라리가의 아틀레티코 마드리드, 금호타이어는 프리미어리그 토트넘과 독일 분데스리가 바이엘 04 레버쿠젠을 후원하고 있는데 이들 나라의 리그도 모두 중단된 상황이라 기대했던 홍보효과를 못 보고 있다. 업계 관계자는 "내수가 위축된 상황에서 글로벌 마케팅까지 브레이크가 걸려 곤혹스럽다"고 한숨을 쉬었다.

- 한국일보, 2020년 3월 25일 -

2 스포츠 마케팅의 전략적 분석

(1) 조직의 사명 및 목표의 분석

효율적인 조직은 대개 다음 네 가지의 특성을 가지고 있다.[2)] 첫째, 분명하고 구체적인 사명을 가지고 있으며, 둘째 조직 내에 이러한 사명을 달성할 수 있는 강력한 지도자와 문화를 갖추고 있으며, 셋째 사회와의 보다 광범위한 연결고리 역할을 하는 풍부한 자원들을 갖추며, 넷째 충분한 재정 및 인적자원을 확보해낼 수 있는 지속적인 능력을 갖추고 있다.

여기에서도 보듯이 조직에서 목표를 어떻게 설정하고 있는지가 성공 여부를 판가름 짓는 매우 중요한 출발점임을 알 수 있다. 목표설정은 조직이 현재 또는 장래에 예상되는 환경에 대하여 적절한 사명과 목표를 결정하는 문제와 관련된다.

1) 사명

조직은 환경 속에서 무엇인가를 성취하기 위해서 존재한다. 따라서 설립 초기에는 보다 분명한 사명을 가지고 있지만 조직이 성장하거나 새로운 상품이나 시장이 추가되면 사명이 불분명해지게 된다. 따라서 지속적인 평가와 감시를 통해 환경 변화에 따른 적절한 사명의 재정립이 필요하다.

그러나 조직의 사명(mission)이 무엇인지를 자문해보면 단순해 보이는 것 같으면서도 매우 복잡하고 어려운 질문이라 할 수 있다. 왜냐하면 조직을 구성하고 있는 매우 다양한 구성원들조차도 이에 대해 다른 견해를 가질 수 있기 때문이다. 이 때문에 조직의 사명에 대한 합의에 이르기 위해 상당히 장기간에 걸쳐 수많은 모임을 갖기도 하는 것이 일반적이다.

사명은 조직의 목적, 다시 말하면 보다 넓은 환경 속에서 조직이 달성하고자 하는 것이 무엇인가에 대한 설명이다. 따라서 조직은 사명을 정의하는 과정에서 자신과 이용할 수 있는 잠재적 기회를 발견할 수 있을 뿐만 아니라, 사명을 정함으로써 조직구성원들의 노력을 한 방향으로 결집할 수 있는 효과를 가져올 수 있다.

사명을 명확히 하는 유효한 방법은 세 가지 차원에 의거해서 조직의 활동범위를 정의하는 것인데 그 내용을 살펴보면 첫째, 고객그룹(customer group)으로서 누가 봉사를 받아 만족할 것인가이고, 둘째 고객의 욕구(customer need)로서 무엇을 만족시켜야 하는가이며, 셋째 방법 문제(technologies)로서 어떻게 해야만 고객의 욕구가 만족될 것인가이다.[3)]

이러한 사명이 효과를 거두려면 실현 가능해야 하고, 조직구성원에 대한 동기부여가 가능해야 하며, 독특할 필요가 있는데 이에 대해 살펴보기로 하자.

- 실현가능성(feasibility): 이는 사명이 조직의 인적 · 물적자원에 비추어 현실적이어야 한다는 의미이다. 물론 사명이라는 것은 높게 설정해야만 하지만 지나치게 높지 않게 설정함으로써 실현 불가능한 목표라는 의심을 받지 않도록 해야 한다.
- 동기부여(motivating): 대개 조직구성원들은 자신들의 일이 중요하다고 느끼거나 자신들이 사회나 인간생활에 공헌한다고 느끼는 경우에 동기부여 되는데, 이러한 원리를 적용해야 한다는 것이다.
- 독특함(distinctive): 스포츠기관과 같은 서비스 영역은 매우 손쉽게 모방되어질 가능성이 높다. 그렇게 되면 일반 소비자들에게 어떤 차별성도 줄 수 없기 때문에 고객충성도가 매우 낮을 수밖에 없게 된다.

2) 목표

조직의 사명이 결정되면 그에 따라 조직이 나아갈 바를 정할 수 있게 되며, 이를 구체적으로 설명해둔 것이 바로 목표이다. 즉, 대부분의 조직들은 자신들의 사명과 일관성을 유지하는 범위 내에서 구체적인 목표를 설정하게 된다. 비록 다양한 목표가 설정될 수 있지만, 이러한 목표는 부서(마케팅 대 재정) 간의 갈등을 유발할 수도 있다. 따라서 목표를 설정할 때는 이러한 갈등을 최소화할 수 있도록 주의를 기울일 필요가 있다.

일단 마케팅 목표가 설정되게 되면 스포츠 조직은 여러 가지 기준을 이용해서 해당 목표가 제대로 세워졌는가의 여부를 파악하게 된다. 그 내용을 살펴보면 우선 목표란 분명해서 스포츠 조직 내의 모든 사람들이 쉽게 이해할 수 있어야 하고, 달성 가능해야 하며, 손쉽게 측정될 수 있어야 한다. 또한 목표는 스포츠 조직 내 모든 사람들의 참여를 쉽게 유도할 수 있어야만 한다. 그리고 가장 중요한 점은 바로 마케팅 목표는 스포츠 조직 전체의 목표와 연계되어 있어야만 한다.[4)] 목표에 대한 보다 구체적인 사례를 들어보면 다음과 같다.

- 내년 시즌 티켓의 판매량을 15% 증가시킨다.
- 클럽 회원들의 이탈률을 25% 이내로 줄인다.
- 특정 프로그램을 통해 새로운 클럽 회원을 25명 확보한다.

목표는 반드시 수익을 창출할 수 있는 수단이자, 목적이자 표적으로서 간주되어야 한다. 위에서 언급한 세 번째 사례는 회원 수를 증대시키기 위한 보다 큰 목표의 구체적인 요소이다. 다른 두 개의 목표와는 달리 목표달성을 위한 구체적인 수단과 프로그램을 제시하고 있다. 하지만 궁극적으로 위의 목표들은 마케터들이 추구해야 할 분명한 목적을 전달해주고 있으며, 자원과 기회의 활용가능성에 따라서 선택할 수 있게 된다.

그러나 조직에서 세워 둔 여러 가지 목표들은 간혹 동시에 달성하기 어려운 것들이 있게 된다. 따라서 조직은 주어진 시기에 어떠한 목표를 강조할 것인지, 혹은 반대로 어떠한 목표를 무시할 것인지를 결정해야만 한다. 때문에 조직의 주요 목표는 시기에 따라 달라질 수 있으며 의사결정자가 누구인지에 따라서도 달라질 수 있게 된다.

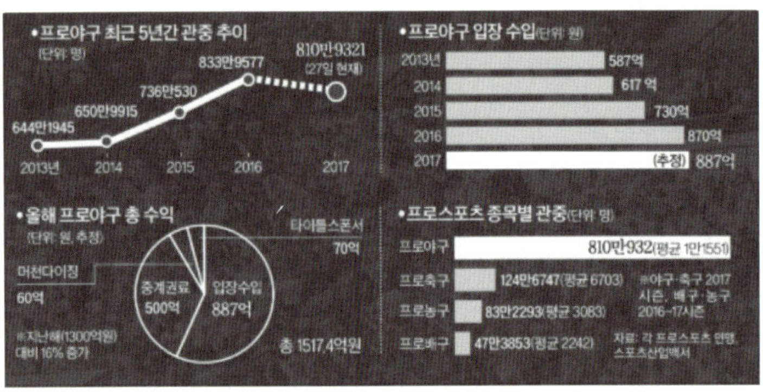

스포츠 구단의 경우 관중 수 확대가 주요한 목표가 될 수 있다

(2) 환경분석

전략적 계획수립의 두 번째 단계는 조직의 내부환경과 외부환경을 분석하는 것이다. 스포츠 마케터(관리자)는 스포츠 경쟁환경 속의 기회와 위협 요인을 토대로 스포츠 상품의 내적(내부) 경쟁력이 어느 정도인지를 잘 따져봐야 한다. 이를 위해 조직들은 SWOT분석을 실시하게 된다. SWOT이란 강점(Strength), 약점(Weakness), 기회(Opportunity), 위협(Threat)의 첫 글자를 따서 붙인 용어이다. 여기서 강점과 약점은 조직 내에서 통제 가능한 변수이다. 다시 말해서 조직의 상황을 토대로 자신의 강점과 약점을 평가해야 한다. 이와 반대로 기회와 위협은 조직을 둘러싼 제반 환경의 결과물로서 조직의 통제권 밖에 있는 것이다.

1) 내부환경: 강점과 약점

모든 조직들은 자신들의 목적을 달성하는 데 활용할 수 있는 강점을 가지고 있다. 이와 함께 경쟁자와 비교했을 때 약점을 가지고 있으며 조직들은 자신들이 가진 강점을 통해 경쟁 우위를 달성할 수 있게 된다. 조직들이 이러한 강점 및 약점분석을 하는 이유는 조직이 가지고 있는 주요 자원에 대해 강점과 약점의 관점을 명확히 하기 위함이다. 따라서 조직은 강점에 의해 유지되기 때문에 거기에 적합한 목표, 기회, 그리고 전략이 추구되어야 하고 자원 면에서 취약한 부문, 즉 약점은 회피하여야 한다.

[표 3-1]은 조직이 변화에 대응하기 위하여 보유하고 있는 자원을 감사하기 위해 사용하는 표이다. 이 예에서 주요 자원은 인적자원, 자금, 시설, 시스템, 시장자산(market asset)으로 분류하고, 각 자원이 갖는 강점과 약점의 정도를 고 · 중 · 저로 표시하였다.

[표 3-1] 조직의 내부분석(강점 및 약점분석)

경 영 자 원		강함				약함		
		고	중	저	중립	저	중	고
인적자원	1. 충분한가?	※						
	2. 숙련되어 있는가?	※						
	3. 열심인가?						※	
	4. 충실한가?							※
자 금	1. 충분한가?			※				
	2. 융통성이 있는가?					※		
시 설	1. 충분한가?	※						
	2. 유연성이 있는가?	※						
	3. 배치의 질은?	※						
시스템	1. 정보시스템의 질은?				※			
	2. 계획시스템의 질은?					※		
	3. 통제시스템의 질은?					※		
시장자산	1. 고객기반은?		※					
	2. 스폰서기반은?		※					
	3. 관계기반은?	※						
	4. 일반적인 평가는?		※					

시장기회를 고려할 때 조직은 필요한 자원이 부족한가 또는 충분한가를 검토하여야 한다. 즉, 조직이 필요한 자원과 능력을 확보하지 못한다면 아무리 좋은 기회라 하더라도 조직의 입장에서는 기회라 할 수 없다. 대개의 조직들은 다음과 같은 경쟁력을 갖출 필요가 있다.

- 상품의 품질: 경쟁자에 비해 상품의 품질이 높을수록 조직의 강점은 커진다.
- 효율성: 프로그램 개발과 소비자를 유인하는데 효율적일수록 강점은 커진다.
- 시장에 대한 지식: 소비자에 대한 지식이 쌓이면 쌓일수록 시장에 대한 강점이 커진다.
- 마케팅 효과: 마케팅 활동에 능숙할수록 관람객 확보나 스폰서 확보에 있어서 효과가 더욱 커진다.

특히 동일한 지역과 인근 지역의 주요 경쟁자가 자사의 수준과 유사한 능력을 보이고 있다면 그 독자능력이 충분하다고 할 수는 없지만, 조직은 차별우위성(differential advantage)을 가진 이 능력에 관심을 기울여야 한다. 그리고 조직은 균형 잡힌 강함을 추구하기보다는 차라리 한 가지의 강점을 잘 활용하는 것이 훨씬 용이하고 효과적일 수 있다.

모든 조직들은 강점을 가지면서도 특정한 면에서 약점을 지니게 된다. 하지만 관리자들은 이러한 약점을 알아차리지 못할 수도 있고, 그 약점이 조직의 운영 과정에 어떠한 영향을 미치는지, 그리고 문제가 발생했을 때 어떻게 대처해야할지를 정확히 모를 수도 있다. 따라서 조직에서는 주기적으로 외부기관으로부터 자사의 활동에 대한 감사를 받아봄으로써 이러한 문제를 해소할 수 있게 된다.

이러한 감사 활동은 여러 부류의 사람들에 의해 행해질 수 있는데 전문 컨설턴트, 경영학 전공자 등 스포츠 조직의 활동에 도움을 주고자 하는 의지가 있는 사람이면 된다. 하지만 외부에서 어느 누구도 이러한 활동을 수행하려 하지 않는 상황이 벌어지게 될 경우에는 관리자 등이 직접 감사를 수행할 수밖에 없다.

2) 외부환경: 기회와 위협

조직의 강점과 약점에 대한 분석이 이루어지면 다음에는 조직 외부환경을 분석하여 변화하는 환경 속에서 조직에 영향을 미치고 있는 기회 요소와 위협 요소를 식별하여야 한다. 조직의 외부환경은 거시적 환경과 미시적 환경으로 대별할 수 있는데 인구통계적 요소, 사회적 요소, 문화적 요소, 경제적 요소 그리고 정치적 요소와 같은 거시적 환경은 조직에게 기회를 만들어주기도 하면서 위협이 되기도 한다.

1980년 우리나라에 프로 스포츠가 처음 선보였지만, 그 전까지는 전혀 기대할 수 없었던 상황이었다. 그와 함께 컬러텔레비전이 도입됨으로써 스포츠 조직들에게는 많은 기회를 제공해주었지만, 이 역시 민간 차원에서 자율적으로 이루어진 것은 분명 아니다. 이러한 거시적 환경은 대개 통제 불가능한 것이 대부분이지만 조직이 장 · 단기계획을 수립하는 과정에서 지속적으로 점검할 필요가 있는 것들이다.

① 기회분석

마케팅 기회란 특정 조직이 보다 경쟁적 우위성을 확보할 수 있도록 적절한 마케팅 활동을 발휘할 수 있는 매력적 분야를 가리키는 말로써, 성공적인 조직이 되기 위해서는 시장의 매력성을 확인하고 해당 시장에 소구할 수 있는 조직 차원의 강점을 개발하여 이를 통해 시장기회를 극대화시켜야만 한다.

조직의 모든 관리자는 조직이 직면하고 있는 기회를 식별하는 데 노력을 경주해야 한다. 스포츠 분야에서의 시장기회를 살펴보기 위해 KBL을 가상의 예로 삼아 설명하기로 한다. KBL에서는 다음 네 가지의 가상적인 기회를 가질 수 있다고 가정해보자.

① 참여 스포츠로서 농구에 참여하는 인구가 크게 증가하고 있음을 파악하고, 이들을 위한 새로운 리그를 창설한다.

② 농구경기 관람에 대한 팬들의 수요가 증대하고 있음을 파악하고 2군 경기리그를 창설한다.

③ 현재 KBL에 속해있는 구단 외에 새로운 도시를 연고로 하는 팀을 창설한다.

④ 농구 팬들을 위한 봉사 활동의 일환으로 '어린이 농구교실', '농구캠프'를 창설, 운영한다.

이러한 기회들은 매력도나 성공가능성에 따라 분류될 수 있다. 즉, 기회는 두 가지 기본적 차원, 다시 말해서 잠재적 매력성(예상되는 총 수익과 그 결과에 의한 것)과 성공확률(조직이 기회를 개발해낼 능력)에 의해 평가된다.

우선 제①의 기회를 평가한 결과가 [그림 3-2]의 기회 매트릭스에 나타나 있다. 순수 아마추어를 위한 새로운 리그의 창설은 스폰서 확보가능성으로 인해 수익의 흐름을 좋게 만들고, KBL에서 이 리그를 성공적으로 운영할 가능성이 크므로 최대의 기회가 된다.

한편 2군 리그의 창설은 비용이 많이 소요되고, 성공가능성도 낮기 때문에 배제되어야 한다(우측 하단 2). 그런데 나머지 기회 ③과 ④에 대해서는 조직 차원에서 특별한 계획을 세울 필요는 없으나, 계속 주목할 가치가 있다.

② 위협분석

모든 조직은 직면하고 있는 주요한 위협 요인들을 명확히 해야만 한다. 환경적 위협이란 목표지향적인 마케팅 활동이 없음에도 불구하고 그 조직의 위치에서 침식을 초래하는 환경 내의 바람직하지 못한 추세나 발전에 의해 제기되는 제반 도전을 가리킨다. 따라서 조직은 이러한 위협 요인을 지속적으로 파악하고 그에 대한 대처방안을 강구해둘 필요가 있다.

[그림 3-2] 기회 · 위협 매트릭스

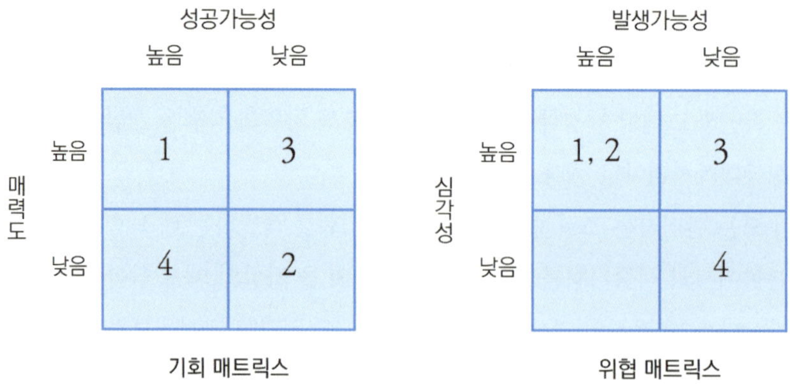

그러나 모든 위협이 반드시 동일한 주의와 관심을 필요로 하는 것은 아니다. 관리자는 잠재적 강도와 발생확률이라는 두 가지 차원에서 각기 위협을 평가해야 한다. 그것은 심각성(위협이 구체화할 때 조직이 입게 될 금전적 손실), 발생가능성을 토대로 이루어져야 하는데, 앞의 기회분석에서처럼 여기서도 KBL을 가상의 예로 삼아서 설명하기로 한다. 즉, KBL에서는 다음 네 가지 위협을 인식했다고 가정해 보자.

① 국가 차원에서 모든 스포츠 경기 입장권 가격의 40%를 세금으로 징수한다고 발표하였다.
② 내년도 각 구단의 운영비(선수연봉, 구단사용료 등)는 20% 상승한다.
③ 리그창설 때부터 지속되던 기업의 스폰서가 올해부터 없어지게 된다.
④ 리그 차원에서 수익사업으로 진행하던 라이센싱 사업이 실패하게 된다.

이러한 위협에 대한 평가는 [그림 3-2]와 같다. 이중 가장 심각한 위협은 매트릭스 상단의 좌측 부분이라고 할 수 있는데, 이러한 경우 관리자는 적절한 상황별 계획을 수립해야만 한다. 한편 하단 오른쪽 공간의 위협은 매우 미세한 것으로 무시할 수도 있다. 그리고 나머지 두 공간의 위협은 상황별 계획이 필요하지 않지만 이들 위협이 점점 심각하게 되는 경우에는 주의 깊게 조사할 필요가 있다. 관리자는 위협을 식별하고 분류함으로써 어떠한 환경이 발생하면 이에 대응할 계획의 수립과 감시가 요구되며 또 그것을 무시해도 좋은가를 식별할 수 있어야 한다.

(3) 스포츠 마케팅의 계획

'SAMSUNG'이란 글자가 새겨진 유니폼을 입고 있는 프리미어리그 첼시 선수들. 삼성은 첼시 후원을 통해 브랜드 인지도 상승효과를 톡톡히 누렸다

[그림 3-1]에서 살펴본 것처럼 조직 전체의 사명과 목표의 설정에 이어 상황분석이 이뤄지게 되면 그 다음 단계는 구체적인 마케팅 계획을 수립하게 된다. 마케팅 계획(marketing planning)이란 규정된 일정 기간 동안에 특정 목적을 달성하기 위한 실행계획을 체계화 내지 통합해 놓은 것으로서, 이는 미래에 수행하게 될 마케팅 활동 과정을 결정하는 관리 활동의 하나인 마케팅 계획 수립 활동을 통해 형성된다.

마케팅 활동을 효율적으로 관리하려면 미리 이에 대한 계획을 세우고 이에 따라 계획적으로 관리하는 것이 합리적이다. 그러나 스포츠 산업의 책임자들은 이러한 활동에 대한 경험도 없을뿐더러 심지어 이러한 계획 없이도 지금까지 일을 잘 해왔으며 또한 너무 바빠서 계획을 세울 수 없다고들 한다. 이 때문에 스포츠 기관들은 공식적인 계획 시스템을 도입하지 않는 경우가 많다.

일단 전략이 결정되게 되면 다음 단계는 마케팅 프로그램을 계획하는 것이다. 이 과정에서는 마케팅 관련 지출, 마케팅믹스, 그리고 마케팅 자원 할당과 같은 기본적인 의사결정들을 하게 되는데, 이때는 조직 전반적인 목표를 달성하기 위해 조직의 자원과 예산을 최적화할 필요가 있다. 그리고 마케팅 관리자의 경우는 이에 더해서 표적시장의 욕구와 선호를 보다 깊이 있게 이해해둘 필요가 있다.

잘 구축된 마케팅 계획은 다음 몇 가지의 중요한 역할을 수행하게 된다. 첫째, 계획이 일단 문서화하게 되면 잘못된 점들을 손쉽게 발견할 수 있고 그에 따라 적절한 수정이 가해진다. 둘째, 진행 과정을 평가하는 데 있어 중요한 기준으로서 작용하게 된다. 셋째, 이를 통해 관리자들이 조직의 목적과 시장의 변화 그리고 마케팅상의 주요 이슈들을 손쉽게 알아볼 수 있게 해준다. 마지막으로 일정에 맞춰 계획이 실행될 수 있게 해주고 과업과 목적이 특정 시기에 완수될 수 있다는 믿음을 심어주게 된다.

마케팅 계획은 관리자들의 욕구에 따라 다양한 형태를 띨 수 있지만 어떤 계획이라도 주요한 쟁점, 자원의 활용방안, 그리고 결과의 측정 방법은 반드시 포함되어야 한다. 또한 마케팅 계획에는 마케팅믹스를 어떻게 활용해서 표적시장에 효과적으로 소구할 것인지에 대한 방안이 포함되어야 한다.

마케팅 계획을 수립하기 위해 ① 관리자들은 조직의 목적을 달성할 수 있는 대안이 무엇이 있는지를 파악하고, ② 각각의 대안들의 수익성이 어느 정도인지를 판단하며, ③ 그 중에서 어떤 대안을 선택할 것인지를 결정하며, ④ 마케팅믹스와 그에 따른 마케팅 관련 지출을 결정하게 된다. 통상 마케팅 계획은 몇 개의 부분으로 나뉘어지는 데 그 내용들을 살펴보면 다음과 같다.

1) 경영자용 요약서

경영자용 요약서는 마케팅 계획서의 가장 앞부분에 나오는 것으로 일반적 사항, 조직이 처해 있는 환경분석, 지향해야 할 마케팅 목표, 세부적인 실행절차, 그리고 통제 문제 등과 관련되는 중요사항 및 권고안을 요약 · 정리한 것이다. 이 요약서가 작성되는 이유는 최고경영층이 마케팅 계획의 요지를 빨리 검토할 수 있도록 하기 위함이다.

2) 현재의 마케팅 상황분석

이것은 마케팅 활동에 영향을 미칠 수 있는 주 요인들을 파악하기 위한 것으로 여기서는 시장, 제품, 경쟁자, 유통, 그리고 거시적 환경 요소 등에 대한 관련 자료들이 제시되며, 여기에는 전체 시장과 세분시장들이 최근 몇 년 동안 어느 정도 성장(혹은 쇠퇴)했는지에 대한 자료가 포함된다. 아울러 소비자들의 욕구, 지각, 그리고 구매행동의 경향처럼 소비자와 관련된 자료도 함께 포함된다.

조직이 제공하는 모든 상품들은 판매, 가격, 유통의 측면에서 자세하게 언급되고, 가능하다면 주요 경쟁자가 누구인지와 경쟁자의 의도와 행동을 이해하도록 하기 위해 그들의 규모, 목적, 상품의 품질, 마케팅 전략, 그리고 기타 관련사항까지 함께 제시된다.

3) 기회와 쟁점분석

현재의 마케팅 상황에 대한 자료를 토대로 마케팅 관리자들은 주요한 기회와 위협, 그리고 강점과 약점 등을 파악하게 되며, 이를 통해 마케팅 활동을 전개하는데 있어 제기될 수 있는 쟁점들이 무엇인지를 알 수 있게 된다.

4) 목표

상황분석과 기회와 쟁점분석이 현재 조직이 어떤 위치에 있으며 어디로 가고 있는 것인가를 나타낸 것이라면, 이를 토대로 앞으로 나아가야 할 방향을 제시하여야 하는데 그것이 바로 최고경영층이 수락할 수 있는 구체적인 목표를 설정하는 것이다. 이때는 두 가지의 목표가 설정되게 되는데 하나는 관중의 수를 증가시키는 방법이나 스포츠 조직의 이미지를 어느 정도 높일 것인가 하는 마케팅상의 목표와 수익의 극대화와 같은 재무상의 목표가 그것이다.

5) 마케팅 전략

마케팅 계획 수립의 본 단계에서는 앞 단계에서 정한 목표를 달성하기 위한 광범위한 마케팅 전략 혹은 게임계획을 개략적으로 설정하여야 한다. 마케팅 전략이란 사업단위가 자신의 마케팅 목표를 달성하기 위하여 사용하는 마케팅 논리(marketing logic)이다. 마케팅 전략은 표적시장, 포지셔닝, 마케팅믹스, 그리고 마케팅 예산 등에 대한 전략으로 구성되어 있다.

또한 마케팅 전략은 스포츠 조직이 중점을 두고 있는 세분시장을 구체적으로 정의하여야 한다. 스포츠 조직은 경쟁적 관점에서 가장 잘 서비스할 수 있는 세부시장에 노력을 집중하고, 각 표적시장에 적합한 마케팅 전략을 개발하는 것이 현명한 일이기 때문이다. 예를 들어, 모든 사람들이 프로농구를 즐겨 관람하고, 프로농구 선수를 열광적으로 좋아하는 것은 아니기 때문이다.

또한 이 단계에서는 상품, 광고, 판매촉진, 가격, 그리고 유통과 같은 마케팅믹스 요소에 대해서 구체적인 전략을 수립하여야 한다. 또한 수립된 각 전략이 위협 요소, 기회 요소, 그리고 당면한 주요 문제점에 대하여 어떻게 반응하는지에 대해서도 설명하여야 한다.

6) 실행 프로그램

앞 단계에서 수립된 마케팅 전략은 구체적인 실행 프로그램으로 전환되어야 한다. 실행프로그램은 무엇을 할 것인가? 언제 할 것인가? 누가 할 것인가? 그리고 얼마의 예산으로 할 것인가? 등에 대한 구체적인 계획을 포함하고 있어야 한다. 예를 들면, 어떤 경영자가 시장점유율 증대를 위하여 판매촉진을 증가시키길 원할 수도 있다. 이러한 실행계획에는 활동의 시작 시점, 검토 시점, 그리고 완성 시점에 대한 일정계획이 포함되어야 한다.

7) 소요되는 예산

실행계획이 수립된 후에는 이 계획을 뒷받침할 수 있는 마케팅 예산편성이 뒤따라야 한다. 마케팅 예산은 추정된 손익계산서를 말한다. 수익은 추정된 판매량을 가격으로 곱하여 산출한다. 한편 비용은 생산비, 물적 유통비, 그리고 마케팅 비용을 합하여 산출한다. 예산이 결정되고 나면 이를 토대로 여러 계획을 수립하여야 한다. 예산편성은 매우 어려운 일로서 편성기법은 주먹구구식 방법으로부터 복잡한 컴퓨터 모델을 이용하는 방법까지 매우 다양하다.

8) 통제

마케팅 계획 수립의 마지막 단계는 진행 과정이 계획대로 진행되고 있는지를 점검하는 통제단계이다. 일반적으로 목표와 예산은 월별 혹은 분기별로 작성되어 있다. 따라서 최고경영층은 각 기간별로 계획과 실천 결과를 비교하여 목표를 달성하지 못한 부분이 있는지를 검토한다. 이러한 과정에서 목표를 달성하는데 당면한 문제점은 무엇이고 이러한 문제점을 제거하기 위해서 어떠한 시정조치를 취할 것인가를 결정하여야 한다.

3 핵심적 스포츠 마케팅 전략

전략적 마케팅 계획 과정에서 가장 중요한 단계는 조직의 핵심적인 마케팅 전략을 결정하는 일이다. 이 핵심적인 마케팅 전략은 조직 스스로가 설정한 마케팅 목적을 달성하는 데 소요될 기간을 규정하고 함축한다. 뿐만 아니라 구체적인 전술적 요소가 포함된 틀을 제공하며 특정 연도에 수행되어야 할 계획을 공식화한다. 따라서 이러한 것들은 전반적인 마케팅 프로그램의 큰 뼈대가 된다.

핵심적인 마케팅 전략은 다음 네 가지의 구성 요소로 이루어진다.

- 시장세분화
- 1개 이상의 표적시장 선정
- 명확히 한정된 경쟁적인 포지션
- 주요 경쟁자와 확연히 구분시키면서 목표시장의 욕구를 만족시켜줄 수 있도록 용의주도하게 설계된 마케팅믹스

(1) 시장세분화

시장은 여러 가지 유형의 고객, 제품, 그리고 욕구들로 구성되어 있기 때문에 마케팅 관리

자는 어떤 세분시장이 조직목표를 달성하는데 있어서 최선의 기회를 제공해 주는가를 결정하여야 한다.

소비자들은 지리적 요소(국가, 지역, 도시), 인구통계적 요소(성, 연령, 소득, 교육수준), 심리적 요소(사회계층, 라이프스타일), 그리고 행동적 요소(구매동기, 추구하는 편익, 이용률)를 기초로 하여 여러 집단으로 나누어볼 수 있다.

어떤 시장을 별개의 제품이나 마케팅믹스를 필요로 하는 각기 다른 욕구, 특징 혹은 행동을 지닌 독특한 소비자집단으로 분할하는 과정을 시장세분화라고 한다. 그리고 분할된 시장을 세분시장(market segment)이라고 하며, 세분시장은 특정한 마케팅믹스에 대한 유사한 반응을 보이는 소비자의 집단을 말한다.

(2) 표적시장의 선정

조직에서 시장을 세분화 하고 이중 특정 세분시장을 정한 후에는 하나 혹은 여러 개의 세분시장에 진입할 수 있다. 표적시장의 선정은 각 세분시장의 매력도를 평가하여 진입할 하나 이상의 세분시장을 선정하는 것을 말한다. 자원이 제한되어 있는 조직은 하나 혹은 소수의 세분시장에만 진입해야 할 것이다.

이러한 전략으로는 기본적으로 매출에 한계가 있겠지만 많은 이익을 올릴 수 있다. 반대로 자원이 풍부한 조직의 경우는 다양한 상품으로 모든 세분시장에 진입할 수도 있다.

대부분의 조직은 새로운 시장에 진입하는 경우 하나의 세분시장에 먼저 진출한 후 성공하면 다른 세분시장에 추가적으로 진출하는 것이 일반적이다.

(3) 포지셔닝

기업이 진입할 세분시장을 결정한 후에는 그 세분시장에서 점유하고자 하는 위치를 정하여야 한다. 여기서 '포지셔닝'이란 특정 상품이 경쟁기업의 상품과 비교해서 소비자의 마음속에 차지하고 있는 자리를 말한다. 만일 어떤 상품이 소비자의 마음속에서 경쟁상품과 똑같다고 인식된다면 소비자들은 그 상품을 구입할 이유가 없을 것이다.

시장 포지셔닝이란 특정 상품이 표적시장에서 경쟁 상품에 비하여 뚜렷하고 바람직한 위치를 차지하기 위한 준비 과정을 말한다. 따라서 마케팅 관리자는 자사의 상품이 경쟁사의 것과 구별되고 표적시장에서 전략적 우위를 누릴 수 있는 위치를 차지하도록 계획하여야 한다.

산악자전거 역시 새롭게 각광을 받고 있는 레저스포츠이다

특정 상품을 포지셔닝하기 위해서는 먼저 그 위치에서 누릴 수 있는 가능한 경쟁적 우위 요소를 식별하여야 한다. 경쟁적 우위를 차지하기 위해서는 경쟁기업보다도 저렴한 가격을 제시하거나, 가격이 높은 경우에는 고가격을 정당화시킬 수 있는 보다 많은 효익을 제공해 주는 등 선택된 표적시장에 경쟁기업보다도 더 큰 가치를 제공해 주어야 한다.

효과적인 포지셔닝이 되기 위해서는 경쟁사 제품보다 더 큰 효익을 소비자에게 제공할 수 있도록 자사의 제품을 차별화 하여야 한다. 만일 특정 시장에서 바람직한 위치를 설정하였다면 표적시장에서 그 위치를 알릴 수 있는 가능한 모든 조치를 취하여야 하며, 기업의 모든 마케팅 프로그램도 선택된 포지셔닝 전략을 지원하는 것이어야 한다.

(4) 마케팅믹스

기업이 세분시장 마케팅 전략을 수립한 이후에는 마케팅믹스 세부계획을 수립하여야 한다. 마케팅믹스란 '표적시장에서 원하는 반응을 획득하기 위하여 기업이 이용할 수 있는 통제 가능한 마케팅 수단의 집합'을 말한다.

마케팅에서 이용하는 가장 기본적인 개념인 마케팅믹스는 기업이 고객을 만족시키거나 의사소통을 위해 사용할 수 있는 제반 요소들로 보오든(Borden)에 의해 처음 사용되었다. 그 후 맥카시(McCarthy)에 의해 4P's로 재정리되었고, 전통적으로 제품(product), 가격(price), 유통(place), 촉진(promotion)의 네 가지로 구성되어 있으며, 각각의 첫 글자를 따서 마케팅 4P's라고 하였다. 그리고 이들을 혼합한 것이라는 개념에서 마케팅믹스라고 부르고 있다.[5)]

즉, 각각의 개념들은 상호 밀접하게 관련되어 있고 상호 의존적이며 상황에 따라 각각의 것들을 최적 혼합하여 이용해야만 한다는 점을 함축하고 있는 것이다. 이러한 요소들은 마케팅과 관련된 영역에서는 항상 중요한 변수로 간주되고 있다. [그림 3-3]은 이러한 각각의 P를 구성하고 있는 다양한 마케팅 수단을 제시하고 있다.

[그림 3-3] 마케팅믹스의 4P's

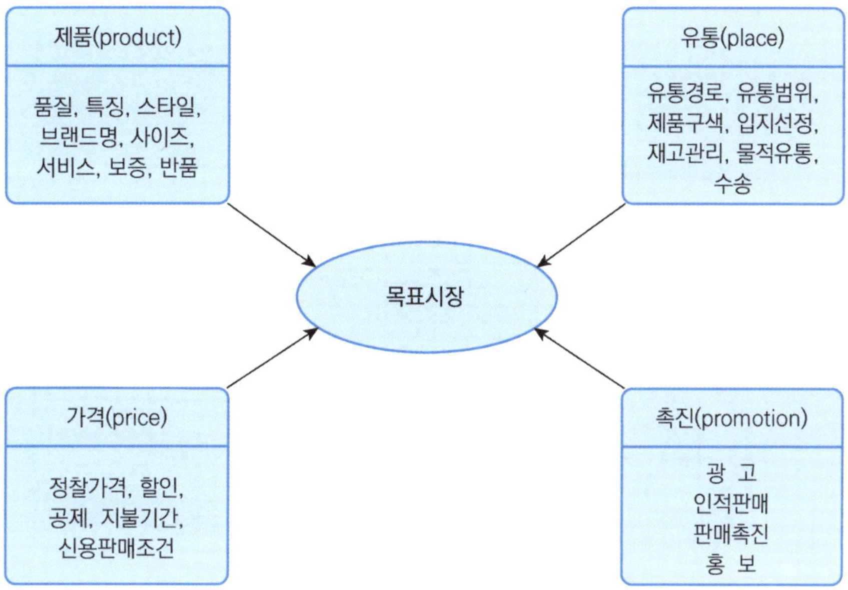

4 스포츠 마케팅 계획의 실행

적절한 마케팅 계획을 수립하는 것은 성공적인 마케팅의 출발점에 불과하다. 마케팅 전략이 아무리 훌륭하다 하더라도 그것이 제대로 실천되지 않는다면 별로 도움이 되지 못할 것이다. 마케팅 실행은 마케팅 전략이나 계획을 구체적인 행동 프로그램으로 전환시키는 과정을 말한다. 다시 말하면 실행이란 마케팅 계획이 효과적으로 실천될 수 있도록 일일 활동이나 월별 활동 등을 구체화시키는 과정을 말한다. 마케팅 계획 수립이 어떤 마케팅 활동을 왜 수행하는가를 결정하는데 비하여, 마케팅 실행은 그 마케팅 활동을 누가, 어디서, 언제 그리고 어떻게 수행하는가를 결정하는 것이다.

많은 경영자들은 '올바른 일을 수행하는 것(전략)'보다 '일을 올바르게 수행하는 것(실행)'이 더욱 중요하다고 생각하고 있다. 사실 성공적인 경영을 위해서는 두 가지가 모두 중요하다. 그러나 기업들은 효과적인 실행을 통하여 경쟁적 우위를 확보할 수 있다. 예를 들어, 어떤 기업이 다른 기업과 동일한 전략을 가지고 있을 수 있지만 보다 신속하고 효과적인 실행을 통하여 시장에서 승리할 수 있다.

마케팅 실행이 성공적으로 이루어지기 위해서는 다음 [그림 3-4]에서 보는 바와 같은 몇

[그림 3-4] 마케팅 실행의 성공조건

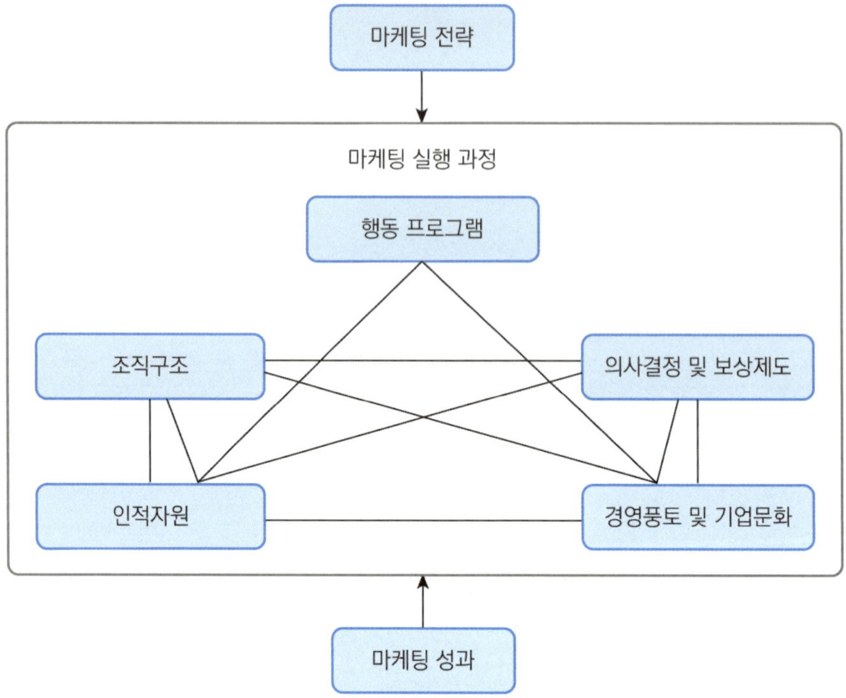

가지 조건이 충족되어야 한다.

첫째, 스포츠 조직 내외의 모든 사람과 활동을 통합할 수 있는 행동 프로그램을 만들어야 한다. 여기서 행동 프로그램이란 어떤 마케팅 활동을 수행하여야 하며, 그 활동은 누가 수행하고, 마케팅 목표를 달성하기 위하여 의사결정과 행동을 어떻게 조정할 것인가 등을 결정하는 것이다.

둘째, 스포츠 조직의 공식적 조직구조가 마케팅 전략을 수행하는 데 매우 중요한 역할을 수행한다. 일반적으로 성공적인 기업의 경우 변화하는 환경에 신속하게 적응할 수 있는 단순하고 신축적인 조직구조를 가지고 있는 것으로 알려져 있다.

셋째, 스포츠 조직의 계획수립, 예산편성, 보상, 그리고 기타의 활동에 지침을 제공해주는 의사결정 시스템과 보상 시스템이 마케팅 실행에 큰 영향을 미치고 있다. 예를 들어, 단기적 성과에 따라서 보상을 실시한다면 그들은 장기적 목표에 대해서는 등한시할 것이다. 이러한 문제를 해결하기 위해서는 보상 시스템을 보다 장기적 성과에 연결시키는 작업이 필요할 것이다.

넷째, 효과적인 마케팅 실행을 위해서는 신중한 인적자원 계획이 필요하다. 스포츠 조직은 모든 조직수준에서 각 조직구조와 시스템이 요구하는 기능, 동기, 그리고 특성을 지닌 사람을 충원해야 한다. 최근 들어 많은 기업들은 장기적인 인적자원 계획이 강력한 경쟁적 우위를 확보하는데 있어서 필수적이라는 사실을 인식하고 있다.

끝으로 성공적인 마케팅 실행을 위해서는 마케팅 전략과 조직문화가 상호 적합하여야 한다. 조직문화는 조직 내에 있는 사람들이 공유하고 있는 가치관과 신념의 체계이다. 따라서 마케팅 전략이 조직문화에 적합하지 않으면 마케팅 실행이 매우 어려워진다.

결론적으로 성공적인 마케팅 실행은 이러한 다섯 가지 요소, 즉 행동 프로그램, 조직구조, 의사결정 시스템과 보상 시스템, 인적자원, 그리고 기업문화를 잘 배합하여 마케팅 전략을 지원할 수 있는 통합된 프로그램을 만들 수 있느냐에 달려있다고 할 수 있다.

스포츠 마케팅 현장이야기

정용진의 SK야구단 인수작전…

이마트가 SK와이번스 매각 '첩보'를 접한 것은 지난해 12월 초다. 실무작업을 지휘한 이마트 관계자는 당시를 이렇게 기억했다. "SK그룹이 매각의사가 있다는 얘기를 듣고 바로 협상을 제안했다. 왜 파는지는 딱히 설명하지 않았다."

이마트는 곧바로 태스크포스(TF)팀을 꾸렸다. 정용진 신세계 부회장에게도 보고가 올라갔다. 정 부회장은 두산그룹이 재정난에 처해 야구단을 매각할지 모른다는 풍문이 돌 때도 주변에 인수 의사를 피력했었다. 이번엔 더 신중한 판단이 필요했다. 신종 코로나바이러스 감염증(코로나19) 확산 여부가 관건이었다. 자칫 인수해놓고 무관중 사태를 겪을 수 있어서다. 한 달여의 고심 끝에 정 부회장은 TF팀에 'OK' 사인을 보냈다. 스포츠와 쇼핑을 결합한, 누구도 걸어보지 않은 길에 대한 열정이 그를 움직였다.

신세계그룹이 인천을 연고지로 프로야구단을 운영한다고 26일 공식 발표했다. SK텔레콤으로부터 SK와이번스를 1,352억 원에 인수하기로 하고 양해각서(MOU)를 맺었다. 이마트 단독으로 SK텔레콤이 보유한 SK와이번스 지분 100%(보통주 100만 주, 1,000억 원)와 야구팀이 사용 중인 연습장의 토지 · 건물을 352억 원에 인수하는 방식이다. 이마트 관계자는 "선수 및 일반 직원 모두의 고용을 승계할 것"이라며 "구단 명칭과 엠블럼, 캐릭터 등도 3월 중 확정해 4월 개막하는 정규시즌에 참여하는 데 차질이 없도록 하겠다"고 말했다.

이번 인수 결정은 작년 말 SK그룹이 야구단을 매물로 내놓으면서 전격적으로 이뤄진 것으로 알려졌다. 이마트는 2014년 SSG닷컴 설립 이후부터 마케팅 강화를 위해 야구단 인수를 꾸준히 추진해왔다. 이마트 관계자는 "예전에 나왔던 다른 야구단 매물에 비해 SK 와이번스는 지분구조가 명확했고, 무엇보다 가격 조건이 맞았다"고 말했다. 두산 야구단 매각 풍문이 나왔을 때만 해도 매각가격은 2,000억 원 규모로 추산됐다. 신세계그룹은 이번 야구단 인수 배경에 대해 "온·오프라인을 통합하는 마케팅 전략의 일환이자 한국 프로야구 발전을 위한 사회공헌 활동"이라고 설명했다.

모바일을 통해 야구 등 게임을 즐기고, 커뮤니티 활동도 활발히 하는 야구팬들을 신세계그룹과 연결시킬 수 있을 것이라는 게 정 부회장의 복안이다. 쿠팡이 온라인동영상서비스(OTT) 시장 진출을 통해 회원 혜택을 늘렸듯이 스포츠와 쇼핑을 결합한 '신세계'를 구현함으로써 온라인 영역에서도 충성고객을 늘릴 수 있다는 것이다. 이마트 관계자는 "구체적인 로드맵은 검토 중"이라며 "야구장을 일종의 라이프스타일 센터로 진화시킬 계획"이라고 말했다. 야구 구경 왔다가 전국구 맛집에서 밥을 먹고, 쇼핑도 즐기며, '스포츠몬스터' 같은 체험형 놀이도 할 수 있게 만든다는 구상이다. 이마트 관계자는 "1,000만 프로야구 관중 시대를 열기 위해 관련 인프라 투자도 할 것"이라며 "팬과 지역사회, 관계 기관의 의견을 수렴해 장기적으로 돔을 포함한 다목적 시설 건립을 추진하는 등 인프라 확대에 적극 나설 계획"이라고 말했다.

야구단을 매각한 SK텔레콤은 이날 "대한민국 스포츠의 균형 발전을 위한 새로운 도전에 나선다"고 밝혔다. 아마추어 스포츠의 저변을 확대하고 한국 스포츠의 글로벌 경쟁력을 강화하기 위한 선수 육성과 지원에 나서겠다는 설명이다. 이를 위해 SK텔레콤은 '대한민국 스포츠 육성 TF'를 발족하기로 했다. 증강현실(AR), 가상현실(VR) 등 첨단 정보통신기술(ICT)과 결합한 미래형 스포츠 발굴 및 투자 등도 검토할 계획이다.

- 한국경제, 2021년 2월 3일 -

5 스포츠 마케팅 활동의 조절과 통제

관리의 기본 사이클은 계획(plan), 실시(do), 통제(see)인데 통제란 업무의 실시가 과연 처음에 계획한 것과 같이 되었는지를 점검하고 되지 않았을 때 시정조치를 하는 것을 가리킨다. 일반적으로 마케팅 통제의 목적은 조직이 단기 및 장기목적을 달성할 수 있는 가능성을 최대로 높이려는 목적 하에 수행하는 마케팅 관리 활동을 말한다. 실제로 마케팅 활동의 실행계획이 형성되고 그것이 집행되는 과정에서는 여러 가지 변화가 생기기 마련이므로 그 결과가 목표대로 달성되지 않는 경우가 많다. 따라서 계속해서 성과를 검토하고 통제하여야만 한다. 그러한 점에서 마케팅 통제는 마케팅 계획 시스템의 중요한 부분이 된다.

마케팅 통제는 [표 3-2]에서와 같이 세 가지 유형으로 나누어 볼 수 있다. 첫째, 연차계획 통제(annual plan control)는 매년의 연차계획 대비 실적을 비교하고 필요시에 시정조치를 하는 것을 가리킨다. 둘째, 수익성 통제(profitability control)는 상품, 지역, 고객, 경로별로 수익성을 비교해서 각 단위별 손익공헌도를 조사하는 것이다. 셋째, 전략적 통제(strategic control)는 기업의 전략이 시장기회에 맞게 제대로 추진되고 있는가를 추적하는 것이다.

[표 3-2] 마케팅 통제의 유형

통제의 유형	통제기능 담당	통제의 목적	방법
연차계획 통제	최고 또는 상위 경영자	연차계획과 대비	매출액분석, 점유율분석, 비용 대 매출액 비교, 고객태도 추적
수익성 통제	마케팅 관리자	단위별 손익공헌도 분석	상품, 지역, 고객, 경로별 수익성 분석
전략적 통제	최고경영자, 마케팅 감사 담당자	전략의 집행이 효과적 · 효율적으로 되고 있는지 분석	마케팅 감사

자료: P. Kotler & K.F.A. Fox (1995), *Strategic Marketing for Educational Institutions*, 2nd ed., Prentice-Hall, Inc., p. 113.

(1) 연차계획 통제

연차계획 통제는 당해 연도의 사업계획과 실적을 비교하는 것으로서 이를 통해 높은 판매 · 이익 및 기타의 목표를 조직이 달성하고 있는지를 확인하게 된다. 이러한 통제 과정은 개념적으로 다음 그림과 같은 과정을 거치게 된다.

[그림 3-5] 마케팅 통제의 과정

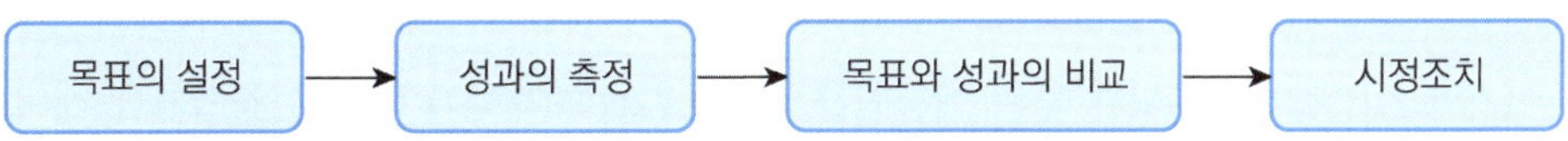

첫째, 목표설정으로서 최고경영층은 월별, 4분기별, 기타 기간별로 연차계획에 잘 정립된 목표를 명시하여야 한다.

둘째, 성과측정으로서 최고경영층이 계속적으로 성과와 시장동향을 측정할 수 있는 방법을 설정하는 것이다.

셋째, 성과진단으로서 목표에서 성과가 엇갈린 원인을 진단한다.

넷째, 수정 활동으로서 목표와 성과 사이의 격차를 좁히기 위해 취할 최고의 수정 활동을 결정한다. 이는 계획집행 방법을 개선하는 것일 수도 있고 목표를 변경하는 것일 수도 있다.

이와 같은 과정은 소위 '목표에 의한 관리(MBO: Management By Objective)'라고 할 수 있는 것으로서, 각 계층의 경영자들은 하위의 책임자들과 사전에 합의한 목표에 의해서 실적을 비교한 후에 필요 시 시정조치를 강구하게 된다. 구체적인 방법으로는 다음과 같은 것들이 있다.

1) 매출액분석

매출액분석은 판매 성과 내지 실적을 각 매니저에게 할당된 판매목표와의 관련 아래 측정 · 평가하는 것이다. 예를 들어, 어떤 스포츠 이벤트에 학생관객이 거의 없거나 일부 지역의 관객이 거의 없고 또는 특정 종목의 스포츠 이벤트에 관객이 없다면 원인규명이 가능해진다. 이때 각 스포츠 이벤트 책임자는 조사 활동을 하지도 않고 성급한 결론을 내려서는 안 된다.

학생관객 수가 적은 원인은 고가의 입장료, 해당 스포츠 이벤트에 대한 낮은 관심도, 동일한 날짜에 계획이 잡힌 다른 스포츠 이벤트 행사, 학교성적을 중시하는 경향 등으로 분석할 수 있는데 이상의 원인 중 어떤 것이 정확한 것인가에 따라 취해야 할 수정행동도 달라질 것이다.

2) 시장점유율분석

매출액만을 비교해서는 기업의 시장에서의 상대적 실적을 알기 어려우므로 시장점유율을 분석하는 것이 필요하다. 목표점유율과 실적을 비교해서 차이가 있는 경우에는 그러한 차이의 원인을 외부환경 변수와 내부전략 변수 중에서 찾아내는 과정을 거친다.

이처럼 시장점유율분석은 앞의 매출액분석만으로는 파악하기 어려운 경쟁자에 대비한 상대적인 판매 성과를 파악하기 위해 수행하는 것이다. 만약 매출이 증가되었다면 그것은 모든 조직이 혜택을 입을 수 있는 환경의 호전 때문인지 혹은 자 조직의 마케팅 개선 때문인지 알 수 없다. 이때는 일반환경의 영향을 제거하기 위해 시장점유율분석을 하여야 한다.

그래서 만약 그것이 높아졌다면 경쟁조직이 이긴 것이고, 그것이 낮아졌다면 패배했음을 뜻한다. 그런 점에서 이 분석은 총매출액에 비해 효과적인 마케팅 지표가 된다. 그러나 그 사용에 있어서는 주의가 요구되는데 그것은 조직이 경쟁자를 바르게 인식해야 한다는 점이다.

3) 마케팅 비용 대 매출액분석

이것은 마케팅 비용과 비용투입의 결과 달성한 매출액의 추세를 비교하여 효율적인 자원배분이 되고 있는지를 분석하는 것으로서 판매목표를 달성하기 위해 과다한 비용을 투입함으로써 마케팅 활동이 비효율화 되고 있지는 않은가를 검토하기 위해 수행되는 통제 활동이다. 비용의 일정한 범위를 책정한 후에 그 범위를 벗어나는 비용 항목에 원인을 규명하는 식의 예외에 의한 관리가 이 분석에서 효과적일 것이다.

그리고 이때 비용을 감시해야 할 비율 항목은 판매액 대 마케팅 비용, 판매액 대 판매원 인건비, 판매액 대 광고비, 판매액 대 판매촉진비, 판매액 대 마케팅 조사비, 판매액 대 판매관리비 등이다. 조직은 항상 이들 비율이 적정한가와 마케팅 전략의 변동에 의해 총비용을 삭감할 수 있는가를 확인해야만 한다.

4) 소비자태도의 추적

앞의 세 가지 조사가 양적인 측면만을 강조한 것에 비해, 이 분석은 소비자의 구매행동의 변화를 추적하기 위한 것이다. 소비자의 태도가 나빠지면 당연히 판매고는 떨어질 수밖에 없다. 이러한 소비자의 태도 악화를 조기에 파악할 수 있다면 적절한 대응조치와 예방책을 강구할 수 있다. 소비자태도의 측정을 위해서는 다음의 방법을 이용할 수 있다.

- 불만처리 및 제안제도: 이 방법은 고객의 불평불만을 기록하고 이를 유형별로 집계 · 분석하여 중요하고 빈번한 것에 대해서는 적절한 대응조치를 취한다. 또한 고객의 피드백을 촉진하기 위해 제안카드를 이용하기도 한다.
- 소비자패널제도: 이 방법은 조직의 요청에 따라 전화나 우편질문지를 통해 정기적으로 그들의 태도를 보고하기로 합의한 소비자로 구성된 패널을 통해 정보를 수집하는 것이다.
- 소비자조사제도: 이 방법은 임의로 추출된 소비자에게 표준화된 설문지를 이용해서 정기적으로 조사를 실시하여 소비자의 태도정보를 피드백시키는 제도이다.

(2) 수익성 통제

상품, 지역, 고객그룹, 판매경로 등의 기준별로 수익성에 기여하는 바가 어느 정도인가를 분석해서 이를 토대로 제품이나 마케팅 활동을 조정하는 것이 수익성 통제이다. 예를 들어, 경기 티켓판매를 경기장 내 매표소, 티켓전문 판매점, 시중 은행 등의 세 가지 경로를 통해서 판매한다고 가정했을 때 세 가지 경로별로 손익을 계산해서 경로관리에 활용할 수 있다.

수익성 통제는 몇 단계로 나누어서 실시된다. 첫째, 사업부나 기업의 손익계산서 중에서 판매비와 일반관리비를 마케팅 활동별(판매원 비용, 광고비, 포장 및 운임, 판매대금 회수비용)로 배분한다. 둘째, 관심을 두고 있는 기준(앞에서 제시한 상품, 경로, 고객그룹 등)별로 판매비와 일반관리비를 배분한다. 셋째, 마지막으로 이러한 자료를 토대로 기준별 손익계산서를 작성하게 되면 각 기준별 수익성이 나오게 된다. 이를 토대로 제품이나 마케팅 활동을 조정할 수가 있게 된다.

수익성분석에서의 어려운 점은 비용을 배분하는 일이다. 비용을 배분할 적절한 기준이 없을 때는 이를 공통비용으로 놓고 각 기준별 공헌이익이나 한계이익을 계산하는 것도 한 가지 방법이 된다.

(3) 전략적 통제

마케팅 기능이 전반적으로 어떻게 수행되고 있는가를 점검해보는 것이 전략적 통제인데, 마케팅 환경이 급격히 변화하기 때문에 조직이 이러한 마케팅 환경에 창조적으로 적응하려면 단순한 연차계획 통제나 수익성 통제만으로는 불가능하기 때문에 수시로 마케팅의 전반적인 효율성을 검토해야만 한다.

이러한 면에서 이루어지는 통제가 바로 전략적 통제이며, 그 수단으로서 마케팅 감사제도를 활용할 수 있다. 마케팅 감사란 마케팅의 목표, 표적고객, 핵심전략, 마케팅믹스 및 조직 등의 내용을 장기적으로 평가하는 기법으로서 다음과 같은 특성을 지닌다.

① **포괄성**(comprehensive): 이는 하나 혹은 몇 가지 난점이 있는 문제만이 아니라 조직에 있어서의 모든 주요 마케팅 문제를 다루는 것이다. 예를 들어, 판매원, 가격설정 및 기타의 마케팅 활동만을 다루는 것은 이와는 다른 기능감사이다.

② **체계성**(systematic): 이는 조직의 마케팅 환경, 사내 마케팅 시스템 및 특정 마케팅 활동을 체계적인 순서를 거치는 진단절차에 따라 차례로 검토한다. 이에 이어 조직의 전반적

인 마케팅 효율성을 높이기 위한 장 · 단기에 걸친 제안을 포함하는 수정 활동 계획을 작성하게 된다.

③ **독립성**(independent): 마케팅 감사는 마케팅 부문과는 상대적으로 독립적인 입장에 있는 조직 내 · 외의 사람들에 의해 수행되므로 최고경영층의 신뢰를 얻을 수 있다. 따라서 객관성이 요구된다.

④ **기간성**(periodic): 마케팅 감사는 위기에 처했을 때에만 하는 것이 아니라 일정한 기간마다 정기적으로 수행되어야 한다. 그래야만 문제가 있는 사업이나 제품은 물론 성공하고 있는 사업에도 도움을 줄 수 있다.

일반적으로 조직의 마케팅 상황에 대한 포괄적인 평가는 다음과 같은 여섯 가지 구성 요소에 따라 진행되게 된다.

첫째, 조직 활동이 수행되는 마케팅 환경의 현재 및 미래의 특성과 관련된 정보를 검토한다. 이 목적은 조직이 당면한 주요 기회와 위협을 확인하려는 데 있다.

둘째, 마케팅의 사명, 목적 및 전략이 조직으로 하여금 최량의 기회에 대해 건전하게 적응할 수 있는가를 파악하기 위해 이를 검토한다.

셋째, 마케팅 조직이 마케팅 목적과 전략을 효율적으로 실천하는 데 적합한가를 분석한다.

넷째, 정보 · 계획 및 통제와 같은 마케팅 관리체계가 조직의 마케팅 활동을 지원하는 데 충분한가 아닌가를 검토한다.

다섯째, 조직의 이익이 어디에서 생기며 마케팅 활동이 효율적으로 수행되고 있는가 아닌가 파악하기 위해 마케팅 수익성을 분석한다.

여섯째, 하나 혹은 그 이상의 마케팅 활동을 검토하여 그것이 합리적으로 관리되고 있는가 아닌가를 파악한다.

그런데 감사를 할 때마다 이러한 모든 내용을 반드시 또한 깊이 검토할 필요는 없다. 왜냐하면 마케팅 감사의 목적은 조직이 마케팅의 관점에서 최적으로 운영되고 있는가 아닌가 판단하려는 것이기 때문이다.

감사담당자가 조직의 성과를 개선하기 위해 취할 수 있는 활동에 대한 장 · 단기별 권고안을 마련하면 경영층은 신중히 이를 검토하고 그 중 마케팅 성과의 개선에 이바지하리라고 생각되는 권고안을 선택 · 실시해야만 한다.

마케팅 감사는 마케팅 계획이 아니다. 그것은 조직이 당면한 주요 문제와 기회에 대해 조직이 무엇을 할 수 있는가를 조직 내 · 외부에 있는 감사담당자가 독자적으로 평가하는 것이다.

참고문헌

1) P. Kotler & K. F. A. Fox (1995), *Strategic Marketing for Educational Institutions*, 2nd ed., Prentice-Hall, Inc., p. 95 이며 원문은 다음과 같다 ; Strategic planning is the process of developing and maintaining a strategic fit between the institution's goals and capabilities and its changing marketing opportunities. It relies on developing a clear institutional mission, supporting goals and objectives, a sound strategy, and appropriate implementation.

2) E. B. Knauft, R. A. Berger, & S. T. Gray (1991), *Profiles of Excellence: Achieving Success in the Nonprofit Sector*, San Francisco, Jossey-Bass, p. 19.

3) P. Kotler & A. Andreasen (1991), *Strategic Marketing For Nonprofit Organization*, 4th ed., Prentice-Hall, Englewood Cliffs, NJ, pp. 68~69.

4) G. Steiner (1979), *Strategic Planning*, Free Press, New York, NY.

5) E. J. McCarthy & D. P. William (1993), *Basic Marketing, A Global Managerial Approach*, Boston, Richard D. Irwin.

2부 스포츠 마케팅 시장의 확인

4장 스포츠 마케팅 조사

헤드라인 스토리

페이커 차는 BMW, 신발은 나이키… 기업들, 돈 싸들고 'e스포츠'로

e스포츠 구단들이 유력 기업과 잇따라 스폰서십 계약을 맺고 있다. 전세계 스포츠 대회를 줄줄이 멈춰세운 신종 코로나바이러스 감염증(코로나19) 사태에 구애 받지 않는 게임산업의 시장성과 성장성이 부각되면서 기업 마케팅 자금이 몰려들고 있다는 분석이 나온다.

SK텔레콤은 산하 e스포츠 전문기업 'T1'이 BMW그룹과 스폰서 파트너십 계약을 체결했다고 16일 발표했다. BMW그룹이 국내 스포츠 구단과 스폰서십을 체결한 건 처음이다. T1은 e스포츠계의 전설로 불리는 '페이커' 이상혁 선수를 포함한 다국적 프로게이머 50여명이 소속돼 있고 '리그 오브 레전드(LoL)' '포트나이트' 등 게임 종목에서 10여 개 팀을 운영하고 있는 명문 구단이다. 앞으로 T1 선수들은 BMW 로고가 부착된 유니폼을 입고 BMW X7 등 최신형 차량을 지원 받는다. 양사는 인체공학적 게이밍 의자 등 선수 전용 제품개발, 선수들의 동체시력이나 반사신경 등 행동 데이터분석도 같이 추진할 예정이다. 앞서 T1의 최대 라이벌인 젠지e스포츠는 메르세데스-벤츠 코리아의 한국 공식 딜러사 한성자동차와 손을 잡았다. 두 기업은 선수 및 코치진 전용 차량 제공, 생중계 관전 행사 등을 통한 공동 마케팅에 나섰다.

기업들이 e스포츠 스폰서를 자처하는 이유는 e스포츠가 코로나19 이후 운영되는 유일한 프로스포츠인데다 전세계 수억 명에 달하는 시청자에게 스폰서 브랜드를 노출할 수 있는 광고효과를 지닌 종목인 까닭이다. e스포츠 시장조사업체 뉴주에 따르면 올해 e스포츠 시청자는 5억 명에 육박하며 스폰서십, 중계권, 스트리밍 등을 포함한 시장 규모는 11억 달러(1조3,500억 원)로 지난해 대비 16% 성장이 예상된다. 맨체스터시티, 발렌시아CF 등 유럽 명문 축구단들이 최근 잇따라 프로 게임단을 창단하는 것도 e스포츠의 시장성을 방증한다는 분석이다.

다양한 국가의 1020세대에게 다가갈 수 있다는 점도 기업들이 e스포츠 마케팅에 공들이는 이유다. 국내 리그인 'LoL 챔피언스 코리아(LCK)' 스폰서를 맡고 있는 우리은행이 게임 중계방송에 '스무살우리' 브랜드를 지속적으로 노출하고 있는 것이 비근한 사례다. 나이키와 T1의 첨단 트레이닝 시스템 공동개발 등 스폰서와 게임단의 협력 사업이 경기 외적 영역으로 확장되고 있는 점도 눈에 띈다.

게임업체들도 오프라인 경기장 운영에 투입하던 인력 · 기술 자원을 줄이고 온라인 중심 생태계 확대에 집중하고 있다. 온라인 중계는 기본이고 팬들과의 행사, 전적 등 통계시스템 구축, 게임 개인방송 진행자 대전 개최 등 다양한 시도가 이어지고 있다. T1 관계자는 "전 세계 젊은 세대를 대상으로 광고효과를 높이고 싶은 기업들이 두터운 팬덤을 구축하고 있는 e스포츠를 적극 활용하고 있다"며 "아시안게임에서 e스포츠 6개 종목을 시범경기로 운영하고 국제올림픽위원회 또한 종목 편입을 논의하는 배경도 전통 스포츠 시청률이나 수익은 하락하는 반면 e스포츠는 젊은 세대를 끌어들일 수 있다고 보기 때문"이라고 분석했다.

- 한국일보, 2020년 4월 17일 -

1 스포츠 마케팅 조사의 개요

(1) 스포츠 마케팅 조사의 필요성

과거에 대다수의 기업들은 마케팅 조사를 판매나 마케팅 활동과는 다소 유리된 것으로 간주하였다. 그러나 마케팅 조사를 통해서 새로운 상품의 성공가능성이나 그 결과를 측정할 수 있게 하고 마케팅 활동상의 문제점도 해결해 줄 수 있다. 소비자가 원하는 것이 무엇인지를 제대로 파악하는 것은 매우 핵심적인 것이며, 이때 마케팅 조사는 소비자의 욕구와 서비스에 대한 지각을 파악하는데 있어 매우 중요한 수단이다. 때문에 마케팅 조사 수단을 제대로 갖추지 못한 스포츠 조직은 소비자들을 제대로 이해할 수 없고, 경쟁에서 뒤쳐질 수밖에 없다. 또한 소비자조사를 통해 소비자의 욕구(기대)를 파악했다 하더라도 계속해서 변화하는 소비자의 요구에 제대로 부응하지 못하는 경우, 마찬가지로 경쟁에서 뒤질 수밖에 없다.

스포츠 마케팅 조사는 스포츠의 마케팅과 스포츠를 통한 마케팅의 양 측면에서 유의미하다. 우선 스포츠의 마케팅 측면에서 조사의 주 목적은 스포츠 조직의 효율성을 제고하고 소비자들과의 관계개선을 위한 마케팅 전략을 수립하기 위함이다. 반면 스포츠를 통한 마케팅은 그 목적이 스포츠 조직과 기업이 다소 상이하다. 즉, 스포츠 조직은 스폰서십이나 라이센싱 프로그램 등의 가치와 기대효과를 살펴보고, 기업은 스포츠를 활용했을 때의 기대효과와 이후 성과평가를 파악하는 것이 그것이다.

마케팅 조사는 소비자들에게 서비스의 어떠한 특성(features)이 중요한지, 소비자들은 이 특성들이 어느 정도이기를 기대하는지, 그리고 서비스 전달 과정에서 문제가 발생했을 때 스포츠 조직이 어떻게 해줘야 하는지 혹은 어느 정도 해줄 수 있다고 생각하는지를 파악할 수 있도록 해준다. 마케팅 조사는 경제 시스템이 복잡해짐에 따라 그 중요성이 더욱 높아진다. 시장이 복잡하지 않다면 시장정보를 입수하기가 어렵지 않기 때문에 일상적인 시장 접촉만으로도 충분하며, 시장기회의 확인도 직접 단순하게 이루어질 수 있다.

야구팬이 얼마나 열성적인지를 알아보는 것은 보다 상세한 마케팅 전략 수립에 많은 도움을 준다

이러한 마케팅 조사의 필요성은 시장특성의 급격한 변화와 더불어 더욱 절실하게 되었다. 과거에는 관습이나 종전의 관행을 따랐기에 무슨 상품을 생산

해서 어느 경로를 이용해서 판매할 것인가를 알 수 있었다. 그러나 오늘날에는 소득의 증가, 매스컴에 의한 신속한 정보전달, 공해나 안전성에 대한 소비자의 높은 관심 등에 의해 소비자의 욕구도 복잡화 · 다양화되었다. 아울러 소비자의 선호(preference)도 크게 변화되었다. 여기서 마케팅은 스포츠 조직과 환경 사이에서 가장 중요한 접촉점 역할을 수행하게 되며, 기업은 사회의 욕구나 요구에 부응하는 상품이나 서비스를 조정할 수 있는 마케팅 결정을 내리지 않으면 안 되게 되었다.

따라서 스포츠 마케터는 마케팅 활동을 변화하는 환경에 적절히 대응하기 위해 마케팅 환경의 변화 방향과 그 강도를 파악하고 있지 않으면 안 된다. 그러므로 마케팅 조사는 단순히 결과의 피드백으로서의 보고조사나 결과확인조사만이 아니고, 문제해결에 도움을 주는 문제해결조사 또는 의사결정조사이어야만 한다.

(2) 스포츠 마케팅 조사의 영역

어느 스포츠 조직이든지 조직의 합리적 경영과 성공적인 마케팅을 그 목표로 한다. 이 목표를 달성하기 위해서는 3장에서 살펴본 것처럼 조직의 내 · 외부 상황을 정확히 파악하고 이를 분석하여 새로운 전략수립에 반영해야 한다. 또한 조직의 경쟁력을 제고하기 위해서는 자신들뿐만 아니라 경쟁조직도 정확히 파악하고 있어야만 한다. 이러한 과정은 단순히 주먹구구식의 조사로 달성될 수 있는 것이 아니고, 객관적 기준에 입각한 최대한 과학적이고 체계적인 조사는 필수불가결한 과제라 할 수 있다. 이처럼 체계적이고 과학적인 조사를 필요로 하는 스포츠 마케팅 조사의 영역 혹은 내용은 다음과 같다.

[표 4-1] 분야별 스포츠 마케팅 조사의 내용

조사 주체	조사 및 활용 분야
스포츠연맹	• 스폰서십 프로그램의 운영효과 • 방송중계권 프로그램 • 관중 유치
스포츠구단	• 선수활용효과 • 촉진전략 • 서비스전략 • 홈관중 유치전략 • 라이센싱/머천다이징 전략수립
스포츠용품업체	• 소비자 선호도 조사 • 선수보증광고 참여기준 설정 및 효과분석
기업	• 스포츠 이벤트 스폰서십 참여효과분석 • 스포츠를 이용한 촉진전략
일반 스포츠 조직	• 사업타당성 조사 • 스포츠 및 시설선호도 • 스포츠 소비자 유치전략 • 서비스개선 · 증진 전략

2 마케팅 조사의 정의

마케팅 조사란 마케팅 현장에서 벌어지는 제반 사실을 알아보기 위해 사용하는 제반 방법을 가리킨다. 또한 마케팅 조사는 진실을 발견해 나가는 일련의 과정이라고 할 수 있다. 코틀러(Kotler, P.)는 마케팅 조사를 "기업이 처해 있는 특정한 상황에 맞춰서 자료를 체계적으로 설계, 수집, 분석, 그리고 보고하는 것"이라고 정의하였다.[1] 우리들이 마케팅 조사를 실시하는 여러 경우를 들어보면 다음과 같다.

- 시장의 잠재력 측정
- 시장의 수요예측
- 광고의 효과평가
- 가격상승(하락)의 효과평가
- 소비자의 욕구파악
- 소비자의 확인

조사란 진정으로 새로운 지식을 얻어 가는 과정이다. 우리는 일반적으로 다음 두 가지 방법을 통해 지식을 얻게 된다. 하나는 다른 사람이 정보를 제공해주는 것이고, 다른 하나는 개인 스스로의 경험을 통해 정보를 얻는 것이다. 하지만 이러한 경험과 다른 사람이 이야기 해주는 것들은 지각(perception)과 해석(interpretation)에 의해 매우 다양하게 받아들여질 수 있다. 이때 알게 된 것들은 현실을 제대로 반영했을 수도 하지 않았을 수도 있는 것들이다. 조사란 바로 이러한 현실에 대한 매우 체계적인 접근 방법인 것이다. 즉, 어떤 것이 사실인지를 발견할 수 있게끔 해주는 일련의 과정인 것이다.

미국마케팅학회(AMA)는 코틀러의 정의를 보다 광범위하게 확장된 정의를 제시함으로써 현대마케팅에서 조사의 역할이 바뀌고 있음을 지적하였다.

"마케팅 조사는, 마케팅 기회나 문제를 규명하고 정의하는 데 이용되는 정보를 통해서 소비자, 고객, 대중, 그리고 마케터를 연결시켜주며; 마케팅 활동을 초래하고, 세련되게 하며, 평가하며; 마케팅 성과를 점검하고; 마케팅을 하나의 과정(process)으로서 이해하도록 해준다. 마케팅 조사는 이러한 쟁점들을 해소하는 데 필요한 정보를 보다 구체화해주며; 정보수집을 위한 방법을 설계하고; 자료수집 과정을 관리하고 실행하며; 결과를 분석하고; 조사 결과에 따른 발견 사항과 시사점을 커뮤니케이션한다."[2]

위의 정의를 보다 축약적으로 정리하면 다음과 같이 정의할 수 있다.

"전략적인 스포츠 마케팅 과정을 통해 의사결정의 질을 제고시키기 위해 정보를 수집하고, 분석하며, 보고해주는 체계적인 과정이다.”

이러한 정의에 따르면 우리는 다음의 세 가지 두드러진 점을 발견할 수 있다.

첫째, 마케팅 조사는 그 접근 방법에 있어 체계적이어야 한다는 점이다. 체계적 조사란 잘 조직되고 치우치지 않았음을 의미한다. 또한 마케팅 조사자는 조사를 실시하기 전에 그 결과에 대해 신경 쓰지 않도록 해야 하며 이 때문에 조사가 치우치지 않게 된다.

둘째, 마케팅 조사는 자료를 단순히 수집하는 데 그치지 않고 그 결과를 의사결정자에게 보고하는 활동까지 포함한다. 따라서 조사 활동은 자료를 수집, 분석 및 이의 가공을 통한 활용까지 포괄하게 된다. 그러나 자료를 수집하고, 이를 컴퓨터에 입력하고 보고서를 작성할 수 있는 마케팅 조사자는 매우 많다. 가장 가치 있는 마케팅 조사자는 바로 자료를 검증하고 그 자료가 전략적 마케팅 과정에서 어떻게 활용되어야 하는지, 혹은 활용하지 않아야 하는지 의사결정자에게 추천할 수 있는 능력을 가진 사람이다.

셋째, 마케팅 조사의 중요성은 관리자들로 하여금 정보를 토대로 의사결정을 내릴 수 있게 할 수 있는지에 따라 달라진다. 조사를 통해 수집된 정보가 없이는 관리자의 의사결정은 단순히 추측이나 행운을 토대로 이루어지기 때문이다.

마지막으로 본 정의에 따르면 전체 전략적 마케팅을 통해 마케팅 조사가 매우 유용하다는 것을 알 수 있다. 전통적으로 마케팅 조사는 전략적 마케팅 과정의 계획단계에서 소비자를 보다 더 잘 이해하기 위해 어떻게 정보가 활용되어야 하는지에 초점을 맞추어 왔다. 하지만 이와 함께 전략적 마케팅 과정의 실행과 통제 과정에서도 그 비중이 높다는 것을 주목할 필요가 있다. 실제로 통제 과정에서 마케팅 조사는 마케팅 목표가 성취되었는가의 여부를 알 수 있게 해준다.

3 마케팅 조사의 방법

(1) 마케팅 조사의 접근 방법

다음에 자세히 언급하겠지만 마케팅 조사를 실시하기 위해 조사 문제, 즉 어떤 측면을 알아볼 것인가를 결정하고 나면 일반적으로 다음 두 가지 방법 중 하나를 따르게 된다. 그 하나는 연역적(deductive) 접근 방법이고, 나머지는 귀납적(inductive) 접근 방법이다.

1) 연역적 접근 방법

이 방법을 이용할 때는 대개 특정 이론이나 가설을 토대로 조사를 시작하게 된다. 그리고 나서 조사자가 세웠던 가설이 참인지 거짓인지를 증명하기 위한 조사설계가 이뤄지게 된다. 예를 들어서 "왜 사람들은 나이가 들수록 체중감량에 신경 쓰지 않는가?"하는 사실을 알아보기 위해 조사자는 나이든 사람들의 체중감량을 위한 운동기구를 두려워한다는 것을 가설화 할 수 있다.

만약 이 가설이 입증된다면 그때는 나이든 사람들이 그러한 운동기구에 대해 어떤 생각을 갖고 있는지에 대한 정보를 수집하게 될 것이고, 최종적으로 조사자가 품었던 생각이 참인지 거짓인지를 알 수 있게 된다.

2) 귀납적 접근 방법

이 방법에서는 각 변수들 사이에 현존하는 관련성에 대해서는 아무런 의심을 갖지 않고 대신 각 변수들 사이에 추가적으로 존재할 수도 있는 관련성을 찾아내려고 하게 된다. 따라서 이미 정해진 가설을 검증하기보다는 잠재적으로 가능성이 있는 가설을 찾아낼 요량으로 비교적 비체계적인 자료를 가지고 조사를 시작하게 된다.

예를 들어, 조사자는 "사람들이 왜 조깅을 할까?"하는 사실에 대해 궁금해 할 수 있다. 이때는 조깅을 하는 사람들을 만나서 그 이유를 물어 봄으로써 일단의 정보를 얻을 수 있다. 그리고 나서 수집된 자료를 살펴보고 조사내용을 가장 잘 대표할 수 있는 유형과 응답들 중에서 반복되는 내용 등을 찾아보게 될 것이며, 이를 통해 어떤 결론에 도달하게 될 것이다.

그러나 이 결론은 여전히 임시적인 내용이 될 수밖에 없다. 따라서 조사를 통해서 밝혀진 유형을 가장 잘 설명해줄 수 있는 논리를 찾게 되며, 결국 귀납적인 접근 방법을 통해 그 논리를 찾아내게 될 것이다.

(2) 조사 방법

마케팅 조사의 조사 방법은 크게 ① 문제의 규명, ② 현상의 기술과 설명, ③ 인과관계의 규명을 위하여 이루어진다. 따라서 조사에서 추구하는 바가 어느 범주에 속하느냐에 따라 조사의 방법도 탐험적(exploratory) 조사 방법, 기술적(descriptive) 조사 방법, 인과관계(causal) 조사 방법으로 나눌 수 있다.[3)]

1) 탐험적 조사 방법

마케팅 조사를 진행하는 과정에서 때때로 새로운 지식을 발견하거나 우연히 발견할 수 있도록 해주는 조사전략을 필요로 하게 된다. 이러한 조사전략을 탐험적 조사 방법이라고 하는데, 이는 다른 조사 방법에 비해 비체계적인 방법이다. 실제 많은 스포츠 조직들은 자신들이 지닌 본질적인 문제를 제대로 파악하지 못한 채 조사를 진행하여 비용과 시간을 낭비하는 경우가 허다하다. 때문에 탐색적 조사는 ① 조사 문제의 본질을 파악하고, ② 문제해결의 단서를 제공하며, ③ 조사비용 낭비를 방지하게 해준다.

그리고 탐험적 조사를 수행하는 목적을 살펴보면 다음과 같다.

- 보다 정확한 조사를 수행하기 위한 기초 자료를 획득한다.
- 가설검정을 위한 문제를 확정 짓는다.
- 심층조사를 위한 우선순위를 결정한다.
- 미결정 문제를 해결할 수 있는 정보를 수집한다.
- 문제를 정확하게 파악한다.
- 개념을 명확하게 설정할 수 있는 정보를 수집한다.

이러한 탐험적 조사의 방법*에는 여러 가지가 있는데 여기서는 대표적으로 표적집단면접(Focus Group Interview), 심층면접(In-Depth Interview), 그리고 투사법(Projective Method)을 설명하기로 한다.

① **표적집단면접**: 표적집단면접은 사람들에게 자신들의 관점에서 건강한 라이프스타일이나 운동 방법 등을 열거하도록 하는 방법으로서, 6명에서 12명 정도의 참여자들이 탁자에 둘러앉아 이야기하도록 하는 방법이다. 이 방법은 토의 참석자들로 하여금 편안한 마음으로 자신들이 경험한 서비스에 대한 생각을 자유스럽게 토론하도록 하는 것이다.

표적집단조사는 자유로운 분위기에서 참가자들이 여러 이야기를 나눌 수 있도록 한다

이 방법은 비체계적인 방법이며, 사람들로 하여금 조사자가 관심을 갖는 부분을 이야기하도록 하는 역할을 하는 토론 사회자**에 의해 주도된다. 표적집단 토의의 성공 여부는 토론 사회자의 기술과 준비 정도에 좌우된다. 사회자는 토론 참석자들을 편안하게 해

* 문헌조사, 전문가조사, 사례조사 또한 탐험적 조사의 유형이 될 수 있다.

** 이에 대해서는 moderator 혹은 facilitator라고 하는데 여기서는 토론 사회자로 칭하기로 한다.

주고, 개인의견에 끼어들거나 발언의지를 꺾지 않고 의도한 방향으로 토론이 유지되도록 하는 역할을 수행한다. 또한 사회자는 말을 잘하는 일부 토의 참석자가 토론회를 주도하지 않게 하여 모든 참석자들이 골고루 말할 수 있도록 해야 한다. 아울러 한 사람이 모든 이야기를 다 해버려서 가치 있는 코멘트가 한 곳에 치중되지 않았는지도 함께 파악해야 한다. 그리고 토론을 하다보면 본 주제에서 벗어난 대화가 오가게 되는데, 이때는 토론자들이 토론에 대한 흥미를 잃지 않게끔 하면서 본 주제로 다시 돌아갈 수 있도록 유도해야 한다.

이러한 토론 과정은 추후 기록이나 분석을 위해 비디오나 테이프로 녹화되어지는데, 소비자들의 욕구에 대한 표적집단토론일 경우, 토의 과정을 기록하는 것은 필수적이다. 이는 나중에 가능한 한 많은 아이디어를 규명하기 위한 몇 가지 분석 방법에 의해 자세하게 검증되어지기 때문이다. 대부분의 표적집단토의는 토의 참석자들이 자신들이 관찰당하고 있다는 점을 알아채지 못하도록 밀폐된 방에서 이루어지게 된다.

② **심층면접**: 사람들의 생각을 보다 심도 있게 이해하기 위해 사용되는 방법 중 가장 효율적인 방안은 심층면접이다. 이 방법은 표적집단면접을 실시하는 것보다 더 많은 시간이 소요되며 보다 많은 면접원을 필요로 한다. 이때 면접원은 피면접자들이 자신들의 생각이나 감정, 그리고 가치를 표현할 수 있도록 유도해야 한다. 따라서 면접원은 피험자가 그들의 경험을 표출하도록 하기 위해 아이디어를 떠올리도록 피험자들을 자극하거나 피험자로 하여금 조용히 앉아서 곰곰이 생각하도록 하는 등 보다 구조적인 접근 방법을 강구해야만 한다.

심층면접의 경우도 추후 분석을 위해 기록으로 남겨지지만, 그 과정은 대개 관찰의 대상이 되지 않는다. 이때 피험자들을 편안하게 해주어야 하는데, 이는 표적집단면접에서와 같이 자신의 의견에 대한 동조자가 존재하지 않기 때문이다. 따라서 이 방법은 사람들을 당황하게 할 소지가 있는 주제를 질문하고자 하는 경우에 특히 유용한 방법이기도 하다.

③ **투사법**: 이 방법은 소비자의 마음 속 깊이 자리잡고 있는 심리적인 동인(force)을 찾아내기 위해 사용하는 방법이다. 이때 피험자는 막연하고 애매한 자극을 받고 여기에 반응하게 된다. 여기서 사용되는 자극은 단어일 수도 문장일 수도, 사물일 수도, 그림일 수도 있다. 일단 자극을 받고 난 다음 피험자는 해당 자극이 의미하는 바나 시사하는 바가 무엇인지를 대답할 것을 요구받게 되고, 피험자의 응답을 토대로 조사자는 해당 피험자의 행동을 유발하였던 동인을 발견할 수 있도록 여러 가지 해석을 하게 된다.

제시되는 그림이 어떻게 보이는지에 따라 개인의 심적 상태를 파악하는 방법인 투사법

2) 기술적 조사 방법

대부분의 조사는 관심 있는 변수들의 특성에 대한 조사가 주종을 이루고 있기 때문에 이러한 요구를 가장 잘 만족시켜주는 기술적 조사가 널리 이용되고 있다. 기술적 조사는 경쟁상황이나 소비자의 변화와 같은 전반적인 시장 상황을 분석하기 위해 수행되는 조사이다. 사실 일반적으로 기업에서 수행되는 대부분의 조사는 기술적 조사에 해당되는데, 어떤 일이 발생할 빈도나 두 변수 간의 관계를 결정하기 위해서 활용하는 조사 방법이며, 이때 표준화된 객관적 도구를 이용하여 자료를 수집한다.

기술적 조사에는 여러 가지 형태가 있는데 크게 종단조사(time series analysis)와 횡단조사(cross sectional analysis)로 구분할 수 있다.

종단조사는 특정 조사대상인 패널(panel)을 이용하여 자료를 얻어내는 방법이며, 일정한 시간간격을 두고 반복적으로 측정하는 조사 방법이다. 즉, 일정 기간을 두고 변화되는 추이를 살펴보기 위해 사용하는 방법이다. 그런데 조사기간이 길고 패널이 사정에 의해 탈락되는 경우가 있기 때문에 실제 조사에 많은 어려움이 따르기도 한다.

반면에 횡단조사는 가장 보편적이고 널리 사용되는 조사인데, 주로 연구의 대상이 되는 모집단에서 표본조사를 위해 임시적으로 추출된 표본으로부터 자료를 얻어내며 단 한번의 측정을 하는 조사이다. 횡단조사는 현장조사(field study)와 표본조사(survey)가 있다. 현장조사는 조사자의 관여가 거의 없는 정상적인 사건흐름을 지닌 자연적 환경 아래에서 이루어지는 조사를 말한다. 때문에 가설을 검증하기보다는 가설설정의 근거를 마련하기 위한 1차적인 조사에서 흔히 이용된다.

서베이(survey)조사는 사람들에게 자신의 생각, 신념, 느낌, 의도 등을 표현하도록 질문하는 방법이다. 예를 들어, 조사자가 사람들이 여러 가지 다양한 활동들에 참여하는 것을 어느 정도 좋아하는지를 직접 물어볼 수 있다. 이러한 방법은 조사 방법 중에서 가장 널리 활용되는 방법이기도 하다.

일반적으로 서베이조사에서는 응답자 표본을 선정하고 그들에게 조사자가 알고자 하는 주제에 대해 질문하게 된다. 이때 조사자는 자기기입식(self-administered) 설문지를 이용하거나 일대일 대인면접을 실시할 수도 있다. 이렇게 해서 일단 자료가 수집되면 조사자는 이를 요약하게 되며, 이를 토대로 표본의 특성을 기술(예를 들어, 조사를 한 남성 중 60%가 테니스보다는 골프를 좋아한다)하거나, 가설을 검증(예를 들어, 스포츠에 대한 태도가 스포츠에의 참여와 관계가 있는가?)하거나, 어떤 예측(예를 들어, 조사 지역 거주자의 5%가 웨이트 트레이닝 시설이 갖추어져 있다면 헬스클럽에 등록할 것이다)을 할 수 있게 된다.

서베이조사는 대규모의 모집단을 직접적으로 관찰할 수 있는 가장 좋은 방법이다. 이를 위해 조사자는 변수를 파악하고, 대규모의 모집단 중에서 유사한 특성을 가진 응답자 표본을 선정하고, 필요한 자료를 제공해줄 수 있는 설문지를 작성하게 된다.

3) 인과관계조사

과학적인 문제해결을 위해서는 특정 현상이 야기된 원인과 그 결과 사이의 관계를 정확히 밝혀내야만 근본적인 문제해결과 올바른 의사결정을 할 수 있다. 청소년들 사이에서 특정 브랜드의 운동화가 매우 선풍적인 인기를 끌고 있다면 그 원인은 무엇이겠는가를 알아보는 조사가 인과관계조사의 예라고 하겠다. 이러한 인과관계조사는 실험(experiment)조사와 유사실험(quasi-experiment)조사로 구분할 수 있다.

① **실험조사**: 이 방법은 복잡한 사회현상 중에서 연구목적상 관심이 있는 요소(변수)만을 선별하여 그들 간의 관계를 집중적으로 관찰 · 분석하는 방법이다. 실험조사는 피험자들에게 먼저 특정 자극을 주고 나서 피험자들이 어떻게 반응하는지를 관찰하게 된다. 순수실험의 경우 피험자들을 실험집단(treat group)과 통제집단(control group)으로 무작위로 할당하고, 실험집단에게만 특정 자극을 주고, 통제집단에게는 자극을 주지 않게 된다.

예를 들어, 과체중인 사람들에게 운동 프로그램을 시작할 것을 동기부여 하는 메시지를 주고(이 경우가 실험집단임), 2~3개월 정도 뒤에 과체중인 사람들과 동기부여 메시지를 받지 않은 사람들(이 경우가 통제집단임) 간의 운동참여율을 비교해보는 것이 하나의 방법이다.

실험조사는 대개 특정 행동을 설명하거나 아이디어를 시험해보기 위해 이용된다. 예를 들어, 웨이트 트레이닝을 싫어하는 여성들을 대상으로 조사를 진행한다고 했을 때 사람들이 웨이트 트레이닝을 좋아하도록 할 수 있는 방법을 찾고자 할 것이다. 이때 사람들이 웨이트 트레이닝에 대한 이해를 하게 되면 웨이트 트레이닝을 좋아하게 될 것이라는 가설을 세울 수 있다. 이러한 가설은 실험을 통해 입증할 수 있다. 먼저 사람들 중에서 웨이트 트레이닝을 싫어하는 정도를 측정하고, 웨이트 트레이닝을 가장 싫어하는 사람들을 선택하게 된다. 다음으로 이들에게 웨이트 트레이닝이 즐겁고 유쾌한 것이라는 내용을 담은 비디오를 보여준다. 이 비디오를 보여주고 난 후에 웨이트 트레이닝을 가장 싫어하는 사람들의 싫어하는 정도를 측정해봄으로써 해당 비디오가 싫어하는 정도를 줄여줄 수 있었는지 여부를 알 수 있게 된다.

② **유사실험조사**(현장실험; field experiment): 앞에서 언급한 실험조사는 반드시 실험실에서 진행되어야만 하는 문제점을 안고 있다. 그러나 우리가 생활을 영위하고 있는 자연상태 하에서도 유사한 실험을 진행할 수 있으며, 이를 현장실험이라고 한다. 그런데 자연상태

에서 실험이 이루어지기 때문에 실험집단과 통제집단을 할당한다는 것이 매우 어렵게 된다.

예를 들어, 마라톤이나 철인경기와 같은 매우 격렬한 스포츠 이벤트를 특정 지역에 유치함으로써 해당 지역 거주자들의 운동행동에 영향을 미치고자 한다는 경우를 생각해보자. 이때 연구자는 두 가지 유형의 지역에 거주하는 사람들의 운동행동을 조사할 수 있다. 즉, 하나는 앞서 말한 스포츠 이벤트가 개최되는 지역이고, 다른 하나는 그러한 스포츠 이벤트가 개최되지 않는 지역이다. 이 경우에는 조정하기 어려웠던 자연실험의 장점을 취할 수 있게 된다. 그러나 이때는 자연실험에서 늘 나타나는 문제인 타당성의 문제를 감수해야만 한다.

이 경우 체육 활동이 주는 여러 효익을 추구하고자 하는 프로모터들의 개입을 배제할 수 없게 된다. 즉, 스포츠 이벤트를 개최함으로써 지역 거주자들의 운동참여가 증대 했다기보다는 지역 거주자들의 운동에 대한 관심이 이벤트 프로모터들을 끌어들였다고 보는 편이 낫다. 이 외에도 스포츠 이벤트가 사람들의 운동행동에 직 · 간접적으로 영향을 미치는 동인들은 많다. 따라서 이러한 부분들을 어떻게 적절히 잘 통제해서 순수하게 스포츠 이벤트 개최가 운동행동에 영향을 미치는가를 밝혀내는 것이 무엇보다 중요하다.

스포츠 마케팅 현장이야기

MLB 시청자보다 많은 e스포츠…'보는 게임' 판 커졌다

'하는 게임'에서 '보는 게임'으로 게임시장의 트렌드가 변하고 있다. 관련 시장으로 투자도 이어지고 있어 '보는 게임'이 하나의 산업으로 자리매김하고 있다. 18일 게임업계에 따르면 1인 영상 플랫폼, e스포츠 등에서 게임을 보는 영향력이 비약적으로 커지고 있다. 최근에는 대통령까지 게임을 관람했을 정도다.

❍ '보는 게임'으로 돈 몰린다

게임 개발사 넵튠은 지난해 '샌드박스네트워크'와 '스틸에잇'에 지분 투자를 진행했다. 당시 넵튠은 투자만 진행됐을 뿐, 직접 관련 사업을 진행하지는 않았는데, e스포츠 및 MCN 관련 사업을 펼칠 기반을 만들기 위해 자회사 '넥스포츠'를 설립키로 했다고 최근 공시했다. 기존 넵튠이 가지고 있던 '샌드박스네트워크'와 '스틸에잇' 등의 지분은 넥스포츠 설립을 위한 현물출자 차원으로 넥스포츠에 양도한다. 보는 게임 사업의 주체를 넥스포츠로 일원화 한다는 설명이다.

스마일게이트는 삼성전자로부터 과거 '게임 올림픽'이라고 불렸던 국제 e스포츠 축제 'WCG' 상표권을 인수해 내달 개최한다. 6년 만에 재개되는 올해 WCG에서는 가상현실(VR)게임 등 새로운 시도를 접목할 예정이다. 액토즈소프트는 지난해 사옥 지하에 e스포츠 전용 경기장 VSG아레나(구 액토즈아레나)를 만들고 운영 중이다. 이스포츠 대회뿐 아니라 콘텐츠 제작 스튜디오, MCN 콘텐츠 제작 등 용도로도 활용한다. 통신사들도 적극 행보를 보이고 있다. SK텔레콤은 미국 컴캐스트와 협력해 글로벌 합작 벤처를 추진하고 KT와 LG유플러스는 e스포츠 리그 운영이나 5G 중계 서비스 등을 계획하고 있다.

이미 글로벌 시장에서 이 같은 지각변동은 일어나고 있었다. 지난 2014년 아마존은 게임 특화 동영상 방송 플랫폼인 '트위치TV'를 9억7,000만 달러에 인수했다. 구글은 트위치에 맞설 카드로 '스테디아'를 내놓는다. 스테디아는 유튜브로 게임을 보다가 게임 플레이도 직접 할 수 있는 시스템이다.

❍ 보는 게임, MLB 뛰어 넘어

한국콘텐츠진흥원 e스포츠 실태조사에 따르면 e스포츠의 글로벌 시장규모는 매년 27.4%씩 고속 성장, 2021년에는 16억5,000만 달러(약 1조8,000억 원)에 이를 것으로 선망된다. 글로벌 투자은행 골드만삭스는 e스포츠를 '미래를 바꿀 거대한 산업분야 트렌드 8가지' 중 하나로 선정한 바 있다. 지난해 e스포츠 시청자 숫자는 1억6,700만 명으로 MLB 시청자 1억1,400만 명을 뛰어넘었다. 글자나 이미지보다 영상에 익숙한 Z세대(1990년대 중반~2000년대 중반)가 늘고 있는 만큼 향후 '보는 게임'의 잠재력은 어마어마할 것이라는 분석이다.

게임사들도 앞다퉈 관련 마케팅에 돌입했다. 우선 넥슨은 공식 트위치 채널인 '겜플리에'를 직접 개설하고 브랜디드 영상 콘텐츠를 제작하고 있다. 스마일게이트 메가포트는 '세아 스토리'라는 가상 유튜버 채널을 운영한다. 게임엔진 업체 유니티는 미소녀 캐릭터 '유니티 짱'의 유튜브 채널을 열었다. 게임업계 관계자는 "게임을 잘 하는 것보다 잘 보는 게 더욱 중요한 시대"라며 "e스포츠에 광고 · 미디어콘텐츠의 결합이 점점 가속화 되는 등 새로운 시장이 열리고 있다"라고 말했다.

- 파이낸셜뉴스, 2019년 6월 18일 -

4 마케팅 조사의 절차

마케팅 조사는 앞서 정의에서 언급한 것처럼 매우 체계적인 과정으로서 일련의 상호 관련된 단계들 속에서 이루어지게 된다. 조사 과정에 대해서 자세히 언급하기 전에 반드시 유념해야 할 점이 두 가지가 있다.

첫째, 마케팅 조사를 실시하기 위한 기본적인 과정이나 프레임워크는 어떤 마케팅 조사 문제가 있다하더라도 결코 변하지 않는다는 것이다. 예를 들어, 프로농구 구단에서 팬들의 만족도 또는 경기장에 배치한 광고판의 효율성을 알아보기 위한 조사를 실시한다고 하자. 이 경우 각각의 조사 문제는 상이할 수 있다. 그러나 각 조사 문제를 해결하기 위해 활용되어지는 기본적인 마케팅 조사 과정은 항상 동일하다는 점을 유념해야 한다.

둘째, 조사 과정의 각각의 단계들은 상호 의존적이라는 점을 유념해야 한다. 즉, 조사 문제를 어떻게 정의하느냐에 따라 어떤 조사설계를 활용할 것인지가 결정되며, 특정 조사설계를 선택함에 따라 어떤 자료수집 방법을 활용할 것인지가 결정된다는 것이다.

(1) 문제와 조사목적의 규명

스포츠 마케터들에게 있어서 마케팅 조사 절차의 첫 번째 단계는 문제와 조사목적의 정의로서 매우 핵심적인 부분이다. 이 단계에서 스포츠 마케터들은 조사를 통해 해결해야 할 문제점들을 규명한다. 문제의 정의는 문제를 해결하는 데 도움을 주기 위해서는 어떤 정보가 필요한지를 구체화하는 것을 말한다. 조사자가 이러한 문제를 정확하게 규명하고 적절하게 정의 내릴 수만 있다면 조사 프로젝트는 성공적이게 된다. 그러나 스포츠 마케팅 관리자의 입장에서 전혀 정보로서의 값어치가 없는 경우에는 수집된 자료는 아무런 의미가 없게 된다.

스포츠 마케터의 입장에서는 ① 제공하는 스포츠 상품에 대해 소비자들이 어떻게 생각하는지, ② 소비자들의 욕구는 어떠한지, ③ 새로운 스포츠 상품의 도입에 대해 소비자들은 어떻게 반응할 것인지, 그리고 ④ 현재 소비자의 욕구가 몇 년 뒤에는 어떻게 변화할 것인지 등에 대해 알아야 할 필요가 있다. 이렇듯 매우 복잡한 조사의 쟁점들을 해소하기 위해서는 다양한 조사전략이 필요하게 된다. 그래서 정확하고 충분하게 문제를 규명하기 위해 시간과 자원을 투입해야 한다. 그러나 이러한 중요성에도 불구하고 일반적으로 이러한 조사 문제의 규명단계가 그리 큰 주목을 받지 못하는 경우가 대부분이다.

조사의 목적을 달성하기 위한 실행계획을 세우는데 있어, 기업의 입장에서는 수행해야 할 마케팅 조사 프로그램의 문제가 매우 다양할 수 있다. 스포츠 스폰서십의 경우를 예로 마케팅 조사 문제를 들어보면 다음과 같다.

- 스폰서가 선호하는 속성과 가장 바람직하게 여기는 특성의 순위를 알아본다.
- 스폰서를 서기에 가장 적합한 선수와 팀을 선택할 수 있는 가장 효율적인 방법을 파악한다.
- 스폰서십과 관련된 문제점과 현재 스폰서들의 만족 정도를 알아본다.
- 스폰서십 활동의 정도와 향후의 전망을 알아본다.
- 스폰서십의 목적을 가장 잘 대표하는 스포츠를 알아본다.
- 마케팅 수단으로서 스포츠 스폰서십을 활용하는 기업들의 유형을 비교한다.

(2) 조사설계 유형의 선택

일단 조사자가 조사 문제를 정확하게 정의 내리고 난 후에는 조사의 유형을 고려하게 된다. 조사설계란 마케팅 조사 프로젝트의 수행을 위한 프레임워크 혹은 청사진으로서 마케팅 조사 문제의 해결에 필요한 정보를 획득하기 위해 필요한 제반 절차를 구체화해 둔 것이다. 이것은 구체적으로 어떤 식으로 조사할 것인지를 정하는 절차로 조사 프로젝트를 효과 · 효율적으로 수행하는데 있어 매우 핵심적인 사항이다.[4)]

조사설계는 [그림 4-1]에서 보는 것처럼 탐험적 조사와 결론적 조사로 광범위하게 구분 지을 수 있으며, 두 조사 간의 차이점은 [표 4-3]과 같다. 우선 탐험적 조사는 조사설계를 확정하기 전에 시행되는 예비조사로서 측정대상 및 최선의 조사 방법을 규명하기보다는 문제를 잘 나타낼 수 있는 척도개발에 그 목적이 있으며, 주로 마케팅 조사의 초기에 사용되고 이에 따라 조사절차가 수정 · 변경되기도 한다.

반면에 결론적 조사는 탐험적 조사에 비해 매우 공식적이고 체계적인 조사 방법으로서 매우 대규모의 대표성을 가지는 표본을 대상으로 자료를 수집하고 여기서 수집된 자료는 정량적(quantitative) 분석이 이루어지게 된다.

[그림 4-1]에서 보는 것처럼 결론적 조사는 기술적 조사와 인과관계조사로 구분할 수 있는데, 마케팅 조사자의 입장에서 한 가지 명심해야 할 점은 어떤 조사설계를 택하더라도 조사설계는 마케팅 조사 문제를 토대로 한다는 점이다.

이러한 각각의 조사 방법들 중에서 어떤 조사 방법을 사용할지는 앞서 말한대로 마케팅 문제의 성격에 따라 달라지게 된다. 우선 문제 상황이 잘 알려져 있지 않는 경우 탐험적 조사

[그림 4-1] 조사설계의 유형

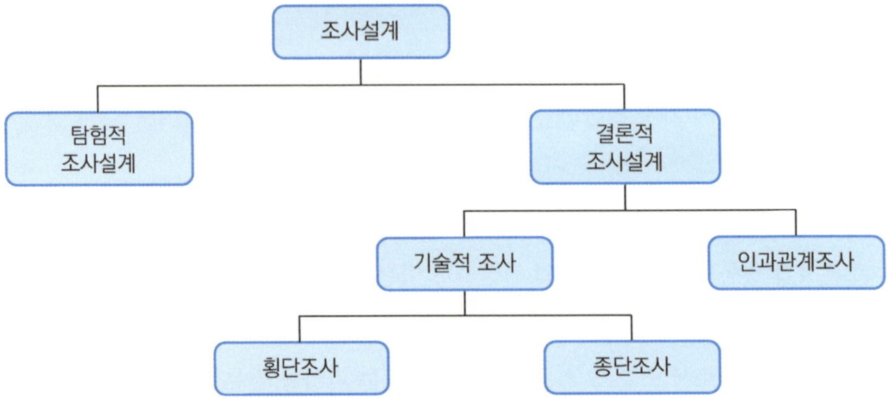

[표 4-2] 탐험적 조사와 결론적 조사의 차이점

	탐험적 조사	결론적 조사
목 적	조사에 대한 식견과 이해 제공	구체적 가설이나 관련성 검정
특 징	필요한 정보가 느슨하게 정의 조사 과정이 유동적이고 비체계적 표본이 작고 대표성이 없음 기초 자료분석이 정성적임	필요한 정보가 분명하게 정의 조사 과정이 공식적이고 체계적 표본이 크고 대표성이 있음 자료분석이 정량적임
발견사항/결과	시험적임	결론적임
결과물	추가 탐험조사나 결론적 조사가 뒤이음	결과물이 의사결정의 투입물이 됨

가 적합하다. "왜 사람들이 핸드볼이나 필드하키와 같은 운동경기를 보러가지 않는가?"와 같은 문제는 기본적으로 탐험적 조사를 먼저 실시하는 것이 바람직하다. 또한 기본적으로 모든 조사설계에서 탐험적 조사는 가장 먼저 행해져야만 하는 부분이기도 하다.

그러나 문제가 명확하게 규정된 경우는 탐험조사를 거치지 않고 바로 기술적 조사나 인과관계조사를 진행시킬 수도 있다. 예를 들어서 "프로농구를 주로 관람하는 층은 인구통계적으로 어떤 층이 많은가?"를 알아보고자 할 경우는 굳이 탐험적 조사를 실시하지 않아도 된다.

그런데 탐험적 조사가 기술조사 혹은 인과관계조사 뒤에 시행될 수도 있는데 이 경우는 기술적 조사 및 인과관계조사의 명확한 해석을 위해 이루어지는 경우이다. 앞서의 예에서 프로농구를 주로 관람하는 계층이 10대 여학생들이 다수를 이루는 경우, "그들이 왜 프로농구를 즐겨 보게 되는지" 또는 "다른 계층의 사람들은 왜 프로농구를 즐겨 관람하지 않는지"를 알아보기 위해 추가로 탐험적 조사가 실시될 수도 있는 것이다.

[표 4-3] 조사설계의 비교

	탐험적	기술적	인과관계
목적	아이디어 식견 개발	시장특성 · 기능의 규명	인과관계의 확인
특징	유동적이며, 융통성을 지님 모든 조사설계의 전반부에 행해짐	사전에 형성된 가설의 확인 체계적인 설계와 사전계획	하나 혹은 그 이상의 독립변수의 조작 다른 조절변수의 통제
방법	전문가조사 파일럿 조사 2차 자료 정성적 조사	2차 자료 survey panel 관찰 및 기타 자료	실험

(3) 자료수집 방법의 결정

마케팅 조사 자료는 크게 2차 자료(secondary data)와 1차 자료(primary data)로 구분되어지는데 2차 자료는 조사를 수행하고 있는 조사자가 아닌 다른 주체에 의해서 이미 수집된 자료이며, 1차 자료는 조사자가 소사를 시행하는 가운데 직접 수집해야 할 자료이다.

2차 자료는 손쉽고 저렴하게 획득할 수 있으므로 2차 자료를 효과적으로 획득하여 이용하는 것이 조사의 성공 여부에 중요한 변수로 작용하게 된다. 이러한 2차 자료는 조직의 내부 혹은 외부에서 구할 수 있는 것으로서, 내부 2차 자료의 예로서 스포츠 팀들은 대부분 현재까지의 관중수라든지 기타 목적으로 수행했던 관중들에 대한 조사 자료를 확보하고 있게 된다. 그리고 외부 2차 자료의 경우는 다음에서 자세히 언급할 여러 원천을 통해서 확보될 수 있는 것들이다.

그러나 2차 자료만으로는 문제의 해결이 불가능한 경우가 많기 때문에 조사자는 특정 조사목적을 달성하기 위해 1차 자료를 수집하게 된다. 그리고 대부분의 의사결정이 1차 자료에 의존하는 경우가 많기 때문에 1차 자료는 2차 자료보다 정확하고 신뢰성이 높아야 하며 조

[표 4-4] 1차 자료 및 2차 자료의 비교

	1차 자료	2차 자료
수집목적	조사 문제의 해결	다른 조사 문제의 해결
수집과정	높은 관여	낮은 관여
수집비용	많음	적다
수집기간	길다	짧다

사목적과 직결된 자료를 제시해 주어야만 한다. [표 4-4]는 각 자료가 가지는 특징들을 간략하게 비교해 놓은 것이다.

1) 2차 자료

2차 자료는 수행중인 조사목적에 도움을 줄 수 있는 기존의 모든 자료를 말하며, 기존의 정부 자료 또는 조사기관의 간행물이나, 기업에서 수집한 자료, 학술지에 발표된 논문 및 다른 조사를 목적으로 수집된 모든 자료를 포함한다. 이러한 2차 자료는 다시 내부 자료(internal secondary data)와 외부 자료(external secondary data)로 나뉘어진다.

[그림 4-2] 2차 자료의 분류

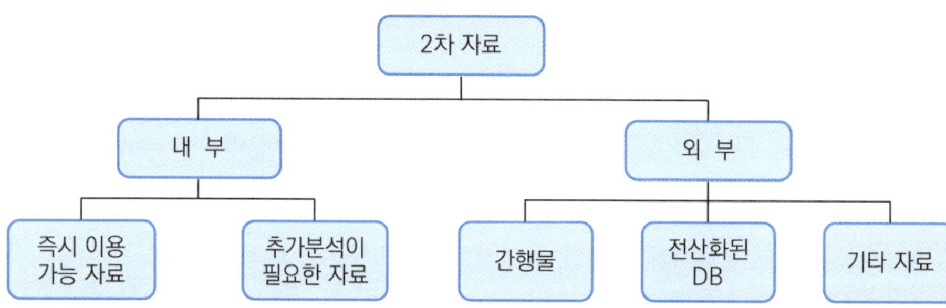

내부 자료는 조사자가 속해있는 조직 내부의 자료를 의미하며, 앞서도 언급한 것처럼 특정 스포츠 팀 혹은 조직의 수입실적, 선수들의 연봉 자료, 운영비용, 원가 자료 등에 관한 자료를 말한다. 이러한 내부 자료에는 해당 조직에서 실시한 과거의 조사 자료들도 포함한다.

외부 자료란 타 기관에서 생산해낸 모든 자료를 가리키는 것으로 보건복지부, 문화체육관광부, 교육부 등과 같은 정부기관에서 제공하는 제반 스포츠 관련 통계 자료와 국·공립 및 사설연구소 또는 각 단체 등과 같은 곳에서 발간하는 각종 통계나 조사 결과들, 그리고 학술지 및 각종 신문 등에 발표되는 모든 자료 및 결과들이 포함된다. 최근 들어서는 외부 자료의 주요한 원천으로 이러한 물리적인 출판물 외에도 인터넷 웹사이트를 통해 스포츠와 관련된 정보를 쉽게 접할 수 있다.

그러나 내부 자료의 경우는 최근 들어서 데이터베이스 마케팅의 출현으로 그 실용성에 차츰 흔들리고 있다. 즉, 소비자들의 특성(profile)과 구매행동 및 습관 등을 파악하고 정확하게 추적하기 위해 컴퓨터를 이용하여 소비자들에 대한 체계적인 데이터베이스를 구축함으로써 이를 토대로 소비자들에게 매우 고객화된 상품·서비스를 제공할 수 있게 되었고, 이는 곧바로 경쟁 우위로 이어지게 해 줌으로써 전통적인 의미의 내부 자료의 존립기반이 점차 흔들리고 있다. 이제는 거의 일반화되었지만 각 프로팀들마다 회원카드를 제작하고 이를 토대로 이들에게 경기일정 등을 안내하는 우편물을 발송하는 것이 데이터베이스 마케팅의 전형적인 사례이다.

[그림 4-3] 1차 자료의 분류

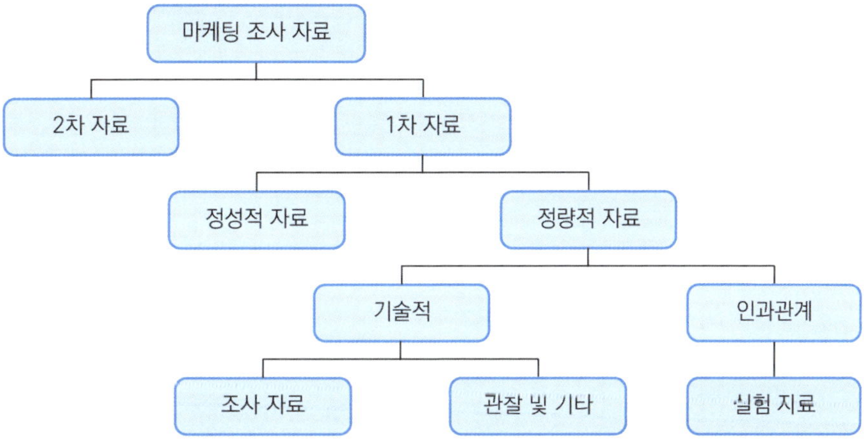

2) 1차 자료

1차 자료는 조사자가 현재 수행중인 조사목적을 달성하기 위하여 직접 수집한 자료를 말한다. 일반적으로 1차 자료는 [그림 4-3]에서 보는 것처럼 정성적 자료(qualitative data)와 정량적 자료(quantitative data)로 구분되어진다.

① **정성적 조사(qualitative research)**: 정성적 조사는 정성적 자료를 얻을 목적으로 소규모의 표본을 이용해서 문제 규명에 대한 식견과 이해를 제공하기 위해 이루어지는 비체계적이고 탐험적인 조사 방법으로서 대개 탐색적이고 예비적일 수 있으며, 이는 문제를 명확히 규명하는 것과, 보다 공식적인 실증조사를 준비하는데 이용된다. 또한 소비자들이 의문을 갖는 것을 직접 알 수 있게 해주고 뒤에 시행할 통계분석 등을 훨씬 의미 있게 해준다.

정성적 조사의 결과물은 정량적 조사를 설계하는 데 매우 핵심적인 역할을 하기 때문에 조사계획에서 첫 번째 형태로 시행되곤 한다. 즉, 조사자들은 조사 방법을 설계하기에 앞서 사전조사를 실시할 수 있는데, 특정 스포츠 이벤트, 혹은 특정 선수에 대한 好/不好 등과 같이 개방적인 질문을 비롯해서, 구체적인 사항이 질문지에 반드시 들어가야 할 내용들인지 아닌지를 파악할 수 있게 해준다.

예를 들어, 경기장을 찾아가는 교통편이 어렵다라든지 경기장 내의 편의시설을 찾기가 불편하다는 등 시설과 관련된 문제점 등이 처음 면접에서 중요한 면으로 등장했다면, 조사자는 이러한 측면에 대한 질문을 삽입하게 될 것이다. 정성적 조사는 [그림 4-4]에서 보는 것처럼 직접조사(direct research)와 간접조사(indirect research)로 구분되는데, 직접조사는 조사의 목적이 응답자에게 노출되거나 면접의 특성이 분명한 조사로서 표적집단면접(Focus group interview: FGI)과 심층면접(In-depth interview)을 들 수 있다. 그리고 간접조사는 조사의 목적인 응답자에게 노출되지 않는 조사로서 투사법(projective technique)을 들 수 있다.

[그림 4-4] 정성적 조사

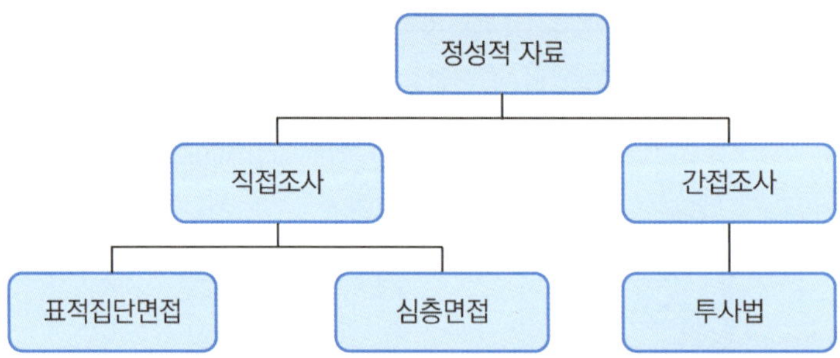

② **정량적 조사**(quantitative research): 정량적 조사는 소비자의 특성, 태도 혹은 행동을 실증적으로 규명하는 데 초점을 두고 어떤 결과를 확인하기 위해 설정한 특정 가설을 검증하는 데 이용되는 것으로 자료를 계량적으로 탐색하고, 특히 일부 통계분석기법을 적용하는 조사 방법이다.

정량적인 조사는 분명히 스포츠 상품의 전달과 설계를 평가하고 개선하는 데 있어 매우 중요한 역할을 하고 관리자들이 소비자들에 대해 매우 광범위한 추론을 할 수 있는 자료를 제공해준다. 또한 기업의 서비스 성과를 평가하고 추적하는 데 판단기준을 제공하고, 경쟁자와 비교한 결과까지도 함께 제시해줄 수 있다.

그런데 실증조사를 시행하고 난 후에, 조사내용이 실증조사 자료만으로 부족한 경우나, 실수 등으로 조사가 제대로 이루어지지 않아 조사 결과가 미진한 경우 추가적으로 정성적 조사를 수행할 수도 있다. [표 4-5]는 정성적 조사와 정량적 조사 간의 차이를 비교해놓은 것이다.

[표 4-5] 정성적 조사와 정량적 조사의 비교

	정성적 조사	정량적 조사
목적	쟁점이 되는 이유와 동기에 대한 정성적인 이해를 쌓게 함	자료를 계량화하고 모집단으로부터 추출한 표본으로부터 그 결과를 일반화함
표본	대표성이 떨어지는 소규모의 수	대표성이 있는 대규모의 수
자료수집	비체계적	체계적
자료분석	비통계적	통계적
결과물	보다 나은 이해를 위해 개발	최종 의사결정에 추천

(4) 자료의 수집

자료수집 방법이 결정되고 나면 그 다음에는 자료수집 도구를 결정하고 이를 이용하여 자료를 수집하게 된다. 자료수집의 도구는 앞서 이야기한 모든 자료수집 방법들에서 필요로 하는 것이다. 스포츠 마케팅 조사에서 자료수집 도구로 가장 널리 이용되는 것이 바로 설문지이다.

설문지를 작성하는 일반적인 과정은 [그림 4-5]에 제시되어 있는데 이러한 과정을 단 한 번 거침으로써 설문지가 완성될 수 있는 것이 아니라 반복적인 경험의 축적과 시행착오를 통해 완성되어 간다는 점을 유념해야만 한다.

1) 필요한 정보의 결정

설문지 작성에서 가장 먼저 결정하여야 할 점은 설문조사를 통해 얻어야 할 정보의 종류를 결정하는 것이다. 다시 말해서 조사자는 설문지를 통해 어떤 정보를 수집할 필요가 있는지를 자문해볼 필요가 있다. 이때 마케팅 조사의 첫 번째로 이루어지는 조사목적은 설문지 작성의 중요한 출발점이 있다. 때문에 필요한 정보를 정하고 그 정보를 얼마나 자세한 정도까지 측정해야 조사의 목적을 달성할 수 있는가도 파악하여 결정해야만 한다.

2) 자료수집 방법의 결정

설문지 작성의 두 번째 단계는 자료수집 방법의 결정으로서 가장 널리 이용되는 자료수집 방법은 우편, 전화 및 개인면접이다. 각 방법들은 나름대로 장 · 단점을 가지고 있기 때문에 이러한 점을 면밀히 고려해야만 하며, 조사자가 어떤 방법을 선택하느냐에 따라 정보의 내용, 양, 질문방식이 달라질 수도 있다. 예를 들어, 팬들이 스포츠 팀에서 실시하는 촉진에 대해 어떤 태도를 가지는지를 알아보기 위해 짧은 문항의 설문을 작성하는 경우는 전화면접이 타당하다. 그러나 조사가 팀의 새로운 로고에 대한 소비자들의 선호도를 알아보기 위한 것이라면 우편이나 개인면접이 오히려 더 필요하다. [표 4-6]에서는 이러한 세 가지 조사 방법이 가지는 고유한 장 · 단점을 비교 · 설명해주고 있다.

[그림 4-5] 설문지작성절차

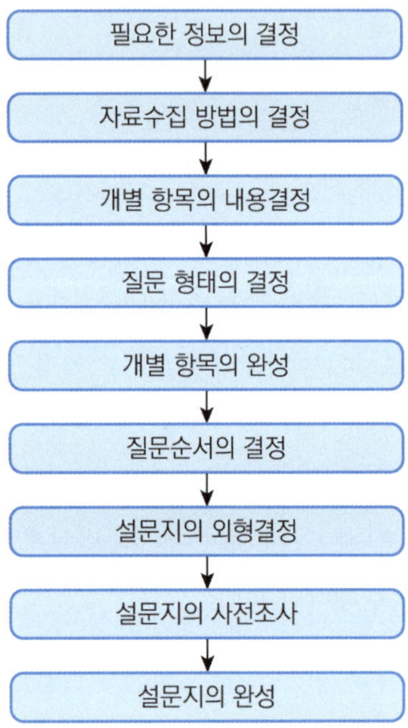

[표 4-6] 자료수집 방법의 비교

	우편면접	전화면접	대인면접
복잡한 질문을 다룰 수 있는 정도	나쁨	좋음	아주 좋음
방대한 양의 자료 수집 여부	보통임	나쁨	아주 좋음
얻어진 자료의 정확성	좋음	보통임	보통임
조사에 소요되는 시간	장시간 소요	아주 짧음	보통임
응답률	나쁨	보통임	보통임
비용 측면	적게 듦	적게 듦	많이 듦

3) 개별 항목의 내용결정

설문조사를 통해 알아보고자 하는 내용이 무엇인지 결정된 후에는 해당 자료를 얻기 위한 개별적인 질문을 구성해야 한다. 이를 위해 각 질문을 설문지에 포함시킬 것인지, 또 이러한 질문을 하였을 때 과연 응답자들로부터 자료를 얻을 수 있을 것인지를 살펴보아야만 한다. 일반적으로 개별 항목의 내용을 결정할 때 주의할 점은 다음과 같다.[5)]

첫째, 꼭 필요한 질문인지를 확인해서 필요한 정보와 관계없는 것은 묻지 말아야 한다. 예를 들어, 프로농구의 주요 관중인 여학생들에게 평일에 경기를 관람하러 가는지를 묻는 것은 답변을 얻을 수 없는 문항이라고 하겠다.

둘째, 질문을 쪼개서 할 필요는 없는지 파악해야 하는데, 한 개의 문장에 여러 개의 쟁점을 담아서 묻는 경우 응답자가 어떻게 답해야 할지 혼란스러워 하고, 결국 애매한 답이 나오게 된다. 이때는 문장을 분리해서 질문해야 한다. "왜 프로농구를 관람하십니까?"하는 질문에는 "다른 경기보다 박진감이 넘쳐서" 혹은 "좋아하는 선수가 있어서"식으로 여러 가지 응답이 나올 수 있다. 이런 경우는 차라리 "프로농구를 관람하는 이유는 무엇입니까"와 "프로농구를 관람하게 된 계기는 무엇이었습니까"로 분리해서 질문하는 것이 바람직하다.

셋째, 응답자가 응답에 필요한 정보를 알고 있는지도 중요한 고려 사항이다. 농구의 규칙도 모르고 농구에 별다른 관심이 없는 사람에게 "프로농구를 관람하게 되는 동기가 무엇인가?"를 묻는 경우가 바로 그러한 예이다. 이때는 여과질문(filter question)을 이용해서 응답자가 표본에서 필요로 하는 사람인지를 알아보는 것이 필요하다.

넷째, 응답자가 응답에 필요한 정보를 알고 있더라도 이를 모두 기억할 수 있는가는 별개의 문제이다. 특히 아무런 단서를 주지 않거나 비보조(unaided)회상을 요구할 때는 기억이 특히 어렵게 된다. 예를 들어, 프로야구를 즐겨 관람하는 소비자에게 "당신이 지난 일년 동안 프로야구장에서 본 광고는 모두 몇 개나 됩니까?"하고 물어보는 것이 바로 그러한 경우이다.

마지막으로 설문내용에 응답자가 답하기에 민감한 질문은 없는지도 따져보아야 한다. 예를 들어, 설문지 내용에 응답자의 소득수준을 기록하게끔 하는 경우가 있는데 이것 역시 응답자들로부터 답변을 얻어내기가 곤란한 문항이라 할 수 있다.

과거와 달리 전화면접조사는 광범위하게 이용되는 조사 방법이다

4) 질문 형태의 결정

필요한 질문의 내용을 결정하고 나서는 응답의 형태를 결정해야 한다. 응답의 형태는 설문지가 얼마나 구조화되어있는지에 따라 달라지게되는데, 설문지의 구조화된 정도에 따라 개방형(open-ended) 질문이나 폐쇄형(close-ended) 질문을 하게 된다.

우선 개방형 질문은 응답의 형태에 전혀 제약을 가하지 않는 형태로 다음과 같이 응답자가 질문에 대해 자신의 의견을 자유롭게 표현할 수 있도록 하는 방법이다.

- 프로농구를 관람하면서 느꼈던 불편한 점은 무엇입니까?
- 경기장에 게시되어 있는 광고판에 대해 어떻게 생각하십니까?
- 축구장의 전광판에서 어떤 기능이 추가되었으면 좋겠습니까?

둘째로, 폐쇄형 질문은 개방형 질문과 달리 응답자가 응답할 수 있는 응답 내용을 몇 가지로 제한하는 방법으로 연구자가 가능한 대답의 항목을 사전에 결정하여 응답자들에게 제시해주고 이중 하나를 선택하게 하는 방법이다. 폐쇄형 질문은 또다시 다지선다형과 양자택일형으로 구분된다.

- 다지선다형: 프로야구를 보러 가는데 영향을 미치는 요인은?
  ㉠ 친구의 권유 ㉡ 텔레비전 ㉢ 신문기사 ㉣ 본인 판단
- 양자택일형: 경기장의 광고물들은 시각적으로 보기 좋지 않다.
  ㉠ 그렇다 ㉡ 그렇지 않다

5) 개별 항목의 완성

필요한 질문과 응답 형태를 결정하고 나서는 보다 구체적으로 질문 항목을 완성해야 하는데, 이 과정은 설문지작성 과정에서 가장 힘든 과정이기도 하다. 즉, 같은 내용의 정보를 얻는데도 어떤 단어를 이용하는지에 따라, 그리고 사소한 의미의 변화에 의해서도 응답이나 분석 결과에 많은 차이가 올 수 있기 때문이다. 설문지 개별 항목을 완성할 때 반드시 주의해야 할 점들은 다음과 같다.

- 질문이 너무 길어서는 안 된다: 물어보는 문항이 지나치게 길게 되면 이를 해석하는데 어려움이 따르고 결국 응답자가 답변하지 않고 지나쳐버릴 가능성이 많아진다.
- 질문이 애매해서는 안 된다: 질문의 명확성은 서베이의 핵심이다. 예를 들어, “스포츠를 좋아하십니까?”라는 질문은 두 가지로 해석될 수 있다. 하나는 스포츠에 참여하는 것을

좋아하는지이고 다른 하나는 스포츠를 관람하는 것을 좋아하는지이다. 이외에도 어떤 스포츠를 가리키는지 정의 내리는 데 있어서도 애매함이 나타날 수 있다. 어떤 사람은 당구를 스포츠라고 생각하는데 다른 사람은 일반 경기를 스포츠라고 생각할 수도 있다.

- 한 질문에 두 가지 내용이 포함되어서는 안 된다: 예를 들어, "지금 관람하고 있는 경기가 재미있어서 친구들에게 이야기할 생각이십니까?"라는 문항은 명백히 두 가지 내용이 포함되어져 있다. 이 경우는 "지금 관람하는 경기가 재미있습니까?"와 "이 경기에 대해 친구들에게 이야기할 생각이십니까?"라고 분리해서 묻는 것이 바람직하다.
- 질문은 가급적 구체적이어야 한다: 이 말은 가급적이면 질문을 분명하게 하라는 것이다. "당신은 스포츠 경기를 정기적으로 시청하십니까?"라는 질문의 경우 조사자가 생각하는 "정기적"이라는 개념과 응답자가 생각하는 개념이 상이할 수 있다. 때문에 이 경우에는 "당신은 스포츠 경기를 일주일에 한번 혹은 매일 시청하십니까?"와 같이 변경하는 것이 바람직하다.
- 가급적 전문적인 용어는 삼가야 한다: 이는 응답자들이 대답하기 어려운 전문적인 용어를 사용하지 말아야 한다는 말이다. 예를 들어, "귀하는 골프 드라이버 중 어떤 유형의 swing weight를 선호하십니까?"하는 질문은 일반인들이 대답하기에는 매우 어려운 질문이다.

6) 질문순서의 결정

위의 과정까지 개별 질문들이 결정되고 나면 이를 응답자들에게 어떻게 제시할 것인지를 결정해야 한다. 우선 처음 질문은 가능한 한 쉽게 응답할 수 있고 흥미를 유발할 수 있는 것이어야 한다. 때문에 인구통계적 변수와 같은 보다 범위가 좁은 질문은 설문지의 나중에 질문하는 것이 좋다. 두 번째로 유사한 주제를 묻는 경우에는 함께 묶어두는 것이 좋다. 예를 들어, 팬들의 만족을 묻는 문항은 구내매점에 대한 만족도, 경기장 운영요원 등에 대한 만족과 함께 물어보는 것이 좋다. 세 번째로 질문 항목들 간의 관계를 고려해야 하는데 앞의 질문이 다음 질문에 어떠한 연상작용을 일으켜 응답에 영향을 미칠 수 있는 경우는 이러한 질문들을 멀리 떨어뜨려 놓아야 한다. 마지막으로 문항이 담고 있는 내용의 범위가 넓은 것에서부터 점차 좁아지도록 문항을 배열하는 것이 좋다.

7) 설문지의 외형결정

설문지설계의 마지막 단계 중의 하나는 바로 응답자에 배부될 설문지의 외형을 면밀히 고려하는 것이다. 똑같은 질문문항을 담고 있어도 설문지의 외형에 따라 응답자의 협조나 조사의 진행에 많은 차이가 있을 수 있기 때문이다. 실제로 설문지가 비전문적으로 비치는 경우 응답자로부터 협조를 얻기가 매우 어려워진다. 이 외에도 설문지의 외형 고려 시 다음 사항을 고민해야만 한다.

- 설문지는 쉽게 보이고 쉽게 답할 수 있어야 한다.
- 설문지는 질문 항목이 바뀔 때마다 부제를 달리해 주어야 한다.
- 설문지의 지시문은 간단하고 쉽게 이해할 수 있도록 해야 한다.
- 개방형 질문의 경우 답할 수 있도록 충분한 공백을 주어야 한다.

8) 설문지의 사전조사

이상의 과정을 거쳐 설문지의 초안이 완성되면 가상의 응답자를 대상으로 사전조사를 실시해야만 한다. 즉, 앞의 단계를 거쳐 면밀하게 작성된 설문지라 하더라도 응답자에 따라서는 해석에 문제가 있을 수 있기 때문에 이를 알아보아야만 한다.

사전조사를 실시할 때는 설문조사를 실시할 모든 계층의 사람들을 상대로 실시되어야 한다. 이때의 표본은 조사가 시행될 표적 모집단을 제대로 반영할 수 있어야 한다. 또한 연구주제에 대해 전문적인 지식을 갖고 있는 전문가집단에게도 사전조사를 실시하여 일반인들이 파악하지 못하는 문제점들까지도 해결하도록 해야 한다.

9) 설문지의 완성

이러한 모든 과정을 거친 후 완전한 형태를 갖춘 설문지가 완성된다. 이후에는 설문지를 인쇄 혹은 복사함으로써 설문지의 작성 과정이 끝나게 된다.

(5) 표본의 설정

자료수집 도구가 결정되고 나서 누구를 대상으로 자료를 수집할 것인지를 결정해야 하는데, 원칙적으로는 전수조사(census)와 표본(sample)조사의 두 가지가 이용된다. 그러나 모든 모집단을 조사대상으로 하는 전수조사는 시간과 비용 측면에서 부담이 너무 크기 때문에 일반적으로 표본조사를 실시하게 된다.

표본이란 조사목적을 달성하기 위해 선정된 모집단의 하위집단으로 이들을 대상으로 한 측정을 통해 전체 모집단을 추정할 수 있게 된다. 스포츠 마케팅 조사뿐만 아니라 일반 마케팅 조사에서도 적절한 표본을 선정하는 것은 매우 핵심적인 사항이다.

표본을 효과적으로 설계하기 위해서 여러 가지 표본추출 방법이 이용될 수 있는데, 일반적으로 비확률표본추출(nonprobability sampling) 방법과 확률표본추출(probability sampling) 방법으로 나뉘어진다. 비확률표본추출은 조사자가 주관적으로 표본을 선정하는 방법으로 표본추출의 비용과 시간을 줄일 수 있지만 조사 결과를 일반화(generalization) 하는 데 문제가 있다.

반대로 확률표본추출 방법은 모든 연구대상이 표본으로 추출될 확률이 알려져 있고, 표본추출을 위해 무작위적인 방법을 적용함으로써 표본으로부터 얻어낸 자료가 정확하다고 할 수 있다. 그러나 비확률표본추출과는 반대로 많은 시간과 비용을 필요로 하며 수행 과정도 더 복잡하고 어렵다.

1) 비확률표본추출 방법

비확률표본추출 방법으로는 편의표본추출, 판단표본추출, 할당표본추출의 세 가지 방법이 일반적으로 이용되고 있다.

① **편의표본추출(convenience sampling)**: 이 방법은 표본선정의 편리성을 토대로 조사자가 임의대로 표본을 선정하는 것으로, 다른 표본추출 방법에 비해 가장 시간과 비용이 저렴하게 드는 방법이다. 가장 좋은 예는 사람들이 좋아하는 스포츠 선수가 누구인지를 알아보기 위해 길거리에서 만난 사람들을 대상으로 설문지를 배포하고 회수하는 것을 들 수 있다.

② **판단표본추출(judgement sampling)**: 이 방법은 일단 표본의 선택기준을 조사자가 미리 정해놓고 선택된 표본에 대한 자료를 검토하여 가장 적합한 대상을 선정하는 경우이다. 예를 들어, 표적집단면접을 하는데 그중 한 명이 탈락하였을 경우 비슷한 인구통계적 특성을 가지고 있는 다른 사람을 구성원으로 선발하는 경우이다.

③ **할당표본추출(quota sampling)**: 이 방법은 비확률표본추출 방법 중에서 가장 정교한 기법으로 특정 통제특성(control characteristics)이나 조사가 관심을 가지는 특성을 토대로 표본을 추출하는 방법이다. 예를 들어, 좋아하는 스포츠 선수를 알아보기 위해 성별이나 연령과 같은 통제특성이 적합할 것이다. 이 경우 조사자는 남자와 여자 사이에, 그리고 연령별로 좋아하는 선수가 분명히 다를 것이라는 생각을 할 수 있게 된다. 그리고 나서 이러한 특성을 토대로 원하는 수의 소비자(피조사자)를 선정하게 된다. 대개의 경우 얼마나 선정할지가 결정되고 나서 보면 각 표본의 하위집단(즉, 여성 10대, 혹은 남성 20대 등)들은 모집단의 비율과 거의 일치하게 된다.

2) 확률표본추출 방법

앞서도 언급하였지만 완벽하지는 않더라도 가장 정확한 표본추출 방법은 확률표본추출 방법이다. 이 방법에서는 표본프레임이라고 불리는 리스트로부터 표본이 선택된다. 예를 들어, 고등학교에 재학 중인 학생들이 연구대상 모집단이라면 표본프레임은 학생주소록이 된다. 조사자는 이러한 표본프레임 리스트 중에서 주관적으로 특정 표본을 선정하게 된다.

확률표본추출 방법은 여러 가지 방법이 있지만 그중 가장 많이 이용되는 것은 무작위 표본추출(random sampling)이다. 이 방법을 이용하는 경우 표본프레임 내에 있는 모든 사람들이 알려져 있게 되고 그들이 표본으로 추출될 확률은 모두 같게 된다. 이러한 확률표본추출 방법을 이용하게 되면 표본오차를 계산할 수 있기 때문에 조사자는 표본이 얼마나 모집단을 잘 대표하는지를 알 수 있게 된다.

(6) 자료의 분석

대부분의 조사연구들은 여러 가지 상이한 기술을 활용하여 다양한 방법으로 평가되고 분석될 수 있는 정보를 제공해준다. 따라서 조사의 목적은 어떤 조사 방법을 이용하고 어떤 문항을 질문할 것인지 뿐만 아니라 수행될 분석의 유형까지 제시해준다.

정성적인 조사에서 이용된 분석 방법은 정량적인 조사에서 이용되는 것과는 상이하다. 정성적인 조사에서는 유의미한 방법으로 혼합되고 조직하는데 필요한 정보가 포함되어 있다. 그런데, 정량적인 조사와 마찬가지로 정성적인 조사에서도 엄밀함이 요구된다.

매우 다양한 유형의 정량적인 분석 방법이 조사 프로그램에서 이용될 수 있다. 어떤 방법은 간단하기도 하지만 어떤 것은 매우 복잡한 경우도 있다. 가장 기본적인 계산 방법 중 대표적인 것으로 응답의 평균과 표준편차를 알아보는 방법과, 소비자들을 특정 범주로 구분하여 각 집단 간에 통계적으로 유의한 차이가 있는지를 알아보는 교차분석 방법이 있다.

분석의 목적은 조사를 통해 얻은 사항을 적절한 양식을 이용해서 발견 사항으로 제시해주는 데 있다. 수집된 자료의 결과를 저장하고, 분석하고, 그리고 정규적으로 보고하기 위해서는 마케팅 정보 시스템의 개발이 필요하다.

(7) 보고서의 작성

마케팅 조사자가 직면하는 중대한 문제점들 중의 하나는, 조사 결과인 복잡한 자료를 활용하여 의사결정을 하는 관리자가 신속하게 읽고, 이용할 수 있는 형태로 자료를 정보로 변환시키는 것이다. 마케팅 조사의 발견 사항을 이용하는 대다수의 사람들은 통계에 익숙해 있지 않고, 컴퓨터 출력물이나 다른 기술적인 조사정보를 분석할 수 있는 시간이나 전문성도 갖추고 있지 않는 경우가 대부분이다. 따라서 이 단계의 주요 목적은 적절한 사람들에게 적절한 양식으로 명확하게 커뮤니케이션하는 데 있다.

마케팅 조사의 성공 여부는 그 결과를 어떻게 보고하는지에 따라 크게 달라질 수 있다. 마케팅 조사 결과의 보고를 통해 정보를 전달할 뿐만 아니라 마케팅 의사결정에까지도 영향을 미칠 수 있어야 한다. 하지만 불행하게도 대다수의 관리자들은 마케팅 조사의 결과물을 제대로 이해하지 못하는 실정이다. 그들은 보고서나 발표의 내용이 너무 길고, 비실용적인 지적 사항이 많으며, 매우 복잡한 단어나 용어를 사용하고 있다고 비판하기도 한다.

마케팅 조사 결과의 보고는 대개 보고서의 형태를 띄게 되는데, 이때 발표회를 병행해서 진행하기도 한다. 어떤 경우이든 보고의 내용은 주목할 만한 가치가 있고 마케팅 활동을 하는데 적합한 것이라는 확신을 심어줄 수 있어야만 한다.

마케팅 조사의 결과인 발견 사항의 제출은 마케팅 조사 과정에서 여섯 번째 단계로서, 대체적으로 발견 사항을 도형으로 묘사하는 것이 조사정보를 커뮤니케이션하는 데 매우 유력한 방안으로 제시되고 있다.

스포츠 마케팅 현장이야기

타이틀리스트, 수거율 35.7% 기록… 본지 조사 10년간 붙박이 1위

레저신문이 창간 29주년 기념 특집으로 실시한 로스트볼 표본조사에서 타이틀리스트의 골프볼이 가장 많이 사용된 것으로 나타났다. 이는 본지가 2010년 조사 이래 굳건하게 1위 자리를 지키고 있으며 평균 30% 이상의 수거율을 보였다. 이번 조사에서 타이틀리스트 브랜드는 10명 중 3.8명이 사용하고 있었다. 조사를 진행한 전국 20개 골프장 모두에서 수거율 1위를 기록했다. 회원제와 퍼블릭을 불문하고 가장 많이 사용됐다. 컬러볼의 경우 사용률은 꾸준히 높아졌지만 동계 시즌을 보내고도 7 : 3 정도로 일반볼을 넘지 못했다. 베어크리크와 세종필드에서만 유일하게 6 : 4의 비율로 컬러볼의 수거율이 다소 높았다. 컬러볼 브랜드로는 원조이자 주역으로 꼽히는 국산 골프볼 볼빅의 선호도가 높았다.

이번 표본조사는 지난 3월 4일부터 25일까지 3주간 전국 20곳의 골프장에 의뢰해 진행했다. 골프장은 수도권과 지방 골프장을 적절히 안배했다. 회원제 골프장과 퍼블릭 골프장, 회원제+퍼블릭 등을 고루 선정해 조사를 진행했다. 각 골프장에서 무작위로 수거한 로스트볼 100개에서 브랜드를 분류하고 일반볼과 컬러볼의 비율도 구분해 조사했다. 이번 조사에서 타이틀리스트 볼은 38.6%를 기록하며 가장 많이 수거된 볼로 이름을 올렸다. 타이틀리스트는 본지가 처음 조사를 시작한 2010년부터 올해까지 단 한번도 1위를 놓치지 않으며 5연패를 달성했다. 지난 2010년도에는 30.1%, 2012년도 37.7%, 2014년 31.7%, 2017년에도 34.6%를 기록하며 2위와 현격한 격차를 보이며 강세를 보였다. 하지만 실제로는 타이틀리스트 사용률은 더 높을 것이라는 게 골프장 측의 설명이다. 타이틀리스트 볼은 로스트의 경우 일반 골퍼들이 더 많아 찾아 가거나 수거해 가는 것으로 알려졌다.

전통의 강자 캘러웨이는 2위를 차지했다. 캘러웨이 골프볼은 꾸준한 인기를 얻었다. 볼빅볼과 비교해 불과 1.5%의 차이로 2위 자리를 차지했다. 20개 골프장 모두에서 고른 수거율을 보였다. 그동안 국산 골프볼에 2위 자리를 내줬으나 이번에는 당당히 2위 자리에 올랐다. 국산 골프볼의 자존심 볼빅은 3위를 보였다. 볼빅하면 칼라볼을 먼저 떠올리며 여성골퍼들이 집중적으로 선호하는 브랜드이다. 4위는 던럽골프볼(스릭슨, 젝시오 포함)이 차지했다. 이들 브랜드 역시 표본조사를 실시한 모든 골프장에서 고르게 사용됐다.

지난 2010년 2.8%의 수거율로 처음 순위에 진입한 볼빅은 2012년 14.2%를 기록하며 일약 골프볼 시장의 강자로 급부상했다. 이어 2014년에는 19%의 수거율을 기록하며 타이틀리스트에 이은 2위를 기록했다. 올해는 수거율이 다소 낮아진 15.2%를 기록했지만 안정된 성능과 공격적인 마케팅을 통해 토종 브랜드 파워를 보여줬다. 비록 3위를 차지했으나 2위와 근소한 차이를 기록했다. 던롭은 올해 처음으로 10% 이하의 수거율을 보였지만 2010년부터 올해까지 안정적인 수거율을 기록하며 스터디셀러의 면모를 보여줬다. 매니아들의 지지 속에 여전히 골프볼 분야에서 꾸준히 호평을 받고 있는 것으로 나타났다.

한편 표본 조사대상인 2,000개의 골프볼 중 일반볼과 컬러볼의 비율은 각각 71%, 29%로 집계됐다. 컬러볼 사용률은 올해 처음으로 30%에 육박하는 결과를 보여줘 향후 컬러볼에 대한 매출과 관심이 커지고 있음을 방증시킨다. 컬러볼은 저가 볼이자 여성들이 주로 사용하는 볼이라는 선입견에서 벗어나 플레이용 볼이라는 인식을 주고 있다. 볼빅은 물론 톱 브랜드에서도 다양한 컬러볼이 출시되는 점도 수거율이 높아진 원인으로 분석된다. 여전히 겨울철에 많이 쓰이며 젊은 골퍼들의 선호도가 높은 편이지만 컬러볼의 새로운 가능성을 발견할 수 있었다.

이번 로스트볼 표본조사에서 눈여겨 볼 점은 타이틀리스트를 포함한 톱 브랜드들의 사용률이 압도적이라는 점이다. 상위 4개 업체의 점유율은 80%에 육박했다. 반면 비인기 브랜드들은 점유율 1%를 기록하기도 어려울 정도로 수거율이 낮았다. 골프볼의 경우 특정 브랜드 쏠림 현상이 매우 심했다. 부동의 1위를 차지한 타이틀리스트는 지난 2017년에 비해서 오히려 수거율이 상승했다. 특히 타이틀리스트 볼의 경우 몇몇 골프장에서는 별도로 수거해 관리할 정도로 인기가 높았다.

수거율 상위 업체들의 또 다른 공통점은 선수 마케팅에도 많은 노력을 기울이고 있다는 점이다. 타이틀리스트 볼은 싱글플레이어와 남성 골퍼들의 사용률이 높았다. 캘러웨이와 던롭 역시 타이틀리스트처럼 싱글골퍼와 남성 골퍼들의 선호도가 더 높게 나타났다. 반면 볼빅은 여성플레이어와 보기플레이 골퍼들에게 사랑받고 있는 것으로 나타났다.

이처럼 로스트볼 표본조사는 골프볼 판매율과 정확히 일치하지 않는다. 골프장이나 숍에서 판매되는 순위와 다를 수 있다. 그러나 로스트볼 수거율을 통해 골퍼들이 주로 사용하는 브랜드와 선호도를 간접 파악해보자는 취지에서 실시했다. 한편 이번 조사에서 세인트나인 볼은 2.26%를 기록하며 비교적 고른 회수율을 보였다. 이외에도 빅야드 1.1%가 1% 이상의 수거율을 기록했다. 골프장별 로스트볼 수거율이 골프볼의 정확한 마켓쉐어는 아니지만 골퍼들이 선호하는 골프볼 사용에 대한 바로미터라는 점에서 흥미로운 결과이다.

- 레저신문, 2019년 3월 27일 -

참고문헌

1) P. Kotler(1983), *Principles of Marketing*, Englewood Cliffs, N.J., Prentice-Hall, "the systematice design, collection, analysis, and reporting of data and findings relevant to a specific situation facing the company."

2) P. D. Bennett (1988), *Dictionary of Marketing Terms*, Chicago, American Marketing Association, p. 114. ; {Marketing Research} links the consumer, customer, and public to the marketer through information-information used to identify and define marketing opportunities and problems; generate, refine, and evaluate marketing actions; monitor marketing performance; and improve understanding of marketing as a process. Marketing research specifies the information required to address these issues; design the method for collecting information; manages and implements the data collection process; analyzes the results; and communicates the findings and their implications.

3) 채서일 (1995), 사회과학조사방법론, 서울, 학현사, pp. 89~96.

4) N. K. Malhotra (1999), *Marketing Research: An Applied Orientation*, Prentice-Hall, Inc., pp. 85~86.

5) S. Sudman & N. Braeburn (1982), *Asking Questions: A Practical Guide to Questionnaire Design*, Jossey-Bass, 1982.

5장 스포츠 소비자행동

헤드라인 스토리

쿠팡은 손흥민, 신세계는 추신수…스포츠와 판 벌리는 커머스

쿠팡과 신세계. 커머스 공룡들이 손흥민과 추신수라는 글로벌 스포츠 스타를 앞세워 새로운 '커머스+스포츠' 판을 벌이기 시작했다. 쿠팡은 이달 5일부터 손흥민 선수가 소속된 영국 프리미어리그(EPL) 토트넘 홋스퍼의 경기를 온라인동영상(OTT)서비스 '쿠팡 플레이'를 통해 생중계한다. 그런가하면 지난달 23일 야구단 SK와이번스를 인수한 신세계는 미국 메이저리그에서 뛰던 추신수 선수를 깜짝 영입해 야구 팬들을 놀라게 했다.

① 아마존처럼…쿠팡, OTT 전략은 스포츠

쿠팡은 지난해 12월부터 유료 멤버십 '쿠팡와우' 가입자에게 OTT 서비스(쿠팡 플레이)를 덤으로 제공하고 있다. 월 2,900원에 무료 · 새벽 배송 혜택을 제공하는 동시에, 동영상 콘텐츠까지 얹어 고객을 쿠팡에 묶어두려는 락인(lock-in) 전략이었다. OTT 업계에선 쿠팡 플레이의 성공가능성을 반신반의했다. 쿠팡의 현재까지 투자로 볼 때 오리지널 콘텐츠 제작 역량이 약해서다. 그렇다고 양질의 외부 콘텐츠를 독점 확보하는 것도 쉽지 않다. 넷플릭스나 디즈니플러스 같은 글로벌 기업은 물론, 웨이브 · 왓챠 같은 국내 기업들도 치열하게 경쟁하고 있기 때문이다.

하지만 쿠팡의 묘수는 따로 있었다. EPL 국내 중계권을 보유한 에이클라(스포티비 모회사)는 지난달 26일 "쿠팡과의 전략적 제휴로 3월 5일부터 쿠팡플레이에서 EPL 토트넘 홋스퍼 경기를 생중계한다"고 공지했다. 쿠팡이 손흥민 선수의 EPL 경기 중계권을 따내며 반전의 신호탄을 쏜 것. 스포티비는 2019년까지 네이버와 계약을 맺고 EPL 경기를 네이버TV에서 중계했었다. 스포츠업계 관계자는 "네이버가 손흥민 경기 중계를 중단해 축구팬들의 아쉬움이 컸는데 쿠팡이 이를 잘 노렸다"고 평가했다. 쿠팡은 향후 미국 메이저리그(MLB), 미 프로농구(NBA) 등 스포츠 분야의 중계도 더 강화할 것으로 보인다.

쿠팡의 스포츠 중계는 롤모델인 아마존에서 검증된 전략이다. 아마존은 전세계 1억 5,000만 명의 유료멤버십(아마존 프라임) 가입자들에게 OTT '프라임 비디오'를 제공하면서 스포츠를 킬러 콘텐츠로 주목했다. 2017년 미국 미식축구리그(NFL)와 남자프로테니스(ATP) 중계를 시작으로 2019년엔 영국 프로축구리그(EPL) 경기 생중계 방송을 프라임 가입자들에게 제공했다.

② 신세계, NC다이노스 벤치마킹

이마트와 SSG닷컴을 보유한 신세계도 스포츠에서 커머스의 가능성을 찾는 중이다. 신세계는 지난달 23일 인천 연고의 야구단 SK와이번스를 1,353억 원에 인수하며 미국 MLB 텍사스 레인저스와 계약이 종료된 추신수 선수를 연봉 27억 원에 영입해 화제를 모았다. 신세계 측은 야구단 인수 당시 "이마트와 SSG닷컴 등 브랜드 파워와 야구를 결합해 시너지를 내고, 야구 관련 PL(자체브랜드) 상품개발로 새로운 고객 유입을 기대한다"고 밝혔다.

정용진 부회장은 지난달 27일 오디오SNS 클럽하우스에 직접 나와 야구단 인수 배경을 설명하기도 했다. 그는 "카카오나 소비재 기업들도 야구단에 관심이 많다"며 "유통기업이 야구판에서 어떻게 하는지 기대해 달라"고 했다. 그러면서 자사 노브랜드 버거와 신세계 스타벅스의 인천 문학구장 입점 계획을 공개했다. 정 부회장은 게임회사 NC소프트 김택진 대표를 "벤치마킹 대상"으로 꼽으며 "'택진이형'처럼 (나를) 용진이형이라 불러달라"고 했다. NC소프트가 2011년 창단한 NC다이노스는 과감한 투자와 데이터분석 기술 등을 활용하면서 'IT 야구'를 선보였다는 평가를 받았다. 지난해엔 창단 9년 만에 한국시리즈에서 우승도 했다. NC소프트의 게임 리니지의 아이템 '집행검'을 활용해 펼친 우승 세레머니는 해외 미디어들도 주목하며 NC소프트의 기업 이미지 제고에 큰 역할을 했다.

일본의 이커머스 1위 업체 라쿠텐도 프로야구단 '라쿠텐 골든 이글스'를 운영하고 있다. 라쿠텐은 홈구장 옆에 테마파크와 숙박 시설을 짓는 등 야구와 엔터테인먼트를 결합해 시너지를 내고 있다. 평소 고객의 시간과 경험을 점유해야 한다고 강조한 정용진 부회장도 "첨단 기술 인력을 데려 오고, 일본 등 여러 해외를 참고해 돔 구장을 추진할 것"이라고 말했다.

- 중앙일보, 2021년 3월 1일 -

전통적으로 기업들은 신기술, 기술혁신, 그리고 규모의 경제 등을 경쟁우위의 원천으로 간주하고 여기에만 집중하면 경쟁에 뒤질 염려가 거의 없었다. 그러나 이제는 기업 외부에 존재하는 소비자들로 점차 옮겨가고 있다. 즉, 기업은 소비자의 욕구가 제품이나 서비스의 설계와 전달에 반영되지 않게 되면, 아무리 기술적으로 우위에 있다 하더라도 아무런 의미가 없게 된다는 점을 알게 되었다.

경쟁이 극심해지게 되면 소비자들의 힘이 더욱 강해질 수밖에 없다. 즉, 동일한 내용의 제품이나 서비스를 공급하는 기업의 입장에서 얼마만큼 소비자에게 효율적으로 소구할 수 있는가의 문제는 기업의 생존 및 번영과 밀접한 관계를 갖는다. 즉, 기업은 고객의 욕구에 부응함으로써 고객만족을 제고시키고, 그리고 이를 통한 재구매행동의 촉진 및 우호적인 구전을 통한 다른 고객의 구매가능성을 제고시킬 수 있게 된다.[1)]

이러한 현상은 스포츠 시장의 경우도 마찬가지이다. 생활수준의 향상과 스포츠가 미치는 파급효과 등으로 스포츠에 참여하고 있고 또 참여하고자 하는 사람들의 수는 비약적으로 증가한 상태이다. 일부 스포츠 마케터들은 "왜 스포츠에 참여하는 사람들에게 관심을 기울여야만 하는가?"라고 자문할지도 모른다. 즉, 그들은 소비자들의 욕구를 모두 충족시키다보면 오히려 스포츠 조직의 입장에서 손실을 초래할 수도 있다고 생각하기 때문이다.

그러나 스포츠 소비자의 입장에서 과거에 비해 선택할 수 있는 대안의 숫자가 전에 비해 크게 증가한 상황에서 이러한 생각은 자칫 실패를 초래하는 큰 동인이 될 수도 있다. 물론 과거에는 소비자들이 즐기고, 참여할 수 있는 스포츠가 극히 한정되었다. 그러나 현재의 스포츠 시장에서는 소비자들이 택할 수 있는 스포츠 종목의 종류가 매우 크기 때문에 소비자들의 욕구에 부합하지 못할 경우 얼마든지 자신들의 욕구에 부합하는 스포츠를 찾아 나서게 될 것이다.

따라서 스포츠 시장에서도 이제는 소비자를 염두에 두지 않고 성공할 수 없으며, 소비자의 욕구를 제대로 이해하지 못하고 또 이를 제품이나 서비스 개발 및 전달의 기준으로 삼지 않고서는 생존할 수 없는 시대에 접어들었다. 이렇게 확장일로에 있는 스포츠 시장에서 성공하기 위해 스포츠 조직들은 어떤 요인들이 스포츠 소비자들의 제반 행동에 영향을 미치게 되는지 이해할 필요가 있다.

스포츠 소비자행동이란 스포츠 소비자들이 자신들의 욕구를 충족시켜줄 수 있는 스포츠를 탐색하고, 구매(참여 혹은 관람)하고 평가하는 일련의 과정으로 정의 내릴 수 있으며 스포츠 마케터들은 소비자들이 왜 특정 스포츠 상품을 구매하려 하고 이를 통해 어떤 편익을 얻으려고 하는지를 분명하게 이해할 필요가 있다.

예를 들어, 어떤 사람이 헬스클럽을 다니는 경우 그 목적이 단순히 체력단련을 위해서 일수도 있고 사교를 위해서 일수도 있으며, 스스로의 이미지 제고를 위한 것 일수도 있다. 이렇게 소비자들이 추구하는 바가 매우 다양하기 때문에 이러한 소비자의 욕구를 명확히 이해함으로써 스포츠 마케터는 보다 강력한 시장 포지션을 달성할 수 있게 된다.

1 스포츠 소비자행동의 중요성

스포츠 산업의 궁극적인 표적인 스포츠 소비자시장에 대한 이해는 소비자들의 구매행동에 대한 이해를 의미한다. 시장지향경영에 충실하기 위해서는 소비자들의 1차적 욕구와 2차적 욕구를 이해하고, 충족되지 않은 욕구(unsatisfied needs)를 발견함으로써 이의 충족을 통한 기업목표의 실현을 추구하여야 할 것이다. 스포츠 소비자들의 소비행동은 일반적으로 다음과 같은 몇 가지 특징을 갖고 있으며, 이러한 특징을 근거로 하여, 우리는 스포츠 소비자의 소비행동을 파악할 수 있게 된다.

1) 소비자의 구매행동은 목표지향적인 행동이다

소비자의 구매행동은 다른 사람에게는 비록 비합리적인 행동인 것처럼 관찰되는 경우가 있으나, 이러한 느낌은 단지 관찰하는 사람의 관점에서 보아서 그렇게 보이는 것일 뿐 소비자는 그 나름대로의 기준과 논리에 의해서 합리적인 구매를 하려 한다. 소득이 낮은 사람이 보기에 어떤 사람이 일상생활에서는 지독할 정도로 돈을 아끼면서도 특정 스포츠용품을 구입하기 위해 수십만 원을 지급하는 소비자의 행동에서 모순을 느끼겠지만, 그 스포츠용품을 구입한 소비자는 나름대로의 합리성과 목표지향성을 유지한 채 구매를 결정한 것일 뿐이다. 단지 그 합리성의 기준과 추구하는 목표가 다르기 때문에 모순되어 보이는 것뿐이다.

2) 소비자는 주체적인 정보처리를 한다

소비자는 자신에게 주어지는 모든 정보를 무분별하게 받아들이는 것이 아니라, 자신의 목표에 합당한 정보에만 선택적으로 주의를 기울이고(선택적 주의; selective attention), 정보를 주어지는 그대로 해석하는 것이 아니라 자신의 기존 지각구조에 알맞게 왜곡하여 해석하고(선택적 왜곡; selective distortion), 그 중에서도 특별히 의미 있다고 생각되는 것만 기억(선택적 기억; selective memory)하는 정보처리행동을 보인다. 따라서 소비자는 기업이 보여주는 광고내용을 그대로 받아들이지 않고, 주체적이고 선택적으로 주의, 왜곡, 기억한다.

3) 소비자의 구매동기와 구매행동은 사려 깊은 조사를 통해 이해할 수 있다

소비자행동은 하나의 과정이며, 구매는 그 과정 중의 한 단계에 불과하다. 소비자의 구매행동에 영향을 미치는 영향변수는 무척 많고 복잡하지만 사려 깊은 마케팅 조사를 통해 어느 정도 파악할 수 있다. 즉, 완전한 예측은 불가능하겠지만 적절한 마케팅 조사 활동을 통해 소비자의 행동을 충분히 파악할 수 있으며, 결과적으로 상품이 시장에서 실패할 위험을 극소화시키고 마케팅 활동의 효과를 높일 수 있다.

다양한 동기를 가지고 소비자들은 스포츠에 참여한다

4) 소비자의 구매동기와 구매행동은 기업의 마케팅 활동에 의해 영향받는다

소비자들은 의식적으로 그들의 의사나 동기에 반하게 행동하도록 유인되지는 않지만, 외부의 마케팅 활동을 통해 소비자의 동기나 의사를 변화시킬 수 있다. 즉, 소비자는 주체적인 의사결정을 하기는 하지만 폐쇄적인 의사결정을 하는 것은 아니다.

5) 소비자의 구매동기와 구매행동은 시간의 흐름에 따라 변화한다

소비자들의 구매행동은 시간의 흐름에 따라 변화한다. 가족단위의 구성이 현저히 바뀌고 있으며, 새로운 라이프스타일이 등장하고 있는데, 이러한 변화는 필연적으로 구매 및 소비행동의 변화를 가속화하게 할 것이다.

소비자행동을 이러한 의미로 해석할 때 마케팅 관리자는 소비자행동을 분석하여 소비자가 시장에서 제시되는 마케팅믹스에 대해 어떻게 반응하는가 하는 부분과 소비자가 어떠한 과정을 거쳐서 제품을 구매하는가 하는 부분으로 구분하여 파악하여야 한다. 다시 말하면 마케팅 관리자는 소비자행동분석을 통하여 시장에서 얻어야 하는 정보를 스포츠용품의 예를 들어 설명하면 [표 5-1]과 같다.

[표 5-1] 소비자행동분석을 통해 얻어야 하는 정보

1. 소비자들은 무엇을 사는가?(구매량, 상표, 제품의 특성, 사용 상황)
2. 소비자들은 어디서 구입하는가?(백화점, 할인점, 전문매장)
3. 소비자들은 언제 구매하는가?(일년, 한달, 일주일에 한번 혹은 매일)
4. 소비자들은 어떻게 선택하는가?(의사결정 과정, 사용하는 정보원천)
5. 소비자들이 특정 제품을 선택한 이유는?(상표, 기능적 특성, 서비스, 이미지)

이러한 소비자와 관련된 정보와 이에 영향을 미치는 요인들을 파악함으로써 마케팅 관리자는 소비자를 몇 개의 세분시장으로 분류하고, 이중에서 표적시장을 선정하여 그에 적합한 마케팅 전략을 수립하여 실천할 수 있다.

2 스포츠 소비자행동의 모형

스포츠 소비자의 행동은 그 내용이 매우 복잡하다. 이중에서도 어떻게 구매와 관련된 의사결정을 내리는지가 가장 핵심적인 부분이라 할 수 있으며, 스포츠 소비자행동에 영향을 미치는 개별적인 요인들을 알아보기에 앞서 이에 대해서 먼저 살펴보기로 한다. 스포츠 소비자행동의 기본적인 모형은 [그림 5-1]에서 보는 것과 같이 모형의 중심에 의사결정 과정이 자리 잡고 있으며, 여기에 개성, 동기부여, 학습, 지각, 태도와 같은 개인 · 심리적 요소와 문화, 사회계층, 준거집단, 가족과 같은 사회 · 문화적 요소가 영향을 미치게 된다.

(1) 스포츠 소비자 구매의사결정 과정

수영이나 농구와 같은 운동을 하거나 스포츠 경기를 관람하고자 할 때는 언제든지 나름대로의 의사결정을 하게 된다. 그런데 어떤 의사결정은 아주 자연스럽게 자동으로 이루어지는 반면에 어떤 경우는 매우 신중한 의사결정을 필요로 하게 된다. 예를 들어, 아침에 조깅을 하거나 줄넘기를 하거나 하는 행동을 할 때는 별다른 의사결정이 필요치 않지만 골프장에 나간다거나 런닝머신을 산다거나 하는 경우는 매우 신중해지게 된다. 시간과 비용이 뒤따르기 때문이다. 이러한 스포츠 소비자들의 의사결정은 [그림 5-1]에서 보는 것처럼 일반적으로 정

[그림 5-1] 스포츠 소비자행동 모형

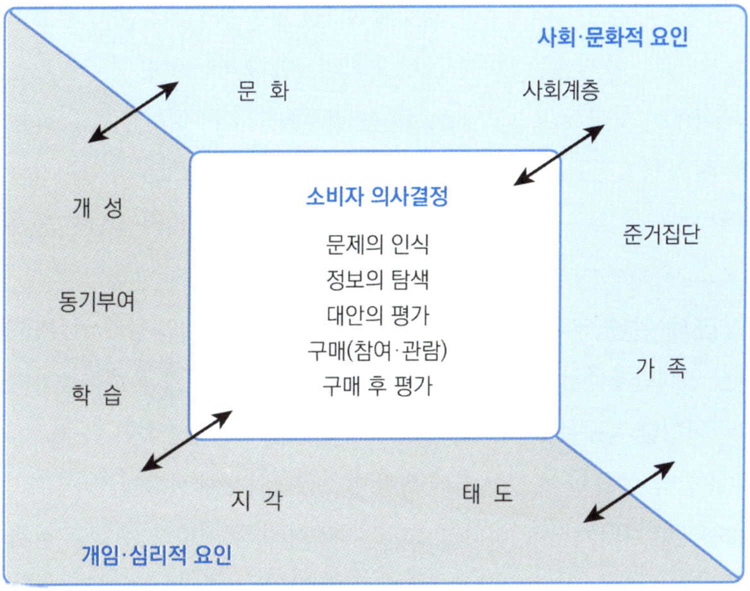

자료: B. J. Mullin, S. Hardy, & W. A. Sutton (2000), *Sport Marketing*, 2nd Eds., Human Kinetics, Champaign, IL, p. 58.

형화된 의사결정 과정을 따르게 된다.

일반적으로 소비자들의 의사결정 과정은 크게 다섯 단계 - 문제 인식, 정보의 탐색, 대안의 평가, 선택(구매), 그리고 구매 후 평가 - 를 거친다. 그러나 한 가지 명심할 점은 모든 소비자들이 이러한 다섯 단계를 모두 거치는 것은 아니라는 점이다. 즉, 개인이 처한 개인 · 심리적 요소나 사회 · 문화적 요소와 같은 환경변수들에 따라 조금씩 차이를 보이게 된다.

이러한 단계를 근간으로 하여 여기서는 의사결정 과정을 구매 전 단계(문제의 인식, 정보의 탐색, 대안의 평가), 소비단계, 그리고 구매 후 단계로 재정리하여 살펴보기로 한다. 그런데 뒤에서도 언급하겠지만 스포츠 상품은 기본적으로 그 속성이 유형의 제품처럼 유형적인 특성을 지니면서도 서비스처럼 무형적인 특성을 함께 지니고 있다. 그러나 대부분의 스포츠 상품은 무형적인 특성이 강한 서비스재로서의 성격이 강한데, 이 경우 구매 전 단계가 전체 구매 의사결정단계에서 소비(구매)단계에 비해 훨씬 더 많은 부분을 차지하게 된다. 즉, 서비스의 경우 평가의 기준으로 삼을 수 있는 단서가 거의 없기 때문에 소비자들은 서비스의 구매 시 유형의 제품을 구입할 때보다 훨씬 더 많은 시간을 들이게 된다.

1) 구매 전 단계

① **자극**: 실제 구매가 이루어지기 이전에 발생하는 모든 행동은 소비자 결정 과정의 구매 전 단계라 할 수 있다. 이 단계는 개인이 구매를 고려하게끔 하는 어떤 자극을 받을 때 시작된다. 이러한 자극에는 소비자가 광고에 노출되는 것처럼 기업이 행하는 촉진 활동에 따른 상업적 단서, 주변의 동료집단(peer group)이나 영향력이 큰 사람으로부터 얻어지는 사회적 단서, 그리고 목마름이나 갈증 또는 다양한 생리적 현상과 같은 물리적인 단서 등 여러 물리적 자극이 있다.

② **문제의 인식**: 일단 소비자가 자극을 받고 나면 그 다음 단계인 문제 인식단계로 넘어가게 된다. 문제 인식단계에서 소비자들은 특정 제품에 대한 욕구가 존재하는지의 여부를 검증하게 된다. 이러한 욕구는 소비자의 부족(shortage)함이나 미충족된 욕구(unfulfilled desire)를 토대로 한다. 예를 들어, 소비자가 특정 헬스클럽의 안내광고에 자극 받고, 지금 현재 어떤 헬스클럽에도 다니지 않고 있다면 그때는 부족함이 존재한다. 반대로 현재 특정 헬스클럽에 등록하고 있지만 거기에 어떠한 가치도 부여하지 못한다면 미충족욕구가 존재하게 된다. 만약 소비자가 어떤 부족함이나 미충족욕구를 느끼지 못한다면 의사결정 과정은 여기서 끝나게 된다.

즉, 문제 인식이란 소비자가 바람직하다고 생각하는 상태(ideal state)와 실제로 느끼는 상태(actual state) 사이의 차이가 일정수준(threshold level)보다 커져서 구매동기(buying motives)로 활성화된 상태를 말한다.

스포츠 마케터의 입장에서는 소비자가 생각하는 실제상태(actual state)와 이상적인 상태(ideal states)를 제대로 확인할 필요가 있다. 일단 그 상태가 파악되면 그러한 욕구를 충족시켜줄 수 있고, 문제(problem)를 제거해줄 수 있는 스포츠 상품을 제공해줄 수 있게 된다. 또한 이를 통해 소비자들이 이상적인 것이라고 생각했던 것을 변경시켜볼 수 있는 것이다. 대개의 헬스클럽의 경우 매우 이상적인 몸매를 갖춘 모델사진을 게시해 둠으로써 사람들로 하여금 헬스클럽에 가입하거나 운동을 하면 그러한 모델처럼 될 수 있다고 보여주는 것이 그 사례이다.

③ **정보탐색**: 문제를 인식하게 되면 소비자는 이를 해결할 대안을 필요로 하게 되고 이는 잠재적인 구매를 의미한다. 소비자들은 구매 전 단계의 정보탐색단계 동안 여러 가지 대안을 찾게 되는데, 이때 발생하게 되는 것이 정보탐색이다. 말 그대로 정보탐색단계에서 소비자들은 가능한 대안에 대한 정보를 수집한다. 하지만 의사결정 과정에서 소비자가 모든 대안을 고려한다는 것은 거의 불가능하다. 대신에 과거의 경험, 편의, 그리고 지식 등을 토대로

제한된 범위 내에서 선택 항목을 가지게 된다. 이러한 선택 항목들은 환기된 집합(evoked set)이라고 하는데, 이는 특정 제품범주에 대한 생각을 할 때, 소비자의 마음속에 떠오르는 것을 가리킨다.

골프장 회원권의 구입은 많은 정보탐색을 필요로 하게 된다

여러 대안들을 고려할 때 소비자들은 먼저 내부탐색단계를 거치게 된다. 내부탐색은 소비자의 머릿속에 남아있는 모든 제품이나 서비스에 대한 기억을 더듬게 한다. 예를 들어, 과거에 다녔던 헬스클럽이나 체육관에 대한 기억 등을 떠올려보게 되는데, 이러한 내부탐색은 수동적인 정보수집 행위라고 할 수 있다.

내부탐색 후에는 외부탐색이 뒤따르게 되는데, 이는 신문이나 잡지를 통해 해당 대안에 대한 정보를 수집하거나 가족이나 친구들과 해당 대안들에 대해 이야기해봄으로써 얻게 되는 새로운 정보의 수집단계로서 운동을 하고 싶거나 특정 경기를 관람하고자 할 때 주변의 가족이나 친구들에게 해당 경기나 운동에 대해 조언을 듣는 것이 바로 그러한 예이다.

그런데 유형적 특성을 지닌 제품보다 무형적 특성을 지닌 서비스를 구매할 때 소비자들은 사전 구매결정단계에서 보다 높은 위험을 지각하게 된다.[2)] 소비자구매행동에 대한 설명으로서 지각된 위험(perceived risk)이라는 개념은 1960년대에 제기된 이론으로서 소비자에 의해 행해지는 모든 행동은 소비자가 전혀 기대치 못했던 결과를 야기하고, 그러한 결과들 중의 일부는 그리 유쾌한 것이 못된다는 내용이다.

스포츠 소비자의 입장에서 접할 수 있는 지각된 위험은 매우 다양한 형태로 나타날 수 있는데, 그 내용을 보면 ① 구매가 잘못되었거나 제대로 수행되지 않았을 때 발생할 수 있는 금전적인 손실과 같은 재무적 위험(financial risk), ② 구입한 상품이 애초에 구매했던 의도와는 달리 제대로 기능을 발휘하지 않을 위험과 같은 성과위험(performance risk), ③ 구매자에게 신체적인 상처를 입힐 가능성과 같은 물리적 위험(physical risk), ④ 특정 상품을 구매함으로써 구매자의 사회적인 지위가 손상 받을 위험과 같은 사회적 위험(social risk), ⑤ 특정 상품의 구매로 인해 구매자의 자존심(self-esteem)이 손상 받을 가능성과 같은 심리적 위험(psychological risk)이 그것이다.[3)]

이 단계에서 스포츠 마케터들은 소비자들에 의해 활용되는 다양한 정보원천에 대해 충분히 이해하고 있어야만 한다. 즉, 스포츠 조직에서 마케팅 활동을 전개할 때는 소비자들이 어떤 정보원천을 이용하는지를 알아야 하고, 어떻게 하는 것이 정보를 가장 효과적으로 전달할 수 있는 길인지도 알아야 하고, 소비자들은 얼마나 정보를 필요로 하고, 구체적으로 어떤 사람들에게 이러한 정보를 전달해야 하는지를 알고 있어야만 한다. 또한 소비자들이 생각하는 지각된 위험에 대해서도 스포츠 마케터들은 이해하고 있어야만 한다. 이러한 정보들은 스포츠 조직이 특정 스포츠 소비자를 표적화하는 촉진전략을 수립하는 데 큰 도움을 주게 된다.

④ **대안의 평가**: 내부 및 외부탐색의 결과 적절한 정보가 일단 확보되면, 소비자는 인지된 문제를 해결해낼 수 있는 대안들을 찾게 된다. 모든 가능한 대안들은 소비자 의사결정단계, 즉 대안의 평가단계에서 판단되게 된다. 이러한 단계는 소비자의 직관을 이용하여 대안을 평가하는 비체계적인 대안평가와, 다속성모형과 같이 정형화된 절차를 이용해서 대안을 평가하는 체계적인 대안평가가 있게 된다.

이러한 제품평가의 과정에서 가장 광범위하게 이용되는 모형이 바로 다속성모형(multi-attribute model)인데, 이 모형에 따르면 스포츠 소비자는 대안을 평가할 때 기본이 되는 판단기준으로 스포츠 상품의 두드러진 측면이나 속성을 이용한다. 예를 들어, 헬스클럽에 다니려고 마음먹은 소비자들은 가입조건, 회원권가격, 주변의 평판, 그리고 위치를 토대로 여러 헬스클럽들을 평가할 것이다. 이때 소비자는 개별적인 속성별로 각 대안에 대한 점수를 매겨 자신들의 선호를 계산하게 된다.

이러한 대안평가단계에서 소비자들은 각 대안들을 평가하기 위해서 [표 5-2]에서 나타난 것과 비슷한 형태의 매트릭스를 마음속에 그리게 된다. [표 5-2]의 사례는 헬스클럽의 사례에 대한 것으로서 표에서는 두 가지 유형의 변수가 있다. 그 중 하나는 평가대상이 되는 헬스클럽들의 환기된 집단(evoked set)인데, 이는 앞에서도 설명했지만 모든 가능한 대안들을 모두 망라한 것은 아니다. 본 사례에서는 A, B, C, 그리고 D 헬스클럽이 환기된 집단에 속한다. 두 번째의 변수군은 표의 수직 축에 나열되어 있는 여러 가지 속성들에 대해 소비자들이 서열을 매겨 둔 중요도 비율이다.

[표 5-2]에서 소비자들은 헬스클럽의 위치가 가장 중요하다고 한 것으로 나타났다. 이렇듯 소비자들은 각 속성에 대한 자신들의 기대를 토대로 각 헬스클럽에 속성별로 서열을 매기게 된다. 본 사례에서 소비자들은 A에 대해서는 위치, 회원권가격, 그리고 가입조건에 대해 큰 비중을 두었지만, 주변의 평판은 상대적으로 그리 중요하지 않은 것으로 지각하는 것으로 나타났다.

이러한 표를 이용해서 소비자들은 여러 가지 형태의 의사결정을 하게 되는데, 이러한 의사결정 방법으로는 우선 보완적(linear compensatory) 접근법이 있다. 이는 소비자들이 개별

[표 5-2] 전형적인 다속성모형 매트릭스

속성	헬스클럽에 대한 환기된 집단(evoked set)				중요도 가중치
	A	B	C	D	
위치	10	10	10	9.9	10
회원권가격	10	10	9	9	9
가입조건	10	10	10	10	8
주변의 평판	8	9	9	9	7
운동프로그램	10	8	8	10	6

속성에 대한 점수와 중요도점수를 곱하고 전체 속성별로 합해서 각 대안에 대한 전체 점수를 계산하는 방법이다. [표 5-2]의 경우 A는 10×10(위치) + 10×10(회원권가격) + 10×8(가입조건) + 8×7(주변의 평판) + 10×6(운동프로그램)으로 계산된다. 이런 식으로 각 헬스클럽들에 대한 계산을 하게 된다. 본 사례에서는 가장 높은 점수를 얻게 되는 A가 선택된다.

또 다른 방법으로는 사전편집식(lexicographic) 접근 방법이 있는데, 이는 소비자가 의사결정과 관련된 노력을 가급적이면 적게 하려는 의도에서 나타날 수 있다. 소비자들은 가장 중요한 것에서부터 차례로 모든 대안을 살피며, 그에 따라 의사결정을 하게 된다.

[표 5-2]에서와 같이 개별적인 선호를 보이는 개인들은 가장 먼저 위치를 점검하고 여기서 가장 점수가 낮은 D를 제외한다. 그 다음에 회원권가격속성에서 C가 제외된다. 본 사례에서는 이 단계에 이르면 대안이 A와 B로 줄어들게 되고, 마지막으로 주변의 평판에서 A가 제외된다. 결국 상이한 의사결정 방식에 따라 상이한 결정이 이뤄지게 되는데, 사전편집식 접근법에 따라 B가, 보완적 접근법에 따라 A가 선택되게 된다.

이러한 다속성모형의 장점은 모형의 단순함과 분명함에 있다. 이 모형에서 다루는 제반 속성들은 서비스이용 경험과 관련되어 있고, 이러한 속성들은 스포츠 마케터들의 입장에서 쉽게 이해할 수 있는 것들이다.

따라서 이러한 모형을 이용할 때, 스포츠 마케터들의 업무는 비교적 수월해질 수 있다. 예를 들어, 광고의 경우도 소비자에게 약한 것처럼 보이는 특정 속성에만 집중하는데 이용될 수 있다. 즉, 본 사례에서처럼 주변의 평판이 좋지 않은 것으로 나타났을 경우, 특정 부분에 집중적인 광고를 하면 개선되어질 수 있는 것이다. 그리고 허용하는 한 경쟁자가 확보한 속성의 점수를 끌어내리기 위한 비교광고의 도입도 고려해 볼 필요가 있다.

2) 구매(참여 및 관람)

대안의 평가가 이뤄지고 특정 대안을 구매하기로 결정하게 되면, 스포츠 마케터들의 입장에서 가장 중요하게 고려해야 하는 직접적인 구매단계로 넘어가게 된다. 이 단계는 매우 단순해 보이지만 많은 점들이 고려되어져야 한다. 헬스클럽의 예를 다시 들어 설명하면 일단 특정 헬스클럽을 가기로 결정하게 되면 소비자의 욕구는 장비나 스포츠 의류 쪽으로 옮겨가게 된다. 즉, 헬스클럽에서 운동하기 위한 옷이나 신발, 그리고 가방과 같은 것을 필요로 하게 되는 것이다. 때문에 이러한 스포츠 장비나 의류업체의 마케터들은 이러한 스포츠 소비자의 구매행동에 관심을 가질 수밖에 없다.

또한 구매가 이루어지는 단계는 또한 소비자와 공급자 사이에 실질적인 상호작용이 일어나는 서비스 조우(service encounter)로서 설명될 수 있다.[4] 이는 기본적으로 스포츠 상품의 경우 대개 유형적인 특성보다는 무형적인 서비스적 특성이 강하기 때문에 나타나는 것으로서 이때 서비스 조우의 경험, 즉 서비스 경험(service experience)이 어떠했는지에 따라 구매 후 단계에서의 행동이 달라지게 된다.

3) 구매 후 단계

일단 대안을 선택하고 구매하여 소비하게 되면 구매 후 평가가 이루어진다. 이때 스포츠 소비자는 자신이 제공받은 스포츠 상품의 품질을 평가하고 만족 내지 불만족하게 된다. 만족하는 소비자들은 반복구매, 고객충성, 그리고 긍정적인 구전 커뮤니케이션 활동을 하게 되고, 불만족 하는 소비자들은 공급자 변경 행동과 부정적인 구전 커뮤니케이션을 행하게 된다.[5]

또한 이 단계 동안 소비자들은 매우 다양한 수준의 인지부조화(cognitive dissonance) – 정확한 구매결정을 했는지에 대한 고민 – 를 경험하게 된다. 예를 들어, 수영장을 다니기로 결정하고 운동을 시작했는데, 자신의 수영실력이 주변 사람들보다 훨씬 처져서 어울리기가 어렵게 되면 이 소비자는 매우 당황해 하게 된다. 그렇게 되면 이 소비자는 수영장을 계속 다녀야 할 것인지에 대해서 고민하기 시작하게 된다.

이 때문에 스포츠 마케터들은 종종 정확한 의사결정을 했다는 점을 재확신시켜 줌으로써 이러한 인지부조화를 감소시키려는 노력을 기울여야 한다. 이러한 인지부조화를 감소시키기 위한 전략들에는 스포츠 소비자의 스포츠 상품 구매 후 계속 접촉을 한다든가, 운동기구를 판매했을 경우 제품과 함께 제품보증에 대한 편지를 동봉한다든가, 또는 광고를 통해 소비자의 의사결정을 올바른 것이었다고 재확신시켜 주는 방법 등을 사용할 수 있다.

즉, 구매 후 평가의 모든 내용은 고객만족에 대한 것이고, 이 때문에 고객만족은 마케팅 과정의 결과물 중에서 가장 중요한 지위를 차지한다. 바로 이러한 고객만족은 소비자가 기대했던 것과 일치하거나 초과함으로써 달성되어질 수 있는 것이다. 수영장을 다니기로 마음을 먹은 소비자는 자신의 수영실력을 늘리는 것 외에도 사람을 사귄다거나 하는 것을 기대할 수 있는데, 실제 수영장을 다녀보고 나서 이러한 기대가 충족되어진다면 이 소비자는 자신의 스포츠 상품 구매에 대해 만족해하게 된다.

이러한 고객만족은 그 자체로서 하나의 목적이며, 이를 통해 긍정적인 구전행동이 이루어지며, 이에 따라 향후의 구매를 자극할 수 있다. 특히 연구에 따르면 26명의 불만족해하는 고객들 중에서 1명만이 기업에 대해서 불평을 한다고 한다.[6] 이때 나머지 25명의 고객들은 자신들의 불쾌감을 거래기업을 변경하는 식으로 표현하게 된다. 다시 말해서 불만족스럽지만 불평행동을 하지 않는 고객이 25명이나 된다는 것이다. 이러한 행동 외에 불만족해하는 고객들은 부정적인 구전 커뮤니케이션 활동을 하게 된다. 그리고 불만족해하는 고객은 평균 10에서 11명 정도의 다른 사람들에게 자신의 좋지 않았던 서비스 경험을 이야기한다고 한다.[7]

물론 만족한 고객들도 구전 커뮤니케이션 활동을 하게 되는데, 평균적으로 3명 정도의 다른 사람들에게 자신의 서비스 경험을 이야기한다고 한다. 그런데 구전 커뮤니케이션은 고객들의 사전구매단계에서 가장 영향력이 큰 정보원이기 때문에 기업 입장에서는 이를 매우 중시할 필요가 있다. 이를 활용해서 기업들은 증언식 광고를 시행하는 것도 좋은 방법일 수 있다. 또한 서비스 기업은 모든 고객들의 기대를 충족시켜줄 수 있도록 노력해야만 한다. 그렇게 함으로써 만족한 고객들은 재구매, 즉 반복구매의 확률이 높아지며, 서비스 기업에 대한 높은 충성도를 보이게 된다.

(2) 소비자의사결정의 유형

앞에서 우리는 일반적인 스포츠 소비자들의 의사결정 과정에 대해 살펴보았다. 그러나 모든 소비자들이 이러한 의사결정 과정을 똑같이 따르는 것은 아니다. 어떤 스포츠 상품의 경우 소비자의 입장에서 매우 중요한 것이어서 보다 많은 주의와 시간이 필요할 수도 있고, 어떤 상품은 늘 해오던 습관처럼 구매함으로써 구매하는데 어떤 주의나 노력이 필요치 않은 경우도 있을 수 있다. 이렇듯 스포츠 상품 구매행동과 관련된 의사결정은 다음 세 가지로 구별해볼 수 있으며, 이러한 결정 과정은 문제해결의 수준에 따라서 달라지게 된다.

1) 습관적인 문제해결

습관적인 문제해결(habitual problem solving)은 소비자가 문제를 인식하게 되면 매우 제한적인 내부정보탐색이 이루어지게 된다. 대개의 정보탐색은 우선 소비자의 기억 속에 남아있는 정보, 즉 경험을 토대로 행하게 되는데, 이로 인해 스포츠 소비자들은 다음 번에 새로운 스포츠 상품을 구매하고자 할 때 과거 자신이 경험했던 스포츠 상품에 대한 기억을 되짚어보게 된다.

예를 들어, 전에 관람했던 야구경기가 매우 흥미진진하고 재미있었다면, 다음 번에 운동경기를 관람하고자 할 때는 그때의 경험이 주요한 판단기준이 되며, 대안의 평가가 생략되고, 다른 경기보다는 야구경기를 찾게 된다는 것이다.

대개 이러한 경우는 얼마만큼 소비자들이 해당 스포츠 상품에 대해서 친숙한지와 사용경험이 있는지의 여부에 따라서 그 지속 여부가 달라진다. 또한 소비자들에게 해당 스포츠 상품을 한번이라도 이용해보도록 하는 것이 무엇보다 중요하다. 때문에 스포츠 마케터의 입장에서는 이러한 유형의 스포츠 소비자를 대상으로 가격할인이나 판매촉진과 같은 이용장려 프로그램을 실시할 필요가 있다.

2) 제한적인 문제해결

제한적인 문제해결(limited problem solving)은 문제해결 시 내부정보탐색과 함께 일부 외부정보탐색이 이루어져 습관적 문제해결보다는 정보탐색이 조금 많아지는 경우이다. 이때는 극히 제한적인 수의 대안들이 몇 가지의 평가기준을 토대로 평가되어진다. 이 경우에는 동일한 범주의 대안들이 고려된다기보다는 다른 범주의 것들이 함께 고려되어진다. 예를 들어, 운동경기를 보러갈려고 생각하면서 함께 영화나 연극과 같은 다른 범주의 대안을 함께 고려하는 경우이다.

3) 포괄적인 문제해결

포괄적인 문제해결(extensive problem solving)은 말 그대로 의사결정과 문제해결 과정이 매우 광범위하다는 것을 의미한다. 이때는 매우 포괄적인 정보탐색(내부정보와 외부정보탐색)이 이루어지고 다양한 평가속성을 토대로 다양한 대안들을 한꺼번에 평가하는 등 매우 정형적인 구매의사결정 과정을 거치게 된다.

따라서 스포츠 상품에 대한 관여가 매우 큰 사람들은 기본적으로 매우 포괄적인 문제해결 유형을 띠게 되며, 그 중에서도 다양한 스포츠 상품을 평가하는 과정에서 그 소요시간이 훨씬 더 길게 된다. 그러나 장기적으로는 포괄적인 문제해결이 반복되면 나중에는 습관적인 문제해결 유형으로 바뀌게 된다. 즉, 처음에는 매우 포괄적인 문제해결을 하고 정형화된 구매의사결정 과정을 거쳤더라도 한번 선택했던 대안이 자신의 욕구와 부합되는 경우, 그 다음에 동일한 문제해결을 할 경우에는 습관적으로 행하게 된다는 것이다.

스포츠 마케팅 현장이야기

"기울어진 축구장, 평평하게 만들래요" 축구하는 여성들

축구는 오랫동안 '남성의 전유물'이었다. 여학생에게 권장된 공놀이는 발야구나 피구 정도였다. 조기축구회는 성인 남성만 회원으로 받았고, 회사 체육대회 축구 경기는 남성들끼리 뛰고 즐기는 잔치였다. 세계인이 가장 사랑하는 스포츠임에도 불구하고 이란에서는 여성의 축구장 입장을 여전히 금지한다. 축구는 '여성이 하거나 보는 것만으로 유별나다는 말을 듣는 운동'이었다.

그런 축구가 달라지고 있다. 점점 더 많은 여성들이 그라운드로 뛰어들면서다. 이 순간에도 전국 곳곳에서 '아마추어 여자 축구클럽'이 생겨나고 있고, 축구하는 여성들은 보다 자연스러운 존재가 되고 있다. '기울어진 운동장'이었던 축구장을 평평한 곳으로 만드는 여성들의 발 놀림이 분주해지고 있는 것이다.

○ 축구는 남성만? 우리도 축구 한다!

토요일인 6일 오전 서울 쌍문동 덕성여대 풋살장. 여성 11명이 축구공을 쫓아 푸른 잔디밭을 종횡무진 누비고 있었다. 주말마다 열리는 성인 여성 아마추어 축구클럽 'FC슛탱글(Shoot-angle)'의 미니 게임이 진행되는 중이었다. 부상자가 나올 정도로 격한 접전 끝에 4 : 3의 스코어를 기록하며 경기가 끝났다. 승패는 중요하지 않았다. 전반 20분, 후반 20분간 축구를 한바탕 즐긴 여성들은 흐르는 땀을 연신 닦아내고 가쁜 숨을 몰아쉬며 즐거워했다.

슛탱글은 지난해 9월 활동을 시작했다. 시민운동가 강다현 씨가 주도해 만들었다. 강 씨가 지난해 참가했던 서울시 지원 프로그램에서 여성 축구의 지속가능성을 확인한 이후 여성 코치 두 명을 섭외해 모임을 꾸렸다. 회원은 40여 명. 매주 토요일 오전 10여 명이 풋살장에 나와 패스, 드리블, 킥 등 기본기를 훈련하고 미니 게임을 뛴다. 시작은 미약했을지 몰라도 아마추어 축구클럽의 모양을 갖춰 가고 있다. 드넓은 운동장을 뛰기에는 인원이 아직은 충분치 않아 실내에서도 할 수 있는 5인제 미니 축구 '풋살'로 대체하고 있지만, 언젠가 담장 너머 운동장으로 진출하는 것이 목표다.

숏탱글에는 규칙이있다. 회원끼리 이름은 물론이고 나이, 직업 등을 밝히지 않는 것이다. "달님" "꾸꾸쌤" 같은 별명으로 서로를 부른다. "한국 사회에선 나이가 어리면 발언권이 제한되거나 은연 중에 무시당하잖아요. 우리는 축구 하려고 만난 거니까, 축구장에서만큼은 '내가 존재하고 싶은 모습'으로 존재했으면 했어요." 강 씨의 설명이다. 또 한 가지 금기는 '쓸데 없는 지적질'이다. "남녀가 섞인 혼성 축구 모임에서 뛸 때 '왜 화장을 하지 않고 오느냐'는 질문을 받았어요. 축구를 하고 싶을 뿐인데 왜 그런 말을 들어야 하는지 답답했어요. 그래 '축구' 말고 다른 기준으로는 서로를 평가하지 않는 모임을 만든 거예요."

❍ 축구의 매력? 금기를 뛰어넘는 쾌감!

숏탱글 회원 대부분이 선수 출신도, 운동 천재도 아니다. 모임에 나오기 전에는 공을 제대로 차본 경험도 없었다. 황금 같은 토요일 아침 축구를 하러 나오는 이유는 대체 뭘까. 회원 이문경(29) 씨는 숏탱글에서 축구를 처음 배운 '완전 초보'다. 그는 발뿐 아니라 "온 몸을 쓰는" 축구의 매력에 푹 빠졌다. "일상생활에선 몸을 쓸 일이 거의 없잖아요. 여성들은 특히 더 그렇고요. 여기 와서는 몸을 끝까지 쓰게 되는 거예요. 공 앞에서 저도 모르게 몸을 움츠리면 코치님이 '문경, 끝까지!'라고 해 주는데, 그게 참 좋더라고요."

'전력을 다해 뛰는 느낌'에서 삶의 깨달음을 얻어가는 이도 있다. 어릴 때부터 이런저런 운동을 해왔지만 축구는 처음이라는, 별명이 '이동'인 한 회원의 이야기다. "정신없이 뛰다 보면 심장 박동이 엄청 빨라지는데, 그게 괴로우면서도 기분이 무척 좋아요. 운동할 때만이 아니라 일상에서도 이렇게 심장 뛰는 느낌으로 살고 싶어요(웃음). 일상과는 다른 방식의 사고를 하고 다른 종류의 커뮤니케이션 방법을 배워 가는 게 재밌어요. 멋진 여성들로 구성된 준거집단이 생기는 건 덤이고요."

❍ '축구 맨스플레인'은 사절!

아마추어 축구 경기는 여자팀끼리 맞붙는 게 보통이지만, 실력이 있다면 남성팀과의 경기도 얼마든지 즐겁게 할 수 있다. 숙명여대 06학번 동기들이 꾸린 아마추어 축구팀인 'FC차차'는 1년에 5, 6번씩 남성팀과 친선 경기를 갖는다. 차차 회원 홍지원(32) 씨는 "신체의 차이가 있기는 하지만 서로 수준만 맞추면 여성, 남성 구분 없이 즐겁게 공을 찰 수 있다"고 했다. 맞붙는 남성들은 대부분 20대 후반이란다. 남녀의 '생물학적 차이'는 부인할 수 없는데, '게임'이 될까. 홍 씨가 일축했다. "운동에는 체력도 중요하지만 연륜도 무시 못해요. 차차는 대학 여성 축구 리그에 나가 1등을 했을 정도로 진짜 잘하는 팀이라고요."

다른 어떤 운동보다도 축구는 '남성들의 운동'으로 취급돼 왔다. 여자가 축구를 좋아한다고 말하면 기특하다거나 신기하다는 시선이 날아들었다. 그라운드라는 성역에 뛰어들고, 기울어진 축구장의 세계를 평평하게 만드는 여자들의 얘기를 들어봤다. 이한호 기자

연륜과 기술이 아무리 뛰어나도, 여성 축구 선수들은 자주 억울해진다. "여자가 해 봤자지. 축구라면 남성인 내가 한 수 가르쳐 주마." 얕잡으며 덤비는 남성들의 '맨스플레인(Mansplain · 남성이 여성에게 시시콜콜 설명하는 것으로 우위를 과시하려 하는 현상)'이 축구장에서 유독 심해진다. 김 작가는 "프로 선수 경력까지 있는 여자 축구 선수들을 무턱대고 가르치려 하는 남성들이 있다"며 "'남성의 영역'에 겁 없이 들어온 여성을 향한 일종의 호구조사인 셈"이라고 했다.

'남성들의 축구장'에서 여성은 여전히 환영 받지 못한다. 개근을 기록하며 슛탱글의 핵심 멤버로 활약 중인 안은비 씨의 경험담. "회사에서 풋살 할 사람을 모집한다고 해서 지원했는데 여성은 저 혼자뿐이었어요. 남성인 주최자가 저만 콕 찝어 '오실 건가요?'라고 묻더군요." 역시 슛탱글 소속인 노모(30) 씨도 비슷한 일을 겪었다. "어릴 때는 남자 아이들과 축구할 기회가 종종 있었어요. 나이 들면서 기회가 점점 사라지더니, 대학 때 교양축구 수업에서 여성은 저밖에 없더라고요. 수업 중에 공에 제 발이 닿기만 해도 남성들이 환호했어요. 저를 동등한 선수로 대해주지 않는다는 뜻이었죠."

❍ 이 즐거운 축구, 진작 할 걸!

축구가 그렇게 재미있고 보람찬 운동인데, 여성들은 왜 축구를 하지 않았을까. 김혼비 작가는 "질문이 틀렸다"고 꼬집었다. "여성은 왜 어릴 때부터 축구할 기회가 없을까?" 혹은 "여성은 정말로 운동을 싫어할까?"라고 고쳐 물어야 한다고 했다. 여성은 축구를 '안' 한 게 아니라 '못' 한 것이므로. "축구팀에는 30대 여성이 별로 없어요. 20대 아니면 40~50대가 많아요. 결혼과 육아 때문에 축구를 그만둘 필요가 없는 나이니까요. 여성들은 일 나가고 아이 돌보는 시간을 쪼개서 일상으로 축구를 밀어 넣어요. 그 여정 자체가 골대 안으로 어떻게든 골을 밀어 넣어야 하는 축구 경기인 셈이에요. 여성들이 하는 축구라는 '운동(Exercise)'은 사회적 편견의 가짓수를 줄여나간다는 점에서 '운동(Movement)'이 될 거예요."

- 한국일보, 2019년 4월 10일 -

3 개인 · 심리적 요인

스포츠 소비자의 구매의사결정은 매우 다양한 요인들에 의해서 결정되게 된다. 여기에는 스포츠 마케터의 입장에서 통제 가능한 요인들과 통제가 불가능한 요인들을 들 수 있다. 일반적으로 스포츠 마케터가 제공하는 제반 마케팅 활동(마케팅믹스)의 경우는 통제 가능한 요인으로 간주하지만, 지금부터 언급할 내용들은 통제불가능한 요인들로 간주된다. 그러나 효율적인 마케팅 전략을 수립하고 실행하기 위해서는 앞으로 언급할 제반 요인들을 항상 감안하지 않으면 안 된다.

(1) 개성(personality)

스포츠 소비자로 하여금 어떤 스포츠 상품을 구매할지, 한다면 어떤 상품을 구매할지, 그리고 얼마나 많이 혹은 자주 구매할지 등에 영향을 미치는 요인들 중 가장 큰 영향을 미치는 것이 바로 개성이라는 심리적 요인이다. 일반적으로 개성은 "개인의 환경에 대한 반응을 결정하고 반영하게 해주는 내부 심리적인 특성"으로 정의된다. 즉, 개인이 어떤 개성을 가지고 있느냐에 따라 환경에 대해 반응하는 방법이 달라진다는 것이다.

그렇다면 각 스포츠 소비자들이 가지고 있는 개성과 이들이 참여하는 운동경기와는 어떠한 관련성이 있을까? 일반적으로 자신감에 차있고, 사교성이 있으며, 단호한 성격의 소유자는 걱정이 많고, 유보적이며, 수수한 성격의 사람보다 스포츠에 참여할 가능성이 높다고 한다. 그리고 자립심이 강한 성격의 소유자는 의타심이 강한 성격의 소유자보다 훨씬 개인적인 스포츠(골프, 테니스 등)에 참여하려 할 것이다.

이러한 견해들은 사람들이 가지는 개성에는 나름대로의 특성(traits)이 있으며, 이러한 특성에 따라 사람들의 사물을 보는 시각이나 그에 따른 행동이 달라질 것이라는 것이다. 그러나 안타깝게도 우리나라의 경우 개성에 대한 체계적인 연구는 스포츠 마케팅 분야뿐만 아니라 일반 마케팅 분야에서도 체계적으로 이루어지지 못하고 있는 상황이다. 또한 개성과 스포츠 소비자들의 스포츠 행동 간의 관련성이 있을 것으로 예상은 하지만 양자 간의 인과관계에 대해서는 뚜렷하게 밝혀진 바는 없다. 즉, 스포츠에 대한 참여가 다양한 개성을 형성할 것이라는 견해와 반대로 특정 개성을 지녔기 때문에 스포츠에 참여하게 된다는 견해가 양립하고 있는 중이다.

그럼에도 불구하고 우리는 사람들이 가지고 있는 개성을 그들의 행동과 관련지어 생각할 수 있다. 즉, 격렬하고 적극적인 성격의 소유자는 권투와 같은 격투기 종목에, 내성적이고 수줍은 성격의 소유자는 테니스나 조깅 같은 혼자 하는 운동에 보다 더 참여하게 될 것이다.

따라서 스포츠 마케터의 입장에서 사람들이 소유한 개성과 그들의 선호 운동 종목에 대한 관련성을 제대로 이해함으로써 보다 효과적인 마케팅 전략 수립이 가능해질 것이고 이를 통해 보다 적합한 스포츠 소비자 시장에 소구할 수 있게 될 것이다. 또한 대규모 스포츠 이벤트를 준비 중인 스포츠 마케터의 입장에서는 해당 스포츠 이벤트를 즐길 가능성이 높은 스포츠 소비자들의 개성을 제대로 파악함으로써 동일한 개성을 가진 사람들에게 소구하고자 하는 기업 스폰서를 끌어들이는 데 효과적일 수도 있다.

(2) 동기부여

전통적으로 마케터들은 소비자들이 무슨 이유로 자신의 제품을 구입하는지를 알아내기 위해 노력해왔다. 마찬가지로 스포츠 마케터의 입장에서도 스포츠 소비자들이 스포츠 상품의 구매를 통해 어떤 편익을 추구하고자 하며, 어떤 욕구를 가지고 있는지를 알아보기 위해 노력해오고 있는 중이다.

이를 가장 용이하게 이해할 수 있도록 해주는 연구가 바로 동기부여이론이다. 동기란 사람으로 하여금 욕구를 달성하도록 하기 위해 특정 행동을 하도록 충동하는 내적인 힘을 가리킨다. 모든 사람들은 고유한 욕구를 가지고 있으나 그 내용과 수는 사람에 따라서 다르다고 한다.

동기부여이론에 따르면 환경적인 자극이 가해짐에 따라 사람들은 자신의 욕구를 충족시키려는 경향을 보이게 된다고 한다. 동기부여와 관련해서 대표적인 이론으로는 매슬로우의 욕구단계이론을 들 수 있는데, 이 이론에 따르면 사람들은 배고픔이나 목마름과 같은 생리적 욕구, 안전이나 보호와 같은 안전욕구, 소속감이나 사랑과 같은 사회적 욕구, 자존심이나 지위와 같은 자존욕구, 자아의 인식이나 계발과 같은 자아실현욕구 등 다섯 단계의 욕구를 가지며, 하위의 욕구가 충족되어지면 상위의 욕구를 충족하기 위해 동기부여 된다고 설명하고 있다.

매슬로우의 이론에 따른 가장 기본이 되는 욕구는 생리적(physiological) 욕구로서 배고픔, 목마름처럼 사람들이 가지게 되는 생리적인 욕구를 가리킨다. 예를 들어, 갑자기 운동이 하고 싶다는 욕구가 생긴다거나 어떤 행동을 하고 싶다거나 할 수 있으며, 이러한 욕구가 충족되면 그 다음 안전욕구를 해결하고자 하게 된다.

안전(safety)욕구는 건강을 유지하고자 하는 것뿐만 아니라 물리적인 안전함과 관계되는 것이다. 따라서 스포츠 장비 제조업자의 경우 스포츠 소비자들이 가지는 물리적인 안전성에 대한 욕구를 해결해줄 필요가 있다. 또한 건강을 유지하고자 하는 욕구는 대부분 운동을 하는 사람들이 가지고 있는 욕구라 할 수 있다.

사회적(social)욕구는 어딘가에 속하고자 하는 욕구로서 대개의 사람들이 운동을 하려는 이유가 여기에 있다고 할 수 있다. 특히 스포츠라고 하는 것 자체가 사람들과의 사회적 교류를 보장하는 매우 중요한 수단이기도 하기 때문에, 스포츠에 참여하는 것만으로도 사회적 욕구는 어느 정도 달성되어질 수 있게 된다.

자존(self-esteem)욕구는 개인의 지위라든지 주변으로부터의 평판과 관계되는 욕구로서 스포츠 상품을 구입함으로써 다른 사람들에게 인정받고 그 지위를 인정받을 수 있게끔 하는 것이다. 예를 들어, 번지점프처럼 사람들이 잘 하지 않으려고 하는 운동을 하게 되면 주변 사람들로부터 용감한 사람이라는 인정을 받게 되는데 이처럼 특정 스포츠 상품을 구매함으로써 다른 사람들로부터 긍정적인 평판을 받게 되는 것을 가리킨다.

마지막으로 자아실현(self-actualization)욕구는 구매함으로써 숨겨져 있던 자신을 찾고자 하는 것으로써, 특정 스포츠를 행함으로써 지금까지는 몰랐던 자아를 발견하게 되는 것이다. 예를 들어, 육체적으로나 정신적으로 매우 힘이 드는 암벽등반이라든지 철인경기처럼 한번 그 스포츠를 함으로써 여태까지 몰랐던 자신의 참 모습을 찾게되는 것이 바로 그것이다.

(3) 학습

비록 물리적인 특성은 부모로부터 물려받을 수 있는 것이지만, 그 외에 자신을 둘러싼 환경과 어떻게 상호작용할 것인지에 대해서는 자기 스스로 계발하지 않으면 안 된다. 예를 들어, 처음에는 수영을 전혀 하지 못하던 사람도 나중에는 뛰어난 수영선수가 될 수 있다. 어떻게 이를 설명할 수 있을까? 우리는 이를 학습(learning)이라는 용어로 설명한다.

학습이란 경험으로 인해 자신의 행동이 비교적 일관되게 변화하는 것을 가리키는데, 이러한 변화는 행동의 측면일 수도 있고 사물을 바라보는 관점일 수도 있다. 예를 들어, 지속적인 훈련으로 수영을 잘하게 되었다면 전자의 의미이고, 역시 지속적인 훈련으로 물에 대한 두려움이 없어졌다면 후자의 의미일 것이다. 이러한 학습은 행동적 학습, 인지적 학습, 그리고 사회적 학습으로 구별되며 이에 대해서 살펴보기로 한다.

우선 행동적(behavioral) 학습은 특정한 자극이 주어지게 되면 특정한 반응이 나타나는지에 대한 것으로, 특정 행동을 하게 되면 그에 따라 무엇인가를 얻게 된다는 조작적 조건(operant conditioning)을 그 근간으로 한다.

예를 들어, 수영을 하기로 마음먹고 수영을 시작했는데, 수영실력이 늘지도 않을뿐더러 같이 시작했던 주변 사람들보다 훨씬 뒤쳐지게 될 경우 계속해서 수영을 하지 않으려 들 수도 있다. 반대로 수영을 하면서 아주 흥미를 느끼게 되고, 같이 운동하는 사람들과 친해지게 된다면 계속해서 수영을 하게 될 가능성이 더 많아지게 된다. 이처럼 조작적 조건은 특정한 행동에 따라 보상이나 처벌이 주어지게 되면 동일한 행동을 계속하거나 하지 않게 되는 것을 가리키는 것으로, 스포츠 마케터의 입장에서도 소비자의 행동에 대해 긍정적인 보상을 계속해 줌으로써 스포츠 상품 구매를 계속해서 할 수 있도록 할 필요가 있는 것이다.

인지적(cognitive) 학습은 행동적 학습과는 반대로 개인의 문제해결능력을 토대로 관찰을 하는 것으로 대개의 학습이 과거의 경험을 토대로 하지만 간혹 단순한 추론이나 사고(thought)를 통해 이루어지는 것을 가리킨다.

예를 들어, 체중감량을 하고자 하는 경우 이를 위해 소비자는 여러 가지 방법을 찾아보게 될 것이다. 여기에는 다이어트, 에어로빅, 웨이트 트레이닝, 또는 조깅 같은 운동이 있을 수 있는데 이들 중에서 어떤 방법이 자신에게 가장 효과적일지를 알게 되면 해당되는 활동을 하게 될 것이다.

이렇게 소비자들의 행동이 인지적 학습에 의해 이루어지는 경우 스포츠 마케터들은 그들이 생각하고 있는 바를 명확히 이해하도록 노력해야 하고, 이와 함께 마케팅하고자 하는 스포츠 상품이 어떤 효익을 줄 수 있는지를 소비자들이 잘 알 수 있도록 하는 것이 무엇보다 중요하다.

마지막으로 사회적(social) 학습은 다른 사람에 대한 관찰을 통해 그들로부터 배우는 것으로, 보통 사람들은 어려서부터 친구, 가족, 그리고 유명 스포츠 스타 등 수많은 사람들을 보면서 성장하게 된다. 이렇게 어려서부터 보고 배운 내용은 나중에 커서 어떤 스포츠를 할 것인지를 결정하는 데 많은 영향을 주게 된다. 물론 이는 어린아이들뿐만 아니라 성인들에게도 그대로 적용될 수 있는 것이다. 즉, 특정 주변 사람이나 스포츠 스타가 모델이 되서 그들을 따라하게 되는 것이다.

따라서 스포츠 마케터들은 사람들에게 그들이 따라하고 싶어할 만한 모델을 제대로 선정해서 스포츠에 대한 긍정적인 인상과 생각을 심어주고, 이를 통해 사람들이 해당 스포츠가 효익을 안겨줄 것이라는 생각을 갖도록 해야만 한다. 박찬호 선수가 미국 프로야구에서 성공하면서 야구를 하려는 사람들이 크게 늘어난 것은 그 좋은 사례이다.

(4) 지각

학습 활동은 소비자로 하여금 지각(perception)을 하게 하는데, 이는 소비자를 둘러싼 환경에서 정보를 알아보고, 수집하고, 평가하며, 해석하는 과정을 말한다. 다시 말해서 일상생활 속에서 소비자는 여러 가지 자극을 받게 되는데, 이러한 자극들에 대해서 소비자 스스로 의미를 부여하는 것을 자극이라고 한다.

보통 지각은 사람들이 가지고 있는 오감(五感: 시각, 청각, 후각, 미각, 촉각)기관을 통해 이루어진다고 하지만 실제로는 그 이상일 수도 있다. 또한 지각은 자극을 준 사람 · 상황 · 사물의 특성뿐만 아니라 자극을 받는 사람(개인적 요소)에 따라서 달라질 수 있다. 예를 들어, 축구팬들에게 수많은 관중들이 모여서 발을 구르며 응원하는 모습은 매우 들뜨게 하고, 흥미롭게 하는 것이겠지만, 그렇지 않은 사람들에게는 매우 위협적인 것으로 받아들여질 수도 있다.

이는 사람들마다 과거의 경험, 욕구, 그리고 기대에 따라서 사람이나 사물에 대해 나름대로의 관점을 가지고 있기 때문이다. 즉, 지각은 사람들이 가지고 있는 가치, 태도, 욕구, 기대에 영향을 받아서 온갖 자극물을 여과(filter)하는 작용을 하며, 일상생활에서 수없이 접하게 되는 셀 수 없는 자극들을 선택적으로 주목하고, 선택적으로 왜곡하며, 선택적으로 기억하게 한다.

선택적 주의(selective attention)는 노출된 많은 정보 가운데 자기의 필요나 욕구에 관계된 정보에만 선택적으로 관심을 기울이는 것으로 예를 들어서 축구경기를 관람하려고 마음먹은 사람은 수많은 방송광고 중에서 축구경기 안내광고만을 주목하게 되는 것이 그것이다. 따라서 스포츠 마케터들은 현재 소비자뿐만 아니라 잠재소비자의 주의를 끌 수 있도록 해야 한다.

일상에서 매우 다양한 형태의 스포츠 광고를 접하게 되지만 막상 주목하는 것은 일부분이다

그러나 여기에는 정도(正道)가 있지 않으며, 단지 다양한 촉진 활동을 통해 소비자들과 커뮤니케이션할 수 있는 다양한 방법을 강구해야만 한다. 예를 들어, 매우 화려하고 규모가 큰 광고는 다른 일반광고보다 주목을 받기가 쉽다고 한다.

선택적 왜곡(selective distortion)은 소비자가 가지고 있던 기존의 신념에 적합하게 정보를 해석하려는 경향으로서, 스포츠 마케터가 아무리 형형색색의 광고를 한다 하더라도 이미 소비자가 나름대로의 경험과 태도를 가지고 있기 때문에 거기에 맞춰 자극을 받아들이는 것을 말한다. 암벽등반을 즐겨하는 사람들은 다른 사람들이 아무리 위험한 운동이라고 생각할지라도 위험한 것이라고 생각하지 않는 것과 마찬가지이다.

마지막으로 선택적 기억(selective retention)은 자신의 태도나 신념에 일치하는 정보만을 기억하려는 경향으로서 앞의 암벽등반을 즐기는 사람은 자신이 과거에 암벽등반을 하다 다쳤던 것은 기억하려 하지 않고, 등반 후의 희열만을 기억하려 할 것이다.

(5) 태도

태도란 특정 사물이나 아이디어 혹은 사람에 대해 지속적으로 가지게 되는 긍정적 혹은 부정적인 평가, 느낌, 그리고 행동경향으로서 스포츠 소비자는 학습과 지각 과정을 거쳐서 특정 스포츠 상품에 대해 태도를 형성하게 된다.

골프를 예로 들어서 설명하면 사람들은 골프에 대해 여러 가지 태도를 가지고 있다. 그중 하나는 골프를 하면서 사람을 사귀기 좋다는 식의 긍정적인 태도이고, 다른 하나는 비용이 많이 들고 사치스러워 보인다는 부정적인 태도이다.

이렇듯 사람들은 상이한 사물(스포츠 제품이나 서비스)에 대해 매우 다양한 태도를 가지고 있지만 일단 태도가 형성되면 일관성 있게 행동하게 되고 쉽게 변경하기가 어렵다고 한다. 이 때문에 기업은 주어진 태도에 맞춰 마케팅 활동을 펼치게 된다.

태도는 스포츠 참여에 매우 큰 영향을 미친다. 연구에 따르면 스포츠 팀에 대해 가지고 있는 태도는 해당 경기를 관람하면서 즐거워하는 정도에 영향을 미친다고 한다. 즉, 해당 팀에 대해 우호적인 태도를 가지고 있는 경우 경기관람이 매우 흥미로워질 수 있지만 그렇지 않은 경우에는 경기 자체가 흥미롭지도 않을 뿐더러 보러가거나 TV를 통해 경기를 보려고 하지도 않는다는 것이다.

그런데 한 가지 주목할 점은 스포츠에 대한 태도가 긍정적이라고 해서 반드시 행동으로 이어지지는 않는다는 것이다. 아무리 열광적인 스포츠팬이라고 해도 경기가 열릴 때마다 항상 경기장을 가는 것은 아니다. 이렇게 태도가 반드시 구매행동으로 연결되지 않는다고 해도 스포츠 마케터의 입장에서는 계속해서 소비자들의 태도를 변경시키려는 시도를 해야만 한다.

최근 들어 조깅처럼 격렬한 운동에 대해 부정적인 태도를 가지고 있던 사람들이 직접 조깅에 참여하거나 유사한 운동에 참여하는 빈도가 많아지고 있다. 이것도 사람들 사이에서 태도가 일부 변경된 것으로 볼 수 있는데, 이는 스포츠 마케터들의 공이라기보다는 의료전문가들의 교육 활동에 따라 건강을 염려해서 운동에 참여하는 수가 늘어난 것으로 볼 수 있다. 그러나 어찌되었던 간에 기존에 사람들이 가졌던 부정적인 태도를 긍정적인 태도로 변화시키고, 이를 다시 행동으로 연결시킨 좋은 사례라고 볼 수 있겠다.

스포츠 마케팅 현장이야기

바둑 마케팅이 신의 한 수

농심은 올해 중국 법인 매출이 2억8,000만 달러(약 3,160억 원)로 역대 최대치를 기록할 전망이라고 16일 밝혔다. 중국 시장에서 독자적으로 사업을 시작한 1999년 700만 달러(79억 원)이던 매출이 20년 만에 40배로 성장한 것이다. 농심은 "올 상반기까지 중국 법인 누적 매출은 20억 달러(2조2,500억 원)를 넘어섰다"며 "한국의 매운 라면 맛을 그대로 유지하면서 철저한 현지화 마케팅을 펼친 것이 주효했다"고 밝혔다.

농심은 '한국 제품 그대로 글로벌 시장을 공략한다'는 전략을 앞세워 대표 제품인 신라면을 중국에 선보였다. 얼큰한 맛, 빨간 포장지에 한자로 쓴 '신(辛)'자 디자인까지 한국 제품과 똑같이 했다. 농심은 중국 소비자 마음을 열기 위해 바둑을 앞세운 것이 라면 매출 증대에 큰 영향을 미쳤다고 분석했다. 1999년 한국기원과 함께 연승전 방식의 국가 대항 단체전인 '농심 신라면배 세계 바둑 최강전'을 창설했다. 당시 농심은 중국의 인기 스포츠 종목인 탁구와 농구를 라면 마케팅과 접목하는 방안을 고려 중이었다. 바둑 애호가인 신춘호 회장은 "중국의 바둑 열기를 신라면 인지도로 연결하는 방법을 고민하라"며 바둑 대회를 만들 것을 주문했다.

농심 중국법인장은 "중국이 처음 우승한 2008년 9회 때는 700여 언론사가 대회 소식을 중국 전역에 집중 보도했다"며 "이를 계기로 대형 마트와 특약점 입점이 급증하면서 매출이 치솟았다"고 말했다. 지난 15일 중국 베이징에서는 제20회 대회가 개막했다. 이세돌 · 박정환 등 한국 대표 기사들이 중국 · 일본 기사들과 부산 · 상하이를 오가며 치열한 승부를 펼친다.

– 조선일보, 2018년 10월 17일 –

스포츠 마케터들은 스포츠 상품 이용고객의 수를 유지하거나 증가시키기 위해서 소비자들이 가지고 있는 태도를 잘 이해할 필요가 있다. 그리고 그러한 태도를 정확히 이해하고 나서야 그 태도를 고양시키거나 변화시키기 위한 스포츠 마케팅 전략이 강구될 수 있겠다. 이를 위해 현재 특정 스포츠 상품을 이용 중인 소비자뿐만 아니라 이용가능성이 있는 잠재소비자들의 태도를 면밀히 파악하여 그에 걸맞는 전략을 구사할 필요가 있다.

앞의 예를 들어 설명하면 축구경기의 열광적인 팬들은 축구경기에 대해서 어떤 태도를 갖고 있으며, 부정적인 인상을 갖고 있는 소비자들은 어떤 태도를 가지고 있는지를 파악하여, 열광적인 팬들에게는 그러한 태도를 계속 유지 · 고양하여 지속적인 구매가 이루어지도록 하고, 부정적인 소비자들에게는 태도가 부정적이게끔 만든 동인을 찾아 이를 긍정적으로 바꿀 수 있도록 노력하는 것이다.

4 사회 · 문화적 요인

스포츠 소비자들의 구매의사결정에 영향을 미치는 요인 중 사회 · 문화적 요인은 앞서 언급한 개인 · 심리적 요인처럼 구매의사결정에 큰 영향을 미치게 된다. 특히 사회적 동물인 스포츠 소비자들은 사회를 떠나서는 살 수 없으며 그 때문에 사회 · 문화적 요인이 소비자의 제반 행동에 영향을 미치게 된다. 이러한 사회 · 문화적 요인은 여러 가지를 들 수 있겠으나 여기서는 문화, 사회계층, 준거집단, 가족 등 그 영향력이 다른 요인에 비해 큰 것들을 중심으로 살펴보기로 한다.

(1) 문화

스포츠 소비자들이 어떤 대상에 대해 태도와 신념을 갖고 행동을 옮기는 것은 자신이 속해있는 고유의 문화 속에서 이루어지는 것이다. 자신이 속해있는 사회의 문화를 벗어난 태도나 행동을 보인다는 것은 그 사회에서의 존립 자체를 위협받게 되는 것이다.

이렇게 광범위한 영향을 미치는 문화도 그 내부를 들여다보면 또다시 다양한 하위문화, 반(反)문화들이 있으며 이들은 모두 사람들로 하여금 다양한 라이프스타일을 구축하도록 한다. 스포츠 분야에서도 역시 마찬가지로 다양한 문화들의 영향을 받아 나름대로 고유한 스포츠 라이프스타일을 구축하게 된다. 즉, 문화 자체가 정적이게 되면 사회 역시 정적이며, 사람들이 스포츠에 참여하는 경우도 적게 된다.

우리나라도 전통적으로 유교문화 속에서 스포츠라고 하면 뛰고, 던지고 하는 것으로 불경스러운 것이라 생각해서 그렇게 많은 사람들이 스포츠에 참여하지는 않았었고, 스포츠 참여자가 증대한 것도 최근부터의 일이다.

문화란 개인의 욕구와 행동을 결정하는 가장 기본적인 변수로 일종의 삶의 방식이며, 소비자가 속한 구성원들이 공유하는 관습, 가치관, 라이프스타일, 도덕 등의 복합체를 가리킨다. 문화의 가장 중요한 측면은 바로 학습으로서 우리는 이를 사회화(socialization)라고 한다.

사회화란 다양한 사회적 역할을 수행하는데 필요한 지식, 태도를 배우고 여기에 친숙해지는 것으로서 스포츠 활동 역시 사회적 역할의 하나로 생각할 수 있다. 따라서 스포츠 마케터들은 이러한 사회화의 과정이 어떻게 생겨나며 어떻게 해야 이러한 사회화 과정에 영향을 미칠 수 있을지를 이해해야만 한다. 바로 사회화의 틀 속에서 스포츠에 대한 태도, 신념, 행동이 결정되기 때문에 그 중요성은 더욱 큰 것이다.

[그림 5-2]는 스포츠 사회화의 과정을 설명해주는 모형으로서 이를 이용하여 어린아이들이 어떻게 스포츠에 대해서 배워 가는지를 살펴보기로 하자. 우선 스포츠 마케터들은 어떻게 사회화의 과정이 성별, 소득, 가족의 라이프스타일, 그리고 형제의 수 등에 따라 다른지에 대해서 살펴보아야 한다. 단적으로 형제가 많은 경우 함께 할 수 있는 스포츠를 할 가능성이 많게 되고, 이는 성장 후의 스포츠 활동에도 영향을 미치게 될 것이다.

[그림 5-2] 소비자 사회화의 과정

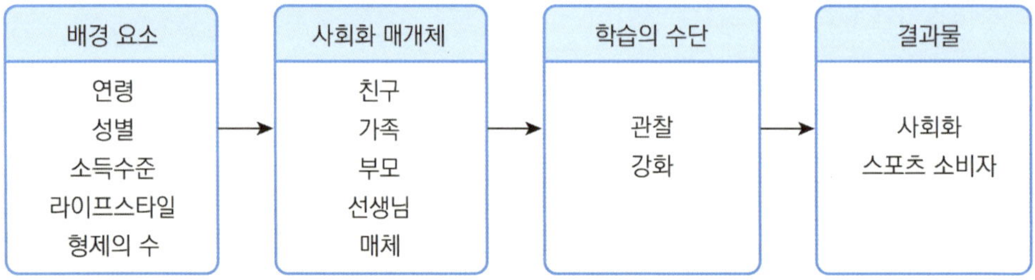

자료: J. Mowen (1993), *Consumer Behavior*, 3rd ed., Macmillan, New York, NY.

또한 사회화의 과정에 매우 중요한 영향을 미치는 사회화의 매개체에 대해서도 알아봐야 하는데, 이러한 요인들은 어린아이들에게 직 · 간접적으로 영향을 미치는데 이중에서도 어떤 것들이 더 큰 영향을 미치는가도 살펴봐야만 한다.

예를 들어, 어린아이들이 부모나 운동선수의 모습을 보면서 자라게 되면 성장 후 어떤 스포츠 활동을 할 지 예측할 수 있겠는지가 그것이다. 연구에 따르면 어린아이들은 우선 부모들의 행동을 먼저 따라 배우게 되지만, 부모의 행동이 더 이상 자신들에게 전범(典範)으로서 작용하지 않게 되면 다른 사람들에게 눈을 돌리게 된다고 한다.

가족은 일생을 통해 가장 중요한 영향력을 담당하며, 사회화의 기본 단위이다

그리고 관찰과 강화와 같은 학습수단은 사회화 과정에 영향을 미치게 된다. 관찰은 스포츠 활동을 위한 전범으로서 다른 사람을 바라보는 것으로, 형제 중에서 형이나 누나는 낮은 연령대에서 스포츠 활동을 하는데 하나의 전범으로 작용할 수 있으며, 나이가 좀 들게 되면 친구들이 그러한 역할을 하게 된다.

강화는 어린아이들이 스포츠 활동을 하면서 부모님이나 코치 혹은 친구들로부터 칭찬을 받게 되는 경우 발생하는 것이다. 스포츠 사회화 과정의 가장 마지막 단계는 완전히 사회화되어 스포츠 활동을 하는 것이다. 이때 비로소 어린아이들은 스포츠 활동에 능동적으로 참여하게 된다.

실제로 비교적 낮은 연령대에서부터 스포츠 활동에 참어하게 되면 성장 후에도 지속적인 스포츠 활동 참여자가 될 가능성이 무척 많아진다고 한다. 일반 기업에서도 마찬가지이지만 이러한 이유 때문에 어린아이들에게 마케팅 활동을 집중할 수밖에 없다. 따라서 스포츠 마케터의 입장에서는 이렇게 매력적인 시장을 끌어들이기 위해 이들에게 영향을 미치는 제반 변수들을 제대로 파악하는 것이 무엇보다 중요하다고 할 수 있겠다.

(2) 사회계층

동일한 문화에 속해있는 사람들도 사회계층을 토대로 또다시 독특한 문화체제를 구축하고 살게 된다. 사회계층이란 유사한 가치관, 관심, 행동을 공유하는 사람들의 집단을 가리키는 것으로, 동일한 사회계층에 속한 사람들끼리는 가치, 라이프스타일, 행동 등이 유사한 사회에서 비교적 동질적이고 지속적인 지위를 차지하고, 계층적으로 서열을 이루게 된다.

본 정의에서 중요한 점은 사람들이 동질적인 계층으로 구분된다는 점이다. 우리가 흔히 알고 있는 사회계층은 "중산층"이라는 용어인데, 이러한 사회계층은 단순히 해당 계층에 속해있는 사람들의 소득만으로 구별되는 것이 아니다.

사회계층은 소득뿐만 아니라 여러 가지 요인들, 즉 직업 · 교육수준 등을 토대로 구분되어진다. 다시 말해서 소득, 직업, 교육수준 등은 사회계층을 구별하는 주요한 세 가지 결정 요소이며, 이외에도 주택이나 차량의 보유 여부, 스포츠회원권 등의 보유 여부 등도 주요한 요소들 중의 하나이다.

그러나 사회계층이 존재한다라는 사실은 분명하지만 구체적으로 얼마나 많은 수의 사회계층이 존재하는지에 대해서는 정확하게 이야기할 수가 없다. 기본적으로 그 결정 요소들이 워낙 다양하기 때문이다.

하지만 스포츠 마케터의 입장에서 봤을 때 이러한 사회계층은 매우 주목할만한 가치가 있는 집단이다. 즉, 어느 계층에 속했는지에 따라 스포츠 활동에 참여할 가능성이 있는지를 예측해볼 수 있고, 얼마나 자주 혹은 얼마나 많이 참여할 것인지까지도 함께 예측해볼 수 있기 때문이다.

또한 특정 스포츠 활동에 참여하지 않는 사람들은 다른 스포츠에 대해서는 어떻게 생각하고 있으며, 다른 스포츠에는 참여할 가능성이 있는지도 함께 알아볼 수 있기 때문이다.

(3) 준거집단

준거집단(reference group)이란 개인의 태도 및 행동에 직접 혹은 간접으로 영향을 미치는 개인 혹은 집단으로 스포츠 활동의 경우 이러한 준거집단의 영향력이 매우 크다. 우선 준거집단은 [표 5-3]에서 보는 것처럼 세 가지로 구분해 볼 수 있는데, 첫째로 1차 준거집단은 [그림 5-2]의 스포츠 사회화 과정에서 설명했던 사회화의 매개체 중 가족이나 형제처럼 늘 함께 생활하는 사람들로서 그들의 행동을 따라하게 됨으로써 영향을 받는 것을 가리킨다.

[표 5-3] 준거집단의 종류

집단의 분류	집단의 특성
1차(primary) 준거집단	가족, 친구, 이웃처럼 일상적으로 만나며 직접 영향을 미치는 집단
2차(secondary) 준거집단	동창회, 학회처럼 비정기적으로 만나면서 간접적인 영향을 미치는 집단
선망(aspiration)집단	자신이 속해 있지 않지만 속하기를 바라는 집단으로 영향을 미치는 집단

둘째로, 2차 준거집단은 역시 사회화의 매개체의 기능을 하는데 이들은 1차 준거집단처럼 일상적인 접촉을 하는 것이 아닌 간헐적인 접촉을 통해 행동에 영향을 미치는 것이다. 동창회에 나갔더니 친구들이 모두 골프이야기만 해서 함께 이야기할 기회를 찾지 못해 다음 번 동창회에서 친구들과 이야기할 화제거리를 만들기 위해 골프를 하게 되었다면 이것이 바로

2차 준거집단의 영향을 받아 스포츠에 참여하게 된 것이다.

마지막으로 선망집단은 사회화의 과정에서 매체 등을 통해 접하게 되는 유명인을 가리킨다. 특히 유명선수들은 어린아이들에게 매우 큰 영향을 미치게 된다고 한다. 예를 들어서 '박세리 선수' 신드롬이 불면서 당시 초등학교 학생들 사이에서 골프 열풍이 불었던 것은 바로 그러한 경우이다.

이러한 준거집단들 중에서도 전문기술, 지식, 개성, 기타의 특성으로 준거집단 내에서 다른 사람에게 영향을 미치는 사람인 의견선도자(opinion leader)를 주목할 필요가 있는데, 일반적으로 준거집단이 미치는 영향력보다 그 정도가 매우 크다고 할 수 있으며, [표 5-3]에서 언급한 각 준거집단들 속에서 이러한 의견선도자가 나올 수 있다. 스포츠 마케터의 입장에서는 바로 이러한 의견선도자를 적극적으로 활용해서 스포츠 소비자들의 참여를 유도해낼 수 있을 것이다. 흔히들 이러한 마케팅 활동을 구전 마케팅이라고 하는데, 어느 집단에서건 해당 집단에서 큰 리더십을 발휘하는 사람이 있게 되고, 그 사람을 집중적으로 공략해서 참여를 유도하게 되면, 나머지 사람들은 자연스럽게 따라서 참여하게 된다는 내용이다.

(4) 가족

[표 5-3]에서 언급한 준거집단 중 가족은 스포츠 소비자들의 제반 구매의사결정에 매우 강력한 영향을 미치게 된다. 실제로 가족 중 누구 한 사람이라도 스포츠 활동에 참여하게 되면 그 자체만으로 다른 가족들에게 큰 영향을 미친다. 특히 어린아이들의 경우 스포츠 활동에 참여하게 되는 것은 부모로부터 직 · 간접적인 영향을 받게 된다. 왜냐하면 부모들이 스포츠 활동을 하는 경우 대개 어린아이들을 데리고 가서 하는 경우가 많기 때문에 어려서부터 부모가 스포츠 활동을 하는 것을 지켜본 아이들은 자라서도 스포츠 활동에 열심일 수밖에 없다.

그런데 가족 중에서도 가족구성원의 역할도 상당히 중요한데, 특히 남편과 아내의 역할이 바로 그것이다. 즉, 특정 의사결정을 내릴 때 부부가 공동으로 의사결정을 내리는 것이 있는 반면, 어떤 경우는 남편 혹은 아내가 주도적으로 의사결정을 하는 경우가 있다. 전통적으로 어린아이들의 스포츠 활동에 주도적인 영향을 미치는 사람은 남편, 즉 아버지였다. 그러나 이러한 구도도 전통적인 가족구조가 무너져 가는 현 시점에서는 그 의미가 차츰 사라져 가고 있다.

즉, 전통적인 가족구조는 남편과 아내, 그리고 어린아이들로 이루어지고, 남편이 생계를 책임지고 아내는 가사일을 돌보는 형태였으나, 현대사회에서는 부부가 함께 직장을 가지고 있거나, 부모의 이혼으로 인해 편부나 편모슬하에서 아이들이 자라는 경우 등 그 형태가 매우 다양해지고 있다.

이러한 구도 하에서는 스포츠 활동뿐만 아니라 일반 소비활동도 크게 달라질 수밖에 없다. 예를 들어, 자녀가 없는 가족의 경우는 다른 경우보다 스포츠 활동에 투자할 수 있는 재정 및 시간적 여유가 많지만, 이혼 등의 이유로 아버지나 어머니 혼자 자녀를 부양하는 경우에는 그러한 여유를 찾기가 어려워지게 된다.

참고문헌

1) 강기두 (2017), 서비스마케팅, 서울, 북넷.

2) K. B. Murray (1991) "A Test of Services Marketing Theory: Consumer Information Acquisition Activities," *Journal of Marketing*, Vol. 55(January), pp. 10~25.

3) 곽동성 · 강기두 (1999), 상게서.

4) M. J. Bitner (1990), "Evaluating Service Encounters: The Effects of Physical Surroundings and Employee Responses," *Journal of Marketing*, Vol. 54, pp. 69~82.

5) 강기두 (1998), "서비스품질의 구성요인과 고객만족에 관한 연구," 중앙대학교 대학원 박사학위논문, pp. 44~45.

6) E. Naumann & P. Shannon (1992), "What is Customer-Driven Marketing?" *Business Horizon*, Vol. 35(November/December), pp. 44~52.

7) B. Farber & J. Wycoff (1991), "Customer Service: Evolution and Revolution," *Sales & Marketing Management* (May), pp. 44~48; 50~51.

6장 스포츠 시장세분화

헤드라인 스토리

2030 "골프로 작은 사치"… 관련 산업 37% '쑥'

골프 산업이 계속 커지고 있다. 신종 코로나바이러스 감염증(코로나19) 이후 상대적으로 감염 우려가 덜한 야외 운동으로 골프가 각광받으면서다. 해외여행이 사실상 불가능해지면서 해외 골프 활동 인구들이 국내에 머물고 있는 점도 골프 인구 증가세에 힘을 보탰다. 특히 젊은 MZ세대(밀레니얼+Z세대)가 대거 골프에 입문하면서 관련 시장도 커지고 있다. 지난해 6조7,000억 원이었던 골프 산업 시장규모는 2023년 9조2,000억 원까지 성장할 것으로 보인다.

젊은 골프 초보자들의 골프 관련 소비 증가는 올해 가장 눈에 띄는 변화다. 옥션이 지난달 18일부터 이달 17일까지 지난해 동기 대비 연령별 골프 관련 용품 판매량을 조사한 결과에 따르면 2030세대의 골프용품 전체 판매신장률은 37%였다. 골프 인구의 다수를 차지하는 4050세대의 31%보다 높은 수치다.

흥미로운 것은 2030세대 내에서도 골프를 즐기는 양상이 달랐다는 점이다. 먼저 20대는 골프 연습 자체에 집중하고 있었다. 옥션 내에서 이들의 골프연습용품 구매량은 61% 증가해 가장 높은 판매신장률을 보였다. 30대는 패션에 더욱 신경을 쓰는 모습이었다. 20대보다 상대적으로 필드에 자주 나가기 때문인 것으로 풀이된다. 30대 남성골프의류 판매량은 지난해 동기보다 112% 증가했고, 여성골프의류도 26% 늘었다. 필드용품을 찾는 이들도 40% 증가했다.

현대경제연구원에 따르면 올해 상반기(1~6월) 골프 예약 서비스업체 엑스골프를 통한 골프장 예약 건수는 19만8,000건이었다. 지난해 동기 대비(17만5,000건) 약 13.2% 증가한 수치다. 특히 코로나19 영향이 본격화된 올해 3월 이후 예약 건수는 8.1% 상승했다. 골프장, 스크린골프장 방문객 수 역시 코로나19가 시작된 2월부터 9월까지 각각 20%, 46% 늘었다.

골프 시장 규모가 점차 커지면서 유통업계도 '골프 인구 붙잡기'에 안간힘을 쓰는 모습이다. GS리테일은 이달 20일 경기 파주에 골프 복합 매장 'GS25 파주부흥점'을 선보였다. 인근 골프장 방문 수요를 노려 골프 관련 용품 10여 종과 250개 상품을 판매한다. CJ ENM 오쇼핑 부문은 최근 골프웨어 브랜드 '장 미쉘 바스키아'를 론칭하고 프리미엄 골프웨어 시장에 진출했다. 코오롱인더스트리FnC도 올해 5월 MZ세대 대상 골프 전문 온라인 셀렉트숍 '더카트골프'를 내놨다. 최근에는 미국 골프웨어 브랜드 '그레이슨'과 '라다'를 단독 입점시킨 데 이어 내년부터는 영국 런던 기반 '매너스 골프'도 선보인다.

옥션 관계자는 "올해 골프 시장의 변화는 젊은 골프 초보자들이 주도하고 있다. 가치 소비를 중시하는 이들은 골프를 통해 '스몰 럭셔리'를 실현하는 것으로 평가된다"며 "유튜브 등 온라인을 통해 쉽게 골프를 배우고 스크린골프 등 즐기는 방법도 다양해져 골프 관련 산업은 앞으로 더욱 커질 것으로 전망된다"고 말했다.

- 동아일보, 2020년 11월 30일 -

1 시장세분화의 의의

어떤 스포츠 마케터도 마케팅 활동을 통해 모든 스포츠 소비자에게 소구할 수는 없으며 스포츠팬이라고 해서 모두가 다 똑같은 것만은 아니다. 왜냐하면 스포츠 소비자의 수가 너무 많고 널리 분산되어 있으며 그들의 욕구가 다양하고 구매습관이 다르기 때문이다. 또한 다양한 세분시장에 서비스할 수 있는 마케터의 능력에는 한계가 있기 마련이다.

그리고 모든 마케팅 활동의 기본 목적은 소비자만족에 있는데, 소비자의 만족을 극대화하기 위해서는 소비자의 개별적인 욕구에 부합하는 맞춤상품을 제공할 필요가 있다. 특히 스포츠 상품의 경우 시장세분화를 행하는 것은 무엇보다 중요하다. 야구경기를 관람하는 특정 팬이 추구하는 바는 다른 팬들이 추구하는 바와 완전히 다를 것이다. 하지만 이렇게 다양한 소비자들의 욕구를 완벽하게 충족시키기 위해서는 매우 광범위한 스포츠 상품이 제공되어야 하는데, 현실적으로 이는 불가능하다.

따라서 이질적인 시장과 마케터의 능력을 고려할 때 때때로 강력한 경쟁자가 존재하는 전체 시장에서 경쟁하기보다는 각 스포츠 조직이 자신의 능력에 적합하게 가장 잘 서비스 할 수 있는 세분시장을 찾아서 이 시장에 자원을 집중적으로 투자하는 일이 매우 중요하다.

(1) 스포츠 시장

시장(market)에 대해서 사람들은 노량진수산시장처럼 공간적인 개념으로만 생각하는 경향이 있다. 물론 틀린 것은 아니지만 그렇다고 맞는 것도 아니다. 무엇보다 시장은 필요한 제품을 생산하는 공급자와 이를 통해 욕구를 충족하는 수요자가 함께 포함되며, 이들이 교환활동에 영향을 끼치는 제반 요소들의 집합(set)으로 보는 것이 가장 타당한 견해이다. 그런데 또 한 가지 고민해야 할 점은 시장은 대상에 따라 그 범위를 달리하기에 개념상의 차이를 보인다는 점이다.

특히 스포츠 시장은 스포츠 제품과 서비스를 소비자의 욕구와 교환하는데, 유형 · 무형적 특성을 함께 지니는 스포츠 상품, 그리고 다양한 유형의 스포츠 소비자(관람, 참여, 매체 소비자 등)처럼 일반 시장에서와는 다른 독특한 특성을 지니고 있다. 실제 단일상품을 생산하는 전통적인 개념의 산업과 달리, 스포츠 산업은 스포츠 문화를 기반으로 다양하고 이질적인 상품(시장)들이 서로 유기적인 관계를 맺고 있는 복합산업군이다. 이에 따라 전통적인 공급자 중심 관점으로는 그 실체를 파악할 수 없으며 시장 중심 관점으로 바라보아야 그 실체를 정확하게 파악할 수 있다.

점차 젊어지는 골프 인구에 따라 골프 의류 시장에서 30대가 급부상중이다

사회적으로 스포츠에 대한 관심이 높아지고 품질이 좋은 관람 스포츠 이벤트가 공급되면, 스포츠에 직접 참여하지 않는 사람도 스포츠 이벤트를 관람하게 된다. 즉, 관람 스포츠 시장이 나타난다는 의미이다. 또한 혼자 집 주위를 조깅하던 사람이 많아지는 가운데 괜찮은 시설과 좋은 프로그램을 제공하는 헬스클럽이 근처에 생기면 참여 스포츠 시장이 나타난다. 이처럼 관람 스포츠 시장과 참여 스포츠 시장은 각각 스포츠 문화를 기반으로 독립적으로 나타날 수 있다. 한편 참여 스포츠 시장이 관람 스포츠 시장을 촉진하기도 하고 관람 시장이 참여 시장을 촉진하기도 한다. 예를 들어, 골프인구(참여)가 늘어나면, PGA/LPGA 투어(관람)에 대한 잠재시장이 커지며, 반대로 박세리 등 스타 선수(관람)로 인해 골프인구(참여)가 늘어나기도 한다.

그런데 스포츠 시장 내 거래되는 상품은 단순하지 않다. 이를테면 각종 이벤트뿐만 아니라 다양한 관련 상품이 존재하기 때문이다. 특히 스포츠 상품 간에는 위계관계(본원-파생관계)를 형성하는 특징을 보유하고 있기도 하다. 이에 따라 스포츠 시장 또한 단순한 구조로 형성되어 있지 않으며 거래되는 상품의 특성에 따라 본원 및 파생이라는 개념을 가진 시장이 존재한다.

스포츠 시장의 본원상품은 스포츠 문화에서 첫 번째로 발현되는 상품이며 스포츠 본원시장(sport primary market)은 이러한 상품을 취급하는 시장이다. 본원시장은 크게 상품을 생산하거나 소비하는 개체들의 속성(전문성 및 비전문성)에 따라 관람 스포츠 시장과 참여 스포츠 시장으로 구분할 수 있다. 관람 스포츠 시장이란 전문적인 개체(선수)들에 의해 생산되는 스포츠 본원상품이 유통되는 시장을 의미한다. 예를 들어, 프로야구, 올림픽, 대학축구연맹전 등이 이에 해당한다. 관람 스포츠 시장은 선수들의 수준 및 활동 영역에 따라 프로 스포츠 이벤트 시장, 아마추어 스포츠 이벤트 시장 및 국제 이벤트 시장 등으로 세분할 수 있다.

반면 참여 스포츠 시장은 전문적인 선수가 아닌 일반적인 참여자들에 의해 생산 · 소비되는 스포츠 본원상품이 유통되는 시장이다. 헬스, 등산, 수영, 조깅 등이 대표적인 상품이다. 참여 스포츠 시장은 상품 생산 활동의 유형에 따라 이벤트형 참여 스포츠 시장과 비이벤트

[표 6-1] 스포츠 본원시장 생성 배경 및 종류

<table>
<tr><th colspan="4">스포츠와 시장의 관계</th></tr>
<tr><th colspan="2" rowspan="2">문화</th><th colspan="2">본원시장</th></tr>
<tr><th>문화에서 파생</th><th>본원시장의 종류</th></tr>
<tr><td rowspan="5">스포츠</td><td rowspan="3">관람 스포츠</td><td rowspan="3">관람 스포츠 시장</td><td>프로 스포츠 이벤트</td></tr>
<tr><td>아마추어 스포츠 이벤트</td></tr>
<tr><td>국제스포츠 이벤트</td></tr>
<tr><td rowspan="2">참여 스포츠</td><td rowspan="2">참여 스포츠 시장</td><td>이벤트형 참여 스포츠</td></tr>
<tr><td>비이벤트형 참여 스포츠</td></tr>
</table>

자료: 강준호 · 김화섭 · 오자왕(2012). 스포츠산업의 신분류 체계: 스포츠 시장가치망, working paper, 서울대 스포츠산업연구소.

형 참여 스포츠 시장으로 구분할 수 있다.

한편 스포츠 파생시장(sport derivative market)이란 스포츠 본원시장의 원활한 운영, 수익 증대 및 운영 과정에서 파생되는 새로운 시장이다. 파생시장은 또 다른 파생시장을 낳는다. 이에 따라 본원시장에서 파생된 시장은 1차 파생시장이며, 1차 파생시장에서 파생된 시상은 2차 파생시장인 셈이다. [그림 6-1]에서 보는 것처럼 스포츠(1차) 파생시장은 방송권시장, 스폰서십 시장, 라이선싱 시장, 스타선수시장, 선수양성시장, 용품 · 설비시장, 시설운영 · 개발시장, 스포츠 정보시장, 스포츠 관광시장, 사업지원 서비스 시장 등으로 구성된다. 결국 스포츠 시장망은 스포츠 시장을 본원시장과 이로부터 파생된 시장들 간 단순한 합(合)의 개념을 넘어, 다양한 시장(본원 및 파생)들의 유기적 시스템으로 이해할 필요가 있다.

(2) 시장세분화의 개념

시장세분화 개념은 Smith가 "이질적인 시장(Heterogeneous Market)을 상이한 선호에 반응하는 다수의 소규모 동질적 시장(Sub-Homogeneous Market)으로 구분하는 것"이라고 정의한 이래로 복잡하게 변화하는 고도경쟁사회에 있어서 가장 기본적인 마케팅 전략의 근거로 대두되었다.

일반적으로 시장은 이질적 욕구를 가진 다양한 소비자들의 집합으로 이루어져 있다. 그러나 소비자 개개인의 욕구는 모두 상이하지만 특정 제품 및 서비스에 대한 태도, 의견, 구매행동 등의 면에서 유사한 소비자집단이 존재하고 있다. 이러한 비슷한 경향을 가진 사람들의

[그림 6-1] 스포츠 본원시장과 파생시장의 개념

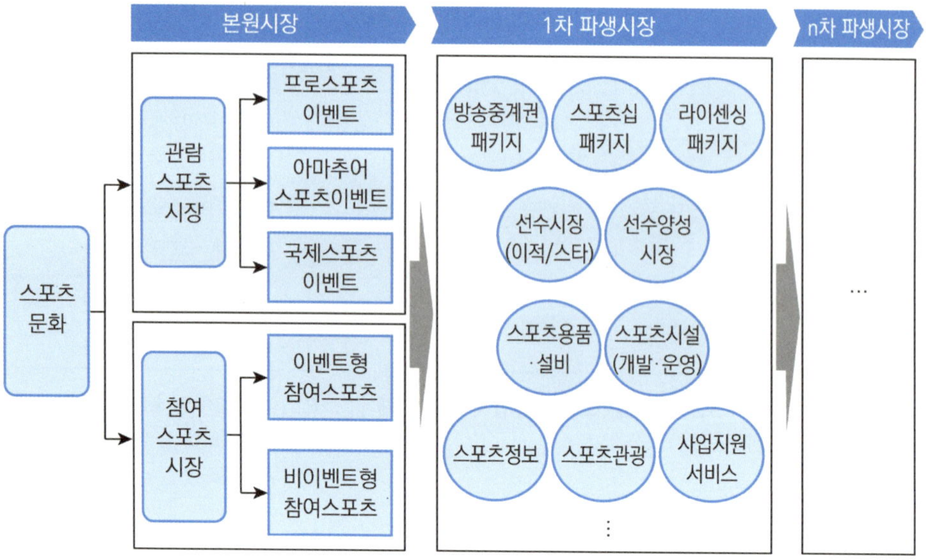

집단을 다른 성향을 가진 사람들의 집단과 분리하여 하나의 집단으로 묶는 과정을 시장세분화라 한다.

다시 말하면 시장세분화란 별개의 상품이나 마케팅믹스를 필요로 하는 각기 다른 욕구, 성격이나 행동을 가지고 있는 구별되는 구매자집단으로 특정 시장을 구분하는 과정을 말한다.[1] 또한 이러한 시장세분화를 좀 더 폭넓게 정의하면 욕구가 유사한 소비자집단별로 전체 시장을 나누고(segmentation), 기업의 목적달성에 가장 적합한 소비자집단을 선택 혹은 표적화하여(targeting), 선택된 표적시장에서 차별적인 경쟁우위를 유지하여 자사상품이나 서비스를 적절하게 위치시키는(positioning) 전략을 개발하는 소위 STP 전 과정을 의미한다.

따라서 시장세분화는 우선 마케팅 전략의 기초가 되는 시장조사를 통해 고객들의 시장에 대한 지각(perception)과 선호(preference)를 파악하고 이를 기초로 표적시장을 선정하며 표적시장 내에서 기업의 상품을 고객의 인식 속에 어떤 위치에 부각시켜야 할 것인지를 결정한다.

(3) 시장세분화의 절차

구체적인 세분화절차는 [그림 6-2]와 같이 나타낼 수 있다. 즉, 1단계에서는 시장을 세분화하는 데 영향을 미칠 수 있는 모든 속성(편익)을 찾아내어 이를 변수로 활용하여 소비자를

[그림 6-2] 시장세분화의 절차

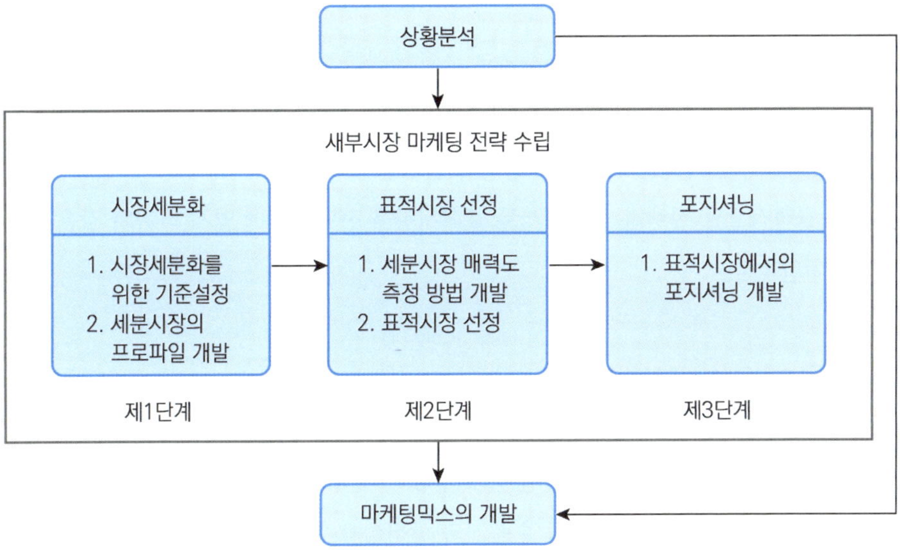

전체시장에서 군집화 하여 작은 동질적인 하위시장으로 구분한다. 2단계에서는 세분화된 시장 중에서 앞으로의 방향과 비전 – 시장의 성공가능성 혹은 수익창출가능성 등 – 을 고려하고 3단계에서는 각 세분시장 구성 소비자들의 구매행동, 라이프스타일, 인구통계적 특성 등을 파악하여 선택한 세분시장에 접근할 수 있도록 하는 것이다.

이를 기초로 하여 이들 세분시장 중 가장 매력적인 소비자집단을 선택해서 그들의 욕구에 가장 잘 부응할 수 있는 마케팅믹스를 개발하는 표적시장을 선정하게 된다. 이때 두 개 이상의 세분시장을 표적으로 선택하여 각각 서로 다른 마케팅믹스를 개발하는 복수세분시장전략을 선택하거나 단지 하나의 세분시장만을 선택하는 집중전략을 취할 수 있다. 이들 세분시장을 선택하는 기준은 첫째, 객관적으로 보아 매력이 있는 시장, 즉 현재의 매출액, 수익률, 성장속도, 경쟁의 강도 등의 기준으로 볼 때 전망이 밝은 시장이어야 하고, 둘째 그 시장에서 성공할 수 있는 강점이 있어야 한다는 것이다. 표적시장이 선택된 후에는 소비자의 인식 속에 원하는 위치로 부각시키는 위치정립(positioning)전략을 수립해야 한다.

경쟁 포지션이란 소비자들이 그 스포츠 상품을 경쟁상품과 비교해서 어떻게 인식하느냐는 것으로 이때의 비교기준은 상품의 주요한 속성들이 된다. 이는 자사의 현재 위치도(positioning map)를 기준으로 하여 위치도의 어느 지점에 자신을 위치시키는 것이 적합한지를 결정해야 한다. 위와 같은 과정을 통해서 앞으로의 전략을 정립하고 전체시장의 경쟁관계 속에서 가고자 하는 방향으로 자신의 상품을 소비자들에게 인식시키게 된다.

(4) 효과적인 시장세분화의 요건

시장세분화의 주된 목적은 세분시장별로 그에 적합한 마케팅 전략을 수립하여 이를 효과적으로 실행함으로써 목표를 효율적으로 달성하는 데 있다. 그러나 시장세분화가 가능하다고 해서 무조건 세분화하는 것이 마케팅의 효율성을 높이는 것은 아니다. 따라서 시장세분화전략을 효과적으로 집행하기 위해서는 표적시장을 선택하기에 앞서 다음과 같은 조건이 충족되어야만 한다.

1) 측정가능성(measurability)

이는 마케팅 관리자가 각 세분시장의 규모나 구매력의 측정이 가능하여야 한다는 것이다. 그러기 위해서는 구매자의 특성에 관한 정보가 있고 이를 입수할 수 있어야 한다. 예를 들어, 조깅화를 구매하는 소비자들이 신발의 품질과 상징성을 주로 고려하여 신발을 선택한다고 하자. 이 경우 상징성을 선택기준으로 삼는 소비자의 숫자와 품질을 선택기준으로 삼는 소비자의 숫자를 제대로 파악해야만 상징성이나 품질을 디자인이나 제품계획에 반영하고 생산할 각각의 제품을 얼마만큼 생산할 것인가를 결정할 수 있을 것이다.

2) 접근가능성(accessibility)

이는 기업이 선정된 시장 부분에 대하여 마케팅 활동을 효과적으로 집중할 수 있는 정도를 말한다. 즉, 스포츠 마케터들이 표적으로 삼은 시장과 효과적으로 커뮤니케이션 할 수 있는지의 여부로서, 그렇지 못한 경우라면 아무리 이상적인 표적시장이라 하더라도 마케팅 활동을 전개해서는 안 된다.

전통적으로 스포츠팬들에게 접근하기 위해 사용했던 수단은 신문, 잡지, 텔레비전과 같은 대중매체였으며, 최근 들어서는 인터넷과 같은 기술을 이용하여 특정 표적집단에게 접근해 갈 수도 있게 되었다.

3) 시장규모의 적정성(substantiality)

이는 시장 부문의 규모가 크고 수익성이 커서 별도의 시장으로 개척할 가치가 있는 정도를 말한다. 또한 여기에는 현재의 시장이 어느 정도 성장할 가능성이 있는지도 포함되어야 한다. 세분된 각 시장 부문에 대하여 상이한 마케팅 계획이 필요하고 이에 따라서 많은 비용이 소요되므로 하나의 시장 부문은 가능한 한 동질적 욕구를 지닌 다수의 소비자로 구성되어 이익을 거둘 수 있는 규모가 되어야 한다.

그런데 마케터들은 잠재시장의 크기에 너무 집착한 나머지 세분시장 중에서 항상 그 크기가 가장 큰 시장만을 표적시장으로 선정하는 다수오류(majority fallacy)에 빠질 수 있다. 물론 가장 큰 시장이 가장 좋은 선택이 될 수 있지만 그러한 시장은 항상 경쟁이 극심하며, 시장 내에서 경쟁자와 차별화 할 방법이 제한적이게 된다.

4) 실행가능성(actionability)

이는 세분시장을 공략하기 위한 실행 가능한 효과적인 마케팅 프로그램을 개발할 수 있어야만 하는 것을 말한다. 즉, 마케팅 조사를 통해 시장성이 충분한 여러 개의 세분시장의 기회를 발견했다 하더라도 스포츠 조직의 내적 여건이 각각의 세분시장에 적합한 마케팅 프로그램을 개발할 수 없는 상황이라면, 세분화에 문제가 있는 것이다. 이때 고려해야 하는 대표적인 내적 상황은 재무상태, 인적 프로그램, 그리고 축적된 노하우 등이다. 가령 전체 스포츠 에이전트 시장의 규모가 적절하다 할지라도 모든 종목을 담당할 수 있는 개인적 능력이 결여되어 있다면 실행이 불가능하다.

그리고 시장세분화가 마케팅 전략 수립 과정의 핵심 개념이라 할지라도 잘못 사용되어질 경우에는 피해가 발생하게 된다. 그 중에서 가장 흔히 발생하는 현상이 과도한 세분화(over-segmentation)이다. 이러한 현상은 무리한 마케팅 비용을 가져오게 하여 시장의 구조를 왜곡시킨다. 그 결과 수익성이 악화되어 세분화의 역 방향인 시장의 통합화 현상이 나타나게 되는 경우가 있다. 따라서 시장세분화는 반드시 기업에 이익을 가져다준다는 믿음으로 마케팅 전략을 수립하기보다는 세분화에 따른 문제점을 검토한 후에 마케팅 전략을 수립하는 것이 바람직하다.

2 시장세분화의 분류기준

세분화에 대한 근거는 고객특성 혹은 제품이나 서비스의 지각된 특성이라 할 수 있다. 이론적으로 시장세분화에 대한 단일의 정확한 근거는 없다. 사용된 근거는 기업목표, 제품이나 서비스 특성 및 시장구조에 따라 다양할 것이다.

일반적으로 사용되는 시장세분화에 대한 근거는 Cunningham이 제시한 6가지 변수, 즉 ① 인구통계학적 변수, ② 지리적 변수, ③ 심리 및 태도변수, ④ 제품편익, ⑤ 사용률, ⑥ 라이프스타일 변수가 세분기준을 충족시켜 줄 수 있다. 그리고 시장세분화에 대한 상기 6가지 기준은 실제적으로 라이프스타일 기준을 제외하고는 Engel, Wales 그리고 Warshaw(1971)가 제시한 기준과 동일하다.

또한 세분화변수는 [그림 6-3]에서 보는 것처럼 4가지로 분류될 수 있다. 즉, 2가지의 고객특성(일반적, 특정 상황)과 2가지의 측정(객관적, 추론적)기준을 이용하여 분류할 수 있다.

[그림 6-3] 시장세분화에 대한 대안적 기준의 분류설계

		소비자의 특성	
		일반적	특정 상황
측정	객관적	(1) 인구통계학적 요소들(나이, 수명주기단계, 성격, 주거 지역 등)과 사회경제적 요소들	(3) 소비형 태(다량, 중간, 소량), 브랜드 충성 형태(브랜드, 점포), 구매 상황
	추론적	(2) 개성특성, 라이프스타일	(4) 태도, 지각 및 선호

자료: R. E. Frank, W. F. Massy, & Y. Wind, (1972), *Market Segmentation*, Englewood Cliffs, N.J., Prentice-Hall, p. 27.

① 소비자의 특성(일반적, 특정 상황) - 각 세분변수의 정도가 특정 제품이나 서비스 구매에 대한 독립성 여부.

② 측정(객관적, 추론적) - 세분변수 측정의 객관화 가능성.

여기서 인구통계학적 변수는 특정 제품이나 서비스 구매 여부에 관계없이 일반적 변수이며, 응답자의 주관이 배제된 객관적 변수이다. 또 다른 측정변수인 라이프스타일은 특정 상황과 관련이 없는 일반적인 변수이며, 응답자의 주관이 가미된 추론적 변수이다.

많은 경우에 마케팅 관리자는 시장을 지리적 변수, 인구통계적 변수, 심리분석적 변수를 기준으로 세분화하게 된다. 그러나 시장을 세분화하는 데 유일한 방법이나 최적의 방법이 존재하는 것은 아니다. 세분화의 기준이 되는 변수가 매우 다양하기 때문이다. 그러나 어떠한 변수를 기준으로 시장을 세분화하든지 앞에서 설명한 세분화의 요건인 측정가능성, 접근가능성, 유지가능성 등을 충족시킬 수 있어야 한다.

(1) 지리적 변수에 따른 시장세분화(geographic segmentation)

지리적 세분화는 비용이 적게 들고 비교적 쉬운 방법이기 때문에 빈번히 고려되는 세분화 기준 중의 하나이다. 이 방법은 거주 지역, 도시의 크기, 기후, 인구밀도 등의 변수를 주로 이용한다. 이때 기업은 해당 시장에서의 예상거래금액과 비용이 입지에 따라 변동됨을 인식하게 된다. 따라서 가장 유리하게 영업 활동을 전개할 수 있는 지리적 시장을 확인하여야 한다.

실제로 스포츠 시설에 가까이 거주하는 사람이 스포츠 활동에 참여할 가능성이 높을 것이라는 점은 쉽게 예상할 수 있는 일이다. 이러한 맥락에서 우편번호는 지리적 세분화의 유용한 도구로 활용될 수 있다. 스포츠 마케터의 입장에서 이러한 자료는 따로이 마케팅 조사를 전개해서 얻을 수도 있으나, 현재 거래중인 소비자들 예를 들어서 회원권 관련 자료를 살펴보거나, 입회원서를 살펴보면 소비자들을 거주 지역에 따라 쉽게 분리해볼 수 있게 된다.

(2) 인구통계적 변수에 따른 시장세분화(demographic segmentation)

인구통계적 기준에 따른 시장세분화에 있어서 시장은 연령, 성, 가족 수, 소득, 직업, 역사, 가족생활주기, 종교 등 인구통계적 변수를 기준으로 세분화하는 것으로 여러 가지 시장세분화의 기준들 중에서 다음의 이유 때문에 가장 널리 이용되는 방법이다. 첫째, 이러한 변수들은 스포츠 마케터의 입장에서 측정이 매우 용이하다. 둘째, 표적시장의 인구통계적 특성에 대한 정보는 다양한 정보원을 통해서 쉽게 확보할 수 있다. 셋째, 인구통계적 변수는 태도 및 스포츠 행동과 밀접한 관계를 가지고 있다. 예를 들어, 연령에 따라 참여하는 스포츠가 다르고, 구입하는 운동용품이 다르며, 관람하는 스포츠가 다르게 된다.

인구통계적 변수 중에서 연령은 아직까지는 시장세분화를 하는데 있어 매우 단순하면서도 가장 효과적인 변수이며, 연령은 측정하기가 용이할 뿐만 아니라 소비자의 욕구와 직접 관련되어 있다. 또한 연령은 소득수준, 교육 정도 등 다른 인구통계적 특성들과 밀접한 관련성을 지니는 것으로도 알려져 있다.

이러한 연령별 시장 중에서도 어린이시장은 가족들의 구매의사결정에 매우 큰 영향을 미치는 이유로 그 중요성이 크게 부각된다. 따라서 스포츠 마케터들은 이러한 어린이시장의 강력한 힘을 항상 잘 이해하고 있어야만 한다. 또한 이들은 스포츠팬으로 성장하기 때문에 관리의 필요성이 더욱 커진다. 프로야구 구단에서 '어린이날'과 같은 특별한 날을 잡아서 어린이들을 무료로 입장시킨다거나 어린이들만을 대상으로 하는 선수 사인회를 개최한다거나 하는 것은 그러한 방안들 중의 하나이다.

성별과 소득수준 역시 시장세분화의 기준으로 활용할 수 있는데, 예를 들어서 여성의 경우 남성보다 스포츠에 직접 참여하는 경우가 적은 것이 일반적이지만 프로축구나 프로씨름 경기에서 여성들만을 대상으로 할인가격 혹은 무료로 경기장에 입장할 수 있도록 하는 것은 이들만을 대상으로 한 마케팅 활동으로 볼 수 있다.

또한 소득수준의 경우 아무래도 소득이 낮은 사람보다는 높은 사람들이 골프와 같이 비용이 많이 소요되는 스포츠에 참여할 확률이 높으며, 그에 따라 스포츠용품 업체에서도 이들을 대상으로 한 대응전략을 실시할 필요가 있다.

그리고 가족생활주기는 각 개인들이 거치게 되는 다양한 삶의 단계를 가리키는 것으로서 독신으로 지내는 층, 갓 결혼한 층, 결혼 후 자녀가 어린 층 등 각 개인이 어떤 단계에 있는지에 따라 이에 걸맞는 마케팅 활동을 전개할 필요가 있다. 예를 들어, 자녀가 아주 어린 회원을 위해 스포츠 시설 내에 어린이 방과 같은 육아시설을 두어 부모가 운동하는 동안 아무런 불편이 없도록 해주는 것도 하나의 방법이기도 하다.

스포츠 마케팅 현장이야기

전문 · 세분화되는 스포츠 시장

스포츠 시장이 전문화 · 세분화 되고 있다. 본인만의 개성을 중요시 하는 소비자들이 스포츠 활동에서도 요가, 바이크, 수영, 러닝 등 생활 패턴과 신체조건에 맞게 스포츠를 즐기고 있는 것. 이에 맞춰 스포츠 브랜드들은 전문성과 패션성이 강화된 신규 라인을 내놓고 긍정적인 반응을 얻고 있다. 17일 관련 업계에 따르면 코오롱인더스트리의 스포츠브랜드 헤드는 여성 바이크의류 전문라인인 비엣을 출시했다. 비엣 라인은 여성 바이크 라이더들이 편하게 입을 수 있는 의류로 구성됐다. 바이크는 손쉽게 접근할 수 있는 운동으로 진입장벽이 낮아 여성들이 선호하고 있는 스포츠로 주목받고 있다.

비엣은 여성 바이크 라이더들과 함께 작업해 직접 라이딩을 하면서 불편했던 점이나 디자인에 대한 아이디어를 제품에 담았다. 여성과 함께 남성 상품도 구성, 함께 바이크를 즐길 수 있게 고려했다. 비엣라인은 헤드 직영점을 시작으로 바이크 편집샵과 백화점 편집샵에도 입점될 예정이다. 최우일 헤드 의류용품 기획 팀장은 "여성 바이크 라이더 인구는 증가하고 있고, 주 연령층도 20~30대로 낮아지고 있는 추세"라며 "그동안은 남성 위주의 바이크 의류만 출시됐다면 올해부터는 여성 타깃 제품이 적극적으로 나오고 있다"고 설명했다. 헤드는 앞서 여성전문 요가라인인 에고를 출시했다. 지난해 에고라인 매출은 전년보다 200% 증가했다.

나이키와 아디다스는 '러닝'에 주력, 다양한 러닝화와 관련 의류를 내놨다. 러닝 문화를 선도하기 위해 매년 마라톤 대회도 열고 있다. 올해는 처음으로 하프 마라톤 대회를 연다. 참가자 5,000명 모집이 하루 만에 마감됐다. 휠라는 스포츠 라인을 트랙 스포츠용, 패션성을 강화한 인도어 스포츠용, 선수 전문가용 등 3개 라인으로 세분화해 전문 스포츠 브랜드 이미지를 강화했다. 롯데 · 신세계백화점 등 유통업체들도 올해 전문 바이크숍 매장을 입점시켜 관련 수요를 흡수하고 있다.

아웃도어 브랜드들은 산악 브랜드가 아닌 라이프스타일 브랜드로 탈바꿈하고 있다. 블랙야크와 디스커버리 익스페디션 등은 서머 스포츠 라인을 강화한다. 래쉬가드 제품 생산을 늘리고 예년보다 한달 앞서 내놓기로 했다. 래쉬가드는 서핑, 스쿠버다이빙, 스노클링 등과 같은 수상 스포츠를 할 때 주로 입는 의류로, 자외선 차단과 체온을 보호하는 기능을 동시에 갖췄다. 디스커버리 익스페디션의 경우 지난해 모델 공유가 입은 래쉬가드는 전 물량 다 팔리기도 했다. 파리게이츠와 와이드앵글 등 골프웨어 브랜드들도 올해 여름 시즌 매출을 늘리기 위해 래쉬가드 제품을 내놓는다.

업계는 올해 국내 스포츠 시장규모가 4조 원이 넘어설 것으로 보고 있다. 패션업계 관계자는 "패션 시장이 고전하고 있는 가운데 스포츠 시장만이 최근 성장하고 있다"면서 "여성복 브랜드조차 스포츠 라인을 출시할 정도로 전 브랜드들이 이 시장에 달려들면서 의류도 세분화되고 있다"고 설명했다.

- 아시아경제, 2016년 3월 17일 -

(3) 심리분석적 변수에 의한 세분화(psychographics segmentation)

심리분석적 변수에 의한 세분화는 눈에 보이지 않는 라이프스타일, 개성 등의 심리분석적 변수를 이용하여 시장을 세분화하는 방법으로서, 이 분류 방법은 개인의 심리적인 요인들에 의해 생활 스타일 및 개인 간의 차이가 발생한다는 점에 착안하여 시장을 세분화하는 것을 말한다. 동일한 인구통계적 집단에 속하는 사람도 전혀 다른 특성을 보이는 경우가 많기 때문에 이러한 방법에 의하여 시장을 세분화할 필요성이 점점 증대하고 있다.

[표 6-3] 라이프스타일 파악을 위한 AIO 변수

행동(Activities)	관심(Interest)	의견(Opinion)
일	가족	자기 자신
취미	가정	사회적 관심사
사교행사	직업	정치
휴가	지역사회	사업
오락	여가 활동	경제
클럽회원권	여행	교육
지역사회	음식	상품
쇼핑	대중매체	장래
스포츠	업적달성	문화

몇 가지 심리분석적 변수 가운데 가장 널리 이용되는 방법이 라이프스타일에 의한 세분화인데, 라이프스타일이란 사람들이 살아가는 방식(a way of living)을 말한다. 라이프스타일은 보통 개인의 행동(activity), 관심(interest), 그리고 의견(opinion)과 관련된 문항으로 측정하는데 그 내용은 [표 6-3]과 같다. 따라서 분류된 각 집단에 속하는 사람들은 그들의 활동, 관심, 의견 등에서 유사성이 있을 뿐만 아니라 제품 및 서비스에 대한 선호경향에 있어서도 유사한 경우가 많다고 한다. 따라서 이와 같이 일반적인 라이프스타일에 관한 정보를 파악하게 되면 스포츠 마케터의 입장에서 효율적인 스포츠 마케팅 전략을 수립할 수 있게 된다.

실제 [표 6-3]에서 보는 것처럼 AIO의 내용 중 상당부분이 스포츠와 직 · 간접적인 관련성을 지니고 있다. 예를 들어, 스포츠, 사교행사, 여가 활동은 스포츠와 직접적인 관련성을 갖는 것처럼 보이고, 클럽회원권, 패션, 지역사회, 경제는 스포츠와 간접적인 관련성을 갖는 것처럼 여겨진다.

또한 이 방법에 의한 시장세분화를 이용하면, 목표시장에 속해 있는 개별 스포츠 소비자들의 장래 행동과 미래의 수요를 쉽게 예측할 수 있으며, 더 나아가 효과적인 커뮤니케이션을 통해 스포츠 상품과의 친밀도를 보다 높일 수 있게 된다. 여기서 중요시하는 마케팅 전략은 스포츠 소비자의 태도를 변화시키고 전략상품의 수용도를 높여주는 이미지 관리이다. 즉, 고객의 심리적 특성에 맞게 스포츠 상품에 대한 이미지를 심어주어 스포츠 소비자의 상품구매의사를 스포츠 마케터가 원하는 방향으로 유도한다.

그러나 라이프스타일이 세분화 기준변수로 이용될 때에는 보통 인구통계적 특성과 함께 측정된다. 이는 특정 라이프스타일을 지닌 소비자들의 인구통계적 특성이 전략 수립에 매우 유용한 정보를 제공해 주기 때문이다.

(4) 행동적 변수에 의한 세분화

1) 사용량 세분화

대부분의 시장은 다량사용자(heavy user), 소량사용자(light user), 간헐적 사용자(sporadic user) 혹은 비사용자(non-user) 집단으로 구분될 수 있다. 또한 스포츠 시장의 경우는 스포츠에 대해 잘 알고 있으면서 직접 참여하거나 경기장을 찾는 것이 아니라 TV와 같은 매체를 통해 스포츠 상품을 접하는 매체구매자(media consumer)까지 구분해볼 수 있다. 결국 스포츠 소 비자들이 스포츠 상품을 얼마나 자주 이용하는지에 따라 시장을 세분화할 수 있다.

이렇게 사용량에 따라 시장을 세분화한 경우 보통 다량사용자 집단에 초점을 맞추게 되는데, 이들 다량사용자 집단은 20 : 80 법칙에 의거 20%의 소수 소비자가 전체 판매량의 80%를 소비하기 때문이다. 현재 많은 서비스 마케터들은 소량사용자에 비해 양적으로 훨씬 많은 소비를 하고 있는 이들 다량사용자에게 초점을 맞추고 있다.

그러나 스포츠 마케터의 입장에서는 각 세분시장(다량, 중량, 경량)의 욕구를 가급적이면 충족시키기 위한 노력을 전개해야만 한다. 또한 각 스포츠 마케터의 입장에서 각 세분시장들이 자신들이 제공하는 스포츠 상품들에 대해서는 어떠한 상태인지도 명확히 알아두어야만 한다. 왜냐하면 오늘의 경량사용자가 내일의 중량사용자가 될 수 있으며, 또 언젠가는 다량사용자가 될 수 있기 때문이다.

[표 6-4] 스포츠 참여와 관람객들의 사용률과 생활주기

생활주기단계	스포츠 관중	스포츠 참여
어린이(5세 ~15세)	경량/중량	다량
청소년(15세 ~18세)	중량/다량	다량/중량
대학생 혹은 사회초년생(18세 ~ 23세)	중량/다량	중량/경량
결혼 - 신혼(자녀 없음)	경량/간헐	경량
결혼(어린아이 있음)	경량/중량	중량
결혼(큰 아이 있음)	중량/다량	중량/경량
결혼(집에 아이 없음)	중량/경량	경량
독신	경량/없음	경량/없음

자료: B. J. Mullin, S. Hardy, and W. A. Sutton (1993), *Sport Marketing*, 1st ed., Human Kinetics, Champaign, IL., p. 129.

물론 모든 소비자가 즉각 다량소비자가 되는 것은 결코 아니다. 오히려 소비자들은 자신들이 처음 접했던 스포츠 상품에 대한 경험이 어떠했는지에 따라 추가 이용 여부가 달라지게 된다. 또한 사람들의 생활주기와 사용량을 연결 지어 생각해볼 수 있는데 [표 6-4]는 그 내용을 보여주고 있다.

그리고 스포츠 마케터들은 스포츠 소비자들의 이용률에 대한 자료를 토대로 다음과 같은 교훈을 얻을 필요가 있다.[2]

첫째, 모든 소비자들이 동일한 비율로 소비하는 것은 결코 아니다.

둘째, 소비량(다량, 중량, 경량)은 스포츠마다 상이하며, 사용률의 상대적 중요성(참여 · 관람 스포츠) 역시 스포츠마다 상이하다.

셋째, 소비의 수준은 연령에 따라서 상이하며, 라이프사이클에 따라 소비 패턴이 달라지게 된다.

넷째, 스포츠 마케터는 어느 한 세분시장만을 바라볼 것이 아니라 모든 시장의 중요성을 함께 인식해야만 한다.

2) 편익 세분화

편익 세분화는 할리(R. J. Haley)[3]에 의해 도입되었고, 그 동안 많은 학자들과 마케팅 실무자들에 의해서 사용되어 왔다. 인구통계적 · 지리적 변수와 같은 일반적 고객특성변수는 구체적으로 고객이 어떤 욕구를 가졌는지를 설명해주지 못하기 때문에 마케팅 정책수립에 직접적으로 기여하지 못한다는 단점이 있다. 반면 편익에 의한 세분화는 고객이 상품으로부터 얻고자 하는 편익(benefit)을 기준으로 시장을 세분화하는 기법이다. 이 방법의 기본적인 가정은 한 가지 품목의 상품에 대해서 고객이 얻고자 하는 편익이 다양하게 나타나고, 이와 같이 추구되는 편익의 다양성은 소비자의 구매행동과 밀접한 관계가 있다는 것이다.

예를 들어, 나이키와 같은 스포츠 신발 제조업자들은 세분시장이 추구하는 편익에 그 초점을 맞추고 있다. 즉, 어떤 소비자는 유행에 뒤쳐지지 않은 예쁜 신발을 추구하는 반면에, 어떤 소비자는 조깅을 할 때 전혀 불편함이 없는 높은 기능성을 추구하고자 할 것이다. 실제로 운동화를 구입할 때 중요하게 여기는 속성을 알아본 조사에 따르면 83%의 응답자들이 '편안하고, 잘 맞는 것'을, 63%가 '활동성'을, 56%가 '성능'을, 54%가 '패션'을 중요하게 여기는 것으로 나타났다고 한다.[4] 결국 똑같은 운동화를 구입해도 소비자들이 원하는 편익은 각기 다르다는 것을 보여주는 결과라고 하겠다.

마찬가지로 특정 스포츠에 참여하는 사람들도 해당 스포츠를 통해서 얻고자 하는 것은 매우 다양할 수밖에 없다. 즉, 4장에서도 언급하였지만 골프를 하려는 사람들은 순수하게 본인의 체력증진을 위해서 운동하는 사람이 전체 골프 인구 중의 몇 퍼센트나 될지는 아무도 장담하기 어려울 것이다.

3 표적시장의 선정

정확한 표적시장의 선정은 스포츠 조직이 직면하고 있는 실질적인 세분시장 내에서의 치열한 경쟁 속에서 돌파구를 찾을 수 있는 전략수립을 가능케 해준다. 치열한 경쟁환경에 처해있는 스포츠 산업 분야에서 스포츠 조직은 얼마나 많은 세분시장을 선택할 것이며, 어떻게 가장 바람직한 세분시장을 찾아낼 것인가를 과학적 기준에 근거하여 결정해야만 한다.

(1) 세분시장의 평가

기업이 세분시장을 평가하기 위해서는 다음과 같은 세 가지 요소, 즉 규모와 성장률, 세분시장의 구조적 매력성, 그리고 기업의 목표와 자원 등을 고려하여야 한다.

1) 세분시장의 규모와 성장률

세분시장을 평가하기 위하여 기업은 가장 먼저 각각의 세분시장의 매출액, 성장률, 그리고 기대수익률을 조사하여야 한다. 이러한 자료를 기초로 하여 적절한 규모와 성장률을 지닌 세분시장에 관심을 가져야 한다.

2) 세분시장의 구조적 매력성

적절한 규모와 성장률을 지닌 세분시장을 선택했다고 해서 반드시 기대하는 수익을 올릴 수 있는 것은 아니다. 세분시장의 매력성을 결정하는 가장 핵심적인 요인 중의 하나가 경쟁 요인이다. 예를 들어, 특정 세분시장 내에 강력하고 공격적인 경쟁자가 다수 포진하고 있다면 그 세분시장의 매력성은 크게 떨어질 것이다. 또한 특정 세분시장에 다양한 대체 상품이 존재하는 경우는 당해 상품의 가격이나 이익에도 많은 영향을 미칠 것이다. 또한 구매자의 교섭력도 특정 세

2030 골퍼들의 시장이 급속도로 성장하고 있는 중이다

분시장의 매력도에 많은 영향을 미치고 있다. 예를 들면, 특정 세분시장에서 어떤 구매자가 강력한 교섭력을 가지고 있는 경우에는 가격인하와 보다 높은 품질과 서비스를 요구함은 물론 당해 기업의 이익을 희생시키면서 경쟁자를 끌어들이려 할 것이다.

3) 기업의 목표와 자원

특정 세분시장이 적절한 규모와 성장률을 지니고 있으며 구조적으로 매력적인 시장이라 할지라도 기업의 목표와 자원에 적합하지 않으면 스포츠 조직은 그 세분시장을 선택할 수 없다.

한편 특정 세분시장이 스포츠 조직의 목표와 일치하여도 그 세분시장에서 성공하는데 필요한 기술과 자원을 보유하고 있는지 여부를 검토하여야 한다. 만일 스포츠 조직이 특정 세분시장에서 경쟁하는 필요한 강점을 지니고 있지 못하면 그 세분시장에 진입해서는 안 된다. 다시 말해서 기업은 경쟁자에 비해 보다 우수한 가치를 제공할 수 있고 경쟁적 우위를 확보할 수 있는 세분시장에만 진입해야 한다.

(2) 표적시장의 선정

기업은 각 세분시장을 평가한 후에는 어떠한 세분시장에 또는 몇 개의 세분시장을 선정할 것인가를 결정하여야 한다. 이렇게 스포츠 조직이 가장 효과적이고 효율적으로 마케팅 목표를 달성할 수 있는 세분시장을 선정하는 작업을 표적시장의 선정이라고 하고, 여기서의 표적시장이란 기업이 선정하려고 결정한 공통적인 욕구와 특성을 지닌 소비자집단을 말한다.

또한 스포츠 마케터들은 표적으로 선정하고자 하는 소비자집단을 선정할 때 매우 신중한 결정을 내릴 필요가 있으며, 이를 위해 앞서 세분시장의 평가기준으로 언급했던 측정가능성, 접근가능성, 유지가능성 등을 중심으로 세분시장이 평가되어야 한다. [그림 6-3]은 스포츠 조직들이 이용할 수 있는 세 가지 시장 커버리지 전략을 설명하고 있다.

1) 비차별화 마케팅

이 방법은 시장을 구성하고 있는 소비자들의 욕구와 필요가 동일하다고 보고 한 가지 마케팅믹스로 전체시장에 소구하려는 전략이다. 따라서 고객이 가지는 욕구의 차이에는 무관심하고 오히려 공통점에 착안하여 전략을 수립하게 된다.

비차별화 마케팅의 큰 장점은 규모의 경제를 실현함으로써 비용을 절감할 수 있다는 데

[그림 6-3] 세 가지 시장 커버리지 전략

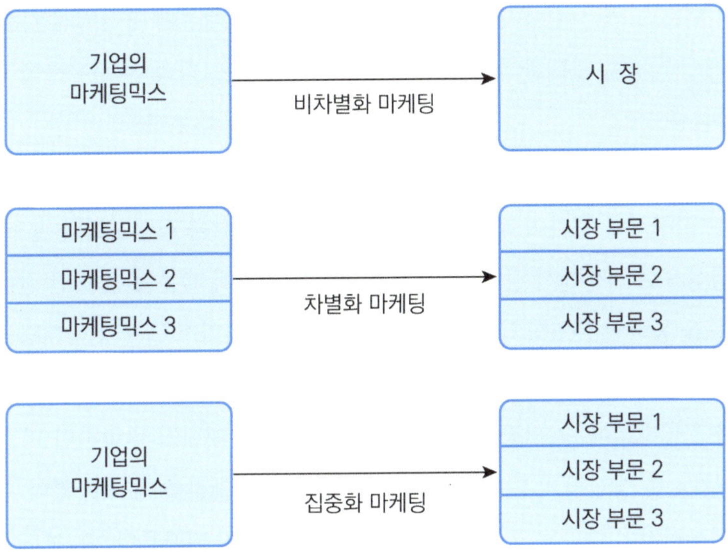

있다. 뿐만 아니라 비차별화된 광고 프로그램은 일정한 광고매체를 자주 이용함으로써 매체 비용의 할인혜택도 받을 수 있다. 또한 세분화된 시장에 대한 조사나 계획수립을 각각 하지 않아도 되기 때문에 이에 관련된 비용을 절감할 수 있다.

2) 차별화 마케팅

이 방법은 두 개 혹은 그 이상의 세분시장을 표적시장으로 선정하고 각각의 세분시장에 적합한 상품과 마케팅 프로그램을 개발하여 공급하는 전략이다. 따라서 이 전략을 채택한 기업은 각 세분시장에서 더 많은 판매고를 올리면서 당해 제품과 회사의 이미지를 강화하려고 노력한다.

차별화 마케팅의 장점은 상이한 소비자의 욕구에 맞추어 여러 가지 서비스를 다양한 가격과 형태로 제공하고, 복수의 유통경로를 사용하며 다양한 판매촉진을 실시하기 때문에 보다 많은 소비자들을 고객으로 확보할 수 있게 해준다.

그러나 차별화 마케팅은 경비도 증가된다는 문제점을 안고 있다. 따라서 총매출액의 증대와 비용의 상승을 감안하여 적절한 수준의 차별화가 요구된다.

3) 집중화 마케팅

이 방법은 기업의 자원이 제한되어 있을 때 한 개 혹은 소수의 세분시장에서 시장점유율을 확대하려는 전략이다. 특히 다수의 중소기업들은 위의 두 가지 방법 외에 제3의 접근법을 필요로 하게 되는데, 큰 시장에서 낮은 점유율을 유지하는 대신에 자기에게 가장 알맞은 하나 혹은 몇 개의 시장을 선택한 후 이 시장에 집중함으로써 보다 높은 점유율을 확보하는 데 유용한 전략이다.

기업은 집중화 마케팅을 통해 특정 세분시장에서 강력한 시장지위를 차지할 수 있게 된다. 그 이유는 집중화를 통하여 특정 세분시장의 욕구와 필요를 경쟁자보다 잘 알 수 있으며, 한번 얻은 명성으로 시장에서 강력한 지위를 유지할 수 있기 때문이다. 또한 전문적인 생산, 유통, 촉진 등을 통하여 운영상의 경제성도 누릴 수 있다. 따라서 집중화 마케팅을 선택한 기업이 세분시장을 잘 선정한 경우 높은 수익률을 올릴 수 있다. 그러나 이 방법은 작은 규모의 시장을 공략하기 때문에 그 시장에 속한 소비자들의 구매 패턴이 변화하면 더 이상 시장으로서의 존재가치를 상실하게 되어 위험에 처하게 된다는 단점을 지니고 있다. 뿐만 아니라 목표로 한 세분시장이 약화될 경우 보다 높은 수준의 위험이 뒤따른다. 즉, 보다 강력한 경쟁자가 시장에 진입하면 큰 위험에 빠질 수 있다.

집중화 마케팅은 단일세분시장, 선택적 전문화, 제품전문화, 그리고 시장전문화의 네 가지로 분류할 수 있다. 스포츠 종목 중 관심 있는 종목만 운영하는 기업이 있는데, 이것이 집중화 마케팅 전략의 일환이라고 할 수 있다. 예를 들어, 대부분의 대학들은 대학체육부를 운영하면서 다양한 종목을 운영하지만, 숭실대학교의 경우는 축구 한 종목만 집중적으로 투자를 하며 시장공략을 하고 있다. 그런데 이 네 가지 방법은 [표 6-5]에서 보는 것처럼 여러 장 · 단점을 지니고 있다.

[표 6-5] 집중화 마케팅 전략들의 장 · 단점

구 분	장 점	단 점
단일세분시장	• 자금제한 • 독점적(경쟁자가 없거나 적음)	강한 경쟁자 진입에 약함
선택적 전문화	• 기업의 자원분배 일치 • 기업의 위험부담	시너지효과가 없음
제품전문화	• 한 가지 제품생산 • 특정 제품 영역에서 강한 명성	신기술 출현에 약함
시장전문화	• 표적집단에 적합한 여러 종류의 제품생산 • 전문적 서비스	표적집단의 변화에 민감

4 포지셔닝 전략

(1) 포지셔닝의 개념

스포츠 조직의 비중이 전보다 훨씬 커짐과 동시에 스포츠 산업 시장 내에서 각 조직 간의 경쟁이 치열해지면서 각 스포츠 조직은 소비자를 유치하는데 보다 적극적인 자세를 보이지 않으면 안 된다. 그러나 스포츠 상품이 가지는 고유한 특성으로 인해 각 스포츠 조직들은 자신들이 경쟁자와 어떻게 차이가 나는지 확연하게 제시할 수 없다.

이러한 제약이 있음에도 불구하고 치열한 경쟁 때문에 스포츠 조직들은 자신의 상품과 서비스가 고객에게 어떻게 인식되고 평가되는지, 고객은 어느 수준의 상품과 서비스를 요구하고 있는지, 그리고 상품의 중요 속성에 대해 세분시장의 고객들이 어떻게 인식하고 있는지를 파악하지 않으면 안 된다.

포지셔닝이란 말 그대로 '시장 내 고객들의 마음에 자사의 상표 등을 자리매김'하는 의미를 갖는다. 즉, 상품이나 서비스에 대해 어떤 행동을 취하는 것이 아니라 잠재고객의 머릿속에 상품이나 서비스의 위치를 잡아주는 것이다.

이때 상품이나 서비스의 위치는 고객들이 그 상품이나 서비스를 어떻게 인식하는가를 말하며, 고객들은 이러한 속성들을 이용하여 여러 경쟁상품을 비교한다. 따라서 상품의 포지션은 소비자들이 일정한 속성을 기준으로 해서 경쟁상품들을 어떻게 인식하고 있는가를 의미하게 된다.

그런데 포지셔닝에 대해 구체적으로 언급하기에 앞서 주지해야 할 몇 가지 점이 있다. 우선 포지셔닝은 이전의 세분시장 선택 과정에서 규명한 표적시장의 성격에 따라 달라지게 된다. 실제로 동일한 스포츠도 표적시장에 따라 다르게 포지션될 수 있다. 최근 들어 여성들 사이에 권투가 다이어트를 위한 운동처방으로 각광받고 있는데, 이는 기존의 격투기의 대표적인 사례로 받아들여졌던 것과 비교하면 그 내용이 다르다.

둘째, 포지셔닝은 표적시장 내 소비자들의 지각과 그들이 해당 스포츠(상품)에 대해 어떻게 받아들여지는가 만이 중요한 변수가 된다. 그러나 때때로 소비자들이 실제로 생각하고 있는 것과는 다르게 포지셔닝이 이루어지는 경우도 발생할 수 있으며, 이에 따라 경쟁에서 뒤쳐지게 될 수도 있다. 다시 말해서 포지션이란 항상 소비자가 경쟁상품과 비교해서 특정 스포츠 조직이 제공하는 상품에 대해서 어떻게 생각하고 있는지 그 자체를 의미한다.

셋째, 포지셔닝의 정의는 모든 스포츠 상품이 가지고 있는 고유한 특성을 고스란히 반영한다. 즉, 스포츠 상품 자체가 가지는 고유한 특성이 포지셔닝의 내용에 반영되어야 한다. 따라서 스포츠 마케터들은 해당 상품이 지니는 고유한 특성을 제대로 파악하도록 노력해야만 하며, 여기에는 당연히 스포츠 팀이나 개별 운동선수들까지도 포함된다.

시장에서 스포츠 조직의 포지셔닝 전략은 시장세분화를 기초로 정해진 표적시장 내에 고객들의 마음에 시장분석, 고객분석, 경쟁분석 등을 기초로 해 얻은 전략적 위치를 계획한다는 의미를 갖는다. 즉, 시장에서의 차별적 위치를 차지하여 고객욕구를 잘 충족시키는 상품을 표적시장에 제공하는 것이다.

궁극적으로 포지셔닝이란 차별화이며 조직과 서비스, 그리고 표적시장에 적합하게끔 이를 유효적절히 이용하는 것을 말한다. 이러한 차별화는 이미지나 커뮤니케이션과 같은 주관적인 기준에 바탕을 둘 수도 있고 혹은 제품, 서비스 전달 과정, 인적자원, 고객 서비스 등의 마케팅믹스 구성 요소와 같은 객관적 기준에 그 근거를 둘 수도 있다.

(2) 포지셔닝의 중요성

포지셔닝은 제품시장은 물론 서비스 시장에서도 중요한 의미를 가지는데 특히 1990년대 이후의 경쟁 상황을 고려할 때 더욱 그러하다. 즉, 현재 고객들은 경쟁의 격화로 인해 수적으로 혹은 양적으로 엄청난 상품의 공세에 시달리고 있으며 동시에 제공되는 광고 메시지에 혼란스러워 하고 있다.

일반적으로 포지셔닝은 새로운 상품의 이미지를 구축하거나 현재 상품 이미지를 유지하고 강화하는데 중요한 역할을 수행한다.[5] 우선 전략적인 관점에서 적절히 수립된 포지셔닝 전략은 다른 스포츠 조직의 모방을 방지하여 차별화의 이득을 보장해주는 수단이 된다. 다시 말해서 포지셔닝이 일단 성공하게 되면, 즉 스포츠 소비자들이 특정 스포츠 조직의 제공물을 경쟁자의 그것과 확연히 다르다고 인식하게 될 경우 그 성과는 크고 또 장기간 유지된다.

때문에 새롭게 시장에 진입하는 스포츠 조직은 기존 스포츠 조직이 점하고 있는 위치에 대해 고객들의 마음에 상대적으로 다른 위치를 잡도록 하여 직접적인 경쟁을 피할 수 있게 된다.

두 번째로, 시장에 이미 포지션을 확고하게 자리 잡은 스포츠 조직들에게도 포지셔닝은 중요한 의미를 갖는다. 시장 내 소비자의 힘이 강화되고 있고 또 그에 따라 변화가 가속화된 구조 속에서 스포츠 조직은 생존을 위해 계속적인 혁신을 시장에 선보여야 한다. 그러나 스포츠용품과 같은 유형의 재화와는 달리 서비스상품의 경우 그 품질을 평가하는 것이 상대적으로 어렵기 때문에 차별적인 위치 획득이 더욱 중요하다.

이와 함께 포지셔닝은 특정 기업의 현재 위치와 향후 지향해야 할 위치, 그리고 이러한 위치 이동을 성공시키기 위해 주력해야 할 점이 무엇인지에 대한 해답을 찾을 때 유용한 전략적 도구가 될 것이다. 따라서 스포츠 마케터는 자신들이 표적시장에 제공하는 상품의 포지션과 그 이미지를 유심히 살펴볼 필요가 있다. 나중에 언급하게 될 포지셔닝 맵은 이를 위해 활용된다.

(3) 포지셔닝 전략의 개발

포지셔닝 전략이란 '동태적인 환경 내에서 시장 내 고객과 경쟁제품에 대한 분석을 기초로 소비자의 마음에 자리 잡기 위한 기본적 의사결정'이라고 정의된다. 결국, 표적시장 내에서 구매자와 판매자 간의 균형을 모색하기 위한 기업 입장에서의 의사표현이라 할 수 있다. 결정된 포지셔닝 전략의 수행을 위해서는 세부적인 프로그램들이 준비되어야 하며, 이 세부적 프로그램들이 바로 마케팅믹스로 통칭된다. [그림 6-4]와 같이 포지셔닝 전략의 개발과 관련된 단계를 그려볼 수 있다.

포지셔닝 전략의 수립을 위해서는 기본적으로 세 가지 분석이 요구된다.

첫째로, 시장분석을 통해 스포츠 조직은 표적시장과 관련된 여러 가지 정보를 얻게 된다. 예를 들어, 수요의 전반적인 수준이나 추세 및 수요의 지리적인 위치를 파악하는 것이 필요하다. 다시 말해서 일반적인 기업 환경분석뿐만 아니라 시장 내에 존재하는 소비자의 배경(나이, 지리적 분포, 중소비자(heavy user)와 경소비자(light user)의 구성, 가족수명주기 등), 그리고 상품 전달경로와 그 입지 등에 대한 정보 등이 시장분석의 주요한 내용이다. 그 다음에 시장세분화를 통해 확인된 여러 세분시장의 크기와 잠재력을 평가해야 한다. 이를 위해 마케팅 조사를 통해 상이한 세분시장 내에 있는 소비자들의 선호와 욕구를 파악하고, 이들은 경쟁기업에 대해 어떻게 지각하고 있는지를 파악할 수 있게 된다.

둘째로, 내부분석이 필요한데, 이는 기업의 재정, 인적자원, 기술상의 노하우, 물리적인 자산과 같은 자원, 제한점이나 한계점, 수익, 성장률, 그리고 선호와 같은 기업이 추구하는 가치나 목표들을 확인하는 것이다. 이러한 분석 과정을 거쳐 스포츠 조직들은 자신들이 접근할 수 있는 제한된 수의 표적시장을 선정할 수 있게 된다.

셋째로, 경쟁분석이 필요한데, 이는 현재와 미래의 시장 내 경쟁구조에 대한 정보를 대상으로 한다. 즉, 경쟁자의 수, 시장점유율, 보유하고 있는 경영자원의 비교, 현 경쟁자들의 마

[그림 6-4] 포지셔닝 개발의 단계

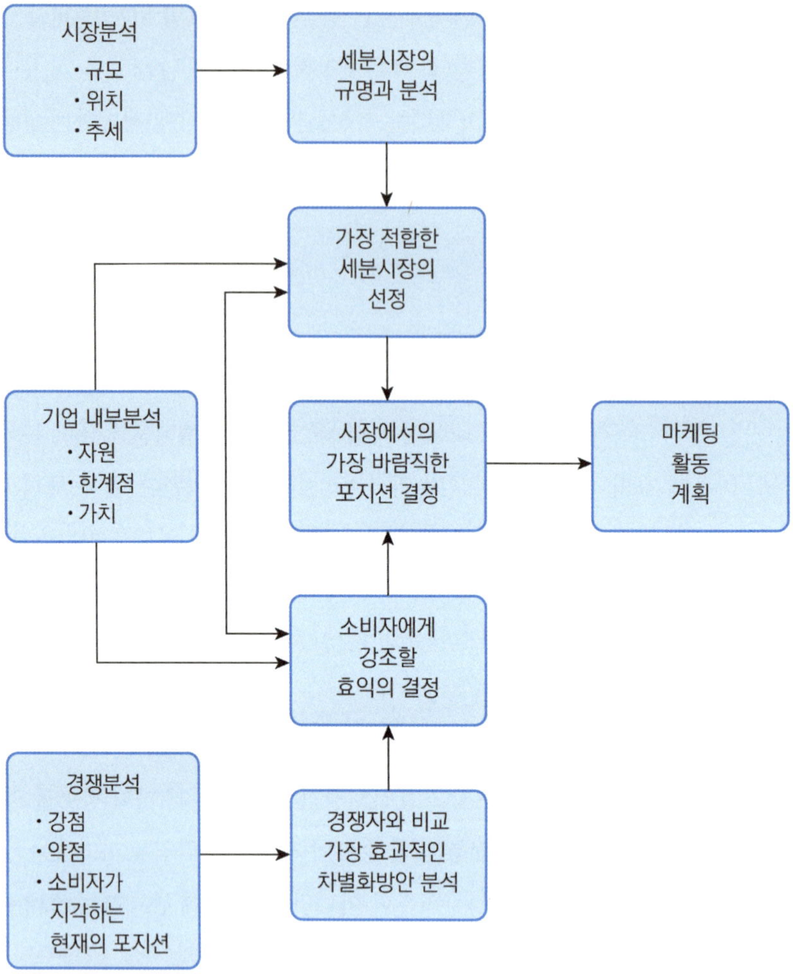

자료: C. H. Lovelock (1991), *Services Marketing*, Prentice-Hall, p. 112.

케팅 프로그램들에 대한 평가, 그리고 잠재적인 경쟁가능성에 대한 검토 등이 경쟁분석의 내용을 구성한다. 경쟁분석을 통해 자사의 강점 및 약점이 확인되고 차별화의 기회를 발견하게 된다. 경쟁분석에서 또 한 가지 주의할 점은 포지셔닝에 의해 계획된 마케팅믹스 전략에 대한 경쟁자들의 반응이다. 따라서 경쟁자의 반응을 미리 예상할 수 있도록 현재 또는 잠재경쟁자를 분석해야 한다.

이러한 세 단계를 거치게 되면 스포츠 조직은 시장에서 가장 희망하는 포지션을 결정하게 되며, 해당 포지션이 바람직하다면 어떤 서비스를 제공할 것인지를 결정하게 된다. 이러한 이해를 통해 마케터들은 마케팅 활동과 관련된 구체적인 계획을 수립하게 된다.

(4) 포지셔닝의 방법

소비자에 대한 포지셔닝은 기본적으로 두 가지 개념을 포함한다. 우선 소비자의 마음속에 자리 잡고 있는 상품의 위치를 의미하는 것으로, 이때 기업이 생각하는 위치는 별 의미가 없고 오직 소비자가 생각하는 것만이 중요한 의미를 가진다. 그리고 포지셔닝은 항상 경쟁 상황에 따라 달라질 수 있다는 점이다. 일반적으로 포지셔닝의 방안으로 몇 가지가 제시되고 있는데 이에 대해 살펴보기로 한다.[6)]

1) 상품의 속성(attribute)

포지셔닝에서 가장 많이 이용하는 방법인 상품 속성은 여러 속성 중에서 해당 세분시장 구성원들이 특히 중요시하는 일부 속성을 가리키는데, 일반적으로 스포츠 조직이 가장 잘 수행할 수 있는 것을 이용하여 포지셔닝이 이루어진다. 예를 들어, 격투기 종목인 태권도의 경우 청소년층, 여성층처럼 특이한 세분시장이 존재하는데, 청소년층을 위해서는 "예절을 가르치는 운동"을, 여성층을 위해서는 "호신술을 가르치는 운동"으로 포지셔닝할 수 있다.

2) 이용용도(use or application)

상품의 이용용도 역시 포지셔닝에 이용될 수 있는데, 피트니스 센터들이 이러한 방법으로 포지셔닝을 실시한다. 어떤 피트니스 센터는 체중감량을 원하는 사람들을 위주로 서비스하려 할 것이고, 다른 피트니스 센터는 체중감량과는 관계없이 단지 운동만을 원하는 사람들을 위주로 서비스하려 할 것이다. 각각의 피트니스 센터들은 상이한 세분시장을 표적시장으로 하며 그에 따라 적절하게 장비와 물리적 시설설계를 조합할 필요성이 생긴다.

3) 가격 · 품질관계(price/quality relationship)

가격이 상승할수록 해당 상품의 품질이 경쟁상품에 비해 높을 것이라고 생각되는, 가격 · 품질관계 역시 스포츠 상품의 포지셔닝에 이용될 수 있다. 거의 유사한 시설과 장비를 갖추고 있는 헬스센터들이 회원권 가격을 높게 책정함으로써 좀 더 고급스럽다는 이미지를 소비자에게 심어주는 것이나, 골프장들의 회원권 가격책정 방법이 다른 것이 그러한 예이다.

4) 설계의 변경

스포츠 마케터들은 상품의 설계를 일부 변경함으로써 시장에 포지션할 수 있다. 스포츠

스포츠 마케팅 현장이야기

박진감 넘친 '순천형 씨름' 얼마나 재밌길래

전남 순천시가 전국 최초로 선보인 점수제 방식의 '순천형 씨름'이 눈길을 끌고 있다. 19일 순천시에 따르면 문화체육관광부가 주최하고 대한체육회에서 주관한 '학교연계형 스포츠클럽 공모사업'에 순천형 씨름 스포츠클럽이 최종 선정됐다. 대한체육회로부터 매년 8,000만 원씩 5년간 총 4억 원의 사업비를 지원받는다.

순천형 씨름은 기존의 3판 2승제를 탈피해 2분 동안 점수를 획득하는 방법이다. 공격 위주의 기술을 선보여 박진감이 넘친다. 샅바를 서서 잡는다. 앉아서 샅바 싸움을 하지 않아 지루함도 없다. 1점부터 4점까지 고난도 기술에 따른 점수가 부여된다. 2분 동안 경기를 펼쳐 다득점자가 승리하는 방식이다. 적극적 공격 시 1점, 손 · 다리 · 허리 기술 3점, 큰 기술인 들어뒤집기, 후려던지기 등 화려한 기술은 4점을 준다. 5점차가 나면 경기를 종료한다. 버티기와 쉬는 시간 등이 없어지면서 기존 씨름보다 1~3분에서 7분 정도 단축돼 승부가 빨리 난다.

시는 지난해 9월 '제1회 순천시장기 읍면동 씨름대회'를 열어 순천형 씨름을 처음 공개했다. 24개팀, 120명 이 출전하는 등 높은 호응을 얻었다. 당시 경기를 본 천하장사 출신 이준희 대한씨름협회 본부장은 "선수들만의 전유물이 아닌 많은 사람들이 참여해 즐길 수 있는 생활체육으로 정착됐으면 좋겠다"고 응원을 보내기도 했다.

지난 8월 영상물 제작에 참여한 영암 민속씨름단 선수들도 재밌다는 반응을 보였다. 금강장사급에서 12차례 우승한 최정만 선수도 "새로운 시도로 신선하고 흥미진진하다"고 엄지를 척 세웠다. 유튜브에서 5분 영상물로 제작된 순천형 씨름을 접할 수 있다. 시는 올해 전국대회를 개최할 방침이었지만 코로나19로 연기하고, 내년에 다시 추진하기로 했다. 몇몇 지자체에서도 관심을 갖고 문의가 오고 있다.

정종익 순천시씨름협회 사무국장은 "생활체육뿐만 아니라 유소년부터 성인까지 참여하는 선수부도 육성할 방침이다"며 "부상 선수나 은퇴 지도자들이 참여해 일자리 창출 효과도 거두고 있다"고 말했다.

– 서울신문 2020년 11월 19일 –

상품의 경우 농구경기에는 3점슛 제도나 프로에 국한되지만 24초 공격제한 규칙을 제정해서 경기 자체를 보다 흥미롭고 매력적으로 바꾼 것이 그러한 예이다. 실제 이 제도를 도입하기 전까지 따분한 경기라는 인상이 심어져서 점차 줄어들던 관중들이 이 룰의 도입 후 관중 수가 증가할 수 있었다.

5) 경쟁자(competitor)

스포츠 조직들은 경쟁관계에 있는 스포츠 조직과 비교하는 방법을 이용해서도 포지셔닝 할 수 있다. 즉, 경쟁자가 제공하는 것과 자사가 어떻게 다른지를 집중 부각하는 것이다. 우리 주변에서는 이러한 전형적 사례를 찾기가 쉽지는 않지만, 서울을 연고지로 하는 프로야구 LG와 두산이 벌이는 관중 유치전략을 그 유사한 사례로 볼 수 있다.

(5) 포지셔닝 맵(positioning map)

포지셔닝 전략에서 가장 유용한 방법 중의 하나가 포지셔닝 맵을 그려보는 것이다. 포지셔닝 맵이란 스포츠 상품에 대한 소비자의 지각도(perceptual map)로서 상품의 속성에 대해 경쟁상품과 비교해서 두 가지의 주요한 구매기준을 놓고 비교했을 때 소비자가 어떻게 인식하고 있는가를 나타낸 심리적 좌표이다.

포지셔닝 맵은 스포츠 마케터에게 다음 세 가지의 중요한 정보를 제공해준다. 우선, 포지셔닝 맵은 스포츠 소비자가 특정 스포츠 상품을 생각할 때 이용하는 속성이 어떤 것인지를 알려준다. 둘째, 포지셔닝 맵은 스포츠 마케터들에게 자신들의 상품이 이 속성들 중에서 어디에 위치하고 있는지를 제시해 준다. 셋째, 포지셔닝 맵을 살펴봄으로써 스포츠 상품이 경쟁상품과 비교했을 때 어떻게 지각되는지를 보여준다.

아이스하키는 폭력적이란 이미지를 벗어내기 위한 다양한 노력을 펼쳐야만 했다

포지셔닝 맵은 소비자들이 중요하다고 생각하는 속성의 수를 토대로 그 차원(dimension)이 결정되기 때문에 여러 가지 차원의 맵이 그려질 수 있다. 그러나 소비자가 상품 고려 시 떠올리는 속성은 너무나 많아서 이를 모두 고려한 포지셔닝 맵이 작성되었을 때 이를 해석하기란 상당히 어렵다. 따라서 일반적으로 두 가지

[그림 6-5] 스포츠 경기의 2차원 포지셔닝 맵

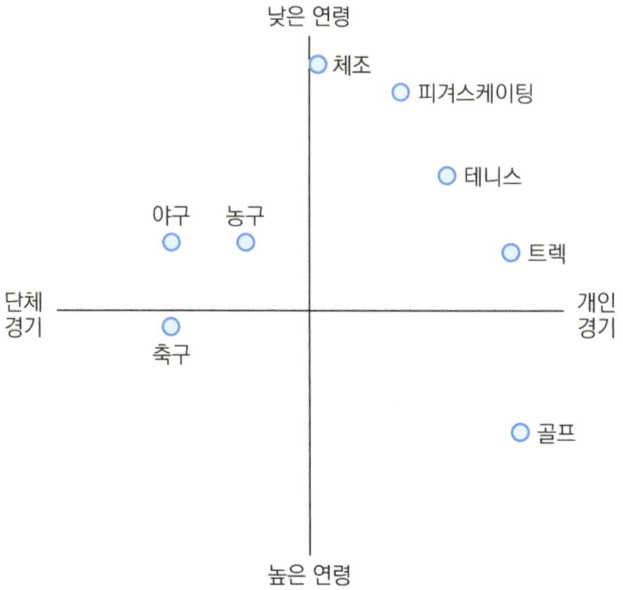

속성을 이용한 2차원 포지셔닝 맵이 전형적으로 이용된다.

[그림 6-5]는 스포츠 경기에 대한 가상적인 포지셔닝 맵으로써 소비자들이 각 스포츠 경기를 판단하는 속성으로, '개인종목'인지 '단체경기'인지의 여부와, '참여연령'의 두 가지를 주요 속성으로 감안하였을 때 그려볼 수 있는 가상적인 맵이다.

이러한 포지셔닝 맵을 이용해서 각 스포츠 경기의 종사자들은 소비자들의 관점에서 자신들의 스포츠가 소비자에게 어떤 이미지를 주고 있는지, 보다 쉽게 이해할 수 있고 그러한 이미지를 계속 유지할 것인지 아니면 변경할 것인지를 결정하게 된다.

(6) 재포지셔닝

때때로 소비자들의 마음속에 스포츠 조직 혹은 상품에 대한 이미지를 바꾸기 위해 재포지셔닝(repositioning)이 이루어질 수 있다. 즉, 지금까지 유지되어 온 현재의 위치를 버리고 새로운 포지션을 찾아가는 방법이 필요할 수 있다.

이러한 포지션은 시장구조의 변화, 소비자욕구의 변화, 경쟁자의 활동, 그리고 스포츠 조직 자체의 활동에 따라 변화하게 된다. 만일 소비자의 인식과 기업이 바라는 포지션이 다를 경우 기존의 포지션을 바꿀 필요성이 생길 수 있다. 이러한 방법들을 모두 재포지셔닝이라

스포츠 마케팅 현장이야기

야구 · 축구도 보고 여행도 즐기고… '스포츠관광' 떠나볼까

야구, 축구 등 프로 스포츠 경기 관람과 여행을 결합한 '스포츠관광'이 주목받고 있다. 선수들의 해외 전지훈련지를 직접 방문해 팬미팅을 하고 류현진(LA다저스) 등 해외에서 활약 중인 선수를 위한 원정응원여행이 국내 프로 스포츠 경기와 연계한 지역 여행상품으로 확대되고 있다. 한 명이라도 더 많은 팬과 관광객을 유치하려는 프로 구단과 지방자치단체, 여행업계의 니즈가 절묘하게 맞아떨어지면서 나타난 변화다.

모두투어와 SK와이번스 프로야구단은 지난달 1박2일 일정의 부산 원정응원 여행상품으로 공전의 히트를 쳤다. 이달 21일 부산 사직야구장에서 열리는 롯데자이언츠와의 경기를 관람하고 동백섬과 국제시장, 남포동 자갈치시장 등 부산의 주요 명소를 둘러보는 상품이다. 서울과 인천, 부천, 김포, 일산에서 전용버스를 이용하는 이 상품은 판매 시작과 동시에 예약이 몰려 최소 모집인원인 200명을 1주일 만에 채웠다. 원형진 모두투어 홍보팀장은 "부산에 이어 광주, 창원, 대구, 대전 등 지역으로 상품을 다양화하는 방안을 검토 중"이라고 밝혔다.

호텔업계도 프로야구 마니아를 위한 맞춤 상품을 내놓았다. 노보텔 앰배서더 독산은 지난 5월과 6월 두 달 동안 인근 고척 스카이돔에서 열리는 프로야구 경기 원정응원단을 위한 패키지를 선보였다. 인근 스크린 야구장 무료 이용권이 포함된 이 패키지는 야구 애호가들로부터 큰 관심을 불러일으켰다. 롯데호텔월드는 프로야구 개막에 맞춰 '이사만루 패키지'를 선보였다. 슈페리어 객실(1박)과 맥주, 육포, 컵 등이 담긴 야구박스, 휴대용 선풍기, 테이블 등이 포함된 패키지는 호텔에서 지하철로 두 정거장 떨어진 잠실야구장 원정응원단을 위해 개발한 상품이다.

스포츠관광의 종목도 확대되고 있다. 전북 전주시와 전북현대모터스 프로축구단은 지난달 26일 축구 경기를 연계한 지역 여행상품개발을 위해 스포츠 전문가와 여행업계 관계자 40여 명이 참석한 전문가 포럼을 열었다.

전주시는 전북현대모터스의 홈경기를 찾는 원정팀 응원단을 대상으로 지역여행상품을 이르면 내년 시즌부터 선보일 계획이다.

- 한국경제, 2018년 7월 1일 -

고 한다.

구체적으로 서비스 기업이 재포지셔닝을 필요로 하는 상황을 들어보면 다음과 같다. 우선, 시장에서 바람직하지 않는 위치를 갖고 있는 경우, 둘째 이상적인 위치를 달성하고자 했으나 실패한 경우, 셋째 경쟁자의 진입으로 차별적 우위 유지가 힘들게 됐을 경우, 넷째 유망한 새로운 시장 적소나 기회가 발견되었을 경우, 다섯째 기존의 포지션이 진부해져 매력이 상실됐을 경우이다.

스포츠 상품의 재포지셔닝 사례로는 미 프로 아이스하키리그(NHL)를 들 수 있다. 미국의 프로 아이스하키는 매우 폭력적인 경기를 펼치는 것으로 정평이 나있었다. 물론 아이스하키 팬들 중에는 이러한 폭력적인 면을 즐겨 찾는 팬들도 있지만, 장기적으로 봤을 때는 바람직한 면이 아닌 것만은 분명하였다. 즉, 자녀들이 폭력적으로 변하는 것을 염려하는 부모들이 자녀들이 아이스하키를 하려는 것을 억제할 수도 있고, 이는 장기적으로 아이스하키 인구의 감소와 관중의 감소로 이어질 수 있기 때문이다.

따라서 NHL은 아이스하키에 대한 재포지션 방법을 찾아 나섰고, 경기 중에 벌어질 수도 있는 폭력사태를 감소시키는 노력을 전개하였다. 그 구체적인 방법으로 경기 중 선수들끼리 싸움을 하는 경우에는 가혹할 정도로 페널티를 부과해서 그 빈도와 강도를 누그러뜨렸고, 아이스하키 경기에 대한 광고도 전처럼 격렬한 보디체크 위주였던 것을 선수들의 인간적인 측면, 유머스러운 내용을 중심으로 내보냄으로써 과거의 폭력적인 이미지를 어느 정도 벗을 수 있었다고 한다.

참고문헌

1) P. Kotler and G. Amstrong (1996), *Principles of Marketing*, 7th ed., Prentice-Hall, p. 235.
2) B. J. Mullin, S. Hardy, and W. A. Sutton (1993), *Sport Marketing*, Human Kinetics, Champaign, IL, p. 129.
3) R. J. Haley (1968), "Benefit Segmentation: A Decision-Oriented Research Tool," *Journal of Marketing*, July, pp. 30~35.
4) AFA National Consumer Survey; http://www.sportlink.com/..market97 /decisions_influences.html
5) V. A. Zeithaml and M. J. Bitner (1996), *Services Marketing*, McGraw-Hill Co., p. 287.
6) D. L. Kurtz and K. E. Clow (1998), *Services Marketing*, John Wiley & sons, Inc., pp. 330~332.

3부

스포츠 마케팅믹스

7장 스포츠 상품

헤드라인 스토리

손흥민보다 상품성 높은 아시아 선수가 셋?

손흥민(토트넘)의 상품성이 세계에서 34번째로 높은 것으로 평가받았다. 그런데 당연히 아시아에서 1위일 줄 알았던 손흥민보다 더 높은 상품성을 가진 선수가 있어 눈길을 끈다.

영국 스포츠 잡지 스포츠 프로미디어는 지난 28일 세계에서 가장 상품성 있는 스포츠 선수 50명의 순위를 발표했다. 이 매체는 지난 12개월 동안 전 세계 21개 종목의 6,000명이 넘는 선수들의 사회관계망서비스(SNS) 데이터를 분석해 이를 '운동선수 인플루언서 스코어'라는 점수로 환산해 순위를 매겼다.

손흥민은 50명 중 34위를 차지했다. 전체 1위를 차지한 리오넬 메시(바르셀로나)를 포함해 축구 선수들 가운데는 14번째다. 하지만 '테니스 황제' 페더러(35위)와 미국프로농구(NBA)의 슈퍼스타 루카 돈치치(36위)보다 높은 순위에 위치해 위상을 실감하게 했다.

이 정도면 아시아 선수 가운데 충분히 1~2위를 다툴 수 있는 순위다. 그러나 놀랍게도 손흥민보다 순위가 높은 아시아 선수가 3명이나 있다. 그 중 한 명은 33위를 차지한 일본의 여자 테니스 선수 오사카 나오미, 그리고 나머지 두 명은 인도의 크리켓 스타인 비라트 코흘리와 로히트 샤르마다. 코흘리는 전체 4위, 샤르마는 8위에 올랐다.

국내 팬들에게는 낯설지만 크리켓은 전 세계적으로 인기가 높은 스포츠다. 과거 영연방에 속해 있다 독립한 국가들에서 크리켓의 인기가 높은데, 인구가 13억 명에 달하는 인도에서 크리켓 선수들은 어지간한 슈퍼스타 이상의 대접을 받는다. 인도 크리켓리그(IPL)는 경기당 연봉으로 계산했을 때 전 세계에서 가장 높다. 코흘리는 잘생긴 외모와 뛰어난 실력을 모두 갖춘 크리켓계의 슈퍼스타로 인도 대표팀의 주장까지 맡는 등 전 국민적 인기를 자랑한다. 국제 무대에서 두각을 드러내는 샤르마 또한 그 인기가 코흘리 못지않다.

- 경향신문, 2020년 9월 29일 -

1 스포츠 상품의 정의

스포츠 상품이란 재화나 서비스 혹은 이 두 가지를 적절히 조합함으로써 스포츠 소비자가 추구하는 편익을 제공하기 위해 설계된 것을 가리킨다. 즉, 스포츠 상품의 정의는 스포츠 소비자의 욕구가 기본 토대가 되며, 이러한 스포츠 소비자의 욕구를 만족시켜줄 수 있는 모든 것들을 우리는 스포츠 상품이라고 폭넓게 정의 내릴 수 있다.

따라서 스포츠 마케터는 스포츠 소비자에게 제공해줄 수 있는 편익을 토대로 상품을 판매하게 되며, 이러한 제반 편익들은 마케터의 입장에서 봤을 때 매우 핵심적인 것이며, 이 때문에 우리는 상품을 '편익의 묶음(bundles of benefits)'이라고 부르기도 한다.

그런데 스포츠 상품의 범주에는 위의 재화와 서비스뿐만 아니라 그 특성상 운동선수까지도 포함시킬 수 있다. 즉, 운동선수들 역시 스포츠 소비자가 추구하는 편익을 제공해줄 수 있기 때문이다. 다시 말해서 운동선수 또한 상품으로서의 무한한 가능성을 내포하고 있으며, 이러한 가능성 때문에 다수의 스포츠 구단들이 그 가능성이 높은 운동선수를 스카웃하기 위해 노력하고 있는 중이다.

(1) 상품의 수준(Level)

앞서 말한 대로 상품은 "소비자를 만족시키기 위해 소비자가 원하는 품질, 공정 및 효용 등을 적절히 혼합해 둔 것"이라고 정의할 수 있으며, 이는 스포츠 상품에도 그대로 적용할 수 있다. 기본적으로 어떤 스포츠이건 스포츠가 가지는 기본적인 특성은 일정한 규칙에 따라 움직이는 역동적인 경쟁(competition)이라고 할 수 있다. 이러한 경쟁에서 이기기 위해서는 육체적으로 건강해야 하고, 적절한 훈련을 하지 않으면 안 된다. 또한 이러한 경쟁은 특정한 시설 내에서 이루어지게 되며, 특정 장비를 사용하게 된다. 여기서 언급한 스포츠가 가지는 제반 수준(level)은 스포츠 상품의 묶음(bundling)을 이해하는 데 중요한 토대가 된다.

1) 핵심제품(핵심편익; Core Benefit)

기본적으로 스포츠 상품은 소비자에게 건강, 오락 및 사교와 같은 기본적인 욕구를 충족할 수 있게 해준다. 이렇듯 소비자가 특정 상품을 소비하면서 추구하게 되는 가장 기본적인 편익을 핵심제품(core product)이라고 부른다. 물론 다른 부류의 상품도 이러한 욕구를 충족

[그림 7-1] 스포츠 상품의 세 가지 수준

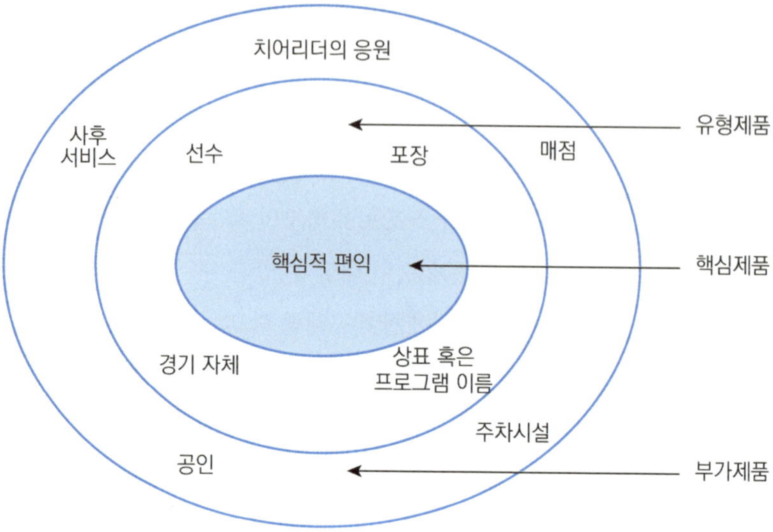

시켜줄 수 있다. 때문에 스포츠 마케터는 왜 소비자들이 이러한 욕구충족을 위해 다른 유형의 상품보다 스포츠 상품을 구매하는지 이해할 필요가 있다.

예를 들어, 소비자들은 영화를 보는 것만으로도 오락(entertainment)에 대한 욕구가 충족될 수 있는데, 왜 굳이 스포츠 상품을 구매해서 이를 충족시키려고 하는지 알 필요가 있다. 그러한 스포츠 상품에 대한 선호는 스포츠가 가지고 있는 고유한 특성과 관련성이 있을 것으로 생각해볼 수 있다.

그러나 소비자의 선호는 보통 생각하는 것 이상으로 복잡하고 정교하다. 따라서 이에 대한 충분한 이해를 함으로써 현재 소비자에게 제공되는 스포츠 상품을 적절히 관리할 수 있을 뿐만 아니라 장기적으로는 새로운 유형의 스포츠 상품을 개발할 수 있게 해준다. 또한 소비자의 욕구는 계속해서 변화하게 되며, 시간이 경과함에 따라 경쟁자들도 특정 마케터가 제공하는 핵심편익(상품)을 제공할 수 있기 때문에 이러한 변화를 예의 주시하는 것은 매우 당연한 일이다.

2) 유형제품(actual product)

핵심제품 자체로는 소비자들로부터 직접적인 구매를 이끌어낼 수 없다. 소비자가 구매할 수 있는 아무런 근거가 없기 때문이다. 이렇듯 소비자들로부터의 직접적인 구매를 이끌 수 있는 기본적인 단위를 바로 유형제품이라고 한다.

즉, 오락(entertainment)이라는 핵심편익은 야구경기 · 권투경기와 같은 형태로, 사교성(sociability)이라는 핵심편익은 헬스클럽 · 골프 등의 형태로 구체화되고 이를 토대로 스포츠 소비자들은 이를 구매하게 된다. 따라서 이러한 유형제품 없이 핵심제품은 소비되지 않으며, 심지어 이것 없이는 상품 자체가 소용없어지기도 한다.

3) 부가제품(augmented product)

부가제품은 유형제품처럼 핵심제품의 보조적인 역할을 수행하는 것이지만, 기본적으로 상품을 경쟁자와 차별화 하거나 그 가치를 증진시키기 위해 이용되는 것이다. 다시 말해서 부가적인 서비스를 경쟁수단으로 이용하여 상품 자체를 차별화하기 위한 것이다.

예를 들어, 스포츠 경기장의 좌석이 얼마나 안락한지, 제반 편의시설은 잘 갖추고 있는지, 전광판은 보기 편안한지 등이 그 사례이다. 또 헬스클럽의 경우 그 가입절차가 얼마나 편리한지, 회원관리를 얼마나 잘 해주는지도 그 예로 들 수 있다.

리버풀FC의 홈구장인 안필드

이러한 부가적인 서비스들이 얼마나 잘 갖추어져 있고, 소비자에게 어떻게 받아들여지느냐에 따라 해당 스포츠 상품의 구매가능성이 달라지게 된다. 또한 앞서 언급한 것처럼 현재의 경쟁은 핵심 · 유형제품에 의한 경쟁이라기보다는 부가제품에 의한 경쟁이기 때문에 마케터들은 여기에 관심을 기울일 필요가 있다.

또한 시간이 경과함에 따라 기존에 제공하던 부가 서비스는 소비자들에게 당연히 제공해야 하는 것으로 받아들여지기 때문에 어떻게 새로운 유형의 부가 서비스를 상품에 추가시킬 것인지도 함께 고민해야 한다.

(2) 스포츠 상품의 실체

스포츠 상품은 다른 범주의 상품처럼 유형의 재화와 무형의 서비스적인 특성을 동시에 포함하고 있다. 때문에 스포츠 상품에 대한 체계적인 이해에 앞서 재화와 서비스가 가지는 고유한 특성에 대해 이해해둘 필요가 있다. 또한 재화와 서비스가 가지는 고유한 특성으로 인해 이에 대한 충분한 이해가 없이는 효과적인 스포츠 마케팅 전략의 수립과 실행에도 어려움이 따르게 된다.

우선 재화(goods)란 소비자에게 편익을 제공해주는 유형적이고 물리적인 상품을 가리킨다. 예를 들어, 야구글러브, 농구공, 헬스기구처럼 소비자가 직접 눈으로 확인할 수 있고 만져볼 수 있는 것들을 생각해볼 수 있다. 반대로 서비스(services)란 무형적이고 비물리적인 것으로 정의될 수 있으며, 경기 그 자체나 스포츠 강습처럼 사전에 그 내용을 알아차리기 어려운 것들을 그 사례라 하겠다.

다른 상품처럼 스포츠 상품 역시 재화 및 서비스적인 특성을 동시에 지니고 있기 때문에 어느 한 범주에 국한시켜 스포츠 상품을 분류하기란 매우 어렵다. 물론 야구글러브처럼 유형의 재화적인 특성만을 지니고, 게임 그 자체처럼 무형의 서비스적인 특성만을 지니는 것도 있지만, 대부분의 스포츠 상품은 이 두 가지 특성이 서로 혼재되어 있기 때문이다.

따라서 우리는 유형의 재화와 무형의 서비스가 지니는 고유한 특성을 제대로 이해해둘 필요가 있으며, 이는 효과적인 스포츠 마케팅 활동의 주요한 토대가 된다. 일반적으로 재화와 서비스는 다음 네 가지 특성 - 유형성, 이질성, 소멸성, 비분리성 - 으로 뚜렷한 차이를 보이며, 이에 대해 자세히 살펴보기로 한다.

1) 유형성(tangibility)

재화와 서비스를 구분하는 가장 큰 특징인 유형성은 상품을 보고, 듣고, 만져보고, 냄새 등을 맡아서 상품이 가지고 있는 특성을 미리 알 수 있는지에 대한 것으로서, 앞서 언급한 대로 재화는 유형적인 특성을, 서비스는 무형적인 특성을 지닌다.

유형의 재화와는 달리 무형의 서비스는 무형적인 특성으로 인해 마케팅 활동을 펼치는데 많은 어려움이 따르게 되는데, 구매 전에 상품의 특성에 대해 소비자가 미리 알 수 없기 때문에 그 어려움이 더 커지게 된다. 때문에 마케터들은 특히 서비스 상품을 마케팅하는 경우 가급적 유형적인 특성을 부각시키려고 노력하게 된다. 예를 들어, 헬스클럽을 홍보할 때 근육질로 잘 단련된 모델을 소비자에게 부각시킴으로써 소비자들에게 헬스클럽에 대한 관심을 부각시키는 것을 생각해볼 수 있다.

반대로 유형의 재화는 흥미롭게도 유형적 특성보다 상품이 가지는 무형적인 특성을 보다 부각시키는 마케팅 활동을 전개한다. 예를 들어, 골프의류의 경우 의류가 지니는 기능보다는 해당 의류를 착용함으로써 프로골프선수가 되는 듯한 인상을 소비자에게 심어주려고 주력하는 것을 들 수 있다.

2) 이질성(heterogeneity)

재화와 서비스를 구분하는 또 다른 특성은 바로 품질의 통제가 가능한지의 여부이다. 즉,

구매가 반복되어도 동일한 품질을 제공해줄 수 있는지의 여부로서, 재화의 경우는 일관된 품질이 가능하지만 서비스의 경우는 그렇지 못하다. 그 주요한 요인은 바로 재화의 경우는 대개 기계에 의한 생산이 이루어지지만, 서비스의 경우 그 생산자가 사람이기 때문이다.

프로야구 투수였던 선동렬 선수 같은 경우 비교적 일관된 성적을 올렸던 선수로 들 수 있다. 하지만 수년간 동일한 성적을 거둘 수 있는 선수나 스포츠 팀을 기대하기란 매우 어렵다. 프로축구나 프로야구의 우승팀이 매년 다른 것이 바로 그러한 것으로서 서비스적인 특성을 가지는 스포츠 상품의 대표적인 특성이기도 하다.

그러나 일관된 성적을 유지할 수만 있다면 스포츠 소비자에게 제공되는 편익(가치)은 배가되게 되며, 그에 따라 해당 팀의 경기나 해당 선수가 출전하는 경기에 관중의 참여가 증가할 것을 기대할 수 있으며, 이는 스포츠 마케터의 입장에서 커다란 수익창출의 원천으로 생각될 수 있다. 하지만 이론상으로는 가능할 수 있을지 모르지만, 실제로 이러한 상황을 기대하기는 어렵기 때문에 다른 요인들을 함께 감안해서 마케팅 활동을 펼칠 수밖에 없다.

3) 소멸성(perishability)

소멸성은 향후의 수요를 대비해서 저장할 수 있는지에 대한 것으로서, 유형의 재화는 소비가 되지 않으면 저장될 수 있지만, 무형의 서비스는 그렇지 않다. 즉, 스포츠 소비자의 관심이 집중되는 성수기를 위해 각 경기의 좌석을 여분으로 남겨두는 것은 불가능하다.

이러한 저장불가능성은 서비스 상품을 마케팅하는 데 매우 심각한 영향을 미치게 된다. 대부분의 서비스는 생산되는 시점에서 소비되는데, 제품 마케팅 담당자의 관점에서 보면, 언제 어디서 소비자들이 제품을 구매할 것인지가 소비자행동을 이해하는 데 중요한 문제일 수 있지만, 서비스와 같이 매일매일 공정이 발생하는 경우에는 적합하지 않다.

지금은 사정이 완전히 달라졌지만, 초반기의 프로축구 구단들이 안정적인 수의 관중을 확보하지 못함으로써 만성적인 적자에 시달렸던 것이 그 사례이다. 관중석의 비어있는 좌석들은 다음 번 경기를 위해 비축할 수 없기 때문에, 경기가 거듭될수록 적자는 쌓이게 되며, 그 결과 몇몇 구단들이 문을 닫을 수밖에 없었던 것이다.

이러한 소멸성을 해결하기 위한 시도로서 스포츠 마케터들은 여러 가지 방안을 생각해볼 수 있는데, 그 중 대표적인 것이 바로 비성수기의 낮은 수요를 자극하기 위해 다른 마케팅믹스를 적절히 활용하는 것을 들 수 있다. 예를 들어, 특정 요일 혹은 시간대의 수요가 저조한 경우, 해당 경기 입장권 가격을 원래 가격보다 할인해서 판매한다든지 경품을 제공하는 식의 판매촉진책을 강구할 수 있다.

4) 분리성(separability)

재화와 서비스를 구분하는 마지막 특성은 생산과 소비의 분리가 가능한지의 여부로서, 재화의 경우는 먼저 생산된 다음에 판매 · 소비되지만, 서비스의 경우는 먼저 판매된 후 생산과 소비가 동시에 이루어진다. 또한 소비자는 서비스가 생산되는 동안에 실재(實在)하며 그에 따라 생산 과정을 지켜보고 심지어 참여할 수도 있다. 아울러 서비스가 생산되는 과정에 소비자들은 생산자와 상호작용을 하며, 그 결과 상호간의 경험에도 영향을 미칠 수 있다.

생산과 소비의 분리가능성 역시 스포츠 상품의 품질에 영향을 미칠 수 있다. 스포츠 장비와 같은 재화의 경우 분리가 가능함에 따라 소비자의 구매를 장려할 수 있게끔 품질의 사전 통제가 가능하다. 그러나 운동경기와 같은 서비스 상품은 분리가 거의 불가능하다. 때문에 운동선수나 팀이 경기를 잘 할 경우에는 그 자체로 소비자를 만족시킬 수 있지만, 성적이 별로 좋지 않은 경우 스포츠 마케터들은 다른 수단(판매촉진)을 통해 소비자를 만족시키려하게 된다.

(3) 스포츠 상품의 영역

스포츠 상품은 크게 참여 스포츠 상품과 관람 스포츠 상품의 두 가지 영역으로 구분할 수 있다. 우선 참여 스포츠 상품은 다양한 요인들로 구성되나 그중 몇 가지를 중심으로 살펴보면 다음과 같다.

- 시설: 시설은 스포츠가 성립하고 유지하는 직접적인 조건으로 그 시설이 가지고 있는 기능을 가능한 한 활용하여 바람직한 스포츠 활동을 행할 수 있게 하는 모든 요인들을 말한다. 시설에는 주시설뿐만 아니라 부대시설이나 부속시설 등도 포함되며, 여기서 주시설은 운동장비나 운동종목에 따른 공간과 같은 물리적인 개념의 시설이 주를 이룬다.
- 서비스: 서비스는 스포츠 소비자를 향한 조직구성원들이 취하는 태도를 의미한다. 스포츠 조직 내에서 구성원들은 다양한 서비스를 기획하고 실행하는 중요한 역할을 한다. 그리고 이 서비스는 소비자와 직접 대면해서 수행하는지에 따라 대면 · 비대면 서비스로 구분하기도 한다.
- 프로그램: 프로그램은 스포츠 활동 참여의 목적을 손쉽게 달성할 수 있는 수단이나 방법이라 할 수 있다. 여기에는 지도자와 지도 방법, 그리고 운영 스케쥴 등이 포함된다. 특히 시설이 하드웨어라면 프로그램은 소프트웨어인데, 이는 상대적으로 적은 시간과 비용을 들여 변경 및 발전시켜나갈 수 있는 것이다.

- 분위기: 이는 특정 장소에서 소비자들이 느낄 수 있는 기분 또는 추상적 환경을 의미한다. 실제로 처음으로 스포츠에 참여하는 사람들의 구매(참여)욕구를 높일 수도 낮출 수도 있는 중요한 요인이다. 따라서 어떤 분위기를 연출할 수 있느냐는 참여 스포츠 상품의 성패에 직접적인 영향을 미친다.

한편 관람 스포츠는 스포츠 팀이나 구단이 주체가 되어 제공되는 것으로, 팀이 소유하고 있는 스포츠 상품의 구성 요소를 보면 다음과 같다.

- 선수 개인의 능력: 개별 선수의 경기력은 관람 스포츠 상품에서 가장 중요한 요인이다. 실제로 스타플레이어의 경기출전 여부에 따라 경기장을 찾는 관중 및 중계방송의 시청자 수가 변동되는 것을 보면 알 수 있다.
- 팀의 경기력: 팀의 경기력이란 팀의 조직력에 근거하여 능력이 극대화된 상태를 말한다. 그러나 아무리 경기력이 우수해도 이에 필적할 팀이 없다면 그 가치는 떨어지게 된다. 박진감 있는 라이벌전은 사실 많은 관중을 유인해낼 수 있다.

2019년 K리그 선발팀과의 친선경기를 위해 입국한 호날두. 결국 노쇼사태를 불러왔었다

- 시설: 시설은 경기장과 관련된 모든 시설을 말한다. 즉, 경기장의 위치를 포함한 관중수용능력과 부대시설, 그리고 주차장은 물론 미적 요소와 청결 상태까지 포함한다. 이러한 추세에 맞춰 국내 프로야구 구단들은 경기장을 신축하는 데 많은 비용지출을 하고 있다.
- 서비스: 이는 경기관람을 위해 경기장을 찾는 스포츠 소비자에 대해 조직구성원이 취하는 태도를 의미한다. 참여 스포츠와 마찬가지로 이들 구성원들은 다양한 서비스를 제공하게 되는데, 대면 · 비대면 서비스로 구분할 수 있다.
- 팀 · 구단의 이미지: 팀에 대한 이미지는 소비자들의 지각이나 태도에 영향을 미친다. 이는 팀과 관련된 하드웨어 및 소프트웨어 전반에 대한 소비자들의 감정으로, 대개 좋은 이미지의 구단은 많은 성원을 받게 되는 것이 일반적이다.
- 라이센싱: 스포츠 팀이나 구단의 수입원으로 꾸준히 관심을 받고 있는 것이 바로 스포츠용품의 판매이다. 장비, 의류 및 기타 제조업체와 제휴하여 구단의 로고나 마스코트, 그리고 구단들은 소속 선수를 활용한 다양한 스포츠 제품과 기념품을 판매하고 있다.

2 스포츠 상품의 특성

편익의 묶음으로써 상품은 수많은 주요 특성들로 구성되어 있으며, 이러한 여러 특성들을 총칭해서 총 상품(total product)을 구성하게 된다. 이러한 총 상품의 특성에는 브랜딩, 품질, 디자인 등이 포함된다. 또한 이러한 상품 특성들은 총 상품을 만들어내기 위해 상호작용을 하게 된다. 즉, 상품의 브랜딩은 상품의 품질에 따라 달라지게 되고, 상품의 품질은 상품의 디자인에 따라 달라지게 된다.

(1) 브랜딩

브랜딩이란 이름, 디자인, 심벌 혹은 이들의 조합을 통해 스포츠 조직으로 하여금 자신들이 제공하는 상품을 경쟁자와 차별화 할 수 있도록 하는 데 이용하는 것이다.

1) 브랜딩의 중요 개념

브랜딩에는 브랜드 이름, 브랜드 마크 및 트레이드마크의 세 가지 중요 개념이 있다. 브랜드 네임은 Nike Air Jordan, Adidas, LG트윈스처럼 말로 표현할 수 있는 브랜드의 구성 요소를 가리킨다. 스포츠 상품(재화)이나 팀(서비스)의 브랜드 네임을 선택할 때는 이름 자체가 힘(strength)과 확신감(confidence)을 상징할 수 있도록 하기 위해 많은 마케팅 노력을 필요로 하게 된다. 이름을 정하는 일은 매우 결정(핵심)적인 의사결정이기 때문에, 스포츠 마케터들은 브랜드 네임을 선정할 때 다음과 같은 가이드라인을 이용하기도 한다.

- 이름은 긍정적이고 독특하고, 긍정적 관련성을 가지고, 기억하기 쉽고, 발음하기 쉬워야 한다.
- 이름은 매우 역동적인 로고로 쉽게 해석될 수 있어야 한다.
- 이름은 스포츠 상품이 전달해주는 편익을 암시해야 한다.
- 이름은 나머지 상품 라인, 스포츠 조직 혹은 도시의 이미지와 일관성이 있어야 한다.
- 이름은 법적으로나 윤리적으로 용인 가능한 것이어야 한다.

브랜드 마크는 로고 혹은 Logotype으로도 불리는데 브랜드 중에서 말로 표현할 수 없는 것이다. 전세계적으로 가장 성공적인 로고로 인정받고 있는 것은 나이키의 swoosh마크이다. 재미있는 사실은 현재 나이키 상품에 이용되는 이 로고는 1971년에 단돈 35달러를 지급하고 얻었다는 것이다.

트레이드마크는 스포츠 조직이 브랜드 네임이나 로고를 법적으로 등록했으며, 다른 사람(조직)이 이를 무단으로 사용할 수 없다는 것을 의미한다. 하지만 제품의 위조나 모방은 계속해서 스포츠 조직에게 심각한 문제가 되고 있다. 지금은 주로 유머의 소재로 이용되고 있지만, adidos, pro-sports와 같은 모방 브랜드들은 그러한 모방의 대표적인 사례이다.

2) 브랜딩의 절차(과정)

스포츠 상품에 이름을 붙여주는 브랜딩 작업은 궁극적으로 스포츠 소비자들의 관심증대, 상품의 판매 혹은 스포츠에의 참여 증대와 같은 소비자행동에 영향을 미치게 된다. 일반적으로 브랜딩은 다음의 과정을 거치는 것으로 알려져 있다.

우선, 브랜드 인지(brand awareness)가 이루어져야 한다. 브랜드 인지란 표적시장 내의 소비자들이 해당 브랜드 네임을 인지하고 기억할 수 있도록 하는 것으로 일정 수준 이상의 브랜드인지가 이루어져야만 브랜드 이미지가 형성된다. 일단 브랜드 인지가 이루어지면 마케팅 활동은 브랜드 이미지를 개발하고 관리하는 쪽으로 주력하게 된다.

브랜드 이미지란 소비자가 브랜드에 대해서 가지게 되는 일종의 믿음으로써 이를 통해 브랜드에 대한 태도가 형성되게 된다. 브랜드 이미지는 또한 브랜드가 가지는 일종의 개성(personality)으로도 간주될 수 있다. 스포츠 이벤트를 후원하는 기업들은 자신들이 원하는 이미지를 가지고 있는 선수나 경기 등과의 관련성을 부각시킴으로써 자신들의 제품(심지어 기업)의 이미지를 강화하고 유지하는 데 특히 관심을 기울인다.

소비자들의 머릿속에 긍정적인 브랜드 이미지가 형성되고 난 뒤에 스포츠 마케터들은 높은 수준의 브랜드 자산(brand equity)이 형성되기를 기대한다. 이 말은 긍정적인 이미지의 형성이 곧바로 브랜드 자산의 구축을 보장하는 것을 의미하지 않는다는 것을 함축하고 있다. 브랜드 자산이란 브랜드가 시장에서 제품에 기여하는 가치를 가리킨다. 경제학적인 용어로, 브랜드 자산이란 해당 브랜드가 있는 제품을 가지고 있는 경우와 브랜드가 없는 제품을 가지고 있는 경우의 가치 간의 차이를 말한다.

일반적으로 스포츠 상품이 높은 브랜드 자산을 갖고 있다고 믿는 소비자는 그렇게 믿지 않는 소비자보다 해당 상품에 대해 만족해할 가능성이 높다. 그리고 만족해하는 소비자는 브랜드 충성을 보이거나 반복구매를 하게 될 가능성이 훨씬 높게 된다.

브랜드 충성(brand loyalty)이란 스포츠 마케터뿐만 아니라 모든 마케터들에게 가장 중요한 개념 중의 하나로서 특정 브랜드만을 일관되게 선호하고 반복해서 구매하는 것을 가리킨다. 마케터들이 기대하는 가장 이상적인 소비자행동은 소비자들이 특정 제품에 대해 만족해하고, 구매결정이 여러 브랜드를 비교 · 분석하는 복잡한 의사결정이 아니라, 마치 습관처럼 특정 제품만을 구매하는 경우이다.

스포츠 마케팅에서 스포츠 팀은 충성(loyalty)을 설명하는 가장 이상적인 사례 중의 하나이다. 오히려 '팬'이라는 용어가 우리에겐 더 익숙한데, 이러한 팬은 '충성팬(loyal fan)'과 '철새팬(fair-feather fan)'으로 나눌 수 있다. 전자의 경우는 팀의 성적이 좋건 나쁘건 간에 상관치 않고 꾸준히 해당 팀의 경기를 찾는 사람들이고, 후자의 경우는 선호하는 팀이 시즌 성적에 따라 달라지는 사람들을 가리킨다. 물론 스포츠 마케터의 입장에서는 전자의 경우를 훨씬 선호할 수밖에 없고, 이들은 또한 스포츠 팀에 많은 효익을 안겨준다. 우선 충성팬들에게는 일반 스포츠 소비자에게 들이는 만큼의 마케팅 활동을 펼치지 않아도 된다.

그리고 이들은 주도적으로 스포츠 구단의 입장에 서려하기 때문에 그 만큼의 홍보비용을 줄일 수 있게 해준다. 또한 이들은 적극적으로 주변 친지나 동료들에게 해당 구단에 대한 구전(word-of-mouth)을 하여 관중을 끌어 모을 뿐 아니라 그들 자신이 더욱 더 빈번하게 경기를 찾기 때문에 수익을 증대할 수 있게 해준다. 프로축구 구단들이 의도적으로 '서포터(supporter)'들을 지원한다든지, 팬클럽을 구성할 수 있도록 노력하는 것이 그러한 사례이다.

3) 라이센싱

강력한 브랜드의 중요성은 스포츠 조직이 라이센싱을 고려할 때 극명하게 드러난다. 브랜드 자산이 큰 브랜드일수록 라이센싱을 통한 수익증대의 가능성이 더욱 커지기 때문이다. 라이센싱이란 한 기업이 로열티나 수수료를 지급하는 조건으로, 다른 기업(혹은 조직)의 트레이드마크를 사용하기로 계약한 것을 가리킨다.

특히 라이센싱은 스포츠 산업에서 매우 각광을 받는 분야이기도 하다. 선수, 스포츠 팀, 스포츠 이벤트, 로고 등의 다양한 종류의 상품에 광범위하게 이용될 수 있기 때문이다. 라이센싱 산업은 1963년 NFL에 의해 처음 시작되었는데, 현재는 가장 널리 이용되는 스포츠 상품 전략 중의 하나가 되고 있는 분야이다.

결국 적절하게만 이용된다면, 라이센싱은 양 당사자들에게 많은 이익을 안겨줄 수 있다. 또한 스포츠 마케팅에서 라이센싱은 개별선수, 팀, 그리고 리그에 엄청난 시사점을 제공해준다. 점차 라이센싱 제품의 판매량이 증가하는 추세에 있기 때문이다. 이를 통해 라이센스를 구입한 기업은 제품매출 증대의 장점을 취하고, 개별선수, 팀, 리그는 과외수입을 얻을 수 있기 때문이다.

그러나 라이센싱이 계약 당사자들에게 항상 수익만을 안겨주는 것만은 아니다. 라이센스를 판매하는 측의 입장에서 봤을 때, 라이센스 제품의 품질이 떨어지거나 가격이 지나치게 낮게 책정되어, 선수와 팀, 리그 등의 이미지를 훼손하는 일이 발생할 수도 있으며, 라이센스를 구입하는 측의 입장에서 봤을 때 특정 선수, 팀, 리그가 소비자들로부터 배척받는 경우 상품매출에 타격을 받을 수도 있기 때문이다.

스포츠 라이센싱은 주변에서 쉽게 볼 수 있다

따라서 양 당사자들은 라이센싱 파트너를 선정할 때 매우 신중할 필요가 있다. 특히 라이센스를 판매하는 선수나 팀, 그리고 리그 입장에서의 타격이 훨씬 크기 때문에 파트너를 선택할 때 해당 기업이 적절한 품질의 제품을 생산할 수 있는지, 재정적으로 안정적인지, 그리고 적절한 마케팅 전략을 펼칠 수 있는지를 면밀히 따져봐야만 한다.[1]

일단 라이센스 계약이 성립되면 양 당사자들은 라이센스 상품의 위조나 모방에 대비해야만 한다. 라이센스 상품의 경우 그 성공가능성이 이미 일정 부분 검증된 상태이기 때문에 위조나 모방의 가능성이 더 크기 때문이다. 이러한 위조나 모방은 라이센스 상품의 매출저하를 초래할 뿐만 아니라 라이센스를 판매한 선수, 팀, 리그의 이미지를 훼손시킬 수 있기 때문에 이에 대한 철저한 준비가 무엇보다 필요하다.

스포츠 마케팅 현장이야기

e스포츠, 올림픽에서도 볼 수 있을까?

'골프 황제' 타이거 우즈(45 · 미국)는 지난해 4월 15일 끝난 미국프로골프(PGA)투어 메이저대회인 마스터스에서 우승을 차지했다. 그는 우승 상금으로 207만 달러(약 24억8,000만 원)를 받았다. 우승 상금을 포함한 이 대회 총상금은 1,150만 달러(약 137억7,000만 원)였다. 그해 7월 29일 카일 기어스도프(18 · 미국)는 '포트나이트 월드컵'에서 우승했다. 포트나이트는 2017년 첫선을 보인 '비디오 슈팅 게임'이다. 기어스도프는 이 대회 우승으로 300만 달러(약 35억9,000만 원)를 받았다. 우즈보다 1.5배 가까이 많은 금액이다. 이 대회 총 상금도 3,000만 달러(약 359억 원)로 세계 최고 권위의 골프 대회보다 3배 가까이 많았다.

게이머 인기도 기존 스포츠 스타에 뒤지지 않는다. 인터넷 포털 사이트 구글은 자사 검색 결과를 바탕으로 전 세계 인기도를 측정해 알려주는 '구글 트렌드' 서비스를 제공 중이다. 이에 따르면 최근 5년 동안 리그 오브 레전드(LOL) 선수 '페이커' 이상혁(24)이 '피겨 여왕' 김연아(30)보다 더 인기 있는 인물이었다. 한국 축구 간판 손흥민(28 · 토트넘)조차 2018년이 되어서야 페이커의 인기를 앞섰을 정도다. 게다가 신종 코로나바이러스 감염증(코로나19) 확산으로 전 세계 스포츠 시계가 멈춘 사이 게임, 즉 e스포츠 주가는 더욱 올랐다. 그런데 과연 e스포츠를 일반 스포츠와 똑같이 취급하는 게 옳은 일일까? 적어도 아시아올림픽평의회(OCA)는 그렇게 판단했다. OCA는 2018년 자카르타-팔렘방 여름 아시아경기를 치르면서 e스포츠를 시범 종목을 채택했다. △스타크래프트 II, △클래시 로얄, △펜타스톰, △하스스톤, △LOL, △PES(위닝일레븐) 2018 등 6개 게임이 열렸다. 대회 조직위는 "젊은 세대에게 새로운 스포츠 형태가 급속히 발전해 인기를 끌고 있는 현실을 반영한 결정"이라고 설명했다. e스포츠를 '새로운 스포츠 형태'라고 해석한 것이다. 아시아경기는 올림픽 다음으로 많은 선수가 참가하는 국제 종합 스포츠 대회다.

그렇다면 e스포츠를 올림픽에서도 볼 수 있을까? 어떤 스포츠가 올릭핌 종목으로 인정 받으려면 국제경기연맹총연합회(GAISF)와 국제올림픽위원회(IOC) 승인을 거쳐야 한다. 일단 e스포츠도 국제축구연맹(FIFA)처럼 종목을 총괄하는 국제기구를 만들면 GAISF에 가입하는 건 가능하다. 이미 체스나 카드 게임 '브리지' 등이 이런 절차를 마친 상태다.

그러나 최종 관문이라 할 수 있는 IOC 승인을 받기는 쉽지 않아 보인다. 토마스 바흐 IOC 위원장(67 · 독일)이 기회 있을 때마다 "e스포츠는 폭력적이라 올림픽 가치와 맞지 않는다"고 주장하고 있기 때문이다. 이에 대해 "1976년 몬트리올 올림픽 때 펜싱 종목에 출전했던 바흐 위원장이 폭력성을 이유로 e스포츠를 반대하는 건 모순"이라는 비판도 있지만 바흐 위원장은 뜻을 굽히지 않고 있다. 물론 IOC 안에서도 바흐 위원장과 반대 목소리를 내는 이들도 있다. 올림픽은 갈수록 젊은 세대에게 인기를 잃어가고 있다. 이를 만회하고자 2020 도쿄올림픽은 3대3 길거리 농구, 스케이트보드, 자전거 장애물 경주(BMX) 등 젊은 세대에 인기 있는 스포츠를 정식 종목으로 채택했다. 2024 파리 대회 때는 브레이크 댄싱도 정식 종목이 된다. 이런 상황에서 젊은 세대에게 가장 인기 있는 e스포츠를 IOC에서 계속 외면해서는 안 된다는 것이다.

바흐 위원장은 또 "e스포츠는 신체 활동과 관련이 없다"고 주장한다. 하지만 올림픽 헌장 어디에도 신체를 어느 정도로, 어떻게 움직여야 스포츠로 규정하는지를 다룬 내용은 없다. 신체 활동이 많지 않은 체스와 브리지를 총괄하는 국제체스연맹(FIDE)이나 세계브리지연맹(WBF)은 이미 IOC 공인 단체이기 때문에 e스포츠만 유독 신체 활동과 관련이 없다고 하는 건 이중잣대라는 비판도 나온다.

- 동아일보, 2020년 6월 12일 -

(2) 품질

앞서 언급한대로 브랜딩은 상품의 품질에 따라 달라지게 된다. 즉, 상품의 품질이 좋을수록 브랜드 이미지는 좋아지게 되고, 이는 결국 브랜드 자산의 증대, 브랜드 충성의 제고에 기여하게 된다. 그런데 스포츠 상품은 재화와 서비스의 성격을 동시에 포함하고 있기 때문에 이 두 가지의 품질에 대해서 살펴보기로 하자.

1) 재화의 품질

스포츠용품과 같은 재화는 기본적으로 다음 두 가지 측면을 띈다. 우선, 품질의 첫 번째 측면은 상품이 제조(생산) 과정에서 설계된 대로 제대로 생산되는지의 여부이다. 이는 재화를 생산하는 기업 혹은 생산자의 관점이다. 이와는 대조적으로 소비자 혹은 최종사용자의 관점에서 그 품질을 바라볼 수도 있다. 즉, 재화가 소비자가 요구하는 기능을 제대로 수행하는지의 여부이다.

스포츠 미게터의 입장에서 봤을 때 당연히 소비자가 지각하는 품질이 무엇보다 중요할 수밖에 없다. 이와 관련해서 가빈(G. A. Garvin)은 다음 8가지의 품질 측면(dimension)을 제시하였다. 성능(performance), 특질(feature), 설계와의 조화(confirmity to specification), 신뢰성(reliability), 내구성(durability), 서비스가능성(serviceability), 심미성(aesthetics), 지각된 품질(perceived quality).[2)]

스포츠 마케터를 포함해서 모든 마케팅 담당자들은 기본적으로 상품의 품질을 향상시키기 위해 노력하고 있으며, 이를 통해 치열한 경쟁에서 살아남을 수 있게 된다. 특히 스포츠재화의 경우 품질향상을 통해 스포츠 상품 가격의 향상이 용이해지고, 소비자들의 충성도에 영향을 미치게 되며, 고품질의 제품을 희구하는 새로운 세분시장을 확보할 수 있게 해주는 긍정적인 영향을 미친다.

재화의 품질에 대한 지각에 영향을 미치는 마지막 요소는 보증(warranty)이다. 특히 고가의 스포츠용품을 구입하려는 소비자에게 있어서 보증은 매우 중요한 역할을 한다. 보증을 통해 해당 용품 구매에 따른 지각된 위험을 줄일 수 있고, 구매 후에 나타날 수도 있는 인지부조화를 줄여줄 수 있기 때문이다. 전통적인 보증의 방법으로는 제조업자가 제품에 하자가 발생했을 때 이에 대해 보상해주겠다고 구술해둔 것을 가리키는데 이러한 보증은 그 내용과 범위가 점차 확대될 것으로 예상된다.

2) 서비스의 품질

스포츠 조직이 마케팅 지향적이기 위해서는 소비자에게 고품질의 서비스 품질을 제공하는 것이 무엇보다 중요하다. 앞서 언급한대로 핵심제품 간의 차별성이 점차 사라지는 상황에서 스포츠 조직이 소비자에게 소구할 수 있는 방법은 부가(확장)제품을 제공하는 것이며, 이는 대부분 서비스의 속성이 강하다. 따라서 이러한 부류의 서비스가 어떻게 전달되느냐가 차별성을 부각시킬 수 있는지의 여부를 결정하게 된다.

서비스 품질은 일반적으로 명확히 정의하기가 어렵고, 그 때문에 많은 종류의 정의를 찾아볼 수 있다. 그 중에서 가장 광범위하게 받아들여지고 있는 정의는 파라슈라만(Parasuraman), 자이사믈(Zeithaml), 베리(Berry)의 연구를 토대로 한다. 그들은 서비스 품질에는 다섯 가지 독특한 측면이 존재하며, 그 구체적인 내용으로는 신뢰성(reliability), 확실성(assurance), 공감성(empathy), 반응성(responsiveness), 유형성(tangibles)이 있다.[3] 최근 서비스 품질 연구에서 이들의 연구는 가장 큰 주목을 받고 있으며, 각 측면에 대해 간략히 살펴보도록 하자.

우선 신뢰성은 약속한 서비스를 정확하고 믿음직스럽게 전달할 수 있는 능력에 대한 것이고, 확실성은 종업원의 공손함과 지식, 그리고 소비자에게 신뢰와 확신을 심어줄 수 있는 능력에 대한 것이며, 공감성은 기업이 자상하고 개별적인 관심을 소비자에게 보여주는 것이고, 반응성은 고객을 도와주려는 의지를 가지고 즉각적인 서비스를 제공하는 것이며, 유형성은 물리적인 시설과 장비 및 종업원의 외모에 대한 것이다.

위 다섯 가지 차원의 서비스 품질에 대한 소비자의 지각을 측정하기 위해 22개 항목의 설문 항목이 이용된다. SERVQUAL로 알려진 이 항목은 두 번에 걸쳐 측정되는데, 우선 첫 번째로 응답자들에게 각 항목에 대한 기대치를 질문하고, 그 다음에 실제 지각한 서비스 품질의 정도를 질문하는 식이다. 예를 들어, 기대를 측정하기 위해 "기업은 고객을 즐거운 마음으로 대해야 한다"라는 질문을 하고, 지각(성과)을 측정하기 위해 "ㅇㅇㅇ기업은 즐거운 마음으로 대했다"라는 질문을 하고 난 다음, 이에 대한 동의 여부를 묻는 식이다.

마케팅 관리자의 입장에서 소비자들이 가지고 있는 기대치와 그들이 실제 지각하는 서비스 성과를 측정하는 것은 서비스 품질을 향상시키는 데 많은 도움을 준다. 구체적으로 어떤 측면에 대한 소비자들의 기대치가 높은지, 어떤 측면의 성과가 좋지 않은지를 알게 됨으로써 해당 측면의 서비스를 향상시키기 위해 적절하게 자원을 할당할 수 있도록 해주기 때문이다.

SERVQUAL은 수많은 서비스 산업에 걸쳐 광범위하게 적용 및 재응용 되어오고 있는 중인데, 스포츠 마케팅 분야에서도 McDonald 등이 SERVQUAL을 응용해서 NBA팀에 대한 관중의 서비스 품질 지각 정도를 측정하였으며, 이들은 자신들이 스포츠 팀에 응용한 SERVQUAL척도를 TEAMQUAL이라고 바꿔 부르기도 하였다.[4)]

또한 이들은 자신들의 연구에서 TEAMQUAL의 하위 다섯 가지 차원별로 소비자들이 중요하게 여기는 속성이 어떤 것인지를 파악해보았는데, 연구 결과 신뢰성(reliability)과 유형성(tangibles)이 가장 중요하게 간주되는 것으로 나타났다.

특히 스포츠 구단들의 경우는 이들의 연구 결과를 주목할 필요가 있는데, 현재의 관중과의 장기적인 관계를 유지하고 새로운 팬을 끌어 모으기 위해서는 무엇보다 각 팬들이 원하고 중요하게 여기는 것들을 충족시켜주어야 하기 때문이다.

(3) 상품의 설계

상품의 설계는 '총 상품'의 개념 중 마지막 특징으로서 스포츠 마케팅의 입장에서 경쟁우위를 점할 수 있게 해준다는 점에서 주목받고 있는 부분이다. 상품의 설계는 제품의 심미성, 스타일, 기능에 대한 것으로 소비자가 지각하는 상품의 품질에 영향을 (궁극적 으로) 미친다는 점에서 그 가치가 있다.

그리고 상품의 설계는 기술적인 환경과도 밀접한 관계가 있는데, 기술발전 여하에 따라 상품의 설계가 달라질 수 있기 때문이다. 다시 말해서 기술의 발전 여부는 스포츠 경기 자체에도 큰 영향을 미치는데 골프클럽 분야의 최신 기술들은 전에는 상상할 수 없을 정도로 비거리를 향상시켜서 프로 선수뿐만 아니라 일반 골퍼들의 실력향상에도 큰 기여를 하였다.

기술의 발전으로 인해 경기력이 향상된 예는 수없이 많다. 또한 기술발전으로 경기의 내용이 훨씬 박진감 있게 변한 사례도 많다. 플랩 스케이트의 개발로 스피드 스케이팅의 기록이 단축된 것이나, 이질 레버의 개발로 탁구경기의 내용이 더 흥미로워 진 것은 모두 그러한 사례들이다.

물론 이러한 기술의 발전은 특정 경기에 임하는 선수의 입장에서 오히려 더 힘들게 하는 경우가 있을 수 있다. 보다 탄력이 있는 야구공이 개발돼서 경기당 홈런수가 증가함에 따라 투수들의 입장에서는 매우 곤혹스러울 수밖에 없다. 하지만 스포츠 마케팅의 관점에서 봤을 때는 경기의 박진감을 불어넣어서 관중들에게 흥미를 불어넣을 수 있는 것이라면 무엇이든지 환영받을 수 있다.

상품의 설계는 또한 소비자가 지각하는 상품의 품질에 영향을 미치기 때문에 그 중요성이 크다. 위에서 언급한 것처럼 단순한 관람을 통해서 소비자들의 흥미를 자극하기도 하지만,

스포츠 소비자들이 직접 스포츠에 참여하기도 하기 때문이다. 따라서 스포츠 마케터들은 상품의 설계에 막대한 영향을 미치는 기술의 발전이 어떻게 이루어지는지 주목할 필요가 있으며, 여기에 뒤쳐지지 않도록 노력할 필요가 있다. 이러한 제반 관련성은 [그림 7-2]에 잘 표시되어 있다.

[그림 7-2] 상품설계, 기술, 그리고 품질 간의 관련성

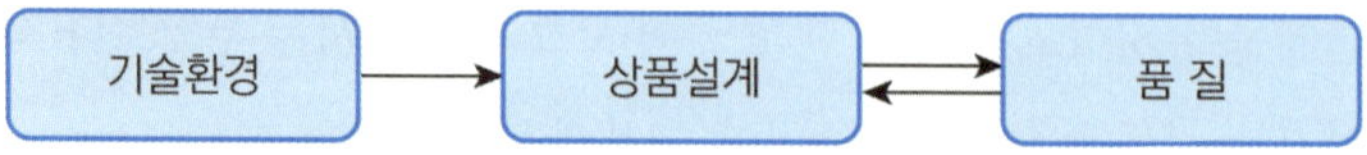

우선 앞서 지적한대로 기술환경은 상품설계에 막대한 영향을 미친다. 스포츠 소비자들이 상품에 대해 바라는 것들은 마케팅 조사를 통해 여과돼서 상품설계에 반영된다. 하지만 소비자가 아무리 간절히 원한다 하더라도 이를 상품설계에 반영할 수 없다면 아무런 의미가 없게 된다. 이러한 경우는 대부분 기술이 뒷받침되지 않기 때문이다. 실례로 대부분의 골퍼들은 비거리를 향상시킬 수 있는 클럽이나 골프공을 간절히 바라고 있지만, 실제 이들의 욕구를 완전히 충족시켜줄 수 있는 골프용품은 존재하지 않는다. 바로 기술의 한계 때문이다.

다음으로 스포츠 상품의 설계는 소비자들의 품질지각에 영향을 미친다. 앞서 언급한 상품설계의 정의를 살펴보면, 상품이 어떤 성능을 발휘하는지의 여부(기능), 상품이 어떻게 느껴지는지(스타일), 상품이 보기 좋은 정도(심미성)가 포함된다고 했는데, 이는 가빈(Garvin)이 제시한 품질평가의 중요한 차원이기도 하다. 실제 소비자들은 이러한 각각의 측면을 중심으로 스포츠 상품을 구매하는 데, 골프클럽을 살 때 스타일을 고려해서 구입한다거나, 운동화를 구입할 때 특정 용도(성능: 조깅, 크로스컨트리 테니스)를 감안해서 구입하는 것이 그러한 사례이다.

마지막으로 상품의 품질은 상품의 설계에 영향을 미치기도 한다. 실제 스포츠 조직들은 계속해서 스포츠 소비자에게 제공되는 상품의 품질을 제고하기 위해 노력한다. 또한 고품질의 재화나 서비스를 소비자에게 제공하는 것은 어쩌면 가장 기본적인 목표일수도 있기 때문이다. 따라서 비용에 대한 고려는 차치한 채 고품질을 달성할 수 있도록 상품설계를 할 수도 있다. 실례로 프로야구 삼성구단은 최고의 경기력을 갖추기 위해 각 구단들로부터 우수한 선수들을 비용에 관계없이 스카웃했는데, 이는 모두 소비자에게 제공되는 상품의 품질을 제고하기 위한 것이라 할 수 있다.

3 신상품의 개발

새로운 상품이라는 개념은 우리가 보통 생각하는 것과는 달리 개별 소비자에게는 많은 의미가 있다. 프로야구 경기처럼 이미 스포츠 상품으로 유통되고 있더라도 처음으로 프로야구 경기를 관람한 사람의 입장에서 봤을 때는 신상품일 수 있다. 또한 우리가 이미 알고 있는 것처럼 프로야구나 프로축구 리그가 출범한 때를 생각해보면, 그 당시 각 리그는 스포츠 소비자들에게는 신상품일 수 있는 것이다. 따라서 새로운 상품이라는 개념이 소비자에 따라 달라지는 주관적 특성을 지니고 있음을 명심할 필요가 있다.

그러나 무엇보다 중요한 사실은 신상품의 정의를 어떻게 내리는지의 여부에 관계없이 신상품이 스포츠 조직의 운명에 매우 핵심적인 영향을 미친다는 점이다. 우선 신상품은 끊임없이 변화하는 소비자들의 욕구나 기호에 부응하는 데 필수적이다.

또한 사업의 수익성과 스포츠 조직의 성장을 담보하기 위해 시장에서 실패한 상품은 신속하게 회수하고 이를 대체할 수 있는 신상품을 개발해야만 한다. 하지만 위 두 가지 사안은 모두 변화하는 소비자의 욕구에 적절히 부응하고, 이를 통해 해당 상품의 경쟁력을 제고시킨다는 점에서 그 맥락이 일치하고 있다.

(1) 신상품의 유형

위에서 간략히 언급했지만, 기존의 상품을 스포츠 소비자에게 전달하는 것만큼 신상품을 적절히 개발하는 것은 매우 중요하다. 그러나 신상품의 개념은 항상 동일한 의미를 지니는 것이 아니므로 이에 대한 이해를 필요로 한다. 일반적으로 신상품은 일종의 기존 상품에 대한 혁신(innovation)으로서 상품의 혁신에는 다음 여섯 가지 범주가 존재한다.[5)]

1) 핵심상품의 혁신

이는 아직까지 명확히 정의되거나 구분되지 않은 시장을 표적으로 상품을 개발하는 것으로, 완전히 새로운 상품을 개발해서 새로운 시장에 진입하는 것이며, 제품수명주기상 제로(0)에서 출발하는 것이다. 이러한 상품에 대한 투자는 위험성이 매우 높지만, 성공만 하면 상당한 수익과 함께 일정 기간 동안 해당 상품 분야에서의 우위확보를 가능케 해준다.

또한 이러한 상품은 너무나 새로운 것이어서 소비자의 관점에서 봤을 때 일정 기간 동안의 학습을 필요로 하기도 한다. 이러한 유형의 스포츠 상품으로는 스카이서핑, 번지점프 등을 들 수 있다.

2) 사업의 개시

이는 소비자들이 가지고 있던 욕구에 부응하는 상품이 이미 존재하는 시장을 위해 신상품이 개발되는 것으로서, 현재 해당 소비자들의 욕구를 다른 방식으로 해결해 줌으로써 소비자들의 입장에서 봤을 때 선택의 폭이 전보다 훨씬 넓어지게 된다. 이때 소비자들은 기존의 구매 및 이용 패턴을 굳이 변경할 필요가 없다. 남자 프로농구 출범의 성공을 계기로 여자 프로농구를 출범시킨 것이 그러한 사례라 할 수 있다.

3) 기존 시장을 통한 새로운 상품의 개발

이는 현재 소비자들에게 과거에 제공한 적이 없던 상품을 제공하는 것으로 추가된 상품을 소비자들이 다른 곳에서 이용할 수 있다 하더라도, 현재 스포츠 조직과 거래중인 고객에게 제공되는 상품 믹스를 확대하는 혁신이며, 여러 상품을 일괄해서 판매하는 방식이다. 경기장 내에서 맥주를 판매하는 것은 이러한 부류의 혁신이 될 수 있다. 또한 프로구단들이 전용구장을 마련하게 된다면, 외국 프로 스포츠처럼 여기서 비즈니스 상담을 위한 특별 부스를 판매할 수도 있는데, 이 역시 이러한 유형의 혁신이라 할 수 있다.

4) 상품계열의 확장

이는 현재 제공되고 있는 상품계열에 새로운 것을 추가하거나 기존의 상품전달 방식을 변경하는 것이다. 즉, 기존의 상품품목 내에서 소비자로 하여금 다양한 선택 메뉴를 가질 수 있도록 하는 것이다. 예를 들어, 농구에서 3점슛 라인을 만든 것이라든지, 비치발리볼 대회 등을 개최하는 것들은 모두 그러한 예라 할 수 있으며, 이러한 혁신에 따라 스포츠 소비자뿐만 아니라 선수 및 코치까지도 새로운 스포츠 상품에 적응하기 위해 노력했던 점을 상기할 수 있다.

5) 상품의 개선

이는 혁신의 가장 일반적인 방식으로서 기존 상품을 일부 변경시키거나 유사상품을 도입하는 것처럼 지속적이며 일상적으로 상품에 변화를 가하는 방법이다. 이를 통해 스포츠 조직은 경쟁자에 비해 상대적 우위를 차지할 수 있게 해준다. 또한 이 방법은 다른 방법에 비해 가장 손쉬운 방법이며, 기존 상품의 인기를 등에 업는 것과 동시에 소비자에게는 새로운 즐

스포츠 마케팅 현장이야기

"스포츠냐 민폐냐" … 뛰고 넘고 매달리는 '도시의 이단아' 파쿠르를 보는 엇갈린 시선

지난주 이름도 생소한 '파쿠르'가 인터넷 포털사이트에서 화제의 검색어에 올랐다. 서강대에서 한 유튜버가 맨몸으로 건물이나 장애물을 곡예처럼 뛰어넘는 파쿠르 영상을 촬영했다가 고발 당한 사실이 알려졌기 때문이다. 이번 사례처럼 파쿠르는 여전히 우리 사회에서 '도시의 이단아' 취급을 받는 게 현실이다. 정식 스포츠로 인정받는 유럽 국가들과는 대조적이다. 국내에서도 파쿠르 동호인들이 계속 늘고 있는 만큼 파쿠르의 허용 여부를 둘러싼 본격적인 논의가 필요하다는 주장이 나오고 있다.

외부인의 출입이 금지된 대학 캠퍼스 내에서 몰래 파쿠르를 하다가 고발당한 유튜버의 사례에서 볼 수 있듯 국내에서 파쿠르의 입지는 척박하다. 해외와 달리 국내에서는 단 한 곳의 파쿠르 공원도 없다. 지난 2018년 서울 은평구 '서울혁신파크'에 국내 최초의 파쿠르 공원이 문을 열었지만 이곳에서 놀던 아이가 팔을 골절 당하는 사고가 벌어지면서 지난 1일 결국 철거됐다. 국내 파쿠르 1세대인 김지호 파쿠르제너레이션즈 코리아 대표는 "한국에는 파쿠르를 할 수 있는 공간 자체가 부족하다"며 "선유도공원이나 올림픽공원 등에서 파쿠르를 하다가도 경비에게 걸려 많이 쫓겨난다"고 전했다.

반면 해외에서 파쿠르의 입지는 사뭇 다르다. 세계체조연맹은 지난해 파쿠르를 8번째 기계체조 종목으로 지정한 데 이어 2024년 파리올림픽의 공식종목 지정도 추진 중이다. 2017년 세계 최초로 파쿠르를 공식 스포츠 종목으로 인정한 영국에서는 파쿠르 인구가 10만 명을 넘을 정도로 대중화된 스포츠로 자리매김했다. 현재 영국에만 50여 개의 파쿠르 공원이 있고, 덴마크도 200개가 넘는 파쿠르 공원이 있는 것으로 알려져 있다. 유럽에서는 파쿠르 공원에 적용되는 자체 표준규격도 있을 정도다.

그럼에도 국내에서는 여전히 파쿠르를 바라보는 시선이 곱지만은 않다. 회사원 최모(32)씨는 "파쿠르는 아동범위가 넓어서 주변에 피해를 끼칠 수도 있다"며 "유튜브에 올라오는 자극적인 영상들을 아이들이 따라할까봐 걱정도 된다"고 말했다. 이에 대해 파쿠르 동호인들은 안타까움을 표한다. 김 대표는 "행인에게 불편을 끼치지 않도록 신경 쓰는데도 파쿠르를 그저 철없는 행위로 낙인찍는 것은 억울하다"고 토로했다. 국내에서도 이제 파쿠르의 허용장소나 교육 등에 대한 본격적인 논의가 필요하다는 지적이 나온다. 이한경 용인대 체육학과 교수는 "안전한 범위 내에서 즐기면 파쿠르도 좋은 운동이 될 수 있다"면서 "파쿠르를 새로운 스포츠로 받아들이고 어디서, 어떻게 즐길 것인지에 대한 논의를 거쳐 공공시설 내 신고제도 등을 만들 필요가 있다"고 조언했다.

- 서울경제, 2020년 8월 8일 -

거움을 안겨주는 장점을 지닌다. 가장 손쉬운 예로 포스트 시즌에 각 프로구단들이 우수한 선수를 트레이드하거나 유망 신인을 발굴하는 등의 활동은 스포츠 경기라는 상품의 기본 내용을 바꾸지 않으면서 그 품질을 제고할 수 있도록 해주는 방안이라 할 수 있다.

6) 스타일의 변화

이 방법은 아주 가시적인 형태로서 가장 평범한 형태의 혁신이다. 즉, 상품이 가지는 유형적인 속성 또는 외형을 변경하는 것으로 가장 대표적인 예가 시즌 때마다 선수들의 유니폼을 변경하는 것을 들 수 있다. 또한 경기 입장권의 디자인을 변경하는 것도 그러한 사례이다. 하지만 지적한대로, 이 방법은 상품의 기본 속성 변화에는 아무런 영향을 미치지 않고 단지 외형만 변경시킴으로써 소비자에게 새롭다는 인상을 심어주는 것이다.

(2) 신상품의 개발단계

스포츠 산업 내에서의 경쟁 증가, 특히 소비자의 오락(entertainment)충족 욕구를 해결해 주는 경쟁상품의 증대, 소비자의 기호 변화 등은 스포츠 조직으로 하여금 새로운 상품의 개발을 끊임없이 요구하고 있다. Higgins와 Martin이 지적한대로 "스포츠에서의 혁신은 매우 광범위하며, 그 속도가 점차 빨라지고 있으며, 이러한 추세들은 스포츠 관중들이 보다 새롭고, 더 나은 오락성을 추구하고 있으며, 스포츠 참여자들은 보다 새롭고 좀 더 도전적(진취적)인 것을 찾고 있다"는 것을 가리킨다.[6]

일반적으로 체계적이고 정형화된 계획에 따라 개발된 상품은 그렇지 않은 경우보다 성공의 가능성이 훨씬 크다. 하지만 안타깝게도 많은 스포츠 상품들은 그렇게 충분한 계획을 세우지 않거나, 우연히 창안된 경우가 많다. 물론 이러한 경우에도 그 성공확률이 전혀 없는 것은 아니지만, 그 전망은 여전히 암울하다 하겠다. 따라서 [그림 7-3]에서 제안하는 것처럼 정형화된 상품개발 과정을 거쳐서 신상품을 개발할 필요가 있으며, 그 과정이 체계적이고 정형적인 만큼 그 성공가능성이 높아질 것이다.

[그림 7-3] 신상품개발 과정

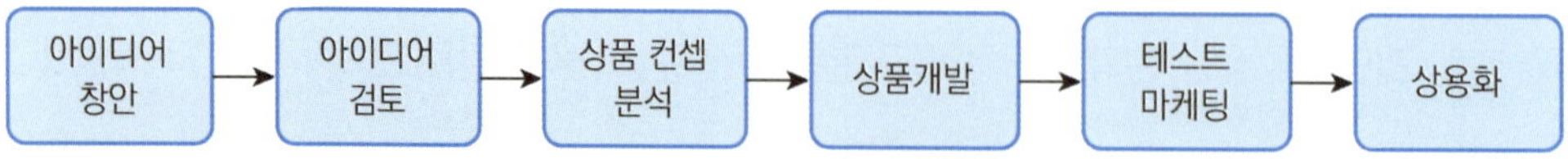

1) 아이디어 창안

신상품개발의 처음 단계는 새로운 아이디어를 적극적으로 찾아 나서는 것으로 새로운 아이디어를 찾아내기 위해 여러 가지 방법이 이용될 수 있는데, 공식적인 브레인스토밍(brain storming), 종업원과 소비자들로부터의 아이디어 수렴, 경쟁자를 따라 배우는 것이 가장 일반적인 방법이다.

하지만 어떠한 원천보다 스포츠 상품을 직접 구매 및 이용하는 소비자들로부터 새로운 상품에 대한 아이디어를 얻는 것이 중요한 것으로 알려져 있다. 따라서 스포츠 조직들은 가능한 한 최대한 소비자들과의 적극적인 커뮤니케이션을 통해 새롭게 등장하는 욕구를 파악할 필요가 있다. 그리고 이 과정에서는 제 4 장에서 언급한 마케팅 조사가 이러한 소비자들의 욕구를 예측하는 데 중요한 역할을 한다. 그러나 가장 중요한 사실은 아이디어의 원천이 스포츠 조직 내이건 밖이건 간에 그 성공가능성을 증대시키기 위해 공식적인 절차를 밟아야 한다는 것이다.

2) 아이디어 검토

일단 아이디어가 창안되면 다음 단계는 수집된 아이디어가 적절한지의 여부를 검토하여야 한다. 즉, 이 단계에서는 수집된 아이디어가 모두 검토되며 그 과정에서 부적절한 것들은 배제된다. 이 단계에서 중요한 고려사항은 아이디어에 따라 개발된 상품이 해당 스포츠 조직이 추구하는 목표와 소비자들의 수요(욕구)와 부합하는지의 여부이다.

또한 아이디어 검토 과정에서 평가기준으로 삼을 수 있는 것은 상황(contingency)이론이다. 즉, 스포츠 조직 외부의 상황이 어떠한지, 조직 내부의 상황이 어떠한지에 따라 상품으로서의 개발가능성이 결정될 수 있다.

3) 상품 컨셉 분석

아이디어 검토를 통해 부적절한 아이디어가 배제되고 난 뒤의 단계는 아이디어에 따라 개발될 상품이 현존하는 상품과 어떻게 부합되고, 소비자들이 어떻게 반응할 것인지를 중심으로 그 잠재력을 평가하는 것이다. 이러한 상품 컨셉에 대해 소비자가 어떻게 지각하는지 알아보기 위해 마케팅 조사가 실시되어야 하며, 이러한 부류의 마케팅 조사를 컨셉 테스팅이라고 한다.

컨셉 테스팅은 기본적으로 표적시장의 소비자들이 제안된 제품에 대해 어떻게 생각하고 있으며, 얼마나 관심을 가지며, 표적시장 내에서의 강점과 약점을 파악하기 위한 것으로 표적시장 내에 있는 소비자들을 초치해서 이에 대한 제반 평가를 내리도록 한다.

이러한 컨셉 분석을 실시하는 가장 중요한 이유는 바로 신제품의 판매가능성을 추정해 내기 위한 것으로 이를 위해 테스팅에 참여하는 소비자로부터 '구매의지'를 물어보게 된다. 여기서 얻어진 소비자들의 구매의지 자료와 인구통계적 특성과 같은 2차 자료를 이용해서 스포츠 마케터는 신상품개발을 계속할지, 아이디어를 제외시킬 것인지, 상품 컨셉을 재평가할 것인지의 여부를 결정하게 된다.

4) 상품개발

컨셉 분석의 결과를 토대로 추가적인 시험에 대비하기 위한 상품의 설계가 이루어지게 된다. 원칙적으로 스포츠 조직이 마케팅 지향적인 사고를 갖추고 있다면, 상품설계와 디자인이 소비자의 관점에서 출발해야만 한다. 예를 들어, 나이키는 새로운 야구글러브 상품설계를 위해 200명의 대학생 및 마이너리그 선수들에게 현재 자신들이 이용 중인 글러브의 좋은 점과 나쁜 점을 질문하였는데, 무려 18개월 뒤에 연구원들은 응답자들의 응답을 토대로 새로운 형태의 야구글러브 시제품(prototype)을 설계했다고 한다.[7)]

스포츠용품의 경우, 항상 시제품이 개발 되는데, 이를 통해 상품이 어떤 기능을 하고 소비자에게 어떻게 받아들여지는지에 대한 더 나은 아이디어를 얻어내기 위해서이다. 생산된 시제품은 대개 추가적인 시험과 보완을 위해 선택된 사람들에게 보내진다. 예를 들어, 새로 개발된 골프클럽이나 테니스라켓 등은 해당 운동선수들에게 보내져서 그들의 의견을 구하는 것이 일반적이다.

마지막으로 이 단계에서 또 한 가지 고려하여야 할 점은 전략적인 스포츠 마케팅 과정의 계획단계를 사전에 입안해 두어야 한다는 점이다. 따라서 어떤 시장을 대상으로 할 것인지가 고려되어야 하고, 특정 표적시장을 염두에 두었다면, 포장은 어떻게, 가격은 어떻게, 유통은 어떻게 할 것인지 등의 모든 마케팅믹스가 고려되어야 한다. 이러한 사전적인 계획입안을 토대로 테스트 마케팅을 할 수 있기 때문이다.

5) 테스트 마케팅

새로 개발된 상품이 시장에서 수용될지 여부를 판가름하기 위해 제한된 시장에서 시험판매를 하는 것이 테스트 마케팅으로서, 이를 통해 스포츠 마케터는 소비자의 반응을 알아보고, 전체 마케팅 전략을 수립하는 데 유용한 정보를 얻을 수 있다.

일반적으로 테스트 시장에는 표준화된 시험시장(standardized test market), 통제된 시험시장(controlled test market), 가상시험시장(simulated test market)이 있다. 우선 표준화된 시험시장은 상품이 정상적인 유통 채널을 통해 판매되는 것이고, 통제된 시험시장은 제한된 유통경로만을 이용하는 것이며, 마지막으로 가상시험시장은 일정한 실험실 환경을 조성해두고 그 안에서 테스트하는 것을 가리킨다.

그런데 위의 테스트 시장 및 방법은 유형의 재화의 경우이고, 서비스의 경우는 그 방법이 조금 달라지게 된다. 이는 서비스의 무형적 특성에 기인하는 것으로 가장 일반적인 방법은 특정 서비스 상품을 스포츠 조직 내의 종업원이나 가족들을 대상으로 시험해 보는 방법이다.

[표 7-1] 신상품의 결정적 성공 요소

- 상품의 측면
  - 시용가능성(triability): 소비자가 구매에 따른 위험을 줄이기 위해 실제 구매 전에 시험적으로 사용(경험)해 볼 수 있는가?
  - 관찰가능성(observability): 소비자가 구매 전에 신상품이 가지고 있는 효익을 확인할 수 있는가?
  - 복잡성(complexity): 신상품이 이해하거나 사용하기에 어려워 보이지는 않는가?
  - 상대적 장점(relative advantage): 신상품이 기존 상품보다 나은가?
  - 적합성(compatibility): 신상품이 소비자의 신념 및 가치와 일치하는가?
- 기타 마케팅믹스 측면
  - 가격: 신상품의 가격이 그 품질에 비해 적절하다고 소비자에게 받아들여지는가?
  - 촉진: 표적시장 내의 소비자가 신상품에 대해 알고 있고 그들은 신상품의 효익에 대해 이해하고 있는가?
  - 유통: 신상품이 적절한 장소에서 충분하게 판매되고 있는가?
- 마케팅 환경의 측면
  - 경쟁: 표적시장 내에 많은 수의 경쟁자가 존재하는가?
  - 소비자의 기호: 신상품이 실제 사회의 변화하는 추세에 부합되는가?
  - 인구통계적 특성: 신상품이 표적으로 하는 세분시장의 규모가 증대하고 있는가?

자료: C. L. Bovee & J. Thill (1992), *Marketing*, McGraw-Hill, Inc., New York, NY, pp. 307~309.

그러나 어떤 경우이건 간에 테스트 마케팅을 할 때는 다음 세 가지 사항을 유념해야 한다. 첫째, 테스트 마케팅은 신상품의 도입을 지연시킬 수도 있고, 경쟁자들이 모방상품을 생산할 수 있는 시간을 줄 수도 있다. 둘째, 테스트 마케팅에 들어가는 비용은 적절해야 한다. 셋째, 테스트 마케팅의 결과는 간혹 잘못된 것일 수도 있다.

6) 상용화

이 단계에 이르면 신상품이 본격적으로 시장에 소개된다. 그런데 이 단계에서도 스포츠 마케터들의 의사결정을 필요로 한다. 즉, 상품의 생산량의 문제로서 처음 도입단계부터 생산능력이 닿는 한 최대로 생산할 것인지 아니면 그 수를 조절할 것인지의 여부이다.

그리고 앞에서 언급한대로 체계적인 절차에 따라 신상품을 개발하는 경우 성공의 가능성이 높지만 100% 성공을 보장하지는 못한다. 이는 상품 자체 요인뿐만 아니라 다른 요인이 함께 작용하기 때문인데, 신상품의 성공에 결정적인 영향을 미치는 변수들을 살펴보면 [표 7-1]과 같다.

4 신상품의 수용

스포츠 조직이 신상품을 개발하는 것은 일종의 혁신이라고 앞서 언급하였는데, 신상품이 시장에 어떻게 소개되는지의 과정은 "혁신의 확산(diffusion)"이라는 개념으로 설명할 수 있다. [그림 7-4]에서 보는 것처럼 혁신의 수용곡선은 소비자들의 최초구매가 어떻게 이루어지는지를 보여주고 있다.

[그림 7-4] 혁신수용곡선

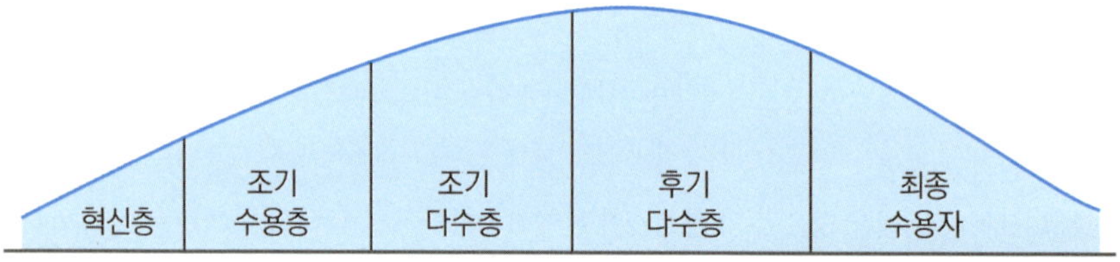

일반적으로 혁신적인 상품을 수용하는 비율은 다음 세 가지 요인에 따라 결정된다고 한다.

첫째, 신상품이 어떤 특성을 지니고 있는지가 신상품 수용에 영향을 미치는데, 상품의 시용가능성, 관찰가능성, 상대적 장점, 적합성이 높고 복잡성이 낮을수록 신상품을 수용할 가능성이 높아진다.

둘째, 신상품이 소비자의 입장에서 얼마나 새롭다고 느껴지는지에 따라 상품수용에 영향을 미치게 된다. 일반적으로 소비자의 입장에서 신상품 구매에 따른 추가적인 학습의 필요성이 없고, 상품 이용 방법에 변화가 적은 신상품일수록 수용가능성이 높아진다.

셋째, 커뮤니케이션이 어떻게 이뤄지느냐의 여부로서, 여기서의 커뮤니케이션은 스포츠 조직과 소비자 간의 커뮤니케이션뿐만 아니라 구전(word-of-mouth)과 같은 소비자 간의 커뮤니케이션도 함께 포함된다. 다음에 언급하겠지만, 신상품을 맨 먼저 수용하는 혁신층은 나머지 사람들에게 신상품에 대한 여러 가지 정보를 제공하며, 그 내용이 긍정적일수록 나머지 소비자들의 수용속도가 빨라지게 된다.

혁신의 확산 정도는 스포츠 마케터들의 신상품개발에 많은 시사점을 제공해 주며, 특히 각 수용집단들이 주는 의미는 또한 각각 다르다. 혁신의 확산 과정에 있는 여러 유형의 수용집단을 살펴보면 다음과 같다.

1) 혁신층

혁신층(innovator)은 말 그대로 신상품이 시장에 도입되자 마자 처음으로 구입하는 사람들로서, 전체 소비자의 2.5% 정도를 차지한다. 이들은 다른 사람보다 먼저 상품을 구입하는 관계로 그만큼 상품 구입에 따른 위험이 클 수밖에 없다.

혁신층은 대개 가처분소득이 높고 보통 사람들보다 덜 보수적이며, 사회계층에서 상위계층에 속하는 사람들이다. 항상 그런 것은 아니지만 대개 혁신층은 의견선도자로서의 역할을 수행하기 때문에 스포츠 마케터들의 주목을 받는다. 즉, 이들은 다른 사람들에게 스포츠 상품에 대해 높은 수준의 구전을 행함으로써 그 가치가 더욱 크다.

2) 조기수용층

이들은 혁신층과 성격이 거의 비슷하지만, 모험을 덜 즐긴다는 점에서 차이가 있다. 즉, 혁신층에 비해 위험에 민감한 사람들이다. 다시 말해서 다른 사람들에 비해 혁신적이기는 하지만, 혁신층에 비해 보수적이다. 따라서 이들은 혁신층과 거의 유사하게 스포츠 상품에 대한 구전 활동을 한다.

3) 조기다수층

스포츠 상품이 일정 수준 시장에 도입되고 나면 조기다수층이 상품을 수용하게 된다. 이들은 사회계층상 평균 이상이지만, 신상품을 구입하는 데 다소 신중하다. 그리고 이들은 혁신층과 조기수용층이 제공해주는 정보에 크게 영향을 받는다.

4) 후기다수층

이들은 신상품이 시장에 도입되서 안정기에 접어든 시점에서 혁신을 수용하는 사람들로서, 이들이 혁신을 수용하기 전 이미 60% 정도의 소비자들이 혁신수용을 마친 상태이다. 후기 다수층은 회의적인 사고가 강하고 대중매체를 잘 접하지 않는 관계로 이러한 수용 패턴을 보이게 된다.

5) 최종수용자

신상품을 가장 나중에 수용하는 층인 최종수용자는 다른 층에 비해 보다 더 전통적인 것을 추구하고, 여간해서는 새로운 것을 시도하려 하지 않는 사람들이다. 이들이 신상품을 수용하는 시점에는 이미 혁신층이 다른 신상품을 수용하는 시점이기 때문에, 대개 최종수용자가 수용하는 상품은 시장에서 거의 수명을 다하고, 가격도 상당히 할인된 상태에 있게 된다. 대개 이 계층의 사람들은 다른 집단에 비해 연령이 높다는 점도 이들의 수용속도에 영향을 미치게 된다.

5 상품수명주기

신상품의 시장진입을 이해하는 데는 '혁신확산모형'과 함께 상품수명주기이론도 함께 이용된다. 상품수명주기이론은 상품의 개발에서 시장도입, 그리고 소멸까지의 단계가 사람처럼 일정한 패턴을 지닌다는 개념으로서, 학자들에 따라 분류가 다르지만 일반적으로 [그림 7-5]에서 보는 것처럼 도입기 · 성장기 · 성숙기 · 쇠퇴기의 4가지 독특한 단계를 거친다.

그런데 상품수명주기를 자세히 살펴보기 전에 다음 몇 가지 사실을 유념해둘 필요가 있다. 첫째, 상품주명주기이론은 원래 야구글러브, 배트와 같은 상품범주를 토대로 하지만, 미즈노 · 윌슨 같은 상품 브랜드를 토대로 하지 않는다는 점이다. 둘째, 상품수명주기이론을 이용해서 서비스 상품의 수명주기를 이해하는 데 활용하기도 하지만, 원래는 재화의 판매와 수익을 파악하기 위해 개발되었다는 점이다. 셋째, 실제 상품에 따라 특이한 수명주기곡선이 존재하는 것이 사실이지만, [그림 7-5]에서 보는 것과 같은 곡선을 상품수명주기이론은 가정한다는 점이다.

(1) 도입기

새로운 상품이나 현존하는 상품의 새로운 형태가 처음 제시될 때 우리는 수명주기상 도입기에 있다고 한다. 이때 신상품은 대부분 소비자에게 쉽게 받아들여지지 않고, 이런 이유로

[그림 7-5] 상품수명주기

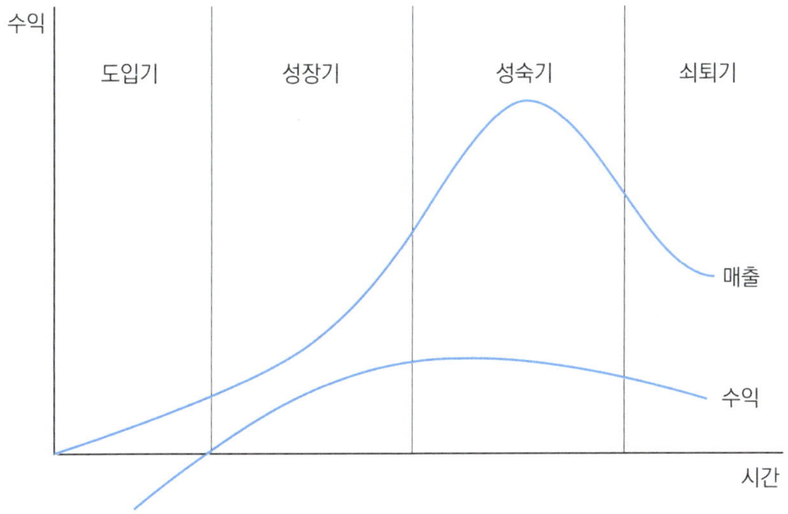

인해 도입기를 회피할 수도 없다. 도입기의 마케팅 목표는 무엇보다 상품에 대한 인지를 창출하고 신상품을 사용해보려는 의지를 갖고 있는 소비자들로 하여금 시험삼아 구매해 보게끔 유도하는 것이다.

도입기에는 대부분 경쟁자가 소수이거나 직접적인 경쟁자가 거의 없다. 그런데 유형의 재화는 저작권이나 특허로부터 보호받을 수 있으나, 서비스 상품의 경우 모방이 쉽게 이루어진다. 따라서 서비스 상품은 재화상품에 비해 도입기가 훨씬 짧다.

또한 도입기에는 상품을 소비자에게 알려나가기 위한 지출이 많은 대신에 매출은 부진할 수밖에 없기 때문에 수익이 낮거나 오히려 적자이게 된다. 따라서 스포츠 조직의 입장에서 현금유동성이 부정적일 수밖에 없다.

신상품의 유통 또한 신상품의 특성에 따라 달라지게 된다. 특히 신상품의 경우 모든 매장에서 취급하려 하지 않기 때문에 도입기에 유통망을 확보하는 것도 시급한 문제이다. 때문에 신상품의 취급을 의뢰하기 위한 인센티브가 이용될 수도 있다. 도입기에는 특히 소비자들의 시험구매를 장려하고 소비자들에게 신상품의 이용 방법을 알려주기 위한 차원에서도 촉진 활동이 많을 수밖에 없다. 일반적으로 도입기에 활용되는 대표적인 촉진 방법으로는 할인쿠폰이나 무료이용권을 제공하는 것 등이 있다.

(2) 성장기

도입기의 상품매출은 저조하지만 일단 성장기에 접어들게 되면 판매량이 급속도로 증가하게 된다. 따라서 신상품을 시장에 도입한 대부분의 스포츠 조직은 수익성을 감안하기 시작한다. 즉, 산업규모가 커지고 상품에 대한 수요가 높기 때문에 가격을 인상하게 되며, 이를 통해 수익제고가 가능해진다.

그러나 수익의 가능성이 높은 관계로 경쟁자들이 시장에 등장하게 되고, 경쟁이 증가하기 시작한다. 그러한 과정에서 개별 스포츠 조직의 입장에서 독특한 세분시장이 나타나기 시작한다. 때문에 상품의 일부 내용을 변경시킴으로써 경쟁자와 차별화를 시도하기도 한다.

(3) 성숙기

성숙기에 접어들게 되면 판매는 최고조에 이르게 된다. 따라서 스포츠 조직들은 시장점유율을 확보하거나 판매량을 늘리기 위해 경쟁자의 고객을 빼앗아 오는 길밖에 없다. 따라서 자연스럽게 경쟁이 극심해지게 된다. 또한 소비자의 입장에서 봤을 때 각 스포츠 조직이 제공하는 상품 간의 차별성은 별로 발견할 수 없는 브랜드 등가성(brand parity)의 문제도 나타나기 시작한다.

복싱의 경우 새로운 포지셔닝에 성공한 사례이다

이러한 경쟁의 심화는 전반적인 수익감소를 초래하고 경쟁력이 쳐지는 스포츠 조직의 경우 도태하기 시작한다. 그러나 경쟁에서 살아남은 조직도 여러 수단을 통해 상품의 수명주기를 계속 성숙기로 유지하려고 노력한다.

완전히 성공한 사례로 볼 수는 없지만 권투와 같은 경우 점차 그 경기인 수가 줄어들기 시작하면서, 대안으로는 "다이어트"와 "호신술"의 측면을 강조하여 여성권투 인구를 늘리는 것이 그러한 예이다.

(4) 쇠퇴기

쇠퇴기에 접어들면 판매량은 자연히 감소한다. 스포츠용품과 같은 유형의 재화의 경우 이러한 판매량의 급락은 대부분 신기술의 출현에 기인한다. 수요가 감소하기 때문에 스포츠 조직들은 사업 포트폴리오에서 해당 제품을 삭제하려 할 것이고 자연히 경쟁은 감소하게 된다. 아울러 현금흐름이 줄어들게 됨으로써 기업들의 수익 역시 급격히 감소하게 된다.

이때 스포츠 조직이 택할 수 있는 대안은 상품을 더 이상 판매하지 않는 삭제(deletion), 스포츠 상품은 계속 보유하되 해당 상품에 대한 마케팅 활동에 지원하지 않음으로써 비용을 줄이려는 회수(harvesting), 경쟁자가 경쟁상품을 삭제하기를 희망하면서 스포츠 상품을 계속 유지하고 마케팅 활동도 그대로 유지하는 유지(maintaining)전략이 있다.

(5) 기타 상품수명주기

앞서 언급한 것처럼 상품수명주기는 매출과 수익을 예측하는 데 유용한 도구임에 틀림없지만 나름대로 한계를 안고 있다. 이러한 한계점의 내용을 보면, 상품수명주기의 길이와 형태, 상품수명주기를 광범위한 상품범주에 적용하는 문제, 상품수명주기를 이용해서 순수한 스포츠용품에 적용하는 문제 등이다.

1) 상품수명주기의 길이와 형태

[그림 7-6]에서는 전형적인 상품수명주기의 길이와 형태를 보여주고 있는데, 개별상품별로는 마케팅 환경 등 제반 요인에 따라 그 길이나 형태가 다르다. 그 내용은 [그림 7-6]과 같으며 이에 대해서 살펴보기로 한다.

[그림 7-6] 특이한 상품수명주기

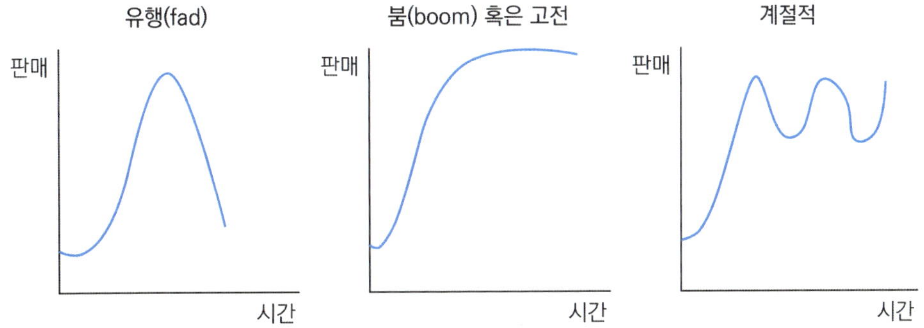

① **유행(fad)**: 유행은 말 그대로 급격하게 매출이 증가하였다가 곧바로 쇠퇴기로 접어드는 것으로 특징 지워진다. 스포츠 산업에서는 이처럼 시장에 진입해서 수익을 거두고 나서 곧바로 퇴출 되는 상품들의 예를 찾아보기 쉽다. 특히 우리나라 스포츠용품 시장의 경우 전형적인 상품수명주기를 갖기보다는 유행의 형태를 보이는 경우가 많다.

86서울아시안게임에서 탁구팀이 우승하고 난 후 탁구라켓의 수요가 갑자기 증가하였다가 얼마 지나지 않아 수요가 급격히 떨어지는 경우나, 핸드볼이나 필드하키와 같은 비인기 종목들이 평소에는 관중이 전혀 없다가 올림픽 경기 때는 급격히 관중이 급증하는 것이 그러한 사례이다.

② **고전**(classic): 이는 상품수명주기가 계속해서 성숙기에 머물러 있는 것을 가리키는데, 우리나라에서는 이러한 상품을 실제로 찾아보기가 힘들고, 미국의 경우 프리스비, 야구 글러브와 배트, 하키스틱처럼 꾸준히 매출이 지속되는 상품들이 그러한 예이다.

③ **계절적**(seasonal): 이 특성은 대부분의 스포츠에서 발견할 수 있는 특성으로서 일 년 내내 경기가 계속 이루어지는 스포츠 종목을 찾아보기가 어렵기 때문이다. 따라서 시즌 중에는 관중을 모을 수 있지만 비시즌에는 그 방법이 원천적으로 막혀있을 수밖에 없다. 이런 문제를 해결하기 위해 일년 내내 경기를 개최할 수도 있지만, 그 경우 소비자들의 입장에서 선택의 폭이 워낙 넓어져서 중요한 경기가 어떤 것인지 구별할 수 없고, 최종적으로는 비슷한 결과가 나타날 수도 있음을 염두에 두어야 한다.

2) 상품의 수준(level)

상품수명주기는 농구화, 볼링공, 골프클럽처럼 전체 상품범주를 토대로 한 것이지만, 개별상품의 형태나 브랜드별로 상품수명주기를 파악할 수도 있다. 우선 상품 형태란 상품범주 내의 다양한 상품을 가리키는 것으로 예를 들어서 골프클럽 범주에서 상품 형태는 타이타늄 우드, 메탈 우드, 일반 우드의 세 가지를 들 수 있다. 현재 타이타늄 우드는 성장기에 있지만, 메탈 우드는 성숙기, 일반 우드는 쇠퇴기에 있다 하겠다. 따라서 각 상품 형태별로 이용할 수 있는 마케팅 전략이 달라지게 된다. 마찬가지로 브랜드별로 수명주기를 살펴볼 수 있는데, 타이타늄 우드를 생산하는 여러 브랜드들은 별도로 고유한 수명주기를 갖고 있을 수밖에 없다.

따라서 스포츠 마케터의 입장에서 봤을 때는 전반적인 상품범주별로 수명주기를 파악하는 것 외에 상품 형태, 브랜별로도 수명주기를 파악하고, 그에 걸맞는 적절한 마케팅 전략을 수립해야 할 것이다.

3) 상품의 유형

상품수명주기는 기본적으로 유형의 재화를 위해 설계된 것이다. 그러나 이 개념은 다른 유형의 스포츠 상품으로 확대할 필요가 있다. 우선 모두 그런 것은 아니지만 운동선수들도 상품처럼 전형적인 수명주기를 갖고 있다고 간주될 수 있다. 그러나 안타깝게도 대부분의 선수들의 수명주기는 유행(fad)의 형태를 띠는 것이 일반적이다. 계속해서 똑같은 성적을 거두다가 화려하게 은퇴하는 경우는 쉽게 찾기 어렵기 때문이다. 운동선수 중 전형적인 수명주기를 가졌던 것으로 판단되는 우리 주변의 선수로는 프로야구의 선동렬, 축구의 차범근 정도이지 않을까 판단된다.

스포츠 팀 역시 마차가지로 다양한 단계의 수명주기를 거친다고 하겠다. 그러나 역시 우리나라의 프로 스포츠 종목의 경우 그 역사가 길지 않다는 점에서 명확하게 각 팀별로 어느 단계에 속해 있는지 쉽게 판단하기 어렵다. 하지만 좀 더 시간이 경과한 다음에는 그 구분이 용이해질 수 있을 것이다. 좀 더 완곡하게 표현하자면 우리나라 프로 스포츠는 아직도 수익을 거두지 못하고 있다는 점과, 관중확보를 위한 대규모의 판매촉진 활동이 아직도 성행하고 있다는 점에서 봤을 때 전체적으로 도입기단계에 있다고 할 수 있겠다.

참고문헌

1) E. Baghidikian (1996), "Building the Sports Organization's Merchandise Licensing Program: The Appropriateness, Significance, and Consideration," *Sport Marketing Quarterly*, 5(1), 35~41.

2) A. Garvin (1987), "Competing on the Eight Dimensions of Quality," *Harvard Business Review* (November-December), 101~109.

3) A. Parasuraman, V. A. Zeithaml, & L. L. Berry (1985), "A Conceptual Model of Service Quality and Its Implications for Future Research," *Journal of Marketing*, 49, 41~50.

4) M. A. McDonald, W. A. Sutton, & G. R. Milne (1995), "TEAMQUAL: Measuring Service Quality in Professional Team Sports," *Sports Marketing Quarterly*, 4(2), 9~15.

5) 곽동성 · 강기두 (1999), 서비스마케팅, 서울, 동성사.

6) S. Higgins & J. Martin (1996), "Managing Sport Innovations: A Diffusion Theory Perspective," *Sport Marketing Quarterly*, 5(1), 43~50.

7) B. Richards (1998), "Nike Plans to Swoosh into Sports Equipment But it's a Tough Game," *The Wall Street Journal* (January), 6, A1.

8장 가격전략

헤드라인 스토리

10년 만에…KBO 선수의 가치평가 기준을 묻다

3,000만 원은 KBO리그 최저 연봉이다. 선수 1명의 연봉을 둘러싼 '논리 전쟁'이 펼쳐진다. KBO는 25일 KT구단과 홀드왕 주권 사이의 연봉조정위원회를 연다. KT구단이 제시한 연봉은 2억2,000만 원, 주권이 요구한 금액은 2억5,000만 원이다. 연봉 규모가 크기 때문에 얼핏 작아 보이지만, 3,000만 원은 선수 1명을 더 고용할 수 있는 금액이다.

감정적 결정이 아닌 치열한 논리 싸움이 필요하다. 이를 통해 KBO리그의 현재 상황과 선수평가 방식, 불펜 투수의 승리 기여도에 대한 적절한 분석과 평가가 이뤄질 수 있다. 2011년 롯데 이대호의 연봉 조정 신청 이후 10년 만에 이뤄진다는 것은 그만큼 선수의 가치평가 방식을 두고 리그의 공감대가 이뤄지지 못했다는 뜻이다.

KBO는 10년 전 연봉 조정 때 결정적 실수를 저질렀다. 각 구단마다 재정 상황이 다르기 때문에 다른 팀 선수 연봉과의 비교가 적절치 않다는 결론을 내렸다. 이는 사실상 구단 마음대로 연봉을 정할 수 있다는 잘못된 전례를 남겼다. 드래프트 제도 때문에 구단 선택의 자유가 없는 상황에서 가난한 구단이기 때문에 저연봉을 감수해야 한다는 결론은 선수의 권리를 심각하게 침해했다.

KBO는 연봉조정위원회 개최 하루 전인 24일 법조인, 구단과 선수 측이 추천한 인사 1명씩 등 5명의 조정위원을 선임했다고 발표했다. KBO는 이어 "직전 시즌 선수의 공헌도와 이에 대한 기간 및 지속성, 선수의 성적에 의거한 공식 수상 경력과 최근 소속 구단의 성적, 그리고 선수의 과거 연봉 및 동급 연차 선수들의 연봉 수준 등을 상대적으로 고려해 판단하도록 했다"고 원칙을 밝혔고, "조정에 있어서 구단, 선수의 재정 상황 등은 판단의 근거가 될 수 없도록 했다"고 규정했다.

KBO는 구단 재정 상황을 고려 기준에서 제외함으로써 10년 전 잘못을 고쳤다. 다른 팀의 비슷한 연차, 비슷한 성적 선수들의 연봉이 판단 근거가 된다. 따라서 '비슷한 성적'을 어떻게 규정하느냐가 연봉조정위원회의 핵심 고려사항이 될 가능성이 높다. 연봉 조정을 통해 선수의 가치에 대한 평가가 이뤄지고 공감대가 형성된다. 과거에는 평균 자책이 중요한 기준이 됐지만, 불펜 투수의 평균 자책은 2020년 현재 가치가 떨어졌다. 오히려 이닝당 출루허용(WHIP)이나 승리확률 기여(WPA) 등이 더 중요한 지표로 평가된다. 이번 연봉조정위원회는 이런 가치 변화가 '공인'되는 자리다.

KT는 연봉조정위원회에서 연봉수준에 따른 기대가치의 변화, 구단 내 투수 최고 연봉 등을 근거로 들고, 주권은 홀드왕 타이틀과 함께 '하이 레버리지(고위기)' 상황 출전이 많았던 점 등을 주장할 것으로 전해졌다. KT와 주권 중 어느 쪽이 승리하느냐보다, 연봉조정위원회를 통해 오고가는 논리의 근거들이 더 중요하다. 메이저리그는 연봉조정제도를 통해 선수 실력과 가치에 대한 치열한 논쟁이 이뤄졌고 이는 데이터의 확장으로 이어져 야구산업의 외연을 확대시키는 결과를 낳았다. 연봉조정위원회의 '결과'가 아니라 '내용'에 한국야구의 미래가 걸려 있다.

- 경향신문, 2021년 1월 24일 -

1 가격책정의 중요성

만약에 우리가 프로농구나 프로야구 팀 혹은 사무국의 마케팅 담당자라면, 각 경기마다 입장권의 가격을 어떻게 책정할 수 있을까? 일정한 가격을 책정했다면 과연 어떤 기준에 따라서 가격을 책정하게 되었고, 계속해서 관람객이나 경쟁 스포츠 등의 시장환경이 변화하고 있는데 여기에는 어떻게 대응할 것인가? 그리고 팬들의 경기입장권에 대한 수요는 어떻게 추정할 것인가? 이러한 제반 쟁점들은 스포츠 마케터의 입장에서는 늘 접할 수 있는 내용으로 주로 스포츠 상품의 가격책정과 관련된 내용들이다.

일반적으로 가격은 다른 마케팅믹스 변수에 비해 스포츠 조직이 어떤 마케팅 활동을 전개하는지에 따라 조절이 가능한 마케팅 변수이다. 구체적으로 우선 가격은 다른 마케팅믹스에 비해 가장 용이하게 변경할 수 있다. 둘째, 특정한 시장 상황 하에서(수요가 탄력적인 상황) 가격은 가장 유용한 수단 중의 하나이다. 셋째, 가격 변화는 소비자에게 가장 극적으로 노출되고, 쉽게 커뮤니케이션되며, 그 결과 소비자의 지각 변화를 초래하게 된다. 이와 함께 다른 마케팅믹스 변수들은 스포츠 조직의 입장에서 비용을 유발하지만, 가격은 이를 통해 스포츠 조직에게 수익을 안겨줄 수 있는 유일한 변수이기도 하다.

그런데 스포츠 용품과 같은 유형의 재화의 경우 기존 마케팅 영역에서 다루었던 이론과 실무가 그대로 적용될 수 있지만, 운동선수 · 스포츠 팀 · 경기와 같은 서비스 상품의 경우는 가격책정의 문제가 재화의 경우보다 그 전략적인 중요성이 매우 크다. 즉, 가격을 통해 일차적인 수요를 유발할 수도 있고, 시장점유를 제고시킬 수 있으며, 또한 현재의 소비자나 잠재 소비자들이 서비스 상품을 이용해보도록 유도해줌으로써 서비스의 적절한 수요를 창출해 주기 때문이다. 물론 서비스 상품이 지니는 고유한 특성으로 인해 서비스 수요를 적절하게 관리하는 것이 어렵지만, 창조적인 가격정책을 통해 이를 효율적으로 관리할 수 있다.

또한 스포츠 마케터들은 스포츠 상품의 가격을 소비자에게 전달되는 메시지로서 고려할 필요가 있다. 기존 연구에 따르면 소비자들은 자신들이 구매하려고 하는 제품이나 서비스의 품질을 추론하기 위해 가격을 준거로 이용함으로써 가격이 품질의 지표가 될 수 있다는 것이다.[1)]

예를 들어, 골프클럽이나 복잡한 기능을 가진 헬스용품을 구입하는 소비자는 가격에 따라 상품의 품질이 다를 것이라고 지각할 것이다. 즉, 비싸면 비쌀수록 품질이 좋을 것이라고 생각한다는 것이다. 물론 가격과 지각된 품질 간에 별다른 관련성이 없다는 주장도 있지만, 상품의 품질을 추론할 수 있는 단서가 존재하지 않는 경우에는 가격이 품질을 의미한다는 점에 대해서는 모두들 동의하고 있다. 다시 말해서 상품의 가격은 다른 단서에 비해 상품의 품질을 가늠하는 유력한 단서 중의 하나인 것이다.

또한 인지부조화이론에 따르면 단일 속성, 구체적으로 가격만을 토대로 구매의사결정을 내린 소비자들은, 가격이 품질을 나타낼 것이라고 자기합리화를 하려하며, 그에 따라 인지부조화를 감소시키고 더 높은 가격도 부담하려는 용의를 갖게 한다.

2 가격의 이해

가격이란 기본적으로 스포츠 상품의 가치를 나타내는 것으로서 소비자는 스포츠 상품에 가치를 부여한 만큼 비용을 지급하게 된다. 즉, 가격의 핵심적인 내용은 교환 과정(exchange process)으로서 교환되어질 대상이 지닌 가치만큼 비용이 지급된다. 이때 일반적으로 돈이 스포츠 상품과 교환되는 조건으로 지급되며, 프로야구 경기를 관람하기 위해 지급하는 돈이나, 수영강습을 받기 위해 지급하는 강습료 등이 바로 가격이다.

(1) 소비자 관점의 가격

[그림 8-1]에서 보듯이 소비자의 가치에 대한 지각은 일반적으로 구매하려는 상품이 제공하는 편익과 소비자가 지급해야 하는 비용 측면에서 상쇄효과(trade-off)를 나타낸다. 소비자 입장에서 전체 비용에는 상품에 대한 지급을 나타내는 금전적인 비용만을 포함하는 것이 아니라, 소비자가 상품을 제공받으면서 감수해야만 하는 제반 시간이나 어려움을 나타내는 시간 비용, 에너지 비용, 그리고 심리적 비용도 포함된다. 이와 유사하게 소비자 입장에서 전체 가치는 상품의 가치뿐만 아니라 서비스 가치, 인적 가치, 그리고 이미지 가치까지 포함된다.[2)]

예를 들어, 골프클럽을 구입하고자 하는 소비자가 캘러웨이사의 제품을 구입한 경우를 생각해보자. 그는 캘러웨이사가 경쟁사보다 골프클럽의 기능이 앞서 있고(제품가치), 캘러웨이라는 이름이 나타내는 품질(이미지 가치) 때문에 그 제품을 선택했을 것이다.

게다가 골프클럽 구입 시 캘러웨이사에서 제공하는 보증(서비스 가치)도 선택의 한 요인이 됐을 것이다. 그리고 소비자가 할인상가가 아닌 전문매장에서 제품을 구입하였다면, 이는 다른 장소에서 접한 변변치 못한 정보에 비교되는 판매원의 뛰어난 제품지식(인적 가치)에도 깊은 영향을 받았을 것이다.

[그림 8-1] 소비자의 가치 지각

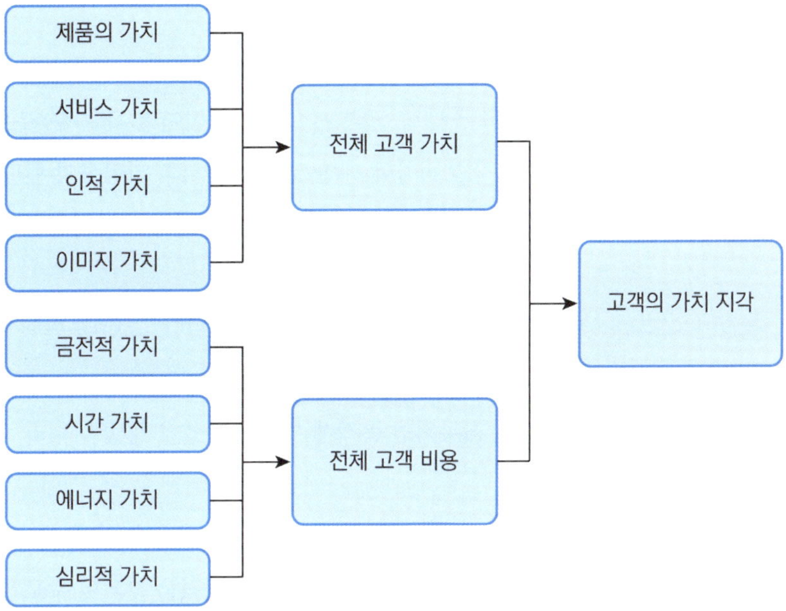

자료: P. Kotler (1997), *Marketing Management*, Englewood Cliffs, NJ, Prentice-Hall, p. 37.

골프클럽 구입을 위해 지급한 금전적인 비용과 더불어 소비자는 많은 곳을 돌아다녔고 판매원에게 다양한 브랜드의 골프클럽에 대해 물어보느라 시간과 에너지 비용을 소모했을 것이다.

전체적으로 소비자가 지급하게 되는 전체 비용이, 받게 되는 가치에 비해 크다고 판단될 때 가격은 부정적인 효과를 발휘하게 되어 수요를 감소시킨다. 그러나 가치가 가격보다 크다고 판단될 때 가격은 수요를 장려하고 증대시킬 것이다.

이러한 비용과 편익 간의 연계관계로 인해 구매자들은 가격대의 상한선과 하한선 사이에 점화선(thresholds)을 갖게 된다. 예를 들어, 소비자는 낮은 가격은 형편없는 품질을 나타낸다고 생각하기 때문에 가격이 너무 낮다고 지각한다면 구매를 주저하게 될 것이다.

소비자는 자신의 돈, 시간, 그리고 노력을 서비스 공급자가 제공하는 여러 편익의 묶음과 교환한다. 경제이론에서는 소비자는 이러한 혜택들에 대해 부여하는 가치에 맞는 유보가격(reservation price), 즉 소비자가 특정 제품이나 서비스에 대한 기꺼이 지급할 용의가 있는 가격수준을 가진다고 한다. 따라서 전체비용이 이러한 유보가격보다 낮은 한 소비자는 그 제품을 구입하려할 것이고, 만약 이러한 유보가격보다 낮게 서비스를 구매할 수 있다면 소비자과잉이 발생할 것이다.[3]

(2) 공급자 관점의 가격

가격결정정책을 수립할 때 스포츠 마케터들은 반드시 활용 가능한 가격책정의 조건들을 모두 고려해야만 한다. 소비자의 수요에 대한 고려는 스포츠 조직이 부과할 수 있는 최대한의 가격인 가격 상한선이 되고, 공급자의 비용에 대한 고려는 가격의 하한선이 된다. 구매자가 지급하려는 의사와 공급자가 부과하려는 것 사이의 차이는 핵심적인 가격결정의 폭을 결정한다.

가격의 결정은 이러한 상한선과 하한선 사이에서 결정되게 된다. 그런데 판매자는 가격 하한선을 결정할 때 비용뿐만 아니라 스포츠 조직의 목표와 원가도 함께 고려해야만 한다. 단지 비용만을 만회하는 가격결정은 재무적인 목적에 부합하지 않을 뿐만 아니라 수익을 창출하지 못하기 때문에 불충분하다.

그리고 경쟁적인 요인도 가격 상한을 끌어내리는 요인이 될 수 있다. 만약 소비자가 다른 구입대안이 없는 경우라면 스포츠 조직의 입장에서 최대한의 가격을 부과할 수도 있게 되는데, 이를 그림으로 설명하면 [그림 8-2]와 같다.

[그림 8-2] 가격정책의 세 가지 요소

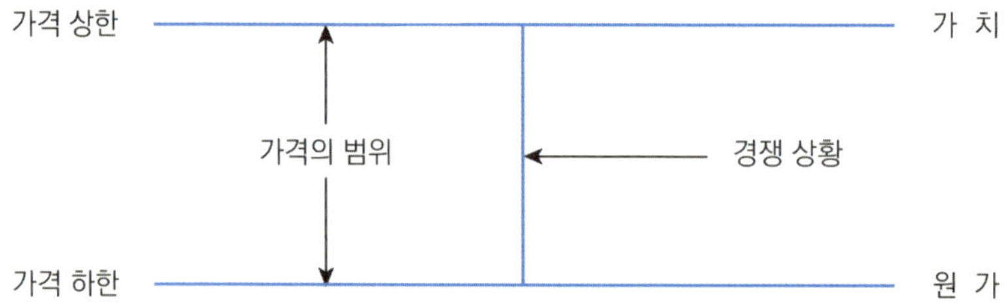

1) 비용에 대한 고려

가격책정에 있어 비용은 매우 핵심적인 역할을 수행하게 된다. 기업의 목적과 함께 비용은 가격 하한선을 구성하게 된다. 스포츠 조직이 수익성을 갖춘 채 살아남기 위해, 스포츠 마케터들은 스포츠 상품의 품질을 개선시킴과 동시에 운영비용을 감소시킴으로써 경쟁력을 갖춰야만 한다는 압력에 시달리게 된다.

더욱이 양질의 스포츠 상품을 제공하는 데 있어 비용과 비용구조에 대한 이해는 스포츠 조직의 경쟁력과 시장에서의 장기적인 생존을 보장하는 데 매우 핵심적이다. 이러한 비용 및 비용구조에 대한 이해는 매우 다양한 유형의 비용들에 대한 이해를 필요로 하며, 이들이 서로 어떻게 연결되어 있고, 또한 각각 기업의 수익에 어떠한 영향을 미치는지에 대한 이해를 필요로 한다.

가격책정에 있어서 비용의 중요성을 쉽게 이해하기 위해, 프로야구 구단을 소유하는데 따르는 비용을 가상해서 서술해보도록 하자. 무엇보다 먼저 경기가 이루어지기 위해서는 운동선수가 필수적이며, 이러한 선수들은 당연히 연봉과 장비를 필요로 하게 된다. 또한 이들은 코치, 트레이너 등의 지원인력을 필요로 한다. 또한 선수들이 연습과 경기를 할 수 있는 경기장이 필요한데, 이때는 반드시 경기장 임대료, 유지 및 보수비용이 따르게 된다. 이러한 기본적인 비용들은 프로야구 경기를 하는데 가장 기본적인 것들이다. 그러나 이것만으로 경기가 진행될 수 있는 것은 아니다.

위에서 언급한 핵심적인 비용 말고도 광고비용, 경기마다 펼치는 사은행사, 그리고 프런트 직원들의 봉급과 같은 추가적인 비용이 들어갈 수밖에 없다. 또한 항상 홈경기만을 하는 것이 아니므로 원정경기를 위해 들어가는 운송비용도 빠뜨릴 수 없다.

이렇듯 프로야구 구단을 소유 및 운영하는 데 따르는 비용은 다음 식에서 보는 것처럼 고정비와 변동비의 합계로 표현할 수 있다.

$$TC = FC + VC$$

여기서, TC: 전체비용, FC: 고정비용, VC: 변동비용

고정비용(fixed cost)이란 소비되어지는 상품의 수에 관계없이 일정하게 유지되는 것으로서 위의 사례에서 제시한 모든 비용들은 거의 고정비용에 속한다. 즉, 경기장 임대비용, 선수나 프런트 직원의 봉급, 원정경기를 위한 수송비용들은 모두 고정비용에 속한다. 이러한 비용은 각 경기에 얼마나 많은 관중이 오는지와 관계없이 일정하게 소요되는 비용들이다. 또한 대개 각 시즌별로 관중을 대상으로 전개하게 될 촉진비용도 시즌 전에 결정되기 때문에 이 역시 고정비용으로 간주된다.

변동비용(variable cost)은 생산 및 판매의 증가와 직접적인 관련을 갖는 비용으로서, 위의 사례에서는 관중이 얼마나 들어오는지 혹은 경기가 얼마나 많이 개최되는지에 따라 달라지는 비용이다.

위의 사례와 같은 스포츠 구단은 전체 비용에서 변동비가 차지하는 비중이 상대적으로 낮다. 그러나 순수한 스포츠용품과 같은 유형의 재화를 생산하는 입장에서는 변동비의 비중이

매우 크다. 대개 스포츠용품 제조업자의 변동비는 전체 비용의 60에서 90% 정도를 차지한다고 한다. 예를 들어, 원자재비, 노무비, 로열티, 유통비용, 그리고 판매수수료 등이 여기에 해당된다.

전체 변동비가 생산과 판매에 따라 증가한다 하더라도, 구매 · 생산 · 판매 등에서 일단 규모의 경제를 달성하게 되면 그 증가율은 감소하게 된다. 스포츠 조직이 이러한 고정비와 변동비를 만회할 수 있을 때, 이윤은 발생하기 시작하며 손익분기점(break-even point)이 달성되게 된다. 손익분기점을 계산하는 손쉬운 방법은 다음과 같다.

판매 = 변동비 × (판매량) + 고정비

Y = 손익분기에 다다를 수 있는 판매량,

이때 고정비 = 6,000, 변동비 = 0.80일 때

Y = 0.80Y + 6,000

0.20Y = 6,000 따라서 Y = 30,000

프리미어리그 선수들의 연봉은 우리가 상상하는 것 이상이다

그런데 이러한 비용들은 스포츠 조직의 입장에서 봤을 때 충분히 통제 가능한 요소들이다. 예를 들어, 스포츠구단 관계자들은 선수들의 연봉에 대해 결정을 내릴 수 있다. 또한 광고나 촉진비용을 얼마나 소비할 것인지, 원정경기를 위한 수송수단을 비행기로 할지 버스로 할지 결정할 수 있기 때문이다.

프로구단들은 이러한 비용을 통제하기 위해 많은 노력을 벌이고 있다. 실제 프로구단의 경우 선수들의 연봉이 차지하는 비중이 매우 큰 관계로 고액연봉 선수를 트레이드함으로써 전체 비용을 감소시킬 수 있다.

그런데 특정한 비용들은 스포츠 조직의 입장에서 통제가 불가능한 측면도 존재한다. 예를 들어, 프로야구 사무국에서 프로선수들의 최저 연봉선을 지정함으로써 스포츠 조직의 의도와는 관계없이 비용을 유발할 수도 있다. 또한 최근의 일이지만 선수노조가 생겨남으로써 프로선수들의 연봉이나 복지후생에 대한 요구를 집단적으로 하게될 경우도 비용을 유발하게 된다. 따라서 스포츠 마케터들은 이러한 추세들을 적극적으로 살펴보고 점검할 필요가 있다.

2) 탄력성에 대한 고려

가격정책은 소비자의 가격탄력성에 의해 영향을 받는다는 것이 일반적인 견해이다. 수요의 가격탄력성은 가격의 변화에 비해 스포츠 상품의 수요량에 어떠한 변화가 있는지의 비율로 측정된다. 만약 가격이 수요량의 변화보다 크다면, 소비자수요는 비탄력적이 된다. 반대로 가격의 변화가 수요량의 변화보다 작다면 수요는 탄력적이 된다. 수요와 가격이 동일한 비율로 변화한다면 단일수요가 된다(그림 8-3 참조).

[그림 8-3] 수요의 가격탄력성

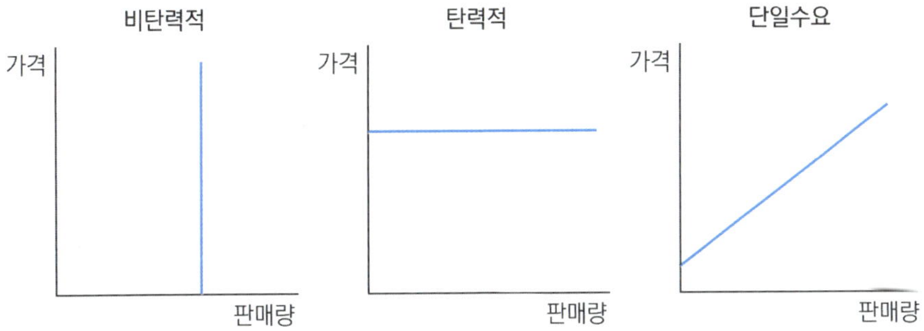

수요의 가격탄력성은 판매자의 수익에 매우 중요한 영향을 미치게 된다. 판매량의 증대는 한계수익이 발생하게 되는데, 이는 탄력성의 유형에 따라 부정적이거나 긍정적일 수도 있다. 한계수익은 가격이 상승할 때 발생한다. 이는 현재 시판중인 스포츠 상품에서 발생한 총 증분수익에서 가격을 올림에 따라 발생한 소비자 감소의 총 손실수익을 차감함으로써 측정할 수 있다. 예를 들어, 평균 관중 수가 20,000명인 스포츠 팀이 경기입장권을 10,000원에서 12,000원으로 올린 후 결과적으로 4,000명의 관중이 감소했다고 하자.

이 경우의 한계수익은

= 총 증분수익(남아있는 관중 16,000 × 가격 상승분 2,000원 = 32,000,000원)

- 총 손실수익(잃은 관중의 수 4,000 × 처음가격 10,000원 = 40,000,000원)

= -8,000,000원이 된다.

수요의 가격탄력성 이외에 수요의 소득탄력성(income elasticity)과 교차가격탄력성(cross-price elasticity)이 가격 상한성을 결정하는데 있어 중요한데, 이 두 가지는 시장의 전체 크기에 대한 가격의 효과와 관련이 있다.

수요의 소득탄력성은 개인소득 변화율에 대한 수요량의 변화율이다. 소득탄력성이 탄력

스포츠 마케팅 현장이야기

이상한 샐러리캡, 더 이상한 흥국생명

프로배구는 다른 종목에선 볼 수 없는 독특한 샐러리캡(연봉총액 상한제)을 운영하고 있다. 원래 샐러리캡이 있는 리그에서는 구단이 상한선 이상으로 선수단 몸값을 지급하게 되면 제재를 받는다. 그런데 한국배구연맹(KOVO) 규약 제72조는 "샐러리캡에 적용되는 선수의 연봉은 계약서에 명기된 기준연봉을 적용한다. 단, 그 밖에 옵션 등은 포함하지 않는다"고 규정하고 있다. 그러니까 계약서에만 샐러리캡에 맞게 연봉을 적어 신고하면 옵션으로 얼마를 더 줘도 문제가 없던 것이다.

규정이 이상하다는 걸 구단들이 몰랐던 게 아니다. 남자부 7개 팀은 지난해 12월 머리를 맞대고 2022~2023시즌부터 옵션을 포함해 샐러리캡 준수 여부를 따지기로 뜻을 모았다. 또 연봉 대비 70%까지만 옵션으로 줄 수 있도록 제도를 손질했다.

여자부는 아직 결론을 내지 못했다. 흥국생명에서 '옵션을 샐러리캡에 포함하는 건 시기상조'라고 주장하고 있기 때문이다. 거꾸로 나머지 5개 구단은 2020~2021시즌부터 당장 옵션을 샐러리캡에 포함하자고 맞서고 있다. 물론 흥국생명도 언젠가 옵션이 샐러리캡에 포함돼야 한다는 사실 자체를 부정하는 건 아니다. 3년간 유예기간이 필요하다는 것이다. 왜 하필 3년일까?

이는 KOVO 자유계약선수관리규정에서 힌트를 얻을 수 있다. 자유계약선수(FA) 계약 문제를 다룬 이 규정 제6조에 따르면, 구단에서 FA와 계약할 때는 계약기간 및 연봉 액수를 '3시즌 이내에서' 자율적으로 정할 수 있다. 올해 '에어컨 리그' 때는 현재 흥국생명 소속의 이재영(24 · 레프트)과 쌍둥이 동생 현대건설 이다영(24 · 세터)이 동시에 FA 자격을 얻는다. 이재영은 최근 한 방송 인터뷰에서 "같이 뛰고 싶다. 구단에서 (다영이를) 잡아줘야 하지 않을까"라고 말해 논란이 일었다. 아직 FA 시장이 열리지도 않은 상태에서 너무 나간 인터뷰였다는 것이다.

이재영은 지난 시즌 이미 여자부 연봉 3위(3억2,000만 원)에 이름을 올렸고, 연봉 1억8,000만 원을 받던 이다영 역시 팀을 정규리그 1위로 이끈 지난 시즌 활약상을 고려하면 연봉이 크게 올라도 이상하지 않은 상태다. 현행 14억 원인 여자부 샐러리캡을 감안할 때 옵션까지 포함시킨다면 두 선수를 동시에 보유하기란 사실상 불가능하다는 지적이 나온다. 요컨대 어떤 팀이든 정말 두 선수를 모두 붙잡고 싶다면 '히든 옵션'이 꼭 필요한 상황이라고 할 수 있다. 사정이 이런데도 유독 한 팀만 원래 제도를 절대 포기 못 하겠다고 주장하는 걸 보니 이재영의 발언이 그저 개인적인 바람이 아니라 어쩌면 이번 FA 시장 '스포일러'였을지도 모르겠다.

- 동아일보, 2020년 4월 9일 -

적이라면 소득이 상승함에 따라 수요는 많이 증가할 것이며, 비탄력적이라면 소득이 상승해도 수요증가의 폭은 적을 것이다.

수요의 교차가격탄력성은 다른 상품가격의 변화에 대한 해당 상품 수요의 변화율을 측정하는 것이다. 교차가격탄력성이 비탄력적이라면 두 상품은 보완적 관계에 있다고 할 수 있으며, 서로 다른 상품의 소비에 영향을 미치지 않는다. 그러나 탄력적이라면 두 상품은 대체재의 성격을 가지며 한 상품의 소비는 다른 상품의 희생을 수반한다.

3 스포츠 상품 유형별 가격책정

스포츠 상품의 가격은 각 상품의 유형이 서로 다른 만큼 다양하게 형성될 수 있다. 즉, 스포츠 상품은 크게 관람 스포츠 상품과 참여 스포츠 상품으로 구분되는데, 이중 참여 스포츠 상품의 경우는 헬스클럽과 같은 참여 스포츠 상품과 스포츠용품으로 나뉜다. 이중 스포츠용품의 경우는 전형적으로 유형적인 제품에 대한 가격책정원리를 따르면 되지만, 관람 스포츠와 참여 스포츠의 경우는 내부분 시비스적인 특성이 강하며, 그 결정 과정 또한 유형의 제품에 비해 복잡하다. 여기서는 관람 스포츠 상품의 가격구조 및 결정 과정에 대해 설명토록 한다.

(1) 관람 스포츠 상품의 가격구조

1) 관중

관중은 입장권을 구매해서 직접 경기를 관람하는 소비자이다. 또한 이들은 선수들의 가치를 결정하는 데 큰 영향을 끼치고, 구단 · 이벤트, 투자자, 영상 · 인쇄매체, 그리고 기업에게 가치평가의 기준을 제공하는 매우 중요한 존재이다.

2) 매체수용자

매체수용자는 인쇄매체, 그리고 인터넷 등을 통해 스포츠를 간접적으로 접하는 사람들이다. 이들이 이러한 수단을 통해 얼마나 많이 관람하는지는 선수나 구단, 리그 및 이벤트, 그리고 중계권료 등의 가격을 결정짓는 데 큰 영향을 미친다. 또한 인터넷 스포츠 소비자의 경우는 온라인상의 스포츠에 직접 참여하는 소비자가 되기도 한다.

e스포츠의 경우 관람을 유료화하기 위한 노력을 부단히 펼치고 있다

3) 선수

선수는 관람 스포츠 상품 구성의 최소단위로써 선수 개인의 가치는 곧 팀의 가치와 직결된다. 이들 선수의 가치는 관중과 매체수용자들의 영향과 팀 내에서의 역할과 기여도를 중심으로 결정된다.

4) 구단

구단은 관중과 매체수용자, 그리고 투자자와 기업의 영향을 받아 소속선수와 직접적인 가격체제를 구축한다. 즉, 이러한 영향 요인에 의해 구단의 가치가 상승하며, 그에 맞춰 소비자들이 지출해야 할 관람 스포츠 상품의 가격 또한 상승하게 된다.

5) 투자자

투자자는 스포츠 구단의 가치를 인정하고 구단매각 시 관심을 보이는 일종의 기업이나 개인을 의미한다. 이들은 구단의 가치를 면밀히 살피는데, 스포츠 소비자들의 구단에 대한 관심도가 구단의 가치를 결정한다. 따라서 투자자는 관중과 매체수용자의 영향을 받으며, 구단과 직접적인 가격체계를 구축하고 있다.

[그림 8-4] 관람 스포츠의 가격구조

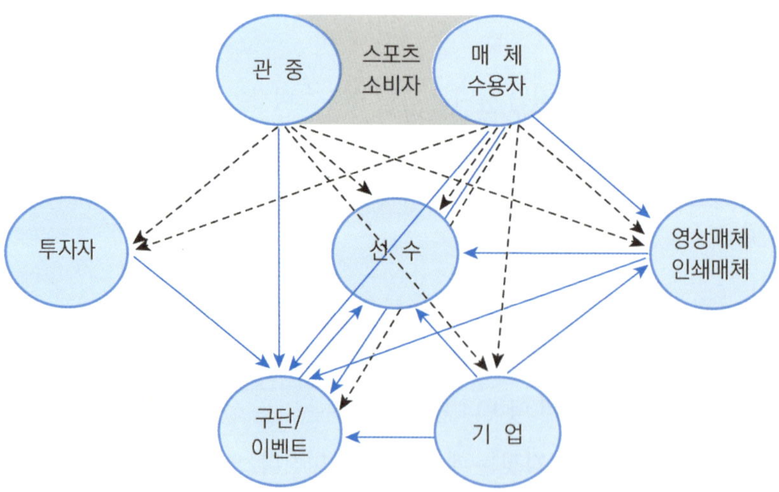

자료: 김용만(2012), 스포츠 마케팅 커뮤니케이션, 서울, 학현사, p. 194.

6) 기업

기업은 스포츠 소비자와 간접적인 관계에 있으면서 선수, 구단 · 이벤트, 영상 · 인쇄매체와 직접적인 가격체계를 구축하고 있다. 선수와는 선수보증광고, 구단 · 이벤트와는 스폰서십의 형태로, 그리고 영상 · 인쇄매체와는 광고나 홍보와 같은 형태로 관계를 맺고 있다.

7) 영상 · 인쇄매체

영상 · 인쇄매체는 선수, 구단, 그리고 리그 · 이벤트를 스포츠 소비자인 매체수용자에게 연결하는 역할을 한다. 또한 매체수용자들에게 스포츠의 진면목을 아름답게 가공하여 보여줌과 동시에 기업의 광고효과까지도 함께 제공하여 효과적인 기업의 촉진도구로써 스포츠의 가치를 극대화시키는 데 큰 역할을 수행한다.

(2) 관람 스포츠 상품의 가격

1) 입장권

입장권은 이벤트의 가치, 사용기간, 그리고 주어지는 혜택에 따라 가격이 달라지는데, 다음과 같이 몇 가지로 구분할 수 있다.

2014 인천아시안게임 입장권: 친환경을 상징하는 그린색이 바탕이다.

① **일반권**: 일반권은 관람하고 싶은 경기입장권을 개인이 개별적으로 구입하는 것으로 대개 1회 입장으로 제한되며, 특별한 경우를 제외하고 할인판매를 하지 않는다.

② **시즌권**: 시즌권은 정해진 기간에 걸쳐 경기를 관람할 수 있는 입장권이다. 스포츠 조직의 입장에서 관람객 수요를 미리 알 수 있게 해주는 장점이 있으며, 일반적으로 할인판매를 하기도 한다.

③ **단체권**: 단체권이 개인이 아닌 특정 단체가 동시에 입장할 수 있는 입장권이다. 통상 관중석에 여유가 있을 때 판매하는 것으로 일반적으로 할인판매를 하기도 한다.

④ **특별권**: 특별권은 판매 형태가 아닌 임대 형태의 입장권이다. 또한 판매 형태와 제공되는 서비스 및 이용자의 공간활용 면에서 차별화된 입장권 시스템이다.

2) 개인좌석인증

개인좌석인증(Personal Seat License: PSL)은 일반석과는 차별화하여 소비자에게 특정 좌석을 임대하는 "개인좌석분양"의 한 형태이다. 또한 개인좌석인증은 소유자에게 이를 타인에게 양도하는 것은 물론 영구적으로 주어지는 시즌티켓 구입권리를 제공받는 대가로 지급하는 수수료의 일종이기도 하다.

3) 경기구성 요소의 가격

① **선수개인**: 선수에게 있어서 가격은 가치와 관련이 있다. 선수의 가격은 팀에 대한 기여도, 팬의 선호도, 그리고 기업의 활용도에 의해 결정된다. 선수에게 있어서 상품가격은 선수자신의 몸값과 선수의 광고가치로서의 가격을 들 수 있다.

② **팀 · 구단**: 팀 · 구단에 있어서의 상품가격은 경기관람료, 광고 관련 가격, 그리고 특징적인 이미지와 관련된 각종 확장제품들을 활용한 가격을 들 수 있다. 첫째, 경기관람료는 팀 · 구단의 주요 수입원이다. 그러나 이는 스포츠의 고유한 특성으로 인해 가변적인 수입원이다. 때문에 팀 · 구단은 방송중계권 같은 이외 부가적인 수입원을 찾으려 노력한다. 둘째, 광고는 경기장광고, 유니폼광고 등 다양한 형태로 나타나는데, 이 광고료 역시 팀의 성적과 직접적인 관계가 있다. 셋째, 확장품을 활용한다는 것은 팀의 마스코트나 로고 등을 부착한 스포츠용품을 판매하는 라이센싱 · 머천다이징 프로그램을 말한다.

③**협회 · 연맹**: 협회 · 연맹이나 스포츠 단체가 소유하고 있는 관람 스포츠 상품은 리그라 할 수 있다. 이 리그라는 상품의 가격은 중계권료, 스폰서십, 그리고 라이센싱 · 머천다이징 비용을 들 수 있다.

4 가격결정전략

(1) 가격결정전략 수립 시 고려사항[4)]

일반적으로 가격결정에 대해서는 '가격을 어느 선에서 결정할 것인가?'하는 화폐적인 측면에서의 가격만을 위주로 생각할 수도 있지만, 이러한 화폐적 가격을 결정하는 것 말고도 기타 다양한 사항들이 함께 고려되어야 한다. 즉, 스포츠 조직이 가격결정을 할 때는 다음에서 살펴볼 여러 가지 문제에 대한 고려 및 결정이 함께 이루어져야 한다는 것이다. 구체적으로 다음에서 살펴볼 화폐적인 가격결정과 관련된 7가지의 주요한 고려사항, 즉 완전한 가격전략설정을 위한 구체적인 정보가 무엇인가에 대해 제시되어 있다.

1) 가격결정의 수준 문제 - 가격은 얼마로 할 것인가?

가격수준에 대한 현실적인 결정은 스포츠 조직의 재무적 지급능력을 결정하는 데 매우 중요하다. 우선 관리자는 원가를 명확히 인식하여야 하며, 특정 스포츠 상품에 대해 ① 단순히 변동원가만을 보전하려 하는지, ② 고정원가 부분도 보전하려 하는지, ③ 모든 원가를 보전한 후에야 특정 이익을 추구할 것인지를 결정해야 한다. 이런 결정은 제반 간접비를 보전하는 데 필요한 다른 상품으로부터의 이익보전 가능성에 좌우된다. 각 판매량에 대해 보전해야 할 비용을 결정하는 것은 해당 원가를 보전하고 또 목표이익까지도 획득하기 위해 부과해야 될 최저가격을 결정하는 데 기초작업이 된다.

다음으로 관리자들은 예상소비자들이 생각하는 스포츠 상품의 총 가치뿐만 아니라 소비자의 가격민감도도 평가해야 한다. 고정원가를 만회할 가격을 결정함에 있어 상이한 가격수준에 대한 판매량을 정확히 예측하는 것은 매우 중요하다. 이러한 과정을 통해 주어진 세분시장에 대한 가격의 상한선을 결정할 수 있다.

경쟁업자의 가격은 또 다른 자료를 제공한다. 소비자에게 소구하는 유사한 경쟁적 대안의 수가 많을수록 경쟁업자의 가격은 더욱 이용가치가 있으며, 마케팅 관리자로 하여금 가격을 경쟁업자의 가격수준이나 그 이하로 유지하도록 압력을 가한다. 자신의 최고가와 경쟁업자의 최저가 간의 차이가 클수록 마케터는 여러 가지 전략을 이용할 수 있다. 만약에 경쟁업자의 최고가가 자신의 최저가보다 낮다면, 관리자는 두 가지 선택을 할 수 있다.

첫째, 경쟁우위가 없다고 판단하여 판매를 중단하거나 보다 높은 가격으로 경쟁이 가능하도록 상품의 내용을 변경하는 것이며, 둘째 해당 상품을 낮은 가격으로도 판매할 수 있게끔 제3자로부터 자금을 조달하여 일부 원가를 보전하는 방법이 있다. 두 번째 방법은 비인기 스포츠 종목들이 스포츠 종목의 균형적 발전을 위해 정부 혹은 지방자치단체로부터 재정적 지원을 받는 것이 그러한 사례이다.

또한 정규가격으로부터의 가격할인은 신중하게 시행되어야 한다. 왜냐하면 가격할인은 스포츠 조직의 입장에서 제대로 받을 수 있는 정규가격의 효력을 약하게 하거나 각각의 판매로부터 얻어질 수 있는 공헌이익을 감소시키기 때문이다. 그러나 특정 세분시장에 대한 선택적인 가격할인은 새로운 세분시장을 개척하고, 이용되지 않을 수도 있는 수요능력을 보완할 중요한 기회를 제공할 수도 있다. 기본적으로 가격할인은 상이한 세분시장에 대한 가격탄력성을 이해하고 가격에 민감한 소비자를 유혹하기 위해 고안된 것으로서 다음에 자세히 언급하기로 한다.

마지막으로 가격결정의 기술적인 문제로서 가격을 딱 떨어지는 짝수로 결정할 것인지 아니면 실제보다 약간 낮다는 인상을 줄 수 있도록 홀수로 결정할 것인가 하는 문제가 있다. 만약 경쟁업자가 995원과 1,995원과 같은 형태로 가격을 제시한다면, 1,000원과 2,000원의 가격을 제시하는 전략은 실제보다 가격이 높다는 인상을 소비자에게 줄 수 있다. 그러나 딱 맞아떨어지는 가격은 편리함과 간결함을 준다.

2) 가격결정의 기초 문제 - 무엇이 가격결정의 기초가 되어야 하는가?

가격결정의 기초를 결정함에 있어 소비의 기본단위를 파악하는 것이 요구된다. 스포츠 경기와 같은 입장료에 기초를 둘 것인가? 수영이나 스키강습과 같은 시간에 기초를 둘 것인가? 아니면 거래에 대한 커미션과 같은 화폐적 가치에 기초를 두어야 하는가? 이처럼 스포츠 상품의 이용에 있어 중심이 되는 소비단위에 따라 가격을 결정하는 것은 아주 중요하다.

그런데 실제 대부분의 스포츠 조직들은 엄격한 가격공식 하에서 가격을 결정하지 않고, 원가 · 경쟁 상황 · 소비자의 인식가치의 상호관계에 따라 가격을 결정해버린다. 그래서 다양한 스포츠 상품을 패키지로 제시해야 하는가, 아니면 각각의 스포츠 상품이 분리되어 개별적으로 가격이 책정되어야 하는가 하는 문제점이 발생한다. 다양한 상품을 패키지로 제공하면서 묶음가격으로 제시하는 경우, 소비자들이 자신이 이용하지 않은 서비스에 대해서도 요금이 부과되는 것을 싫어한다면 상품을 항목별로 제공하는 것이 유리하다.

3) 요금 수령의 문제 - 누가 지급액을 수금해야 할 것인가?

스포츠 마케터는 소비자들이 스포츠 상품에 대한 정보를 얻고, 예약을 하며, 지급하는 데 있어 간단하고 편리하도록 해야 한다. 이를 위해 많은 스포츠 조직들은 자신은 스포츠 상품 제공에만 전념하고 나머지는 에이전트에게 해당 업무를 위임하기도 한다. 예를 들어, 스포츠 경기 등의 좌석예매는 은행 등에 의해 대행되고 있다. 이렇게 중개인에게 해당 업무를 위임함으로써, 스포츠 조직은 중개인의 역할에 대한 수수료를 지급한다. 이러한 중개인의 이용은 스포츠 조직의 관리원가 측면에서 실질적인 이익을 가져다준다.

4) 요금 수령장소의 문제 - 어디에서 지급이 이루어져야만 하는가?

스포츠 조직이 항상 소비자가 이용하기에 편리한 곳에 위치하고 있지만은 않다. 예를 들어, 스포츠 경기장은 대개 잠재소비자로부터 어느 정도 멀리 떨어져 있기 때문에 소비자들은 구매하기에 좀더 편리한 장소에 위치한 에이전트를 이용하거나 다른 수단을 이용해서 대금을 지급하기를 선호하며, 그것이 소비자들에게도 이익이 된다. 따라서 스포츠 조직들은 전화예약을 받고 신용카드나 직불카드 혹은 선불카드 등의 수단을 이용하여 소비자들이 대금을 입금할 수 있도록 편의를 제공할 수도 있다.

5) 요금 지급 시점의 문제 - 언제 지급이 이루어져야만 하는가?

스포츠 상품 이용에 대한 대금 지급 방식에는 크게 다음의 두 가지가 있다. 첫째, 소비자로 하여금 구매 이전에 대금을 지급하도록 하는 것과, 둘째 스포츠 상품이 제공된 후에 대금을 지급하도록 하는 것이다.

첫 번째 경우의 예로는 경기장 입장권을 예매하는 것을 들 수 있고, 두 번째 경우의 예로는 볼링장이나 당구장에서 경기 후에 요금을 지급하도록 하는 것을 들 수 있다. 이 밖에 스포츠 상품의 전달 전에 대금의 일부를 계약금의 형태로 요구하는 경우가 있다. 이러한 방법은 스포츠 상품을 제공하는 데 많은 비용이 요구되는 경우에서 찾아볼 수 있다.

소비자로 하여금 스포츠 상품 이용 전에 대금을 지급하도록 하는 것은 스포츠 상품 제공자나 이용자 모두에게 가치가 있다. 때때로 일상적으로 반복되는 서비스를 이용할 때마다 대금을 지급하는 것은 양자 모두에게 불편을 주기 때문에 한 번에 대금을 미리 지급하는 것이 유리한 경우도 있기 때문이다. 또한 스포츠 조직의 입장에서도 스포츠 상품 제공 전에 자금을 확보할 수 있게 되어 이익이 된다. 아울러 프로복싱 타이틀매치처럼 단발성으로 이벤트가 개최되고 많은 부대원가가 투입되는 경우 미리 자금을 조달하고 수요를 확실히 하기 위해 할인된 예약티켓을 판매하기도 한다.

6) 요금 지급 수단의 문제 - 어떻게 지급이 이루어져야만 하는가?

스포츠 상품에 대한 대금 지급에는 여러 가지 방법이 존재한다. 물론 여러 가지 지급 방법 중 현금이 가장 간단한 방법처럼 보이지만, 현금은 안전상의 문제뿐만 아니라 기계작동을 위한 잔돈이 요구되는 경우에는 매우 불편하다. 이에 따라 현금을 대신해서 지급할 수 있는 많은 방법이 개발되었다.

첫째, 신용카드와 은행카드는 현재 대다수의 사람들이 이용 중에 있고 그 이용률이 점차 증가추세에 있다. 이와 비슷한 형태로 직불카드(debit card)라는 것이 있는데, 이는 신용카드와는 달리 이용대금이 소비자의 계좌에서 이용 즉시 차감되는 것이다.

이러한 카드에 대한 이용이 늘면서 많은 스포츠 조직들은 신용카드사와의 거래계약을 체결할 것인가를 고려하게 되는데, 계약체결 시 경영자는 계약을 함으로써 발생할 수 있는 수수료의 지급, 내부적 서류작업, 미수금에 대한 운전자금의 조달 등과 같은 추가적인 원가와 판매량의 증가, 용이한 거래기록 보관 등과 같은 기대수익과의 상충관계를 염두에 둬야 한다. 이처럼 카드를 통한 대금결제가 늘어남에 따라 카드결제 방식을 채택하지 않은 스포츠 조직들은 상대적으로 경쟁업자에 비해 불리한 입장에 서게 되었다. 따라서 오늘날 많은 기업들이 카드결제 방식을 택하고 있는 추세에 있다.

둘째, 선불카드(prepaid card)는 특히 유럽과 일본에서 널리 이용되고 있는데, 이는 제공받을 수 있는 상품의 화폐가치를 미리 카드에 기록하여 언제든지 이용할 수 있도록 만든 것이다. 원래 선불카드는 일본에서 전화용으로 개발되었으며, 요즘 우리나라에서도 전화카드나 백화점카드에 많이 이용되고 있으며, 상품권의 형태로 변형되어 제공되기도 한다.

셋째, 제휴카드를 들 수 있는데, 이는 특정 회사, 동창회 등이 카드사와 제휴하여 신용카드를 발급함으로써 특정 회사를 선호하는 소비자나 동문들로 하여금 소속감을 유발하도록 하여 스포츠 상품의 이용을 증대시킬 수 있는 장점을 가진 신용카드의 일종이다.

넷째, 자동이체를 들 수 있는데, 이는 우리가 일상생활에서 흔히 이용하고 있는 지급 방법으로 전화요금이나 신용카드의 대금결제 등의 경우에 통장에서 자동으로 대금이 결제되도록 하는 방식이다.

7) 목표시장으로의 가격전달 수단의 문제 - 어떻게 가격이 목표시장에 전달되어야 하는가?

위에서 살펴본 가격에 대한 여러 쟁점들에 대한 의사결정이 내려지면 마지막으로 책정된 가격을 어떻게 해야 목표시장에 대해 가장 효과적으로 전달할 수 있는지를 결정해야 한다.

기본적으로 소비자들은 구매 이전에 자신이 이용할 스포츠 상품의 가격을 알고자 한다. 즉, 소비자들은 언제 · 어디서 · 어떻게 가격을 지급할 수 있는지를 알고자 한다. 이런 소비자들의 욕구에 대해 스포츠 마케터는 소비자들이 오도되지 않고 가격에 대해 알기 쉽도록 명확한 방법으로 가격을 전달해야 한다.

또한 경영자는 스포츠 상품에 대한 광고에 가격정보를 포함시킬 것인지의 여부를 결정한다. 왜냐하면 가격정보는 소비자로 하여금 경쟁업자와 비교하도록 유도하며 또한 다른 대안에 대한 고려사항으로 작용할 수 있기 때문이다.

스포츠 마케팅 현장이야기

평창 쇼트트랙 입장권 55만 원 … 밴쿠버의 3배

1년 앞으로 다가온 평창겨울올림픽 개 · 폐회식과 각 종목 입장권 예매가 9일부터 시작된다. 평창동계올림픽조직위원회는 이날부터 4월 23일까지 홈페이지(www.pyeongchang2018.com)를 통해 1차로 입장권 예매 신청을 받은 후 추첨을 통해 당첨자에게 먼저 입장권 구매 기회를 준다. 당첨자는 5월 8일 발표한다. 조직위는 이번 예매 신청을 통해 종목별로 전체 입장권의 60~80%를 소화할 계획이다. 온라인 2차 예매는 9월 5일부터 시작한다. 이때는 추첨이 아닌 선착순 판매다. 오프라인 판매는 10월 1일부터다.

올림픽경기 입장권 가격은 개최국 국민의 관람 의향도를 포함한 시장조사 결과 및 각 국제 경기단체와 개최국 정부기관의 의견 등을 참고해 조직위가 적정가격을 산출하고 국제올림픽위원회(IOC)의 최종 승인을 받아 확정된다. 이렇게 결정된 입장권가격을 보면 종목별 인기도를 어느 정도 짐작할 수 있다. 평창올림픽에서 개폐회식을 제외한 경기 입장권 중 최고가는 '겨울올림픽의 꽃'으로 불리는 남자 아이스하키 결승전으로 A등급 좌석 티켓 가격이 90만 원이다. 남사 아이스하키는 올림픽 때마다 입장권 가격이 제일 높은 종목이다. 2014년 소치올림픽 때는 결승전 티켓값이 125만 원, 2010년 밴쿠버 대회 때는 87만 원이었다.

평창올림픽 입장권가격 중 눈에 띄는 종목은 그동안 한국이 초강세를 보여 온 쇼트트랙이다. 평창올림픽 쇼트트랙 종목의 A등급 좌석 티켓 값은 55만 원인데 밴쿠버 대회(17만 원)의 3배, 소치 대회(22만 원)의 2배가 넘는다. 이는 조직위가 한국리서치에 의뢰해 조사한 올림픽 경기 관람 의향도(중복응답)를 포함한 종목의 인기도가 반영됐기 때문이다. 관람 의향도 조사에서 쇼트트랙은 67%를 기록해 국민들이 가장 보고 싶어 하는 종목으로 꼽혔다. 아이스하키는 16%로 낮게 나왔지만 해외 판매량이 많을 것으로 보인다. 소치 대회 때도 아이스하키는 6만 장이 넘는 입장권이 러시아가 아닌 다른 국가에서 판매됐다. 관람 의향도 조사에서 두 번째로 높게 나온 피겨스케이팅(64%)은 쇼트프로그램이 55만 원, 프리스타일 경기는 60만 원(이상 A등급 좌석)인데 소치 대회 때보다는 10만 원 이상 낮은 가격이다.

윤성빈이 금메달을 노리는 스켈레톤 결선 A등급 좌석은 이전 두 대회 때보다 조금 높은 10만 원이다. 한국이 겨울올림픽에서 금메달 4개를 딴 스피드스케이팅도 이전 두 대회보다 티켓 값이 조금 높아져 A등급 좌석이 25만 원이다. 알파인과 크로스컨트리 스키 등 한국 선수들의 기량이 세계 수준에 많이 못 미치는 설상 종목의 입장권 가격은 이전 두 대회에 비해 대체로 낮게 책정됐다.

- 동아일보, 2017년 2월 9일 -

(2) 구체적인 가격결정전략

기본적으로 스포츠 상품 가격결정에 따르는 주요 문제점은, 유형재의 특성을 지닌 스포츠 용품과는 달리 무형적 특성이 강한 서비스 상품, 즉 스포츠 이벤트의 경우 가격을 결정할 때 고려해야 할 점이 많다는 점과, 소비자들이 해당 스포츠 상품의 구매를 통해 어떠한 편익을 얻을 것이며, 이를 어떻게 활용하는지까지도 세심하게 이해하고 있어야 한다는 점이다.

때문에 스포츠 마케터들은 다른 분야의 마케터와는 달리 창조적으로 가격을 결정할 수 있는 방안을 강구해야만 한다. 그리고 효율적인 가격결정을 위해 스포츠 마케터는 무엇보다 표적시장 내에 있는 소비자들에게 가치를 부여할 수 있는 방안이 무엇인지 우선 파악하고 있어야만 한다.

이렇게 소비자들에게 가치를 전달해줄 수 있는 가격결정 방법으로서는 만족을 토대로 한 가격결정, 관계를 토대로 한 가격결정, 그리고 효율성을 토대로 한 가격결정 방법이 있다.[5]

1) 만족을 토대로 한 가격결정

만족을 토대로 한 가격결정(satisfaction-based pricing)의 가장 기본적인 목표는 바로 스포츠 상품 구매와 관련한 지각된 위험의 양을 감소시키고 가치의 확실성을 표적시장에 소구하는 데 있다. 이 방법은 보증, 편익주도 가격결정, 일률적 가격결정 방법 등이 있다.

보증(warranty)은 소비자를 유인하는데 있어 매우 선호되는 방법들 중의 하나이다.[6] 보증은 소비자들로 하여금 해당 상품의 구매가 만족스럽지 못할 경우, 지급한 돈을 일부 혹은 전부 돌려받을 수 있다는 점을 확신시켜주는 방법으로, 소비자에 대한 보증의 제시는 특정 스포츠 조직이 품질이 뛰어난 상품을 제공하고 있으며, 그럴 능력이 있다는 확신을 심어주게 된다. 실제로 경쟁 스포츠 상품의 가격이 비슷하게 형성되어 있는 경우, 보증은 차별화 된 장점을 줄 수 있다.

편익(benefit) 주도의 가격결정은 소비자가 실제로 이용하는 스포츠 상품의 본질적인 측면에 초점을 두는 것이다. 이러한 접근 방법의 목적은 스포츠 상품 가격과 실제 소비자가 가치를 부여하는 스포츠 상품의 구성 요소를 직접적으로 연결시키는 것이다.

일률적(flat-rate) 가격결정은 거래가 발생하기 이전에 결정된 고정가격으로 스포츠 상품을 제공함으로써, 소비자에게 제시되는 최종가격이 변동될지도 모른다는 소비자의 불안감을 제거하는 방안이다. 그런데 이러한 방법은 가격이 매우 경쟁적이고, 제반 비용을 통제할 수 있으며, 제반 공정이 효율적이며, 소비자와의 장기적인 관계를 맺고 추가적인 수익을 얻는 것이 가능할 때 사용될 수 있는 방법이다.

2) 관계가격결정

이 방법은 스포츠 조직이 표적으로 삼은 소비자들과의 관계를 고양시키는 데 주목적이 있는데, 관계가격결정 방안에는 장기계약과 묶음가격의 두 가지가 있다.

장기계약은 소비자들로 하여금 동일 스포츠 조직으로부터 금전 혹은 비금전적인 인센티브를 얻을 수 있을 것이라는 전망을 갖게 한다. 일단 소비자들과의 장기적인 거래계약이 맺어지게 되면, 소비자에 맞춰 사업의 내용이 단절적(short-term)인 거래에서 지속적(long-term)인 거래로 변할 수 있게 되고 개개 소비자에게 적합한 스포츠 상품 전달 방법의 개발이 가능해지게 된다. 이렇게 거래가 지속적이기 때문에 규모의 경제가 달성되고 비용절감이 가능해짐으로써 보다 나은 수익을 거둘 수 있는 기회가 마련되는 것이다.

우리나라의 경우 아직 활성화된 단계는 아니지만, 프로구단들이 시즌티켓을 구입한 소비자들에게 일반티켓 구입 소비자들보다 가격을 저렴하게 적용할 뿐만 아니라 지정석의 제공, 기타 편의시설 이용 시 우선권 부여 등의 편익을 제공해주는 것이 그러한 사례이다.

그런데 스포츠 종목의 프로화가 활성화하면서 특정 스포츠 조직이 제공하는 상품의 수가 점차 많아지는 관계로 단일상품이 제공되기보다는 패키지의 형태로 제공되는 방법인 묶음가격전략이 이용되기도 한다. 이러한 방법은 일반 서비스 상품에서 흔히 볼 수 있는 것으로 묶음가격은 둘 혹은 그 이상의 제품이나 서비스를 단일한 가격으로 소비자에게 제공하는 것을 말하는데, 경기장 입장권 판매 시 경기장 내에서 이용할 수 있는 음료쿠폰의 값을 함께 포함시키는 것 등이 그러한 예이다.

3) 효율적 가격결정

효율적 가격결정(efficiency pricing)의 가장 기본적인 목적은 항상 최적의 가격을 추구하는, 경제성이 중심 고려사항인 소비자에게 소구하는 데 있다. 즉, 최저가격이 항상 가장 좋은 것이라고 판단하는 소비자를 대상으로 한 가격결정 방법으로서, 이들은 저렴한 가격을 우선시하기 때문에 그에 따라 치루게 될 제반 불편사항을 당연히 감수하려 한다.

효율적 가격책정은 기본적으로 해당 가격에서 가능한 한 가장 비용 효율적(cost-effective)인 상품을 제공하는 데 초점을 두고 있다. 제반 공정을 합리화하고, 보다 비용절감을 달성케 하는 혁신을 추구하게 한다. 비용구조에 의존하게 되면, 새로운 경쟁자들이 이러한 효율적 가격책정을 하는 기업을 모방하기가 더욱 어려워지게 된다.

5 가격조절

스포츠 마케팅은 그 내용 자체가 매우 역동적이지만, 가격결정전략은 그 역동성이 훨씬 더 크다. 즉, 그 변화의 내용이 무궁무진하다. 기본적으로 스포츠 마케터는 많은 검토 과정을 거쳐 스포츠 상품의 가격을 정하겠지만, 시장의 상황에 따라서 그 변화 및 조절가능성이 매우 크다.

대표적으로 경쟁 상황이 어떻게 조성되는지의 여부는 가격 변화에 영향을 미칠 수 있고, 애초에 예상했던 판매량을 달성할 만큼 수요가 확보되지 못한 경우에도 스포츠 마케터들은 가격의 변화를 심각히 고려해야만 한다.

(1) 가격인하와 인상

우리나라 비인기 스포츠 종목의 경우 대개 정상적인 티켓가보다 저렴하게 가격을 책정함으로써 관중을 끌어 모으기 위해 안간힘을 쓰고 있다. 또한 프로야구나 프로농구처럼 인기 종목들도 보다 더 많은 관중참여를 유도하기 위해 가격인하의 유혹에 시달리게 된다.

실제로 스포츠 조직의 입장에서 소비자들의 수요를 자극하기 위해 가격인하 또는 인상을 고려할 수밖에 없다. 그리고 스포츠용품 제조업자들의 경우, 특히 이러한 가격인하 또는 인상이 매우 일상적인 것들이다. 일반적으로 가격인하(price reduction)란 판매량의 증대나 시장점유율의 제고를 위해 상품의 원래 가격을 낮추는 것을 가리킨다. 또한 직접적으로 가격을 낮추는 것 외에 소비자에게 리베이트를 해주거나 다른 상품을 추가 부담 없이 제공해주는 것도 이 범주에 포함된다.

그런데 스포츠 조직이 이러한 가격인하를 단행할 경우 다음 몇 가지 문제점을 감안해야만 한다. 우선, 소비자들은 가격인하가 상품의 품질이 떨어지기 때문에 이루어졌다는 오해를 할 수도 있다. 둘째, 소비자들은 가격인하를 일종의 속임수로 생각할 수도 있다. 즉, 항상 할인된 가격으로 판매함으로써 애초에 설정된 가격이 비합리적으로 높게 책정되었다는 생각을 갖게 할 수도 있다. 셋째, 가격인하를 단행하게 되면 경쟁업자들도 따라서 가격인하를 하게 되고, 때문에 경쟁이 오히려 더 심해질 수도 있다. 마지막으로 가격 변화가 자주 일어나

시범경기 기간에는 무료로 관중을 입장시키는 것이 일반적이다

게 되면 소비자들은 해당 스포츠 상품의 진짜 가격이 얼마인지 혼란스러워 하게 된다.

가격인상(price increase) 역시 스포츠 마케터가 기존 가격을 변경하는 데 이용할 수 있는 주요한 수단으로서, 통상 여러 가지 이유로 인해 가격상승이 이루어지게 된다. 그중 가장 기본적인 이유는 해당 스포츠 상품을 생산하는 데 소요되는 비용이 늘어남으로써 이를 보전할 목적으로 가격을 인상하는 것이다. 다시 말해서 스포츠용품 생산에 소요되는 원자재나 스포츠 구단을 운영하는 데 소요되는 비용이 증가하게 되면, 수익을 맞추기 위해서라도 가격을 인상하지 않을 수 없다. 그리고 가격을 인상하게 되는 또 다른 중요한 이유 중의 하나는 해당 스포츠 상품에 대한 수요가 지나치게 높은 경우이다. 항상 공급보다 수요가 많기 때문에 가격을 인상한다 하더라도 소비자들은 별 저항 없이 인상된 가격을 수용하게 된다.

그러나 가격인상이 가져올 수 있는 부정적 결과 때문에, 스포츠 마케터들은 다른 대안을 통해 가격인상의 효과를 달성하도록 하는 것이 더 좋다. 즉, 가격인상은 소비자들로 하여금 스포츠 조직이 소비자에게 사기를 친다는 인상을 갖게 할 수도 있으므로, 이러한 부정적인 이미지를 회피하면서도 가격인상의 목적을 달성할 수 있는 우회적인 방안을 강구해야 한다는 것이다.

그러한 방안들로는 스포츠용품의 경우 기능 중 몇 가지를 없앤다거나, 제공하는 모델의 수를 축소시키는 것을 들 수 있고, 스포츠 경기의 경우 고액연봉 선수를 트레이드하고 신인 선수들을 새로이 기용하는 식으로 스포츠 상품 생산에 소요되는 투입물을 변경하는 것을 들 수 있다.

하지만 이러한 대안을 이용하기 어려운 경우가 있는데, 그때는 이러한 가격 변화를 팬이나 소비자에게 제대로 알려줌으로써 부정적인 결과가 초래될 가능성을 최소화해야만 한다. 기본적으로 대부분의 가격책정은 소비자들의 심리를 기본 토대로 하기 때문에, 그들의 마음을 움직일 수만 있다면, 즉 가격인상이 이루어질 수밖에 없는 이유가 납득되어진다면 소비자들은 가격인상을 정당화할 수 있을지도 모른다.

(2) 가격할인

가격인하전략과 함께 가격할인(discount) 역시 소비자의 수요를 자극하기 위해 제공될 수 있는 인센티브 중의 하나이다. 스포츠 마케터가 활용할 수 있는 전형적인 할인 방안으로는 수량할인과 계절할인 방안이 있다.

수량할인은 말 그대로 많은 양의 스포츠 상품을 구매한 소비자를 보상해주기 위한 방법으로서, 많이 구입할수록 상품의 가격을 깎아주는 것을 말한다. 경기 입장권의 경우 개별적으로 구매할 때보다 단체로 구입할 때 싼 것이 대표적인 예이다.

계절할인은 스포츠 자체가 지니는 계절적 특성으로 인해 스포츠 마케팅에서 광범위하게 이용되는 방안이다. 즉, 대부분의 스포츠는 참여자나 관중의 입장에서 봤을 때 적합한 계절이 있기 마련이다. 따라서 계절할인은 비성수기의 수요를 자극하기 위해 이용되는 방안이기도 하다. 예를 들어, 스키장비의 경우 비시즌인 여름철에 상당히 할인된 가격으로 판매함으로써 제조업자의 재고부담을 덜고 신상품개발의 여유를 갖게 해준다.

6 신상품의 가격책정전략

스포츠 조직이 새로운 유형의 스포츠 상품을 시장에 내놓을 때, 어느 정도의 가격대를 유지할지를 결정하는 것은 무엇보다 중요한 문제이다. 물론 한번 결정된 가격은 다른 마케팅 변수에 비해 스포츠 마케터의 입장에서 쉽게 변경할 수 있는 것이긴 하지만, 한번 설정된 가격을 변경하는 것은 앞에서 언급한 것처럼 많은 부작용을 초래할 수도 있기 때문이다.

일반적으로 시장에 신상품을 출시할 때 이용되는 가격책정전략으로는 침투가격전략(penetration pricing)과 초기고가전략(price skimming)의 두 가지 방법이 있다.

(1) 침투가격전략

침투가격전략은 신상품 출시 때 시장이 가격에 대해 매우 탄력적이며, 저가격이 매출액을 증가시킬 것이라는 기대 하에 경쟁자에 비해 낮게 상품의 가격을 책정하는 것을 말한다. 따라서 이러한 저가격전략은 소비자로 하여금 상품을 시험 삼아 구매하게끔 독려하는 작용을 하며, 특히 소비자가 가격에 대해 민감해하는 경우 그 효과는 더욱 크다.

또한 이 방안은 수요가 가격에 대해 탄력적일 때, 다시 말해서 가격의 하락이 상품에 대한 수요의 증대를 유발하는 경우에도 효과적이다. 따라서 이러한 가격결정전략은 스포츠 상품이 처음 시장에 소개되었을 때 높은 시장점유율을 달성하게 하고, 높은 수준의 매출을 달성하게 하는 데 유용한 방법이다.

실제로 미국에서 남자 프로농구의 인기를 등에 업고 여자 프로농구(WNBA)가 출범했을 때 그들은 여자 농구경기 입장권가격을 상당히 저렴하게 책정하였다. 이러한 WNBA의 침투가격전략은 가급적이면 많은 팬들에게 여자 프로농구를 노출시키기 위한 방안으로 계획된 것이었다.

그러나 가격이 처음부터 낮게 책정될 경우 해당 상품이 싸구려라는 인상을 소비자에게 심어줄 수도 있는 위험성을 안고 있다. 즉, 신상품의 품질이 떨어지기 때문에 가격이 저렴할 수밖에 없을 것이라는 오해를 소비자들로부터 살 수도 있다.

(2) 초기고가전략

이 방안은 스포츠 조직이 수요가 비탄력적일 것이라는 생각 하에서 처음부터 높은 가격을 설정하거나 경쟁자에 비해 높은 가격을 책정하는 것을 가리킨다. 실제로 수요가 비탄력적이라면 보다 높게 가격을 책정함으로써 신상품 도입 시부터 수익을 올릴 수 있게 된다. 또한 스포츠용품의 경우 높게 가격이 책정됨으로써 소비자들에게 고급스럽고 품위 있는 제품이라는 인상을 심어줄 수도 있다.

그런데 이러한 가격책정전략이 성공하기 위해서는 가격뿐만 아니라 다른 마케팅믹스 변수들도 일관성을 유지해야만 한다. 즉, 가격이 높다면, 상품의 품질과 이미지도 높아야 하며, 유통도 선택적으로 이루어져야 하고, 촉진전략은 이미지를 제고시키는 방향에서 이루어져야만 한다.

하지만 초기고가전략(price skimming)을 이용하게 되면 경쟁자들 혹은 유사상품 제조업자들이 시장에 진입해서 상대적으로 낮은 가격으로 경쟁을 함으로써 매출이나 시장점유가 낮아질 수도 있는 위험성이 존재한다. 또한 극히 일부 소비자들만이 해당 상품을 높은 가격을 주고 구입하려는 의지를 보이려 할 것이라는 점도 문제점이다. 즉, 극히 가격에 둔감한 소비자들만이 높은 가격의 상품을 구입하려 할 것이라는 것이다.

(3) 신상품 가격결정 방안

스포츠 마케터의 입장에서 신상품을 출시했을 때 위에서 언급한 침투가격전략을 이용한 저가격전략을 펼칠 것인지, 초기고가전략을 이용한 고가격전략을 펼칠 것인지 결정 내리기가 매우 힘든 것이 사실이다. 이러한 상황에서 다음에 제시하는 항목들은 각 가격전략을 선택하는 데 좋은 기준이 될 수 있을 것이다.[7)]

① **생산능력**: 스포츠 조직의 입장에서 스포츠 상품의 생산능력이 한정되어 있는 경우에는 고가격전략을 선호하게 된다. 그만큼 해당 상품이 시장에서 희소성을 띨 가능성이 크므

로, 생산한 만큼 판매될 가능성이 크기 때문이다. 실제로 경기장의 관중석 규모가 작아서 경기장에 입장할 수 있는 소비자의 수가 한정적일 경우 가격을 높게 책정하더라도 소비될 가능성은 높을 수밖에 없다.

② **기술 변화의 정도**: 신기술을 토대로 한 상품설계가 이루어지는 스키, 테니스, 골프와 같은 스포츠용품산업에서는 고가격전략이 오히려 적합할 수 있다.

③ **진입장벽**: 만약에 신상품을 출시할 시장 내에 진입장벽, 예를 들어서 높은 사업개시비용이 있는 경우는 경쟁의 위협이 그만큼 적고, 그에 따라 고가격전략이 보다 적합할 수 있다.

④ **경제 상황**: 경제가 인플레이션을 겪는 경우 고가격전략이 권장된다. 실제로 이러한 상황에서 스포츠 조직은 시장에서 감당할 수 있을 만큼 최대한의 가격을 부과하려 하는데, 나중에 얻게 될 수익보다 현재 얻을 수 있는 수익이 더 크기 때문이다.

⑤ **희망하는 이미지**: 새로 출시하게 되는 스포츠 상품에 대해 희망하는 이미지가 고품질, 고품격이기를 바라는 경우, 고가격전략이 더 일관성이 있다. 월드컵 결승전, 코리언시리즈 입장권 등은 해당 스포츠 이벤트가 지니는 품격으로 인해 다른 경기 때보다 가격이 높게 책정되는 것이 일반적이다.

7 가격전략의 활용

시장세분화이론에 따르면 시장의 이질적이며 다양한 유형의 소비자들은 서비스에 대해 상이한 평가를 하고 상이한 유보가격을 갖게 된다고 한다. 예를 들어, 스포츠 경기의 입장권을 보더라도, 티켓에 부여된 가치는 매우 다양한 것이며 심지어 동일인에게서도 다양할 수 있다.

경기입장권을 자신의 비용으로 구입한 때와, 선물로 이를 얻은 경우 티켓에 대해 상이한 평가를 내리게 된다. 즉, 티켓가가 비교적 비싼 경우, 자신이 관람하기 위해서는 구입하려 하지 않겠지만 선물용인 경우는 비싼 값을 치루더라도 이를 구입하려 할 것이다. 하지만 스포츠 마케터의 입장에서 봤을 때 특정 스포츠 이벤트를 치루는 데 소요되는 비용은 관중이 누구이든지 간에 별다른 차이가 없게 된다. 이렇듯 상이한 유형의 소비자들이 상이한 가격을 지급할 용의가 있게 된다면, 가격세분화전략이 이용될 수 있다.

효율적인 가격세분화의 혜택은 소비자나 스포츠 조직의 입장에서 모두 같다. 소비자들은 보다 싼 가격에 스포츠 상품을 이용할 수 있고, 스포츠 조직은 수요를 제대로 관리할 수 있게 되고 또한 서비스 능력의 활용도를 높일 수 있게 된다.

일반적으로 스포츠 상품, 특히 스포츠 이벤트와 같은 서비스 상품은 소비자들의 수요가 일정치 않고 예측불가능하기 때문에 그 능력을 충분히 이용하지 못하는 경우가 대부분이다. 어떤 경우이건 결국 가격책정은 스포츠 상품에 대한 수요를 원활하게 관리하는 데 중점을 두고 이뤄져야 하며, 그러한 방안으로 다음의 두 가지를 대표적으로 제시할 수 있다.

- 수요가 낮은 비성수기에 새로운 수요의 창출
- 현재의 소비자를 수요가 낮은 시기로 옮기도록 하는 수요의 분산

(1) 가격세분화의 기준

1) 소비자들은 가격에 대해 각기 상이하게 반응해야만 한다.

상이한 세분시장의 소비자들이 가격의 변화에 대해 동일하게 반응한다면 가격세분화(price segmentation)전략은 오히려 역효과를 거두게 된다. 예를 들어, 프로구단들은 주중에 개최되는 경기에 한해 티켓가격의 할인을 단행할 수도 있다.

이러한 방안은 주중에는 이용되지 않는 스포츠 상품에 대한 수요를 창출하기 위한 것으로, 어차피 경기를 개최하는 데 소요되는 비중이 주중이건 주말이건 같기 때문에 그만큼 비용을 보전할 수 있는 방법이다. 또한 이러한 방법은 정상적인 가격으로는 경기를 관람할 엄두를 못 냈을 특정한 세분시장의 소비자를 끌어들이는 부수적인 효과도 거두게 한다. 실제로 이러한 전략은 가격 변화에 대해 모든 사람들이 동일한 반응을 보이지 않았기 때문에 효율적인 것이다. 그러나 만약 대부분의 소비자들이 할인되는 시간대로 수요를 바꾸어버린다면, 스포츠 조직의 입장에서는 오히려 수입이 감소하게 된다.

2) 세분시장을 확인할 수 있어야 하고, 차별적으로 가격을 책정할 수 있는 수단이 마련되어야 한다.

효율적인 가격세분화전략은 연령, 가족생활주기, 성별, 그리고 교육수준과 같은 널리 알려진 기준에 따라 확인할 수 있는 상이한 수요의 유형을 갖출 것을 필요로 한다. 불분명한 세분화기준으로 차별화 하는 것은 소비자들을 혼란스럽게 하며 전략을 수행하는 스포츠 마케터 스스로도 혼란스러워 하게 한다. 일반적으로 이용되는 세분시장 확인 형태로는 학생증 소지자와 비 소지자로 구분해서 학생할인을 해주는 방법이 있다.

3) 특정 세분시장에서 저가격에 구매한 소비자가, 다른 세분시장의 소비자에게 동일한 서비스를 판매할 기회를 줘서는 안 된다.

예를 들어, 특정 일자나 특정 시간대의 이벤트 티켓을 할인된 가격으로 구입한 소비자들은, 정상가격을 지급해야만 하는 이벤트 티켓을 구입하려는 소비자에게 티켓을 팔 수도 있다. 이렇게 되면 제 가격을 지급하는 소비자의 입장에서 봤을 때 불공정하다는 생각을 하게 되고 결국 가격세분화전략은 실패하게 된다.

4) 세분시장이 충분히 커야 한다.

가격세분화 방안을 제공하는 데 들이는 시간과 노력은 그에 상응하는 수익으로 보상된다. 그러나 기업의 제반 노력에 소비자들이 제대로 반응하지 않는다면 이러한 세분화전략을 굳이 전개할 필요가 없다.

5) 가격세분화전략을 실행하는 비용이 전략 수행에 따른 추가수익을 초과해서는 안 된다.

가격세분화전략을 수행하는 가장 기본적인 이유는 특정 시점에 수요가 집중되는 것을 줄이고, 서비스 능력을 충분히 활용할 수 있도록 하여 전체 수익을 증대시키기 위해서이다. 만약 가격세분화전략을 수행하는 비용이 이러한 전략을 수행함으로써 얻을 것으로 예상되는 수익보다 크다면, 관리자는 이러한 가격세분화전략을 재검토해야만 한다.

6) 소비자들이 상이한 가격대에 대해 혼란스러워해서는 안 된다.

가격할인과 같은 촉진수단은 스포츠 마케터가 취할 수 있는 가장 손쉬운 방법 중의 하나이다. 그 기본적인 취지가 수요의 장려에 있는 관계로 스포츠 마케터는 항상 가격할인을 통한 판매촉진의 유혹을 떨쳐버리기 어렵다. 그런데 해당 가격할인의 종류와 구체적인 내용이 소비자에게 전달되지 않게 되면, 소비자들은 매우 혼란스러워 하게 된다. 즉, 이러한 변화를 알지 못한 소비자는 할인가격대를 사용하지 못하므로 상대적으로 기대했던 것보다 높은 비율로 가격을 지급하게 되고, 이것은 소비자만족에 부정적인 영향을 미치게 된다.

(2) 가격세분화의 접근 방법

1) 사용 시간에 따른 차별화

일반적으로 이용되는 가장 효율적인 가격세분화 방안은 수요의 시간적 속성을 통해 달성된다. 즉, 공급능력에 따라 수요를 맞추는 문제가 핵심적인 것으로서 이를 위해 서비스 이용시간이나 예약시간에 따라 가격을 달리 책정해서 수요를 조절할 수 있다.

스포츠 이벤트처럼 무형적인 특성이 큰 서비스 상품은 스포츠용품과 같은 유형의 제품에 비해 상대적으로 고정원가의 비중이 크기 때문에 수요와 공급을 일치시키는 노력이 무엇보다 필요하다. 즉, 서비스는 수요에 맞춰 공급능력을 탄력적으로 조절하는 것이 중요하다. 예를 들어, 프로 스포츠 경기의 경우 시즌 개막과 폐막 시점에는 상대적으로 관중의 수가 안정적으로 많지만, 페넌트레이스 초반에는 그 수가 비교적 적은 것이 일반적이다. 어차피 빈 관중석은 관중이 많이 몰리는 경기를 위해 비축될 수 없는 것이기 때문에 가격할인의 방법을 통해 수요를 유발하고 수요와 공급의 일치를 기대할 수 있게 된다.

또한 이용시간대가 다른 소비자들은 가격민감도가 다를 수 있기 때문에 이 경우 소비자의 가격민감도에 따라 가격을 차별화함으로써 수요를 조절할 수 있다. 상대적으로 수요가 적은 시간에는 수요를 창출하고, 수요가 많은 시간에는 수요를 억제함으로써 공급능력에 맞게 소비자를 유치할 수 있게 하기 위함이다.

2) 예약이나 티켓 구입시간에 따른 세분화

예약이나 티켓 구매시간에 따른 가격차별화전략은 전통적으로 호텔이나 항공사에서 주로 이용하고 있는 방법으로서, 예약을 통해 스포츠 조직은 확실한 수요를 보장받을 수 있지만 보다 싼 가격으로 상품을 제공해야 한다는 불리함도 준다.

예를 들어, 사전 예약 없이 경기장에 당일 도착하여 티켓을 요구하는 소비자에게는 아무런 부담 없이 전액을 다 받고 티켓을 내줄 수 있으며 소비자는 아무 거리낌없이 요금을 지급하겠지만, 미리 예약을 한 소비자에게는 높은 가격을 요구할 수 없다. 또한 예약의 경우 예약의 취소로 인해 수용 가능한 좌석을 쓰지 못할 수도 있다는 위험도 가져다준다.

예약은 스포츠 조직에게는 예약취소의 위험이 있기는 하지만, 수요를 확실히 보장해주고 필요한 자금을 미리 조달할 수 있도록 해준다는 이점을 제공하며, 소비자에게는 스포츠 상품을 자신이 원하는 시간에 마음놓고 이용할 수 있다는 마음의 평안과 저렴한 가격으로 이용할 수 있다는 장점을 제공한다.

(3) 묶음가격

오늘날 가장 일반적으로 활용되고 있는 가격결정 방안은 묶음가격(price bundling)전략이다. 묶음가격이란 둘 혹은 그 이상의 제품이나 서비스를 특별한 가격으로 패키지의 형태로 제공하는 마케팅 전략의 하나로 제품이나 서비스의 마케팅에서 널리 사용되는 기법으로 우리에게는 패키지 상품이라는 이름으로 더 많이 알려져 있다. 일반적으로 이용되는 묶음가격 방안에는 순수묶음가격(pure price bundling)과 혼합묶음가격(mixed price bundling) 방안이 있다.

1) 순수묶음가격

순수묶음가격(pure price bundling)은 소비자에게 개별적으로 구매할 수 없도록 두 개 혹은 그 이상의 제품이나 서비스를 혼합한 것을 말한다. 물론 소비자가 필요에 따라 패키지 중 일부 제품이나 서비스를 개별적으로 구매할 수도 있지만, 개별적으로 구매했을 경우에는 패키지로 구입했을 때보다 그 가격이 훨씬 비싼 것이 일반적이며, 보통 순수묶음가격은 제품이나 서비스를 혼합해둔 것이 개별적으로 소비자에게 제공될 때보다 가치 있는 경우에 이용되어진다.

이렇게 여러 개의 서비스를 하나의 패키지로 묶음으로써 개별적으로 판매되는 경우보다 더 큰 수익을 기대할 수 있게 된다. 또한 이러한 방법을 이용하면 규모의 경제 및 운영효율성이 달성되어질 수 있다. 아울러 소비자의 입장에서 자신에게 필요한 상품이 무엇인지를 일일이 결정할 필요가 없어지기 때문에 덜 혼란스럽기도 하다.

2) 혼합묶음가격

혼합묶음가격(mixed price bundling)은 하나 혹은 그 이상의 서비스를 개별적으로도 구매할 수 있도록 하면서 패키지로도 구매할 수 있도록 가격을 책정하는 방법으로 여기에는 혼합선도묶음(mixed leader bundling)과 혼합공동묶음(mixed joint bundling)의 두 가지 유형이 존재한다.

스포츠 팀과 영화관의 조인트 마케팅 활동

우선 혼합선도묶음가격은 소비자가 A라고 하는 제품이나 서비스를 구매하는 경우 할인된 가격으로 B라는 제품이나 서비스를 제공받는 것이고, 혼합공동묶음가격은 둘 혹은 그 이상의 제품이나 서비스를 고정된 가격으로 함께 제공받는 것이다.

혼합선도묶음가격의 사례로서는 올림픽 경기처럼 대형 스포츠 이벤트의 입장권 판매 시 인기종목의 티켓과 비인기종목의 티켓을 함께 패키지로 판매하는 것을 들 수 있다. 이러한 혼합가격 전략을 이용할 때, 선도상품(leader product)은 최고의 수요 상태에 있는 것 중에서 택해야 하고 할인된 상품은 수요가 상대적으로 낮은 서비스 중에서 택해야 한다. 또한 이러한 두 가지 상품이 서로 보완적이어야만 하고 대체 불가능한 경우에 매우 효과적이다.

혼합공동묶음가격은 이미 패스트푸드 업계에서 광범위하게 이용되는 방법으로 우리가 가장 손쉽게 접할 수 있는 묶음가격의 형태로 소비자가 편의에 따라 패키지로도 개별적으로 따로 해당 상품을 구입할 수 있게 하는 방법이다. 이러한 혼합공동묶음가격을 이용하는 목적은 전체 수입을 증대시키는 데 있으며, 패키지에 포함되어질 항목들은 서로 보완적이며 함께 구입할 가능성이 많은 것들을 위주로 선정된다. 이렇게 개별적으로 구입했을 때보다 저렴한 가격으로 구매함으로써 소비자의 입장에서는 싸게 샀다는 느낌이 들게 해준다.

3) 묶음가격의 효과

묶음가격이란 때로는 수요가 많은 서비스와 수요가 적은 상품을 하나로 묶어 보다 싼 가격으로 소비자에게 제공하는 것을 의미한다. 이러한 묶음가격을 이용함으로써 스포츠 마케터는 핵심상품, 구체적으로 소비자들로부터 인기를 끄는 상품에 대한 수요를 더욱 증대시키고 부수적인 상품의 수요 또한 창출해낼 수 있다는 장점이 있다.

즉, 묶음가격을 통해 원가절감을 달성하는 방향으로 수요를 자극할 수 있다. 또한 묶음가격을 통해 시너지효과(synergy effect)를 얻을 수 있기 때문에, 스포츠 마케터는 보다 낮은 가격으로 스포츠 상품을 제공할 수 있고 소비자는 낮은 원가로 보다 많은 상품에 대한 정보를 얻을 수 있으며 보다 저렴한 가격으로 다양한 상품을 구매할 수 있다는 이점이 있다.

참고문헌

1) V. A. Zeithaml (1982), "The Acquisition, Meaning and Use of Price Information by Consumers of Professional Services," in *Marketing Theory: Philosophy of Science Perspectives*, eds., R. Bush and S. Hunt, Chicago, American Marketing Association, pp. 237~241.; Monroe, Kent (1989), "The Pricing of Services," *Handbook of Service Marketing*, eds., Carole A. Congram and Margaret L. Friedman, New York, AMACOM, pp. 20~31.

2) P. Kotler (1994), *Marketing Management*, 8th ed., Englewood Cliffs, NJ, Prentice-Hall, p. 38.

3) 강기두 (2016), 서비스마케팅, 서울, 북넷.

4) C. Lovelock (1991), *Service Marketing*, Prentice-Hall, pp. 241~245.

5) L. L. Berry & Y. S. Manjit (1996), "Capture and Communicate Value in the Pricing of Service," *Sloan Management Review* (Summer), pp. 41~51.

6) C. W. L. Hart, L. A. Schlesinger, & D. Maher (1992), "Guarantees Come to Professional Service Firms," *Sloan Management Review* (Spring), pp. 19~29.

7) E. Berkowiz, R. Kerin, S. Hartley, & W. Reidelius (1992), *Marketing*, 3rd ed., Irwin, Homewood, IL., pp. 339~340.

9장 스포츠 커뮤니케이션 전략

헤드라인 스토리

프로 스포츠 선수 → 예능 선수 …
재치+입담+승부욕 활활

스포츠 레전드 선수에서 이제는 '예능 선수'로 변신 중인 김동현, 모태범, 이형택, 윤석민이 '라디오스타'에 출연해 화려한 업적과 이에 못지않은 빼어난 입담과 재치, 승부욕을 자랑하며 큰 웃음을 선사했다. 경기장을 벗어나 예능 필드의 진출한 늦깎이 예능인 4인이 맹활약한 '라디오스타'는 동시간대 예능 시청률 1위를 기록하며 수요일 밤 시청자들의 마음을 뺏었다. 지난 10일 방송된 MBC '라디오스타'는 '예능 선수촌' 특집으로 꾸며진 가운데 김동현, 모태범, 이형택, 윤석민, 그리고 스페셜 MC로 나태주가 함께했다.

11일 시청률 조사 회사 닐슨코리아에 따르면 전날 방송된 '라디오스타'는 5.3%로 시청률 동시간대 예능 1위(수도권 기준)를 기록했다. 또 광고 관계자들의 주요 지표이자 채널 경쟁력을 가늠하는 핵심 지표인 2049 시청률 역시 동시간대 예능 1위다. '예능 선수촌' 특집은 스포츠를 넘어 예능까지 접수 중인 격투기, 스피드스케이팅, 테니스, 야구 레전드 4인 스타들의 4인 4색 매력과 입담, 찐 웃음을 유발하는 못 말리는 승부욕으로 꽉 채워져 신선한 웃음을 안겼다. 특히 자존심을 건 승부욕 화신 4인 스포츠 스타들의 개인기와 허벅지 씨름 대결은 놓칠 수 없는 팝콘각 꿀잼을 선사했다.

스페셜 MC 나태주는 트로트계 예능 루키 다운 노련한 진행력과 중력을 거스르는 폴 댄스와 화려한 공중돌기의 태권 트롯 무대로 존재감을 뽐내며 '엄지 척' 활약을 보여줬다. 월드 클래스 핵 주먹을 자랑하는 파이터 김동현은 자신이 생각하는 '연예계 싸움 서열'을 밝혔다. 실전 경험이 있는 강호동을 1위로 꼽고 2, 3위로 배우 이재윤과 줄리엔강을 선정해 시선을 강탈했다. 이어 김동현은 앞서 줄리엔강이 보여준 배트 격파를 해보겠다고 나섰다. 그러나 변명과 밑밥의 대서사시를 쓰며 MC들의 인내심을 시험하다가 결국 0.5초 만에 격파에 성공, 스튜디오를 웃음으로 초토화했다.

완벽한 싱크로율을 자랑하는 귀요미 아들 사진이 소환되자 3대가 붕어빵 비주얼이라고 밝힌 김동현은 "둘째는 딸인데 안 닮아서 다행이라고 생각했다. 그런데 점점 닮아가더라"라고 딸바보 아빠의 미소를 지었다. 또 김동현은 예능인으로 활동하며 현장에서 들은 예능 팁과 조언을 꼼꼼하게 메모한 '예능 백서'를 공개하기도.

모태범은 섬세함 넘치는 반전매력을 대방출했다. 그는 네일 아트가 취미라며 "선수 때부터 했는데 스트레스가 풀린다. 또한 뜨개질을 좋아해서 제가 뜬 머플러를 하고 다닌다"라며 금손 소유자임을 뽐냈다. 선수촌에서 하트 시그널이 오가는 장소를 언급하다가 하이에나 MC들의 촉에 딱 걸린 모태범은 운동선수를 만난 적이 있냐는 돌직구 질문에 "배드민턴 선수를 만난 적이 있다"고 연애사를 강제 오픈하기도. 또한 2010년 밴쿠버올림픽 금메달 3인방인 이상화, 김연아 선수와 여전히 연락하고 지낸다며 "상화가 의외로 여리고 눈물이 많고 연아는 오히려 털털한 편이다"고 찐친들의 반전매력도 공개했다.

'테니스 레전드'에서 '예능 아재'로 활약 중인 이형택은 MC 김구라 닮은꼴 호사가 입담과 깐족美 토크로 찐 웃음을 유발했다. 마이클창이 롤모델이었다는 이형택은 "내가 그 선수를 이겼다"며 마이클창이 자신을 극찬한 인터뷰로 이어지는, 어떤 토크라도 자기 자랑으로 끝나는 마성의 입담으로 배꼽 주의보를 불렀다. 또 이형택은 고등학교 시절 42연승을 하다가 마지막 대결에 지자 선생님의 허락을 받고 라켓을 부수며 스트레스를 풀었다고 고백하며, 승부욕이 강하지만 가정에선 아내의 컨트롤을 받는 부드러운 남자라고 밝혔고 김동현은 "형수님한테 꼼짝 못 한다"고 거들었다.

야구계 국보급 투수에서 최근엔 배우 김예령 사위로 예능에서 활약 중인 윤석민 역시 솔직 입담을 과시했다. '아내의 맛'에 출연 중인 윤석민은 "장모님 코인을 탔다"며 "촬영을 하면서 장모님과 더 친해졌다. 나도 모르게 '누나'라고 부를 뻔했다"고 털어놔 시선을 강탈했다. 또 오랜 운동선수생활로 시간 약속에 예민해, 촬영을 앞두고 지각한 아내 김수현과 다툰 뒤 서먹함 속에 촬영한 적도 있다며 "아내를 후배 대하듯 혼낼 때가 있다"고 후회 어린 마음을 고백하기도.

윤석민은 수천만 원 벌금을 낸 사연부터 국제 경기 마운드에 올랐다가 바로 내려온 이유 등 야구선수 시절 불운 시리즈를 털어놓았다. 특히 윤석민은 대형 FA 계약 체결 후 큰 활약을 못해 '90억 먹튀'라는 평가를 받았던 것과 관련해 "가슴이 아프다"며 고질적인 어깨부상이 악화돼 결국 은퇴를 했다고 밝혀 시선을 모았다.

- 한국경제, 2021년 3월 11일 -

1 커뮤니케이션의 의의

(1) 커뮤니케이션의 역할

커뮤니케이션 전략은 마케팅믹스에 있어서 가장 중요한 요인 중의 하나로서, 일반적으로 커뮤니케이션의 기본적인 역할이 소비자에게 제공되어질 상품에 대해 알리고, 설득하며 그리고 회상시키는 데 있기 때문이다. 다시 말해서 커뮤니케이션은 소비자들이 스포츠 조직이 제공하는 스포츠 상품에 대해 흥미를 갖고, 이를 인지하며, 최종적으로는 이를 구매하게끔 자극하기 위해 설계된 모든 마케팅 활동을 아우를 수 있는 변수이기 때문이다.

일반적으로 소비자들은 자신이 이용해본 적이 없는 스포츠 상품을 이용할 때는 어떤 기대도 할 수 없다. 그렇기 때문에, 커뮤니케이션 전략의 기본적인 목적은 소비자의 스포츠 상품에 대한 인지(awareness)를 창출하고 소비자가 가지고 있는 여러 대안들에 대한 환기된 집합(evoked-set) 중에 스포츠 조직이 제공하려는 스포츠 상품을 포지션하는 것이다. 또한 소비자에게 스포츠 상품에 대한 인지가 이미 형성되어 있다면 해당 상품을 어떻게 획득하고 이용할 것인지에 대한 정보를 제공해주는 것도 커뮤니케이션의 또 다른 목적이기도 하다.

스포츠 조직이 택할 수 있는 커뮤니케이션 수단으로는 텔레비전 광고나 신문잡지 등의 매체광고와 같은 비인적정보원(nonpersonal source)이나 해당 스포츠 상품의 구매경험이 있는 사람과 같은 인적정보원(personal source)이 있으며, 이는 소비자들로 하여금 장차 구매하게 될 스포츠 상품에 대한 기대와 구매 후 느끼게 될 상품에 대한 지각에도 영향을 미치게 된다.

그런데 커뮤니케이션의 목적과 전략은 표적청중을 누구로 할 것인지에 따라 달라질 수 있다. 즉, 스포츠 상품을 현재 이용하는 소비자에게는 그들의 이용 패턴에 영향을 미치거나 변화시키기 위해서, 비사용자에게는 스포츠 상품을 이용하게끔 유인하기 위해 분리된 커뮤니케이션 전략이 필요하다. 또한 커뮤니케이션 믹스는 소비자의 스포츠 상품에 대한 기대와 지각에 영향을 미칠 수 있도록 설계되어져야 한다. 아울러 소비자를 대상으로 펼치게 되는 커뮤니케이션이 스포츠 조직 내의 구성원들에게도 어떠한 영향을 미치는지 이해할 필요가 있다.

(2) 커뮤니케이션 믹스의 개발

스포츠 마케터가 이용할 수 있는 커뮤니케이션의 수단은 매우 다양하지만 일반적으로 광고 · 인적판매 · 홍보 및 공중관계 · 판매촉진의 네 가지로 구분할 수 있고, 각 커뮤니케이션 믹스들의 내용을 살펴보면 다음과 같다.

- 광고: 대가를 지급하고 매체를 통해 스포츠 조직이나 스포츠 상품에 대한 정보를 알리는 일방적(one-way)인 커뮤니케이션의 형태
- 인적판매: 판매를 성사시킬 목적으로 잠재구매자와 직접 대면하여 구매를 유도하는 모든 활동
- 홍보 및 공중관계: 스포츠 조직, 스포츠 상품에 대한 좋은 인상을 창출하기 위한 활동으로서 그 혜택을 입는 측에서 대가를 지급하지 않는 것
- 판매촉진: 스포츠 상품에 대한 즉각적인 수요를 창출하기 위해 단발성의 인센티브(쿠폰, 경품 등)를 제공하는 활동

각 커뮤니케이션 요소의 특성과 이에 필요한 비용 등을 파악하게 되면 마케터의 입장에서 각각의 커뮤니케이션 믹스를 어떻게 결합할 것인가, 즉 최적 커뮤니케이션 믹스를 결정하는 문제에 다다르게 된다.

커뮤니케이션 수단은 스포츠 조직 마케팅 목표 달성에 초점을 두고 조정되어야 하며, 스포츠 마케터는 커뮤니케이션 믹스의 여러 요소들이 서로 상충하지 않고 같은 목표를 향해 가도록 조정하며 이에 대한 전적인 책임을 지게 된다. 판매원들은 광고의 내용이나 주제를 잘 알고 있지 못하면 광고 메시지에 근거한 판매제시를 할 수 없다. 판매 커뮤니케이션도 광고나 인적판매의 지원이 없으면 효과적이지 못하다.

마사회의 광고, 다양한 커뮤니케이션 믹스를 담고 있다

예를 들어, 헬스클럽과 같은 스포츠 조직의 마케팅 부서에는 매출액을 증대시키기 위해, 회원들 중에서 주변 사람을 회원으로 유치하는 사람들에게 특별한 인센티브를 제공하는 촉진 프로그램을 개발했다 하더라도, 소비자와 직접 대면하면서 업무를 처리할 창구직원들이 이를 충분히 이해하지 못해서 소비자를 혼란스럽게 하고, 심지어 소비자들로부터 의심을 샀다면, 이는 커뮤니케이션 믹스 조정이 크게 잘못된 것이라 할 수 있다. 때문에 커뮤니케이션 믹스를 최적으로 결합하기 위해서는 다음과 같은 점을 고려해야만 한다.

① 커뮤니케이션의 조정은 먼저 스포츠 조직의 사명과 목표가 확실히 정립되고 난 후에 커뮤니케이션 메시

지의 내용이 결정된다.

② 주요한 커뮤니케이션 수단인 광고는 가능한 한 많은 사람들에게 효과적으로, 그리고 능률적으로 정보 전달 및 설득적 메시지를 전달해주어야 한다.

③ 광고는 가급적이면 많은 사람들이 그 내용을 쉽게 인지할 수 있도록 하고, 소비자들이 광고를 통해 관련성을 찾을 수 있는 내용을 담아주어야 한다.

④ 모든 커뮤니케이션 활동은 통일된 커뮤니케이션 프로그램에 의해 조정되어야 한다. 프로그램은 정보를 제공하여 행동을 취하게 설득시키고, 소비자의 마음속에 뚜렷한 이미지를 심어주기 위해서이다.

2 커뮤니케이션 과정

커뮤니케이션이 어떻게 이루어지는지에 대한 문제는 스포츠 마케팅에 있어서 핵심적인 요소이다. 일반적으로 커뮤니케이션은 송신자(sender)와 수신자(receiver) 사이에 생각하는 것이 같게끔 하는 일련의 과정이라 할 수 있는데, 이렇게 양자 간의 생각이 일치하도록 하기 위해 스포츠 마케터는 매우 정교하고 복잡한 커뮤니케이션 과정을 통해 메시지를 전달하게 된다.

또한 커뮤니케이션의 과정은 일방적인 것이 아니기 때문에 스포츠 마케터가 송신자가 되기도 하고 수신자가 되기도 하며, 소비자의 입장에서 봤을 때도 마찬가지이다. 바로 커뮤니케이션의 상호작용적인 특성이기 때문이다. 전통적으로 스포츠 마케터는 소비자에게 커뮤니케이션하기 위해 다양한 커뮤니케이션 믹스(즉, 광고, 스폰서십, 판매촉진 등)를 활용해왔다.

이외에도 스포츠 마케터는 다른 마케팅믹스(상품의 품질이나 가격)를 이용해서 커뮤니케이션하기도 하였다. 제7장에서도 언급하였지만, 상품의 가격이 높다는 것은 그렇지 않은 상품에 비해 품질이 좋을 것이라고 소비자들이 생각할 수 있는 것이 그러한 예이다.

스포츠 마케터가 소비자에게 커뮤니케이션 하는 것 말고도 소비자들은 자신들의 행동을 통해 스포츠 마케터에게 반대로 커뮤니케이션 할 수 있다. 즉, 소비자들은 경기관람이나 스포츠용품 구입과 같은 구매행동을 통해 스포츠 마케터에게 반대로 커뮤니케이션 하게 된다.

커뮤니케이션의 과정은 [그림 9-1]과 같은데, 그 과정은 원천(source), 부호화(enconding), 메시지(message), 매체(medium), 해독(decoding), 수신자(receiver), 피드백(feedback), noise로 구성되어 있다.

[그림 9-1] 커뮤니케이션 과정

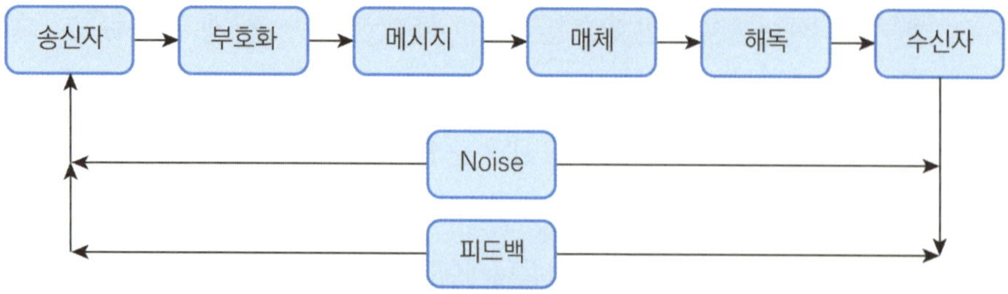

(1) 송신자(sender, source)

메시지를 처음으로 보냄으로써 커뮤니케이션이 시작되도록 하는 것이 송신자 혹은 원천이다. 스포츠 마케팅에서는 항상 유명 선수가 이러한 역할을 수행해 왔다. 예를 들어, 박찬호 선수가 나이키 운동화를 신고 게토레이를 마시는 모습, 이승엽 선수가 삼성생명에 대한 메시지를 전달하는 것이 그러한 예이다.

물론 이러한 원천들은 모두 운동선수 개인에 국한된 것이지만, 스포츠 마케팅에서는 다른 종류의 메시지 원천을 찾아볼 수 있다. 즉, 메시지의 원천이 일단의 선수들, 스포츠 팀, 또는 리그나 스포츠 자체가 될 수도 있다. 이외에도 축구 해설가 박문성 씨, 야구해설가 허구연 씨 같은 사람들도 스포츠 마케팅 커뮤니케이션에서 활용되는 원천들 중의 하나이다.

그러나 이러한 원천은 반드시 사람들에게 잘 알려져 있거나, 유명한 사람일 필요는 없다. 즉, 아주 평범한 사람을 내세워 일반소비자의 관점에서 메시지를 전달할 수도 있다. 또한 스포츠 마케터는 인적판매원을 이용해서도 의도한 메시지를 소비자에게 전달할 수 있다. 아울러 친구, 가족과 같은 비공식적인 원천 역시 마케팅 정보와 메시지의 원천으로 활용될 수 있다.

그런데 무엇보다 중요한 사실은 어떤 유형의 원천을 활용하건 간에, 커뮤니케이션이 효과적으로 이루어지기 위해서는 원천이 사람들로부터 신뢰를 받아야 한다는 점이다. 신뢰성(credibility)이란 원천이 얼마나 믿을만하고 전문성을 띄는가에 대한 것으로 원천이 이러한 두 가지 요소를 적절하게 갖춘 경우 메시지 자체가 훨씬 설득력을 지니게 된다.

김연아 선수, 신뢰성이 높은 메시지 원천으로 받아들여진다

원천이 믿을만한 대상이 되기 위해서는 해당 원천이 아주 객관적이고 불편부당(unbiased) 해야만 한다. 우리들이 정보탐색 시 정보원으로 주변 친구나 가족들을 이용하는 것은 그들이 객관적이라고 생각하기 때문이다. 사실 구전

과 같은 경우 다른 커뮤니케이션 수단에 비해 설득력이 매우 큰 것으로 알려져 있는데, 구전의 당사자가 해당 메시지를 전달하는 대신 대가를 전혀 받지 않으므로 그만큼 객관적이라고 받아들여지기 때문이다. 구전 외에 객관적이고 불편부당한 원천으로는 일반 소비자들을 이용해서 증언(testimony)하도록 하는 방법이 있다. 예를 들어, 헬스기구 제조업자들이 이러한 방법을 이용할 수 있는데, 해당 헬스기구를 이용 중인 소비자를 광고에 등장시켜 이용 전과 후가 어떻게 달라졌다고 이야기하게끔 하는 것이 그것이다.

원천의 신뢰성은 메시지의 송신자가 얼마나 전문적인 사람으로 받아들여지느냐에 따라 달라지게 된다. 당연히 특정 스포츠의 운동선수들이 자신과 관계있는 스포츠 상품에 대한 메시지를 전달할 때 그 전문성이 돋보이게 된다. 사실 상품과 이를 인증(endorse)하는 사람 사이에 일치(congruence)되는 점이 있을 때, 다시 말해서 인증자와 해당 상품이 서로 부합(match-up)할 때, 메시지는 훨씬 더 효과적으로 전달된다.[1] 즉, 인증자의 이미지와 상품의 이미지 간에 일치하는 점이 많으면 많을수록 메시지가 더욱 효과적이게 된다.

이러한 원리를 활용하여 스포츠 마케팅에서는 운동선수를 원천으로 활용한 커뮤니케이션이 이루어지게 되는데 이에 대한 보다 자세한 내용은 제12장에서 다시 언급하기로 한다.

(2) 부호화(encoding)

일단 어떤 원천 혹은 송신자를 이용할지가 결정되면, 부호화가 이루어진다. 부호화란 송신자의 생각이나 아이디어가 메시지로 옮겨지는 것을 말한다. 이러한 부호화가 효과적으로 이루어지기 위해서는 메시지의 내용을 어떻게 할 것인지를 신중하게 고려해야만 한다. 즉, 수신자들이 애초에 송신자가 의도한대로 메시지를 이해하고, 받아들일지를 잘 검토해야만 한다.

일반적으로 원천 또는 송신자는 매우 다양한 방법을 이용해서 메시지를 부호화한다고 한다. 즉, 그림, 로고, 단어, 그리고 다른 상징물들을 이용해서 부호화한다. 특히 스포츠 마케팅에서는 상징물이나 그림이 주로 많이 이용되는데, 대개의 스포츠 상품, 특히 스포츠 이벤트나 운동선수들의 경우 말로는 그 내용이 제대로 전달되지 않으므로 대신 수신자에게 감정적인 이미지(심상)를 심어주기 위해서이다.

그러나 보다 효과적인 부호화를 위해 송신자는 가급적이면 다양한 수단을 이용할 필요가 있으며, 여기에는 시각적인 것과 함께 언어적인 것도 함께 포함된다. 또한 전달하고자 하는 정보가 분명하고, 잘 정돈되어져야 하며, 항상 수신자를 염두에 두고 부호화해야만 한다.

(3) 메시지(message)

메시지란 수신자에게 전달되는 단어나 상징물의 구체적인 내용들을 가리킨다. 물론 어떤 메시지를 담을 것인지는 커뮤니케이션 목표에 따라 달라지게 되지만, 스포츠 마케터의 경우 그 선택의 폭이 훨씬 더 큰 편이다. 이러한 선택의 대안들을 살펴보면 다음과 같다.

우선 측면성(sidedness)이란 표적청중에게 전달되는 정보의 내용 또는 성격에 따라 달라지는 것으로 기본적으로 상품이 가지는 긍정적인 측면을 강조하는 단면적인 것과 상품의 효익과 단점을 함께 제시해주는 양면적인 것이 있다.

둘째, 메시지의 내용을 결정할 때 감성적(emotional)인 측면에 치중할 것인지, 합리성(rational)에 치중할 것인지를 고려해볼 수 있다. 합리적인 면에 치중하는 경우 소비자에게 상품과 관련된 제반 정보를 함께 제공해서 소비자로 하여금 이를 토대로 신중하고 치밀한 의사결정을 내릴 수 있도록 하는 것이고, 감성적인 면에 치중하는 것은 소비자에게 스포츠 상품에 대해 어떤 느낌을 갖도록 하는 것으로 소비자들에게 두려움(fear), 성(sex), 유머(humor), 또는 스포츠의 경쟁적인 측면을 중심으로 소구하는 것 등이 있다.

메시지를 결정할 때 고려할 수 있는 마지막 대안은 경쟁자와 비교할 것인지의 여부이다. 이 방법은 메시지의 내용 속에 직접 혹은 간접적으로 경쟁자가 제공하는 상품과 비교를 할 것인지의 여부로서 골프공 제조업자들이 비거리를 놓고 타사의 볼과 비교하는 광고를 하는 것이 그러한 예이다.

(4) 매체(medium)

일단 메시지의 내용이 결정되면 다양한 경로, 즉 커뮤니케이션 수단을 통해 수신자에게 전달된다. 인적판매원의 이야기, TV, 라디오, 경기장의 광고판, 신문, 잡지, 심지어 운동선수의 유니폼까지도 스포츠 마케팅 커뮤니케이션에서 이용할 수 있는 수단들이다. 또한 최근 들어서는 이러한 수단 외에도 인터넷이나 스포츠 전문채널도 새로운 커뮤니케이션 수단으로 각광받고 있는 것들이다.

이러한 다양한 수단들 중에서 어떤 것을 이용할 것인지의 여부는 전적으로 커뮤니케이션 목표에 따라 달라지게 된다. 또한 이러한 수단, 즉 매체를 결정할 때는 표적청중에 도달(reach)하는데 소요되는 비용, 메시지의 내용을 상황에 따라 쉽게 변경할 수 있는 유연성(flexibility), 스포츠 상품의 복잡성(complexity), 그리고 표적시장의 특성들을 함께 고려해야만 한다.

(5) 해독(decoding)

매체를 통해 메시지를 수신자에게 전달하는 과정에서 부호화된 메시지의 해독이 이루어진다. 수신자에 의해 이루어지는 해독은 매체를 통해 송신자 혹은 원천이 보내온 메시지를 해석하는 것을 가리킨다.

커뮤니케이션의 기본 목적은 송신자와 수신자가 같은 생각을 할 수 있는 연결고리를 구축해주는 것이라고 했는데, 이는 수신자가 메시지를 받고 이를 정확히 해석할 때만 가능한 일이다. 즉, 표적청중에게 메시지가 전달되었다고 하더라도, 그 내용은 수신자의 개인적인 특성이나, 수신자의 과거 경험에 따라 달리 해석될 수도 있다. 또한 메시지의 내용이 복잡하면 할수록, 메시지가 성공적으로 해석되거나 해독될 가능성이 더 낮아지게 된다.

(6) 수신자(receiver)

수신자, 즉 청중은 메시지 원천 혹은 송신자의 커뮤니케이션 대상이다. 일반적으로 수신자는 스포츠 마케터가 커뮤니케이션 전략을 수립할 때 생각해 둔 표적청중들로서 대개 인구통계적 특성이나 싸이코 그래픽스 특성이 유사할 것으로 기대된다.

그러나 보다 더 자세히 이들을 들여다보면 그 내용이 조금 다를 수도 있다. 다시 말해서 동일한 표적시장에 속해 있는 청중들도 그들의 연령 · 성별 · 결혼 여부와 같은 상세한 인구통계적 특성, 개성 · 라이프스타일 · 가치와 같은 싸이코 그래픽스 특성, 그리고 심지어 거주하는 지역과 같은 지리적 특성에 따라 메시지의 해석이 달라질 수도 있다.

(7) 피드백(feedback)

메시지가 수신자에게 제대로 전달되고 이해되었는지를 알아보기 위해 피드백은 필수적인데, 피드백이란 표적청중들의 메시지에 대한 반응을 가리킨다. 따라서 커뮤니케이션 과정에서 피드백의 중요성이 매우 크다고 하겠다.

즉, 피드백이 없으면 커뮤니케이션은 단순히 일방적인 전달에 불과하며, 스포츠 마케터의 입장에서 맨 처음 설계한 메시지를 그대로 유지할 것인지, 아니면 폐기할 것인지, 그것도 아니면 변경할 것인지를 결정할 수 없게 된다.

표적청중들은 여러 방법을 통해 피드백 하는 것으로 알려져 있는데, 우선 표적청중들은 구매와 같은 직접적인 행동을 통해 피드백 할 수 있다. 즉, 소비자가 경기입장권을 구입하거나 스포츠용품을 구입했다면 메시지가 효과적이었음을 암시한다. 마찬가지로 구매행동을 하지 않는 것은 메시지가 효과적이지 않았음을 보여주는 피드백이다. 그런데 후자의 경우 메시지가 수신자에게 전달되지 않았거나 잘못 해석되었을 경우에도 발생할 수 있음을 유념해야 한다.

그런데 이러한 피드백은 소비자로부터 스포츠 조직으로 이루어질 뿐만 아니라 그 반대의 경우도 있을 수 있다. 즉, 소비자들이 스포츠 조직으로부터 피드백을 받을 수 있다. 또한 이 방법은 스포츠 조직의 입장에서 소비자들과 우호적인 관계를 유지하는데 핵심적인 것이기도 하다.

예를 들어, 소비자들이 구매행동을 하지 않는 것으로 파악되면, 스포츠 조직은 그 이유나 소비자들의 불만사항을 철저한 마케팅 조사를 통해 파악하고, 이를 토대로 새로운 상품을 도입하거나, 선수진, 코치진을 바꿀 수도 있게 된다.

(8) Noise

커뮤니케이션 과정에서는 반드시 Noise 혹은 방해 요인이 있기 마련이기 때문에 완벽한 커뮤니케이션은 있을 수 없다. 그리고 이러한 Noise는 커뮤니케이션 과정의 단계 중 어느 단계에서도 일어날 수 있다. 예를 들어, 원천이 효과적이지 않을 수도 있고, 메시지가 잘못된 수단을 통해 전달될 수도 있으며, 수신자에게 전달되는 메시지의 내용이 너무 많아서 제대로 해석되지 않을 수도 있다. 그리고 스포츠 경기의 아이러니이지만, 경기장 내의 광고판을 통해 커뮤니케이션을 하는 경우 경기 자체가 Noise 역할을 하게 된다.

따라서 스포츠 마케터들은 커뮤니케이션 과정에 항상 Noise가 있을 수 있다는 사실을 명심해야만 하며, 커뮤니케이션 과정을 보다 잘 이해함으로써 이러한 Noise를 배제할 수 있다는 점을 알아야만 한다.

3 커뮤니케이션 전략의 개발

(1) 커뮤니케이션 프로그램 개발단계

1) 표적시장의 규명

[그림 9-2]에서 보는 바와 같이 커뮤니케이션 프로그램은 8가지의 단계를 거친다. 그 중 첫 단계는 커뮤니케이션 활동을 펼치게 될 표적시장을 규명하는 것이다. 이러한 표적시장은 사용자(user), 비사용자(non-user), 그리고 결정자(decision-maker) 혹은 영향자(influencer) 시장으로서 세 가지 유형을 들 수 있다.

우선 사용자는 현재 스포츠 조직이 제공하는 상품을 이용 중인 소비자들이다. 비사용자는 다른 스포츠 조직의 상품을 구매하고 있거나 특정 상품을 전혀 구매하지 않는 개인이나 집단들이다. 세 번째 표적시장은 특정 스포츠 상품 구매의 결정자 혹은 영향자들로서 이들은 구매결정을 하거나 이에 영향을 미치기는 하지만, 결코 특정 상품을 직접 구매하지 않는 사람들을 가리킨다.

예를 들어, 태권도장에 어린이들이 등록하는 경우 실제 소비자는 어린이들이지만, 이들의 부모들이 어떤 종류의 체력단련시설을 보낼 것인가를 결정하는데, 이들이 바로 결정자 혹은 영향자이다.

2) 구매단계의 규명

일단 표적시장이 선정되면 커뮤니케이션 프로그램 개발의 두 번째 단계는 구매단계를 규명하는 것이다. 앞장에서도 언급하였지만 구매의 단계는 구매 전 단계, 소비단계, 구매 후 단계로 대별되며, 통상 커뮤니케이션 프로그램은 이러한 각 단계들 중의 한 단계에 부합되게끔 설계된다.

3) 소비가치의 규명

커뮤니케이션 프로그램 개발의 세 번째 단계는 커뮤니케이션을 통해 소비자에게 설명해 주어야 하는 소비의 가치를 규명하는 것이다. 일반적으로 소비자들이 소비를 통해서 얻는 가치는 기능적 가치, 사회적 가치, 감정적 가치, 지식적(epistemic) 가치, 조건적 가치라 할 수 있다. 소비자들이 어떤 가치에 비중을 두느냐에 따라 커뮤니케이션 프로그램이 달리 설계되어야 한다.

[그림 9-2] 커뮤니케이션 프로그램의 개발단계

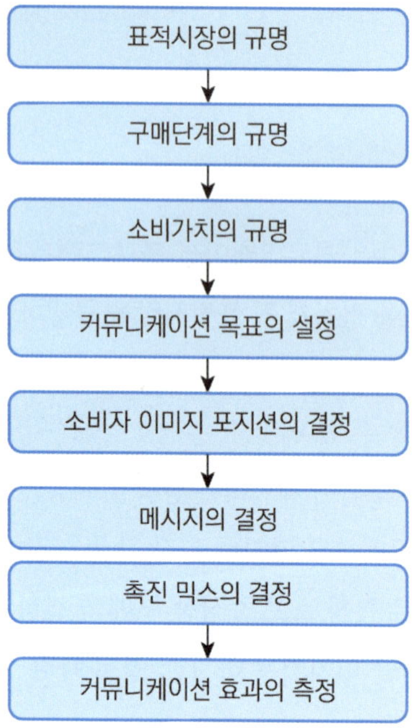

4) 커뮤니케이션 목표의 설정

커뮤니케이션은 표적시장에 적합하게 설정되어야 하며 아울러 구매단계에 맞춰 설정되어야만 한다. 소비와 구매 후 단계에 맞춰 설계된 커뮤니케이션은 사용자를 우선 표적으로 그 목표를 설정해야 하고 아울러 결정자 혹은 영향자를 대상으로 목표를 설정할 수도 있다.

5) 소비자 이미지 포지션의 결정

커뮤니케이션 프로그램의 다섯 번째 단계는 커뮤니케이션을 통해 소비자의 마음속에 자리 잡고자 하는 포지션을 결정하는 것이다. 스포츠 조직이 택할 수 있는 포지셔닝 방안은 제5장과 제7장에서 살펴본 것처럼 다양한데, 모든 커뮤니케이션 프로그램은 선택된 포지션을 강화하도록 해야 한다.

6) 메시지 및 커뮤니케이션 믹스의 결정

커뮤니케이션 프로그램의 여섯 번째 및 일곱 번째 단계는 동시에 이루어진다. 메시지의 내용은 사용하는 커뮤니케이션 방법에 따라 달라질 수 있고 커뮤니케이션 수단은 커뮤니케이션하고자 하는 메시지의 내용에 따라 달라진다. 따라서 대부분의 커뮤니케이션 프로그램은 복수의 커뮤니케이션 믹스를 활용하게 된다.

7) 커뮤니케이션 효과의 측정

커뮤니케이션 프로그램 개발의 마지막 단계는 커뮤니케이션의 효과를 측정할 수 있는 방안을 설계하는 것이다. 전형적으로 이용되는 방법으로는 회상력(recall)시험, 인지도시험, 의견조사, 구매의도조사, 판매량조사 등을 들 수 있다.

(2) 커뮤니케이션 목표의 설정 및 구체화

1) 목표의 설정

표적시장이 정해지고 나면, 그 다음 단계는 커뮤니케이션 목표를 세우게 되는데, 일반적으로 커뮤니케이션의 목표는 표적청중에게 정보를 제공하고, 설득하며, 회상하도록 하는 데 있다고 한다. 하지만 보다 궁극적인 커뮤니케이션의 목표는 바로 소비자들로 하여금 직접 행동하도록 유도해 내는 데 있다. 이러한 행동들로는 전에 한번도 관람한 적이 없는 스포츠 경기를 관람한다거나, 새로 골프클럽을 구입한다거나, 스포츠 행사에 자원봉사자로 참여하는 것 등을 들 수 있다.

기본적으로 이러한 행동을 유발하기 위해 커뮤니케이션을 통해 소비자들로 하여금 일련의 단계를 거치도록 하는 것으로 알려져 있으며, 이러한 일련의 단계를 우리는 효과의 계층(hierarchy of effects)이라고 한다.[2] [그림 9-3]에서 보는 것처럼 효과계층모형은 소비자가 궁극적으로 행동을 하기까지 일곱 단계를 거치는 것을 가정한다.

[그림 9-3] 효과계층모형

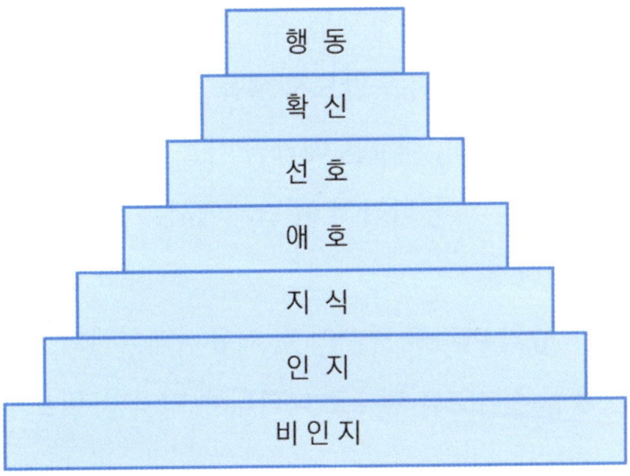

① **비인지**(unawareness): 처음 단계에서 소비자는 스포츠 상품이 존재하는 사실조차 모른다. 때문에 커뮤니케이션의 목표는 해당 스포츠 상품을 소비자에게 인지시키는 데 있게 된다.

② **인지**(awareness): 이 단계에서는 희망하는 표적시장 내의 소비자들이 해당 스포츠 상품을 인지하도록 하는 것이 커뮤니케이션의 주요 목표이며, 이를 위해 다양한 커뮤니케이션 믹스가 활용된다.

③ **지식**(knowledge): 일단 소비자가 스포츠 상품에 대해 인지하게 되면, 그들은 해당 상품이 지니는 유 · 무형적인 편익에 대한 정보를 수집할 필요가 있다. 따라서 이 단계의 커뮤니케이션 목표는 소비자에게 그들이 필요로 하는 상품 관련 정보를 제공하는 것이다. 전형적인 사례가 1994년 미국 월드컵 당시 미식축구에 익숙해 있던 팬들에게 축구의 규칙이라든지, 축구 경기에서 흥미로운 것들이 무엇인지를 알려주는 내용의 광고캠페인을 전개했던 것을 들 수 있다. 일단 소비자들이 경기에 대해 지식을 갖추게 되면, 효과계층의 다음 단계인 애호단계로 넘어가게 된다.

④ **애호**(liking): 스포츠 상품에 대한 지식과 정보를 가졌다고 해서, 소비자가 해당 상품을 좋아하는 것은 아니다. 따라서 스포츠 상품에 대한 긍정적인 느낌이나 흥미를 유발할 수 있어야만 한다. 물론 촉진 활동만으로 소비자들로 하여금 스포츠 상품을 좋아하게 할 수는 없지만, 연구들에 따르면 광고와 같은 촉진 활동에 대한 태도와 상품에 대한 태도와는 일정 관련성이 있다고 한다. 결국 이 단계에서는 촉진 활동을 통해 상품에 대한 좋은 감정을 갖도록 하는 것이 기본목표이다.

⑤ **선호**(preference): 소비자가 스포츠 상품을 좋아하기 시작하면, 그 다음단계는 해당 상품에 대한 선호를 갖도록 하는 것이다. 따라서 이 단계에서는 촉진 활동을 통해 경쟁자와의 차별성을 부각시켜야 한다. 이렇게 차별화에 성공하게 되면, 경쟁자에 비해 제고된 이미지를 얻게 된다.

⑥ **확신**(conviction): 이 단계에 이르게 되면, 소비자는 상품에 대한 확신을 하거나 행동할 의향을 보이게 된다. 그러나 행동 의지는 반드시 행동을 의미하는 것이 아니다. 소비자가 처해있는 경제적인 상황, 욕구의 변화, 새로운 대안의 가능성 등은 소비자들이 직접 행동하는 데 장애 요인이 될 수 있기 때문이다. 따라서 이 단계에서는 표적청중의 마음속에 행동하려는 욕망을 심어주어야만 한다.

⑦ **행동**(action): 효과계층의 마지막 단계이자, 커뮤니케이션의 궁극적인 목표는 바로 행동이다. 그리고 이러한 행동은 다양한 형태로 나타나게 되지만, 반드시 구매 혹은 참여의 형태로 나타나게 된다.

이론상으로 이 모형은 소비자가 구매와 관련된 의사결정을 내리기 전에 반드시 각 단계를 차례차례 거치는 것으로 되어 있지만, 항상 그런 것만은 아니다. 예를 들어, 한 · 일 축구 정기전처럼 대형 스포츠 이벤트의 티켓을 구입하는 경우, 그 사람이 반드시 축구경기에 대해 잘 알고 있거나, 축구를 좋아하는 것을 의미하지는 않는다. 하지만, 이 효과계층모형이 제안하는 단계를 거치건 거치지 않건 간에 중요한 사실은 이 모형이 커뮤니케이션 목표를 설정할 때 매우 유용한 도구라는 점이다. 즉, 표적으로 삼은 청중들이 계층상 어느 단계에 있는지를 파악하는 것이 적절한 목표를 수립하는 데 큰 도움을 줄 수 있기 때문이다.

2) 커뮤니케이션 목표의 세분화 및 표적화

일단 전반적인 목표가 정해지고 이 목표를 달성할 표적시장이 정해지면 시장세분화에 따라 광고, 인적판매, 홍보, 그리고 판매 커뮤니케이션 등 커뮤니케이션 믹스를 구성해야 한다. 이러한 단계를 거침으로써 기업이 활용할 수 있는 여러 가지 커뮤니케이션 채널들을 최대한 효율적으로 활용할 수 있세 된다.

커뮤니케이션의 목표가 비사용자집단에 대한 커뮤니케이션인 경우에는 매체광고 · 판매원이 수행하는 판매 활동, 공공관계나 홍보 활동을 펼치는 것이 바람직하다. 아울러 전달하고자 하는 메시지가 특정 소비자, 즉 청중을 대상으로 하는 정도가 어떤지에 따라 기업이 보유한 여러 가지 커뮤니케이션 채널에 적절한 과업을 부여하게 된다. 매체를 이용한 광고 역시 이러한 맥락에서 이루어지게 된다.

대표적으로 텔레비전 광고는 매우 광범위한 청중을 대상으로 하는 것이지만 특정 시간대에 시청하는 사람들을 제외하고는 무차별적인 특성을 띤다. 즉, 텔레비전 광고를 이용해서는 세분화된 소비자에게 소구할 수 없다. 그러나 신문, 잡지의 경우는 보다 구체적으로 세분화된 소비자를 표적으로 하기 때문에 매우 선택적이라 할 수 있다. 그리고 전문잡지의 경우는 앞서 언급한 커뮤니케이션 방안들보다 구독층이 매우 구체적이다. 이와 관련해서는 요사이 많이 접하게 되는 DM(direct mail)이 매우 직접적이고 선택적인 방안이다. 결국 이러한 매체들 중에서 어떤 것을 선택할 것인가의 문제는, 표적청중당 비용이나 애초에 표적으로 삼지 않았던 시장에 전달되는 위험과 비용에 따라 결정된다.

공공관계와 홍보는 어떻게 이용되느냐에 따라 그 표적청중을 광범위하게 정할 수도 있고 협소하게 정할 수도 있다. 아울러 공공관계는 무료로 제시되는 광고인 관계로 장 · 단점을 함께 갖는데, 긍정적인 측면으로는 이를 통해 소비자들에게 신뢰감을 줄 수 있다는 것을 들 수 있고, 부정적인 측면으로는 그 내용을 임의대로 통제하기가 매우 어렵다는 것이다. 다시 말해서, 임의대로 전달되는 내용을 설정할 수도 없고 도달하는 범위도 극히 제한적이라는 것이다.

매체광고와 공공관계, 그리고 홍보는 소비자의 의문을 반영할 수 없고 목표로 하는 청중의 뜻에 따라 조절되어질 수 없기 때문에 일방적인 커뮤니케이션이다. 반면 인적판매나 텔레마케팅은 다른 방법에 비해 비용이 많이 들기는 하지만, 메시지 전달 과정 동안에도 그 내용을 변경할 수 있는 유연성을 제공해준다. 이와 관련해서는 판매원을 이용함으로써 보다 높은 표적화를 달성할 수 있고 복잡한 메시지를 소비자에 맞춰서 적절하게 조절할 수 있게 해준다.

(3) 커뮤니케이션 믹스의 개발 지침[3)]

스포츠 조직들이 소비자에게 전달할 커뮤니케이션의 내용을 결정할 때는 많은 측면이 함께 고려되어져야만 한다. 또한 스포츠용품과 같은 유형의 재화를 커뮤니케이션하는 경우와, 특정 스포츠 이벤트나 운동선수와 같은 무형적인 서비스 상품을 커뮤니케이션하는 경우에도 그 방법이 달라지게 된다.

1) 구전(word-of-mouth) 커뮤니케이션 네트워크의 개발

긍정적인 구전 커뮤니케이션은 소비자들이 해당 스포츠 상품을 평가하고 지각하는데 매우 큰 영향을 미친다. 실제 상품 구매 전에 해당 상품의 특성을 제대로 파악할 수 없는 경우, 다시 말해서 구매와 관련된 지각된 위험이 클수록 소비자들은 주변의 친구나 동료 등의 인적 정보원의 이야기에 귀기울이게 된다.

따라서 스포츠 조직의 입장에서는 소비자들 간의 네트워크가 형성될 수 있는 커뮤니케이션 수단을 강구할 필요가 있다. 이러한 방안으로는 헬스클럽에서 기존 회원이 새로운 회원을 데리고 오는 경우 할인을 해주는 방안을 들 수 있다. 이외에도 지역사회의 행사를 후원해준다거나, 무료로 시범경기를 펼치는 것들은 구전 커뮤니케이션을 자극하는 데 효과적일 수 있다.

2) 실행 가능한 것을 약속하라

일반적으로 소비자만족은 소비자가 실제 전달된 상품에 대해 지각한 것과 기대한 것을 비교한 결과에 따라 결정된다고 알려져 있다. 그런데 경쟁이 급속하게 증대하면 할수록 더 많은 소비자를 끌어 모으거나 현재 소비자를 경쟁자에게 뺏기지 않기 위해 소비자들에게 과도한 약속을 하고픈 유혹에 시달리게 된다. 하지만 애초에 지킬 수 없는 약속을 함으로써 소비자의 기대만을 증가시키게 되고, 약속한 대로 실행이 되면 다행이지만, 결국 약속이 제대로 지켜지지 못해 소비자만족을 떨어뜨리는 결과를 초래하게 된다.

즉, 소비자가 불만족한 채로 거래를 중단하게 되면 스포츠 조직과 소비자들 간의 신뢰감에 큰 손실이 발생하게 된다. 게다가 불만족한 소비자들은 다른 사람들에게 자신들의 경험을 이야기하게 된다. 결국 지키지 못할 약속을 통해 소비자들의 기대를 키워나가는 것은 스포츠 조직과 소비자 간의 장기적인 관계를 훼손시키기만 한다.

3) 무형적인 것을 유형화 · 무형적인 것을 유형화[4)]

유형의 제품과 무형의 서비스 간의 경계가 뚜렷해 보이지만, 구체적으로 특정 상품의 내용을 들여다보면 그 차이가 불분명한 경우가 많다. 즉, 시장실체(market entity)의 측면에서 볼 때 유형적인 측면에서부터 무형적인 측면까지 매우 다양하게 포진되어 있다는 것이다. 흥미롭게도 스포츠 의류처럼 유형적인 측면이 지배적인 상품의 경우, 광고를 할 때 이미지를 활용한다. 기본적으로 스포츠 의류는 만져볼 수 있고, 사용해 볼 수 있으며, 심지어 냄새를 맡아볼 수도 있는 등 유형적인 측면이 강하다. 그러나 다른 대다수의 유형적인 속성이 강한 제품처럼 광고는 보통 다른 제품과의 차별화를 위해 보다 추상적(abstract)으로 만들어진다.

[그림 9-4] 상이한 제품군에 대한 상이한 커뮤니케이션 전략

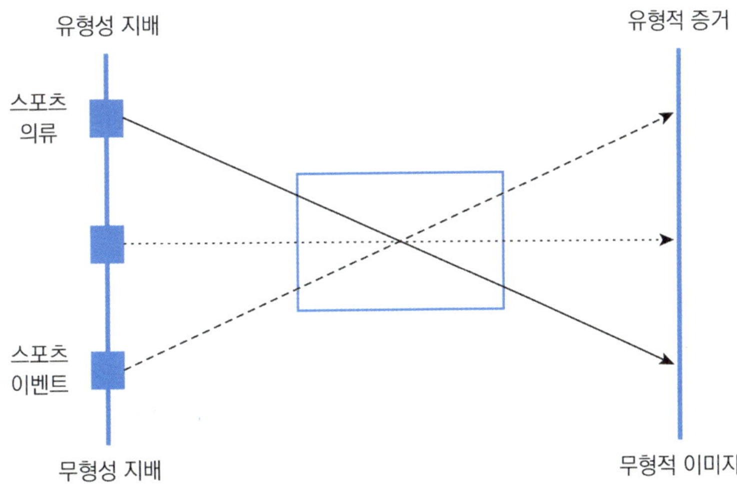

자료: G. L. Shostack (1988), "Breaking Free From Product Marketing," *Journal of Marketing* (April), 79, 재구성.

반대로 서비스는 이미 추상적인 것이다. 따라서 서비스 광고에 있어 핵심적인 사항은 보다 구체적으로 표현하는 것이다. 예를 들어, 스포츠 이벤트 광고의 경우 대개 유형적인 상징물을 이용하곤 한다. 또한 유형적인 상징물 외에도 광고에 해당 스포츠 이벤트 경기에 참여하는 팀의 성적 등의 숫자를 집어넣음으로써 자신들의 서비스 상품을 유형화하려고 하고 있다.

[그림 9-4]에서 보는 바와 같이 제품이나 서비스를 커뮤니케이션하는 방법에 있어 서로 다른 양태를 보이고 있다. 유형성이 지배적인 제품의 광고는 차별화를 위해 보다 추상적이게 되고, 반대로 무형성이 지배적인 제품의 광고는 물리적인 단서와 유형적인 증거를 이용하여 보다 구체적이게 된다. 하지만 무형적인 측면과 유형적인 측면이 반반인 제품의 경우에는 두 가지 방안을 같이 강구할 수 있다.

4) 성과의 변동에 대한 소비자의 우려를 감소시킴

광고를 통해 스포츠 조직은 소비자의 마음속에 자리 잡고 있는 이질성의 위험을 감소시킬 수 있다. 즉, 소비자들로 하여금 스포츠 상품이 일관된 성능을 발휘한다는 생각을 고조시키기 위해 소비자를 안심시키는 내용의 구체적인 증거를 제시해야만 한다. 이러한 사례로는 광고에서 숫자를 이용해서 상품의 성과를 제시하는 것을 들 수 있으며, 광고에서 이렇게 숫자를 이용하는 것은 소비자가 성과의 변동에 대한 우려를 감소시키고 서비스를 유형화시키는데 기여할 수 있다. 예를 들어서 “프로골퍼 ×××가 이용하는 퍼터”, “국내 야구인 중 ××%가 이용 중인 글러브” 등의 광고문구 등은 상품의 성능이 일관성이 있음을 암시해주는 것들이다.

5) 소비자가 중요하게 여기는 서비스 속성을 찾고 여기에 초점을 맞춤

소비자들의 특정 브랜드의 상품을 구입할 때는 대부분 나름대로 구매의 기준으로 삼는 중요 속성(attribute)이 있기 마련이다. 또한 이러한 속성들은 사람들에 따라 그 중요성이 다르게 지각될 수도 있다. 예를 들어, 축구경기를 관람하는 사람들은 ‘박진감 있는 경기 내용,’ ‘경기장의 분위기,’ ‘경품제공 여부,’ ‘치어리더의 응원’ 등을 관람 여부를 결정하는 중요 속성으로 생각할 수 있는데, 이에 따라 축구경기 광고에서 골이 터지는 장면, 관중들이 파도타기 응원하는 모습 등을 중심으로 보여줌으로써 소비자들이 원하는 경기를 할 것이라는 확신을 심어줄 수 있다.

(4) 구매단계별 커뮤니케이션 믹스

소비자들의 구매 과정은 구매 전 단계, 소비단계, 구매 후 단계의 세 단계로 구성되어 있다. [그림 9-5]는 이러한 세 가지의 단계별로 주요한 커뮤니케이션 목표를 제시하였다.

구매 전 단계는 소비자가 구매에 관한 어떠한 결정도 내리지 않고 있는 상태이며, 일부 소비자만이 특정 상품에 대한 충성을 보이며 구매결정을 내리기 위해 극히 미미한 노력을 기울인다. 이러한 상황에서는 소비자들이 이미 어디에서 서비스를 구매할 것인지를 모르므로 커뮤니케이션은 구매결정에 별다른 영향을 미치지 못한다. 대신 커뮤니케이션은 조만간에 스포츠 상품을 구입하도록 하는 데 영향을 미칠 수 있다.

또한 당장은 특정 상품을 구매할 계획이 없는 소비자에게도 향후 구매결정을 하는 데 영향을 미칠 수 있다. 아울러 브랜드 충성이 없는 소비자에게는 커뮤니케이션을 통해 스포츠 상품의 선택에 영향을 미칠 수 있다.

[그림 9-5] 커뮤니케이션의 목표

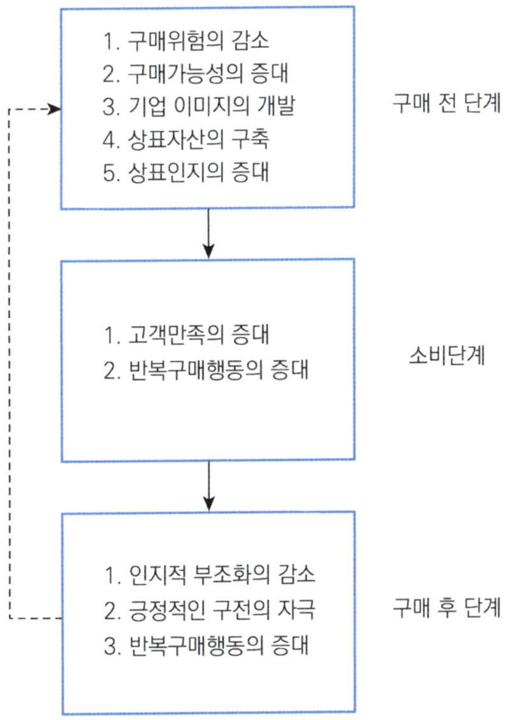

1) 구매 전 단계

커뮤니케이션은 구매 전 단계에서 다섯 가지의 목적을 달성하는 데 이용되어질 수 있다. 그 중 첫 번째는 구매와 관련한 위험을 감소시키는 것으로 이를 통해 구매의 가능성을 증가시키게 될 것이다. 커뮤니케이션은 또한 특정한 기업 이미지 개발, 브랜드 자산의 구축, 그리고 인지도를 증대시키는 데 이용될 수 있다.

독특한 기업 이미지의 개발을 통해 스포츠 조직은 특정 표적시장에 대한 소구(appeal)를 기대할 수 있을 것이다. 브랜드 자산을 증대시켜줌으로써 소비자들에게 일관성 있는 스포츠 상품이 제공될 것이라는 확신을 심어줄 수 있게 되고, 이를 통해 소비자들의 구매위험을 감소시켜주게 되며, 그 결과 궁극적으로 구매의 가능성이 커지게 된다.

대부분의 구매결정은 소비자들의 환기된 집합(evoked set) 내에 있는 대안들 중에서 이루어진다. 즉, 소비자들의 환기된 집합 속에 들어있지 않는 스포츠 상품은 선택받지 못한다. 결국 이러한 소비자들의 환기된 집합 속에 들어가기 위해 인지를 위한 커뮤니케이션이 필요하다 할 수 있다. 또한 환기된 집합 내에 있는 상품 중에서도 가장 높은 점수를 얻는 상품이 선택된다. 이때 커뮤니케이션은 다음과 같은 여러 가지 방법을 이용해서 소비자들의 선택에 영향을 미치게 한다.[5)]

- 스포츠 조직의 입장에서 강점으로 드러난 속성에 대해 소비자들이 다른 속성보다 더 큰 가중치를 부여하도록 한다.
- 스포츠 상품의 실제 성과와 소비자가 지각하는 성과 사이에 차이가 존재하는 경우 자사의 상품에 대해 주어진 속성에 대한 점수를 변경시킨다.
- 스포츠 상품의 실제 성과와 소비자가 지각하는 성과 사이에 차이가 존재하는 경우 경쟁자의 상품에 대해 주어진 속성에 대한 점수를 변경시킨다.
- 자사가 환기된 집합 내에 있지 않는 경우, 소비자들에게 자사에 대한 인지를 높이도록 한다.

그런데 실제 성과와 지각된 성과 사이의 차이에 대해 극히 주목할 필요가 있다. 만약 실제 성과가 지각된 성과보다 높은 경우에는 그 반대의 경우보다 커뮤니케이션이 보다 효과적이게 된다. 그리고 여기서는 광고가 기업에게 우호적인 상황을 유지하기 위해 이용되어질 수 있다.

바로 소비자들로 하여금 특정 속성에 대해 뛰어난 성과를 보이고 있으며, 그러한 특정 속성이 매우 중요하다는 것을 계속해서 각인시킬 필요가 있기 때문이다.

2) 소비단계

소비단계에서 커뮤니케이션은 소비자만족의 증대 및 반복구매행동의 증대라는 두 가지 목적을 달성하는 데 이용된다. 이때 소비자들에게 자신들의 기대나 성과에 대한 평가에 영향을 미칠 수 있는 정보를 커뮤니케이션해 줌으로써 소비자만족을 고조시킬 수 있다.

예를 들어서 경기장 내의 편의시설을 찾기 쉽게 안내판을 제대로 설치해 둔다거나, 경기 중간 중간 다른 구장에서 벌어지고 있는 경기의 전적을 보여주는 것, 또는 응원 시간에 응원가사를 모르는 관중을 위해 전광판에 이를 보여주는 것 등이 그러한 예이다.

그리고 커뮤니케이션을 통해 정보를 제공해줌으로써 소비단계에 소비자만족을 증대시킬 수 있게 된다. 일반적으로 이러한 정보는 팜플렛, 사인, 그리고 구매 시점 진열을 통해 전달된다. 예를 들어, 1998년 월드컵서부터 선을 보였지만, 축구경기 중 규정된 45분이 지났을 때, 대기심판이 루즈타임이 얼마나 남았는지를 알려주는 것도 정보제공의 좋은 사례이다.

3) 구매 후 단계

구매 후 단계의 커뮤니케이션은 인지적 부조화(cognitive dissonance)를 감소시키고 긍정적인 구전 커뮤니케이션을 장려하며 또한 반복구매행동을 장려하기 위해 설계되어야 한다. 인지적 부조화는 소비자들로 하여금 올바른 선택을 했다는 확신을 심어줌으로써 감소된다. 이러한 재확신(reassurance)의 형태는 광고, 구매 시점 진열, 혹은 스포츠 조직 대표자와의 개인적인 접촉 등을 통해 형성된다.

인지적 부조화를 감소시킴으로써 긍정적인 구전 커뮤니케이션과 반복구매행동의 가능성이 커지게 된다. 긍정적인 구전 커뮤니케이션은 스포츠 조직의 입장에서는 매우 중요한데, 구매결정을 내릴 때 소비자들은 구전에 의존하는 경우가 많기 때문이다.

스포츠 조직은 소비자들에게 인센티브를 제공함으로써 구전 커뮤니케이션을 자극할 수 있다. 또한 반복구매행동은 구매 후 커뮤니케이션에 의해 영향 받을 수 있다.

4 커뮤니케이션 믹스

(1) 광고

광고는 스포츠 마케터의 입장에서 가장 주목할 필요가 있는 커뮤니케이션 수단이다. 광고를 통해 브랜드 인지와 브랜드 충성을 창출 및 유지할 수 있을 뿐만 아니라, 브랜드 이미지를 구축하고 스포츠 상품이나 서비스의 독특한 실체를 부각시켜주기 때문이다.

그러나 무엇보다 중요한 사실은 광고가 소비자행동에 직접적인 영향을 미친다는 사실이다. 다시 말해서 광고는 소비자로 하여금 스포츠 경기를 관람하게 하고, 새로운 스포츠용품을 구입하도록 하며, 텔레비전을 통해 프로야구나 프로축구와 같은 경기를 시청하게끔 한다.

하지만 아무리 광고가 커뮤니케이션 믹스에서 그 중요성이 크다고 하더라도 나머지 요소들(인적판매, 판매 커뮤니케이션, 홍보 및 공중관계)과 함께 조율되지 않는다면 스포츠 조직의 장기적인 성공을 기대할 수 없다는 점도 명심해야 한다.

1) 광고의 유형

일반적으로 광고는 네 가지의 상이한 유형이 존재한다. 즉, 광고는 소비자에게 정보를 제공하고, 설득하고, 회상시키며, 행동을 유발하는 데 이용된다.

먼저 정보적 광고(informative advertising)는 시청자들에게 스포츠 조직의 운영시간, 스포츠 상품의 가격, 스포츠 상품의 제공물의 내용, 판매에 대한 정보를 제공해주는 것이다.

제조업에게 스포츠는 광고의 좋은 활용수단이다

둘째로, 설득적 광고(persuasive advertising)는 광고를 통해 특정한 시각을 지닌 소비자들을 설득하는 것을 가리킨다.

셋째로, 회상적 광고(reminder advertising)는 광고에서 단서를 제시해줌으로써 소비자들로 하여금 스포츠 조직이나 특정 브랜드에 대한 회상을 제고시키는 것이다. 이러한 단서들은 단순하게 처리되거나 음악이나 간단한 슬로건 또는 간략한 메시지를 포함하는 것이 일반적이다.

마지막으로 행동유발적 광고(action inducing advertising)는 광고를 통해 시청자들로 하여금 직접 구매행동이나 브랜드에 대한 관심을 갖도록 설득하는 것이다. 대개 이런 유형의 광고는 쿠폰이나 프리미엄과 같은 다른 판매촉진 수단과 연계해서 이루어지는 경우가 많다.

2) 광고의 매체

광고 캠페인을 어떤 매체에 담아서 소비자에게 전달할 것인가의 문제도 스포츠 조직의 입장에서는 매우 복잡한 의사결정 중의 하나이다. 매체란 커뮤니케이션의 수단으로서 메시지가 전달되도록 하는 것을 가리킨다.

전통적으로는 TV, 라디오, 신문, 잡지 등의 대중매체 등이 표적청중에게 광고 메시지를 전달하는 데 효과적인 것으로 알려졌는데, 최근 들어 신기술의 개발로 인해 새로운 매체들이 등장하고 있다. 예를 들어, 인터넷의 경우 스포츠 마케터들이 새롭게 고려해볼 수 있는 광고의 매체이기도 하다. 물론 각각의 매체들은 고유한 장 · 단점을 가지고 있으며, 이 때문에 매체를 결정할 때 신중하게 이를 검토해볼 필요가 있다.

① **인쇄매체**(print media)

- 신문: 신문은 가장 시사성이 높고 비용이 적게 들며, 대규모 청중에게 도달(reach)할 수 있는 능력을 지니고 있다. 따라서 신문을 이용하여 광고를 할 경우 스포츠 마케터는 소비자들의 눈을 끌 수 있고, 간결한 광고 카피를 이용할 필요가 있다. 또한 표적으로 생각한 청중들이 주로 읽는 지면이 어디인지 파악해두는 것도 중요하다.
- 잡지: 잡지는 다른 인쇄매체에 비해 비교적 높은 인쇄품질을 제공해주는 장점을 지닌다. 그러나 잡지는 주 단위 혹은 월 단위로 발행되어 소비자에게 광고가 빈번히 노출되지 못하고, 그 비용이 상대적으로 비쌀 수도 있는 단점을 지닌다.
- 포스터: 포스터는 다른 인쇄매체에 비해 통제가 용이하다는 장점을 지닌다. 즉, 언제 어디에 어떤 내용으로 부착할 것인지는 전적으로 마케터의 의지에 달려있기 때문이다. 또한 다른 광고매체와 달리 포스터는 자체적으로 수익창출의 수단이 될 수도 있다. 즉, 포스터 내의 특정 면을 다른 기업의 광고로 할애함으로써 수익을 거둘 수 있다. 그러나 포스터는 소비자에게 노출되는 범위가 다른 매체에 비해서 제한적이라는 단점을 안고 있다.
- DM(direct mail): 직접우편 역시 스포츠 마케팅에서 널리 이용 중인 방안 중의 하나로서 스포츠 조직에서 표적으로 삼은 소비자에게만 선택적으로 메시지를 전달하기 때문에 그 비용이 상대적으로 저렴하고, 그 효과가 다른 수단에 비해 높은 것으로 알려져 있다. 실제 시즌티켓 구매자를 대상으로 한 커뮤니케이션은 대개 이 DM을 이용하고 있기도 하다.

② **방송매체**

- 텔레비전: 텔레비전은 많은 수의 사람들에게 광고내용이 도달하게 하고, 소리와 함께 화면을 전달함으로써 다른 매체에 비해 구체성을 띄는 특성을 지닌다. 그러나 다른 매체에 비해 그 비용이 매우 비싸고, 다른 경쟁광고도 함께 소비자에게 전달되기 때문에 소비자들이 혼란스러워하는 문제점을 지닌다.

■ 라디오: 텔레비전과 달리 라디오는 소리만을 전달하기 때문에 소비자들에게 많은 상상력을 불어넣을 수 있고, 텔레비전에 비해 그 비용이 저렴하다는 장점을 지닌다. 그러나 소리만을 전달하는 관계로 소비자들의 주목을 받기가 비교적 어렵다는 단점도 함께 지닌다.

스포츠 마케팅 현장이야기

광고는 이렇게 하는거다, 겨드랑이가 보여줬다

앞으로 호주 크리켓 경기에서는 심판의 '겨드랑이'에서 광고를 볼 수 있게 된다. 10일(현지 시각) 영국 가디언에 따르면 호주 크리켓 경기인 빅배시 리그 측은 심판들이 입는 검정색 심판복 겨드랑이 부분에 스폰서 기업들이 광고를 부착하기로 했다고 발표했다.

겨드랑이 광고를 하겠다고 처음 나선 기업은 호주의 탈취제와 발한억제제(데오드란트)로 유명한 브랜드 '렉소나'다. 호주 크리켓협회 측은 이날 '렉소나'와 파트너십을 체결했다고 발표했다. 일부 공개된 계약 내용에 따르면 호주 국내 크리켓 대회에서 심판이 제품 브랜드를 양쪽 팔 밑 겨드랑이 부분에 부착하게 된다. 이렇게 하면 심판이 두 손을 번쩍 들어올려 최대 득점인 6점을 표현하는 경우 브랜드 로고 두 개가, 한쪽 팔만 들어올리는 경우 로고 1개가 관중들에 노출된다.

렉소나 측은 "이미 광고로 가득 찬 스포츠 경기에서 새로운 광고 공간을 찾으려고 애썼다"며 '겨광고(pit-vertising)'를 상표로 등록하는 절차를 밟고 있다고 밝혔다. 다국적기업 유니레버가 소유하고 있는 렉소나는 우리나라에선 '렉세나'로도 잘 알려져 있다. 선수들의 셔츠에는 스폰서의 로고나 브랜드가 여럿 붙었지만 심판의 복장에 광고가 들어가는 경우는 이제까지 거의 찾아볼 수 없었다. 심판에 광고를 부착하는 경우 경기에서 심판이 제 역할을 하지 못할 수 있다는 우려가 있기 때문이다.

멜버른대 스포츠 마케팅학과의 로빈 캐니포드 교수는 "좋은 심판은 눈에 띄지 않으며, 이것이 심판 기술의 핵심"이라며 "광고를 팔 아래에 부착하는 것은 유머러스하고 영리하지만 실제로는 매우 어려운 일을 하는 사람의 심각성을 떨어뜨릴 위험이 있다"고 했다. 하지만 이번 스폰서십은 코로나로 인해 직격탄을 맞고 있는 호주 크리켓협회가 올해 최초로 맺은 계약이다. 이번 계약으로 인해 7,000만 달러의 이익으로 1년간의 재정적 어려움을 채워넣을 것으로 보인다. 겨드랑이 광고는 오는 10일 오후 호주 호바트에서 치러지는 허리케인 대 식서스 사이의 경기에서 처음 공개될 예정이다.

- 조선일보, 2020년 12월 10일 -

③ **옥외매체**

- 게시판(billboard) 광고: 옥외광고의 전형적인 형태인 게시판광고는 도로 주변의 광고판, 혹은 버스 등에 광고물을 부착하는 형태의 것들이 일반적이다. 이러한 광고들은 다른 광고에 비해 비교적 오래 부착되어 있기 때문에 소비자에게 장기간 노출되는 장점을 지닌다. 그리고 최근 들어서는 운동선수를 이용한 게시판광고, 즉 유니폼이나 번호판에 광고문안을 삽입하는 방법이 훨씬 더 많이, 그리고 쉽게 찾아볼 수 있는 형태이기도 하다.

MLB 월드시리즈에 등장한 한글광고
가상광고(virtual advertisement)이다

- 경기장광고(signage): 스포츠 경기가 전보다 활성화되면서 경기장 내에서 광고판을 볼 수 있는 기회가 훨씬 많아졌다. 다른 형태의 광고매체와는 달리, 경기장광고는 해당 운동경기 혹은 스포츠 팀과의 연계를 통해 브랜드나 기업에 대한 인지도를 높이고 우호적인 이미지를 갖도록 하며, 궁극적으로는 판매의 증진을 기대하는 광고 형태이다.[6] 이러한 경기장광고는 A보드광고, Dorna사인(회전식) 보드광고, 펜스광고, 90도 시스템광고, 그리고 전자보드광고를 들 수 있다.
  물론 그만큼 효과가 다른 매체에 비해 크기는 하지만, 경기장광고의 경우 다른 매체에 비해 그 비용이 점차 증가하는 추세이다. 즉, 경쟁광고가 많아짐에 따라 일반 광고에 대한 소비자의 집중도가 떨어지게 되고, 이로 인해 기업들은 효과적인 광고의 수단으로 경기장광고를 활용하려고 하기 때문이다. 다시 말해서 경기장 내의 광고는 소비자들에게 경기의 일부분으로 받아들여지므로, 소비자들이 별 저항 없이 광고에 노출되므로 그 효과가 다른 매체에 비해 훨씬 크기 때문에 그 장점을 취해 이 부분에 대한 광비중이 전보다 훨씬 더 많아지고 있다.

④ **인터넷**

최근 그 활용빈도가 많아지고 있는 인터넷은, 이미 스포츠 조직에겐 중요한 촉진수단일 뿐만 아니라 스포츠 소비자들의 입장에서 매우 중요한 정보원천이 되어버렸다. 또한 흥미로운 사실은 스포츠팬들의 특성과 인터넷 사용자들의 특성이 비교적 일치하는 측면이 많다는 점이다. 주로 인터넷 이용자들은 오락을 즐겨하고, 연령대로는 2~30대 층이 대다수일 가능성이 많은데, 대부분의 스포츠팬 역시 이러한 부류에 속하는 것으로 파악된다.

또한 인터넷은 일반 매체에서는 불가능했던 상세한 정보의 제공이 가능하다는 점에서도, 그 장점이 부각되고 있는 중에 있다. 또한 개별 스포츠 팀 혹은 선수들은 e-mail이나 전자게시판 등을 활용해서 스포츠팬들과의 상호작용을 하는 등, 그 활용 사례가 점차 많아지고 있는 중이다.

3) 대상물에 따른 스포츠 광고의 분류

스포츠를 이용한 광고는 어떤 대상물이냐에 따라 광고 형태를 달리한다. 즉, 장소, 선수, 그리고 매체에 따라 광고의 형태가 다르다.

① **장소 중심**: 장소 중심광고란 경기장 안이나 주변에 설치하는 광고의 형태로, 앞서 설명한 각종 경기장광고들이 여기에 해당된다.

② **선수 중심**: 선수 중심의 광고는 유니폼광고와 선수보증광고가 여기에 해당된다. 이때 유니폼광고의 권한은 구단이 가지고 있고, 선수보증광고의 경우 구단과 관련 없이 기업이 선수를 광고모델로 활용하는 것이다.

③ **매체 중심**: 이는 신문이나 TV방송 같은 일반적인 광고매체를 활용하는 경우로 스포츠 경기와 관련 새로운 광고공간으로 활용되기도 한다.

(2) 인적판매

인적판매는 광고처럼 대규모의 커뮤니케이션을 통해 수많은 소비자를 상대하는 것이 아니라, 표적청중과의 개인적인 상호작용을 하는 관계로 독특한 특징을 지닌다. 물론 우리나라의 스포츠 산업에서 이러한 인적판매의 전형적인 예를 찾아내기가 상당히 어려운 것이 사실이지만, 기본적으로 인적판매는 판매원이 잠재구매자와 상호작용을 하고, 그들로 하여금 자사의 상품을 구매하게끔 영향을 미치는 일대일 커뮤니케이션의 형태를 띤다. 또한 텔레마케팅의 경우처럼 직접 소비자와 대면하지 않더라도 전화를 통해 판매 활동을 펼치는 것도 여기에 해당된다.

어떤 경우이든 판매원들은 소비자와 스포츠 조직 사이의 연결고리 역할을 하기 때문에 그 중요성이 매우 크다. 또한 판매원은 소비자들에게는 스포츠 조직을 대표하고, 자신의 스포츠 조직에 대해서는 자신이 접촉하는 소비자를 대표하는 역할을 수행한다. 어떤 경우에는 판매원은 소비자나 스포츠 조직이 접촉하게 되는 유일한 사람일 수도 있다.

이러한 판매원들은 모든 커뮤니케이션 목적을 달성하는 데 이용될 수 있으며, 소비자와 판매원 간에 벌어지는 양방향의 커뮤니케이션을 통해 인적판매가 목적을 달성하도록 한다.

또한 어떤 형태로 인적판매가 이루어지건 간에 판매원들은 소비자와의 장기적인 관계를 구축하도록 하는 데 큰 역할을 하게 되며, 어쩌면 이러한 기능들이 전보다 더 강조되고 있기도 하다. 실제로 소비자들과의 장기적인 관계를 구축하는 문제는 "관계 마케팅"이라고 하는 새로운 개념의 마케팅 활동으로 1990년대 마케팅의 주요 쟁점이기도 하였다.

관계 마케팅의 기본 개념은 현재의 소비자들과의 관계를 구축하고, 유지하며, 보다 강력하게 하는 것으로서, 마케터의 입장에서 봤을 때 이러한 현재 소비자들과의 장기적인 관계를 구축하는 것이 새로운 소비자를 확보하는 것보다 더 저렴하다고 한다. 이때 가장 비중 있는 역할을 할 수 있는 사람들이 바로 인적판매원들이다.

(3) 판매촉진

판매촉진이란 상품에 대한 즉각적인 수요를 자극하기 위해 비교적 단기간에 걸쳐서 행해지는 촉진수단으로서, 일반 기업들뿐만 아니라 스포츠 산업에서도 그 활용빈도가 점차 많아지고 있다. 특히 최근 들어서는 커뮤니케이션 예산을 전통적으로 광고에 치중하던 것에서 판매촉진 부분으로 전환하고 있는 추세에 있다.

이렇게 판매 커뮤니케이션이 다른 커뮤니케이션 수단에 비해 더 많은 비중을 차지하는 이유는 다음과 같다.[7] 우선 광고는 매출로 연결되는 데 비교적 오랜 시간이 걸리는 반면에, 판매촉진은 그 즉각적인 영향을 미치며, 그 영향력이 매우 크기 때문이다.

둘째, 오늘날 소비자들은 전에 비해 훨씬 더 선택대안이 많아지고, 스포츠 상품들 사이에서 별다른 차이점을 발견하지 못하는 브랜드 등가(brand parity)의 상황에 놓여 있다는 사실이다.

셋째, 소비자들이 점차 커뮤니케이션에 대해 쉽게 받아들이고, 심지어 커뮤니케이션을 원하는 경우도 있다. 예를 들어, 가격경쟁이 심한 상품의 경우 소비자들은 가격이 떨어질 때까지 자신들의 구매를 연기하려 하는데, 이때 그들이 이용하는 것이 바로 판매촉진인 것이다.

마지막으로 점차 광고의 효과가 전에 비해 감소하고 있기 때문이다. 소비자들은 광고시간대에 리모콘 등을 이용해서 다른 채널로 돌려버리는 일이 비일비재해졌으며, 하루에 너무나도 많은 광고에 노출되기 때문에 소비자들이 특정 광고를 기억하기란 매우 곤란하게 되었다.

기업이 이용할 수 있는 판매촉진의 방안으로 다음과 같은 방법을 들 수 있다. 하지만 이러한 판매 커뮤니케이션이 판매를 자극하는 데 있어 매우 효율적인 수단이기는 하지만, 지나치게 여기에 의존할 경우 상표자산에 손상을 가할 수도 있다는 점을 유념해야 한다. 따라서 스포츠 조직들은 각 방안의 장 · 단점을 충분히 검토하고 그 중 가장 적절한 것을 선택할 필요가 있다.

1) 쿠폰

쿠폰(coupon)은 상품가격을 깎아주겠다는 일종의 증서로서 인쇄매체의 광고와 상품 포장지에 함께 첨부되거나 소비자에게 직접 우편으로 발송되는 것이다. 그러나 쿠폰은 단기간에 매출을 자극하는 데 이용할 수 있는 매우 효율적인 방안이다. 그러나 장기적인 관점에서 봤을 때 쿠폰을 과다하게 사용하게 되면 스포츠 상품에 대한 소비자의 이미지를 떨어뜨리며, 대개 쿠폰을 이용하는 소비자들은 이미 해당 상품을 구매한 경험이 있는 사람들일 경우가 많아서 새로운 소비자를 끌어들이는 데 오히려 장애 요인이 될 수도 있다. 그러나 이러한 장 · 단점에도 불구하고 현재 쿠폰에 대한 사용이 점차 증가하고 있는 추세에 있으며 신문매체에서도 쿠폰이용을 통한 비용절감을 권하고 있기도 하다.

2) 프리미엄

프리미엄(premium)은 스포츠 마케팅 분야에서 가장 전통적으로 사용했던 방법 중의 하나로서, 소비자에게 상품구매의 대가로 무료로 다른 상품을 제공해주는 것을 가리킨다. 프로야구나 프로축구 시즌 개막경기 때 선착순으로 야구공이나, 축구공 등을 제공하는 것이 그러한 예이다.

프리미엄은 앞의 쿠폰 제공의 경우 불가능했던 주요한 혜택들을 안겨주는데, 프리미엄 제공이 상품의 구매를 전제로 하기 때문에 스포츠 조직의 이미지나 상표자산에 아무런 해를 입히지 않는다. 또한 프리미엄은 정기적으로 상품을 구매하는 이른바 충성고객들에게 보상을 해주는 방법이기도 하다. 물론 운이 좋게 프리미엄을 받아가는 소비자도 있을 수 있지만, 그들도 나중에는 프리미엄을 기대하면서 상품을 구매하려 할 것이다.

그런데 스포츠 경기의 경우 프리미엄은 사람들을 관중석에 끌어 모으는 역할을 하기는 하지만, 때로는 부정적인 결과를 초래할 수도 있으므로 사전에 면밀하게 계획되어질 필요가 있다. 몇 년 전에 국내 유명 대학 간의 농구경기 도중 관중석에서 경기장 내로 관중들에게 무료로 제공되었던 우유팩을 집어던져서 경기가 상당시간 지체되었던 일이 있었다. 물론 당시 경기에서 우유는 프리미엄의 형태로 관중들에게 제공된 것은 아니었지만, 이러한 류의 프리미엄은 경기진행에 큰 방해가 될 수도 있다.

그리고 스포츠 조직의 입장에서 고려해야 할 사실은 프리미엄은 소비자들에게 매력적인 것이어야만 한다. 만약 무료 선물을 제공하는 경우라면 그 선물들은 소비자들이 원하는 것들 중의 하나여야 하며 선물은 반드시 스포츠 조직의 이미지를 제고시키는 것이어야 한다.

3) 경연 · 추첨

경연(contest)이나 추첨(sweepstake) 역시 스포츠 마케팅 분야에서 쉽게 그 예를 찾을 수 있는 것으로 스포츠 소비자들에게 스포츠 상품에 대한 인지를 제고시키고 흥미를 불어넣기 위해 고안된 판매촉진 방안이다. 이 두 가지의 차이점은 소비자들로 하여금 상을 차지할 기회를 주는 것으로, 양자의 차이점은 소비자가 승리하기 위해 무엇을 해야 하는가이다.

즉, 경연은 참가자가 가지고 있는 기술이나 능력을 토대로 승자가 결정되는 것이고, 추첨은 제비뽑기처럼 단순히 우연 혹은 행운에 따라 승자가 결정되는 것이다. 농구장에서 하프타임에 관중들을 대상으로 3점 슛 경연을 한다거나, 프로축구 경기에서 경기 후 추첨을 통해 자동차와 같은 경품을 주는 것들이 각 사례이며, 이러한 경연이나 추첨을 활용하게 되면 일반적으로 관중 수가 늘어난다고 한다.

그러나 이러한 방법 역시 과도하게 이용해서는 안 되는데, 과도하게 이용하게 되면 소비자들의 관심을 끌지 못하고 이로 인해 매출증대나 소비자 방문의 증대를 기대할 수 없다. 아울러 궁극적으로 스포츠 조직이나 상품의 이미지에 부정적인 영향을 미치게 된다.

전북현대의 400승 달성기념 경품 이벤트

쿠폰이 가격에 민감한 소비자에게 소구되는 반면, 경연이나 추첨은 흥분이나 자극을 원하는 소비자들에게 소구된다. 따라서 가격에 민감한 소비자들은 경연이나 추첨이 상품의 가격을 상승시킨다고 생각하기 때문에 여기에 참여하지 않는다.

경연이나 추첨의 효과를 증대시키기 위해서 기업은 흥미, 환상, 흥분을 자극해야 한다. 경연이나 추첨에 참여하는 소비자들은 승리에 대한 기대뿐만 아니라 그 자체를 경험하기 위해 참여하기 때문이다. 또한 경연은 참가자들에게 흥미뿐만 아니라 도전감을 심어주도록 해야만 한다.

4) 견본품

소비자들로 하여금 새로운 상품을 이용해보도록 유인하는데 있어 샘플링은 가장 효과적인 방법인 것으로 알려져 있다. 샘플링은 말 그대로 소비자에게 무료로 실제 상품의 일부를 제공하는 것을 가리킨다.

실제 스포츠 경기는 시범 경기의 형태로 경기의 일부 내용을 소비자에게 보여주는 방법으로 활용되고 있다. 올림픽 경기에서도 이러한 형태의 것을 발견할 수 있는데, 태권도 종목이 시범 경기 종목으로 수회에 걸쳐 지정된 것이 그러한 예이다. 물론 다른 요인도 함께 작용했지만, 관중들이 태권도에 대해 많은 관심을 보여주었고, 2000년 시드니 올림픽서부터 정식 메달 경기가 될 수 있었다.

5) 상용소비자 프로그램

대부분의 판매 커뮤니케이션 프로그램은 매우 단기간에 걸쳐 행해지는 것이다. 따라서 판매 커뮤니케이션이 끝나게 되면 쉽게 상표변경이 이루어지며 반복구매를 하는 경우는 소수이다. 또한 극히 소수의 사람만이 충성고객으로 남게 되고 기업 이미지와 상표자산에 대한 영향이 어떨지는 예상할 수 없다.

이러한 판매 커뮤니케이션의 부정적인 측면을 해소하기 위해 스포츠 조직들은 상용고객 프로그램(frequency program)을 고려해볼 수 있다. 상용고객 프로그램은 소비자의 애고(愛顧)에 대해 보상함으로써 반복구매행동을 구축하려고 설계된 현재의 소비자를 대상으로 하는 판매촉진 방안이기 때문이다.

물론 프리미엄도 소비자들에게 추가구매에 대해 무료 선물이나 가격할인을 제공하지만 상용소비자 프로그램이라 할 수 없다. 통상 상용고객 프로그램은 다음과 같은 특성을 지닌다.[8)]

첫째, 일정 기간 동안에 걸친 복수(여러 번)의 구매를 필요로 한다.

둘째, 각 구매에 대한 신용점수(credit point)를 추적할 공식적인 방법이 존재한다.

셋째, 표준화된 회수(redemption)절차가 있다.

넷째, 일정 포인트가 누적되는 경우 추가 제품, 서비스, 할인 혹은 현금 등의 형태로 보상이 제공된다.

프로그램을 시행함으로써 기업은 현재 소비자에 대한 데이터베이스를 개발할 수 있는 부수적인 혜택을 얻게 된다. 이러한 데이터베이스는 나중에 개별 소비자들의 니즈에 맞춘 커뮤니케이션 프로그램을 개발하는데 이용될 수도 있고, 스포츠 조직의 입장에서 우량 소비자들과의 관계 마케팅 프로그램을 실행하는 데도 이용될 수 있다.

6) 가격할인

가격할인(price-offs)은 말 그대로 판매가격을 할인하는 것으로 소비자들을 유인하기 위해 이용하는 방법이다. 가격할인을 통해 소비자들의 구매위험을 줄일 수 있으며 이를 통해 구매가능성이 증가된다. 그러나 가격할인은 쿠폰의 경우처럼 제 가격을 지급하는 현재의 소비자의 대다수를 유인해내는 특성을 띤다. 즉, 정기적으로 가격할인을 한다는 평을 받게 되면 소비자들은 가격할인을 할 때까지 구매를 미루게 된다.

가격할인을 통해 수요가 높은 시기에서 낮은 시기로 수요를 이동시키는 효과를 거둘 수 있는데, 예를 들어서 주중에 가격할인을 함으로써 골프장 등은 주말의 과도한 수요를 주중으로 이동시킬 수 있게 된다. 게다가 주중에 골프장에 갈 생각이 없었던 소비자들에게 새로운 수요를 자극하는 효과를 거두기까지 한다.

(4) 공중관계 및 홍보

공중관계(PR: public relation)란 스포츠 조직의 성공과 실패를 결정할 수 있는 다양한 공중(public)과 스포츠 조직 간의 상호 호혜적인 관계를 구축하고 유지하는 활동을 가리킨다. 이러한 공중들은 지역사회, 운동협회, 경쟁자처럼 스포츠 마케터의 통제 밖에 있는 외부공중(external public)과 자원봉사자, 선수, 종업원, 소비자처럼 스포츠 상품의 생산, 유통, 소비와 관련되어 스포츠 마케터의 통제권 안에 있는 내부공중(internal public)이 있다.[9)]

스포츠 마케터는 이러한 공중들과 효과적으로 커뮤니케이션할 수 있는 다양한 방법을 갖고 있는데, 공중관계의 목표가 무엇인지, 표적청중이 누구인지에 따라 그 내용이 달라지게 된다. 특히 스포츠 마케팅에 있어서 공중관계 활동은 그 비중이 매우 크기 때문에 따로 상세히 다음 장에서 설명하기로 하고 여기서는 간략하게 언급하기로 한다.

우선 홍보(publicity)는 공중관계 기법 중 가장 널리 알려진 방안인데, 스포츠 상품에 대해 방송이나 인쇄매체들이 뉴스거리로 다룸으로써 공중들에게 알리는 방법을 말한다. 스포츠 조직들은 공중관계를 이용해서 긍정적인 홍보를 극대화하고 부정적인 홍보의 가능성을 극소화시키는 장점을 취할 수 있다.

하지만 우선 공중관계와 홍보 간의 차이점을 분명히 해둘 필요가 있다. 즉, 특정 스포츠 팀이 새로운 선수를 스카웃 혹은 트레이드 한다거나 하는 내용이 기사화 되기를 기대하면서 보도자료화해서 신문이나 잡지에 보내게 된다. 신문에 게재되는 것은 공중관계의 한 구성 요소가 되며, 거기에 인쇄된 논설이나 비평문은 공중관계의 결과 얻게 되는 홍보이다.

홍보 외에 스포츠 조직의 이미지를 제고시키기 위해 이용되는 주요한 공중관계 수단은 지역사회 활동에 참여하는 것이다. 이러한 유형의 활동으로는 어린이 야구대회와 같은 지역사회 행사의 스폰서를 서는 것을 들 수 있다. 실제 프로스펙스와 나이키사는 수년 전부터 3-3 길거리 농구대회를 후원해왔고, 프로야구 삼성구단은 꾸준히 지역 내 초등학교 야구팀에 운동용품을 지원해왔다.

그리고 경우는 약간 다르지만, 최근 유명 프로선수들이 자선행사에 게스트로 초대되는 것도, 결국에는 해당 선수, 해당 스포츠 팀, 혹은 해당 스포츠 조직에 대한 긍정적인 이미지를 심어주는 것으로 궁극적으로 소비자들로 하여금 우호적인 태도를 형성하도록 하는 데 도움을 주는 공중관계 활동이다.

참고문헌

1) M. Kamins (1990), "An Investigation into the Match-Up Hypothesis in Celebrity Advertising: When Beauty May Be Only Skin Deep," *Journal of Advertising*, 19(1), 4~13.

2) R. Lavidge & G. Steiner (1961), "A Model for Predictive Measurements of Advertising Effectiveness," *Journal of Marketing*, 24, 59~62.

3) Hoffman & Bateson, pp.196~200, *General guidelines for developing service communications.*

4) H. H. Donna & G. Nimish (1992), "Service Advertising: A Framework to Its Effectiveness," *The Journal of Services Marketing*, 6(4), 63~77.

5) E. G. Bateson (1995), *Managing Services Marketing*, 3rd ed., Fort Worth, TX, The Dryden Press, pp. 338~341.

6) D. M. Turco (1996), "The Effects of Courtside Advertising on Product Recognition and Attitude Change," *Sport Marketing Quarterly*, 5(4), 11~15.

7) J. D. Patricia, R. J. Fox, & F. J. Stephenson (1993), "Frequency Marketing Programs: A Clarification with Strategic Marketing Implications," *Journal of Promotion Management*, 2(1), 5~26.

8) D. Fox & F. J. Stephen (1993), *op. cit.*

9) C. Brooks (1994), *Sport Marketing: Competitive Business Strategies for Sport*, Prentice-Hall, Upper Saddle River, N.J.

10장 유통 및 위치전략

헤드라인 스토리

'직관' 못지않은 '집관' 시대 … 첨단기술이 이끈다

프로야구 두산베어스 팬인 박승연(32) 씨는 경기가 있는 날마다 LG유플러스의 야구 중계 앱(모바일 응용프로그램) 'U+프로야구'에 접속해 '가상 예매'를 한다. 실제 야구 경기장처럼 총 2만 석이 준비된 가상 구장에 자리를 선택하고 예매 버튼을 누르면, 무료로 해당 좌석을 두산의 대표색인 남색으로 바꿀 수 있다. 박 씨는 "야구 '직관(직접 관람)'을 못 하는 아쉬움을 이렇게 달래고 있다"고 했다. LG트윈스의 팬인 장모(32) 씨도 직접 야구 관람을 가는 대신, 엔씨소프트가 내놓은 인공지능(AI) 야구정보 앱 '페이지'에 올라오는 영상을 즐겨 본다.

신종 코로나 바이러스 사태 장기화로 정규 스포츠 리그가 무관중으로 열리자 온라인 서비스를 통한 '집관(집에서 관람)' 시장이 폭발하고 있다. 네이버 · 카카오 · 아프리카TV 등 인터넷 업체부터 SK텔레콤 · KT · LG유플러스 등 통신회사까지 다양한 동영상 서비스와 '랜선 응원' 서비스를 내놓으며 이용자 확보 경쟁에 뛰어들었다.

IT 업계 관계자는 "다양한 각도에서 경기를 보여주는 '멀티뷰'나 실시간 응원 채팅 등 온라인이니까 가능한 새로운 재미를 제공하려 한다"며 "사용자 록인(lock-in, 묶어둠)효과가 크기 때문에 기업 간 경쟁이 치열하다"고 말했다.

○ 야구팬들 유혹하는 '집관' 서비스

카카오톡의 '프로야구봇' 계정은 프로야구 개막 한 달 만에 구독 친구 수가 30% 이상 급증하며 13만6,000명을 넘어섰다. 카카오톡에서 이 계정을 구독하면 경기 실시간 중계 영상이 전달되고, 실시간 채팅창에서 팬들과 함께 응원할 수 있다. 카카오는 "같은 기간 카카오TV로 프로야구 생중계를 재생한 횟수는 5월 한 달 동안 2,700만 회를 돌파했다"고 밝혔다. 카카오의 도전에 프로야구 동영상 서비스 1위 업체 네이버는 '구단별 전용 라이브 채널' 서비스로 수성(守城)'에 나섰다. 현재 엔씨, 롯데, 두산, SK가 서비스되고 있다. 팬들은 이 채널에서 같은 팀 팬들과 함께 응원을 할 수 있고, 구단 치어리더와 채팅을 할 수도 있다.

SK텔레콤은 온라인동영상서비스(OTT) '웨이브'를 통해 '5GX 직관야구' 서비스를 제공하고 있다. 시청자가 최대 열두 시점으로 경기를 관람할 수 있는 것이 특징이다. 기본 중계 화면 외에도 전광판, 투수 · 타자 클로즈업 등을 동시에 볼 수 있다. 지난달에는 AR(증강현실) 앱인 '점프AR'에 프로야구 여섯 구단 유니폼을 착용한 동물 캐릭터를 공개하기도 했다.

KT 역시 OTT 서비스 '시즌'에서 최대 다섯 경기를 동시에 시청할 수 있는 서비스를 선보였다. 시즌 전체 이용자 중 프로야구 시청자 비율은 전년 대비 12.5% 증가했다. LG유플러스는 가상 티케팅과 같은 이색 응원 서비스 등을 선보이며 이용자층을 늘리고 있다. 5월 말 기준 LG유플러스 U+프로야구 앱의 순이용자 수는 지난해 같은 기간 대비 22% 늘어났다.

❍ 프로축구도 '랜선 응원'

온라인 동영상 업체 아프리카TV는 프로축구 중계 시장도 적극 공략하고 있다. 유명 BJ(인터넷 방송인)가 많은 아프리카TV는 '편파 중계'를 내세운다. 시원한 입담을 자랑하는 BJ가 팬들 입장에서 편파 해설을 하며 재미를 돋운다는 것이다. 아프리카TV는 지난달 27일 K리그2(2부 리그) 소속팀인 경남도민프로축구단(경남FC)와 공식 미디어 파트너 업무협약을 체결하고, 구단 편파 중계방송 등 서비스를 제공하기로 했다.

해외에서도 무관중 경기로 개막한 스포츠 리그에 첨단기술을 접목하는 사례가 늘어나고 있다. 스페인 프로축구리그 라리가 사무국은 8일 "노르웨이의 3D 영상 업체 비즈아츠와 협업해 실시간 중계 영상에서 썰렁한 관중석을 가상 관중으로 채우고, FIFA 게임 시리즈에 사용되고 있는 경기장 20곳의 응원 및 현장 음향을 입히겠다"고 밝혔다.

- 조선일보, 2020년 6월 10일 -

마케팅믹스 중에서 유통(place)은 한번 결정되면 그 효과가 상당히 오래 지속되고, 다른 마케팅믹스에 비해 변경이 특히 어렵다는 점에서 그 중요성이 매우 크다. 일반적으로 유통경로의 결정 문제는 시간 및 장소효용에 대한 문제로서, 유통경로란 마케터와 표적고객들이 거래를 촉진시킬 목적으로 특정 장소와 시간대에 이들을 서로 맺어주기 위한 수단[1]이다.

그리고 유통이라는 개념은 소비자들이 상품을 활용할 수 있는지와 해당 상품에 접근이 가능한지에 대한 문제라 할 수 있다. 소비자의 관점에서 볼 때 활용가능성(availability)이라는 개념은 특정 상품을 필요로 할 때 이를 이용할 수 있는지에 대한 문제이고, 접근가능성(accessibility)이라는 개념은 소비자의 입장에서 봤을 때, 거래의 수행이 비교적 수월한가에 대한 문제이다.

그런데 스포츠 마케팅에서 유통 문제를 결정할 때는 다른 산업과는 달리 여러 가지 측면이 함께 고려되어야만 한다. 바로 스포츠 자체가 가지는 제품 및 서비스적 특성 때문이다. 즉, 일반 마케팅에서 고려하는 유통경로(distribution channel) 문제뿐만 아니라, 스포츠 이벤트가 벌어지는 경기장의 입지와 관리 문제 등 여러 가지가 동시에 고려되어져야만 하기 때문이다.

1 유통의 개념

(1) 유통의 구성 요소

유통은 기본적으로 스포츠 상품을 소비자에게 전달해주는 모든 활동을 가리킨다. 이러한 기능은 스포츠 상품을 생산자로부터 소비자에게 전달해주는 역할을 수행하는 조직이나 개인에 의해 이루어지는데, 이러한 조직이나 개인을 경로구성원(channel member)이라고 부른다. 경로구성원에는 생산자, 중개업자(intermediary), 그리고 소비자가 포함된다. 각자의 역할을 살펴보면 다음과 같다.

① **생산자(manufacturer)**: 생산자는 말 그대로 스포츠 상품을 만들어내는 조직이나 개인으로서, 스포츠용품 제조업자 또는 스포츠 경기를 개최하는 팀이나 선수 등이 이에 해당된다.

② **중개업자(intermediary)**: 중개업자는 생산과 소비의 중간에 개입하는 조직이나 개인으로서, 도매업자(wholesaler)와 재판매업자(retailer)의 두 가지 유형이 있다. 전통적인 의미의 중개업자들은 스포츠용품과 같은 재화의 유통에 관여하며, 스포츠 이벤트의 참여 혹은

관람과 같은 경우에도 중개업자가 존재한다. 즉, 티켓판매 대행업자나 공중파방송이나 케이블을 통해 스포츠 경기를 중계해주는 미디어도 중개업자로 간주될 수 있다.

③ **소비자(consumer)**: 소비자는 스포츠 경기를 관람하는 관중이나 스포츠에 직접 참여하는 사람들로서 스포츠 상품의 최종사용자(end-user)들을 가리킨다.

스포츠 마케터의 입장에서 봤을 때 이러한 유통경로 구성 요소들의 기능과 그 역할을 잘 이해할 필요가 있다. 또한 유통경로의 적절한 관리를 통해 소비자의 입장에서 보다 편리한 장소, 그리고 보다 적절한 시간에 스포츠 상품을 이용할 수 있도록 할 수 있을 것이다.

(2) 스포츠 산업의 유통

다른 산업과 마찬가지로 스포츠 산업 역시 상품을 소비자에게 전달할 수 있는 효율적인 수단을 강구해야만 한다. 이러한 기능을 수행할 수 있는 방법은 매우 다양하며, 상품의 유형에 따라 택할 수 있는 유통의 방법이 달라지게 된다.

우선 유형의 상품은 제조업자로부터 구매가 이루어지는 장소, 즉 소매상점으로 옮겨져야만 한다. 야구글러브 제조업자는 어떻게 공장에서 소비자의 손까지 이를 전달할지를 고민해야 한다. 물론 소비자들을 직접 공장으로 초대해서 구매하게 할 수도 있지만 이는 기본적으로 상품의 판매장소로는 부적절하다. 따라서 제조업자들은 소비자의 입장에서 편리하고 안전한 구매장소를 선정해줄 필요가 있다.

스포츠 산업에는 또한 무형적인 상품이 있으며 어떻게 보면 스포츠 상품의 대부분을 차지하기도 한다. 예를 들어, 야구경기는 무형적인 상품이다. 물론 야구선수들은 물리적인 특성을 지니지만 경기 자체는 무형적이다. 즉, 야구경기는 관람할 수는 있지만 만져볼 수 없고, 야구글러브처럼 집으로 가져올 수 있는 것이 아니다.

비록 스포츠 경기는 유형의 제품처럼 제조업자의 공장에서 소매상 또는 소비자에게 전달될 수 없다는 큰 차이를 보이지만, 유통에 있어 적용되는 기본원리는 동일하다. 야구경기를 유통시키기 위해서는 야구경기장이 점포로서의 역할을 수행한다. 선수들은 야구경기라는 상품의 제조업자로서의 역할을 수행하게 된다. 또한 관중들은 스포츠 경기라는 상품을 구입하기 위해서 경기가 벌어지는 경기장을 직접 찾아가야만 하며, 경기장을 가지 않고서는 상품을 구입할 수 없게 된다.

마지막으로 스포츠 상품을 유통시키는 방법은 스포츠 경기를 텔레비전이나 라디오 등의 미디어를 통해 중계방송하는 것이다. 이 방법은 소비자들이 직접 경기장에 가지 않더라도 스포츠 상품을 구입할 수 있게 해주는 수단이기 때문에 유통의 한 방법으로 간주될 수 있다.

(3) 중개업자의 역할

유통경로상에는 다양한 유형의 중개업자가 존재하는데, 스포츠 산업의 경우 전통적인 의미의 중개업자와는 수행하는 역할이 사뭇 다르다. 그러나 실제로는 중개업자가 유통경로에서 차지하는 비중은 매우 큰데, 이는 다음에 언급하게 될 중개업자 고유의 기능을 수행하기 때문이다. 물론 유통경로의 구조나 스포츠 상품의 종류에 따라 그 기능이 상이할 수 있지만, 어떤 경우이든 이들의 기능을 간과할 수 없다는 점을 유념해야 한다. 구체적으로 이들이 수행하는 역할을 살펴보면 다음과 같다.

① **정보기능**: 스포츠용품 재판매업자와 같은 중개업자는 유통경로상에서 최종소비자와 가장 가까이 존재하기 때문에, 소비자들의 욕구나 그들이 추구하는 효익을 가장 잘 파악할 수 있다. 물론 이러한 정보는 마케팅 조사를 통해 수집될 수도 있지만, 중개업자 역시 마케팅 환경을 파악하는 데 도움을 줄 수 있다. 즉, 실제 시장에서의 추세를 파악하고 이를 제조업자에게 알려준다. 또한 중개업자들은 소비자들이 구매를 하는 데 도움을 주기 위해서도 정보를 제공할 수 있다.

② **마케팅 커뮤니케이션 기능**: 스포츠 조직이 수행하는 대부분의 커뮤니케이션 기능, 예를 들어서 광고, 인적판매, 판매촉진 및 공중관계 등도 중개업자에 의해 수행되기도 한다. 즉, 그들은 최종사용자들의 수요를 자극하기 위해 스포츠 조직과는 별도로 고유한 커뮤니케이션을 수행하는 것이다.

③ **물적 유통기능**: 이 기능은 전통적인 유통의 기능인데, 물적 유통이 없이는 스포츠 상품이 소비자에게 전달될 수 없다. 물적 유통이 없는 경우 소비자들은 자신들이 원하는 상품을 구하기 위해 생산업자를 직접 찾아 나설 수밖에 없다. 실제로 이러한 문제점으로 인해 유통기능이 생겨나기도 했다.

④ **재고관리기능**: 재고관리기능은 상품을 주문하고, 적절하게 그 수량을 관리하며, 주문된 만큼 그 재고를 관리하는 기능을 가리킨다. 특히 이러한 기능은 소비자들이 상품을 필요한 시간에 제공하는 데 결정적인 역할을 수행한다.

(4) 유통경로의 유형

유통경로는 경로구성원의 수에 따라 그 길이가 길 수도 짧을 수도 있다. 통상 유형 제품의 경우 그 길이가 길고, 서비스의 경우 짧은 경향이 있다. 실제 대개의 서비스는 중개업자가 존재하지 않기 때문이다. 이러한 유형의 유통경로시스템을 직접유통경로(direct channel)라고 한다. 그러나 대리인이나 중개업자 등을 고용하여 몇 가지 기능을 수행하도록 할 수도 있는데, 이렇게 유통경로에 중개업자를 이용하는 유통경로시스템을 간접유통경로(indirect channel)라고 한다.

1) 직접유통경로

직접유통경로는 유통경로상에 생산자와 소비자 둘만이 존재해서, 유통경로가 가장 짧은 것을 가리킨다. 이러한 직접유통경로를 통해 스포츠 마케터는 스포츠 상품을 직접 통제 · 관리할 수 있고, 개인적인 접촉을 통해서 보다 더 차별화 할 수 있다. 또한 소비자의 현재 욕구가 무엇이고 그들의 욕구가 어떻게 변하고 있으며 그들은 경쟁자들을 어떻게 인식하는지를 쉽게 파악할 수 있다.

실제로 최근 주변에서 많이 볼 수 있는 DM 등을 이용해서 스포츠용품과 같은 제품 역시 소비자에게 직접 판매될 수 있다. 그러나 이러한 직접유통경로는 판매자에게 업무가 과중되고 사업확장에 어려움이 따르기도 한다. 즉, 기업 입장에서 직접 모든 소비자들을 상대해야 하기 때문에 감당할 수 있는 시장의 범위가 한정되게 되며, 기업과 고객을 연결해주는 새로운 기술을 사용하기가 어려운 단점을 가진다.

2) 간접유통경로

기본적으로 간접유통경로는 제조업자와 소비자 사이에 거래의 총수를 최소화하기 위해 등장하였다. 이 방법은 스포츠 조직과 소비자 사이에 도매업자나 재판매업자와 같은 대리인이나 브로커를 이용하는 경우로서, 우리 주변에서 흔히 보게 되는 대리점이나 중개인이 중간업자에 해당된다. 또한 앞서 언급한 대로 스포츠 산업의 특성상 미디어도 스포츠 상품을 소비자에게 전달해주는 중개업자의 기능을 수행한다. 이를 보다 구체적으로 살펴보면 [그림 10-1]과 같다.

[그림 10-1] 스포츠 상품의 유통경로

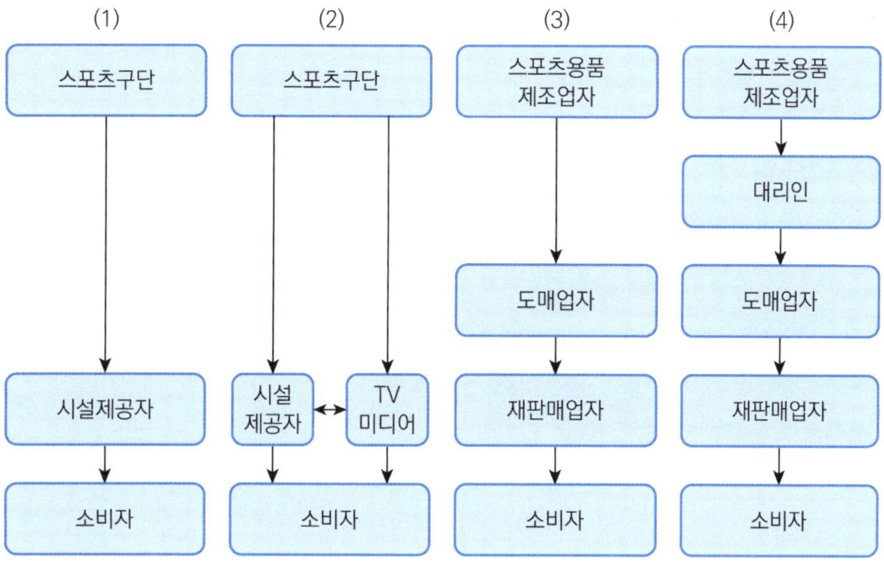

자료: D. Shilbury, S. Quick, & H. Westerbeek (1998), *Strategic Sport Marketing*, Allen & Unwin, Australia, p. 275.

① 경로 1과 경로 2

경로 1과 경로 2는 스포츠 상품에 있어서 가장 중요한 유통경로이다. 스포츠 상품의 대부분이 이 경로를 통해 유통되기 때문이다. 우선 경로 1은 스포츠 상품의 전달이 스포츠 시설을 통해 이루어짐을 보여주고 있다. 일반적으로 스포츠 시설은 제 3 자에 의해 소유되고 운영되는 경우가 많기 때문에, 이러한 시설제공자는 중간업자의 역할을 수행하게 된다.

경로 2는 스포츠가 TV 등의 미디어에 의해 소비자에게 전달되는 것을 보여준다. 물론 스포츠는 경기장이 없이 이루어질 수 없기 때문에 시설제공자는 함께 이 경로 중개업자에 포함되게 된다. 그리고 TV 미디어와 시설제공자는 경로상에 동일한 위치에 있어서 소비자가 스포츠 상품을 전달받을 수 있도록 서로 의지하게 된다.

② 경로 3과 경로 4

경로 3과 경로 4 역시 이미 재화 마케팅 분야에서 이용되는 경로와 동일한 것으로 스포츠 상품에 그대로 적용할 수 있다. 스포츠용품 제조업자는 상품을 제조업자의 창고에서 재판매업자에게로, 그리고 궁극적으로는 소비자에게 유통시키기 위해 도매업자 혹은 대리인을 이용할 수 있다. 그러나 유통의 길이가 길면 길수록 이를 관리하는데 따르는 비용이 많이 소요되고, 그 부담은 결국 소비자에게 전가되어 상품의 가격을 상승시키는 결과를 초래한다. 따라서 가급적이면 스포츠 마케터의 입장에서는 이러한 경로의 길이를 줄일 수 있는 방안을 강구하도록 해야 할 것이다.

3) 특수한 유통 형태 - 인터넷 쇼핑

제조업자와 소비자를 연결해주는 신기술의 출현으로 인해 유통에 있어서도 많은 변화가 이루어졌다. 특히 정보기술의 급격한 발달과 함께 유통경로의 또 다른 대안으로 등장한 것이 바로 전자유통경로(electronic channel)이다. 이는 사람들 사이에 직접적인 상호작용을 필요로 하지 않으며, 필요로 하는 것은 오직 사전에 미리 설계된 서비스와 이를 전달하기 위한 전자장치뿐인 유통경로이다.

이러한 전자유통경로는 기존의 유통경로에 비해 품질통제가 용이하고, 보다 저렴한 비용으로 소비자에게 상품을 전달할 수 있으며, 보다 광범위한 유통을 보장할 수 있다는 점이 큰 장점이다. 그러나 무엇보다 소비자의 입장에서 선택의 폭이 훨씬 더 다양해지고, 언제라도 원하는 시간에 구매를 가능케 한다는 점에서 그 장점이 두드러진다. 그러나 상품구매대금 결제에 따른 보안의 문제라든지, 워낙 많은 수의 소비자를 상대함으로 인해 그들의 욕구에 일일이 부합할 수 없다는 점은 아직까지 한계로 부각되기도 한다.

이러한 유통경로는 또한 스포츠 마케터에게 소비자에 대한 상세한 데이터베이스를 구축할 수 있는 좋은 자료를 제공해준다. 스포츠 마케터는 이 데이터베이스를 이용해서 충성고객들을 나름대로 구별해낼 수 있으며, 이를 토대로 효율적인 관계 마케팅을 전개할 수도 있다.

2 물적 증거 - 스포츠 시설의 입지

스포츠 경기에 관중들이 참석하는 것은 단순히 스포츠용품을 구입하는 것과는 전혀 다른 유통경로를 따르게 된다. 기본적으로 스포츠 경기는 특정 경기장에서 생산과 동시에 소비가 되는 전형적인 서비스적 특성을 보이기 때문이다.

때문에 스포츠 경기가 벌어지는 경기장은 소비자들이 경기라는 스포츠 상품을 경험할 수 있는 유일한 경로이며, 이 경기장이 어디에 위치하고 있고, 어떤 편의시설을 갖추고 있으며, 얼마나 접근하기가 용이한지 등 매우 다양한 변수들이 동시에 고려되어야 하는 복합적인 의사결정을 필요로 한다.

특히 스포츠 경기장과 같은 시설은 소비자들이 스포츠 상품을 평가하는 데 중요한 단서가 되며, 서비스 마케팅 분야에서는 물적 증거(physical evidence)라는 개념으로 이를 설명하고 있다.

(1) 물적 증거의 개념과 중요성

1) 물적 증거의 개념

스포츠 경기와 같은 서비스는 기본적으로 무형적이기 때문에 소비자들은 그 자체를 구체적으로 평가 및 표현할 수 없다. 그러나 소비자의 입장에서 직접 관찰할 수 없다 하더라도, 이를 전달받는 동안에는 여러 가지 다양한 것을 관찰할 수 있다. 즉, 스포츠 조직의 물리적 시설에서부터 인쇄물, 그리고 종업원에 이르기까지 다양한 유형적 물적 증거가 보이지 않는 서비스의 유형적인 단서(tangible cues) 역할을 한다.

비트너(Bitner)는 이러한 서비스 기업의 물적 증거를 Servicescape라 표현했고, 그것은 자연적 · 사회적 환경과 대비되는 개념으로서 인간이 만는 물리적인 환경이라고 하였다.[2] 이러한 서비스 환경의 구성 요소에는 건물, 장비, 기구, 조명, 온도, 배치, 색채, 인공물 등 그 구성 종류가 다양한데, 이렇게 다양한 서비스 환경은 ① 시설 외부(facility exterior), ② 시설 내부(facility interior), 그리고 ③ 기타 유형적인 것의 세 가지 범주로 나누어 볼 수 있으며[3] 그 사례는 [표 10-1]과 같다.

[표 10-1] 물적 증거의 요소

Servicescape		기타 유형적인 것
시설 외부	시설 내부	
외부 디자인, 표식, 주차장, 경치(풍경), 주변환경	내부 디자인, 장비, 표식, 배치, 청결함	발행되는 제반 인쇄물, 티켓, 마스코트, 종업원의 외모, 유니폼 등

[표 10-1]에서 보는 것처럼 서비스 환경은 기업의 Servicescape 뿐만 아니라 기타 유형적인 커뮤니케이션 수단도 모두 포함한다. 이렇게 소비자에게 영향을 미치는 서비스 환경은 외부적 속성(표식, 주차장, 경치)과 내부적 속성(설계, 배열, 장비, 장식)이 포함된다.

2) 물적 증거의 중요성

서비스 환경의 설계는 이를 이용하는 소비자뿐만 아니라 종업원*들에게도 큰 영향을 미친다. 우선 서비스 환경은 소비자들의 선택, 기대, 만족, 그리고 기타 행동에 영향을 미칠 수 있다. 즉, 서비스의 무형적인 특성으로 인해 소비자들은 서비스를 평가할 때 도움이 될 수 있는 유형의 단서를 찾아 나서게 되며, 이때 서비스 제공자는 서비스 환경을 통해 소비자들의 욕구에 부응할 수 있게 되고, 소비자의 의사결정에 도움을 주게 된다.

또한 생산과 소비의 분리되지 않는 서비스의 특성은 종업원과 소비자들이 서비스 환경 속에서 서로 상호작용을 하게 만들고, 소비자들에게 영향을 미친 서비스 환경은 서비스 종업원들에게도 영향을 미치게 된다.[4] 즉, 서비스 환경은 종업원의 입장에서는 작업환경과 동일한 개념으로 받아들여질 수 있는데, 작업환경의 설계는 종업원들의 생산성, 동기부여, 그리고 만족에 영향을 미친다. 간단하게 이야기하자면, 새로운 경기장의 건립은 경기장을 찾는 관중들에게 편의를 제공할 뿐만 아니라, 경기를 하는 선수들에게까지 편의를 제공하게 된다는 이야기이다.

(2) 물적 증거의 역할

물적 증거의 역할은 기본적으로 스포츠 조직에서 수행하는 전반적인 마케팅 전략을 지원하는 것이다. 따라서 스포츠 마케터는 유형적인 물적 증거를 어떻게 조작하는 것이 소비자들과 종업원들에게 가장 바람직한 방향으로 영향을 미칠지를 면밀히 검토할 필요가 있다. 즉, 소비자들은 스포츠 조직이 제시한 물적 증거에 대해 어떻게 반응할 것인지와, 스포츠 상품을 직접 창출하고 판매하는 종업원이 스포츠 상품에 대해 어떻게 이해하고 있는지를 정확하게 알아야 한다.

일반적으로 물적 증거는 ① 서비스 상품을 포장하고, ② 서비스 전달 과정을 원활하게 하고, ③ 소비자와 종업원들을 사회화하며, ④ 경쟁기업과 차별화 하는 역할을 수행한다고 하며,[5] 이를 스포츠 상품에 원용해 보면 다음과 같다.

---

* 여기서의 종업원은 매우 다양하게 해석될 수 있다. 경기장 내의 매표소 직원이나 시설관리 직원처럼 우리가 전통적으로 생각하는 종업원뿐만 아니라, 경기에 직접 임하는 선수들까지도 이러한 범주에 포함될 수 있기 때문이다.

1) 상품의 포장

제품에서 이용하는 포장과 마찬가지로 서비스 상품 역시 포장을 필요로 하며, 이를 통해 소비자들에게 상품의 이미지를 전달해 줄 수 있다. 물론 스포츠 상품은 그 자체가 무형적이기 때문에 단순히 기능적인 의미의 포장을 필요로 하지는 않는다. 그러나 소비자들에게 품질의 단서를 제공해주며 스포츠 조직의 이미지 개발이라는 부가가치를 주기 위해 물적 증거를 활용하여 스포츠 상품을 포장할 필요가 있다. 또한 이렇게 개발된 이미지는 소비자들에게 구매와 관련된 지각된 위험과 구매 후에 발생하는 인지 부조화를 줄여 줌으로써 스포츠 상품에 대한 지각을 개선시켜준다.

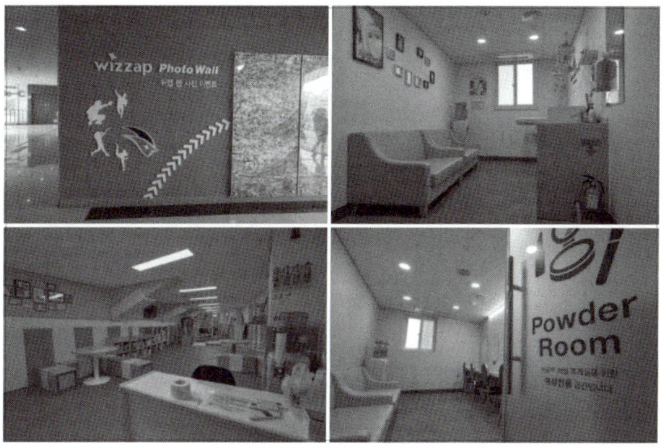

KT 위즈파크의 수유실과 파우더실

실제로 스포츠 경기장의 내부, 외부 및 기타 유형적인 것들은 모두 스포츠 경기라는 상품을 포장하는 기능을 수행한다. 즉, 제반 물리적 시설들은 제공되는 스포츠 상품의 유형과 품질에 대해 소비자들이 첫인상을 형성하게 하고, 특정한 기대를 갖게끔 하는 역할을 수행한다.

2) 전달 과정의 원활화

물적 증거는 또한 서비스를 생산해내는 제반 활동의 흐름을 원활하게 하는 것이다. 즉, 물적 증거는 고객들에게 서비스의 생산 과정이 어떻게 이루어지는지에 대한 정보를 제공해 줄 수 있다. 잘 설계되어지고 기능성을 갖춘 시설은 소비자의 관점에서 서비스를 즐겁게 수용하도록 해 줄뿐만 아니라 종업원의 관점에서도 업무를 원활하게 수행하도록 해준다. 예를 들어, 경기장 내의 안내판이 제대로 비치되어 있다면, 관중들은 굳이 경기장 내의 안내요원들에게 물어보지 않더라도 원하는 곳을 아무런 불편 없이 갈 수 있을 것이다.

3) 소비자와 종업원의 사회화

서비스 시설의 설계는 소비자와 종업원에게 자신들에게 기대된 역할, 행동 그리고 관계를 전달해주도록 함으로써 이들의 사회화에 도움을 주게 된다. 예를 들어, 유니폼과 같은 물적 증거는 직접 경기에 임하는 선수들뿐만 아니라 자원봉사자, 진행요원등 경기와 관련된 사람들의 사회화를 촉진하여 그들로 하여금 조직의 목표를 수용하게 하고, 제공되는 서비스의 품질에 대한 소비자들의 지각에 영향을 미치도록 한다. 실제로 유니폼의 활용은 종업원들을 쉽게 식별할 수 있도록 해주고, 집단의 이상과 속성을 구체화해주는 상징적 역할을 하며, 동일한 집단에 속해있다는 소속감을 심어준다. 또한 성과의 지각된 일관성을 촉진시키고, 서열상으로 이들 사이에 어떤 변화가 있는지를 알려주며, 혹시 있을지 모르는 잘못된 행동을 통제하는 데 도움을 준다.[6)]

4) 차별화

대개 서비스 기업은 경쟁자들과의 차별화 수단을 적절히 확보하지 못해서 애를 먹게 되는데, 물적 증거는 서비스 차별화의 좋은 수단이 될 수 있다. 종업원과 시설의 외형은 소비자들의 지각에 직접적인 영향을 미친다. 실제로 말쑥하게 차려입은 사람은 그렇지 못한 사람에 비해 지적으로 보이며 일을 더 잘할 것처럼 보인다. 마찬가지로 그럴듯하게 설계된 시설물은 그렇지 못한 시설에 비해 상대적으로 많은 장점을 가진 것으로 알려져 있다.

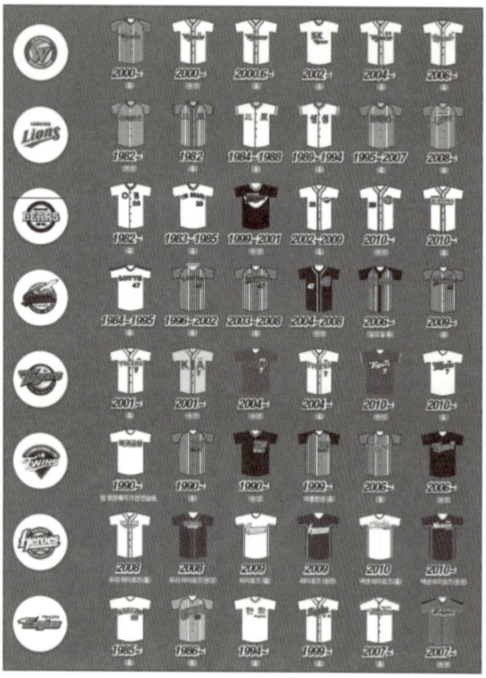
프로야구 팀들의 유니폼 변천사

실제로 기업들은 이러한 물적 증거를 이용한 차별화를 통해 소비자들에게 재포지션할 수도 있다. 따라서 새로운 시설물을 건립한다거나 시설물을 개선한다는 것은 종종 이미지를 개선하는 것일 수도 있고, 보다 매력적인 세분시장을 유인해낼 수 있는 수단이 될 수도 있다. 그러나 너무나 지나친 시설의 개선은 일부 소비자들, 예를 들어서 이러한 시설개선의 비용이 소비자들에게 부과될 수도 있다고 생각하는 고객들에게는 나쁜 영향을 미칠 수도 있음을 주목해야 한다.

5) 기타 역할

① **첫인상 형성**: 물적 증거들은 서비스에 대해 전혀 경험이 없거나 적은 고객에게 영향을 미치는데 중요한 역할을 한다. 즉, 구매 전에 특별한 경험이나 정보가 없으면 소비자는 가시적인 단서에 의존할 수밖에 없고, 이를 통해 자신이 받을 서비스의 품질수준을 미루어 짐작하게 된다. 만일 소비자가 전문적인 지식이나 정보가 있으면 유형적인 증거에 덜 민감하게 되지만, 그렇지 않을 경우는 유형적인 단서에 크게 의존하게 된다.

② **신뢰감 형성**: 서비스는 구매 전에는 완전히 그 내용을 알 수 없다. 서비스 마케팅 전략

에서 어렵고도 중요한 점은 아직 발생하지 않은 서비스를 언제 어떻게 전달해주겠다는 약속을 소비자들이 신뢰하게 하는 일이다. 일부 예외적인 경우를 제외하고 실제 소비자들은 스포츠 경기가 준비되고 펼쳐지는지에 대해 잘 모르는 경우가 많다. 특히 스포츠 경기의 경우 소비자들은 경기의 결과도 중요하지만 그 과정, 즉 얼마나 흥미롭고 박진감 있을 것인지에 비중을 두는 경우가 많은데, 잘 갖추어진 경기장은 그렇지 못한 경기장에 비해 더 신뢰감을 주게 된다는 것이다.

③ **서비스의 품질 제고**: 유형적인 물적 증거들은 소비자들의 서비스 품질 인식에 큰 영향을 미친다. 소비자들은 서비스 경험과 관련된 여러 유형적인 증거들을 통해 자신들이 받을 서비스 품질을 판단한다. 야간경기를 하는데 조명이 꺼져버린다거나, 경기장이 매우 지저분하면, 경기 내용과는 관계없이 문제가 있다는 생각이 드는 것도 그런 이유에서이다. 때문에 이런 것들을 통해 서비스 품질을 개선하는 것이 사소하고 가치 없는 투자라고 생각하면 큰 잘못이다.

④ **이미지 변화**: 서비스가 무형적이기 때문에 소비자에게 전달되는 메시지를 가시화하기가 어렵다. 전달하고자 하는 중심 메시지에 유형성이 없거나 적으면 이를 대체할 다른 유형적인 요소를 찾아야 한다. 기업에 대한 이미지를 바꾸려면 가시적인 증거를 통해서 바꿔야 하며 이것이 바로 물적 증거를 활용하는 이유이다. 아직 우리에게는 그렇게 활성화된 것은 아니지만 각 팀마다 마스코트를 활용하는 것도 그러한 방안들 중의 하나이다.

(3) Sportscape

경기장의 전반적인 분위기에 대해서는 “Sportscape”이라는 개념의 연구가 이루어졌는데, 이는 위에서 살펴본 ”Servicescape“이라는 연구를 스포츠 마케팅에 응용한 것이다. Sportscape이란 궁극적으로 관중들이 경기장에 계속 머무르고, 또 궁극적으로는 다시 방문하게끔 하는 데 영향을 미치는 제반 물리적 환경들을 가리키며 [그림 10-2]에 그 내용이 자세히 설명되어져 있다.

관중들이 경기장에 대해 긍정적인 느낌을 가질수록 경기관람비율이 증가한다고 한다.[7] 즉, 경기장과 관련된 제반 요인들, 예를 들어 경기장이 얼마나 현대식인지, 경기장 접근이 얼마나 용이한지, 경기장이 외관상 보기 좋은지, 좌석은 안락한지, 시설은 깨끗한지 등의 물리적 환경들은 관중들의 경기장 참여에 직접적인 영향을 미친다는 것이다.

[그림 10-2]에서 보는 것처럼 세 가지 요소(경기장 접근, 시설의 심미성, 전광판 품질)는 관

[그림 10-2] Sportscape 모형

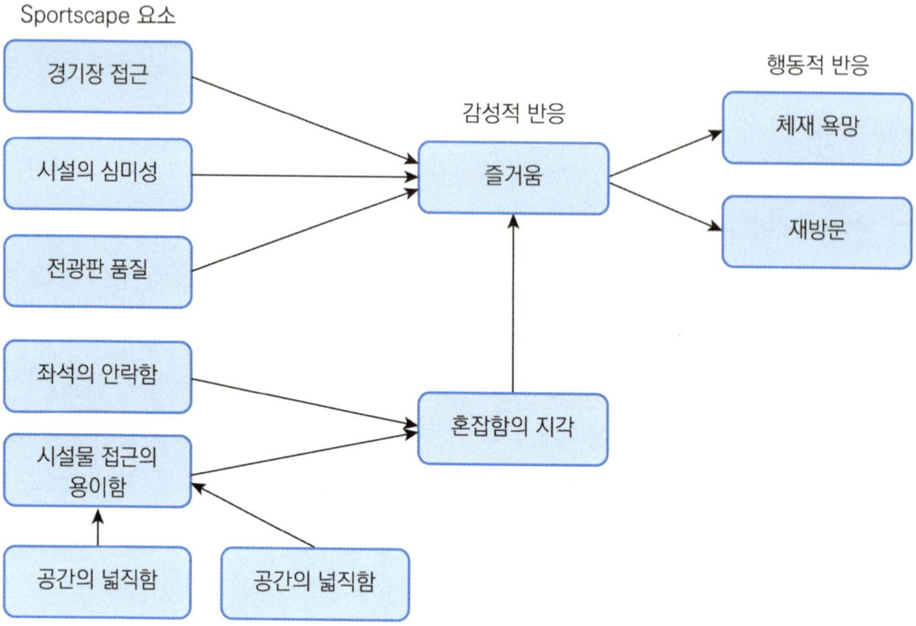

자료: K. L. Wakefield, J. G. Bridgett, & H. J. Sloan, (1996), "Measurement and Management of the Sportscape," *Journal of Sport Management*, 10(1), p. 16.

중들의 Sportscape에 대한 즐거움에 직접적인 영향을 미치며, 네 가지 요소는 관람객들의 혼잡함의 지각에 직접적(좌석의 안락함과 시설물 접근의 용이함), 간접적(공간의 널찍함, 안내판)인 영향을 미치게 된다. 또한 혼잡함에 의해 영향을 받는 관중들의 Sportscape에 대한 즐거움은 관중들이 계속 경기장에 머물거나 다음에 또 경기를 관람하러 오고자 하는 욕구에 영향을 미친다.

1) 관람객의 즐거움

① **경기장 접근**: 우리가 늘 경험하는 일이지만 스포츠 경기를 보러갈 때는 대개 경기 시작 시간보다 훨씬 일찍 떠나곤 한다. 경기 시간이 임박해서 경기장에 도착하게 되면 경기장 일대의 교통이 매우 혼잡하고, 경기장 인근의 주차장을 찾기 어렵기 때문이다. 여기서의 접근가능성은 순전히 물리적인 의미의 접근가능성으로써 소비자의 입장에서 얼마나 편리하게 경기장에 갈 수 있는지에 대한 것이다.

또 중요한 사실은 경기 후 관중들이 주차장에서 빠져나가는 문제도 큰 문제이다. 조금이라도 먼저 빠져나가기 위해 끼어들기를 하는 운전자로 인해 접촉사고나 실랑이가 벌어질 수도 있다. 물론 이를 피하기 위해 일부 관중들은 경기가 끝나기도 전에 경기장을 빠져나갈 수 있다. 그러나 이 방법은 이러한 문제를 피할 수는 있게 하지만, 결코 Sportscape에 대한 좋은 감정을 주지 못한다.

그리고 관중들이 이러한 주차장 문제로 인해 경기장을 일찍 빠져나가게 되면 다음과 같은 두 가지 부정적 결과를 초래하게 된다. 우선, 관리자의 관점에서 봤을 때 경기 후반부에 있을 매점의 매출액이나 기념품 판매량을 줄어들게 한다. 둘째로 관중의 관점에서 봤을 때 경기를 끝까지 볼 것인가 교통혼잡을 피할 것인가하는 대안 중의 하나를 선택해야 하는 상황이 조성됨으로써 크게 불쾌해하게 된다.

결국 지하철이나 버스와 같은 대중교통수단이 적절히 확보되고, 경기장 인근에 주차장이 충분히 확보되어 있으며, 이 주차장에서 경기장으로 들어가는데 아무런 불편이 없고, 경기장 내의 출입구가 적절히 확보되어 있다고 생각하는 관중은 보다 Sportscape에 대해 즐거운 생각을 가지게 된다.

② **시설의 심미성**: 일반적으로 소비자들은 제품을 구매하러 갈 때 매장이 얼마나 매력적인지를 평가하려 하며, 그 평가는 해당 매장에 대한 태도에 영향을 미친다고 한다.[8] 이때 시설의 심미성이란 말 그대로 Sportscape이 매력 있는지의 여부를 결정짓는 중요한 변수로 경기장 내 · 외부의 모습이 어떠한가를 가리킨다.

스포츠팬들은 경기가 진행되는 동안 의식적이건 무의식적이건 경기장의 내부를 보게 되며, 이는 경기장의 심미적 품질(aesthetic quality)에 긍정적 · 부정적 영향을 미친다. 그리고 팬들은 경기장의 벽면, 좌석 등의 색깔, 심지어 경기장 내에 게시된 광고판이나 다양한 형태의 깃발에 따라서도 영향을 받는다고 한다. 실제로 또한 보다 새로운 경기장은 경기당 관람객 수를 증가시키는 역할을 수행한다고 한다. 당연한 연구 결과 같지만 페인트칠을 하지 않은 회색 콘크리트 외형과 단조로운 색상의 좌석과 계단은, 밝은 색상의 좌석이나 계단에 비해 그 매력도가 훨씬 떨어진다고 한다.[9] 실제 우리 주변에서도 과거의 획일적인 형태의 경기장에서 독창적인 외형을 가진 경기장들이 많이 등장하고 있다.

③ **전광판의 품질**: 경기장 시설의 내부 디자인 중에서 특별히 따로 고려해야 하는 요소가 바로 전광판 부분이다. 전광판에서 발생하는 모든 일들이 바로 관중들이 경기 중 느끼게 되는 경험의 중심에 있기 때문이다.

전광판은 관중들에게 점수나, 시간, 선수명단 등의 정보를 제공해줄 뿐만 아니라 정지화면, 스포츠 뉴스 등의 오락 요소들까지도 배합해주는 역할을 수행한다. 따라서 전광판을 통해 경기의 흥미로움을 배가시키고, 잠시 경기가 느슨해진 동안에는 관중들을 다른 방법으로

스포츠 마케팅 현장이야기

똑똑해진 전광판 … 깨알 정보부터 댄스 · 키스타임 '코치'까지

스마트폰 못지않네!

최첨단 '스마트 전광판'이 다채로운 팬 서비스로 인기를 모으고 있다. 과거 스포츠 전광판, 특히 야구 전광판은 점수를 표기하는 데 그쳤지만 최근엔 정보기술(IT)을 도입, 콘텐츠를 강화하며 야구장의 명물로 꼽히고 있다. 화질은 스마트TV를 보는 듯한 착각에 빠트리고, 풍성한 데이터는 경기를 '읽는 듯'한 느낌을 안긴다. 똑똑해진 전광판 덕분에 야구장에서 즐기는 재미는 두 배로 늘어난다.

2016년 설치된 인천SK행복드림구장의 '빅보드'는 농구코트 3배 크기(가로 63m · 세로 18m). 세계 최대 규모의 전광판이다. 경기장 안팎에서 생동감 넘치는 선수들의 모습을 카메라에 담아 경기 시작 전, 또는 경기 중간에 '방영'한다. 선수들이 진솔하게 팬들에게 다가서는 순간을 보여주고 이닝이 끝날 때마다 퀴즈와 댄스타임, 키스타임 등 다양한 이벤트를 펼쳐 웃음을 유도한다.

SK는 프로야구 구단 최초로 전광판 운영실에 영상 제작 작가와 전문 방송 PD를 투입했다. 박슬기 SK 고객가치혁신팀 매니저는 "요즘 팬들은 댄스타임과 같은 참여형 이벤트를 적극적으로 즐긴다"면서 "새로운 이벤트, 새로운 느낌의 영상을 계속 생산한다"고 설명했다. 빅보드 설치에 투입된 금액은 약 70억 원. SK텔레콤이 전광판과 모바일을 연동 기술 구현을 위해 7억 원을 투자했다. 전광판용 자체 중계 카메라(유선 3대, 무선 2대) 5대 외에 유선 카메라 2대가 추가돼 총 7대의 카메라로 그라운드와 관중석 곳곳을 살핀다. 방송사의 TV 중계에 대개 13대의 카메라가 활용되니 준방송사급이다. 타자가 타석에 들어설 때마다 등장음악과 함께 전광판에 타자의 영상이 또렷하게 나타난다. 그리고 전광판이 스마트폰과 연동돼 전광판을 통해 게임을 즐기거나 메시지를 보낼 수도 있다.

2016년 개장한 대구삼성라이온즈파크의 메인 전광판은 가로 36m · 세로 20m로 인천SK행복드림구장의 빅보드 다음으로 크다. 대구삼성라이온즈파크의 전광판은 '소니 클릭이펙트'라는 최첨단 IT를 활용해 시각효과를 극대화한다. 홈런, 안타, 도루, 득점, 삼진 등이 나올 때마다 삼성구단의 마스코트인 블레오와 레니, 라온, 핑크레오의 캐릭터가 상황을 입체적으로 묘사해 흥을 돋운다.

올해 3월 문을 연 창원NC파크에는 전광판이 3개나 된다. 중앙 펜스 뒤의 메인 전광판 크기는 가로 33.1m · 세로 18m. 국내 구장 중 인천SK행복드림구장과 대구삼성라이온즈파크에 이어 3번째로 크다. 3루 측엔 가로 18m짜리 보조 전광판, 관중석 2층과 3층 사이에는 길이 200m의 리본 전광판이 있다. NC는 투수의 구속과 구종, 투구의 회전수(RPM)는 물론 타구 속도와 발사

각도, 비거리 등 각종 투구와 타구 추적 데이터를 전광판에 노출해 관중의 이해를 돕는다. NC는 정규리그엔 소속팀 선수들의 데이터만 전광판에 제공하지만, 지난달 21일 이곳에서 열린 2019 신한은행 마이카 올스타전에선 양 팀 선수들의 데이터를 모두 전광판에 실어 팬들에게 색다른 재미를 선사했다. 창원NC파크의 메인 전광판은 다른 구장과는 달리 양 팀 선발라인업 옆에 OPS (장타율+출루율)도 표기한다.

선수, 경기와 관련된 정보가 자세하게 노출되기에 코칭스태프는 전광판을 통해 선발투수 교체 타이밍 등을 잡는다. 관중 역시 전광판의 데이터를 통해 '변화'를 예측하는 재미를 누릴 수 있다. 백종덕 NC 홍보팀장은 "더그아웃에는 전자기기를 가지고 들어갈 수 없기에 전광판의 트래킹(투구와 타구 추적) 데이터가 벤치의 경기 운영에 큰 도움이 된다"면서 "회전수가 떨어지는 시점을 선발투수 교체 타이밍으로 삼거나, 데이터를 종합적으로 고려해 승부수를 띄워야 할 시점을 찾을 수 있다"고 설명했다.

전광판의 중요한 기능 중의 하나는 광고다. 구단마다 이닝이 끝나면 각종 광고를 전광판에 송출한다. 최근에는 멀티비전 기능의 발달로 TV 광고를 그대로 옮겨 실을 수 있게 됐다. SK는 구단에서 새로 출시한 각종 상품, 구장 내 식음료 메뉴를 전광판을 통해 알린다. 전광판은 야구장, 아니 연고지의 얼굴. 그래서 전광판 상단에 연고지의 랜드마크를 반영한다. SK 전광판 상단엔 인천국제공항, 인천항, 인천대교가 형상화됐다. 부산 사직구장 전광판 상단엔 부산의 랜드마크인 광안대교를 연상케 하는 철골구조물이 설치됐다.

- 문화일보, 2019년 8월 14일 -

즐겁게 해줄 수 있게 된다.

전광판이 경기장에서 차지하는 비중이 매우 크기 때문에 새로운 경기장을 건설하는데 부담을 느끼는 스포츠 구단들은 전광판시설의 교체를 통해 새 경기장 건설과 비슷한 효과를 거둘 수도 있을 것이다.

2) 지각된 혼잡함

경기를 보러오는 관중들은 썰렁한 경기장보다는 어느 정도 혼잡하기를 기대하고 심지어 이를 바라는 경우가 있다. 그러나 그 정도가 지나친 경우는 결코 바라지 않는다. 즉, 개인적으로 충분한 공간이 확보되지 않는 경우 혼잡함을 느끼게 된다. 이러한 시설의 혼잡함은 좁은 좌석배치, 좁은 통로와 홀, 적은 서비스 공간 등에 의해 초래된다. 이러한 불충분한 공간으로 인해 소비자들은 비록 관중들이 많이 몰리지 않는 경우에도 혼잡함을 느끼게 된다.

또한 시설의 혼잡함은 경기의 원만한 진행에 방해를 줄 뿐만 아니라 심지어 관중들의 신변상 안전에도 큰 영향을 미칠 수 있다. 몇 년 전에 프로축구 경기에서 수용능력 이상의 관중들이 입장해서 관중들이 트랙에까지 난입하게 되고, 이에 따라 경기진행에 차질을 빚었던 것이 그러한 예이다.

이러한 문제를 줄이고자 하는 시설관리자의 입장에서 소비자들이 혼잡함을 느끼는지와 구체적으로 어떤 물리적 측면이 소비자들에게 불편함을 초래하는지를 파악하는 것은 매우 중요하다. Sportscape에서는 좌석의 안락함과 배열의 용이함이라는 두 가지 요소가 직접적으로 혼잡한지 그렇지 않은지를 느끼는데 직접적인 영향을 미친다.

① **좌석의 안락함**: 경영학 분야의 연구에 따르면 적절하고 안락한 좌석을 제공하는 것은 종업원의 효율성과 만족에 중요한 영향을 미친다고 한다. 이러한 원리는 Sportscape 내의 소비자에게도 그대로 적용되어, 안락하고 적절한 좌석의 제공이 소비자들의 만족에 직접적인 영향을 미친다고 예상해볼 수 있다.

Sportscape에서의 좌석의 안락함은 물리적인 특성뿐만 아니라 좌석과 좌석 간의 간격도 의미하는데, 우선 소비자들은 등받이가 없는 딱딱한 벤치처럼 설계 자체가 잘못되거나 좌석이 젖어있는 것처럼 좌석의 상태가 나쁘게 되면 불편해 하게 된다. 둘째, 좌석 사이의 간격이 좁을 경우에도 불편해 하게 된다. 특히 좌석 사이의 간격이 너무 좁은 경우 관중들은 물리적으로 뿐만 아니라 심리적으로도 불편해하게 된다.[10] 따라서 충분한 공간을 보장하는 안락한 좌석은 관중들로 하여금 혼잡하다는 인상을 갖지 않게끔 해준다.

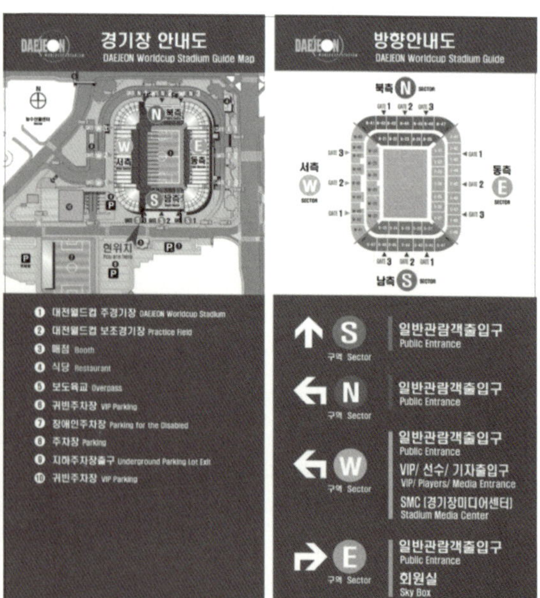

대전월드컵경기장의 안내도

② **시설물 접근의 용이함**: 경기장 내의 시설물에의 접근이 용이한 경우 관중들은 좌석, 구내매점, 화장실 등의 목적지에 쉽게 갈 수 있다. 하지만 그렇지 못한 경우 관중들의 자유로운 이동을 방해하게 되며 결과적으로 관중들에게 속박되었다는 느낌을 심어주게 된다.

경기장을 찾는 관중들이 일단 자신들의 좌석을 찾게 되면, 그 다음에는 휴게실이나 화장실 시설을 찾아보게 된다. 이때 이러한 시설물들의 숫자, 거리, 그리고 크기는 관중들이 얼마나 편안하게 생각하는지에 영향을 미친다. 이렇게 하기 위해서는 경기장 내에 적절한 안내판 등이 설치되어야 하고, 각 휴게 시설 등이 충분히 확보되어야만 한다. 만약 그렇지 않은 경우 관중들은 좌석을 찾거나 편의 시설을 찾아 나설 때 매우 혼란스럽게 되며 혼잡하다는 생각을 하게 되며, 이는 결국 경기관람경험 자체에 매우 부정적인 영향을 미치게 된다.

③ **공간의 할당과 안내판**: 경기장 내부 시설의 효율성은 여기에 할애할 수 있는 공간이 얼마나 있는지와 관중들이 이러한 시설들을 쉽게 찾을 수 있는 제반 안내판이 적절하게 갖추어져 있는지에 따라 달라지게 된다. 그러나 오래된 경기장일수록 이러한 부분이 미진할 수밖에 없다. 즉, 소비자들은 각 경기장 내 편의 시설을 이용하기 위해 오래 동안 기다려야만 하고, 이는 다시 다른 소비자들의 통행을 방해하게 되며 결과적으로 관중들의 불만을 고조시키는 요인이 된다. 따라서 경기장 내 편의 시설은 어떤 경우이든 적절하게 갖출 필요가 있다.

경기장 내의 안내판이 어떻게 준비되었는지 역시 관중들의 만족도에 큰 영향을 미친다. 즉, 적절하게 갖추어진 안내판은 관중들이 당황해하거나 혼란스러워하지 않게 해줄 수 있다. 특히 경기장의 경우 워낙 그 좌석의 수가 많기 때문에 아무리 자주 경기장을 찾는 사람들조차 좌석을 찾기 어려운 것이 사실이다. 하지만 적절하게 안내판이 갖추어진 경우라면 혼란이 크게 줄어들 것이고, 이는 결국 Sportscape에 대한 관중들의 지각에 긍정적인 영향을 미치게 된다.

3) Sportscape의 시사점

연구에 따르면 Sportscape 요소들이 모두 중요하지만, 경기관람경험에 가장 유의한 영향을 미치는 것은 지각된 혼잡함이며, 그 다음으로는 경기장의 심미성이 영향을 미친다고 한다.[11]

특히 이러한 연구들은 스포츠 마케터와 경기장 및 시설물 관리자들에게 다음과 같은 몇 가지 시사점을 주고 있다.

첫째, 경기장관리는 관중들이 생각하는 혼잡함의 정도를 개선시키기 위할 목적으로 시설의 재배치 또는 재설계가 이루어져야만 하며, 그 내용으로는 좌석, 통로 및 기타 편의 시설을 보다 크게, 그리고 많이 확보하는 것을 들 수 있다. 특히 경기장 내 좌석의 수를 줄이는 한이 있더라도 공간을 충분히 확보하도록 해야 할 것이다.

둘째, 경기장 시설개선 혹은 새로운 경기장 건립 등으로 많은 자금을 투자하기 전에 다른 저렴한 방법으로 비슷한 효과를 거둘 수 있는 것을 찾아봐야 한다. 실제로 경기장의 페인트칠을 다시 하는 것으로도 새로운 이미지를 심어줄 수 있다.

3 과정관리

스포츠 상품, 특히 스포츠 경기와 같은 상품의 유통이 전통적인 유통경로와 다른 점은, 상품이 생산지에서 소비자들에게 전달되지 않고 경기장과 같은 동일한 장소에서 생산과 소비가 이루어지는 것이다. 이 때문에 스포츠 상품의 경우 서비스적 특성이 매우 강하다고 하는 것이다.

또한 스포츠 경기의 경우 경기 결과도 관중들이 의미부여하는 것이지만, 경기를 관람하면서 느끼는 제반 경험들이 차지하는 비중이 훨씬 더 크다. 이 때문에 스포츠 경기라고 하는 서비스 상품이 소비자에게 전달되는 과정 역시 스포츠 마케터의 입장에서 고려해야 할 사항이다.

서비스 마케팅에서는 이 부분이 서비스 전달 과정이라는 내용으로 마케팅믹스 중의 하나로 간주되는 부분이지만, 스포츠 마케팅의 경우 경기장이라고 하는 구체적인 장소에서 벌어지는 경우가 대부분이어서 여기서 함께 다루기로 한다.

(1) 스포츠 Servuction Model

위에서 언급한대로 소비자들이 스포츠 상품을 구매할 때는 이의 전달로 발생하게 되는 일종의 경험(experience)을 구매하는 것이다. 이러한 제반 경험은 소비자들을 위한 제반 편익의 묶음(package)을 소비자에게 전달함으로써 형성된다.[12] 제품의 경우 편익의 묶음은 실질적인 제품과 관련되어 있으며, 제품이 소비되면 그 편익은 사라지게 된다. 그러나 스포츠 상품과 같은 서비스의 경우는 여러 경로를 통해 그러한 제반 편익을 얻게 되는데 이러한 소비자의 경험에 영향을 미치는 제반 요인들은 [그림 10-3]과 같이 설명될 수 있다.

이 모형은 크게 소비자에게 보이는 부분과 그렇지 않는 부분으로 구분된다. 이 모형에서 비가시적 부분은 스포츠 조직과 그 시스템이고, 가시적 부분은 무생물적 환경(물적 증거), 종업원과 같은 서비스 공급자라고 할 수 있다.

이 모형에서는 가시적인 부분과 비가시적인 부분 모두 소비자가 지각하는 제반 경험에 영향을 미칠 수 있음을 보여주고 있다. 우선 물적 증거와 같은 무생물적 환경의 중요성에 대해서는 앞에서 자세히 언급했고, 매표소 직원, 안내요원, 심지어 경기에 출장하는 운동선수들까지도 소비자들에게 다양한 서비스, 즉 경험을 제공할 수 있다. 그리고 이 모형에서는 각 소비자들이 다른 소비자들의 경험에 영향을 미칠 수 있다는 것도 보여주고 있다.

[그림 10-3] 스포츠 Servuction Model

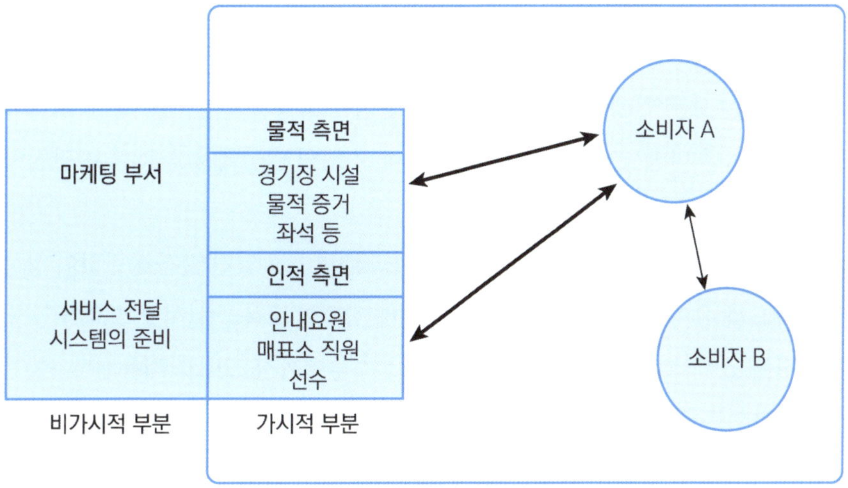

(2) 인적 요소의 관리

스포츠 이벤트와 같은 서비스 상품은 매우 노동집약적이고 인간 중심적이다. 즉, 스포츠 이벤트라는 상품을 창출하기 위해서는 소비자들의 참여가 필수적이며, 이들과 스포츠 조직의 제반 인적 측면이 함께 상호작용을 해야 하기 때문이다. 따라서 소비자의 행동 패턴과 스포츠 조직의 인적 측면은 소비자들의 제반 경험에 큰 영향을 미친다.

실제로 경기장에서는 서비스 제공자와 소비자라는 관계를 떠나 인간적 측면에서 발생하는 문제가 무수히 발생할 수가 있다. 또한 그러한 문제는 가시적으로 드러날 수도 있고 나타나지 않고 잠재해 있을 수도 있다. 그러나 중요한 점은 종업원과 소비자들 간의 상호작용이 소비자들의 경험에 매우 중요한 영향을 미치는 만큼 스포츠 마케터의 입장에서는 관리적 측면에서 이에 접근해 갈 필요가 있다.

1) 종업원관리

스포츠 시설 내에 근무하는 사람들은 해당 시설의 이미지와 궁극적인 성공 여부를 결정짓는 매우 중요한 요소이다. 대개의 경우 이러한 직원들이 소비자의 입장에서 접촉할 수 있는 일차적인(또는 유일한) 사람이기 때문에 이러한 직원들의 태도는 소비자들의 만족에 직접적인 영향을 미친다.

대개의 스포츠 시설들은 상시적으로 경기가 있는 것이 아니기 때문에 핵심 인력을 제외하고는 임시직, 즉 아르바이트를 고용하는 경우가 많다. 하지만 정규직원이건 임시직원이건 간에 소비자의 눈에는 모두 해당 스포츠 시설을 상징하는 것으로 보인다. 다시 말해서 정규직, 일용직에 관계없이 모든 종업원은 소비자들에게 스포츠 시설 또는 스포츠 조직을 대표하며 이들이 하는 모든 언행은 소비자들의 소비경험에 영향을 미친다. 이들이 의식하건 않건 간에 종업원들은 마케팅 기능을 수행하게 되며, 기업의 입장에서 장점 혹은 단점이 되는 역할을 수행하게 된다.

이런 이유 때문에 종업원들로 하여금 소비자들과 대면하고 있건 않건 상관없이 항상 근무중과 같은 태도를 유지하도록 해야 하며, 이를 위해 적절한 교육을 실시할 필요가 있다. 또한 스포츠 조직에 있어서 이러한 원리는 개별 운동선수들에까지 그대로 적용된다. 즉, 운동선수들은 물리적으로 경기라고 하는 스포츠 상품을 구현하고, 촉진의 입장에서 볼 때 걸어 다니는 광고판의 역할을 수행하게 된다. 실제로 개별 선수 차원에서 발생한 스캔들도 팀의 이미지를 손상시키는 경우를 우리는 아주 쉽게 발견할 수 있다.

2) 소비자관리

스포츠 마케팅에서 소비자는 제품 마케팅에서 보는 것과는 다른 여러 가지 의미를 지닌다. 우선 앞서 말한대로 스포츠 상품의 전달에서 있어서 소비자의 참여는 불가피하기 때문에 소비자는 스포츠 상품 생산자(manufacturer)로서 의미를 갖고 있다. 스포츠 이벤트와 같은 서비스 상품은 행동 내지는 성과이며 생산과 소비가 동시에 이루어지기 때문이다. 대개의 경우 종업원, 소비자들은 최종적으로 경기라는 서비스 상품을 생산하기 위해 상호 작용한다. 이렇듯 소비자들이 생산 과정에 참여할 수밖에 없으므로, 이들은 서비스 상품의 생산에 필수불가결한 요소이며, 그들 스스로가 자신들의 만족 여부를 결정하고, 심지어 그들 스스로가 서비스 상품의 한 구성 요인이 될 수도 있다.[13)]

둘째, 소비자는 사용자(user)로서의 의미를 갖고 있다.

셋째, 소비자는 다른 소비자에게 영향을 미치는 영향자(influencer)로서의 의미를 갖고 있다. 즉, 스포츠 이벤트의 경우 소비자들은 다른 소비자들과 동시에 서비스 상품을 제공받게 되는데, 이때 '다른 소비자'는 서비스 상품의 결과물이나 과정에 영향을 미치게 된다. 결국 이러한 다른 소비자들도 만족과 품질에 대한 지각을 제고시킬 수도 저하시킬 수도 있게 된다. 즉, 다른 소비자들이 어떤 행동을 보이는지도 다른 소비자들의 지각에 큰 영향을 미친다.

이외에도 소비자들은 다른 소비자들과 스포츠 상품이나 그 품질에 대해 서로 이야기를 나누게 되는데, 그러한 과정에서 직접적인 접촉을 갖지 않더라도 그들의 행동과 태도에서 서비스에 대해 전반적인 평가를 내리기도 한다.

이러한 특징을 가지고 있는 소비자들을 적절히 관리하는 방안은 다음과 같다.

① **소비자참여의 관리**: 스포츠 이벤트에서 소비자들의 참여를 늘리는 것은 경기를 더욱 흥미롭게 하고, 다른 경쟁 스포츠와 차별화를 할 수 있는 방안이기도 하다. 또한 이를 통해 스포츠 조직에서 수행해야 할 일정 역할을 소비자들이 대신 수행할 수도 있게 함으로써 비용상의 절감을 기대할 수 있다.

예를 들어, 경기 중 자생적으로 발생하는 관중들의 응원은 경기의 흥미로움을 제고시킬 뿐만 아니라, 스포츠 팀의 입장에서 이를 위해 따로 치어리더 등을 고용하지 않아도 되는 실익을 안겨줄 수 있다.

② **비협조적 소비자의 관리**: 소비자들은 항상 성인군자처럼 얌전하지도 않고, 항상 올바른 것도 아니다. 어디를 가든 다루기 어려운 까다로운 고객이 있기 마련이며, 이 때문에 스포츠 조직의 입장에서는 이런 소비자들을 어떻게 다룰 지에 대해 신경을 쓸 필요가 있다. 일반적으로 까다로운 소비자들은 다섯 가지 유형이 있다.[14)]

- 이기주의자(egocentric). 자신의 욕구를 종업원이나 다른 소비자들의 것보다 우선시하는 사람
- 중상비방자(bad-mouth): 종업원뿐만 아니라 다른 소비자들에게도 큰 소리를 지르고, 노골적이며, 독설을 퍼붓는 사람
- 히스테리자(hysterical): 사소한 일에도 화를 내고 짜증을 부리는 사람
- 독재주의자(dictatorial): 자기 자신이 종업원이나 관리자보다 우월하다고 생각하는 사람
- 무임승차자(freeloading): 요금지급 없이 서비스를 이용하기 위해 속임수를 쓰는 사람

이러한 소비자들을 종업원들이 개인적으로 대응하기란 매우 어렵다. 그러나 위에서 제시한 고객들의 유형은 다루기 힘든 여러 가지 고객들에 대한 준비를 미리 하고, 실제로 발생할 수 있는 갈등을 최소화시켜줄 수 있는 전략을 마련할 수 있도록 해준다. 이렇게 독특한 유형의 고객들을 파악함으로써 종업원들이 여러 가지 상황을 객관화할 수 있도록 해줄 수 있다. 그리고 일단 종업원이 특정 고객들을 적절하게 다룰 수 있게 되면, 이 소비자들은 다음 구매시 이 종업원을 다시 찾게 된다.

③ **대기관리**: 대부분의 서비스는 기본적으로 수요를 제대로 예측할 수 없기 때문에 수요와 공급이 일치하는 경우는 거의 드물며, 스포츠 상품도 마찬가지이다. 그 때문에 소비자들은 서비스를 받기 위해 대기해야만 하는 문제가 발생하게 되는데, 이러한 대기관리의 문제는 소비자들의 서비스 경험에 대한 첫인상을 형성시켜주기 때문에 매우 중요하다. 즉, 기업

스포츠 마케팅 현장이야기

"소곤소곤 휴대폰 통화 50m 밖에서도 들려요"…선수들 몰입 방해

지난 5월 26일 미국 텍사스주 포트워스의 콜로니얼CC에서 열린 미국프로골프(PGA)투어 찰스슈와브챌린지 3라운드. 선두를 달리던 재미동포 케빈 나가 11번홀(파5)에서 느닷없이 더블보기를 범했다. 그린 벙커샷을 하려는 순간 한 여성 갤러리가 휴대폰으로 소음을 내 '홈런 볼'을 쳤다. 케빈 나는 끝까지 스스로를 잘 다스린 덕분에 최종합계 13언더파 267타로 이 대회를 제패했지만 하마터면 통산 3승과 우승 상금 131만4,000달러가 날아갈 뻔했다. 평소엔 하찮게 들리는 휴대폰 소음도 골프 대회에선 '치명타'가 될 수 있다. 'BC카드 · 한경레이디스컵 2019'를 앞두고 알아두면 유익한 '프로 갤러리 매너와 관전팁'을 소개한다.

○ "50m 밖 소곤소곤? 다 들려요!"

쥐죽은 듯 조용한 홀 주변에서 나는 벨소리는 거의 '폭발음'에 가깝다. 2016년 한 국내 여자대회에선 최종일 마지막 홀에서 선수가 다운스윙을 하기 직전 벨소리가 울리는 바람에 '오비(아웃오브바운즈)'를 내고 결국 우승컵을 놓쳤다. '웅~웅~'거리는 진동 소리도 안심할 게 아니다. 초집중 모드에 들어간 프로들에겐 '예상치 못한 주변 변화' 모든 게 장해물이 될 수 있어서다. 무음모드가 권장되는 이유다. '이 정도 멀리 떨어져서 통화하면 괜찮겠지?'라고 생각하는 갤러리가 많다. 하지만 샷 루틴에 들어가면 50m 밖에서 '소곤소곤' 말하는 것까지 다 들린다는 게 프로들의 얘기다. 티잉 에어리어 주변은 상상 이상으로 고요하다.

더 신중해야 할 것은 폰카메라 촬영이다. 한 프로는 "스마트폰을 들어올리는 동작이 눈에 어른어른 비칠 때가 많다. 사진을 꼭 남기고 싶으면 사진기자들의 셔터음이 한꺼번에 쏟아지는 피니시 때가 좋다. 이때 같이 하면 잘 들리지 않기 때문"이라고 조언했다. 특히 동영상 촬영 시작을 알리는 '팅~' 하는 기계음은 선수들이 가장 힘들어하는 소음이다.

○ '3명 전원 홀아웃'을 기다리는 센스

선수들의 신체 부위를 건드리는 건 금기다. 일본에서 투어생활을 하고 있는 한 선수는 "악수를 청하며 손을 꽉 쥐거나 등짝을 때리며 '파이팅'을 외치는 분들이 있는데, 감각이 흐트러질 수 있는 만큼 배려해줬으면 좋겠다"고 털어놨다. 좋아하는 선수가 퍼팅 홀아웃을 하면 곧바로 다음 홀로 이동하는 것도 비매너 중 하나다. 2~3명으로 편성된 한 조의 선수 전원이 퍼팅을 다 마칠 때까지 기다려주는 게 기본 에티켓이다.

-한국경제, 2019년 6월 16일-

에 대한 첫인상은 제공받게 될 서비스의 품질이 어떤지에 관계없이 오랫동안 지속하게 되고, 이는 서비스 경험에 대한 전반적인 평가에 막대한 영향을 미친다.

(3) 서비스 전달 과정의 설계

지금까지 언급한 물적 증거, 종업원관리, 소비자관리 등은 살펴봤는데, 스포츠 마케터는 이제 이들을 어떻게 적절하게 조율할 것인지를 고민해야 한다. 즉, 이제는 스포츠 경기가 벌어지는 경기장 내에서 이러한 제반 요소들을 어떻게 잘 조율해서 성공적인 이벤트가 되도록 할 것인지를 생각해야할 단계이다.

특히, 스포츠 이벤트는 그 내용과 결과가 항상 다를 수밖에 없는 가변적인 성격을 띠며, 일반적인 서비스들보다 그 가변성이 훨씬 더 크다. 즉, 게임의 결과도 항상 다르고 경기를 관람하는 관중들도 거의 다르기 때문에 각 스포츠 이벤트의 상품으로서의 가치가 항상 다른 것이다.

이렇게 가변성이 크다는 의미는 스포츠 마케터의 입장에서 봤을 때 통제 영역 밖의 변수가 많다는 것을 의미하며, 그만큼 불확실성이 커질 수밖에 없다. 그러나 가변성을 띄고 통제권 밖에 있는 스포츠 이벤트라도 보다 체계적으로 사전에 준비함으로써 불확실성을 최소화할 수 있게 된다. 이를 위해 스포츠 마케터는 스포츠 상품의 전달 과정을 미리 개괄해보기 위해 청사진(blueprint)을 이용하기도 한다.

4 기타 고려사항 - 티켓판매

스포츠 이벤트라는 상품은 관중이라는 소비자들이 없이는 그 존재 의미가 별로 없기 때문에 유통경로를 고민할 때 어떻게 경기입장권을 적절하게 소비자들에게 유통시킬 것인지가 중요한 의사결정사항으로 남게 된다.

전통적으로 경기입장권은 주로 경기장 입구의 매표소에서 판매가 이루어져 왔지만, 최근에 들어서는 그 내용이 많이 달라지고 있다. 구체적으로 이는 컴퓨터와 같은 정보기술의 발전에 기인하는데, 이러한 기술의 발전으로 인해 소비자들이 굳이 경기장 입구에 오지 않더라도 입장권을 미리 구입할 수 있게 되었다.

이는 스포츠 소비자뿐만 아니라 스포츠 조직에게도 많은 효익을 안겨다 주었다. 우선 스포츠 소비자의 관점에서 봤을 때, 경기시작 전에 입장권을 구입함으로써, 입장권구입을 위해 경기시작 훨씬 전부터 경기장으로 가야만 했던 불편함을 줄일 수 있게 해주고, 또한 미리 자신이 원하는 자리를 지정할 수 있게 함으로써 경기관람경험을 보다 즐겁게 해줄 수 있게 해준다.

둘째로 스포츠 조직의 입장에서 봤을 때, 스포츠 이벤트라는 서비스는 수요를 예측하기가 매우 어렵다. 특히 경기장 내의 부대시설, 예를 들어 구내매점 등은 관중들의 수에 맞춰 당일 음식물 등을 준비해야 하는데, 이에 대한 구체적인 자료가 없이는 불가능하다. 또한 장기적으로 경기 이전에 입장권을 판매함으로써 사전 수입달성이 가능해지고 이는 궁극적으로 스포츠 팀의 안정적인 수익확보에 기여하는 것이다.

구체적으로 경기장 매표소 외에 스포츠 조직에서 이용할 수 있는 입장권판매 경로를 살펴보면 다음과 같으며, 기본적으로 모든 대안들은 소비자들이 쉽게 입장권을 구할 수 있는 곳, 즉 스포츠 소비자의 입장에서 접근이 용이한 곳에 위치한 것들이 대부분이다.

1) 팀 관련 단체

일부 경우를 제외하고 대개의 프로 스포츠의 경우 기업들이 팀을 소유한 경우가 많다. 특히 이러한 기업체들은 스포츠 팀과는 직접적인 관련성이 없더라도, 기업 고유의 유통기능을 수행하기 위한 지점을 전국적으로 확보하고 있는 것이 사실이다. 따라서 이러한 지점을 통해 입장권을 판매하는 것도 하나의 방법일 수 있다.

2) 티켓 전문판매업체

티켓 전문판매업체의 경우는 최근 들어 상당히 보편적으로 활용되고 있는 방법이다. 물론 아직까지는 극장입장권이나 기타 엔터테인먼트 관련 입장권이 주를 이루고 있는 것이 사실이지만, 스포츠 경기도 이들을 통해 판매되는 경우가 점차 많아지고 있다. 또한 은행처럼 그 지점의 수가 많아서 소비자들의 방문이 용이한 곳도 입장권판매업자로서의 역할을 수행하고 있다. 그리고 이들은 스포츠 조직을 대신해서 티켓을 판매하는 조건으로 일정액의 수수료를 받기도 한다. 그러나 이러한 방법은 스포츠 마케터의 입장에서 통제가 쉽지 않다는 점과 입장권 구매 과정에서의 소비자만족을 점검할 수 없다는 점이 단점으로 부각된다.

3) 스포츠용품 판매업자

스포츠용품점의 경우 다른 상점에 비해 스포츠와의 관련성이 높고 이러한 이유로 티켓 판매업자로서의 활용가능성이 크다. 즉, 스포츠 경기를 관람하는 사람들은 기본적으로 스포츠에 관심 있어 하는 사람들이고, 이들은 다른 사람들에 비해 스포츠용품점을 찾을 가능성이 더 많기 때문이다.

물론 우리나라의 경우 아직까지는 여러 브랜드 또는 여러 스포츠용품을 함께 취급하는 복합매장을 찾기는 어렵고 대신 특정 브랜드 용품만을 독점적으로 취급하는 형태가 다수이다. 이러한 이유로 인해 지금까지는 주로 해당 브랜드가 스폰서 하는 스포츠 경기의 입장권만을 판매하는 형태가 대부분이었다.

4) 인터넷과 전화판매

인터넷을 통한 상품구매는 이제 매우 보편적인 구매수단 중의 하나가 되었고, 티켓 판매 역시 예외가 아니다. 주로 각 스포츠 팀 혹은 리그별로 독자적인 홈페이지를 제작하여, 홈페이지를 방문하는 소비자들을 대상으로 티켓을 판매하는 방법이 대부분인데, 특히 스포츠 경기의 주 관람 층과 인터넷 주 이용 층들 사이에 유사한 점이 많다는 점에서 장기적인 관점에서 효율적인 티켓 판매의 방안으로 고려될 수 있겠다.

또한 우리에게는 ARS라는 이름으로 익숙해져 있는데, 전화를 이용한 판매도 널리 활용되는 티켓 판매 수단이다. 이는 소비자들이 인터넷을 이용하는 이유와도 비슷한데, 다른 방법을 통해 티켓을 구매하려면, 반드시 소비자들이 해당 티켓 판매점을 찾아가야만 하는데 인터넷이나 전화판매 시스템은 소비자가 시간이나 장소에 구애받지 않고 티켓을 구입할 수 있기 때문이다. 그러나 인터넷이나 전화판매의 경우 요금지급 수단이 신용카드 등으로 한정되기 때문에 소비자 개인 신용정보의 노출이라는 문제점을 안고 있기도 하다.

참고문헌

1) P. Kotler & A. Andreasen (1991), *Strategic Marketing for nonprofit organization*, p. 481. 원문내용은 다음과 같다. “A Channel is a conduit for bring together a marketer and a target customer at some place and time for purpose of facilitating a transaction.”
2) M. J. Bitner (1990), “Evaluating Service Encounters : The Effects of Physical Surroundings and Employee Responses,” *Journal of Marketing*, 54(April), 69~82.
3) M. J. Bitner (1992), “Servicescapes; The Impact of Physical Surroundings on Customers and Employees,” *Journal of Marketing*, 19(March), 48.

4) J. Baker, L. L. Berry, & A. Parasuraman (1988), "The Marketing Impact of Branch Facility Design," *Journal of Retail Banking*, 12(2), 33~42.

5) M. J. Bitner (1992), *op. cit.*

6) M. R. Solomon (1988), "Packaging the Service Provider," in Christopher H. Lovelock, *Managing Services Marketing, Operations, and Human Resources*, Englewood Cliffs, NJ, Prentice-Hall, pp. 318~324.

7) K. L. Wakefield & H. J. Sloan (1995), "The Effects of Team Loyalty and Selected Stadium Factors on Spectator Attendance," *Journal of Sport Management*, 153~172.

8) R. A. Kerin, A. Jain, & D. J. Howard (1992), "Store Shopping Experience and Consumer price-quality-value Perception," *Journal of Retailing*, 68, 376~397.

9) G. Tom, R. Barnett, W. Lew, & J. Selmants (1987), "Cueing the Customer: The Role of Salient Cues in Consumer Perception," *Journal of Consumer Marketing*, 4, 23~28.

10) R. T. Barker and C. G. Perarce (1990), "The Importance of Proxemics at Work (space and human comfort in the work environment)," *Supervisory Management*, Vol. 35, pp. 10~12.

11) K. L. Wakefield, J. G. Bridgett, & H. J. Sloan (1996), "Measurement and Management of the Sportscape," *Journal of Sport Management*, 10(1), 15~31.

12) J. E. G. Bateson (1992), *Managing Services Marketing*, 2nd eds., Fort Worth, TX, The Dryden Press, pp. 8~11.

13) P. K. Mills & J. H. Morris (1986), "Clients as 'Partial' Employees: Role Development in Client Participation," *Academy of Management Review*, 11(4), 726~735.

14) K. D. Hoffman & J. E. G. Bateson (1997), *Essential of Service Marketing*, pp. 257~261.

11장 스포츠 마케팅 전략의 실행과 통제

헤드라인 스토리

소니, 3,200억 축구 마케팅 포기

역시 돈이 문제다. 아무리 황금알을 낳는 기회라고 해도 적자에 허덕이며 사상 처음 주주 배당도 포기한 소니에게 월드컵을 통한 마케팅은 사치였다. 일본 니혼게이자이(日本經濟) 신문은 25일 소니가 스포츠 마케팅의 정점인 국제축구연맹(FIFA) 공식 파트너 자격을 포기하기로 결정했다고 보도했다.

소니는 지난 2007년 FIA와 계약을 체결하고 2010년 남아공 월드컵과 2014 브라질 월드컵을 통해 축구 마케팅을 진행했다. 세계 최고의 스포츠 이벤트를 통해 TV, 스마트폰 홍보를 기대한 계획이었다.

하지만 소니는 막대한 비용만 들이고 효과를 보지 못했다. 소니가 파트너 자격을 얻기 위해 FIFA에 지급한 금액은 약 3,200억 원이다. 그러나 이 기간 소니의 TV 사업과 스마트폰 사업은 나락으로 떨어졌다. 삼성전자와 애플 등 경쟁사와의 간격은 회복 불가능한 수준으로 멀어졌다. 올해 흑자를 낼 것이라던 약속은 대규모 적자와 상장 이후 첫 무배당이라는 결과로 이어졌다. PC 부문은 매각됐고 TV도 분사가 추진 중이다.

닛케이에 따르면 소니도 스포츠 마케팅의 정점인 월드컵 파트너 계약을 유지하려 했다. 계약을 포기하면 경쟁사가 FIFA에 입성하는 길을 내주는 꼴이 된다는 점을 잘 알고 있었기 때문이다. 그럼에도 올해와 내년에도 상당한 금액의 손실이 예상되고 후원 계약금 상승마저 예상되는 상황이 발목을 잡은 것으로 전해졌다.

소니가 월드컵을 포기함에 따라 경쟁사들의 움직임도 분주해질 전망이다. FIFA는 산업 분야별로 6개의 메인 스폰서와 계약 중이다. 소니는 '디지털 라이프' 분야의 후원사였다. 전자업체가 월드컵 스폰서로 계약하려면 계약 우선권을 지닌 소니의 자리가 나야했다. 그 기회가 온 것이다. 닛케이는 소니 대신 삼성전자가 FIFA와 후원계약을 할 가능성이 크다고 전했다. 한편 코카콜라 등 FIFA 파트너 기업들은 최근 연이어 등장하고 있는 FIFA 부정 파문에 대해 우려의 목소리를 높이고 있다. 소니에 앞서 에미레이트 항공 역시 스폰서 계약을 포기했다. 이제 FIFA의 스폰서는 코카콜라, 아디다스, 현대자동차, 비자만 남게 됐다.

- 아시아경제, 2014년 11월 25일 -

스포츠 조직을 둘러싼 제반 환경은 스포츠 마케팅을 전개하는 데 많은 영향을 미친다. 따라서 계획을 수립할 때 이러한 환경들을 충분히 고려한 다음에 이에 적합한 전략을 수립할 필요가 있다. 전략적 스포츠 마케팅 전략은 궁극적으로 조직이 설정한 사명과 목표의 달성을 지향하며, 이러한 사명과 목표를 달성하기 위해서는 여러 가지 계획이 수립될 수 있다. 그러나 모든 계획이 목적달성에 효과적인 것이 아니며, 이 때문에 스포츠 마케터는 스포츠 조직에서 이루고자 하는 결과물을 도출해낼 수 있는 프로그램을 계획하는 데 신중할 필요가 있으며, 이와 함께 입안된 계획을 적절히 실행하고 그 결과를 잘 평가할 필요가 있다.

1 전략의 실행

실행(implementation)이란 입안된 전략을 행동에 옮기거나 실행하는 것을 가리킨다. 이러한 실행 과정을 효율적으로 관리하기 위해 스포츠 마케터는 조직설계 요소를 면밀히 살펴볼 필요가 있다. 즉, [그림 11-1]에서 보는 것처럼 스포츠 조직의 커뮤니케이션, 충원 과정 및 그들의 기술, 조정, 보상, 정보획득 과정, 개개인들의 창조성, 그리고 예산의 책정 과정 등이 어떤지 고려해야 한다.[1)]

또한 실행 과정의 설계는 처음 설정한 계획과 부합해야만 한다. 다시 말해서 계획단계와 실행단계가 서로 일치해야 한다는 것이다. 따라서 스포츠 조직의 전략적 스포츠 마케팅 계획에 변화가 있을 경우 거기에 맞춰 실행 과정의 여러 요소들을 적절히 조절하도록 해야 한다.

(1) 커뮤니케이션

전략적 스포츠 마케팅 계획을 실행하는 데 있어 무엇보다 중요한 요소는 바로 커뮤니케이션이다. 그런데 커뮤니케이션이 효과적으로 이루어지기 위해서는 조직 내에서 강력한 리더십이 발휘되어야만 한다. 즉, 스포츠 조직 내의 모든 사람들이 계획이 구체적으로 어떠한 것이고(what), 그 계획을 왜 실행하며(why), 계획을 어떤 식으로 실행할 것인지(how)를 알 수 있도록 하기 위해서는 강력한 리더십이 필수적이다.

스포츠 조직 내에서 리더십이 어떻게 발휘되는지에 따라 커뮤니케이션의 방법이 달라진다. 스포츠 조직 내의 커뮤니케이션은 공식적일 수도 있고 비공식적일 수도 있으며 다양한 경로를 통해 이루어지게 된다. 예를 들어, 어떤 조직은 모든 커뮤니케이션 내용을 문서화하

[그림 11-1] 전략적 스포츠 마케팅 계획의 실행

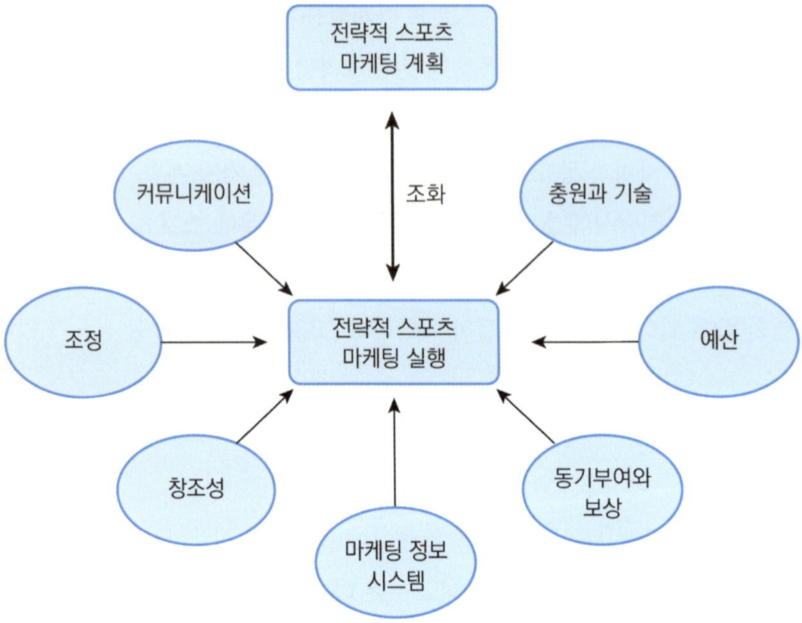

자료: M. D. Shank (1999), *Sports Marketing: A Strategic Perspective*, Prentice-Hall, Inc., New Jersey.

고, 이를 공식화해야 하지만, 어떤 조직들은 아주 개방적이고 비공식적인 커뮤니케이션이 선호되기도 한다. 그러나 전략적 스포츠 마케팅 계획을 실행하는 데 필요한 정보를 제대로 정확하게 얻을 수만 있다면 어떤 커뮤니케이션 방법이 이용되더라도 별 문제가 되지 않는다.

그런데 전략적 스포츠 마케팅 계획은 기본적으로 환경에 매우 민감하기 때문에 상황에 따라 그 계획이 수시로 변경될 수도 있다. 이 때문에 조직 내의 사람들이 원래 계획이 무엇이었고 계획을 수립하는 데 따르는 기본 전제가 무엇이었는지를 잊어버리는 경우가 발생할 수 있다. 따라서 조직 내의 모든 사람들에게 다양한 방법을 동원해서 계획이 무엇이었고 목적이 무엇이었는지를 명확히 알려주고 또한 주기적으로 상기시켜주는 작업이 필요하다.

이러한 커뮤니케이션은 앞서 언급한대로 다양한 방법을 통해 이루어질 수 있는데, 예를 들어, 정기 미팅 때마다 이를 알려주거나, 인쇄물을 통해 해당 내용을 알려줄 수도 있다. 또한 각 종업원들의 책상마다 전략을 상기시켜주는 키워드가 담겨있는 사무용품을 제공하거나, 컴퓨터 화면보호기에 전략의 요점이 담긴 키워드가 계속 나타나도록 프로그램 하는 방법 등을 이용할 수도 있다.

또한 커뮤니케이션은 조직 내에 있건 외부에 있건 상관없이 마케팅 전략에 기본적으로 이해관계가 있고 마케팅 계획의 실행에 영향을 미칠 수 있는 사람들에게도 효율적으로 이루어질 필요가 있다. 즉, 스포츠 조직 내에서 설정된 전략이나 그 방향에 큰 영향을 미칠 수 있고 또는 그에 영향을 받을 수 있는 모든 사람들에게 커뮤니케이션이 제대로 이루어져야만 한다. 예를 들어, 많은 스포츠 팀들은 팬들과의 장기적이고 우호적인 관계를 구축하기 위해 많은 노력을 기울이고 있다. 팬들과의 이러한 관계를 구축할 수 있는 방법 중에 팬들이 운동선수들을 쉽게 접할 수 있도록 하는 방법이 있다. 즉, 선수들이 팬들에게 편지를 쓴다거나 팬을 연습장이나 경기장, 심지어 라커룸에까지 들어오도록 하는 방법 등이 그것인데, 이러한 고객관계 방안은 선수들과 코칭스태프들에게 그 필요성이 알려지지 않는 경우 제대로 이행되기 어렵다.

(2) 충원과 기술

스포츠 마케팅 전략을 실행하기 위해 스포츠 조직 내에서 뛰어난 리더십이 구현된다 하더라도 이를 뒷받침하고 실제로 이를 실행할 수 있는 사람이 없으면 별 의미가 없다. 따라서 스포츠 조직의 입장에서는 스포츠 마케팅 전략의 실행에 필요한 지식, 경험, 노하우, 심지어 이와 관련된 개성 등을 제대로 갖춘 스태프들을 확보할 필요가 있다. 또한 이는 기존의 스태프들을 재교육시키는 과정에서도 참고해야만 하는 내용들이다. 물론 스포츠 조직의 입장에서는 모든 스태프 및 종업원들이 이러한 능력을 갖추고 있기를 기대하겠지만 현실적으로 이는 어렵고, 대신 마케팅을 담당하는 부서만이라도 이러한 능력을 갖춘 사람들을 스태프로 영입하고 교육시키는 것이 무엇보다 중요하다.

제주유나이티드FC에서 만든 경기장 내 워터파크

일반 산업과 마찬가지로 스포츠 산업 역시 환경의 변화가 심하고, 불확실하며, 예측 불가능하기 때문에 전략의 변화가 수시로 이루어질 수 있다. 때문에 이러한 변화에 능동적으로 대응할 수 있는 능력이 무엇인지 잘 따져봐야 한다. 스태프들의 전략실행의 능력을 개발하기 위해서는 ① 교육 정도와 능력, ② 경험과 이전 직무기록, ③ 개성과 기질의 세 가지 특성들이 고려되어야 한다. 즉, 스포츠 마케팅 전략을 실행할 스태프들이 이러한 능력을 제대로 갖추고 있지 못하다면, 관리자가 아무리 환경 변화에 맞춰 전략을 제대로 변경한다 하더라도, 그 집행을 보장할 수 없기 때문이다.

스포츠 마케팅 전략실행에 적합한 스태프들을 선발하는 문제와 함께 개별 스태프들의 업무를 수행하는 데 필요한 기술이 무엇인지를 파악하는 것도 중요하다. 이는 또한 장기적인 관점에서 봤을 때 스포츠 조직 내의 모든 직원들을 재교육시키는 데도 중요한 지침이 될 수도 있다.

일반적으로 스포츠 관리 업무를 성공적으로 수행하는 데 필요한 지식은 기초적인 통계 자료를 해석할 수 있는 능력, 예산을 효율적으로 활용하는 능력, 문제해결기술의 활용능력, 종업원의 직무평가능력 등 다른 산업체의 관리자들에게 필요로 하는 것과 거의 비슷하다. 문제는 바로 스포츠 산업 고유의 특성에 적합한 마케터 또는 관리자로서의 지식 및 기술이다. 이러한 스포츠 산업의 특성에 적합한 마케터로서의 기술을 살펴보면 다음과 같다.[2)]

① 스포츠 조직에 대한 긍정적인 이미지를 창출할 수 있는 능력
② 스폰서의 촉진목표를 달성할 수 있는 능력
③ 티켓 판매를 제고시킬 수 있는 능력
④ 이벤트, 운동선수, 스폰서에 대한 미디어 노출을 극대화할 수 있는 능력
⑤ 개인적인 접촉을 통해 스폰서를 확보할 수 있는 능력
⑥ 지역사회, 감독기관, 파트너 등과 좋은 관계를 유지할 수 있는 능력
⑦ 공식적인 발표회를 통해 스폰서를 확보할 수 있는 능력
⑧ 창조적인 촉진 방안을 개발할 수 있는 능력
⑨ 예산책정 방안을 개선시킬 수 있는 능력
⑩ 촉진 관련 계약의 협상능력
⑪ 스포츠 마케팅 기회와 성과를 평가할 수 있는 능력
⑫ 이벤트의 내용을 디자인하고 조정할 수 있는 능력
⑬ 이벤트의 취재범위를 조정할 수 있는 능력
⑭ 계약능력
⑮ 이벤트 개최 시 기업체에 적절한 접대(hospitality)를 하는 능력
⑯ 운동선수에 대한 대중들의 이미지와 인지를 창출하는 능력
⑰ 이벤트와 시설물 이용에 대한 계획을 잘 짜는 능력
⑱ 이벤트의 안전 요소를 잘 파악하는 능력
⑲ 신문방송 편집자, 기자 등과 인간관계를 쌓을 수 있는 능력
⑳ 미디어 권리를 사고 이를 되파는 능력

물론 여기서 언급한 제반 능력 중 일부는 우리나라의 실정에 부합하지 않는 것이 몇 가지 있다. 그러나 대부분의 경우 그대로 응용해서 점검해볼 수 있는 내용들이기도 하다.

(3) 조정

스포츠 조직 내에 강력한 리더십이 형성되고 우수한 기술과 자질을 가진 스태프들을 갖추었다 하더라도 이들이 잘 조직되어 있지 않다면 아무런 의미가 없다. 이는 스포츠 조직의 조직구조와 관련된 문제로서 전략과 조직구조가 서로 합치되는지의 여부는 스포츠 마케팅 전략의 목표달성에 매우 핵심적인 사안이다.

일반적으로 새로운 전략이 채택되면 전략에 적합하게끔 제반 자원을 재배치하는 새로운 방법이 틀을 잡기 전까지는 일정 기간 동안은 성과가 줄어들고, 관리상의 문제점들이 드러나게 된다. 그러나 일단 새로운 방안이 실행되게 되면, 조직의 성과는 다시 개선되기 시작하고 전략적 목표가 달성될 가능성이 더 커지게 된다. 이 때문에 전략적 마케팅 계획을 수립할 때 어떻게 사람들과 과업을 잘 조직할 것인지 고려되어야만 한다.

스포츠 조직에서 사람들과 직무를 조정할 수 있는 방법 중에 최근 들어 새롭게 활용되는 방안으로 전사적 품질관리(Total Quality Management: TQM)가 있다. 이 방안은 원래 효과적인 품질관리를 통해 경쟁상의 우위를 얻기 위해 제조업체에 의해 도입된 방법이지만, 현재는 스포츠 조직을 비롯해서 대다수의 서비스 기업들에 채택되어 활용되고 있는 중이다.

비록 TQM은 품질관리 방안으로 도입된 것이기는 하지만 효과적인 품질관리를 위해 전체 조직 차원에서 어떻게 여기에 관여해야 할 것인지를 밝혀줌으로써 조직 내의 사람들과 과업을 어떻게 잘 조직할 것인지에 대한 일종의 가이드라인 역할을 수행할 수 있다. 물론 스포츠 조직의 효율적인 조정을 위해서 TQM과 같은 기법만이 유력한 것은 아니다. 중요한 사실은 스포츠 조직 내의 제반 구성 요소들이 설정된 전략을 제대로 집행하기 위해 어떻게 각자의 과업들이 제대로 조정되어야 할 것인지를 생각하고 있어야만 한다는 점이다.

(4) 보상

설정된 전략이 제대로 실행되는지의 여부는 앞서 언급한 세 가지 요소들도 함께 고려해야 하지만, 실제 전략을 집행하는 사람들이 어떻게 하면 자신들에게 주어진 과업을 제대로 수행하도록 할 것인지를 고려해야만 한다. 즉, 각 구성원들이 자신들의 업무를 제대로 수행하게끔 동기부여하고 그 결과에 따라 적절한 보상을 해주는 방법을 고려해야 한다. 따라서 효과적인 전략 수행에 있어 보상 시스템이 중요한 지위를 차지하게 된다.

일반적으로 구성원들로부터 바람직한 행동을 유발하기 위한 보상 시스템을 설계할 때 많은 변수들이 영향을 미칠 수 있지만 실제 보상을 받게 되는 사람들의 욕구, 가치, 그리고 신념이 토대가 되어야 한다. 이를 토대로 관리자들은 몇 가지 유형의 동기부여 방안을 강구하게 된다. 통상 동기부여는 ① 긍정적 혹은 부정적, ② 금전적 혹은 비금전적, ③ 단기적 혹은 장기적인 것으로 분류할 수 있으며, 보다 구체적인 동기부여 방안으로는 임금인상, 보너스 지급, 승진이나 강등, 스톡옵션 등을 들 수 있다.

세 가지 유형의 동기부여 방법 중 구체적으로 어떤 방법이 효과적인지에 대해서는 이론의 여지가 많다. 그러나 대체적으로 합치되는 점은 각 방안들을 적절히 조합해서 활용하는 것이 보다 효과적이라고 한다.

(5) 정보

스포츠 조직을 둘러싼 환경의 변화가 매우 극심하고 그 방향을 예측하기 어려운 상황에서 스포츠 마케팅 전략을 수립하고 이를 집행하는데 있어 정보의 중요성은 아무리 강조해도 지나치지 않다. 정확한 정보는 의사결정과 실행에 있어 핵심적인 가이드라인 역할을 수행하며 전략적 스포츠 마케팅의 모든 단계에서 필요하기 때문이다. 마찬가지로 스포츠 마케팅 계획의 실행은 얼마나 효과적인 정보 시스템을 구축하고 있는지에 따라 그 성패가 달라지게 된다.

스포츠 조직이 필요로 하는 정보는 일반적인 정보와 스포츠와 직접 관련된 정보로 나눌 수 있다. 일반적인 정보란 연령, 성별, 직업 등의 인구통계적 특성이 어떻게 변화하고 있는지에 대한 것을 가리키며, 스포츠와 관련된 정보란 특정 스포츠 경기에 얼마나 많은 관중이 입장했는지, 스폰서 기업의 상품이 얼마나 판매되었는지 등의 정보를 가리킨다.

그런데 이러한 정보들도 적시에 전달되지 않으면 아무런 소용이 없다. 따라서 정보의 흐름을 가급적이면 단순하게 할 필요가 있다. 즉, 회람처럼 모든 부서의 사람들에게 정보를 알려주는 것보다는 정보를 필요로 하는 사람이나 부서에 바로 전달되도록 해야만 한다.

이러한 점을 고려해서 정보를 제공할 때는 다음 사항을 고려해야 한다.

① 누가 이 정보를 이용할 것인가?

② 무슨 목적으로 이 정보를 이용하는가?

③ 언제 이 정보를 필요로 하는가?

(6) 창조성

스포츠 조직은 변화하는 환경에 제대로 적응하기 위해 계획을 조절하거나 변경할 것을 요구받게 되며, 여기에 보다 잘 부응하기 위해 스포츠 조직은 보다 혁신적일 필요가 있다. 전략적 스포츠 마케팅의 관점에서 혁신이라는 것은 아이디어나 기회를 보다 효과적이고 효율적인 시스템으로 전환시킬 수 있는지에 대한 문제이다.

즉, 전략적 스포츠 마케팅 계획이 보다 창조적이게 되면 새로운 아이디어를 발굴해낼 가능성이 높아질 뿐만 아니라 이로 인해 전략적 스포츠 마케팅 계획의 성공적인 수립과 실행이 가능하게 된다. 또한 창조적이라는 의미는 변화하는 환경에 보다 잘 적응할 수 있으며, 그렇지 못할 경우에는 시장에서 도태할 수도 있다는 것을 함축한다. 거의 똑같은 기술과 경기룰을 가진 프로레슬링이 우리나라에서는 6~70년대에 큰 붐을 이루다가 거의 사람들의 관심을 끌지 못하는 반면에, 미국에서는 지금도 큰 붐을 이루는 것은 그러한 극명한 예이다.

이외에도 스포츠 조직들이 창조적인 아이디어와 혁신을 도입함으로써 변화하는 환경에 제대로 부응한 사례를 들자면 1998년 프랑스 월드컵 때 FIFA에서 도입한 몇 가지 규정 변화로서, 참가팀의 숫자를 전보다 더 늘림으로써 경기 수를 늘린 것이라든지 경기진행을 빨리 하기 위해 경기장 주변에 볼 보이를 배치함으로써 경기의 속도를 한층 빠르게 하고 경기의 박진감을 배가시켰던 것 등을 들 수 있다.

또한 스포츠 텔레비전 프로그래머들도 시청자들을 끌어들이기 위해 계속해서 창조적이고 혁신적인 방안을 강구하고 있는데, 1996년 애틀랜타 올림픽 양궁경기 때 과녁의 정중앙에 카메라를 설치하여 날아오는 화살을 촬영함으로써 시청자들의 흥미를 자극했던 것은 과거에는 생각하지 못했던 것들이었다.

그러나 창조적이어야 한다는 말은 전략적 스포츠 마케팅 계획의 수립과 그 실행 과정만을 염두에 둔 것이 아니고, 여기에 참여하는 사람들도 창조적이어야 한다는 것을 의미한다. 따라서 스포츠 조직은 종업원들을 보다 잘 교육시키고 훈련시킬 필요가 있으며, 이와 함께 이들의 창조성을 독려하기 위해 관리자들이 전폭적으로 지원하거나, 창조적인 아이디어에 대해 적절히 보상하는 등 조직문화와 내부환경 자체를 변화시킬 필요가 있다.

스포츠 마케팅 현장이야기

"샷 준비 후 40초 내 스윙"…33년 만에 골프 규정 수술대 오른다

'코리안 영건' 김시우(22, CJ대한통운)는 지난해 1월 미국프로골프(PGA)투어 소니오픈에 출전했다가 '편법 뒤봐주기' 논란에 휩싸였다. 티샷을 하기 전 캐디가 정렬이 제대로 됐는지 뒤에서 봐준 게 '적절하지 못한 행동'이라는 비판을 받은 것이다. 여자프로골프계에서는 흔한 이 행위가 경기시간을 지연시키는 부당한 협력이라는 지적이었다. 잘나가는 한국 골퍼들에 대한 견제가 아니냐는 반박 여론도 불거졌다. 하지만 앞으로는 논란 자체가 사라질 전망이다. 캐디가 뒤에서 라인을 봐주는 도움이 아예 금지되기 때문이다.

철옹성 같았던 골프 규정들이 33년 만에 대거 손질된다. 규정을 관리하는 영국 왕립골프협회(R&A)와 미국골프협회(USGA)가 그동안 불합리한 것으로 비판받아온 규정을 현실에 맞춰 바꾸기로 하고 개정안을 미리 공개했다. 이 골프룰은 선수와 골프계 등의 의견을 수렴한 뒤 2019년 1월부터 시행된다.

○ '느림보 골프' 이제 그만

2일 공개된 R&A와 USGA의 개정안은 '쉽고 빠른' 골프에 초점을 맞췄다. 선수들은 공을 치기 위해 샷 준비(자기 차례가 온 순간부터 시간 체크)했을 경우 40초 안에 공을 쳐야 한다. 퍼팅의 경우는 볼 자국이나 잔디 조각 등의 방해물을 정리하는 불가피한 행위가 끝나는 순간부터 40초 안에 스트로크해야 한다. 해저드나 깊은 숲 등으로 날아간 공을 찾는 시간도 현행 5분에서 3분으로 줄어든다.

선수들이 규정 타수보다 훨씬 많이 치는 이른바 '대형사고'도 줄어들 전망이다. 빠른 경기 진행을 위해 홀당 최대 타수를 정할 수 있게 규정을 바꿨기 때문이다. 예컨대 '쿼드러플 보기(규정 타수보다 4타 더 친 오버파)'로 최대 타수를 정할 경우 선수는 4오버파를 기록하는 순간 다음 홀로 이동해야 한다.

티샷을 하거나 퍼팅할 때 캐디가 선수 뒤에서 라인을 봐주는 것도 금지된다. 논란이 불거질 수 있는 개정안도 공개됐다. 홀컵에서 거리가 먼 선수부터 샷을 하는 기존 경기룰을 준비된 선수부터로 바꾸겠다는 대목이다. 골프계에선 "빠른 경기 진행도 좋지만 선수와 선수 간 소통이 잘 안 될 경우 사고가 날 수도 있는 룰"이라는 지적이 나온다.

❍ 선수들 "바람직한 방향" 환영

골프를 쉽게 할 수 있는 규칙도 대거 도입된다. 출전 선수가 디지털 거리측정기나 보이스캐디 같은 전자기구를 사용할 수 있다. 현재도 해당 경기위원회가 쓸 수 있다고 규정하면 사용할 수 있지만, 앞으로는 '쓸 수 없다'고 명시하지 않는 한 사용할 수 있게 바꾸겠다는 것이다.

또 그린 위 다른 선수들이 남겨놓은 신발 자국이나 동물이 남겨놓은 흔적을 정리하는 것도 가능해진다. 지금까지는 공이 떨어지면서 생긴 볼마크의 경우에만 수리가 허용됐다. 그린이나 필드에서 공이 움직였을 경우 선수가 원인 제공(고의 여부와 상관없이)한 확률이 95% 이상 확실하지 않을 경우에도 벌타를 매기지 않는다. 사실상 웬만하면 벌타를 주지 않겠다는 의도다. 공을 드롭할 때 어깨높이에서 하도록 한 조항도 사실상 폐지된다. R&A 측은 "1인치 이상만 들면 공을 드롭할 수 있게 규정을 바꿨다"고 발표했다. 이번 개정안은 1984년 골프규정이 대폭 변경된 이후 최대 규모라는 게 R&A 측 설명이다. 데이비드 릭먼 R&A 이사는 "달라진 시대 변화와 가치를 반영했다"고 설명했다.

선수들은 대체로 환영하는 분위기다. 세계랭킹 1위 더스틴 존슨(미국)은 "공을 의도적으로 움직이지 않았는데 벌타를 받는 것은 불합리한 일이었다"며 "바뀐 규정안 중 일부는 좋은 방향"이라고 말했다. 지난해 6월 열린 메이저대회 US오픈 우승자인 존슨은 4라운드 5번홀에서 퍼팅 직전 공이 움직이는 바람에 뒤늦게 1벌타를 받아 압박감 속에 경기를 해야 했다.

- 한국경제, 2017년 3월 2일 -

(7) 예산책정

예산은 항상 조직이 수립한 계획을 통제하는 역할을 수행하는 데 이용된다. 예산의 분배가 어떻게 이루어지는지에 따라 스포츠 마케팅 전략의 실행이 효과적으로 이루어질 수도 그렇지 않을 수도 있기 때문이다.

스포츠 조직의 마케터들은 대개 다음 두 가지 유형의 문제에 직면하게 된다. 우선, 마케팅 목표를 달성하기 위해 필요로 하는 재원을 확보하는 문제와, 둘째로 확보된 예산을 여러 과업에 적절히 안배하는 문제이다. 이러한 활동은 스포츠 마케터 혼자의 힘으로 이루어지는 것이 아니라 조직 내 · 외의 개인과 집단들과의 협조를 필요로 한다.

전략수립과 집행에 도움이 되는 예산수립을 위해서는 예산이 어떻게 이용될 것인지와 예산이 스포츠 마케팅 전략의 실행에 어떻게 기여할 것인지에 대해 명확히 이해하고 있어야 한다. 보통 예산을 수립할 때 전략수립과 집행에 도움이 될 수 있는지의 여부가 가장 먼저 고려되는 것이 일반적이기는 하다. 실제로 전략의 효율적인 실행에 필요한 예산을 삭감하는 것도 문제가 될 수 있고, 예산을 지나치게 많이 할당하는 것도 스포츠 마케팅 전략의 실행에 방해가 될 수 있다.

또한 예산책정의 과정은 변화의 가능성이 많다는 점을 유념할 필요가 있다. 즉, 스포츠 조직과 관련된 내 · 외부 상황이 계속해서 변화함에 따라 그에 부합하는 전략이 개발되게 되며, 예산책정 과정 역시 변화할 수밖에 없기 때문이다. 따라서 예산책정 과정에 관련된 사람들의 경우 전략이 변화할 때 예산의 할당 역시 변화해야 한다는 사실을 인지하고 있어야 한다.

2 통제

(1) 통제의 유형

통제란 계획을 수립할 때 세웠던 목표를 확인하고, 이의 실행에 따른 성과를 확인 · 평가하여 조정 활동을 함으로써 이를 토대로 추후 행동을 하는데 필요한 정보를 제공하는 것으로 정의할 수 있으며, 일반적으로 세 가지 유형의 통제 활동이 있다.

우선 Feed Forward 통제가 있는데, 통제란 가장 나중에 이루어지는 것으로 알고 있지만 실제 전략적 스포츠 마케팅 계획 과정 이전에 이루어지는 것이 Feed Forward 통제로서 실제 생산 활동 또는 시즌 개막 전에 이루어지는 것을 말한다. 시즌 개막 전에 운영절차를 결정하고 시설 등의 운영에 따른 표준을 정하는 것이 그 사례이다. 이러한 유형의 통제는 운영에 대한 제반 투입 요소들을 최적의 상태로 함으로써 최적의 효과를 거두기 위한 것이다.

둘째, 동시(concurrent)통제가 있는데 이는 경기 당일, 즉 계획이 실행되고 있는 동안에 이루어지는 통제이다. 특히 스포츠 경기의 경우 매일 이루어지는 것이 아니라 특정 일에만 개최되는 것이 대부분이므로 이러한 형태의 통제가 필요하기도 하다. 또한 스포츠 시설에서 서비스 전달의 품질을 점검하는 것도 동시통제의 좋은 사례이다. 즉, 감독자들은 각 스태프들이 조직이 정한 방침에 따라 제대로 자신들의 업무를 수행하는지를 책임지게 되며, 이를 통해 문제점의 즉각적인 시정이 가능해진다. 동시통제는 또한 경기에 입장한 관중들의 수를 점검해 보는 과정에서 이루어질 수도 있다. 관중들의 수가 예상보다 적다면 광고를 보다 더 많이 한다거나, 판매촉진 방안을 활용함으로써 목표했던 관중 수를 채울 수도 있을 것이다.

마지막으로 Feedback 통제가 있는데, 이는 우리가 이미 알고 있는 것처럼 이미 세워놓았던 표준이나 목표와 성과를 비교해서 어떤 차이가 있는지를 알아보는 것을 말한다. 피드백의 결과 다음 시즌이나 경기와 관련된 계획이 검토되거나 변경될 수 있게 된다. [그림 11-2]는 스포츠 조직에서 이용할 수 있는 통제의 과정을 보여주고 있다.

[그림 11-2] 통제의 과정 및 성과의 측정

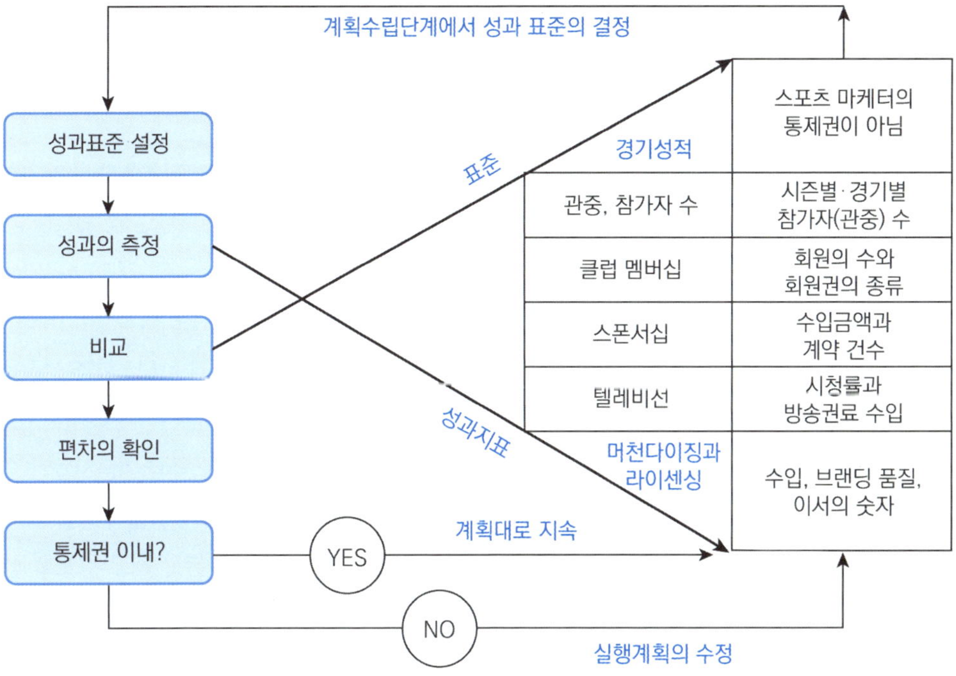

자료: D. Shilbury, S. Quick, & H. Westerbeek (1998), *Strategic Sport Marketing*, Allen & Unwin, Australia, p. 286.

스포츠 마케팅 현장이야기

하키센터 → 첨단 공연장 … 평창올림픽 시설 사후활용 본격화

2018 평창동계올림픽 경기장 등 시설물의 사후활용이 본격화된다. 강릉하키센터는 첨단기술을 접목한 공연장으로, 올림픽의 생생한 모습을 전 세계에 전했던 국제방송센터(IBC)는 국립문헌보존관으로 변신한다. 강원도는 문화체육관광부, 한국콘텐츠진흥원이 주관하는 '2020년 지역연계 첨단CT 실증사업 공모'에 도가 제출한 디지털 공연장 조성계획이 선정됐다고 16일 밝혔다. 이에

따라 강릉하키센터는 경기장의 기능은 그대로 유지한 채 다양한 첨단 디지털 기술, 예술을 융합한 새로운 개념의 디지털 공연장으로 꾸며진다. 디지털 공연장은 미디어파사드, 3D 맵핑 기술, 홀로그램, 스마트 스테이지, 드론 등 다양한 디지털 기술이 융합된 새로운 개념의 공연 콘텐츠를 선보인다.

경기장을 위탁관리 중인 강원도개발공사와 강릉과학산업진흥원이 사업을 공동 주관하고, 2018 평창기념재단과 민간기업 4곳이 컨소시엄을 구성해 2022년까지 3년간 추진한다. 총사업비는 국비 51억 원과 지방비 36억 원, 민간자본 9억 원 등 96억 원 규모다. 올해부터 각종 디지털 기술을 공연에 접목하기 위한 개발사업에 본격 착수한 뒤 내년에 시범 공연 시연에 이어 2022년부터 상설 공연 프로그램을 본격 가동한다.

도는 아이스링크를 활용한 디지털 공연장이 활성화되면 국가대표 훈련과 각종 경기대회 개최뿐 아니라 유료 관람객 유치를 통한 수익창출도 가능해 올림픽 경기장을 보다 안정적으로 활용할 수 있게 될 것이라고 기대하고 있다. 정일섭 도 문화관광체육국장은 "화려했던 올림픽 개막식 공연을 강원도만의 독특한 문화적 상상력으로 발전시키는 과제는 지금까지 경험과 기술 부족으로 어려움이 있었다"며 "이번 공모사업 선정으로 필요한 예산과 기술을 확보할 수 있게 됐다. 사업 성공을 위해 도 차원의 지원을 아끼지 않겠다"고 말했다.

IBC는 국립문헌보존관으로 탈바꿈한다. 이 시설은 올림픽 대회 기간 세계 각국 방송사들의 중계방송을 지원했다. 2m 이상의 적설량을 견딜 수 있는 구조와 공조 시스템, 난방설비 등을 갖추고 있다. 국립문헌보존관은 국립중앙도서관의 수장고 개념으로 중앙도서관 본관 서고가 포화 상태라 신규 건립이 시급한 실정이다. 국립문헌보존관 조성에는 985억 원의 사업비가 전액 국비로 투입된다.

올림픽조직위원회가 사용했던 건물은 동계훈련센터로 활용된다. 앞서 지난달 평창군과 대한체육회는 평창동계훈련센터 건립을 위한 업무협약을 했다. 조직위 사무소는 대지면적 9,804㎡, 총면적 10,408㎡, 지상 3층 규모다. 대한체육회와 도는 동계훈련센터가 설치되면 지도자와 선수, 시설관리 인력 등이 상주하게 됨에 따라 평창이 아시아 동계스포츠의 허브로 성장할 것으로 전망하고 있다. 또한 강릉 스피드스케이팅경기장은 내년 4월까지 드라마 · 영화 제작 세트를 갖춘 시설로 조성한다.

- 국민일보, 2020년 6월 17일-

(2) 성과의 측정

앞에서 언급한대로 통제의 유형에는 세 가지 것이 있기는 하지만 가장 일반적으로 많이 받아들여지는 것은 Feedback 통제라 할 수 있다. 즉, 처음 계획단계에서 세웠던 목표들이 어떻게 달성되었는지를 파악함으로써 추후 계획을 세우는데 중요한 정보를 제공하는 방법이 통제의 방안 중에서 가장 널리 알려져 있는 것이다. 이러한 통제를 위해서는 스포츠 마케팅 활동의 결과 어떠한 성과를 달성하였는지 파악하는 것이 중요하며, 여기서는 스포츠 마케터의 입장에서 파악해야 할 제반 성과들에 대해 살펴보기로 한다.

1) 성적 - 경기 결과

스포츠 조직의 성과를 평가하는 데 있어 경기 결과와 같은 성적은 가장 분명하고 명백하게 측정할 수 있는 부분이다. 그러나 팀의 성적은 스포츠 마케터가 통제할 수 있는 영역의 것이 아니다. 스포츠 마케터가 관여하는 대부분의 상품들의 경우 스포츠 마케터들이 그 설계나 포장 과정에 관여하지만, 성적의 경우 선택된 팀의 품실에 내해시는 이무런 영향력을 행사할 수 없다.

다시 말해서 팀을 구성하는 운동선수에 선정과 훈련 등은 스포츠 마케터의 통제권 밖이다. 대신 스포츠 마케터는 이미 구성된 팀이나 팀 내에 있는 선수를 토대로 이를 촉진하는 데 책임이 있을 뿐이다. 이외에 팀과 선수를 토대로 입장권이나 경기 관련 촉진 활동, 광고, 공중관계 및 스폰서십 확보 등을 전개하는 것 역시 스포츠 마케터의 업무이다.

그런데 스포츠 마케터는 이러한 제반 촉진 활동을 전개할 때 미디어 측에서 시청자들의 관심을 끌기 위해 주도적으로 하는 경우가 많기는 하지만 가급적이면 과도한 약속(over-promising)을 하는 것은 결코 바람직하지 않다는 점을 유념해야 한다. 과도한 약속은 오히려 소비자들의 기대치만을 상승시키고 결국 소비자들의 불만족을 초래할 가능성이 많기 때문이다.

우리나라 국가대표 축구팀이 이러한 과도한 약속의 피해를 입고 있는 전형적인 사례라고 할 수 있다. 물론 국민들의 희망이 담긴 것이기도 하지만, 월드컵이나 올림픽 때마다 8강 진출이 가능하다는 언론의 보도는 시청자나 축구팬들로 하여금 기대를 갖게 하였지만, 이 자체가 선수나 코칭 스태프에게 큰 부담으로 작용하여 좋은 경기를 펼치지 못하게 되고, 좋지 못한 성적을 거둠으로써 비난을 사는 일종의 악순환이 수년째 반복해 오고 있는 중이다. 이러한 경기 결과는 결코 스포츠 마케터의 책임이 아니다. 그러나 애초 기대했던 것과 차이가 발생했을 경우 이를 수습하는 것은 스포츠 마케터가 책임지고 해야 하는 부분이다. 즉, 다양한 마케팅 활동을 통해 부정적인 소비자들의 이미지를 개선시키기 위해 노력해야 한다. 1998년 월드컵에서의 참패 후 오히려 프로축구의 붐이 조성되었던 것은 좋은 예이다.

2) 관중과 참가자 수

관중의 수와 참가자의 수는 마케팅 성과를 측정할 수 있는 중요한 척도이다. 즉, 스포츠 마케팅 활동이 얼마나 효율적으로 전개되었는지 여부를 직접적으로 나타내 주는 성과치이다. 특히 스포츠 참가자 수는 관중의 수와 직접적인 관련성을 지닌다. 즉, 스포츠 참가자의 증대는 관중 수 증대에 기여하게 된다. 다시 말해서 사람들의 스포츠에 대한 호감이 참여를 통해 증가하게 되고, 그에 따라 해당 스포츠를 직접 경기장에 가거나 텔레비전을 통해 보게 될 가능성이 높아지게 된다.

따라서 스포츠 조직은 스포츠 참가자 수가 얼마나 증대하였는지를 잘 파악하고 있어야 하고, 어떻게 하면 해당 스포츠에 참가하는 사람들의 숫자를 크게 할 것인지 고민해야만 한다.

그러나 스포츠에의 참여는 단 한 번의 마케팅 활동으로 늘어나기보다는 상당히 오랜 기간에 걸쳐 이루어지는 경향이 크기 때문에 보다 장기적인 관점에서 접근해 들어갈 필요가 있다. 실제로 어린이 축구교실 같은 경우는 청소년들을 대상으로 한 스포츠 참여 장려책으로 볼 수 있으며, 장기적으로 이들이 축구종목의 열성적인 팬이 될 것으로 기대할 수 있다.

관중 수는 스포츠 조직의 수익에 막대한 영향을 끼친다

그러나 단기적으로는 관중의 수가 중요한 성과치로 간주되는 것이 현실이다. 또한 이러한 성과치는 스포츠 조직이 전개하는 다양한 촉진 활동, 가격조절전략, 서비스 품질과 시설물관리 등의 활동에 따라 그 성패가 달라지게 된다.

3) 클럽 멤버십

스포츠클럽에 참여한다는 것은 일반 스포츠 소비자에 비해 스포츠 상품을 이용하는 빈도가 높은 중사용자(heavy user)라는 것을 의미한다. 또한 멤버라는 것은 스포츠 조직에게 그만큼의 수익을 안겨 줄 가능성이 높다는 것을 의미한다. 특히 이러한 수익들은 시즌 전에 거둘 수 있기 때문에 스포츠 조직의 입장에서도 사전에 운영에 필요한 자금을 확보할 수 있다는 점에서 그 의미가 크다.

클럽 멤버십은 다양한 형태로 나타날 수 있다. 즉, 단순히 생각하는 스포츠클럽의 회원권만이 아니라 각 프로구단들의 시즌티켓 판매도 이 범주에 포함될 수 있다. 또한 이들은 일반 스포츠 소비자들에 비해 충성소비자(loyalty consumer)일 가능성이 더 많기 때문에 스포츠 조직의 입장에서 자신들에게 훨씬 더 우호적인 소비자들을 확보하게 되고, 이들과 보다 우호적이고 장기적인 관계를 맺을 수 있다는 것을 의미한다.

충성소비자들이 스포츠 조직에 안겨주는 효익은 매우 많다. 우선 그들은 일반 소비자들에 비해 스포츠 상품을 구매할 가능성이 훨씬 크기 때문에 스포츠 조직에 수익을 안겨준다. 둘째, 이들에게는 일반 스포츠 소비자들에게 들이는 마케팅 노력을 들이지 않아도 되기 때문에 스포츠 조직에 비용절감의 효과를 안겨준다. 셋째, 이들은 스포츠 조직에 대한 우호적인 구전을 다른 스포츠 소비자들에게 함으로써 스포츠 조직의 입장에서 커뮤니케이션에 소요되는 비용을 절감하게끔 하는 효과를 안겨준다.

따라서 스포츠 조직은 이들의 애고(愛顧)를 적절하게 보상해주고 이탈(defection)을 최소화할 수 있는 마케팅 프로그램을 설계할 필요가 있다. 그 방법으로는 제8장에서 언급한 상용고객 프로그램 등의 활용을 들 수 있다.

4) 스폰서십

스포츠 마케팅 프로그램에 있어 스폰서십은 성공 여부를 가름하는 또 다른 중요한 척도이다. 실제 스폰서십은 그 중요성이 매우 크기 때문에 대개의 스포츠 조직들은 스폰서십 관련 수익제고만을 감안한 마케팅 프로그램을 개발하는 경우가 있다. 그러나 이러한 견해는 마케팅 근시안적(myopic)인 사고이다. 즉, 스폰서십만을 고려한 마케팅 프로그램은 단기적으로 스포츠 조직에 수익을 안겨줄 수 있을지 모르지만, 장기적으로는 다음 두 가지 문제를 안겨주기 때문에 그 문제가 크다.

- 스포츠 조직이 여러 가지 마케팅 프로그램을 개발함으로써 스폰서 기업에 마케팅 활동과 관련된 효익을 제공할 수 있다는 것을 부인하는 결과를 초래한다.
- 마케팅 프로그램의 성공 여부가 오직 한 가지 목표에만 집중하게 된다.

따라서 스포츠 조직은 마케팅 전략 자체를 스폰서십의 확보만을 생각하고 수립할 것이 아니라 다른 여러 가지 목표들도 함께 감안해서 수립할 필요가 있다. 만약 스폰서십을 통한 수입이 예상했던 것보다 적을 경우 다른 마케팅 목표나 그에 따른 실행계획을 수립하지 않았기 때문에 경제적으로 큰 어려움이 닥칠 수도 있기 때문이다. 물론 다른 마케팅 활동을 전개하는데 비해 스폰서십을 확보하는 방법이 더 쉽기 때문에 이런 현상이 초래되지만, 장기적으로는 결코 바람직하지 않은 방법이다.

5) 텔레비전 커버리지

스포츠 마케팅에 있어서 텔레비전의 비중은 매우 크다. 스포츠 조직의 입장에서 텔레비전은 주요한 수익원일 뿐만 아니라 스포츠 조직의 제반 활동을 보도해줌으로써 주요한 커뮤니케이션 수단으로 활용되기 때문이다.

따라서 스포츠 마케터는 마케팅 계획을 수립할 때 텔레비전의 역할에 대해 신중하게 고려할 필요가 있으며, 이를 위해 마케팅 목표를 설정할 때 다음 사항을 자문해볼 필요가 있다.

- 스포츠가 텔레비전 방송권료 수입을 얻을 능력(잠재력)이 있는가?
- 그렇다면 그 금액은 어느 정도인가?
- 그렇지 않다면 스포츠의 촉진 활동에 도움이 될 만한 보도를 어디를 통해 얻을 것인가?

이러한 점들을 자문해봄으로써 텔레비전과 관련된 마케팅 목표가 결정되게 되며 그 결과 그에 따른 성과를 측정하고 평가할 수 있게 된다.

또한 텔레비전 미디어의 입장에서 봤을 때 스포츠를 중계하는데 매력적으로 보이기 위해 어떻게 경기를 변경시킬 것인지도 생각해볼 필요가 있다. 다시 말해서 텔레비전이 스포츠에 미치는 막대한 영향력으로 인해 텔레비전의 요구에 맞춰 경기시간, 심지어 경기규정까지도 변경할 필요가 있다.

1988년 서울올림픽 당시 올림픽중계권을 가진 방송사의 요구에 따라 주요 경기 결승전 경기시간을 변경한 것이 그러한 예이다. 당시에는 국민감정까지 상하게 하는 일대 사건이었지만, 스포츠 이벤트 개최를 통해 수익을 거두려는 입장에서는 어쩔 수 없이 수용할 수밖에 없는 부분이었던 것이 사실이다.

또한 프로농구의 경우 아마추어농구와는 달리 작전타임 시간이 많은 것도 그 시간에 광고방송을 내보내기 위해 텔레비전의 요구에 부합한 것으로, 경기의 규정까지도 스포츠의 기본 틀을 흔들지 않는 범위에서 변경한 사례이다.

6) 머천다이징과 라이센싱

머천다이징과 라이센싱 역시 스포츠 조직이 기대할 수 있는 수익원으로써 그 성과를 평가할 필요가 있는 내용으로서 최근 들어서는 스폰서십과 함께 이를 통해 얻는 수익들이 점차 커지고 있기 때문에 그 중요성이 더 커지고 있다.

특히 라이센싱의 경우 스포츠 조직에 수익을 안겨주는 효익 말고도 스포츠 조직의 로고와 트레이드마크를 상품에 부착함으로써 소비자들에게 스포츠 조직에 대한 인지를 심어줄 수 있다는 점에서 그 의미가 크다.

라이센싱의 경우 상품화권자가 일정 금액의 로열티(royalty)를 지급하는 조건으로 스포츠 조직의 로고나 트레이드마크를 이용하기 위한 계약을 맺는 것으로서, 스포츠 조직의 입장에서는 이 계약이 성실히 이행되는지 함께 파악해야만 한다.

즉, 계약한 대로 생산물량이 제한되고 있는지, 생산되는 제품들의 품질은 스포츠 조직의 이미지를 손상할 정도로 떨어지는 것은 아닌지를 함께 파악해야만 한다. 또한 양 당사자가 함께 노력해야 할 문제이지만 모방 또는 위조품이 시중에 유통되고 있지는 않은지 파악할 필요가 있다.

스포츠 마케팅 현장이야기

"어머! 이건 꼭 사야해"… '스포츠'에 마음 연 여성들

#1. 대학교 학과 조교로 일하는 한화 이글스 팬 유인환(27) 씨의 업무 공간은 온통 한화 굿즈(goods)로 도배됐다. 탁상 달력과 머플러는 물론 야구공 · 피규어 · 미니배트 · 물병이 놓여있다. 차량에는 차량용 스티커와 방향제가 붙어있다. 물론 열쇠고리 역시 한화구단에서 내놓은 상품이다. 평상시에는 언제나 모자와 후드티를 즐겨 착용한다.

#2. 사회인 야구에 참여하는 롯데 자이언츠 팬 윤지원(28) 씨는 유니폼과 모자, 스타킹 등 팀 구분을 위한 최소한의 의상 외 소품들은 대부분 롯데 굿즈로 꾸렸다. 장비 가방이나 아대, 겨울철 사용하는 넥워머 등 수 많은 구단 상품들을 사용한다. 그는 "지금까지 롯데 관련 상품 구매에 들인 돈만 500만 원이 넘는다"고 말했다. 그가 갖춘 유니폼만도 10개 가까이 된다.

#3. 3월 14일 시범경기 관람을 위해 목동야구장을 찾은 넥센 히어로즈 팬 설지선(27) 씨는 유니폼과 모자 외에도 점퍼와 무릎담요, 응원 도구 등 넥센 구단의 굿즈로 무장했다. "구단 상품의 디자인이나 실용성에 매우 만족한다"는 그는 "공식 상품은 아니지만 차량도 넥센 히어로즈 관련 디자인으로 튜닝했다"며 남다른 애정을 드러냈다.

#4. 같은 날 FC서울의 홈 개막경기가 열린 서울월드컵경기장. 지난해까지 작은 규모로 운영됐던 굿즈 판매 부스가 매장 형식으로 확대됐다. 규모 확대만큼 상품도 다양해졌다. '차두리 스냅백'을 집어 든 박재웅(32) 씨는 "축구가 아닌 영화를 보러 이곳에 왔다가 예뻐서 사게 됐다. 평상시에 활용해도 좋을 것 같다"며 계산대로 향했다. "유니폼을 사달라"는 아들과 "너무 비싸다"며 주저하는 아버지의 모습도 보인다.

❍ 男 → 女 '야구장 경제 주권'은 이양 중

'팬심(fan心)의 척도'였던 프로구단 라이센싱 상품, 이른바 '굿즈'가 일상 속으로 파고들었다. 유니폼과 모자 등 선수와의 동일성을 원천으로 삼아 판매됐던 과거의 전략과는 달리 현재는 각 구단마다 수십 가지는 기본, 많게는 100가지가 넘는 굿즈들이 스포츠팬들의 지갑을 열고 있다.

이 같은 구단들의 굿즈 판매전략 변화는 주 소비층의 변화와 궤를 같이 한다. 남성 관람객 비중이 압도적이었던 2000년대 이전과는 달리 디자인과 실용성을 중시하는 20~30대 여성과 어린이 관람객의 비중이 늘어나기 시작하며 이들을 겨냥한 참신한 상품들을 꾸준히 늘려갔다.

지난해 롯데는 원피스 유니폼을 비롯해 핫팬츠 · 쿨링백 · 키 높이 방석 · 미니 선풍기를, 넥센은 텀블러와 에코백 · 부채 등을 출시했다. LG는 아예 여성과 아이들에게 인기가 높은 '헬로키티' 캐릭터를 도입해 의류와 인형, 액세서리 등 다양한 상품들을 선보였다.

롯데구단 관계자는 "커플 · 가족단위 관중이 늘어나면서 여성 관중이 증가한 점은 분명하다"며 "마케팅 전략 역시 이 같은 추세에 발맞춰 가고 있다"고 말했다. 롯데는 9년 전부터 유니폼을 홈페이지 주문제작 할 때 상체의 핏(fit)을 직접 선택할 수 있도록 해 여성팬들의 호응을 얻기도 했다.

머천다이징 업계의 한 관계자는 "2000년대 들어 주요 구매층의 무게 추가 남성에서 여성 쪽으로 기울었다"고 밝혔다. 그는 "굿즈를 구매하려는 남편의 소비 행태를 아내가 저지하는 경우가 많았지만, 반대로 아내나 자녀의 구매욕구를 남편이 막아서는 경우는 드물다"면서 "여가에 대한 소비를 투자 개념으로 보는 20~30대 여성 관중이 늘어난 점 또한 시장구조 변화의 큰 이유"라고 밝혔다.

❍ "디자인은 일상이다" 별도 조직 꾸린 NC

그렇다면 야구팬들이 가장 부러워하는 타 구단 굿즈는 뭘까. 다수의 팬들은 NC다이노스의 상품들을 꼽았다. LG트윈스 팬 김연주(26) 씨는 "LG의 굿즈들도 예쁘고 실용성 있지만, NC의 '단디봉(다이노스틱)'은 볼 때마다 귀엽다는 생각이 들었다"고 말했다. 두산 팬 김현성(40) 씨도 "두산을 응원하러 갔는데 아이는 NC의 응원봉을, 아내는 NC의 망토를 탐내 난감했다"며 웃었다.

NC는 지난 2013년 말 프로구단 중 최초로 디자인과 브랜딩을 전담하는 '크리에이트 서비스팀

(CS팀)'을 신설해 운영하는 등 창단 초기부터 팀의 브랜드 구축을 위한 적극적인 노력을 기울여 왔다. 전체 팀원은 4명, 이 가운데 디자인 담당 인력만 2명이다.

디자인과 브랜딩 전담 부서를 꾸린 데는 게임업체 대표 출신 김택진 구단주와 국내 · 외 스포츠 산업 동향에 밝은 이태일 대표의 의지가 컸다. 이태일 대표는 "디자인이라는 단어를 들으면 미술이나 조형 · 패션 정도만 떠올릴 수 있지만, 사실 디자인은 일상과 분리할 수 없는 요소다. 야구가 일상인 이들에겐 야구 디자인이 곧 삶의 일부인 셈"이라며 '디자인 특화'의 이유를 밝혔다.

NC의 굿즈 제작에는 시즌과 비시즌이 구분 없다. 지난 2014 시즌 개막 전에는 밸런타인데이를 맞아 마스코트 '단디'의 이름과 캐릭터를 활용한 '이거 억수로 단디' 초콜릿을 출시해 호평 받았다. 시즌 들어서는 포스트시즌을 겨냥한 '가을이야기'를 키워드로, 시즌 종료 후에는 '크리스마스'를 키워드로 다양한 굿즈를 내놨다. 지난 1월에는 스프링캠프 모자와 티셔츠를 출시해 야구팬들의 구매욕을 자극했다.

NC 김신희 크리에이트 서비스팀장은 "보다 세련되고 실용적인 상품을 위해 항상 고민하고 있다"며 "시즌이 쉰다고 해서 팬들도 쉬는 건 아니다. 1년 내내 다양한 방식으로 팬들과 소통해가며 새로운 콘텐츠를 만들어 가는 게 우리의 역할"이라고 말했다.

❍ "투자 → 수익산업 … 시장 개념 바뀔 것"

구단의 노력과 팬들의 호응 속에 빠르게 성장 중인 굿즈 시장이지만 하나의 산업으로 발전하기엔 시간이 필요하다는 의견이 많다. 팬들의 충성도와 구매력이 가장 높은 것으로 알려진 롯데 관계자 역시 "포스트시즌 진출 여부에 따라 매출의 편차가 매우 크다"면서 "손익에 대한 이야기를 꺼내긴 아직 어려운 게 사실"이라고 밝혔다.

또 다른 프로구단 관계자도 "아직까지 한국의 굿즈 판매는 수익창출의 수단이라기보다 팬들과의 유대감을 높이고 인지도를 높이기 위한 투자의 일환으로 보고 있는 실정"이라고 말했다. 국내 양대 프로 스포츠를 관장하는 KBO와 한국프로축구연맹 역시 머천다이징 판매 매출에 대한 통계나 수치는 아직 공개하기 힘든 수준이라고 전했다.

이처럼 아직까지 미국이나 일본, 유럽의 프로 스포츠 시장만큼 스포츠 산업의 커다란 축을 맡고 있지는 않지만, 시장규모의 확대가능성은 상당히 높다는 게 업계의 중론이다.

목동야구장에서 원정팀 굿즈 판매 부스를 운영하는 '포유'의 이현재 이사는 "구단들이 내놓는 굿즈가 소비자를 만족시키기 시작하며 전체적으로 매출은 늘고 있는 상황"이라고 밝혔다. 실제로 현재까지 원정팀 굿즈를 판매하는 부스는 목동야구장 1곳과 잠실야구장 2곳뿐이었지만, 올 시즌 새로 참가하는 kt의 홈구장 수원야구장에서도 원정팀 굿즈 판매 부스를 개설해 운영한다.

- 한국일보, 2015년 3월 19일 -

참고문헌

1) M. D. Shank (1999), *Sports Marketing: A Strategic Perspective*, Prentice-Hall, Inc., New Jersey, pp. 490~503.

2) P. Smolianov & D. Shilbury (1996), "An Investigation of Sport Marketing Competence," *Sport Marketing Quarterly*, 5(4), 27~36.

4부

스포츠 마케팅의 특수 영역

12장 공중관계전략

헤드라인 스토리

외식업계, '착한' 스포츠 마케팅 대세

장기간 수그러들었던 스포츠 열기가 프로야구 시즌 개막과 함께 되살아나는 움직임을 보이는 가운데 최근 외식업체들이 발 빠르게 스폰서십과 대회 개최 등을 알리며 '스포츠 마케팅'에 줄이어 시동을 걸고 있다. 이러한 외식업계의 스포츠 마케팅은 인기 스포츠를 통해 자연스럽게 브랜드 이미지와 상품정보를 제공하는 방식으로 자주 사용돼왔지만 올해는 전반적으로 침체된 사회 분위기 속에서 스포츠 후원과 함께 '나눔'을 실천하는 기업들이 늘어나는 추세다.

소고기 전문 브랜드 이차돌은 프로야구단 kt위즈와 메인스폰서 계약을 체결했다. 이번 협약으로 이차돌은 올 시즌 kt위즈 선수단 유니폼의 견장상단에 이차돌 로고를 부착하게 됐다. 또한 수원 kt위즈 파크구장의 외야 홈런존을 '이차돌 홈런존'으로 명명하고 사회공헌 행사를 진행할 예정이다. kt위즈 홈경기 중 '이차돌 홈런존'에서 홈런이 나올 때마다 이차돌이 일정 금액의 지역사회 기부금을 적립하는 내용이다. 이와 별도로 이차돌은 홈런 선수에게 전 지역 가맹점에서 사용 가능한 상품권을 선물로 증정할 계획이다.

또한 수원 kt위즈 파크구장 내 전광판을 통해 이차돌 광고를 노출하며, 경기 중에는 이차돌 댄스 이벤트를 진행할 예정이다. 이 밖에도 이차돌과 KT 그룹사는 협업을 통해 프로야구 리그에 활력을 불어넣고, 야구팬들과 이차돌 고객들이 함께 할 수 있는 다양한 프로모션을 전개할 계획이다.

버거&치킨 브랜드 맘스터치(해마로푸드서비스)는 최근 한국프로농구 '레전드'들과 함께 고등학교 농구 꿈나무들에게 한 수 가르치는 '새싹밟기 프로젝트' 시즌2를 진행 중이다. 새싹밟기 프로젝트는 맘스터치가 작년에 이어 진행하는 스포츠 사회공헌 활동으로, 고등학교 농구 꿈나무들을

KBL 레전드들이 찾아가 5 대 5로 맞붙어 경기하는 행사이다.

이번 시즌2에는 한국 농구를 대표하는 우지원, 신기성, 김훈 등 KBL 레전드들과 고교농구 유망주들의 뛰어난 플레이를 볼 수 있어서 농구 마니아들의 큰 호응이 예상된다. 경기내용은 '터치플레이' 유튜브 채널과 네이버TV 등에서 확인할 수 있다. 또한 참가한 고교팀에는 학교발전기금 100만 원이 기부될 예정이다.

교촌은 치킨 프랜차이즈 최초로 골프 대중화에 앞장서고자 '교촌 허니 레이디스 오픈' 골프대회를 개최하고 있다. 대회명의 '허니'는 교촌치킨의 메뉴 중 하나인 '허니 시리즈'를 지칭해 여자골프 팬들에게 달콤한 즐거움을 선물한다는 의미를 담았다. 허니 레이디스 오픈은 매 대회마다 다양한 사회공헌 활동을 펼치면서 나눔의 대회로도 알려져 있다. 특히 대회 기간 동안 '허니 기부존' 이벤트는 나눔의 의미를 더한다. 허니 기부존은 선수들의 티샷이 기부존에 안착되면 일정액의 기부금이 적립되는 이벤트다.

- 세계일보, 2021년 3월 31일 -

공중관계(Public Relation: PR)는 다양한 공중과의 건전한 관계를 형성하기 위하여 호의적인 공중성을 획득하거나, 우호적인 이미지를 구축하거나, 비우호적인 소문, 이야깃거리, 사건 등을 처리하거나 방지하는 활동을 의미하는데,[1] 이 때문에 일반 기업들뿐만 아니라 스포츠 조직들은 특히 공중(public)의 의견이 어떻게 형성되는지의 여부가 구매행동에 막대한 영향을 미친다는 사실에 주목하고 있으며, 이를 통해 다양한 공중들과의 상호 호혜적인 관계를 구축하고 이를 유지하기 위해 노력하고 있다.

1 공중관계 활동의 이해

공중관계는 커뮤니케이션 믹스의 한 요소로서 당연히 커뮤니케이션의 목표를 그 토대로 해야 한다. 또한 커뮤니케이션 목표는 마케팅 목표를 토대로 하기 때문에 공중관계 활동의 목적은 기본적으로 스포츠 조직에서 설정한 마케팅 목표를 토대로 한다.

예를 들어, 한 프로축구구단의 마케팅 목표가 다음해에 관중 수를 10% 증가시키는 것으로 설정했다고 하자. 그런데 이러한 목표는 해당 프로구단이 사람들로부터 우호적인 이미지를 갖고 있다면 보다 손쉽게 달성될 수 있을 것이다. 또한 공중관계의 목표를 손쉽게 달성하지 못하더라도, 적어도 공중관계 활동을 통해 스포츠 조직에서 실시하는 커뮤니케이션 활동이나 마케팅 활동이 성공적으로 이루어지는 데 도움이 될 수 있을 것이다.

일반적으로 커뮤니케이션 목표와 마케팅 목표를 지원하기 위해 다음과 같은 광범위한 공중관계 활동의 목표가 설정될 수 있다.

① 스포츠 조직의 활동에 대해 이해시키고 이를 받아들이게 한다.

② 구체적인 행동을 설명해준다.

③ 공중을 교육시키고 정보를 제공한다.

④ 스포츠 조직이나 새로운 상품에 대한 인지를 창출한다.

⑤ 스포츠 조직에 대한 신뢰감을 구축한다.

⑥ 스포츠 조직에 대한 선의(goodwill)를 쌓게 한다.

위에서 보듯이 대부분의 공중관계 활동은 직접적으로 판매량의 증진을 목표로 하지 않는다. 즉, 공중관계 활동은 간접적으로는 판매량의 증진에 도움이 될 수 있을지 모르지만 그것이 전부는 아니다. 다시 말해서 조직 내의 다른 마케팅 활동과 함께 연계하여 그 역할을 수행한다.

(1) 공중의 이해

스포츠 조직이 공중관계 활동을 전개하기 위해서는 현재 공중들이 스포츠 조직에 대해 어떠한 의견을 가지고 있으며, 그들은 도대체 누구인지를 파악해둘 필요가 있다.

1) 공중의 의견

공중들이 현재 어떠한 태도를 가지고 있는지를 파악하는 것은 공중관계 활동의 가장 기본적인 임무 중의 하나이다. 즉, 태도란 사람들이 특정한 쟁점이나 문제점에 대해서 평가하는 것을 가리키는데, 공중들은 바로 이러한 특정한 쟁점이나 문제점에 대해 그 평가내용을 서로 공유하는 사람들을 가리킨다.

그래서 일단의 사람들이 가지고 있는 태도가 중요해지고 충분히 커지게 되면, 이 태도는 결국 의견(opinion)으로 바뀌게 된다. 또한 특정한 쟁점에 대한 사람들의 의견은 제반 행동에 영향을 미치게 되는데, 스포츠 조직이 염두하고 있는 표적시장의 구매행동에 영향을 미치는 것들이 바로 이러한 공중들의 의견인 것이다.

팬들에게 사랑받는 선수를 후원하는 것 또한 공중관계 활동의 일환이다

실제로 공중의 의견은 표적시장의 구매행동에 매우 큰 영향을 미치며, 이 때문에 공중들의 의견은 공중관계 활동의 가장 기본적인 영역 중의 하나가 된다. 즉, 공중들의 의견이 우호적이라면 이를 강화하고, 부정적이라면 이들 바꾸도록 하는 것이 모든 공중관계 활동의 가장 기본적인 지향점이다.

2) 공중의 유형

공중이란 보통 스포츠 조직의 활동에 대해 관심을 가지고 있는 개인, 집단, 그리고 기타 조직으로서 스포츠 조직이 그들의 욕구에 부응하도록 노력해야 한다고 한다.[2] 일반적으로 스포츠 조직뿐만 아니라 대부분의 조직에 적용할 수 있는 일반적인 형태의 공중들을 다음처럼 크게 네 부류로 구별해 볼 수 있다.[3]

일단 스포츠 조직의 입장에서 공중들이 확인되면, 스포츠 마케터들은 마케팅 조사 활동을 통해 공중들이 가지고 있는 의견에 대한 정보를 파악할 수 있게 된다. 이를 토대로 우호적인 공중들의 의견은 고양시키고, 부정적인 의견은 변경시키기 위한 공중관계 활동이 전개된다.

[표 12-1] 스포츠 조직의 공중

일반 공중	스포츠 조직의 구성원	조직의 이해관계자	소비자
• 텔레비전 • 라디오 • 인쇄매체 • 지역사회	• 이사회 • 코칭스태프 • 운동선수 • 프런트 직원	• 투자자 • 경기단체 • 정부기관 • 스폰서	• 관중 • 팬클럽 멤버 • TV, 라디오 시청자 • 신문, 잡지 구독자

(2) 공중관계 활동의 장 · 단점

커뮤니케이션 믹스의 한 구성 요소로서 공중관계 활동은 다른 커뮤니케이션 요소들처럼 나름대로 고유한 장 · 단점을 함께 가지고 있다. 특히 공중관계 활동은 특정한 상황에 적용될 때 다른 커뮤니케이션 믹스에 비해 두드러진 장점을 지닌다고 한다.[4)]

- 신빙성(credibility): 광고와는 달리 공중관계 메시지의 원천이 스포츠 조직이 아닌 경우가 많다. 따라서 메시지의 수신자들에게 훨씬 더 신빙성 있게 받아들여진다.
- 비용(cost): 공중관계 활동을 담당하는 부서의 경비를 제외하고는, 기타 경비가 그렇게 많이 소요되지 않는다.
- 클러터의 해소: 대개 PR 활동의 내용은 뉴스로 재생산되기 때문에 제시되는 정보가 광고나 판매촉진의 경우와는 차이가 나며, 소비자들은 그 내용에 훨씬 더 주목하게 된다.
- 실마리(lead)의 도출: 이는 공중관계 활동의 결과 소비자들에게 문제해결의 단서를 제공해 줄 수 있다는 의미로서, 평소 자신의 골프 비거리가 짧아서 고민하던 사람들은 골프경기 중계를 통해 비거리가 긴 프로골퍼의 경기장면을 보게 되고, 그 선수가 이용하는 골프클럽을 문제해결의 실마리로 생각하게 된다는 것이다.
- 특정 집단에 소구하는 능력: 어린이 야구대회 개최처럼 PR 활동은 종종 특정 집단만을 대상으로 할 수 있으며, 이때는 이들만을 대상으로 한 소구가 가능하다.
- 이미지 구축: 효과적인 PR 활동은 사람들 사이에 강한 이미지를 형성해서 당분간 부정적인 사실들이 보도되더라도 여기에 흔들리지 않게 해준다.

이러한 장점에도 불구하고 PR은 조직의 입장에서 그 결과를 임의로 통제하기 어렵다는 단점을 지닌다. 바로 PR의 결과물로 나타나게 되는 홍보(publicity)를 스포츠 조직이 임의대로 할 수 없다는 것이다. 즉, PR의 결과 부정적인 홍보로 귀결되는 경우, 위에서 살펴본 PR의 장점들이 고스란히 단점으로 바뀌어져 버린다. 즉, 사람들은 해당 조직에 대해 부정적인 이미지를 갖게 되고, 이를 해소하기 위해 보다 더 많은 비용을 소모해야만 하기 때문이다.

2 공중관계 활동의 유형

(1) 미디어관계

공중관계관리 방안 중에서 가장 널리 이용되는 것들이 미디어(media)를 활용하는 방법인데, 다른 공중관계 방안보다 공중, 그리고 일반 소비자들에게 미치는 영향력이 비교도 되지 않을 정도로 크기 때문이다. 특히 스포츠에서 공중관계(PR)는 종종 홍보(publicity) 또는 미디어관계(MR: Media Relation)와 동일한 의미로 받아들여져 왔다. 스포츠 조직의 PR 담당자들이 미디어에 해당 스포츠 조직에 대한 노출의 빈도를 증대시키기 위해 주로 미디어 쪽으로 정보를 제공해왔기 때문이다.

물론 단기적으로 봤을 때, 미디어관계는 가장 중요한 공중관계 활동임에 틀림없다. 그러나 장기적인 관점에서 볼 때, 스포츠 조직이 속해 있는 지역사회와 상호 호혜적인 관계를 구축하려는 지역사회관계(Community Relation: CR) 활동이 판매의 증진, 스포츠 조직에 대한 긍정적인 감정의 창출, 장기적인 관계를 구축하는데 더 중요한 역할을 하게 된다.[5)]

다양한 기업이 후원하는 여러 형태의 마라톤이 개최되고 있다

따라서 공중관계 활동은 위의 두 가지 중 어느 한 가지 활동만으로 그 목표가 달성될 수 있는 것이 아니며, 이러한 두 가지 구성 요소들이 함께 상호작용을 할 때 그 효과가 배가 될 수 있다. 미디어관계에 대해서는 뒤에서 보다 더 자세히 언급하기로 한다.

(2) 지역사회관계(CR)

CR 활동은 어떻게 보면 스포츠 조직이 펼치는 마케팅 활동의 전부를 가리킨다고 해도 과언이 아니다. 실제로 CR 활동은 스포츠 조직들이 보다 많은 스포츠 소비자들에게 자신들을 알리기 위한 전략적인 수단으로서 등장하였기 때문이다. 이러한 CR 활동의 기본적인 목표는 지역사회의 공중들로부터 스포츠 조직, 스포츠 자체 혹은 스포츠 선수에 대한 이해를 구하고, 승인을 얻으며, 더 나아가 이들로부터의 지원을 얻는 것에 있다.

CR 프로그램은 일반적으로 PR 부서에서 수행하는 미디어관계 프로그램을 보완해주는 역할을 수행하며, 소비자와 일반 공중들 사이에 인지도를 제고시키는 것을 목표로 한다. 또한 지역사회에 스포츠 조직을 노출시킴으로써 인지도를 높이는 것과 함께 CR 프로그램은 선의(goodwill)를 형성하게 된다.

기업이 주최하는 스포츠행사에 유명선수가 참석하는 것은 행사에 대한 흥미를 높이는 효과를 거둔다

기본적으로 CR 활동과 MR 활동은 모두 스포츠 조직에 대한 홍보(publicity)창출을 목표로 하는데는 일치하지만, MR 활동이 보다 즉각적인 성과를 거두는 것을 지향한다면, CR 활동의 경우는 고정팬의 개발과 같은 보다 장기적인 목표를 지향한다는 데서 그 차이를 보인다. 물론 CR 프로그램도 MR 활동처럼 어느 정도 선의와 홍보를 창출했는지를 파악함으로써 그 효과를 알아볼 수도 있지만, 기본적으로 팬을 얼마나 확보할 수 있는지의 여부로도 그 효과를 파악해야만 한다. 팬을 확보한다는 것은 단순히 티켓 판매량이 늘어난다는 것만을 의미하는 것이 아니라 방송중계권료, 관련 상품 판매 스폰서 금액의 증가를 의미하기도 한다. 결국 CR 활동을 통해 얼마만큼 많은 팬을 확보할 수 있는지의 여부는 스포츠 조직의 재정적인 측면에서 많은 기여를 하게 되며, 이는 공중관계의 가장 기본적인 원리와도 일맥상통하는 내용이다.

CR 프로그램은 보통 세 가지 방법 - 선수 주도, 팀 주도, 리그(혹은 스포츠 종목) 주도 - 으로 시행되며,[6] 최근 들어 스포츠 조직들은 이러한 CR 활동의 중요성을 인식하고 이러한 프로그램을 수행하는 데 점차 더 많은 인적 · 재정적 지원을 하고 있는 중이다.

특히 이러한 세 가지 CR 활동에 있어 스포츠 선수가 차지하는 비중은 매우 크다. 거의 모든 CR 프로그램에 선수, 특히 스타플레이어는 어떤 식으로든 참여하게 된다. 스타플레이어가 CR 프로그램에 참여함으로써 해당 CR 프로그램에 대한 기업들의 스폰서를 구하기가 보다 용이하고, 미디어로부터 관심을 얻을 수 있으며, 보다 많은 공중들의 참여와 관심을 유도해낼 수 있기 때문이다.

3 미디어관계의 유형

앞서 지적한대로 공중들의 의견이 차지하는 비중이 매우 크기 때문에, 미디어관계는 대중

미디어를 통해 이를 공중들에게 우호적인 의견을 형성하기 위해 정교하게 설계된다. 또한 미디어관계는 반드시 공중의 의견과 스포츠 조직의 전략과 균형이 되도록 설계되어야만 한다.

이러한 미디어들은 스포츠 조직으로 하여금 많은 무료 홍보를 가능케 해준다는 장점과 함께 통제가 어렵다는 문제점을 안고 있지만 그 중요성이 점차 커지고 있다는 것은 분명한 사실이다. 따라서 스포츠 마케터들은 이러한 미디어들과 어떻게 원만한 관계를 유지하고 관련된 능력을 키울 것인지가 중요한 사항이라 하겠다.

스포츠 조직 내에서 미디어관계가 차지하는 비중 혹은 역할에 따라 달라지지만, 일반적으로 미디어관계는 다음의 접근 방법을 따른다고 한다.

(1) 수동적인 미디어관계

이 방법은 미디어들로부터의 질문이나 요구사항이 있을 때 여기에 대응하고 반응하는 방법이다. 이때 미디어관계 담당자는 미디어 또는 기타 이해관계자들로부터 제기되는 질문, 문의, 그리고 요구에 맞춰 대응을 한다. 스포츠의 경우 미디어나 기타 이해관계자들이 요구하는 사항들은 대개 선수와의 인터뷰, 선수의 방송출연, 선수의 사진 · 이력 등에 대한 것들이다.

실제 이러한 미디어관계 방법은 그렇게 적극적인 방법은 아니지만, 각 미디어들의 요구가 있을 시 여기에 즉각 답해줄 수 있는지의 여부는 미디어에의 노출가능성을 결정하는 중요한 척도가 된다. 특히 방송미디어의 경우 이미 짜여진 스케줄에 따라 방송이 이루어지는 경우가 많기 때문에 해당 미디어의 요구에 즉각 대응하지 못하게 되면, 방송에 해당 선수 더 나아가 해당 스포츠 조직이 등장할 수 없게 된다.

(2) 적극적인 미디어관계

이 방법은 미디어관계의 출발점이 수동적 접근의 경우처럼 미디어들이 아니라 스포츠 조직이 되는 것을 말한다. 즉, 스포츠 조직이 임의로 선수나 특정 이벤트 등에 대한 자료를 준비해서 미디어와 접촉하는 것을 가리킨다. 일반적으로 미디어관계는 항상 수동적인 기능을 발휘하는 것이 일반적이지만, 미디어관계의 기본 방식은 미디어에 정보를 제공하는 데 주도권을 쥐고 홍보(publicity)를 창출하는 적극적인 접근법이다.

실제 각 스포츠 조직들은 정례적으로 보도 자료를 미디어들에 제공하는 방법으로 이러한 접근법을 따르는데, 사소한 것이라도 지속적으로 보도 자료가 제공되어진다면 해당 스포츠 조직은 보도기관의 입장에서 신뢰할만한 정보원이 되고 결국 공중관계 활동이 주목받을 수 있게 되어 그 내용이 보도될 가능성이 높아진다.

더 나아가 정례적인 공중관계에 참여하는 스포츠 조직은 자신들의 미디어관계 활동이 이미지 제고효과를 거둘 수 있다는 점을 주목해야만 한다. 즉, 논설위원이나 기자들은 덜 알려진 스포츠 조직보다는 잘 알려진 스포츠 조직에 대한 정보, 이용경험, 그리고 충고 등을 하려할 것이기 때문이다.

4 미디어관계의 구축

(1) 미디어의 욕구

일반 기업의 경우도 마찬가지겠지만 기본적으로 스포츠 조직과 미디어 간에는 항상 갈등이 있기 마련이다. 미디어들은 뉴스거리를 원하고, 스포츠 조직은 홍보(publicity)를 원하기 때문이다.

제반 미디어들의 편집자들은 기본적으로 자신들의 청중, 예를 들어 신문 구독자, 라디오 청취자, 텔레비전 시청자들에게 새롭고, 흥미와 관심을 끌 수 있는 내용을 원한다. 특히 이들과 같은 미디어 산업은 다른 산업에 비해 그 경쟁이 훨씬 치열하다. 즉, 얼마만큼 청중들의 주목을 받을 수 있는지에 따라 그 성패 여부가 좌우되기 때문에 보다 경쟁우위에 서기 위해서는 청중들의 욕구와 관심사항에 부합하는 뉴스거리를 찾아 나서게 된다.

뉴스가 효과적이고 흥미롭기 위해서는 반드시 사람들이 관심을 가질만한 이야깃거리, 성공 내지는 실패담, 그리고 진귀한 장면이나 사건 등을 담아주어야만 한다. 사실 미디어는 스포츠 조직의 입장에서 고객으로 간주되어야만 한다. 왜냐하면 미디어와의 효과적인 관계구축은 일반 소비자들과의 효과적인 커뮤니케이션을 보장해주기 때문이다. 따라서 스포츠 마케터들은 이러한 범위 내에서 이야깃거리 또는 뉴스거리를 개발하기 위해 보다 창조적일 필요가 있다.

(2) 뉴스의 원천

스포츠 마케터들은 위에서 말한 것처럼 미디어에서 관심 있어 하고, 뉴스거리가 되도록 하기 위해 모든 방법을 강구해야만 한다. 하지만 스포츠 조직에서 제공하는 정보 모두를 기사화 하는 것은 결코 아니며, 미디어의 입장에서 뉴스로서의 가치가 있다고 판단될 때에만 기사화 한다.

따라서 스포츠 조직들은 다음에서 열거하는 사항들을 중심으로 뉴스거리를 미디어에 제공할 필요가 있으며, 이 내용들은 경기종목에 관계없이 모든 스포츠 조직들이 활용할 수 있는 일반적인 체크리스트라 할 수 있으며, 이를 구체적으로 살펴보면 다음과 같다.[7)]

1) 경쟁(rivalry)관계

김연아 선수와 아사다마오,
피켜스케이팅의 라이벌관계였다

스포츠에서 어떤 형태로든 경쟁을 만들어내는 것은 매우 중요하다. 팬들은 라이벌관계에 있는 팀과의 경기에 승리할 때 더욱 더 열광적이게 된다. 또한 라이벌관계가 조성되면 미디어의 주목을 더욱 더 받게 되고 결과적으로 보도될 가능성이 그만큼 커지게 된다.

2) 새로운 상품

일반 소비재상품처럼 스포츠에서도 항상 새로운 상품을 만들어낼 수 있다. 여기에는 선수 보호장구처럼 유형의 제품뿐만 아니라 팀 명칭의 변경, 새로운 스포츠 경기, 새로운 유니폼, 새로운 시설 등 다양한 형태로 제시될 수 있다.

3) 특별 이벤트

스포츠 조직에서 전개하는 독특한 활동 역시 사람들의 관심을 불러일으킬 수 있으며, 특히 그들이 해당 행사에 초대받는 경우 더욱 그러하다. 이러한 특별 이벤트들로는 대학 스포츠 팀에서 YB와 OB 간의 경기를 개최한다거나, 하프타임을 이용해서 유명 연예인의 콘서트를 개최한다거나 하는 것 등이 있다.

4) 경연이나 선정행사

새로운 마스코트를 정할 때 그 종류와 이름을 사람들로부터 제안을 받아 결정하거나, 올스타 선정을 위해 팬들로 하여금 투표를 하도록 하는 방식은 스포츠 조직의 홍보 활동에 가장 많이 이용되는 것으로 미디어의 주목을 쉽게 받을 수 있는 내용이다.

5) 사회 이슈와의 연계

사람들이 이미 잘 알고 있는 사회 이슈가 있을 경우, 이와 연계(tie-in)하는 것도 좋은 방법일 수 있다. 국제적으로 지탄을 받았지만, 유고 내전 시 유고출신 축구선수인 샤샤가 유엔의 유고공습에 대한 항의 표시로 유니폼 속에 폭격을 중지하라는 메시지가 담긴 셔츠를 입고, 골 세레머니를 할 때 이를 보여주었던 것이 전형적인 예이다.

6) 주요 휴일

이 방법은 바로 위에서 제시한 이슈와의 연계 방안의 하나로서, 스포츠 경기를 주요 휴일들과 연계시키는 것도 좋은 방안이다. 물론 우리나라는 모든 경기 일정들이 매년 달리 잡히는 것도 있지만, 장기적으로 봤을 때 특정일은 프로야구 개막일 또는 프로축구 개막일 하는 식으로 미리 정해두는 것도 미디어의 주목을 받을 수 있는 방법이기도 하다.

7) 기념일

비록 우리나라 프로 스포츠의 경륜이 짧기는 하지만 리그 창설 몇 주년, 팀 창단 몇 주년 하는 식의 기념일 역시 미디어의 주목을 받을 수 있는 내용이다. 특히 이러한 기념일이 되면 미디어들은 나름대로 특집 프로그램을 준비해서 어떻게 그 동안 변화해왔는지 등의 자료를 보도하기도 한다.

8) 통계표

프로야구 삼성구단의 이승엽 선수가 홈런 부문 신기록을 수립할 때처럼 사람들은 새로운 기록이나 특이한 통계수치가 제공될 때마다 흥미를 보이곤 한다. 특히 특정 선수가 새로운 시즌에는 어떤 새로운 기록을 수립할 것이라는 사실이 알려지게 되면 그것만큼 관심을 끌만한 사안도 없다. 따라서 MR 담당자들은 매 시즌, 심지어 매 경기마다 이러한 부류의 예정된 기록들을 미디어에 배포함으로써 보도가능성을 높일 수 있을 것이다.

9) 유용한 요령의 제시

스포츠팬들은 자신들이 좋아하는 선수가 어떻게 생활하는지, 심지어 무엇을 입고 먹는지 등의 일거수일투족에 많은 관심을 기울인다. 때문에 이러한 유형의 정보를 제공해주는 것은 그만큼 보도될 가능성이 크다. 미디어의 입장에서도 이들이 원하는 것을 무시할 수는 없기 때문이다. 물론 가십기사로 처리되는 경우가 많지만, 그것 역시 일종의 홍보이다.

10) 고유한 성명의 발표

스포츠 뉴스 등을 통해 알려진 내용을 해당 스포츠 조직의 특성에 맞게 바꾸어줄 수 있다면 이 역시 뉴스로서의 가치가 있다. 특히 팬들은 자기가 응원하는 팀이 어떤 식으로 발표된 내용에 대응할 지에 대해 궁금해 하며, 이러한 정보를 제공하는 것 자체가 하나의 뉴스거리로서의 역할을 하게 된다. 예를 들어, 국가대표 축구팀의 선수 차출과 관련해서, 협회와 개별 팀 간의 마찰이 있다는 식으로 보도되었을 경우, 해당 팀에서 팀의 입장은 어떠하다는 식으로 성명을 발표하는 것 자체가 팀과 관련한 홍보 활동을 수행하게 해주는 것이다.

11) 여론조사와 예측

이러한 방법은 주로 미디어에서 많이 해왔던 방법으로 "다음 경기는 누가 승리할 것 같습니까?"하는 식의 여론조사를 펼쳐서 이를 토대로 다음 경기의 예측보도를 하는 식으로 스포츠 조직에서도 유사한 여론조사를 하고, 그 결과를 해석 · 발표할 수 있다. 물론 그 결과의 정확성을 기대할 수는 없지만 뉴스거리로서의 가치가 있다.

12) 각종 수상자 발표

이 방법 역시 스포츠 홍보에서 가장 보편적으로 이용되는 방법으로서 최고의 선수 혹은 심지어 최악의 선수를 선정하고 시상하는 것을 말한다. 우리 주변에서 이러한 수상자 발표는 아주 손쉽게 발견할 수 있는 뉴스창출의 방법이며, 미디어는 이를 기꺼이 기사화 하게 된다.

13) 논쟁

지금까지 낙하산 인사의 폐해로 지적 되왔던 KBO의 총재 지명 시 구단주들이 정부에서 추천한 인사를 배제하고, 당시 프로야구 두산의 구단주를 총재로 지명했던 일이 있었다. 이처럼 스포츠 조직이 정부기관 등에 자신들의 입장을 반영할 것을 요구하는 일은 미디어의 입장에서 봤을 때 기막힌 뉴스거리가 될 수 있다. 또한 차원이 조금 다르기는 하지만 프로야구선수협의회 구성처럼 지금까지 금기시했던 것들에 직접적인 반대의견을 표시하는 것도 미디어의 주목을 받을 수 있는 내용이다.

14) 말솜씨

스포츠 팀 내에 누구라도 말솜씨가 뛰어난 사람이 있게 되면 어떤 형태로든 홍보를 창출할 가능성이 높아지게 된다. 운동선수는 단순히 경기장에만 나가는 것이 아니라 텔레비전,

라디오의 오락 프로그램이나 기타 여러 형태의 모임에 초청자로 참여할 수 있는데 이때마다 능변을 과시하면 할수록 팬들은 해당 선수를 좋아하게 되고 결국 팀까지도 좋아하게 된다. 또한 그 내용이 미디어에 소개되는 것도 당연하다.

15) VIP의 활용

시대가 바뀌어도 전혀 변함이 없는 것은 정치인이건 연예인이건 사회적으로 유명한 인사들의 동정은 항상 사람들의 관심 속에 있다는 것이다. 당연히 미디어에서도 이들의 동정을 주로 다루게 된다. 따라서 스포츠 팀들도 유명인사를 활용할 필요가 있다.

16) 특이한 참가자를 활용한 이벤트 개최

선거방송을 보면 단골로 등장하는 메뉴 중에 최고령 투표자가 누구인지를 보도하는 것이 있다. 선거방송의 내용이 정형화되어있기 때문에 시청자들의 주목을 끌기 위한 시도이다. 마찬가지로 스포츠 이벤트 역시 내용과 그 수가 매우 많기 때문에 미디어의 주목을 받기란 여간해서 쉽지 않다. 하지만 얼마 전에 모 대학교수가 프로복싱 신인왕전에 출전했던 일이 있었는데, 이처럼 일반적으로 예측하지 못했던 참가자가 해당 스포츠 이벤트에 참여한다면 이는 미디어의 주목을 받기에 충분하다.

아마복싱선수로 잠시 활동한 이시영 배우, 특이한 참가자라 할 수 있다

17) 휴먼드라마

항상 새로운 뉴스를 추구하는 사람들의 욕구는 만족시키기 어렵다. 또한 사람들은 가슴 찡한 휴먼드라마 류의 뉴스를 좋아한다. 우리들이 흔히 헝그리정신이라고 부르는 내용들로서 가난한 부모님을 잘 모시기 위해 운동을 했다는 이야기 등은 흔히 볼 수 있는 뉴스들이기도 하다.

18) 쇼맨십

쇼맨십은 사람들의 주목을 끌기 위한 다소 과장된 행동을 가리키는데, 일반적으로 그 효과를 발휘하지만 때때로 공중, 특히 미디어의 비웃음을 살 가능성도 있다. 지금은 고인이 된 김동엽 씨의 경우 감독시절 빨간 장갑에 특이한 어필로 미디어의 주목을 받기도 했지만, 때론 미디어로부터 따가운 눈총을 받았던 것도 사실이다.

19) 스타의 창출

스타플레이어는 어떤 경우이든 미디어의 주목을 받을 수밖에 없다. 때문에 스타플레이어를 데리고 있는 팀과 그렇지 못한 팀 간의 홍보횟수는 크게 달라질 수밖에 없다. 그러나 문제는 스타는 타고나는 경우도 있지만, 대개 스포츠 조직의 활동에 따라 만들어진다는 사실이다.

스포츠 마케팅 현장이야기

뜨겁게 때론 씁쓸하게…온 국민 마음 흔들었다
"참 다사다난했던 시즌이 끝나가네요. 그죠?"

○ 명 – 평창과 남북교류, 한국 축구의 부흥

올해 한국 스포츠는 평창동계올림픽을 빼놓고 얘기할 수 없다. 2월 9일~25일 강원도 평창 · 강릉 · 정선 일원에서 열린 평창동계올림픽은 한국 스포츠사에 새로운 획을 그었다. 1988년 서울 하계올림픽 이후 30년 만의 올림픽 개최로 한국에 동계스포츠의 꽃을 피우는 계기가 됐다. 사상 최다인 92개국 2,920명의 선수가 참가한 대회에서 한국은 금메달 5개, 은메달 8개, 동메달 4개를 수확하며 아시아 최고인 종합 7위를 차지했다.

올림픽에서 남북 선수단 개회식 동시입장, 여자아이스하키 남북 단일팀을 이끌어내 인류 화합과 평화의 정신을 실천하고 남북 화해의 분위기를 열었다. 남북은 8월 열린 자카르타 · 팔렘방 아시안게임에서도 남북 공동입장과 함께 여자농구, 카누(용선), 조정 등 3개 종목에서 단일팀을 구성하는 등 체육교류의 폭을 넓혀갔다.

축구는 빅 이벤트에서 희망의 싹을 틔웠다. 지난 6월 러시아 월드컵에서 스웨덴(0-1)과 멕시코(1-2)에 잇달아 패할 때만 해도 희망을 찾기 어려웠다. 그러나 조별리그 최종전에서 최강 독일을 2-0으로 물리쳐 세계를 놀라게 했다. 16강 진출은 실패했지만 포기하지 않는 근성으로 디펜딩 챔피언을 잡아내며 새로운 도약의 희망을 안겼다. 기세를 살린 한국 축구는 아시안게임에서 와일드카드 손흥민 · 조현우 · 황의조 등과 젊은 선수들이 조화를 이뤄 대회 2연패에 성공했다. 이후 축구 열풍이 거세게 일었다.

한국 축구의 에이스 손흥민은 지난 6일 사우샘프턴전에서 유럽무대 100호골을 기록하며 한국 축구에 새로운 이정표를 쌓았다. 박항서 감독은 축구 변방 베트남을 이끌고 U-23 아시아챔피언십 준우승과 아시안게임 4강, 스즈키컵 우승 등의 성과를 내며 베트남 영웅으로 떠올랐다. 류현진

(LA다저스)이 꿈의 무대 월드시리즈에서 한국 선수 최초로 선발로 등판하며 새 역사를 만든 것도 큰 성과다. 신년 벽두에 정현이 호주오픈 테니스 4강에 오른 쾌거도 스포츠팬들을 기쁘게 했다.

❍ 암 – 영광의 그늘, 불공정과 폭력의 현실

성과 이면에 가려진 그늘의 추악함은 씁쓸함을 넘어 분노를 남기기도 했다. 특히 평창올림픽의 성공적 개최 뒤에 성과주의의 부작용과 후유증이 적지 않게 나타나 아쉬움이 컸다. 빙상계는 해묵은 파벌싸움과 구성원들의 갈등이 드러나는 등 논란과 잡음이 끊이지 않았다. 여자스피드스케이팅 추월에서 노선영의 '왕따 주행 논란'이 빚어져 국민적인 공분이 일었다.

쇼트트랙에서도 잡음이 있었다. 여자대표팀 심석희가 조재범 전 코치로부터 상습적인 폭행을 당한 사실이 올림픽을 앞두고 알려져 큰 충격을 던졌다. 여자컬링도 열풍 뒤에 큰 어둠이 있었다. 여자컬링 대표팀 '팀킴'은 지난달 지도자로부터 부당한 대우를 받고 힘든 시간을 보냈다고 폭로했다.

남북 단일팀을 꾸려 감동을 안긴 여자아이스하키도 올림픽이 끝난 뒤 내홍을 겪었다. 대표팀을 이끈 새러 머리 감독(캐나다)은 올림픽이 끝난 뒤 선수들이 훈련을 거부하는 등 집단으로 반발해 재계약을 하지 못했다. 애초부터 성급한 단일팀 구성으로 여론의 심한 질타를 받은 상황에서 팀 내분까지 드러나면서 역사적인 단일팀의 성과는 반쪽으로 남게 됐다. 평창올림픽 경기시설의 사후관리 문제는 여전히 표류하고 있다.

아시안게임에서 야구대표팀이 금메달을 따고도 혹독한 후유증을 겪은 것은 스포츠를 바라보는 팬들의 인식이 달라졌음을 단적으로 드러낸 사례였다. 선동열 감독이 이끄는 아시안게임 대표팀은 출범부터 일부 선수의 병역특례 논란에 시달렸다. 많은 비판 속에 대회에 나선 대표팀이 금메달을 따고 돌아왔지만 여론은 싸늘했다. 야구대표팀 최초의 전임사령탑이었던 선 감독은 선수 선발 문제로 국정감사까지 불려나가는 씁쓸함을 맛봐야 했다.

– 경향신문, 2018년 12월 25일 –

(3) 미디어관계 구축의 원칙

미디어관계를 담당하는 사람들은 어느 산업에 속해있건 마찬가지이겠지만, 스포츠 마케터들은 또한 다음에 제시하는 가이드라인을 잘 따름으로써 미디어로부터 신뢰감과 주목을 받을 수 있다.[8] 특히 이 가이드라인은 미디어관계 담당자가 주로 상대하게 되는 기자들과의 원만한 관계를 유지하는 데 매우 중요한 사항들이기도 하다.

전형적인 경기 후 선수 인터뷰

- 경직되어서는 안 된다: 기자회견이나 인터뷰에 임하는 사람이 지나치게 당황해하거나 경직된 모습을 보이는 것은 특히 방송 미디어의 구미에 절대 맞지 않는다. 그 자체가 방송에 적합하지 않다고 판단하기 때문이다. 물론 최근 들어서는 전문 방송인처럼 인터뷰나 기자회견을 하는 선수들이 많아지고 있기는 하지만, 스포츠 마케터의 입장에서는 이 부분을 염두에 둘 필요가 있다.
- 검열, 압력, 속임수를 이용해서 기사화 하는 것을 방해해서는 안 된다: 일부 스포츠 조직의 경우 자신들에게 부정적인 기사를 제지하기 위해 여러 가지 수단을 동원하는 경우가 있는데, 장기적인 관점에서 미디어관계 구축에 매우 부정적인 영향을 미친다는 점을 유념해야 한다.
- 항상 미디어와 협조적인 관계를 유지해야 한다: 미디어에서는 스포츠 조직에서 제공하는 자료를 토대로 기사화 하는 경우도 있지만, 자체적인 판단에 따라 기사를 작성하는 경우가 있다. 이때 전문성이 떨어지는 기자들의 경우 스포츠 조직의 도움을 많이 필요로 하게 된다. 따라서 항상 미디어, 구체적으로 기자들과 연락 가능하도록 해야 한다.
- 지나친 전문용어는 삼가야 한다: 대개의 경우 스포츠가 대중화함에 따라 일반인들도 특정 스포츠에서만 이용되는 전문용어를 알고 있는 경우가 있기는 하지만, 여전히 특정 스포츠에서만 이용되는 전문용어들이 많다. 이는 기자들에게도 마찬가지로 어렵게 받아들여질 가능성이 많다. 따라서 보다 친숙한 용어를 사용하도록 해야 한다.
- 이야기를 부풀려해서는 안 된다: 기사를 제공할 때 미디어관계 담당자 임의대로 뉴스화 하기에는 조금 부족하다는 판단에 내용을 부풀려 하는 경향이 있다. 물론 단기적으로는 기사화 하는데 성공할 수도 있으나 장기적으로는 오히려 신뢰성을 떨어뜨린다.
- 소문이 아닌 정확한 사실을 전달해야 한다: 있는 그대로의 사실을 전달해야지 시중에 떠도는 소문을 위주로 전달하는 것 역시 신뢰성을 떨어뜨리는 요인이 될 수도 있다. 심지어 사실이 소문보다 불리할지라도 이를 이용해야만 한다.
- 비보도를 요구하거나 기대해서는 안 된다: 기자회견 혹은 개인적으로 기자들을 만나는 자리에서 그들에게 비보도(off-the-record)를 요구하면 이를 들어줄 것이라고 기대하는 것은 절대 금물이다. 미디어의 기본 직무는 사실을 찾고 이를 알리는 것이기 때문이다.
- 가능한 한 최대한의 서비스를 제공하라: 보도 자료를 제공할 때는 단순한 보도문뿐만 아니라 사진, 통계치 등 미디어에서 즉시 기사화 하는데 전혀 지장이 없을 만큼 자료를 함께 제공해줄 필요가 있다.

- 기자가 어떤 사실을 특종으로 발굴한 경우 이를 그대로 인정하라: 간혹 특정 기자만이 기사를 독점 발굴해서 기사화 하는 경우가 있는데, 이때는 해당 기자의 독점적인 보도권을 인정해주는 편이 더 낫다. 즉, 기사화 했다고 해서 다른 기자들에게까지 똑같은 내용을 전달하는 것은 서로에게 아무런 도움이 되지 못한다.
- 미디어는 뉴스를 원하지 홍보를 원하지 않는다: 스포츠 마케터들이 미디어에 정보를 제공하는 목적이 주로 광고효과를 창출하기 위해 이루어지는 경우가 있다. 이러한 책략은 경험이 풍부한 편집자들에게 금방 발각되게 되며 결국 미디어와의 관계만을 손상시키는 결과를 초래한다. 또한 MR 담당자들은 종종 보도 자료의 내용을 덧칠하거나 사실을 숨기려고 시도한다. 하지만 미디어 담당자들은 이를 잘 가려내는 것이 자신들의 고유한 업무라고 생각하기 때문에 이 역시 금방 들통 나게 된다.

5 미디어관계의 내용들

(1) 기자회견

미디어에 서비스를 제공하는데 있어 반드시 고려해야 할 점은 마케팅의 가장 기본적인 원칙과 일치한다. 바로 그들이 원하는 것을 제공해야 한다는 점이다. 바로 그들은 뉴스를 원하고 있다는 사실이다. 기자회견은 미디어에 그러한 서비스를 제공해줄 수 있다.

하지만 아무 때라도 기자회견을 할 수 있는 것은 아니고 분위기가 성숙되었을 때만이 이루어질 수 있다. 실제로 미디어관계 담당자들은 이미 보도 자료를 통해 알려진 정보를 알리기 위해 기자회견을 여는 경우가 있다. 이런 식의 기자회견은 이에 대한 미디어의 관심을 흐트러뜨리는 작용밖에 하지 않는다.

기자회견은 또한 스포츠 조직으로 하여금 모든 미디어 관계자들을 한자리에 불러 모아 단 한 번에 정보를 제공할 수 있는 기회를 제공해준다. 그리고 일단 각 미디어의 대표, 다시 말해서 기자들이 참석하게 되면, 어느 정도 홍보가 이루어질 것으로 기대할 수 있다.

그런데 스포츠 마케터들이 주목해야 할 점은 기자회견에는 단순히 신문기자뿐만 아니라 사진기자, 카메라기자들도 함께 참석한다는 점이다. 때문에 누구를 대변인으로 세우고, 대변인의 복장은 어떻게 하며, 스폰서나 스포츠 조직의 이름이나 로고를 어떻게 배치할 것인지도 함께 고려해야 한다는 점이다.

1) 기자회견을 해야 하는 상황

이동국 선수의 은퇴 기자회견

기자회견은 그 자체가 중요성을 내포하고 있으며, 이 때문에 회견에 참석한 기자들은 팩스 등으로 기사내용을 전달받은 기자들보다 뉴스에 더 관심을 기울이려 한다. 그러나 문제는 기자회견이 불필요하게 개최되었을 경우이다. 이와 관련해서 헬리져(Helizer)는 기자회견을 해야 하는 상황을 제시[9]하였는데 이중 일부는 앞에서 언급한 뉴스의 원천에 포함되었던 것들이기도 하다.

- 팀 지도자의 변동: 코치나 감독이 사임하고 새로운 사람이 지명되는 경우에는 상세한 내용을 알아보기 위해 기자들이 회견에 참여하게 된다.
- 스타플레이어의 신상변동: 스타플레이어가 부상, 징계, 은퇴, 연봉 문제 등 여러 가지 이유로 경기에 참여하지 못하게 되는 경우, 기자들은 그 원인에 대해 알고자 하며, 이때는 기자회견이 훨씬 더 적합하다.
- 중요 이벤트의 개최 예정: 주요 선수권대회, 이미 널리 알려진 팀과의 경기 등이 예정되어 있는 경우, 또는 주요 경기를 취소하기로 하거나 특정 대회에 참가하지 않기로 결정했을 때는 기자회견이 적합하다.
- 주요 조사가 이루어지는 경우: 약물복용이나 경기 중의 부정행위 등의 문제로 코치나 선수 혹은 전체 팀의 자격과 관련된 발표는 매우 중요하다. 이때 조사자들은 징계의 내용과 근거를 상세히 밝히게 되며, 이는 보도 자료로 소화할 수 없다.
- 주요 시설의 변화: 새로운 경기장 혹은 훈련시설을 건설하거나, 선수들의 유니폼, 또는 팀의 마스코트가 변경되는 경우
- 수상발표: 프로야구 올스타 발표처럼 특정 선수에게 시상을 하는 경우나 신인 드래프트를 실시하는 경우
- 위기 상황: 팀이나 선수에 대한 부정적인 사실이 드러난 경우 즉각 팀의 입장을 알리는 것이 중요하다. 그러나 그 내용이 불분명할 경우는 차라리 전혀 대응하지 않는 편이 나을 수도 있다.
- 경기 후 인터뷰: 가장 일반적으로 이루어지는 기자회견의 형태로, 통상 선수 혹은 팀이 새로운 기록을 수립하였거나, 경기 중 최고의 경기력을 보인 선수가 있을 때 이루어진다. 종종 라커룸 등에서 인터뷰가 이루어지기도 하나 가급적 제대로 시설이 갖춰진 기자회견장을 이용토록 하는 것이 바람직하다.
- 유명인사가 경기를 관람하는 경우: 유명인사는 항상 미디어의 주목을 받고 있기 때문에,

경기 전이나 후에 기자들로 하여금 이러한 VIP들과 인터뷰할 자리를 마련해 주는 것이 바람직하다.

- 신상품의 출시: 매년 스포츠와 관련된 수많은 새로운 상품들이 출시되고 있으며, 이는 미디어의 관심을 갖기에 충분하다. 특히 새로운 형태의 스포츠 종목이 출현한 경우 주목을 받을 가능성은 더욱 크다.
- 새로운 규정의 도입: 스포츠와 관련된 새로운 규정이 도입되는 경우 해당 규정의 도입 배경과 변경사항을 상세하게 알려줄 자리가 필요하다.

2) 기자회견 계획 시 고려사항

기자회견을 개최하고자 계획할 때는 반드시 고려해야 할 몇 가지 점들이 있다. 우선 과연 기자회견이 필요한지를 확인해볼 필요가 있다. 즉, 위에서도 언급했지만 과연 기자회견을 개최할 상황인지를 점검해보고, 보도 자료의 배포처럼 정보를 미디어에 전달할 다른 방법은 없는지를 확인해야 한다.

또한 기자회견의 시기 역시 중요하다. 따라서 예정된 기자회견시간에 주요 미디어 인사들이 참석할 수 있는지를 분명히 확인해야만 한다. 물론 모든 인사들의 스케줄을 확인하는 것은 불가능하지만, 미디어의 특성에 따라 적합한 시간대가 있기 마련이다. 예를 들어, 조간신문과 석간신문은 마감시간이 서로 다르고, 방송의 경우 역시 정해진 마감시간이 있기 때문에 이를 적절히 고려할 필요가 있다.

일단 기자회견을 개최하기로 결정이 내려졌다면, 그 다음에는 해당 미디어들에 초청장을 보내야 한다. 그런데 여기서 초청장은 결혼식 초청장처럼 우리가 보통 생각하는 의미의 초청장이 아니라 기자회견에서 어떤 내용이 다뤄질 것인지를 간략하게 알려주는 내용의 초청장이어야 한다.

전형적인 기자회견장의 모습

이러한 간략한 정보를 제공하게 되면 미디어 편집자들은 기자만을 보낼 것인지, 사진기자만 보낼 것인지 아니면 둘 다 보낼 것인지를 손쉽게 결정할 수 있게 된다. 또한 간략한 정보의 제공을 통해 기자들이 회견 전에 내용을 짐작하고 회견에서 질문할 내용을 미리 준비할 시간을 주게 된다. 이는 미디어나 스포츠 조직 모두에게 더 나은 결과를 안겨다 준다.

3) 기자회견장의 준비

MR담당자의 입장에서 기자회견장의 준비와 선정 역시 중요한 고려사항 중의 하나이다. 우선 회견 참석예정자의 수를 고려해서 충분한 공간이 확보되어야 한다. 이와 관련해서 충분한 의자, 전화, 다과 및 기타 자료들이 준비되어야 한다.

아울러 기자회견장 내부도 주의할 필요가 있는데 단상의 높이, 조명, 프로젝터, 그리고 각종 멀티미디어 장비들이 기자회견 전에 점검이 끝나야 한다. 또한 사진이 찍힌다는 보장은 없지만 팀의 로고는 항상 단상이나 연사의 앞에 또는 연사 뒤의 벽 중앙에 두드러지게 위치하도록 해야 하며, 기자회견장에서 새로운 시설의 건립을 발표하는 경우 실물에 가까운 크기의 모델을 이용할 필요가 있다.

(2) 보도 자료

미디어에 정보를 제공하는 수단으로서 보도 자료는 단기적으로는 수동적이지만 장기적으로는 적극적인 공중관계 방안이다. 그리고 스포츠 조직들은 공중들이 관심 있어 할만한 것은 무엇이든지 보도 자료로 제공할 수 있다. 기본적으로 보도 자료는 미디어를 통해 공중들에게 정보를 제공하는 것을 목적으로 하며, 대개 이러한 보도 자료는 스포츠 조직이나 스포츠 선수에 대한 긍정적인 홍보를 창출하기 위해 이용되어진다.

전통적으로 스포츠 마케터는 보도 자료의 형태로 정보를 미디어에 제공해 왔다. 이러한 보도 자료는 모든 스포츠 조직들이 널리 이용하는 방법이고 이제는 미디어에 정보를 제공하는 가장 편리한 방법 중의 하나가 되었다.

보도 자료는 비록 미디어 측에서 전달받은 그대로 이용되지는 않지만 미디어에서 요구하는 사항에 맞는 스타일을 갖춰 작성되어져야만 한다. 일반적으로 미디어 측에서는 보도 자료를 전달받게 되면 각 미디어의 특성에 맞춰 편집이 이루어지게 된다. 예를 들어, 방송 미디어의 경우 미디어에 적합한 양식으로 편집되고, 신문과 같은 미디어의 경우 할당된 지면에 맞게끔 재편집된다.

신문을 읽을 때 일반 구독자들은 기사를 자세히 읽어볼 가치가 있는지를 알아보고자 한다. 이때 기사의 헤드라인은 독자들이 가장 먼저 살펴보게 되는 내용이다. 물론 보도 자료를 제공할 때 헤드라인까지 같이 제공하는 것이 좋은지의 여부에 대해 논란이 많은 것이 사실이지만, 대개 보도 자료를 제공할 때 헤드라인을 함께 제공하고 편집자들이 편의에 따라 이를 재작성 혹은 편집하도록 하는 것이 일반적이다.

방송 미디어의 경우 우선 편집자들은 우선 주제가 적절한지에 대한 판단을 먼저 한다. 따라서 반드시 육하원칙에 따라 보도 자료가 작성되어야 한다. 그 다음에 편집자들은 내용이 주목을 끌만한 것인지를 따져보게 된다.

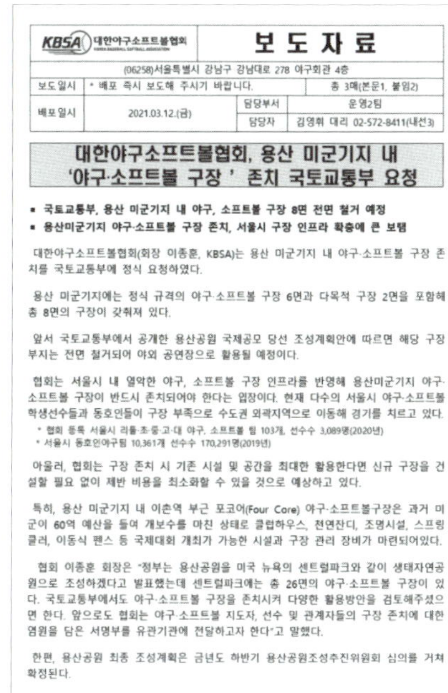

KBSA 대한야구소프트볼협회	보 도 자 료		
(06258)서울특별시 강남구 강남대로 278 야구회관 4층			
보도일시	* 배포 즉시 보도해 주시기 바랍니다.	총 3매(본문1, 붙임2)	
배포일시	2021.03.12.(금)	담당부서	운영2팀
		담당자	김영휘 대리 02-572-8411(내선3)

대한야구소프트볼협회, 용산 미군기지 내 '야구·소프트볼 구장' 존치 국토교통부 요청

- **국토교통부, 용산 미군기지 내 야구, 소프트볼 구장 8면 전면 철거 예정**
- **용산미군기지 야구·소프트볼 구장 존치, 서울시 구장 인프라 확충에 큰 보탬**

대한야구소프트볼협회(회장 이종훈, KBSA)는 용산 미군기지 내 야구·소프트볼 구장 존치를 국토교통부에 정식 요청하였다.

용산 미군기지에는 정식 규격의 야구·소프트볼 구장 6면과 다목적 구장 2면을 포함해 총 8면의 구장이 갖춰져 있다.

앞서 국토교통부에서 공개한 용산공원 국제공모 당선 조성계획안에 따르면 해당 구장 부지는 전면 철거되어 야외 공연장으로 활용될 예정이다.

협회는 서울시 내 열악한 야구, 소프트볼 구장 인프라를 반영해 용산미군기지 야구·소프트볼 구장이 반드시 존치되어야 한다는 입장이다. 현재 다수의 서울시 야구·소프트볼 학생선수들과 동호인들이 구장 부족으로 수도권 외곽지역으로 이동해 경기를 치르고 있다.
* 협회 등록 서울시 리틀·초·중·고·대 야구, 소프트볼 팀 103개, 선수수 3,089명(2020년)
* 서울시 동호인야구팀 10,361개 선수수 170,291명(2019년)

아울러, 협회는 구장 존치 시 기존 시설 및 공간을 최대한 활용한다면 신규 구장을 건설할 필요 없이 제반 비용을 최소화할 수 있을 것으로 예상하고 있다.

특히, 용산 미군기지 내 이촌역 부근 포코어(Four Core) 야구·소프트볼구장은 과거 미군이 60억 예산을 들여 개보수를 마친 상태로 클럽하우스, 천연잔디, 조명시설, 스프링클러, 이동식 펜스 등 국제대회 개최가 가능한 시설과 구장 관리 장비가 마련되어있다.

협회 이종훈 회장은 "정부는 용산공원을 미국 뉴욕의 센트럴파크와 같이 생태자연공원으로 조성하겠다고 발표했는데 센트럴파크에는 총 26면의 야구·소프트볼 구장이 있다. 국토교통부에서도 야구·소프트볼 구장을 존치시켜 다양한 활용방안을 검토해주셨으면 한다. 앞으로도 협회는 야구·소프트볼 지도자, 선수 및 관계자들의 구장 존치에 대한 염원을 담은 서명부를 유관기관에 전달하고자 한다"고 말했다.

한편, 용산공원 최종 조성계획은 금년도 하반기 용산공원조성추진위원회 심의를 거쳐 확정된다.

일반적인 형식의 보도 자료

1) 보도 자료의 표준 양식

통상 보도 자료를 작성할 때 다음의 기본적인 원칙들을 따름으로써 기사화 내지는 방송될 가능성을 높일 수 있으며, 이 내용들은 대개 보도 자료의 편집 방법에 대한 것들이기도 하다.[10)]

- 보도 자료를 배포하는 기관의 이름, 주소, 전화번호, 날짜 등을 기입: 가장 기본적인 형태로서 대부분의 PR 부서는 기본적으로 이러한 보도 자료 양식을 이용하고 있는 중이다.
- 주목을 끌만하고 정보를 담은 짧은 타이틀을 이용: 이는 보도 자료의 헤드라인에 대한 것으로, 앞서 말한대로 많은 논란이 있기는 하다. 그러나 대개의 경우 간결한 헤드라인을 제시하는 것이 바람직하다고 한다.
- 핵심적인 사항을 첫 문장에 기입: 편집자들은 대개 보도 자료의 한두 문장만 보고 기사화 할것인지의 여부를 결정한다고 한다. 따라서 보도 자료의 첫 부분에 6하 원칙에 따라 간결하게 작성할 필요가 있다.
- 중요한 사실을 먼저 기입: 신문의 경우 보도할 수 있는 지면이 한정되어 있기 때문에, 중요도 순서에 따라 처음에 적을 것인지 나중에 적을 것인지를 결정하는 것이 바람직하다. 혹시 지면사정이 허락하는 경우 그 다음 문장까지 기사화 할 가능성도 있기 때문이다.
- 보도 자료와 관련해 질문이 있을 때 접촉할 수 있는 사람의 이름 명기: 뉴스 미디어의 경우 시간을 생명으로 하기 때문에 보도 자료를 접한 기자나 편집자가 의문이 있을 때 연락할 수 있는 접촉선(contact point)을 제시해주는 것이 기사화 가능성을 제고시켜준다.

2) 잘못된 보도 자료

다음에 제시하는 것들은 전형적으로 잘못된 보도 자료의 내용들로서, 신문이나 방송에 보도될 가능성이 현저히 떨어지는 것들이다.

- 독자의 관심을 전혀 불러일으키지 못하는 내용
- 개별 미디어의 편집방침과 일치하지 않는 내용
- 해당 스포츠 조직의 광고처럼 받아들여지는 내용
- 내용이 조작되었거나 과장되었다고 판단되는 내용
- 내용 자체가 명백하게 잘못된 경우
- 이전에 이미 전달했던 내용

3) 보도 자료의 배포

보도 자료는 우편, 전화, 팩스 등 여러 형태로 미디어에 전달될 수 있다. 그러나 최근 들어 팩스를 이용하는 것이 일반적이다. 그런데 이를 이용해서 보도 자료를 배포하는 경우 보도 자료를 받는 미디어 측의 상호가 명기되는 것과 함께 해당 보도 자료를 취급할 사람의 이름을 함께 명기하는 것이 바람직하다.

또한 보도 자료의 배포시간 역시 중요한데, 신문사나 방송국의 편집 마감시간은 보도 자료가 기사로 활용될 수 있는지의 여부에 큰 영향을 미친다. 신문의 경우 조간과 석간신문, 방송사의 경우 각 시간대별 뉴스에 따라 마감시간이 다른 것이 일반적인데 이를 잘 감안할 필요가 있다.

마지막으로 미디어 측에서 준용하는 보도윤리를 따를 필요가 있는데, 보도 자료를 제공하고 나서 이를 기사화하기 위해 어떠한 로비나 압력을 행사해서는 안 된다. 물론 MR 관계자의 입장에서는 로비나 압력의 유혹을 떨쳐버리기 어렵지만, 기본적으로 이는 보도윤리에 위반되는 것이다.

경기 후 선수 인터뷰

(3) 인터뷰

기자회견이나 보도 자료의 배포는 특정인과의 인터뷰로 이어질 수 있다. 인터뷰는 기본적으로 일대일로 접촉해서 정보를 전달하는 것으로 다른 방법에 비해 가장 통제가 용이한 것으로 알려져 있다.

그런데 인터뷰는 생각하는 것과는 달리 많은 준비를 필요로 한다. 심지어 인터뷰 준비를 잘못한 경우 오히려 스포츠 조직에 많은 해를 끼칠 수도 있다. 다음에 제시하는 내용들은 인터뷰를 할 때 해야 할 것과 하지 말아야 할 것들에 대한 가이드라인으로서 특히 MR 담당자의 입장에서 주목해야 할 것들이다.

- '비보도'를 전제로 한 인터뷰는 허락하지 않아야 한다: 인터뷰를 할 때 기자들은 인터뷰 당하는 사람에게 보도하지 않을테니까 스포츠 팀 또는 프런트에 대한 불평을 이야기해 보라고 하는 수가 있다. 앞에서도 언급했지만, 스포츠 저널리즘에서 이러한 비보도 약속은 절대로 지켜지지 않으며, 장기적으로 스포츠 조직의 이미지에 큰 해를 입힐 수 있음을 유념해야 한다.
- 인터뷰 결과가 만족스럽지 않더라도 불평하지 말아야 한다: 인터뷰를 했다고 해서 무조건 그 내용이 신문에 기사화 되거나 방송된다는 보장은 없다. 각 미디어 편집방침에 따라 제대로 반영되지 않을 수도 있다.
- 인터뷰를 가장 잘할 사람을 선정해야 한다: 경기 중이나 끝에 기자들에 의해 기습적으로 이루어지는 인터뷰 말고는 대개 MR 관계자가 인터뷰할 사람을 준비할 수 있다. 이때는 인터뷰 자체에 당황하지 않고 뛰어난 말 실력을 보이는 사람을 준비해둘 필요가 있다.
- 인터뷰에 임하는 사람이 잘 알고 있는 쪽으로 주제를 제한해야 한다: 모든 부분에 정통한 지식을 갖고 있는 사람은 없다. 따라서 좋은 인터뷰를 이루기 위해서는 인터뷰에 임하는 사람이 전문으로 하는 주제를 중심으로 인터뷰가 이뤄지도록 해야 한다.
- 충분히 연습해야 한다: 인터뷰에 임하는 사람이 어떤 자세를 보이는지는 기자들에게 많은 인상을 줄 수 있다. 자신만만하고 어려운 질문도 잘 받아넘기기 위해서는 사전에 이를 충분히 연습시켜둘 필요가 있다.
- 인터뷰에 임할 사람이 편하게 느낄 장소를 선정해야 한다: 인터뷰가 어디에서 이루어지느냐에 따라 사람들의 마음이 달라질 수 있다. 따라서 인터뷰에 임하는 사람이 가장 편안하게 생각할만한 장소를 인터뷰장으로 준비하는 것이 좋다.

스포츠 마케팅 현장이야기

LG 박용택 "수훈선수 인터뷰하러 다시 오겠다"

5일 준플레이오프(PO · 3전2승제) 2차전이 열리기 전 서울 잠실구장 기자회견장. LG트윈스 훈련을 끝낸 박용택(42)이 들어섰다. 전날 1차전에서 패한 LG가 이날 경기에서 진다면 이 경기는 박용택이 선수로서 뛰는 마지막 경기가 된다. 밝은 표정으로 들어선 박용택은 "(경기 뒤)히어로 인터뷰, 여기서 다시 하면 되는 거죠"라고 너스레를 떨었다.

2002년 LG에 입단해 19년 동안 줄무늬 유니폼을 입고 뛴 박용택에게 특별한 날일 수 있다. 박용택은 "(지면 끝이니)다른 때랑 좀 다르다. 재미있게 있다 가려고 한다. 연습 때 일부러 소리도 질렀다. 후배들한테 밝은 모습으로 하자고 했다. 심판들이 우리 선수들 표정이 굳었다고 하더라. 나도 그런 생각을 했다. 밝은 모습으로, 실력껏 잘 했으면 좋겠다"고 말했다. 그는 "특히 (이)형종이가 자기가 할 수 있는 걸 편히 못하고 긴장하더라. 그런 친구들을 좀 더 풀어주려고 노력했다. 제가 야구하는 건 2분에서 10초 정도니까"라고 웃었다.

박용택은 "전날 밤 아내한테 오늘이 야구선수로서 마지막일 수도 있다. '밥 좀 잘 차려줘'라고 했다. 그랬더니 아내가 마지막이 아니라고 하더라. 가족들이 토요일(3차전)에 오기로 했다. 인생 마지막 잠실 경기"라고 했다. 이번 포스트시즌에선 50% 관중 입장이 가능해졌다. 박용택은 "육성 응원이 자제되서인지, 타석에 들어가는데 조용해서 '내가 뭐 잘못했나' 싶었다. '와' 소리 들었으면 초구에 안타 쳤을텐데"라고 했다.

정규시즌 마지막인 SK와이번스와 경기에서 박용택은 2루 도루를 성공시켰다. 아쉽게 적시타가 터지지 않았지만 이기려는 의지가 엿보였다. 그는 "누가 그러더라. 그림 잘 그린다. 피카소냐고. 이벤트로 그런 건 아니다"라며 "사실 어릴 때는 신민재가 먼저 3루 도루를 할 때 따라갔을텐데, 늦었다고 판단해서 2구째 타이밍을 잡았다. 나까지 2루에 가면 안타 하나로 역전할 수 있었으니까. (다친)햄스트링이 30%지만 '이 정도면 되겠구나' 싶어 뛰었다. 그런데 정말 발이 안 나가더라"고 했다.

박용택은 정규시즌 막바지부터 이번 포스트시즌까지 대타로 나서고 있다. 그는 "거의 정주현 타석에 들어가기 때문에 농담삼아 '잘 좀 치라'고 했다. 정규시즌 막바지부터는 주현이 첫 타석부터 준비하고 있다. 감독님 스타일이 찬스 오면 바로 들어갈 수도 있기 때문"이라며 "지난해 대타로 나갈 때 준비가 덜 된 상태에서 나간 적이 있다"고 말했다.

그는 "사실은 멋있을 때, 주전 선수일 때, 은퇴하고 싶었다. 또 한편으로는 대타 한 타석이라도

치고 싶다는 생각도 있다. 사실 뭐 대타 정도는 몇 년 더 할 수 있는데, 비속어를 써서 죄송하지만 '가오' 좀 지키고 싶다"고 했다.

별명 부자 박용택이 꿈꾸는 마지막 별명은 '우승택'이다. 그는 "돌이켜보면 예전에 팬들에게 '올해는 가을야구하겠다, 유광점퍼 입게 해드리겠다'고 했는데 지나고 보니 창피했다. 어떤 팀은 매년 우승하겠다고 하는데… 내가 은퇴한 뒤에도 우리 선수들이 '우승하겠습니다'라고 말을 해줬으면 좋겠다"고 했다.

30년간의 야구인생, 박용택은 아직 마무리를 짓고 싶지 않다. 그는 "안타를 치든, 홈런을 치든 좋은 결과 내고 오늘 이기는 상상을 했다. 가장 마지막 타석은 한국시리즈 우승하는 날이면 좋겠다. 4등택, 준우승택 말고 우승택으로. 오늘은 다시 인터뷰하러 들어오겠다"며 필승을 다짐했다.

- 중앙일보, 2020년 11월 5일 -

참고문헌

1) 한민희 · 장대련 (1994), 광고경영론, 서울, 학현사.

2) P. Kotler & A. R. Andreason (1991), *Strategic Marketing for Nonprofit Organizations*, Prentice-Hall, Englewood Cliffs, NJ.

3) F. Jefkins (1994), *Public Relations Techniques*, Butterworth/Heinemann, Oxford.

4) G. E. Belch, & M. A. Belch (1995), *Introduction to Advertising and Promotions: and Integrated Marketing Communications Perspective*, Irwin, Homewood, IL.

5) B. J. Mullan, S. Hardy, & W. A. Sutton (2000), *Sport Marketing*, 2nd ed., Human Kinetics, Champaign, IL.

6) B. J. Mullan, S. Hardy, & W. A. Sutton, (2000), *op. cit.*

7) R. T. Bronzan & D. K. Stotlar (1992), *Public Relations and Promotions in Sports*, Daphne, AL, United States Sports Academy.

8) Sports Media Challenge (1991), Pocket guide to media success, Charlotte, NC, Author.

9) M. Helitzer (1999), *Dream Job: $PORT$ Publicity, Promotion and Marketing*, 3rd ed., University Sports Press, Athens, Ohio.

10) D. Shilbury, S. Quick, & H. Westerbreek (1998), *Strategic Sports Marketing*, Allen & Uwin, Australia.

13장 스폰서십

헤드라인 스토리

공이 뜨자 광고도 떴다
ESPN 생중계에 기업 마케팅 '만루홈런'

"삼성야구팀 경기를 보고 있으니 갤럭시 스마트폰을 사고 싶다." 5일 새벽 1시(현지시간) 미국 전역에 생중계된 한국 프로야구 개막전을 시청한 미국인이 SNS '레딧'에 올린 글이다. 한국 프로야구가 야구의 '본고장' 미국에서 기대 이상의 선풍을 일으키면서 한국 기업들이 함박웃음을 짓고 있다. 이날 스포츠 전문 채널 ESPN을 통해 생중계된 삼성라이온즈와 NC다이노스의 프로야구 경기에서 가장 많이 눈에 띈 문구는 'GALAXY S20'이었다.

6일 관련 업계에 따르면 이날 ESPN의 한국 프로야구 생중계는 미국 상당수 야구팬이 시청할 정도로 인기를 끌었다. ESPN은 일단 오는 10일까지 매일 생중계할 예정이다. 이후에도 녹화중계 등을 통해 한국 프로야구를 소개할 계획이다. 미국에서 한국 야구의 인지도가 올라가면서 야구장에 광고했거나 야구단을 운영 중인 국내 기업들도 뜻하지 않은 광고효과를 누리고 있다. 세계 최대 시장으로 꼽히는 미국에 큰돈을 들이지 않고 기업 및 제품, 브랜드를 홍보할 수 있는 예상치 못한 기회를 잡게 됐기 때문이다.

가장 큰 홍보효과를 노릴 수 있는 기업은 야구중계 화면에 가장 잘 잡히는 포수 뒤 광고판을 선점한 곳이다. 광고업체 제일기획에 따르면 포수 뒤 광고판은 평균 3시간 동안 진행되는 야구중계 시간 중 50분 가량 노출되는 것으로 알려졌다. 이날 미국에 생중계된 삼성라이온즈와 NC다이노스의 경기에서 '황금 구역'을 차지한 기업은 삼성전자였다. 삼성전자는 공교롭게도 스마트폰 신제품 '갤럭시 S20'을 한글이 아니라 영어로 광고했다. 미국 시청자 반응은 예상보다 뜨거웠다.

트위터, 레딧 등 SNS엔 "삼성은 내 TV, 세탁기, 건조기 등을 만들었다. 앞으로 내 야구 응원팀도 삼성이다" 등의 반응을 쏟아냈다.

잠실야구장에선 LG와 두산 계열사들이 톡톡한 효과를 봤다. LG전자와 LG유플러스 등은 잠실야구장 전광판 광고를 하고 있다. 이곳은 포수 뒤 자리만큼 주목도가 높은 곳으로 알려졌다. 기아차, 농심, 오뚜기, 한화 등 야구장 주요 위치에서 광고를 하고 있는 국내 기업도 미국 시청자에게 눈도장을 찍는 마케팅 효과를 거뒀다. 한국 프로야구단을 운영하는 기업도 마케팅 효과가 상당할 것이란 분석을 내놓고 있다.

미국 미디어를 통한 마케팅 비용은 천문학적 금액이 들어간다. 미국 인기 스포츠인 NFL(미국프로풋볼리그) 시즌 결승전인 '슈퍼볼'의 60초짜리 광고는 100억 원을 훌쩍 넘는 것으로 알려졌다. ESPN 야구중계는 NFL만큼은 아니지만 시청자 층이 두텁기로 유명하다. 지난해 ESPN이 일요일 저녁 미국 전역에 생중계한 미국 메이저리그 야구경기 평균 시청자 수는 게임당 160만 명인 것으로 전해졌다. 산업계에선 한국 프로야구 경기 시청률이 미국 메이저리그의 3분의 1만 나와도 '성공한 것'이란 평가가 나온다. 돈으로 환산할 수 없는 기업 이미지 개선효과를 거둘 수 있어서다. 현재 트위터 등 SNS엔 "삼성에 지급하고 있는 스마트폰 할부금이 아깝지 않다" "NC는 게임 기업이라는데 NC 게임을 해보고 싶다" 등의 반응이 쏟아지고 있다.

프로야구 스폰서로 참여한 기업들은 반색하고 있다. 메인 타이틀 스폰서인 신한은행이 대표적인 사례다. 신한은행은 계약 마지막 시즌을 앞둔 지난 3월 신종 코로나바이러스 감염증(코로나19) 사태가 터지자 광고효과가 떨어질까 전전긍긍하기도 했다. 뒤늦게 개막한 프로야구에 온라인 접속자가 대거 몰리는 등 열기가 예상을 뛰어넘자 신한은행 내부에선 "전화위복이 됐다"는 반응이 나오고 있다. 올 들어 처음으로 잠실야구장 그라운드에 회사 로고를 넣은 유유제약 역시 인지도 상승효과를 기대하고 있다. 야구 광고대행사 관계자는 "벌써 일부 기업이 영어로 간판을 바꿀 수 있느냐고 문의해온다"며 "기업들도 미국에서 한국 프로야구 인기가 상당할 것으로 보고 있다"고 말했다.

- 한국경제, 2020년 5월 6일 -

기업이 마케팅 활동을 전개하는 가장 기본적인 목적은 매출증대 및 이를 통한 이윤의 획득이라는 경제적인 측면이 주를 이룬다. 이러한 목적을 달성하기 위해 여러 가지 마케팅믹스를 이용한 마케팅 활동을 전개하게 되는데, 경쟁이 극심해짐에 따라 자사와 경쟁사를 차별화 할 수 있는 수단이 점차 제한적이게 되었다.

이러한 상황에서 스폰서십이라는 커뮤니케이션 수단이 등장하게 되었는데, 특히 이러한 스폰서십의 경우 스포츠 산업에서 널리 활용되어지고 있는 방안이기도 하다. 일반적으로 스포츠 스폰서십에 대한 기업의 투자는 우선 소비자들에게 상당한 흥미를 유발할 수 있고, 다른 마케팅 방안에 비하여 좀 더 직접적이고 비용절감이 용이하며, 기업의 이미지가 스포츠 이벤트나 성공한 운동선수들과 연합하면 긍정적인 느낌을 줄 수 있다는 점에서 그 효용을 인정받아 그 활용빈도가 증가추세에 있다.

1 스포츠 스폰서십의 이해

(1) 스폰서십의 정의

우선 사전적인 의미의 스폰서십은 "누군가가 프로젝트나 활동에 대해 비용을 지불하는 것"이라고 정의할 수 있다. 실제 역사적으로 살펴볼 때 스폰서십은 자선(philanthropy)이나 이타주의 행동의 일환으로 간주되었다. 그러나 오늘날의 경영환경에서 이러한 일은 있을 수 없다.

다시 말해서 과거에는 기업들이 스포츠 이벤트나 프로그램에 자선행위의 일환으로 기부를 하였지만, 오늘날 기업들의 기부목적은 오직 촉진을 하는데 있다.[1] 결국 현대적인 의미의 스폰서십은 상호 호혜적인 관계, 즉 한 쪽에서 뭔가를 제공하면, 다른 쪽에서 그에 대한 호의를 표시하는 것을 전제로 하며, 이것이 바로 현대적인 의미의 스폰서십이다.

이러한 현대적인 관점을 토대로 스포츠 스폰서십이란 기업이 경제적으로 의미 있는 반대급부를 획득할 목적으로 스포츠협회, 팀, 선수, 행사와 같은 스포츠 상품에 재원, 물품, 노하우 및 조직적 서비스를 제공해 주는 것을 의미한다.

이때 반대급부란 스포츠 상품이 지니고 있는 믿음, 신념, 가치 등을 의미하는데, 기업은 이러한 스포츠 상품의 특성을 활용하여 기업 이미지 증대, 고객충성도 구축, 매출 증대와 같은 마케팅 커뮤니케이션의 목적을 달성하게 된다. 예를 들어, 올림픽이라는 스포츠 상품을 후원하는 기업은 '올림픽정신'이라는 상품의 긍정적인 가치를 기업이나 제품 이미지에 연계시킴은 물론 이를 활용해 다양한 마케팅 활동을 전개해 나갈 수 있다.

그런데 이 정의에서 우리는 주목할 점이 있다. 바로 스폰서십을 통해서 스포츠 조직과 기업이 무엇을 얻고자 하느냐는 것이다. 기업의 입장에서는 물론 위에서 언급한 것처럼 매출의 증대를 달성하게 된다. 그러나 스포츠 조직의 입장에서 스폰서십은 결코 매출과 관련되어있지 않다. 스포츠 조직의 입장에서는 단순히 기금이나 자원 또는 서비스를 축적하고, 이를 통해 스포츠 조직을 효과적으로 운영하는데 이를 활용하는 것이 주목적이다.

(2) 스포츠 스폰서십의 역할

축구 유니폼에 기업로고의 부착: 전형적인 스폰서십의 형태이다

소비자들이 일상적으로 접하는 광고 메시지의 내용이 너무나 많기 때문에, 기업들은 어떻게 하면 자신들의 메시지를 소비자에게 효과적으로 전달할 것인지를 고민하여왔으며, 그 대안으로서 스포츠를 활용한 마케팅, 즉 스포츠 스폰서십이 등장하였다.

스포츠 경기에 참여하는 사람들은 대개 자신이 원해서 참여하는데, 이때 사람들은 보다 편안한 느낌이 들게 되어서 제품과 관련된 메시지를 수용할 가능성이 더 커지게 된다. 또한 스포츠 이벤트와 기업을 연계시킴으로써 스포츠 이벤트에 긍정적인 생각을 가지고 있던 사람들이 기업에 대해서도 똑같이 긍정적 느낌을 가질 가능성 또한 커지게 된다. 결국 스폰서십은 스포츠 이벤트를 통해 기업들과 소비자 사이에 친밀한 관계를 심어주는 역할을 수행한다. 보다 구체적으로 스폰서십이 수행하는 역할을 살펴보면 다음과 같다.

1) 커뮤니케이션의 제고

소비자들은 의식을 하건, 하지 않건 간에 하루에 평균 5,000여 개의 광고를 접한다고 한다. 때문에 전통적인 광고를 통해 커뮤니케이션을 시도하는 경우 메시지가 제대로 전달되는 경우보다 그렇지 못한 경우가 더 많다. 표적으로 삼았던 청중들이 메시지에 제대로 노출될 가능성이 높지 않기 때문이다.

따라서 마케터들은 보다 새롭고 효과적인 커뮤니케이션 방안을 찾아 나서기 시작했다. 그러한 방법으로서 마케터들은 소비자들에게 제품이나 기업과 관련된 메시지를 보다 편안한 분위기에서 전달하고, 다른 마케팅 활동을 지원하는 방안으로서 스포츠를 활용해왔다. 스포츠는 기본적으로 즐거움이라는 가치를 주기 때문에 소비자들로부터 주목을 받을 가능성이 훨씬 크기 때문이다.

연구에 따르면 전통적인 광고에 비해 스폰서십은 훨씬 더 메시지를 확실하게 전달해준다고 한다.[2] 이 연구에 따르면 스포츠 경기 시청자들의 70%가 경기 스폰서를 기억하였지만, 중계방송 도중에 삽입된 광고를 기억하는 비율은 40%에 불과했다고 한다.

또한 스폰서십의 효과를 설명하기 위해 "라이플(rifle)효과"라는 용어를 이용하는데, 이 말은 스폰서십이 그만큼 정확하게 이루어진다는 것을 의미한다. 실제로 마케터들은 커뮤니케이션 과정의 비효율성을 최소화하기 위해 스폰서십을 이용한다. 스폰서십을 이용하게 되면 한치의 오차도 없이 표적집단을 사로잡을 수 있다고 생각하기 때문이다. 결국 스폰서십을 통해 스포츠 소비자들은 개인적으로 스포츠와 자신들을 동일시하려 하고, 이로 인해 스포츠와 연계된 상품에 대한 브랜드 충성을 제고시킬 기회를 제공하기 때문에 스폰서십, 특히 스포츠 스폰서십의 중요성이 훨씬 더 커졌다.

2) 홍보의 창출

홍보의 창출 역시 스폰서십에서 기대할 수 있는 부분이다. 스폰서를 받는 선수, 팀, 또는 리그는 어떤 형태로든 스폰서의 이름을 밝혀야만 한다. 삼성의 스폰서를 받는 프로골퍼 박세리 선수의 경우 경기 중 항상 삼성 로고가 새겨진 모자와 유니폼을 착용해야 한다거나, 스키대회에서 우승한 선수는 인터뷰를 할 때 스폰서를 받는 스키의 상표가 방송화면에 보이게끔 하는 것이 그러한 사례이다. 또한 스포츠 이벤트 자체를 스폰서 받는 경우 사진이나 방송화면에 스폰서 기업의 상호나 제품명이 항상 두드러지게 나타나도록 광고판을 배치하는 것도 그러한 사례이다.

결국 이러한 스폰서십을 이용하게 되면 평소 광고를 통해 메시지를 전달할 때보다 스폰서 기업의 메시지가 객관적으로 청중들에게 전달된다. 또한 프라임 타임의 뉴스시간에 기업의 메시지가 뉴스를 통해 전달되는 기회를 얻을 수 있게 된다.

(3) 스포츠 스폰서십의 기본원리

스폰서 계약을 체결할 때 스폰서 기업과 스포츠 조직은 각자 상대방의 활동을 지원함으로써 자신들이 생각한 목적을 제대로 달성할 수 있을 것인지를 따져보아야만 한다. 앞의 정의에서도 살펴봤지만, 기본적으로 스폰서십은 [그림 13-1]에서 보는 것처럼 상호 호혜적인 관

[그림 13-1] 스포츠 스폰서십의 Win-Win 구조

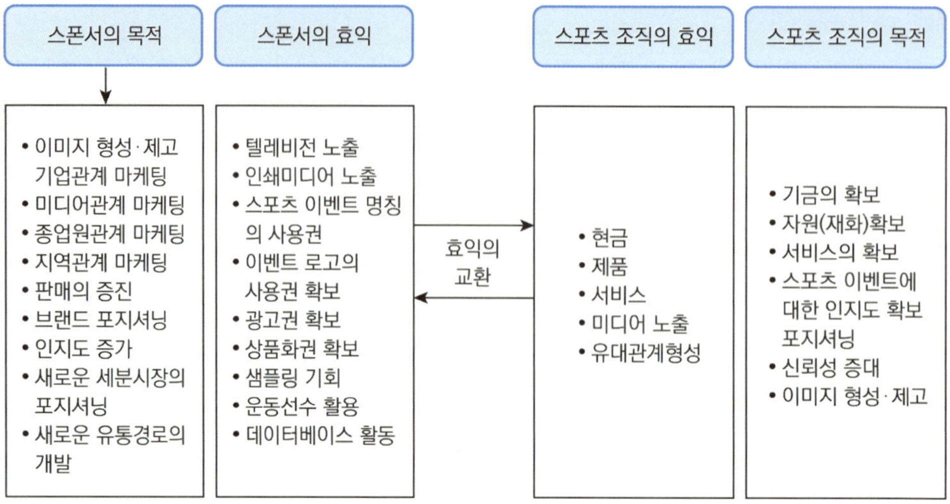

계가 가장 기본적인 틀이다. 즉, 스포츠 조직과 기업의 이익은 공생관계로 창출될 수 있으며 각각이 분리되었을 때보다 그 효과가 더 커질 수 있다.

[그림 13-1]에서 기본적으로 가정하는 점은 스폰서십 계약의 양 당사자들은 상대방이 생각하고 있는 목표를 달성해줄 수 있는 효익을 각기 지니고 있으며, 이러한 효익들이 상호 교환됨으로써 상호 호혜적인 관계가 달성될 수 있다는 점이다. 때문에 스포츠 마케터의 입장에서는 스폰서를 찾아 나설 때 과연 기업들이 스폰서십을 통해 달성하고자 하는 목표가 무엇인지를 명확히 파악해야만 한다.

2 스포츠 스폰서십의 목표

스포츠 조직의 입장에서 스폰서를 해줄 수 있는 기업을 찾을 때 과연 그들이 어떤 생각으로 스폰서를 하려는 지를 파악해둘 필요가 있다. 그러나 기업에 따라서 추구하는 스폰서십의 목표들이 다를 수 있다. 즉, 어떤 기업은 단순히 이미지 제고만을 목적으로 할 수도 있고, 다른 기업은 특정 상품의 매출증대를 기대할 수도 있기 때문이다. 다시 말해서 기업이 처한 상황에 따라 스폰서십의 목표는 달라지게 된다.

일반적으로 기업들이 스폰서십을 하는 목표는 단기적으로 소비자들의 구매행동에 직접 영향을 미쳐서 매출을 증대시키는 것이고, 장기적으로는 소비자들이 제품을 구입하기 전에 제품에 대한 인지를 창출하고, 희망하는 이미지를 이끌어냄으로써 궁극적으로 매출을 증대

시키는 것이라고 하며, 두 경우 모두 궁극적으로 매출증대를 기대한다는 점에서 일치하고 있다.

스포츠 조직의 입장에서 스폰서십을 하는 목표는 기금을 마련하는 것 외에 다른 뚜렷한 목표를 찾기 어렵다. 따라서 여기서는 기업 입장에서의 스폰서십 목표를 살펴보기로 한다.

1) 인지의 증대

스폰서십의 가장 기본적이고 중요한 목표 중의 하나는 기업이나 제품에 대한 인지를 창출하고 이를 제고시키는 것이다. 특히 새로운 기업이나 제품의 경우 단기간 광범위한 인지를 창출하도록 하는데 스폰서십만큼 좋은 방안은 없다. 실제 최근에 실시된 연구에 따르면 인지창출에 있어 스폰서십이 광고보다 효과가 더 크다고 한다.[3)]

스포츠 조직의 입장에서도 스폰서십은 스포츠 조직, 구체적으로 스포츠 이벤트, 선수, 팀에 대한 인지도를 높여주는 역할을 한다. 즉, 얼마나 많은 스폰서를 확보하고 있는지에 따라 스포츠 소비자들에게 해당 스포츠 조직을 알릴 수 있는 기회가 많아진다는 의미인데, 스폰서 기업들의 커뮤니케이션 프로그램이 스폰서 해주는 스포츠 조직과의 관련성을 부각시키는 방향으로 설계되어지기 때문이다.

2) 경쟁에의 대응

스폰서십의 또 다른 주요한 목표는 경쟁자로부터 제기될 수 있는 제반 위협 요인에 효과적으로 대응하거나 이를 제압하는 데 있다. 특히 주요 스포츠 이벤트의 스폰서십은 업종당 1개의 기업만이 후원에 참여토록 함으로써 기업의 독점권을 확립해 주는 것을 원칙으로 하는데, 후원기업은 대회 관련 광고, 프로모션, 마케팅에 관한 독점권을 부여받음으로써 업종 내 타 경쟁사를 제압할 수 있는 유리한 위치를 차지할 수 있다. 뿐만 아니라 세계적인 기업들과 함께 후원사가 될 경우 기업의 위상을 크게 높일 수 있는 절호의 기회를 갖게 된다.

그러나 최근에는 특정 스포츠 이벤트에 스폰서를 한다는 것으로 끝나는 것이 아니라, 매복마케팅(ambush marketing)기법을 활용하는 경쟁업자들의 위협에 대응하기 위해 골머리를 앓고 있기도 하다. 매복마케팅에 대해서는 뒤에서 보다 자세히 언급하도록 한다.

3) 표적시장에의 도달

커뮤니케이션 혹은 촉진의 수단으로서 스폰서십이 지니는 독특한 특징 중의 하나는 바로 스포츠 이벤트나, 선수 혹은 팀에 대해 관심을 가지고 있는 소비자들에게 비교적 쉽게 도달

(reach)할 수 있다는 데 있다. 즉, 기업은 특정 스포츠 종목이나 이벤트를 활용함으로써 보다 손쉽게 목표집단에 접근할 수 있다.

예를 들어, 축구는 성인 남자들이 주로 보는 경기이며 농구는 그 주요 시청자가 10대 청소년들이다. 따라서 스포츠 이벤트나, 선수 및 팀 자체가 독특한 세분시장으로 간주될 수 있고, 표적집단에 따라 스포츠 종목을 구분하거나 스폰서십의 성격을 구분한다면 적은 예산으로도 목표집단에 효율적으로 다가갈 수 있는 스포츠 스폰서십 전략을 모색할 수 있다.

4) 장기적 관계 구축

스포츠를 후원하는 기업은 단순히 후원의 사실을 소비자에게 알리는 것뿐만 아니라 이를 이용하여 고객과의 긍정적인 유대관계를 지속시키고 고객충성(customer loyalty)을 이끌어 낼 수 있는 대 고객전략을 마련할 수 있다. 즉, 스폰서십 계약을 체결하게 되면 스폰서 기업은 스포츠 조직이나 이벤트 개최자로부터 접대(hospitality)의 차원에서 여러 가지 서비스를 받게 되는데, 이러한 서비스를 고객들에게 돌림으로써 고객들과 우호적이고 장기적인 관계를 맺을 수 있게 된다.

5) 이미지 구축

스폰서십의 가장 중요한 이유는 바로 이미지를 구축하고 제고하는 것일 것이다. 실제 기업은 스포츠 스폰서십을 통해 스포츠의 특정 이미지를 기업이나 브랜드에 연계(transfer)시킴으로써 기업이 의도하는 메시지를 효과적으로 목표집단에 전달할 수 있다. 또한 전략적으로 기업이나 브랜드가 원하는 새로운 이미지를 스포츠 스폰서십을 통해 창출해 낼 수도 있다. 보수적인 이미지의 은행이나 보험회사가 최근 스포츠 스폰서십에 관심을 보이고 있는 이유는 스포츠의 역동적 이미지를 통해 역동적이고 발전적인 기업의 이미지를 창출해 내기 위함이라고 볼 수 있다.

그런데 기업의 입장에서 한 가지 주목해야 할 점은 스폰서를 하고자 하는 스포츠 이벤트나 선수 또는 팀의 이미지와 스폰서 기업 또는 제품의 이미지가 일치하는가를 잘 살펴봐야 한다는 점이다. 즉, 서로 이미지 사이에서 일치(congruent)하는 점이 없는 경우 스폰서십의 장점을 취하기도 어려울 뿐더러 스폰서 기업의 이미지에 해를 입힐 수도 있게 된다.

6) 브랜드 자산의 극대화

기업의 입장에서는 제품 자체가 지니고 있는 품질도 중요하지만, 소비자들이 이를 어떻게 생각하고 이에 어떤 가치를 부여하는지가 더욱 중요하다. 결국 기업 입장에서 제품차별화를 시도하는 것은 제품 자체의 차별화가 아니라 브랜드에 대한 소비자 인 식의 차별화를 의미하며, 이러한 소비자들의 인식의 차별화에 영향을 주는 것이 브랜드 자산이다.

스포츠가 지니고 있는 역동적인 이미지, 권위, 가치 등이 기업이나 브랜드에 효과적으로 연계됨으로써 브랜드의 자산가치는 더욱 증대될 수 있다. 나이키는 골프천재인 타이거 우즈를 후원함으로써 나이키 골프 부문에 대한 소비자의 인지도를 크게 높임은 물론 매출을 크게 증대시킬 수 있었다. 또한 브라더社나 UPS의 경우처럼 올림픽이나 월드컵 등 각종 스포츠 대회의 후원을 통해 무명의 기업이나 브랜드가 전 세계인들의 주목을 받기도 한다. 브랜드 인지도의 증대는 기업 브랜드의 자산을 강화시킬 수 있으며 이는 매출에 직접적이고도 중대한 영향을 미친다.

7) 판매의 증대

스폰서십 프로그램에 참여하는 모든 기업들의 궁극적인 목표는 바로 매출증대에 있다. 물론 스폰서십의 결과 바로 매출증대로 이어지지 않는 경우도 있지만, 스폰서십의 궁극적인 지향점은 매출증대에 있다. 즉, 기업들은 스폰서십에 대한 투자가 매출증대로 이어질 것이라는 확신이 서지 않게 되면 결코 스폰서십에 투자하지 않으려 할 것이다.

스포츠 마케팅 현장이야기

스포츠 후원 마케팅 활발
한화큐셀, 스포츠 마케팅으로 유럽시장 공략 나선다

한화큐셀은 독일 분데스리가 1부리그 소속 RB라이프치히와 스폰서십 연장 계약을 체결했다고 5일 밝혔다. 이번 스폰서십 연장은 태양광 산업이 꾸준한 성장세를 이어가고 있는 유럽시장을 공략하기 위해서다. 글로벌 시장 조사기관 IHS Markit에 따르면 지난 2016년 7.7GW(주택 · 상업 · 발전용 포함) 규모의 유럽 태양광 시장은 2017년 9.8GW, 2018년 12.1GW로 꾸준히 성장해 왔다. 내년에는 16.7GW으로 전망되며 2022년에는 21.1GW로 올해보다 두 배가량 늘어날 것으로 전망된다.

미국의 세이프가드 및 중국 보조금 축소로 글로벌 태양광시장의 불확실성이 확대되는 가운데,

안정적 성장을 이어가는 유럽시장은 한화큐셀에게 핵심시장 중 하나로 꼽힌다. 특히 유럽시장은 대형 발전소와 더불어 주택용 및 상업용 태양광시장이 꾸준한 성장세를 이어갈 것으로 보인다. 한화큐셀은 B2C소비자들에게 브랜드를 직접 알리기 위해 이번 계약 연장을 결정했다고 밝힌 바 있다.

이번 계약에 따라 한화큐셀은 기존 2017~2018시즌부터 2018~2019시즌까지 2년간 체결한 파트너십을 2019~2020시즌까지 1년 연장하게 된다. 한화큐셀은 경기장 전광판광고, 캠카펫 및 벤치 브랜딩, 전용 VIP관람 부스 등 기존 스폰서 권한과 함께 축구게임 FIFA19에서 RB라이프치히 홈구장 레드불아레나를 선택할 시 게임 중 큐셀 브랜드가 노출되는 권리를 추가로 확보했다.

한화큐셀은 한화그룹 인수 전 큐셀이 쌓아온 지위를 바탕으로 유럽 내 높은 브랜드 선호도를 보유하고 있다. 지난 3월에는 태양광 전문 리서치 기관 EuPD Research가 브랜드 가치를 평가해 선정하는 '탑 브랜드 PV'를 유럽에서 5년 연속 수상하기도 했다. 한화큐셀은 높은 브랜드 역량에 더해 RB라이프치히와의 파트너십을 통해 마케팅 시너지를 창출하고, 스포츠를 매개로 B2C 소비자들과 가까운 접점에서 브랜드 인지도를 확대해 우수한 제품과 기술력을 알릴 계획이다.

올리버 민츨라프 RB라이프치히 대표이사는 "RB라이프치히가 세계적인 구단으로 성장하기 위해서는 우수한 글로벌 기업과의 파트너십이 상당히 중요하다"며 "혁신을 바탕으로 글로벌 시장을 선도하는 한화큐셀은 세계무대로 진출하려는 구단의 방향성에 부합하는 완벽한 파트너"라고 밝혔다.

정지원 한화큐셀 유럽법인장은 "지난 시즌 RB라이프치히와의 파트너십을 통해 유럽을 비롯한 세계 전역에 한화큐셀을 알리고 영업망을 넓힐 수 있었다"며 "한화큐셀의 혁신성과 RB라이프치히의 젊고 역동적인 구단 분위기가 시너지를 창출해 글로벌 태양광시장에서 한화큐셀의 입지를 강화하는데 크게 기여할 것"이라고 말했다.

한편 RB라이프치히는 한화큐셀 독일 연구개발(R&D)센터 인근 대도시인 라이프치히에 연고를 둔 축구단으로 2009년 창단 직후 5부 리그 우승을 거머쥐고 7년 만에 1부리그로 승격해 2016~2017시즌 바로 2위의 성적을 거둔 신흥 강호로 꼽힌다. 이번 러시아 월드컵에서 독일 대표로 활약한 티모 베르너와 스웨덴 대표로 활약한 포르스 베리 등의 소속 팀으로 잘 알려져 있다.

- 아시아경제, 2018년 9월 5일 -

3 스폰서십의 종류

스폰서십에는 크게 독점적 스폰서십, 1차 스폰서십, 보조 스폰서십, 공식 스폰서십의 네 가지 종류가 있다. 그러나 공식 스폰서 외에는 우리에게 그리 익숙한 용어가 아닌 것이 사실이다. 실제 스포츠 이벤트들은 이러한 네 가지 종류의 스폰서십 중에서 하나 혹은 몇 가지를 병행해서 택하고 있지만, 우리에게는 상이한 이름으로 알려져 있기 때문이다.

그러나 분명한 사실은 스포츠 조직에서 채택하는 스폰서십들은 여러 가지 다른 이름으로 알려져 있더라도, 여기에서 언급하는 네 가지 종류의 스폰서십 중 하나에 속하며, 각 스폰서십은 다른 스폰서십과 구별되는 독특한 특징을 지니고 있다는 점이다.

(1) 독점적 스폰서십

독점적(exclusive) 스폰서십은 스포츠 구성 요소, 즉 스포츠 이벤트, 스포츠 팀, 선수 또는 리그와 관계된 스폰서가 오직 하나뿐인 것을 말한다. 이러한 독점적 스폰서십은 다음 세 가지의 장점을 가지고 있다. 우선 스폰서는 자신들의 이름을 이벤트의 이름이나 팀의 이름에 집어넣을 수 있게 해준다. 둘째, 스폰서 기업은 자신들의 촉진 활동을 위해 스폰서를 받는 스포츠 구성 요소들을 독점적으로 이용할 수 있다. 특히 이러한 촉진은 기업으로 하여금 광고 및 기타 커뮤니케이션 활동의 효과를 극대화시켜준다. 셋째, 독점적으로 스폰서를 한다는 명성을 얻음으로써 결과적으로 스폰서 기업의 제품의 가치를 높여주는 역할을 한다.

그런데 독점적 스폰서십의 의미는 스포츠 조직이 이 스폰서 이외의 다른 기업들로부터 재정지원을 받을 방법을 원천적으로 막아버리게 되는데, 이러한 측면은 독점적 스폰서십의 단점이라 할 수 있다. 즉, 예기치 않은 일로 비용이 발생할 경우, 스폰서기업에 해당 비용의 보전을 요구할 수밖에 없는데 이를 끌어내기는 어려운 것이 사실이다. 또한 스포츠 이벤트가 흥행에 실패하고, 팀이나 선수가 계속해서 경기에서 지는 경우, 잠정적으로 부정적인 이미지가 스폰서 하는 기업에까지 전이되는 상황도 발생할 수 있다. 이러한 이유로 독점적 스폰서십을 할 때는 스포츠 구성 요소들이 얼마만큼 이를 잘 관리할 수 있는지가 중요 고려사항이 될 수밖에 없다.

MLB의 공식 스폰서인 한국타이어

(2) 1차 스폰서십

앞에서 독점적 스폰서십에 대해 설명했지만, 이 방안은 실제로 비용조달상의 문제점 등으로 인해 주변에서 찾기란 어렵다. 오늘날 대부분의 스포츠 이벤트들은 일반적으로 몇몇 스폰서들이 함께 스포츠 이벤트 등의 비용을 분담하게끔 하는 1차(primary) 스폰서십의 형태를 취하고 있다.

이렇게 다수의 스폰서가 존재하는 경우, 기업들의 입장에서 후원해야 하는 비용에 대한 선택의 폭이 넓어지게 되고, 이로 인해 스포츠 조직의 입장에서 스폰서십 패키지를 구성하기가 매우 용이해진다. 또한 1차 스폰서들은 다른 스폰서들이 있음에도 불구하고 생각과는 달리 독점권을 가질 수도 있다. 즉, 기업들은 독점적 스폰서십과 마찬가지로 기업명을 이벤트에 넣도록 협상할 수도 있으며, 이를 통해 미디어에 그 이름이 노출되고, 결과적으로 스폰서에게 독점적인 이미지를 제공하는 역할을 한다. 심지어 관중이나 참여자들은 스폰서 기업의 이름이나 상품만으로도 스포츠 팀이나 이벤트를 구별하기 시작한다.

또한 1차 스폰서십은 독점적 스폰서십 때와는 달리 다른 스폰서들과 함께 스포츠 이벤트의 재정적 위험을 분담해 주기도 한다. 그러나 이벤트를 주최하는 입장에서 봤을 때 다른 스폰서들이 스폰서십을 철회하는 경우 커다란 문제를 야기할 수도 있다. 즉, 스포츠 이벤트 개최와 관련된 재정 분담안이 마련된 상태에서 일정 금액을 분담하기로 한 스폰서가 이를 철회하는 경우, 이를 보전할 수 있는 방법이 크게 제한되어 있기 때문이다. 이 때문에 한번 1차 스폰서십을 하기로 결정이 되면, 이를 쉽사리 철회하지 못하도록 하는 것이 일반적이다.

F1 코리아 그랑프리 시상식, 후원기업의 로고가 등장한다

(3) 보조 스폰서십

보조(subsidiary) 스폰서십은 기업 차원이라기보다는 제품 차원에서 스폰서십을 하는 2차적인 단계의 스폰서십으로 1차적 스폰서십과 그 내용이 상이하다. 이때 스폰서십에 소요되는 비용은 계약 형태에 따라 아주 적은 금액에서 많은 금액까지 다양할 수 있으며, 제공물의 형태도 현금, 제품, 서비스 등 다양하게 제공된다.

긍정적인 측면에서 보조 스폰서십은 항상 자신이 속해있는 제품범주에서 독점적인 지위를 보장받을 수 있다는 점이다. 따라서 노력 여하에 달라지겠지만, 보조 스폰서십 기업들은 1차 스폰서십 기업과 같은 촉진 활동을 벌일 수도 있다. 또한 보조 스폰서십에 참여하는 데 따르는 위험이 상대적으로 적은 관계로 스폰서십에 전혀 경험이 없는 기업들의 경우 1차 스폰서가 되기 전에 시험 삼아 보조 스폰서가 되는 방법을 택하기도 한다.

그런데 기업의 측면에서 보조 스폰서십을 철회한다 하더라도 기업의 마케팅 활동에 큰 장애를 초래하지 않기 때문에 보조 스폰서십을 계속 하기는 어렵다. 물론 기업들이 보조 스폰서십을 철회하려는 이유는 많다. 우선 스폰서십에 참여하는 기업들이 너무나 많기 때문에 소비자들의 입장에서 이를 쉽사리 구별하기 어렵고, 심지어 미디어에 적절히 노출되지 않는 경우도 있어서 결국 스폰서십의 효과를 감소시키는 역할을 하기 때문이다. 또한 올림픽이나 월드컵처럼 대형 스포츠 이벤트의 경우 소규모 기업의 입장에서 여기에 광고나 촉진 활동을 하는데 따르는 비용이 너무나 비싸다.

(4) 공식(official) 스폰서십

공식 스폰서십은 보조 스폰서십의 특수한 형태로 기업들이 자신들의 제품범주에서 독점적인 지위를 보장받는다는 점에서 보조 스폰서십과 거의 비슷하다. 그러나 보조 스폰서들의 제품이 항상 스포츠 구성 요소와 직접적인 관련성을 가지지만, 공식 스폰서의 경우 그 관련성이 거의 없다는 점에서 큰 차이점을 보인다.

예를 들어, 신용카드나 전화기는 스포츠 구성 요소와 그다지 관련성이 없다. 따라서 어떤 기업이든지 공식 스폰서가 될 수 있다. 심지어 술이나 담배와 같이 원칙적으로 스포츠 구성 요소와 전혀 부합되지 않는 것처럼 보이는 제품들까지도 이러한 스폰서의 대열에 참여하였었다.

올림픽이나 월드컵처럼 국제적인 스포츠 이벤트의 공식 스폰서가 되는 것은 특히 기업의 마케팅전략이 국제적인 기업으로서의 이미지를 형성하고자 하는 경우 크게 중요하다. 그러나 이러한 국제적 스포츠 이벤트의 스폰서가 되는 방법은 공식 스폰서십 말고도 많이 있으며, 이러한 방법들은 스폰서십의 효과를 감소시키는 역할도 한다.

예를 들어, 올림픽 경기에 참가하는 운동선수의 경우 개인적으로 1차 또는 보조 스폰서를 가지고 있는 경우가 있다. 이때 1차 혹은 보조 스폰서들은 공식 스폰서보다 훨씬 더 많은 촉진효과를 거둘 수 있다. 즉, 나이키운동화의 경우 많은 육상 선수들이 착용하는 신발이기도

한데, 결코 나이키는 올림픽 공식 스폰서가 아니다. 하지만 공식 스폰서들보다 훨씬 더 많이 미디어에 노출된다.

(5) 기타 스폰서십의 형태

위에서 언급한 네 가지의 형태로 스폰서십의 형태를 분류하는 것 외에도 다음과 같은 내용으로도 스폰서십의 형태를 분류해볼 수도 있다.

① **스포츠 대회 · 이벤트 후원**(Sports Event Sponsorship): 특정 대회나 이벤트의 전체 혹은 일부 비용을 부담하고 공식후원사, 용품 제공업체, 상품화권자 등과 같은 대회 후원사의 자격을 획득하게 되며 대회명칭 사용권, 경기장 보드광고권 등 다양한 마케팅 · 광고권리를 얻을 수 있다.

② **스포츠 방송중계 후원**(Broadcasting Sponsorship): 특정 스포츠 경기를 중계하는 방송사를 후원함으로써 아나운서의 멘트나 자막을 통한 후원사 고지(이 경기는 현대자동차 후원입니다 등) 혹은 방송광고 독점권 등의 권리를 행사할 수 있다.

③ **경기장 후원**(Stadium Sponsorship): 새로운 경기장 건축의 전체 혹은 상당비용을 부담하고 경기장의 명칭이나 경기장 내 광고권을 확보할 수 있다.

④ **스포츠 단체, 팀 및 선수 후원**: 특정 스포츠 단체나 팀, 선수를 후원함으로써 이들이 주관하거나 참가하는 각종 대회의 후원사가 될 수 있으며, 팀이나 선수들에게 제공한 용품이 방송에 중계될 때 광고효과를 얻을 수 있다.

⑤ **광고 추천**(Advertising Endorsement): 특정 스포츠 단체, 팀, 선수를 자사 광고에 등장시켜 광고의 인지도 및 신뢰도를 향상시킬 수 있다.

⑥ **제품 인증**(Product Endorsement): 스포츠 단체, 팀, 선수의 로고나 마스코트를 제품에 부착하여 제품의 판매 증대를 도모할 수 있다.

4 스폰서십의 기본 모형

[그림 13-2]는 Irwin과 Asimakopoulos가 개발한 스포츠 스폰서십 관리하는 모형으로서 이 모형을 통해 스포츠 마케터들은 스폰서십 파트너와 효과적으로 업무를 수행하는데 필요한 기본 지식을 얻을 수 있을 것이다.

[그림 13-2] 스폰서십 관리의 여섯 단계

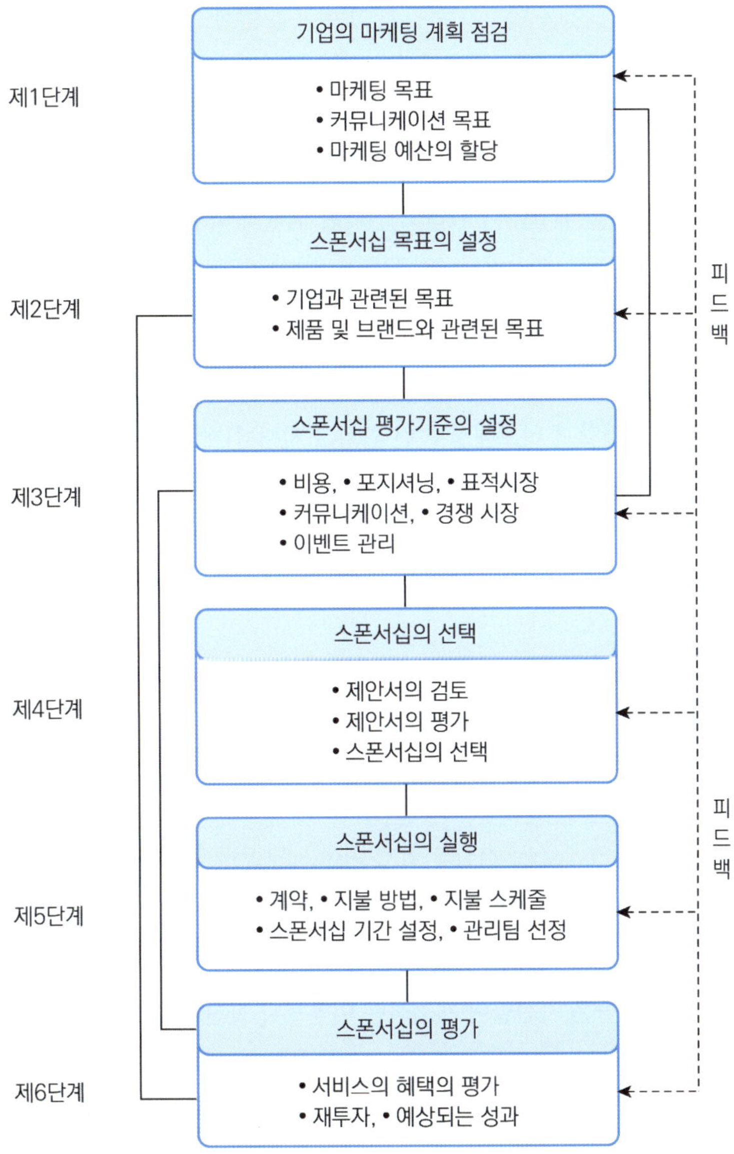

자료: R. L. Irwin and M. Asimakopoulos (1992), "An Approach to the Evaluation and Selection of Sport Sponsorship Proposals," *Sport Marketing Quarterly* (December), pp. 43~51.

(1) 스폰서의 목표

스포츠 조직과 스폰서들의 관계는 양자 모두에게 이익이 되어야 한다. 즉, 양 당사자들이 상품의 시장가치와 수익이 증대되는 방향으로 스폰서십이 이루어져야 한다. 때문에 잘 설계된 스폰서십은 스포츠 조직이나 스폰서 모두에게 큰 효익을 안겨줄 수 있다. 이 때문에 기업들이 스폰서십을 통해 무엇을 얻고자 하는지 그 목표를 명확히 파악할 필요가 있는데, 이에 대해서는 앞에서 자세히 언급하였다.

스폰서의 기본목표를 파악하는 일 외에 스포츠 마케터는 다음 사항들에 대해서도 파악하고 있어야만 한다.[4)]

① 그 기업이 생산하는 제품이나 서비스는 어떤 종류의 것인가?

② 그 기업의 마케팅 구조는 어떠한가?

③ 일반적인 마케팅 접근 방법은 무엇인가?

④ 어떤 유형의 프로그램이 성공하였는가?

⑤ 그 기업은 경쟁 기업과 비교해서 어떤 위치(포지셔닝)에 있는가?

⑥ 그 기업은 이전에 스포츠나 이벤트를 사용한 적이 있으며, 있다면 그 경험은 성공적이었는가?

⑦ 마케팅 결정은 누가 하는가?

(2) 스폰서의 평가기준

스폰서십이 스포츠 조직의 수익을 창출하는 중요한 수단 중의 하나가 됨에 따라 많은 스포츠 조직들은 앞 다투어 스폰서 기업을 찾기 위해 노력한다. 걸출한 스타플레이어 또는 올림픽이나 월드컵처럼 이미 스포츠 이벤트의 능력이 검증된 경우 기업들이 서로 스폰서를 하려고 안달하겠지만, 그러한 경우는 몇몇 사안에 국한된 것들이다.

따라서 스포츠 조직들은 자신들이 개최하는 이벤트나 자신들에게 속해있는 선수들의 스폰서를 구하기 위해 많은 노력을 기울여야만 한다. 그러나 스포츠 조직이 원한다고 해서 무조건 스폰서를 얻을 수 있는 것은 아니다. 스폰서십은 기본적으로 양 당사자들에게 상당한 효익이 있을 때에만 가능하기 때문이다. 일반적으로 기업들이 스폰서십을 결정하는 기준을 살펴보면 다음과 같다.

1) 스포츠 조직의 경영상태나 능력

이 항목은 기업들이 스폰서십을 결정할 때 고려하는 가장 중요한 요소로서, 스포츠 조직의 경영상태나 경영능력에 따라 스폰서십의 성공이 크게 달라질 수 있기 때문이다. 즉, 기본적으로 역량 있고 안정된 경영관리를 하는 스포츠 조직의 경우 그렇지 않은 조직들에 비해 스포츠 스폰서십에 대한 이해가 깊고, 기업이 요구하는 사항들을 제대로 파악하고 있을 가능성이 높기 때문이다.

2) 이벤트와 이벤트 참가자의 숫자

기업이 스폰서십을 하는 가장 기본적인 이유는 기업이나 기업이 생산하는 제품에 대한 인지를 고조시키고, 이를 기업 이미지 개선이나 매출증대로 이어가기 위함이다. 그러나 스포츠 조직에서 개최하는 이벤트의 숫자가 적거나 해당 이벤트에 참가하는 참가자들의 숫자가 적은 경우는 그러한 효과를 기대할 수 없게 된다.

스포츠 마케팅 현장이야기

골드만삭스의 창사 첫 외도?…150년 만에 운동선수 후원

글로벌 투자은행 골드만삭스가 창사 150년 만에 처음으로 스포츠 선수 후원 마케팅에 뛰어들었다. 미국 경제전문지 포브스는 16일 "골드만삭스가 미국프로골프(PGA)투어 선수 패트릭 캔틀레이(28, 미국)와 후원계약을 체결했다"며 "이는 골드만삭스가 창사 150년 만에 처음으로 맺은 운동선수 스폰서십"이라고 전했다.

골드만삭스의 후원 소식은 이날 나왔으나 캔틀레이는 일찌감치 올해 초부터 모자 앞면에 '마커스 바이 골드만삭스' 문구를 달고 출전 중이다. 그는 지난해까지 타이틀리스트 로고가 그려진 모자를 썼다. 캔틀레이는 PGA투어에서 통산 2승을 거둔 선수다. 메이저대회 최고 성적은 지난해 PGA챔피언십에서 기록한 공동 3위다.

골드만삭스는 이번 계약이 "캔틀레이 개인 때문에 이뤄진 면이 크다"고 설명했다. 캔틀레이는 골드만삭스 금융상품에 관심이 많은 것으로 알려졌다. 골드만삭스 브랜드 마케팅을 담당하는 더스틴 콘은 "우리 사업의 잠재적 파트너를 평가할 때 파트너 가치가 우리와 비슷하기를 바라는데 캔틀레이가 그런 경우"라며 "파이낸셜 브랜드인 '마커스'가 젊은 이미지이기 때문에 캔틀레이도 그와 잘 맞는다고 판단했다"고 했다. 그러면서 "이번 후원 계약은 우리 브랜드의 목표인 '고객들의 경제적 안정'과 (브랜드를 향한) 관심을 향상하는 데 도움이 될 것"이라고 했다.

-한국경제, 2020년 7월 16일-

3) 도매상과 연대한 끼워 팔기(tie-in)의 가능성

강력한 유통망을 확보하고 있는 기업일수록 스폰서십을 통해 경로 내에 있는 도매상들과 연계한 끼워 팔기가 가능한지의 여부에 관심을 기울이게 된다. 특히 유통업자들이 자체적으로 특별 프로모션, 경기장 내 전시와 광고를 할 수 있는지의 여부와 관계가 있다. 실제로 유통업자의 중요성이 크기 때문에 스폰서십 계약을 할 때 자사의 상품을 취급하는 유통업자도 함께 스폰서의 지위를 받을 수 있는지 역시 고려사항이 될 수밖에 없다.

4) 인쇄 및 전자매체에서 취급한 보도량

앞서 말한 대로 스폰서십은 인지의 창출이 기본목적이기 때문에, 스포츠 조직이나 이벤트가 각 매체에서 얼마만큼 비중 있게 다루어지는지 역시 큰 고려사항일 수밖에 없다. 이 때문에 스포츠 조직들은 이전 이벤트에 대해 TV나 라디오, 그리고 인쇄매체에서 어떻게 뉴스 또는 기사로 처리했는지의 자료를 토대로 스폰서 기업을 설득할 수도 있다. 실제 인기가 높고 관중이 많은 이벤트와 스포츠는 많은 스폰서들로 하여금 스폰서십 프로그램 참여의 유혹을 느낀다고 한다.

5) 이벤트의 시기

스폰서십이 이미 기업들이 수행하는 커뮤니케이션 전략의 하나로 자리 잡으면서, 이에 대한 투자도 전과 다르게 크게 증가하였다. 즉, 기업이 후원하는 스포츠 이벤트의 숫자도 증가했을 뿐 아니라 그 예산 역시 막대하게 늘어났다. 이는 기업이 동시에 여러 가지의 스폰서십을 동시에 수행하는 데 큰 장애 요인으로 다가서게 된다. 이 때문에 많은 스포츠 이벤트들이 기본적으로 기업에게 많은 장점을 제공함에도 불구하고 스폰서십을 얻지 못하는 경우가 많다.

6) 표적시장과의 일치 여부

앞서 지적한대로 스폰서십은 자선행위로 이루어지는 것이 아니기 때문에 기업은 스폰서십을 통해 표적시장에 효율적으로 자사의 제품에 대한 메시지를 전달하고자 한다. 그러나 스포츠 이벤트가 기업의 표적시장과 일치하지 않는 경우는 자선행위가 아닌 바에야 아무런 의미가 없게 된다.

7) 기타 스폰서십 평가기준

위에서 설명한 여섯 가지 기준 외에도 기업들이 스폰서십을 평가할 때 이용하는 보다 구

체적인 기준을 살펴보면 다음과 같다.[5)]

① **친화적 요소**: 스포츠 제품과 회사의 이미지 및 마케팅 전략과 유사성이 있어야 한다.

② **승인조직**: 잘 조직되어야 하고 재정적으로 안정되어야 한다.

③ **효과적인 판매촉진의 가능성**: 상표나 로고가 붙은 품목들의 판매는 관중이나 참가자들의 수에 의해 결정되어야 한다. 또한 이런 품목의 상용판매를 위해 준비해야만 한다.

④ **성장성**: 역대 이벤트와 참여 관중들에 대한 현황으로써 이에 합당한 자료가 없으면 이 이벤트와 유사한 이벤트의 자료를 이용할 수도 있다.

⑤ **기존 스폰서**: 기존의 스폰서들은 다른 스폰서들과 바람직한 제품 믹스를 할 수 있으며 좋은 협력관계를 유지할 수 있어야만 한다.

⑥ **시설의 협조**: 접근과 광고판의 배치를 효과적으로 하기 위해 시설물 관리자와의 협조가 가능한지도 살펴야만 한다.

⑦ **VIP와의 교제가능성**: 이벤트는 회사가 영향력 있는 고객들과 긍정적인 관계를 형성할 수 있는 방법을 제공해야 한다.

⑧ **법적 제재**: 스폰서나 이벤트에 대한 지방이나 중앙정부의 제재를 최소화할 수 있어야 한다.

⑨ **위험**: PR 실패의 확률을 최소화해야 한다. 날씨 등과 같이 주최 측에 통제할 수 없는 사항들이 있기 때문에, 이 부분에 대한 사전 조정이 있어야만 한다.

(3) 스폰서십 계약과 실행

1) 스폰서십 계약

일단 특정 스포츠 이벤트나 특정 선수에 대한 스폰서를 하기로 결정하였다면, 스폰서십의 기간과 조건 등이 법적 효력을 발휘할 수 있도록 문서상 계약을 맺는 것이 필수적이다. 물론 이러한 합의문의 형태가 다양한 형태를 띌 수 있다고 하지만, 스폰서십 교환 과정 자체가 매우 복잡한 특성을 지니는 관계로 구두계약보다는 공식적인 서류의 작성이 필수적이다.[6)] 즉, 서면화 된 계약서가 없는 경우 스포츠 조직과 기업 간에 계속해서 오해가 발생할 여지가 많기 때문이다. 또한 이러한 서면화 된 계약서를 통해 스폰서십 계약 양당사자들은 상호 권리와 의무를 명시할 수 있기 때문에 단순히 계약을 맺고 악수를 하고 마는 형태보다는 선호될 수밖에 없다.

그리고 스폰서십 계약을 할 때 그 기간을 어느 정도로 할 것인지도 중요한 고려사항이기도 하다. 이와 관련해서 학자들은 스폰서십은 단발성으로 끝나기보다는 지속적으로 이루어지는 것이 바람직하다고 제안한다.[7)]

2) 스폰서십 계약 시 고려사항

스폰서십에 대한 제반 사항은 법률적으로 보호받는 것이 기본이지만, 아직까지는 여기에 딱 들어맞는 법률이 정립되어 있지 못하다. 이 때문에 각 계약 당사자들은 스폰서십 계약을 맺을 때 다음을 주의 깊게 파악하고 명시할 필요가 있다.[8)]

① 스폰서와 주최자의 권리를 분명히 해야 한다. 타이틀 스폰서와 공식 공급업체와 같은 어휘들은 스포츠 분야에서 아직 정확하게 정의되어 있지 않기 때문이다.

② 스폰서의 독점적인 가치를 보호해야만 한다. 즉, 경쟁자가 스폰서십의 실행에 걸림돌이 되지 않도록 해야만 한다.

③ 각기 다른 등록상표나 로고를 보호해야 한다. 양 당사자 간에 협조는 항상 이루어지지만 이의 남용은 문제를 야기할 수 있다.

④ 양자 모두는 보험을 통해 책임의 한계를 분명히 해야 한다. 스폰서는 관중이나 이벤트 참가자들이 상해를 입어 소송을 제기하는 것을 원치 않기 때문이다.

⑤ 이벤트가 도용되는 것을 예방해야 한다. 많은 계약들이 스폰서가 특정 기간 동안 유사한 이벤트를 여는 것을 금지하는 조항을 포함하고 있다.

⑥ 불충분한 약속을 해서는 안 된다.

이외에도 계약에서 부가적으로 고려해야 할 사항을 살펴보면 다음과 같다.[9)]

① 숫자, 위치, 제작, 설치 등이 포함된 이용 가능한 광고판의 종류

② 제품 견본을 배포하려 하는지의 여부와 배포 시 배포 가능 장소와 그 문제점

③ 우편목록과 선수들을 활용할 수 있는지의 여부

④ 스폰서가 이벤트의 선택권을 받는지의 여부

3) 스폰서십의 실행

실행은 말 그대로 계약서에 명시된 대로 스폰서십 계약 당사자들이 각자의 책임을 다하는 것을 말한다. 대부분의 스포츠 관리자들은 매우 성공적인 계획 및 실행계획을 개발해놓고 있는 상태이기 때문에 이 과정에서 별다른 문제점이 발생하지는 않는다. 실제로 하버드 프로젝트 검토(Harvard Project Review), CPM(Critical-Path Method), PERT(Project Evaluation and Review Technique)와 같은 시스템은 스폰서십 관리에 매우 유익한 것들이기도 하다.[10)]

특히 기업들의 경우 스폰서십에 대한 풍부한 경험이 많기 때문에 기업 측의 입장에서 계약 이행에 문제가 발생할 여지는 적다. 단지, 우리나라 스포츠 조직들의 경우 스폰서십 계약에 대한 경험이 일천하기 때문에 오히려 스포츠 조직 측에서 스폰서십 계약 이행에 따른 실수를 많이 범하는 것이 사실이기도 하다.

(4) 스폰서십의 평가

스폰서십의 실행에 따른 그 성과의 평가는 스폰서십의 연장 또는 새로운 스폰서십을 찾는 데 있어 매우 중요한 역할을 하기 때문에 그 의미가 크다. 그러나 어떤 방법으로 스폰서십의 효과를 평가할 것인가의 문제는 사실 매우 어려운 일이다. 물론 여러 방법을 동원해서 스폰서십의 효과를 평가해오긴 했지만, 아직까지 뚜렷하게 스폰서십의 효과를 명확하게 측정할 수 있는 도구가 개발되지 못한 것이 현실이다.

특히 스폰서십의 효과 측정과 관련해서 기업이나 스포츠 마케터들을 혼란스럽게 하는 점은 바로 기업이 전개하는 커뮤니케이션 활동과 스포츠 스폰서십 프로그램의 효과를 명확히 구분할 수 없다는 점이다.

그러나 어떤 측정 방법이 활용되건 간에 중요한 점은 스폰서십과 관련해서 원래 목적했던 것이 무엇인지를 되짚어보는 일이다. 즉, 기업들이 어떤 목표 하에서 스폰서십에 참여했으며, 그것이 제대로 달성되었는지를 살펴보는 일이다.

'하나원큐 K리그 2019'의 스폰서십 경제효과는 1천 508억 원에 이르렀다

Hansen과 Scotwin는 스포츠 스폰서십의 효과는 일반적으로 다음 네 가지 차원에서 평가해볼 수 있다고 제안하였다.[11]

① **노출(exposure)**: 노출은 매우 광범위한 의미에서 스폰서십의 효과를 측정하는 것으로서, 보통 노출은 얼마나 많이(텔레비전에 방송된 시간이나, 신문에 게재된 기사의 양) 기업이나 브랜드가 관찰되었는지로 측정된다. 예를 들어, TV 노출은 시청자 수와 방송된 시간을 곱해서 측정되고, 보다 구체적으로 말하면 "30초 단위로 단위 1,000명의 시청자에 노출된 정도"로 표시된다. '30초 단위'라는 표현이 이용된 것은 보통 TV 광고의 방송시간이 30초 단위이기 때문이며, 이를 통해 스폰서십의 노출효과와 광고의 노출효과를 비교할 수 있기 때문이다.

② **주의(attention)**: 기업이나 브랜드에 대한 주의는 표적시장 내에 있는 소비자들의 회상

이나 인식의 정도에 어느 정도 변화가 있는지로 측정될 수 있다. 특히 조사 대상자들에게 아무런 도움 없이(비보조회상, unaided recall) 스폰서의 이름을 회상하도록 하는 경우 가장 효과적인 측정치가 된다. 인식의 정도를 알아보기 위해 조사 대상자들에게 여러 스폰서들의 리스트를 보여주고 그 중 하나를 선택하도록 하는 방법을 이용하기도 한다. 그런데 무엇보다 중요한 점은 스폰서십 계약을 하기 전에 이러한 회상이나 인식에 대한 자료를 확보하고 있어야만 한다는 점이다. 그렇지 않으면 회상이나 인식의 변화를 측정할 수 없기 때문이다.

③ **인지(cognition)**: 이는 소비자들이 스포츠 이벤트를 통해 기업 또는 제품을 연상(association)할 수 있는지에 대한 것으로 인지의 변화 역시 스폰서 기업이 염두 해 둔 표적시장의 소비자들을 통해 측정되어질 수 있다. 대표적인 예로 자동차 제조업자와 자동차 경주 이벤트 사이의 연상은 자동차회사와 테니스회사와의 연상보다 훨씬 더 강한 인지효과(cognitive effect)를 불러일으킬 수 있다. 자동차 제조업자와 자동차 경주의 연계는 매우 논리적이고 추가적인 설명이 필요 없다. 그러나 자동차 제조업자와 테니스경기의 연계는 보다 일반적인 연상을 불러일으키고, 이벤트의 이미지와 자동차의 이미지를 연계시키는 것에 불과하다. 어떤 경우이건 이러한 인지의 효과의 연상시험(associative test)을 통해 측정되어질 수 있다.

④ **행동(behavior)**: 스폰서십의 효과를 가장 직접적으로 측정할 수 있는 것은 바로 구매행동이다. 전체 판매량이나 기업의 전체 매상, 또는 특정 제품라인의 판매량에 스폰서십이 어떤 영향을 미치는지를 알아볼 수 있게 된다. 이러한 효과를 측정할 때는 반드시 평가의 기준이 될 측정치가 스폰서십 시행 전에 확보되어야 한다. 그런데 구매행동을 통해 스폰서십의 효과를 측정하려는 시도는 종종 비판을 받기도 한다. 앞에서도 설명했지만 스폰서십만의 순수한 효과를 따로 떼어내어서 파악할 수 없기 때문이다.

스폰서십 효과의 측정 문제는 매우 어려운 문제임에 틀림없다. 스폰서십의 효과를 측정하는 문제는 기본적으로 스폰서십의 목표에 크게 의존하기 때문이다. 또한 매우 많은 변수들이 스폰서십의 효과에 영향을 미칠 수도 있기 때문이다. 스폰서십의 효과에 큰 영향을 미치는 변수 중의 하나가 바로 매복마케팅이다.

(5) 매복마케팅

매복마케팅(Ambush Marketing)이란 공식 스폰서들이 이벤트를 후원함으로써 얻는 인식과 혜택을 조금이라도 얻을 목적으로 스폰서가 아닌 기업들이 자신들을 이벤트와 간접적으로 관련 있는 것처럼 보이기 위해 벌이는 제반 활동(캠페인)[12]이라고 할 수 있다. 보다 쉽게 표현하면, 덤불 속에 숨어 있다가 지나가는 사람을 깜짝 놀라게 만드는 것처럼 남의 잔치에 편승하는 판촉기법을 말한다.

이 때문에 스폰서십을 통해 주요 이벤트의 공식권리를 사는 것 자체가 경쟁상의 장점을 제공해주지 못하게 된다. 즉, 스폰서의 입장에서 스포츠 조직이나 이벤트에 자본이나 서비스를 투자하는 것이 결과적으로 해당 이벤트에 전혀 투자를 하지 않는 기업들에게 이익을 안겨주는 꼴이 되기 때문이다. 또한 스폰서를 받는 측의 입장에서도 이러한 매복마케팅이 성행하는 것은 스폰서 기업과의 지속적인 관계를 맺는데 큰 장애가 될 수 있기 때문에 문제가 될 수밖에 없다. 스폰서 기업의 독점적 지위를 보장해주는 것이 스폰서십의 가장 큰 특징 중의 하나인데, 이러한 독점이 보장되지 않는다면 스폰서를 할 기업은 없을 것이기 때문이다.

일반적으로 매복마케팅의 방법에는 다음 두 가지가 있다고 한다.[13]

김연아 선수의 평창올림픽 응원광고. 전형적인 매복마케팅이다

첫째, 이벤트에 할당된 스케줄 내에서 텔레비전 광고를 구입하는 방법이다. 1988년 서울올림픽에서 코닥필름이 후지필름에 톡톡히 골탕 먹었던 것이 대표적인 사례인데, 당시 올림픽 공식 스폰서는 코닥이었지만 이 회사는 후지필름의 교묘한 끼여들기 수법에 곤욕을 치러야 했다. 후지필름은 "공식 스폰서"란 표현은 쓰지 못했지만 "서울올림픽의 성공을 기원합니다"라는 카피와 함께 대대적인 광고공세를 펼쳤다. 또 주요 경기장면을 곧바로 CF로 제작, 방영하는 기민함을 보임으로써 시청자들은 누가 스폰서인지 헷갈릴 정도였다. 코닥은 뜻밖의 무임승차기법에 놀라 허둥댔고 공식 스폰서로서 얻는 프로모션 효과를 상당량 후지필름에 넘겨줘야 했다.

둘째, 스폰서십의 의표를 찌를 목적으로 이벤트에 참여하는 개별 팀 또는 개별 선수를 스폰서 하는 방법이다. 가장 대표적인 예가 1996년 애틀랜타 올림픽의 공식 스폰서가 되지 못했던 나이키에서 이용했던 방법으로서, 미국 육상 팀뿐만 아니라 기타 유명선수들을 개별적으로 스폰서 함으로써 공식 스폰서보다 훨씬 더 많은 매체노출효과를 거둘 수 있었던 것이 그 사례이다.

이렇게 다양한 방법으로 매복마케팅이 전개됨에 따라 스폰서 기업들은 스포츠 조직이나 이벤트 개최자들에게 매복마케팅을 억제할 수 있는 예방조치를 요구하게 되고, 스포츠 조직은 스폰서와의 원만한 관계 유지 등의 목적 하에 다음과 같은 방법들을 강구하게 된다.

① 잠재적으로 누가 매복마케팅을 전개할지를 파악한다. 대부분 스포츠 조직과 계약을 맺지 않는 모든 기업이 그 가능성을 가지고 있다.

② 스폰서십의 상업적 가치를 분명히 한다. 즉, 어떤 혜택을 스포츠 조직이 전달할 수 있으며, 매복마케터들이 공식 스폰서가 되지 않고서도 어떻게 이러한 혜택을 취할 수 있는지를 파악해두는 것이다.

③ 스폰서 계약을 가급적 상세하게 맺도록 한다. 여기에는 독점권, 어떤 갈등이 일어날 수 있는지, 그리고 매복마케팅을 예방하기 위해 스폰서 기업과 스포츠 조직이 무슨 일을 해야 하는지를 포함한다.

④ 매복마케팅에 대한 공동대응전략을 수립한다. 즉, 매복마케팅이 전개될 때 스폰서 기업과 스포츠 조직이 어떻게 PR, 광고 활동을 전개할 것인지를 결정한다.

그러나 스폰서 기업과 스포츠 조직이 아무리 노력을 해도 매복마케팅은 완전히 근절될 수가 없다. 하지만 스폰서십 양 당사자들이 어떻게 준비하는지에 따라 그 결과가 달라질 수도 있음을 알고 있어야 한다.

스포츠 마케팅 현장이야기

평창동계올림픽, '매복마케팅 금지'의 그늘

2018 평창동계올림픽 개막(2월 9일)을 목전에 두고 재계는 연말연시를 전후로 매복마케팅(앰부시 마케팅) 논란으로 한바탕 홍역을 치렀다. 올림픽과 관련된 매복마케팅에 대한 개념은 유형별로 차이가 조금씩 있지만 대체로 국제올림픽위원회(IOC)나 국가올림픽위원회(NOC)의 허가를 받지 않고 올림픽과 관련된 로고나 표어 등 다양한 지적재산권을 '교묘하게' 무단사용 해 영리행위를 하는 것을 의미한다.

국내에서도 평창올림픽 개막이 가시권에 들어온 2017년 하반기부터 매복마케팅으로 의심되는 사례가 발견되기 시작했고, 공식후원사 기업들이 매복마케팅을 하는 경쟁사들에 대해 불만을 제기하면서 논란은 본격화됐다. 결국 국회에서 지난해 말 매복마케팅을 금지하는 내용이 추가된 평창올림픽 특별법 개정안이 통과되면서 논란은 일단락됐지만 다른 문제가 남아있다. 매복마케팅을 금지해 IOC 규정과 지적재산권 보호는 달성했을지 몰라도 국가적 행사인 올림픽의 국민적 열기를 지피는 데 방해 요소로 작용하고, 중소기업들은 올림픽 마케팅에서 배제되는 부작용을 낳았다는 지적이 나온다.

❍ 매복마케팅 문제로 기업들 티격태격

통신시장에서 '앙숙'지간인 KT와 SKT가 평창올림픽 매복마케팅 문제로 맞붙었다. SK텔레콤이 지난해 12월 초부터 김연아를 광고모델로 한 평창올림픽 캠페인 광고를 내보낸 것이 발단이었다. KT는 발끈했다. KT는 평창올림픽에 500억 원 이상을 후원한 국내 최상위등급의 통신 부문 '공식 파트너'다. 통신사로서 평창을 활용한 광고나 홍보를 할 수 있는 유일한 독점권을 가진 곳도 KT다. KT는 2002년 한 · 일월드컵 당시에도 SKT의 매복마케팅 탓에 피해를 봤다는 입장이다. KT의 한 관계자는 "당시 공식 파트너는 역시 KT였음에도 SKT가 '붉은악마가 돼라(Be The Reds)' 슬로건을 내건 광고를 대대적으로 집행해 피해를 봤다"며 "두 번 당할 수는 없는 일"이라고 말했다.

수입차 업체인 아우디도 매복마케팅 논란 끝에 광고를 수정했다. 아우디도 지난해 12월부터 1988년 서울올림픽 개막식 당시 일명 '굴렁쇠 소년'으로 유명세를 탄 윤태웅 씨를 내레이션 모델로 쓴 기업 이미지 광고를 진행했다. 광고에는 직접적으로 '평창'이나 '올림픽' 등이 표기되진 않았지만 소년이 굴렁쇠를 굴리는 장면이 포함됐다. 마지막 장면에 등장하는 아우디의 로고가 공교롭게도 올림픽을 상징하는 오륜 문양과 무척 닮았다는 점은 '덤'이었다. 영락없이 올림픽을 연상케 하는 광고라는 지적이 잇따랐고, 평창조직위와의 협의 끝에 아우디는 소년이 굴렁쇠를 굴리는 장면을 삭제하기로 했다.

IOC는 올림픽이 열릴 때마다 '매복마케팅과의 전쟁'을 벌인다고 해도 과언이 아니다. IOC는 중계권 판매와 글로벌 기업들과의 후원계약을 통해 수익을 내는데, 매복마케팅으로 지적재산권이 보호 받지 못할 경우 직접적으로 수익창출에 타격을 입기 때문이다. 국내에서도 매복마케팅 사례는 꾸준히 증가하는 추세다. 대한체육회와 평창올림픽조직위원회 집계 등을 보면 2010년 벤쿠버동계올림픽 당시 132건이었던 매복마케팅 의심 사례가 2012년 런던하계올림픽에서는 162건, 2014년 소치동계올림픽에선 176건 등으로 늘었다.

매복마케팅 행위를 기존의 상표법이나 국민체육진흥법, 부정경쟁방지법 등 다수의 법으로도 규제할 수 있음에도 굳이 평창올림픽특별법에 재차 금지조항으로 포함시킨 데는 이유가 있다. 한 재계 관계자는 "기업들이 수백억 원에 달하는 후원금을 내고 파트너사가 되는 데는 그 독점적 권리와 지위를 인정받기 때문"이라며 "매복마케팅은 돈 안들이고 광고효과를 누리려는 전략으로, 엄연한 재산권 침해행위"라고 밝혔다. 정부도 적극적이다. 정부의 한 관계자는 "이미 평창올림픽을 유치할 당시부터 유치의향서에 매복마케팅 근절 이행을 약속한 바 있다"며 "정부 차원에서 규제하지 않을 경우 향후 IOC로부터 올림픽 개최지 선정 배제 등 큰 불이익을 당할 염려가 크다"고 밝혔다.

매복마케팅 규제에 대해서는 분야를 막론하고 이견이 없지만, 강력한 규제 이면에는 늘 부작용이 따른다. 평창올림픽의 경우 세계적인 행사인 만큼 대외적으로 보여지는 것도 중요하지만 일단 국내에서 '흥행'이 되고 봐야 한다. 비용 대부분을 개최국에서 내다보니 국내에서 올림픽 흥행이 안될 경우 정부나 지자체 모두 적자만 떠안게 되는 등 후유증이 적지 않기 때문이다. 올림픽이 흥행 분위기를 타려면 올림픽과 관련된 기업들의 광고나 판촉 활동이 많을수록 좋지만 매복마케팅 규제가 강하면 강할수록 제약이 심해진다는 게 문제다. 매복마케팅 금지규정을 따르자면 사전에 IOC의 허가를 받지 않은 기업은 물론 어느 누구도 '평창', '올림픽', '국가대표' 등의 문구를 활용해 활동하는 게 불법이다.

❍ 중소기업은 배제된 올림픽 마케팅

과도한 매복마케팅 규제 탓에 올림픽 마케팅에 제약을 받는 건 대기업뿐만이 아니다. 중소기업은 더하다. 일부 중소기업의 경우 평창조직위의 수익사업에 참여하고 있기는 해도 대부분의 중소기업들에 올림픽은 '그림의 떡'과 같은 존재다. 후원사로 참여하려니 후원금을 감당하기 어렵고, 연관 마케팅을 해보려고 하니 매복마케팅 규제 등에 걸려 다른 후원기업들로부터 민사소송을 당하는 등 어려움을 겪을 수 있기 때문이다. 평창올림픽 후원사가 대기업 일색인 이유이기도 하다.

평소 외국인 관광객들을 대상으로 휴대 인터넷 모뎀 대여사업을 하는 중소기업 A업체의 경우 평창올림픽에 참가하는 각국 대표단을 대상으로 마케팅을 진행하려다 벽에 부딪힌 상태다. A업체 대표는 "비용 문제로 온라인이나 사회관계망서비스 등을 통해 마케팅을 하고는 있는데, 매복마케팅 금지규정이 강력하다보니 홍보에 어려움을 겪고 있다"며 "중소기업에는 좀 매복마케팅 적용을 예외로 해줬으면 좋았을 것"이라고 밝혔다.

근본적으로는 고비용 · 고지출 구조인 현 올림픽 시스템을 개선해야 한다는 지적이 나온다. 평창올림픽 운영예산인 2조8,000억 원은 규모나 참가국이 평창 대비 2배가 넘는 브라질 리우올림픽 운영예산(약 3조2,000억 원)에 비해 결코 적지 않은 규모다. 이에 비해 개최국이 운영예산 비용을 거의 부담해야 하다 보니 입장권을 팔고 수익사업을 하는 것만큼이나 기업들로부터 후원금을 최대한 많이 걷는 게 적자를 면키 위한 지상과제가 됐다. 올림픽 마케팅 자체가 애초부터 후원금을 내고 독점권을 획득한 소수의 대기업 위주로 돌아갈 수밖에 없는 구조인 셈이다.

- 경향신문, 2018년 1월 27일 -

5 선수를 이용한 인증

제품을 인증(endorsement)하기 위한 목적으로 개별 선수를 이용한 것은 1936년 베를린 올림픽에서, 아디다스 사가 미국의 제시 오웬스에게 무료로 신발을 제공한 것으로 거슬러 올라간다. 역사적으로 프로와 아마추어의 경계는 분명했었다. 즉, 선수가 경기의 대가로 돈을 받는 경우는 프로이고, 그렇지 않은 경우에는 아마추어였던 것이다.

그러나 1981년 IOC가 모든 국제연맹이 자금의 수령과 선수자격 규정에 대한 자체적인 기준 제정을 허용함으로써 사실상 프로선수들의 올림픽 출전기회를 제공하게 되었다. 실제 IOC는 더 이상 운동선수를 '아마추어'라고 표현하지 않고 대신 '자격선수'라는 용어를 사용한다.

유명인 인증의 사례

이는 어떻게 보면 재정적인 어려움을 겪는 아마추어 선수들과, 이들의 상품성을 놓치지 않으려는 기업들의 끊임없는 금전공세 속에서 당연한 결과라고 할 수 있다. 물론 스포츠에 대한 금전적인 보상이 지나치게 증가함으로써 진정한 스포츠맨십과 도전정신이 상실된 황금만능주의가 스포츠에 만연해 가고 있다는 비난을 받기도 하지만, 운동선수들은 지속적으로 세계적인 수준의 기량을 나타내야 하고 그러기 위해서 자신의 신체를 완벽한 컨디션으로 유지하고 동시에 재정적으로도 장래를 보장할 수 있는 방법을 강구해야만 하는데, 그것이 바로 선수들에 대한 스폰서십의 형태로 나타나게 된 것이다. 물론 선수에 대한 스폰서십은 인증(endorsement)이라는 용어로 더 많이 알려져 있다.

(1) 인증의 기본원리

우리나라에서도 개별 선수를 이용한 인증의 사례를 많이 찾아볼 수 있다. 가장 성공적인 사례로는 미국 프로야구에서 활약하는 류현진, EPL에서 활약 중인 손흥민 등을 들 수 있다.

그렇데 무슨 이유로 기업들은 이 선수들에게 많은 금액을 투자하려하는가?

이는 기업들이 전개하는 커뮤니케이션 활동의 일환에서 살펴보면 된다. 바로 기업이나 기업이 생산하는 제품에 대한 메시지 전달자로서 이들을 활용하기 위함이다. 즉, 이들은 다른 모델들보다 소비자들에게 메시지를 전달하는 데 효과적이라고 믿기 때문이다.

인증의 기본원리는 제8장에서도 간략하게 언급하였지만, 기업이나 제품과 관련된 메시지를 전달하는 원천의 신뢰성(credibility)과 매력성(attractiveness)에 대한 것이다. 이를 그림으로 설명하면 다음 [그림 13-3]과 같다. 그림에서 보는 것처럼 원천이 신뢰감이 있고 매력적인 경우 메시지는 보다 강력해질 것이고, 이는 수신자에게 보다 큰 영향을 미치게 될 것이다. 그리고 이는 원천과 메시지 간의 긍정적인 연상을 불러일으켜서 수신자들의 지각, 인지 및 구매행동의 변화를 유발할 수 있게 된다.

[그림 13-3] 인증의 기본원리

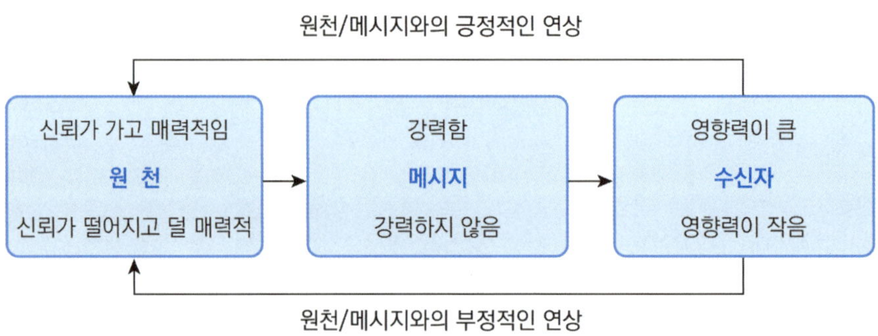

원천이 신뢰성을 지닌다는 의미는 그가 얼마나 메시지에 대해 전문적(expertise)인지에 따라 달라지게 된다. 박찬호 선수가 스포츠음료 게토레이에 대해 인증하는 것은 박세리 선수가 농구화를 인증하는 것보다는 신뢰성을 띄게 된다. 이는 박세리 선수가 농구화에 대해 가지고 있는 전문성보다 박찬호 선수가 스포츠음료에 대해 지니는 전문성이 더 크다고 생각하기 때문이다.

원천은 또한 얼마나 믿음직한지(trustworthy)에 따라서도 달라지게 된다. 호남을 연고로 하는 기아타이거즈 선수들이 광주 무등산 보호 캠페인을 전개하는 것이 금강산관광 안내 광고에 등장하는 것보다 훨씬 정직해 보이고 믿음직스러워 보일 것이다.

원천과 수신자 사이에 유사성(similarity)이 있을 경우 원천은 더욱 매력적(attractive)이게 된다. 사람들이 생각했을 때 자신들과 운동선수 간의 유사성이 크다고 생각할수록 이들이 운동선수의 메시지에 영향을 받을 가능성이 커지게 된다. 이와 관련해서 좋아하는 정도

(likeability) 역시 원천의 매력성에 영향을 미치는 요인이다. 스타플레이어는 항상 그들의 경기성적 때문에 사람들로부터 신망을 받고, 사람들에게 잘 알려지며, 이때는 항상 매스컴의 많은 주목을 받게 된다. 따라서 경기성적이 갑자기 나빠지게 되면 찬밥신세가 되는 것은 결코 이상한 일이 아니다. 또한 이때는 이들의 수신자에 대한 영향력도 당연히 떨어지게 된다.

스포츠 마케팅 현장이야기

필드 위를 걷는 광고판에 인기-후원 '무럭무럭'

2021시즌 한국여자프로골프(KLPGA)투어는 역대 가장 풍성한 잔치가 될 것으로 보인다. 4월 첫 대회인 롯데렌터카 여자오픈을 시작으로 31개 대회에 역대 가장 많은 280억 원의 상금이 내걸렸다. 기존 최대 규모였던 2019년(253억 원)보다 27억 원이 늘어났다. 지난해 신종 코로나바이러스 감염증(코로나19) 사태로 시즌 31개 대회를 18개로 축소해 치러야 했던 아쉬움을 풀겠다는 각오다.

이와 더불어 골프선수 후원업체들의 총성 없는 전쟁도 뜨겁다. 골프 팬들의 이목이 집중될 '역대급 잔치'를 앞두고 스타플레이어나 유망주를 한 명이라도 더 잡으려는 경쟁이 치열하게 펼쳐지고 있다. 세계적인 경쟁력을 갖춘 선수들을 영입하면 미국여자프로골프(LPGA)투어 등 국제무대에서도 홍보효과를 톡톡히 누릴 수 있기 때문이다. 게다가 코로나19에도 오히려 골프는 상대적으로 안전한 야외 스포츠 활동이라는 인식 속에서 골프장과 골프용품업체 등 관련 산업이 호황을 누리고 있는 상황. 과거 금융, 건설 등 일부 업종에 치우쳤던 골프 마케팅이 다양한 업종으로 확대되면서 우수 선수 확보에 더욱 열을 올리고 있다.

KLPGA에 따르면 총 38개의 메인 스폰서가 올 시즌 투어에서 활동하는 선수들을 후원한다. 그중 대열보일러, 큐캐피탈 파트너스, 세티나인, 엠씨스퀘어, GTC웰니스 등 '새 얼굴'도 다섯 곳이나 된다. 지난달 투어 통산 2승을 거둔 박채윤(27) 등 4명을 영입해 골프단을 꾸린 큐캐피탈 파트너스는 사모펀드(PEF) 운용사다. 가장 많은 선수를 후원하는 스폰서는 롯데, 도휘에드가(건설업), 동부건설(각각 6명)이다.

김재열 SBS 해설위원은 "과거 삼성, 한화 등 대기업에서 금융업, 건설업 등으로 메인 스폰서 흐름이 바뀌었고 이제는 중소기업들의 후원도 빈번하다. 구매력이 높은 골프 팬들을 겨냥해 다양한 기업들이 관심을 보이고 있다"고 설명했다. 지난해 코로나19 사태 속에서도 LPGA투어 선수들의 국내 투어 출전 등 흥행 호재도 있었다.

선수 중에서는 지난해 LPGA투어 US여자오픈에서 우승한 김아림(26)이 미국 진출을 앞두고 활짝 웃었다. 종전 메인 스폰서 SBI저축은행을 포함해 7곳의 후원을 받던 김아림은 오에스피, 엘로엘, 커피스미스 등 후원사 3곳을 늘리며 따뜻한 겨울을 보냈다. 모자, 의류, 골프백 등을 후원사 로고로 수놓으며 걸어 다니는 광고판이 됐다. 김아림과 함께 '골프여제' 박인비 등 같은 와우매니지먼트 소속 선수 4명을 후원하는 오에스피는 유기농 펫푸드 업체다. 오에스피 관계자는 "애견인으로 소문난 박인비를 처음부터 후원 1순위로 삼았다. 선수 또한 반려견에 대한 관심으로 선뜻 후원계약을 수락했다"고 설명했다.

여자골프 세계랭킹 1위 고진영(26, 솔레어)은 기존 니콘, 삼다수, 브릿지스톤 외에도 올겨울 대한항공과 후원협약을 맺었다. 장거리 이동이 잦고 골프백 등 무거운 짐이 많은 골프 선수들은 항공사 후원이 이동 편의에 큰 도움이 된다. 박성현(28, 솔레어)도 기존 넵스, 테일러메이드, 아디다스, 대한항공에 새로 오리지날비어컴퍼니(OBC)와 인연을 맺었다.

- 동아일보, 2021년 2월 5일 -

(2) 인증 시 고려사항

스타플레이어 한 사람만을 이용하여 인증을 시도하는 경우는 스포츠 팀이나 이벤트를 이용하여 이벤트를 하는 것에 비해 고유한 장 · 단점을 지닌다. 이는 스포츠 자체가 가지는 통제불가능성에 기인한바가 크다.

우선 위에서 언급한 것처럼 스타플레이어가 사람들로부터 신뢰를 받고 매력적으로 받아들여지는 것은 기본적으로 선수 개개인의 성적이 최고조일 때의 일이다. 물론 미 프로골퍼 아놀드 파머처럼 PGA 투어에서 우승을 하지 않더라도 미국민들의 사랑을 한 몸에 받은 경우가 있기도 하다. 또한 우리나라에서도 이와 유사한 사례가 있기는 하다. 지금은 팀 명칭이 바뀌었지만 OB 베어스의 박철순 선수의 경우가 그러한데, 아놀드 파머처럼 전국민의 사랑을 받았다기보다는 OB 베어스 팬들을 중심으로 사랑을 받았다는 편이 더 많을 것이다. 결국 개별 운동선수가 스타플레이어가 되는 것은 전적으로 그들의 경기 성적에 좌우되는 것이 일반적이다. 결국 운동선수의 성적은 기본적으로 통제할 수 없는 요인이기는 하지만, 이 자체가 그들의 신뢰성에 크게 영향을 미친다는 점을 유념해야 한다.

또 한 가지 통제불가능한 요소로는 스타플레이어의 개성이다. 경기에 지거나, 심판판정이 억울하다고 생각할 때 운동선수가 격한 감정을 표출하고 나서 나중에 후회하거나, 항상 문제를 일으킨다거나 하는 경우 기업의 입장에서 일관된 이미지를 구축하거나 보다 많은 제품을 판매하기 어렵기 때문에 해당 선수에 대한 투자를 꺼려하게 된다. 교과서에서 그러한 선수의 실명을 들기가 매우 곤란하기 때문에 예시하지는 않지만, 우리 주변에서 그러한 선수를 찾아보기는 어렵지 않다.

기업들은 또한 나이든 층에 비해 젊은 층일수록 스타플레이어에 의해 영향을 받을 가능성이 높다는 점을 인식해야만 한다. 따라서 기업 입장에서 스타플레이어를 이용해서 커뮤니케이션하고자 할 때는 표적시장을 신중하게 선정할 필요가 있다. 이 부분은 제5장에서 언급한 표적시장 선정과 관련된 내용을 참고하면 될 것이다.

또한 기업들은 스타플레이어 중에서도 아주 걸출한 스타플레이어를 이용하고자 할 때는 기업이 인증하고자 하는 메시지나 제품이 스타플레이어에 의해 가려버리는 경우가 있을 수도 있음을 유념해야 한다. 아울러 이러한 스타플레이어는 워낙 대중들에게 매력적인 존재이기 때문에 많은 기업들이 앞 다투어 자신들의 메시지를 인증하는데 그를 이용하려고 한다. 이때는 과다노출(overexposure)의 문제가 발생해서 커뮤니케이션 메시지의 신뢰성이 오히려 떨어질 수도 있다는 점도 간안해야 한다.

참고문헌

1) R. L. Irwin (1993), "In Search of Sponsors," *Athletic Management*, Vol. 4, No. 2, pp. 11~16.
2) Performance Research (1991), *Economic Slump*, Newport, Rhode Island, May 14, Performance Research.
3) J. Hoek, P. Gendall, M. Jeffcoat, & D. Orsman (1997), "Sponsorship and Advertising: A Comparison of Their Effects," *Journal of Marketing Communications*, 21~32.
4) D. G. Wilkinson (1988), *Event management and marketing institute*, Willowdale, Ontario, Sport Marketing Institute.
5) R. J. Ensor (1987), "The Corporate view of sports sponsorships," *Athletic Business* (September), 40~43.
6) D. R. Howard & J. L. Crompton (1995), *Financing Sport*, Morgantown, WV, Fitness Information Technology.
7) D. R. Howard & J. L. Crompton, *op. cit.*
8) M. H. Reed (1990), "Legal Aspects of Promoting and Sponsoring Events," *Special Events Report* (March), 26, 4~5.
9) C. Brooks (1990), "Sponsorship by Design," *Athletic Business* (December), 58~62.
10) D. Stolar (1996), Sponsorship, in *The Management of Sport: Its Foundation and Application*, 2nd Ed., edited by B. L. Parkhouse, McGraw-Hill, Inc.
11) F. Hansen & L. Scotwin (1995), "An Experimental Enquiry into Sponsoring: What effects can be measured?" *Marketing and Research Today* (August), 173~181.
12) D. M. Sandler & D. Shani (1993), "Sponsorship and the Olympic Games: The Consumer Perspective," *Sport Marketing Quarterly*, 2(3), 38~43.
13) D. R. Howard & J. L. Crompton, *op. cit.*

찾아보기

(ㅁ)

(ㅂ)

(ㅅ)

(ㅇ)

저자 약력

현재 숭실대학교 경영학부의 교수로 재직하고 있는 저자는 1998년 중앙대학교에서 서비스마케팅을 전공으로 경영학박사학위를 받았다. 이후 중앙대학교 경영대학과 예술대학원 등에서 강의를 하였으며, 2000년부터는 University of Illinois at Urbana-Champaign에서 Visiting Scholar로서 서비스마케팅 강의를 하였다. 보다 깊은 학문적 발전을 고민하던 중, 다시 한 번 박사학위를 하기로 결심한 저자는 2001년 8월부터 University of Illinois at Urbana-Champaign에서 학위 과정을 시작하여, 2004년 12월 박사학위를 취득하였다.

저자는 지금까지 다양한 내용의 저서와 논문을 발간하였는데, 저서로는 경영학의 이해/서비스마케팅/마케팅 등이 있으며, 연구논문으로는 "Measurement of Internal Service Quality: Application of the SERVQUAL battery to Internal Service Quality," "Service Quality Dimensions: An Examination of Grönroos's Service Quality Model" 등 다수가 있으며, 저자의 연구 관심 영역은 서비스마케팅, 서비스품질과 관련된 이론을 토대로 다양한 서비스산업에 이들을 적용시키는데 있으며, 현재는 내부서비스품질이라는 주제의 연구를 진행 중에 있다.

스포츠 마케팅

2021년 7월 20일 1판 1쇄 인쇄
2021년 7월 25일 1판 1쇄 발행

저 자 | 강기두
발행자 | 이수영
발행처 | 도서출판 청람
서울시 마포구 독막로 288(대흥동, 세양상가 109호)
전 화 | 02)3272-2601~2
팩 스 | 02)3272-2603
홈페이지 | www.crbooks.co.kr
이메일 | crbooks@hanmail.net
등 록 | 2000.8.26 제6-0509호

ISBN 978-89-5972-823-7 93320 [정가 28,000원]